ARISTOTELES'
METAPHYSIK

Erster Halbband: Bücher I (A) – VI (E)

Neubearbeitung der Übersetzung von
Hermann Bonitz

Mit Einleitung und Kommentar
herausgegeben von
HORST SEIDL

Griechischer Text in der Edition von
Wilhelm Christ

Griechisch–Deutsch

FELIX MEINER VERLAG
HAMBURG

PHILOSOPHISCHE BIBLIOTHEK BAND 307

Bibliographische Information der Deutschen Nationalbibliothek

Die Deutsche Nationalbibliothek verzeichnet diese Publikation in der Deutschen Nationalbibliographie; detaillierte bibliographische Daten sind im Internet über ‹http://portal.dnb.de› abrufbar.

ISBN 978-3-7873-0932-0

3., verbesserte Auflage
(Nachdruck 2024)

 Druck und Bindung: Beltz Grafische Betriebe, Bad Langensalza. Gedruckt auf alterungsbeständigem Werkdruckpapier, hergestellt aus 100% chlorfrei gebleichtem Zellstoff. Printed in Germany.

INHALT

Aristoteles' Metaphysik

VORWORT ZUR ERSTEN AUFLAGE

Die seit langem verfolgte Absicht des Herausgebers, von Aristoteles' „Metaphysik" für den Studiengebrauch eine überarbeitete Fassung der deutschen Übersetzung von H. Bonitz zusammen mit einem eingehenden Kommentar herauszubringen, traf sich mit den Überlegungen des Verlages, diesen bedeutsamen Text in einer Neuausgabe unter Verzicht auf einen Nachdruck der 1920/21 in 2. verbesserter Auflage erschienenen Übersetzung von E. Rolfes aus dem Jahre 1904 (Philosophische Bibliothek Band 2/3) innerhalb der „Philosophischen Bibliothek" zu veröffentlichen.

Der Plan einer zunächst nur deutschsprachigen Ausgabe mit Kommentar konnte später infolge der großzügigen Bereitschaft des Verlages B. G. Teubner, Stuttgart, seinen von W. Christ besorgten griechischen Text (Leipzig 1934) für einen fotomechanischen Nachdruck zur Verfügung zu stellen, auf die für ein ernsthaftes Studium optimale Form einer zweisprachigen griechisch-deutschen Parallelausgabe umgestellt werden. Für dieses Entgegenkommen sei dem Verlag B. G. Teubner herzlich gedankt. Der unterschiedliche Umfang des griechischen und deutschen Textes zueinander wurde gelegentlich seitenweise durch Veränderung des Zeilenabstandes in der deutschen Übersetzung ausgeglichen.

Im Rahmen dieser Ausgabe kann der griechische Text nur die Funktion eines Lesetextes erfüllen; denn er ist inzwischen in textkritischer Hinsicht durch die neueren Ausgaben von W. Jaeger und D. Ross ersetzt, wenn er auch für diese, zusammen mit dem in ihn eingegangenen Text von Bonitz, eine wichtige Grundlage geblieben ist. Es überwiegen jedoch die Übereinstimmungen gegenüber den verhältnismäßig geringen Verschiedenheiten in den Lesarten. Nur an sehr wenigen Stellen der vorliegenden Ausgabe liegt eine Diskrepanz zwischen Text und Übersetzung vor, wo diese von Christ und Bonitz abweichend der Lesart bei Ross folgt oder gegen eine von ihnen vorgenommene Änderung die überlieferte Lesart beibehält (z. B. 1017a 35: *ἀσύμμετρος* codd.). Die seltenen Abweichungen zwischen Ross und Bonitz hat bereits der Herausgeber der Bonitz-Übersetzung bei Rowohlt geglättet*. In jedem Falle sei dem Leser empfohlen, auch den textkritischen Apparat zu berücksichtigen.

Die am Rande mitlaufenden Zahlenangaben sind die Seiten der Preußischen Akademieausgabe von I. Bekker, Berlin 1831, nach welchen international Aristoteles-Texte zitiert werden, so auch im vorliegenden Kommentarteil: Bei den Angaben, wie z. B. 1017a 35, bezeichnet die erste Zahl die Bekker-Seite, der Buchstabe a oder b die linke oder rechte Kolumne dieser Seite, sowie die letzte Zahl die dort durchnumerierten Zeilen.

Die deutsche Übersetzung dieser Ausgabe ist eine Neufassung der Übersetzung von Bonitz, die sich philologisch und philosophisch durch Genauigkeit und Scharfsinn auszeichnet. Überarbeitet wurde sie dort, wo eine enger am griechischen Text bleibende Übersetzung möglich war und wo im Deutschen stilistisch veraltete Formen vorlagen. Bei einigen Hauptbegriffen: *οὐσία*, *ὑποκείμενον*, *εἶδος*, *χωριστόν*, die ihrem Sinn nach mehrdeutig sind (so *οὐσία*, als „Substanz" und „Wesenheit"), von Bonitz jedoch durchwegs nur in einer einzigen Bedeutung übersetzt wurden (so *οὐσία* immer nur als „Wesenheit"), waren im Deutschen entsprechend mehrdeutige Begriffe vorzuziehen (so für *οὐσία* der Begriff „Wesen", der sowohl

* Bonitz' Übersetzung wurde zuerst herausgegeben von E. Wellmann 1890, dann wieder von E. Carvallo in Rowohlts Klassiker-Reihe, Bd. 10, 1966.

„Substanz“ als auch „Wesenheit“ bedeuten kann, s. u. Einleitung II.). Dem Leser soll dadurch die Möglichkeit bleiben, an jeder Textstelle selbst zu entscheiden, welche Bedeutung vorliegt.

Der Kommentar berücksichtigt die im Literaturverzeichnis genannten Kommentare, vor allem von Bonitz, Ross und Reale. Nicht immer war es möglich, auf sie im einzelnen zu verweisen und ihre Einzeluntersuchungen darzulegen. Im übrigen wurde versucht, in engem Anschluß an den Metaphysik-Kommentar des Thomas von Aquin die metaphysische Bedeutung einiger Hauptstellen (wie Buch IV 1–2, VI 1, VII 3, 10–12 u. 17, XII 6–7, 8 u. 9) auszuschöpfen.

Die Einleitung erörtert einige spezielle Sachprobleme, die mit den o. gen. Hauptbegriffen der aristotelischen Metaphysik zusammenhängen. Sie geht auch auf die gegenwärtige Lage der Aristoteles-Forschung zur ‚Metaphysik‘ ein und will den Weg zurück finden von einer bloß entwicklungsgeschichtlichen Erklärung der „Metaphysik“-Probleme zu ihrer sachlichen Erörterung und Auflösung.

Das diesjährige Jubiläum zum 2300. Todesjahr des Aristoteles ist ein selbstredendes Zeugnis dafür, daß mit Aristoteles eine philosophische Erkenntnisbewegung, genannt „Metaphysik“, in Gang gekommen ist, die an etwas zeitlos Wahres rührt, das jeden, der sie mitvollzieht, durch sein Leben begleitet. Und wer einmal mit der ‚Metaphysik‘ vertraut geworden ist, wird sich immer wieder auf sie besinnen.

Dem Verleger, Herrn Meiner, und seinem Mitarbeiter, Herrn Beland, möchte ich besonderen Dank sagen für die Mühe und Umsicht, mit der sie trotz mancher Schwierigkeiten das Manuskript zur Drucklegung gebracht haben.

Im Aristoteles-Jubiläumsjahr 1978 *Horst Seidl*

VORWORT ZUR ZWEITEN AUFLAGE
(Auszug)

Über die Nützlichkeit der zweisprachigen, kommentierten Metaphysik-Ausgabe haben sich viele Kollegen und Studenten sehr positiv geäußert. Zu Wort gekommen sind auch gelegentlich zwei Bedenken, die hier erwähnt und besprochen werden sollen: Das eine betrifft den (in Einleitung und Kommentar des ersten Halbbandes herausgestellten) Fortschritt der aristotelischen Metaphysik gegenüber der platonischen, wodurch diese abgewertet erscheint. Nun weiß jeder Platon-Freund wie ich auch, daß in Platons Ideenlehre etwas Wahres liegt, das in seiner tiefen, religiösen Erfahrung wurzelt und von Aristoteles' Kritik eigentlich nicht berührt wird. Gleichwohl ist diese Kritik auch wiederum so überzeugend und war, historisch gesehen, so nachhaltig, daß ihr die meisten Schulrichtungen in der Zeit nach Aristoteles Rechnung trugen und reale Wesenheiten in den Sinnesdingen annahmen, sofern sie solche überhaupt anerkannten. Daß damit jedoch die platonische Ideenlehre nicht entwertet wurde, zeigte die großartige Synthese der Neuplatoniker, die nunmehr neben den realen Wesenheiten in den Dingen[1] auch noch ideale Wesenheiten in einer göttlichen Nus-Hypostase annahmen, was bei Augustinus und den späteren Scholastikern zu der christlich-theologischen Lehre von den Ideen im Geiste Gottes führte[2].

[1] Daß sie von den Wesenheiten in den Dingen weitgehend kein echt aristotelisches Verständnis mehr haben, ist ein anderes Thema, s. Einl. V 1 des ersten Halbbandes.

[2] Zum Ansatz dieser Synthese schon in der Mittleren Akademie bei Antiochus von Ascalon vgl. Cicero, De finibus V 3, 77 ff.

Ein anderes Bedenken betrifft die Verwendung des Metaphysik-Kommentars von Thomas v. Aqu.; denn er zeige eine systematische Betrachtungsweise, die im Gegensatz zu den heute vorherrschenden Tendenzen stehe. Wer ihn heute verwende, müsse Thomas' Interpretationsrichtung deutlich von den gegenwärtigen Richtungen absetzen, so daß der Leser zwischen ihnen wählen könne, wenn er in Aristoteles' Metaphysik eingeführt und „für die Sache" gewonnen werden solle. Es scheint mir indes bei Thomas keine bestimmte Interpretationsrichtung vorzuliegen wie etwa bei den heutigen Interpreten. Diese gehen (wie z. B. Brinkmann und Volkmann-Schluck) von einem bestimmten, eigenen Standpunkt aus (einer modernen Seinskonzeption), um ihn als hermeneutisches „Deutungs"prinzip auf Aristoteles anzuwenden[3]. Hinzu kommt häufig die Vorentscheidung, daß in Aristoteles' Metaphysik gewisse Probleme lägen[4], die von ihr aus nicht lösbar seien, und daß sie keine innere Einheit habe. Thomas' Interpretation ist frei von einer solchen Vorentscheidung und einem vorgefaßten Standpunkt[5]. Sie geht gerade nicht systematisch vor, sondern folgt einfach dem aristotelischen Text Abschnitt für Abschnitt. Das „Systematische" kommt aus der Methode einer inhaltlichen Erschließung des aristotelischen Textes, die von ihm selbst ausgeht und von einer intuitiven Kraft einheitlicher Erfassung geleitet ist, wenn sie die einzelnen Sätze im Kontext der Abschnitte, Ka-

[3] Die Bücher von K. Brinkmann und K.-H. Volkmann-Schluck zu Aristoteles' Metaphysik (s.u. Literaturhinweise) werden von mir in der Zeitschrift für philos. Forschung und in den Philos. Perspektiven besprochen. In Brinkmanns Deutung der usia-Lehre in Metaph. VII sind die punktuellen Bezüge zu einzelnen Textstellen besonders stark überlagert von einer eigenen, „reflexionslogischen" Seinskonzeption, deren Zusammenhang nicht der von Aristoteles' Lehre ist.

[4] Sie sind in der Einleitung V 2 des ersten Halbbandes dargelegt.

[5] Historisch gesehen, hat Thomas die aristotelischen Schriften studiert und kommentiert, um sich auf sie in seinen systematischen, theologischen Werken stützen zu können, nicht jedoch hat er einen systematischen Standpunkt aus seiner Theologie in die Kommentierung des Aristoteles hineingetragen.

pitel und Bücher interpretiert und diese miteinander in Beziehung bringt. (Alle Teile der aristotelischen Schriften kommen so in einen vibrierend lebendigen Zusammenhang. In kongenialer Weise macht Thomas etwas von der tiefen Gesamtintuition spürbar, die das aristotelische Werk selbst beseelt.) Für das Aristoteles-Studium dürfte auch heute neben den verschiedenen Deutungsversuchen aus modernen Standpunkten (und den philologischen, semantischen u. a. Detailforschungen) immer noch die Methode einer ersten Textanalyse grundlegend sein, die den Inhalt der einzelnen Aussagen immanent aus dem Kontext jeder Schrift erschließt und sich eines eigenen (aristoteles-fremden), hermeneutischen Standpunktes enthält. Diese Methode, die man nicht als eine „thomistische“ und „unitarische“ Richtung ansehen sollte, vermag auch den Studierenden des Metaphysiktextes gut in ihn einzuführen und „für die Sache“ zu gewinnen. (Vielleicht kann man methodisch etwas von Thomas lernen, kopieren kann man ihn nicht.) . . .

Die Akten vom 6. Symposium Aristotelicum (hgg. von P. Aubenque, s.u. Literaturhinweis) erschienen erst nach der Publikation des ersten Halbbandes. Die Ergebnisse ihrer Beiträge, die sich mit der aristotelischen Metaphysik befassen, konnten leider nicht in die zweite Auflage eingearbeitet werden, da sie den Umfang des Bandes erheblich vergrößert hätten. So sei hier wenigstens auf die Beiträge aufmerksam gemacht und ihr Studium empfohlen.

Auf dem 9. Symposium Aristotelicum in Berlin (7.–16. 9.81) standen u.a. die Zugehörigkeit und Echtheit auch der Metaphysik-Bücher II (α) und XI(K) zur Diskussion. Das dort neben anderen vorgetragene Argument, daß Buch II nicht zur Metaphysik gehöre, weil Kap. 3, 995a 16–19, die Physik nicht nur beispielshalber erwähne, sondern zu einer Physik-Abhandlung überleiten wolle, kann mich noch nicht überzeugen. Das auf S. 313 Bemerkte möchte ich daher verdeutlichen: Kap. 3 nennt mit der Physik freilich kein beliebiges Beispiel, sondern den Konkurrenten der erst einzuführenden, den Hörern noch nicht bekannten „Metaphysik“

(der Ersten Philosophie). Schon der Beginn des Buches spricht zu Hörern, die bei der „Theorie der Wahrheit" vornehmlich an das denken, was „jeder (von den früheren Philosophen) über die Natur sage" (993b 2, vgl. auch I 2, 982b 7 und 3, 983b 2–3)[6]. Tatsächlich haben ja „einige Physiker" den Anspruch erhoben, „über die ganze Natur und über das Seiende zu forschen" (IV 3, 1005a 31–33), obgleich die Physik nicht die „erste Weisheit" sein kann, wie Aristoteles betont (b 1 f.). Dabei weist er das Vorgehen „einiger" zurück, die „über die Wahrheit sprechen", weil dies „aus Unbildung", d. h. aus Unkenntnis der wissenschaftlichen Methode geschieht (b 1–5). In II 3 steht die Frage, „was die Natur ist", ebenfalls im Zusammenhang einer methodologischen Argumentation (und nicht als Überleitung zu einer Physik-Abhandlung): Wenn einer (z. B.) Physik (Naturphilosophie) betreibt, darf er keine mathematische Methode anwenden, sondern muß sich einer der Physik eigenen Methode bedienen. Und diese bestimmt sich nach ihrem Gegenstand, also danach, was die Natur ist. – Die Argumente gegen die Echtheit von Buch XI sind hier nicht zu referieren; sie werden in den Symposiumsakten zu lesen sein. Hier sei nur dies bemerkt, daß Buch XI eine Reihe subtiler Gedanken enthält, die man schwerlich einem anderen als Aristoteles zuschreiben kann, so z. B. den in Kap. 1, 1059a 38, der die wichtige Unterscheidung zwischen einer Zweckursache im Unbewegten und im Bewegten („nicht im Unbewegten") impliziert (s. 2. Halbband, Einl. XXVII, mit Beziehung auf XII 7, 1072b 1–2) . . .

Nijmegen, Februar 1982 *Horst Seidl*

[6] Vgl. auch De caelo I 5, 271 b 1–7.

VORWORT ZUR DRITTEN AUFLAGE

An der vorliegenden Neuauflage sind wesentliche Verbesserungen durchgeführt worden:

1. Der von W. Christ besorgte Teubner-Text, den diese PhB-Ausgabe als Lesetext übernommen hat, wurde mit dem jüngeren Oxford-Text von D. Ross verglichen (London 1924, ^{6}1970). Alle nennenswerten Abweichungen von Ross gegenüber Christ sind nunmehr am Fuße des textkritischen Apparats vermerkt. (Die von W. Jaeger in seiner Oxford-Ausgabe von 1957 gemachten Konjekturen erschienen mir durchgehend entbehrlich.) Wo die Übersetzung einer vom Teubner-Text abweichenden Lesart folgt, ist diese im textkritischen Apparat unterstrichen.

2. Was die Übersetzung von H. Bonitz betrifft, so ging es bei ihrer Übernahme in die PhB-Ausgabe von Anfang an nicht um ihre bloße Reproduktion. Die längere Beschäftigung mit dieser an sich sehr wertvollen Übersetzung erwies doch zahlreiche Verbesserungen stilistischer und inhaltlicher Art als notwendig, so schon bei der zweiten Auflage und nun auch bei der dritten. Der Herausgeber nahm viele Verbesserungsvorschläge von Kollegen auf und ist für weitere auch in Zukunft dankbar.

Für die Bereitschaft zu der allseitig verbesserten Neuauflage des Bandes I von Aristoteles' Metaphysik sei dem Felix Meiner Verlag sehr herzlich gedankt.

Rom, Oktober 1988 *Horst Seidl*

EINLEITUNG

I. Inhaltsübersicht über die vierzehn ‚Metaphysik'-Bücher

Die Bücher I–VI führen die Metaphysik – die hier „Weisheit", „erste Philosophie" genannt wird – als noch „gesuchte Wissenschaft" ein, bestimmen ihren Zielgegenstand (Bücher I, II) und Ausgangsgegenstand (IV, VI) und umreißen die damit auftretenden Probleme (III).

Buch I (A) versucht, die Metaphysik, die „Weisheit", von ihrem Zielgegenstand her als „theoretische Wissenschaft von den ersten Ursachen alles Seienden" zu bestimmen (Kap. 1–2), nimmt aus ‚Physik' II 3 und 7 die vier Ursachen-Gattungen: Stoff-, Form-, Bewegungs- und Zweckursache, wieder auf (Kap. 3) und überprüft an ihnen – in einem historischen Rückblick – die Lehren der früheren Philosophen (der Vorsokratiker, Kap. 3–5, und Platons, Kap. 6). Es schließt sich eine kritische Erörterung der Lehren (der Vorsokratiker, Kap. 8, und Platons, Kap. 9) an.

Buch II (α), das den Charakter einer zweiten Einleitung nach Buch I hat, ergänzt dieses in mehrfacher Hinsicht: nicht nur, daß es zu den I 2 genannten Merkmalen der Weisheit noch ein weiteres hinzufügt, nämlich „Theorie der Wahrheit" zu sein, und in dieser Hinsicht den wertvollen Beitrag der früheren Philosophen, sowie den Nutzen des historischen Studiums ihrer Lehren betont (Kap. 1); es weist auch mit bedeutsamen Argumenten nach (Kap. 2), daß es die in I 1–2 erwähnten „ersten Ursachen" überhaupt in den vier Ursachengattungen gibt (u. a. mit dem Argument vom unmöglichen Regreß ins Unendliche). Das Buch schließt mit didaktischen Bemerkungen hinsichtlich des Hörers der Metaphysik-Vorlesung (Kap. 3).

Buch III (B) beginnt (Kap. 1) mit einer methodologischen Vorbemerkung, daß es für eine Wissenschaft notwendig ist, zunächst die sich ihr stellenden Probleme, „Aporien", genau zu kennen, um dann erst Lösungen anzustreben. Es bringt (Kap. 1) in kurzer Übersicht Aporien, die sich der Metaphysik hauptsächlich stellen, und führt sie dann (Kap. 2–6) näher aus, wobei, meist in antithetischer Form, die verschiedenen Lehrmeinungen früherer Philosophen (sc. der Vorsokratiker und Platons) zu Wort kommen. (Doch enthalten die Ausführungen oft schon Aristoteles' eigene Lösungshinweise, so z. B. bei der 8. Aporie den auf die aristotelische Formursache.)

Die 1.–4. Aporie betreffen die Metaphysik als noch gesuchte Wissenschaft, nämlich ob zu ihrem Gegenstand nur die Substanzen gehören oder auch ihre Wesensmerkmale, und ob sie überdies die ersten Wissenschaftsaxiome (Satz vom Widerspruch und ausgeschlossenen Dritten) zu untersuchen hat, ferner ob alle Substanzgattungen oder nur eine bestimmte, und ob von den Ursachen der Substanzen alle vier (o. gen.) Gattungen oder nur eine; die 5.–15. Aporie beziehen sich auf die Substanzen und ihre Ursachen, Prinzipien, selbst, ob es neben den sinnlichen, bewegten Substanzen noch andere (übersinnliche, unbewegte) gibt, ferner ob es neben der stofflichen Ursache in den Sinnesdingen noch eine andere gibt (sc. die Formursache, 8. Aporie), weiter ob die Ursachen, Prinzipien, allgemeine oder wie Einzeldinge sind u. a. m.

Die Bücher IV und VI beantworten die 1.–4. Aporie, die Bücher VII–IX, XI–XIV lösen die 5.–15.Aporie auf.

Nach *Buch IV (Γ)* ist Ausgangsgegenstand der Metaphysik „das Seiende als Seiendes", d. h. alle Dinge, insofern sie (in einem ersten Sinne) sind, die Substanzen. Von ihnen hat die Metaphysik die ersten Ursachen, als Zielgegenstand, zu erforschen (Kap. 1). Alle Substanzen, wiewohl hinsichtlich ihrer verschiedenen Eigenschaften Gegenstände der Einzelwissenschaften, sind doch noch einmal Gegenstand einer einzigen Wissenschaft, der Metaphysik, sofern sie *als*

Substanzen erstes Seiendes sind, auf das analog alles übrige, eigenschaftliche Seiende (als zweites, abgeleitetes) bezogen ist. Dann muß sich aber die Metaphysik auch mit allen Gattungen der Ursachen befassen, sofern sie nämlich Ursachen des Seienden als solchen, der Substanz, sind. Weiter hat sie die Wesensmerkmale des Seienden als solchen zu untersuchen wie: das Eine und Viele, das Selbige und Andere, Gleiche und Ungleiche, Ähnliche und Unähnliche, sowie überhaupt die verschiedenen Gegensatzarten (Kap. 2). Es ergibt sich ferner, daß die Metaphysik auch die obersten Wissenschaftsaxiome erörtern muß, und daß diese der Satz vom Widerspruch und vom ausgeschlossenen Dritten sind (Kap. 3). Ihre Gültigkeit beweist dann Aristoteles indirekt durch Widerlegung ihrer Leugner, wobei er die der Leugnung zugrundeliegenden (relativistischen und sensualistischen) Annahmen des Protagoras, Heraklit, Demokrit u. a. der Kritik unterzieht (Kap. 4–8).

Buch V (Δ) klärt die wichtigsten, zum Gegenstand der Metaphysik gehörigen Begriffe nach ihren verschiedenen Bedeutungen ab, wobei teils von den wörtlichen oder sinnenfälligen, teils den bei früheren Philosophen verwendeten Bedeutungen ausgegangen und zu den in Aristoteles' Metaphysik selbst relevanten Bedeutungen fortgeschritten wird. Das Buch zeigt zwar eine gewisse Selbständigkeit gegenüber den übrigen Büchern, doch ist es einerseits noch eng mit den historischen Erörterungen in Buch I und III über Lehrmeinungen früherer Philosophen verbunden und bahnt andererseits mit den Begriffserklärungen schon den Weg zu den, mit Buch VII beginnenden, metaphysischen Hauptuntersuchungen.

Folgende Begriffe werden behandelt:

1. Prinzip, 2. Ursache, 3. Element, 4. Natur, 5. Notwendig, 6. Eines, 7. Seiendes, 8. Wesen;

9. Selbiges, 10. Entgegengesetztes, 11. Früher und Später, 12. Vermögen (Möglichkeit);

13. Quantitatives, 14. Qualitatives, 15. Relatives;

16. Vollendet, 17. Grenze;

18. An sich;
19. Disposition, 20. Haltung, 21. Affektion, 22. Privation, 23. Halten (Haben);
24. Woraus, 25. Teil, 26. Ganzes, 27. Verstümmelt, 28. Gattung;
29. Falsches, 30. Akzidens.

Die Auswahl und Anordnung der Begriffe bestimmt sich nach zwei Gesichtspunkten:
erstens nach dem Zielgegenstand: Prinzip, Ursache, Element, und dem Ausgangsgegenstand der Metaphysik bzw. nach beiden: Natur, Notwendig, Eines, Seiendes, Wesen, denen ihre ontologischen Merkmale folgen: Selbiges (und Anderes, sowie allgemein) Entgegengesetztes, Früher und Später, Ansich; mit dem Einen zusammenhängend: Teil und Ganzes, dieses als materiell verstanden: das Woraus, als begrifflich verstanden: die Gattung; ferner durch Später und Früher als zwei Seinsweisen gekennzeichnet: Vermögen und Vollendung, Grenze;
zweitens nach der Kategorieneinteilung, wonach zuerst die Substanz dann die Quantität, Qualität und Relation, Affektion und Haben behandelt werden; ferner mit Haben/Halten zusammenhängend: Haltung, Disposition, Privation. Zuletzt aber ist das behandelt, was zum Nichtseienden in Beziehung steht: Falsches und Akzidens.

Buch VI (E) bestimmt den Gegenstand der Metaphysik erstens vom Ausgangspunkt her als das, was die Einzelwissenschaften für ihre Gegenstände immer schon voraussetzen, sc. ihr Wassein und Dasein, und thematisiert es (vom Dasein her) im „Seienden als solchem“;
zweitens vom Ziel der Metaphysik her als abgetrennte (= selbständige, hier auch = transzendente) und unbewegte Substanz, im Gegensatz zu den Gegenständen der zwei anderen philosophischen Disziplinen, sc. dem der Physik, der zwar abgetrennt (= selbständig), aber nicht unbewegt ist, und dem der Mathematik, der zwar unbewegt, aber nicht abgetrennt (= selbständig) ist, sondern nur *als* abgetrennt betrachtet wird.

Wenn es eine abgetrennte und unbewegte, „göttliche" Substanz gibt und auf sie sich die Metaphysik als „Theologie" richtet, dann hat diese den Vorrang vor der „Physik" (= Naturphilosophie) und ist „erste Philosophie", sowie „allgemeine", weil auf die erste Ursache alles Seienden als solchen gerichtet (Kap. 1).

Aus dem Gegenstand der Metaphysik ausgeschlossen werden das Wahr- (bzw. Falsch-)Seiende und das akzidentelle Seiende (hier: das Zufällige), weil nicht Seiendes im eigentlichen Sinne (nach den Kategorien, besonders der Substanz) und weil nicht von Ursachen dieses Seienden an sich abhängend. Vielmehr liegt die Ursache des Wahr- (u. Falsch-)Seins im Denken des Erkenntnissubjekts, die Ursachen des Akzidentellen aber sind selbst nur akzidentelle, indirekte (Kap. 2–4).

Mit *Buch VII* beginnt die Hauptuntersuchung der Metaphysik, die vom Seienden als solchem, der sinnlich gegebenen Substanz, ausgehend, zuerst über ihre Wesenheit handelt, weiter über die in ihr befaßte Stoff- und Formursache, sowie die diesen entsprechenden zwei Seinsweisen von Potenz und Akt (bis Buch IX Ende), und schließlich fortschreitet zu einer ersten, abgetrennten (= transzendenten), unbewegten, göttlichen Substanz (Buch XII).

Zu Beginn von *Buch VII (Z)* wird die Substanz, das Einzelding (nach der ersten Kategorie), als „erstes Seiendes" eingeführt, das „abgetrennt" (= selbständig) und „an sich" existiert (im Gegensatz zu den Akzidenzien, Kap. 1). Nach Erwähnung verschiedener Arten von Substanzen nach den herkömmlichen Ansichten (der Vorsokratiker und Platons), auch einer unsinnlichen, ewigen, abgetrennten (= transzendenten) Substanz (deren Existenz noch eine offene Frage ist, Kap. 2), werden vier Bedeutungen von Substanz (Wesen) aufgeführt: 1. Sosein (Wesenheit), 2. Allgemeines, 3. Gattung und 4. letztes Aussagen-Subjekt (Einzelding, Substanz im engeren Sinne). Die 4. Bedeutung ist nicht ausreichend, da nach ihr so argumentiert werden könnte, daß sich der Stoff allein als Substanz ergäbe; denn die Akzidenzien werden von der Substanz ausgesagt, dem

Wesen, dieses aber noch einmal von der Stoffursache. Freilich führt das Argument zum Stoff als dem gänzlich Unbestimmten und verweist auf die Form als das Bestimmungsprinzip, so daß die Substanz der Dinge (weil voll bestimmt, abgetrennt und an sich existierend) vielmehr in der Formursache gesucht werden muß, die am „meisten aporetisch", am schwierigsten zu erfassen ist (Kap. 3, vgl. 8. Aporie von III 4). Aristoteles geht dann zur Erörterung der 1. Bedeutung, des Soseins, über (das sich in der Formursache erfüllt) und bezeichnet den Übergang als einen solchen vom „Bekannteren für uns" zum „Bekannteren an sich", dem für uns zunächst Unbekannten, Schwierigen (sc. vom Sinnenfälligen zum Intelligiblen, von der Substanz als Sinnesding zu einer intelligiblen Wesenheit gemäß der Formursache). Das Sosein, die Wesenheit, wird als das bestimmt, was von den Dingen als Artvertretern, ihrem substantiellen Sein nach, an sich und d. h. in einer Definition ausgesagt wird (Kap. 4–5). Das Einzelding und seine Wesenheit sind identisch (entgegen Platons Annahme) aufgrund des *einen* substantiellen Seins (Kap. 6). Hinsichtlich des Entstehens und Vergehens der Dinge zeigt sich, daß die Wesenheit die in ihm liegenden Konstanten, die Stoff- und Formursache, betrifft, die selber nicht wieder gleicherweise entstehen und vergehen wie die Dinge, die sie konstituieren (Kap. 7–9). Die Wesenheit wird durch die Definition bestimmt. Ihre Glieder, Gattung und Artunterschiede, dürfen nicht die stofflichen Teile der zu definierenden Dinge bezeichnen, sondern nur „die Teile der Art-Form" (für Gattung und Unterschiede ist Erkenntnisquelle letztlich die Formursache, während die Stoffursache an sich unerkennbar ist). Indes verhält sich die Gattung zu den Unterschieden nochmals „gleichsam wie Stoff", d. h. wie ein Bestimmbares zum Bestimmenden (so daß sich in diesem Verhältnis indirekt das von Stoff- und Formursache abbildet). Die Wesenheit vollendet sich in der Formursache, die durch die Unterschiede, vollständig erst durch den letzten, bezeichnet wird (Kap. 10–12).

Im folgenden wird dann die 2. und 3. Bedeutung von Substanz, die des Allgemeinen und der Gattung, erörtert und in einer Kritik an Platons Ideenlehre gezeigt, daß Allgemeines und Gattung (verstanden als logisches, univokes Allgemeines, das im Gegensatz zum Einzelnen steht) nicht für sich selbständig existierende Substanz sein kann (Kap. 13–16). Das letzte Kapitel (17) behandelt ergänzend noch einmal die Wesenheit, und zwar nun unter dem Aspekt der Stoff- und Formursache. Die Frage, was ein Ding ist, muß in eine die Ursachen erschließende Frage umgewandelt werden: warum in einem Ding etwas etwas anderem zukommt, d. h. welche Formbestimmung welchem Stoff zukommt. Ein Ding ist mehr als die Zusammensetzung (Summe) seiner Stoffelemente, nämlich auch das bestimmende Formprinzip, wodurch die Stoffelemente sich so und nicht anders zusammensetzen, und die Zusammensetzung gerade dieses Ding und kein anderes ausmacht.

Buch VIII (H) ergänzt Buch VII in der Ursachenlehre, hinsichtlich der Funktion der Stoff- und Formursache bei der Entstehung der Dinge (Kap. 1–5), und in der Definitionenlehre (6).

Buch IX (Θ) handelt, wie schon erwähnt, von den Begriffen Vermögen, bzw. Möglichkeit, und Wirklichkeit. Es untersucht zuerst (Kap. 1–5) ihre Bedeutungen im „physischen" Bereich der Bewegung, des Handelns und Wirkens, unterscheidet zwischen natürlichen, angeborenen und erworbenen Vermögen, Bewegung zu wirken und zu erleiden, und erörtert Möglichkeit in logischem und realem Sinne. Die Untersuchung vertieft dann aber (Kap. 6) die Begriffe zu „metaphysischer" Bedeutung, wonach sie zwei Seinsweisen alles Seienden als solchen bezeichnen und auch wie dieses nicht mehr definierbar, sondern nur induktiv aufweisbar, sowie von analoger (nicht univoker) Allgemeinheit sind. Von Bewegung und Handlung wird nunmehr „Wirklichkeit", Tätigkeit (Aktualität), unterschieden: Jene haben ihren Zweck, ihr „Werk", außerhalb ihrer, diese hingegen in sich selbst (die griechischen Wörter ἐνέργεια, ἐντελέχεια, bezeichnen das Im-„Werk“-sein, und das Im-Zweck- bzw. Im-„Ende“-sein, „Vollendet“-sein). Beispiele verdeutlichen die Begriffe an den seelischen Tätigkeiten und am Leben, dem Sein des Lebewesens. In ihrer metaphysischen Bedeutung erstrecken sich die Begriffe auf das Sein aller Dinge. Und weiter auf ihre Ursachen (Kap. 7–8), wobei die Möglichkeit auf die Stoff-, die Wirklichkeit auf die Formursache bezogen ist (Kap. 7 führt die spezifischen Stoffursachen der Dinge auf einen ihnen zugrundeliegenden „ersten Stoff“ zurück). Bei der Entstehung des Einzeldinges geht die Möglichkeit der Wirklichkeit vorher. Der Art nach aber müssen immer schon wirkliche Prinzipien vorliegen, und im ganzen gesehen, hat stets die Wirklichkeit Vorrang vor der Möglichkeit. So auch hinsichtlich des Alls: damit etwas entstehen kann, müssen immer schon wirkliche Prinzipien und ein erstes wirkliches dasein, das erste Bewegungs- und Seinsursache und als solche ewig und notwendig ist. Das Ewige und Notwendige aber ist immer in Wirklichkeit; denn das Mögliche kann sich auch anders verhalten und überhaupt nicht sein (ferner ist die Wirklichkeit vor der Möglichkeit auch „besser und ehrwürdiger“, Kap. 9).

Das Buch erwähnt abschließend (Kap. 10) den Aspekt des ontologischen „Wahr“-seins, der im wirklichen Sein der Dinge liegt, und klärt, wann, von ihm abhängend, das logische Wahr-sein vorliegt und wann nicht (der Seinsakt der Dinge wird als „wahrer“ unmittelbar von der Vernunft „berührt“).

Buch X (I) handelt von den, in IV 2 genannten, Seinsmerkmalen der Dinge, dem Einen und Vielen, Gleichen und Ungleichen, Ähnlichen und Unähnlichen. Im einzelnen untersucht es das Wesen des Einen (Kap. 1, wobei es feststellt, daß das Eine keine selbständige Substanz ist, Kap. 2, s. 11. Aporie in III 4), weiter die Arten des Einen und Vielen, sowie diesen Gegensatz und allgemein die Gegensatzarten, besonders den konträren und privativen (Kap. 3–6), und zuletzt das der Art und Gattung nach Verschiedene (Kap. 8–10).

Bevor Aristoteles' ‚Metaphysik' im Buch XII, in einem letzten Gang, zur transzendenten, immateriellen Substanz aufsteigt, wiederholt *Buch XI (K)* in kurzen Zusammenfassungen wichtige Untersuchungen aus den vorangegangenen Büchern und aus *Physik* II–IV, und zwar folgendes: die Hauptaporien aus *Metaph.* III 2–6 (in Kap. 1–2), die Untersuchungen über den Ausgangsgegenstand der Metaphysik aus IV 1–2 (in Kap. 3–4), die über die ersten Wissenschaftsaxiome aus IV 3–8 (in Kap. 5–6), die über den Zielgegenstand der Metaphysik (als „Theologie") aus VI 1 (in Kap. 7), über das Wesen des (aus dem Metaphysik-Gegenstand auszuschließenden) Akzidentellen und Wahren aus VI 2–4 (in Kap. 8), über die Bewegung in ihrem Bezug zu Möglichkeit und Wirklichkeit des Seienden, sowie über die Arten der Bewegung, aus IX 8–9 und ‚Phys.' II und III (in Kap. 10 über das extensive Unendliche, das kein aktuales ist, aus ‚Phys.' IV 4–5).

Buch XII (Λ) stellt sich als geschlossene Abhandlung über die Substanz dar, in dem doppelten Sinne, daß sowohl der Ausgangsgegenstand Substanzen (die Sinnesdinge) sind, deren erste, transzendente Ursache gesucht wird, als auch diese selbst, als Zielgegenstand, wiederum Substanz ist. In seinem ersten Teil (Kap. 1–5) bringt Buch XII, ähnlich wie Buch XI, zusammenfassend Ergebnisse früherer Untersuchungen, und zwar (aus dem in Buch XI nicht berücksichtigten BuchVII) über die sinnlichen Substanzen, ihre Entstehung und ihre konstitutiven, immanenten Stoff- und Formursachen, sowie deren analoge Allgemeinheit.

Der zweite Teil des Buches XII führt in einem induktiven Beweisgang zum Dasein einer abgetrennten (= transzendenten), unbewegten Substanz als eines „solchen Prinzips, dessen Wesenheit Wirklichkeit ist", d. h. reiner Akt ohne Potenz, ohne stoffliches Prinzip (Kap. 6). Sie ist erstes Bewegungs- als Zweckprinzip, das „wie ein Geliebtes bewegt", „wovon der Himmel und die Natur abhängen" (Kap. 7). Als erstes Bewegtes wird Vernunft genannt (was vernunftbegabte seelische Prinzipien voraussetzt, hinsichtlich des Himmels gewisse ihn beseelende Vernunftwesen; vgl. die in Kap. 8 erörterten unbewegten Beweger, deren Zahl nach der Zahl der verschieden bewegten Himmelskörper bestimmt wird). Dem Beweis vom Dasein einer ersten transzendenten, unbewegten Substanz folgt ihre Wesensbestimmung (noch in Kap. 7). Da sie wesensmäßig reiner Seinsakt ist (ihr Wesen und Sein einzigartigerweise in eins zusammenfallen) und von immaterieller Natur, wird sie als reine Vernunftaktualität bestimmt, mehr noch: als vollkommenstes, glückseligstes, göttliches Leben; „denn dies ist der Gott". Weiter folgen Erörterungen über die Erkenntnis, die die göttliche Vernunft hat (Kap. 9). Es ergibt sich, daß sie unmittelbare, direkte Selbsterkenntnis ist, d. h. Vernunft und Vernünfiges, Intelligibles, im schauhaften Erfassen des eigenen Vernunftaktes, in der *νόησις νοήσεως*, in der Gott sich zugleich als Ursache alles Seienden erfaßt (im Gegensatz zur menschlichen Vernunft, die sich selbst nur „beiläufig", „durch Hinzunahme des Intelligiblen" erkennt, also nur indirekt zu der direkt immer auf Objekte gerichteten Erkenntnis, weshalb beim Menschen Subjekt und Objekt immer in eine Zweiheit auseinandertreten).

Eine letzte Bestimmung der transzendenten, göttlichen Substanz (Kap. 10) ist die, daß sie oberste Zweckursache ist, das Gute selbst, auf das alle Weltdinge hingeordnet sind.

Die Bücher XIII und XIV ergänzen die Untersuchungen von XII über eine abgetrennte (transzendente) und unbewegte Substanz, indem sie die Ansichten anderer Philosophen hierüber erörtern. Sie nehmen die Kritik an Pythagoreern und Platonikern (zum Teil wörtlich) aus I 9 und III 5–6 (hins. der 12. und 13. Aporie) wieder auf und setzen sie fort, wobei in die Kritik nunmehr auch die Ältere Akademie (Speusipp und Xenokrates) einbezogen wird.

Buch XIII (M) nennt zunächst (Kap. 1) die Themen, ob nämlich die Ideen und das Mathematische als zwei transzendente Substanzgattungen existieren (so nach Platon), oder ob beide identisch sind und als ein und dieselbe

Substanzgattung existieren (nach Xenokrates), oder ob nur das Mathematische allein als eine solche Gattung existiert (nach Speusipp), schließlich ob das Mathematische und die Ideen Ursachen der Sinnesdinge sein können oder nicht. Es wird dann in ausführlichen Argumenten dargelegt, daß weder das Mathematische (besonders die Zahlen) als transzendente Substanzen für sich existieren können (Kap. 2–3), noch die sog. Ideen (Kap. 4), und daß Ursachen der Sinnesdinge weder die Ideen noch das Mathematische sein können (Kap. 5–6).

Buch XIV (N) bringt zu den in XIII 1 genannten Themen weitere widerlegende Argumente bei, besonders zu den Ansichten (der Pythagoreer, Platons und der Älteren Akademie) über die Prinzipien des Mathematischen und der Ideen.

II. Zu einigen mehrdeutigen Begriffen in Aristoteles' ‚Metaphysik': οὐσία (Wesen: Substanz, Wesenheit), ὑποκείμενον (Zugrundeliegendes: Subjekt, Substrat), εἶδος (Art, Form), χωριστόν (abtrennbar: selbständig, transzendent)

Beim Studium der aristotelischen Metaphysik ist zu beachten, daß in ihr einige Hauptbegriffe mehrdeutig verwendet werden, derart, daß sich ihre Bedeutung – im Zuge des Erkenntnisganges zu den Seinsursachen der Dinge – von einer ersten zu einer zweiten, neuen Bedeutung verschiebt: so bei *οὐσία* von der Bedeutung „Substanz", „Subjekt" (Einzelding), zu „Wesenheit" (im Einzelding); bei *ὑποκείμενον* von „Subjekt" (Einzelding) zu „Substrat" (Stoffursache im Einzelding); bei *εἶδος* von „Art" (Species des Einzeldinges) zu „Form"-Ursache (im Einzelding); bei *χωριστόν* von „selbständig" (als Merkmal der sinnlichen Substanz) zu „transzendent" (als Merkmal einer unsinnlichen Substanz, der ersten Seinsursache des Sinnlichen).

Damit dem Leser die Möglichkeit bleibt, an jeder Textstelle selbst zu entscheiden, ob die erste oder zweite der genannten Bedeutungen vorliegt, verwendet die vorliegende

Übersetzung (abweichend von Bonitz) für die griechischen Begriffe einen entsprechend mehrdeutigen im Deutschen: so für *οὐσία* „Wesen", das sowohl „Substanz" (z. B. die körperlichen, die lebenden Wesen u. ä.) als auch „Wesenheit" bedeuten kann; für *ὑποκείμενον* „Zugrundeliegendes" in der doppelten Bedeutung von „Subjekt" und „Substrat"; für *εἶδος* „Art-Form" in der doppelten Bedeutung des „Art"-Allgemeinen und der „Form"-Ursache; für *χωριστόν* „abtrennbar" (Bonitz: „trennbar"), was sowohl „für sich bestehend", „selbständig", als auch „transzendent" bedeuten kann.

Zum besseren Verständnis der genannten Begriffe in ihren verschiedenen Bedeutungen folgen hier noch einige Erläuterungen[1].

1. *οὐσία*

ist in seiner Grundbedeutung in der ‚Kategorien'-Schrift (Kap. 1) bestimmt als „das, von dem alles andere ausgesagt wird, während es selbst von nichts anderem mehr ausgesagt wird", d. h. als letztes Aussagen-Subjekt, Substanz[2]. Dies ist das Einzelding (z. B. Sokrates). Mit Kritik an Platon bestimmt Aristoteles nicht das Allgemeine, Art und Gattung (z. B. Mensch und Lebewesen), sondern das Einzelding als „erste Substanz", das Allgemeine hingegen als „zweite Substanz", weil zwar das übrige (die Akzidenzien) auch von ihm ausgesagt wird, es selbst aber noch einmal vom Einzelding, wodurch es sich als unselbständig, abhängig erweist.

Wiewohl aber die Art nicht für sich besteht, sondern auf die „erste Substanz", das Einzelding, bezogen und von ihr aussagbar ist, kann dieses doch *nur* unter dem Aspekt der

[1] Für ein ausführlicheres Studium der Begriffe sei verwiesen auf: Bonitz, Index Aristotelicus; Owens, S. 137 ff.; ferner die Kommentare zu ‚Metaph.' V 8 (*οὐσία*).

[2] latein.: *subiectum, substantia,* bei Marius Victorinus und nach ihm in der scholastischen Terminologie des Mittelalters.

Art (auf dem Wege der Definition) auf das hin betrachtet werden, wodurch es „*erste* Substanz“ ist, d. h. auf seine immanente Formursache hin (die in der Definition aufgewiesen wird, s. 'Metaph.' VII 10–12)[3].

Die zunächst von der Aussage her gewonnene Einteilung der „Kategorien“ (Aussageweisen) – nach 1. Washeit, 2. Quantität, 3. Qualität, 4. Relation u. a. – schließt bei dem nach ihnen Bezeichneten eine wichtige ontologische Unterscheidung ein, nämlich zwischen dem nach der 1. Kategorie Bezeichneten als „erstem Seienden“, der Substanz, und dem nach den übrigen Kategorien, den Akzidenzien, als abgeleitetem, zweitem Seienden (s. bes. 'Metaph.' IV 2 und VII 1).

Merkmale der *οὐσία* sind das eines „an sich“ (*καθ' αὑτό*) und „abtrennbar“ Seienden (*χωριστόν*), sowie das eines „auf erste Weise Seienden“ (*πρώτως ὄν*, VII 1)[4]. Diese Merkmale, auch das dritte, sind freilich nicht auf die sinnliche Substanz festgelegt, sondern haben analoge Bedeutung und kommen in noch höherem Grade den Seinsursachen der sinnlichen Substanz zu, wodurch diese „erstes Seiendes“ ist, so zunächst ihrer immanenten Formursache bzw. Wesenheit, die wiederum „erstes Wesen“ (*πρώτη οὐσία*), „erstes Seiendes“ ist, schließlich einer transzendenten, unsinnlichen (göttlichen) Seinsursache, die im höchsten Grade „erstes Wesen“, weil „erstes Seiendes“ ist.

Der Begriff *οὐσία*, „Wesen“, steht also nicht nur für die sinnliche Substanz, sondern auch (und eigentlicherweise)

[3] Zur grundsätzlichen Verschiedenheit von Art und Formursache s. u. 3) *εἶδος*.

[4] Das dritte Merkmal entspricht direkt der wörtlichen Bedeutung von *οὐσία*; denn das Wort leitet sich aus dem Partizip von *εἶναι*, Sein, her und steht bei Platon und Aristoteles häufig für das gegenständlichere Partizip-Neutrum *ὄν*. Die „abstrakte“ Substantivbildung (mit Feminin-Endung) *οὐσία*, „Seiendheit“, intensiviert die Bedeutung „Seiend“ zu einem Inbegriff des Seienden, einem „ersten Seienden“. Eine ähnliche Intensivierung liegt in Platons Ausdruck *ὄντως ὄν*: „seiend Seiendes“.

für ihre (immanenten und transzendenten) Seinsursachen. Zwei Textstellen mögen dies verdeutlichen:

VIII 3, 1043 b 13–16, heißt es vom Formprinzip: „Wenn dies die Ursache des Seins und des Wesens (*οὐσίας*) ist, so dürfte man diese wohl das Wesen selbst (*αὐτὴν τὴν οὐσίαν*) nennen". Ausgangspunkt ist das Wesen als sinnliche Substanz, deren Seinsursache gesucht wird. Und diese will Aristoteles wieder als Wesen benennen, das nunmehr die Bedeutung der Wesenheit bzw. Formursache (in der sinnlichen Substanz) hat.

Der Anfang von Buch XII 1 lautet so: „Über das Wesen (*περί τῆς οὐσίας*) geht die Metaphysik-Betrachtung: denn von den Wesen (*τῶν οὐσιῶν*) werden die Prinzipien und Ursachen gesucht". Diese Themaangabe der Metaphysik drückt aus, wie sie als betrachtende (theoretische) Wissenschaft „über das Wesen" in dem doppelten Sinne handelt, daß sowohl ihr Ausgangsgegenstand die Wesen sind, d. h. die sinnlichen Substanzen, deren Prinzipien und Ursachen gesucht werden, als auch diese selbst als Zielgegenstand wieder Wesen sind, in einer neuen, ursächlichen Bedeutung.

Abschließend sei erwähnt, daß *οὐσία* nicht nur aussagenmäßig (und „logisch") bestimmt wird als „letztes Aussagen-Subjekt", sondern auch seinsmäßig („ontologisch") als das, „ohne welches nichts von dem übrigen (sc. den Akzidenzien) sein kann" ('Cat.' 5, 2b 5–6), während es selbst „ohne das übrige sein kann" ('Metaph.' V 11, 1019a 3–4, mit Verweis auf Platon, der sich dieser Bestimmung zuerst bediente, wohl hins. der mathematischen Wesen, vgl. III 5, 1002a 4–15). Und sofern die ersten Ursachen alles Seienden wiederum *οὐσίαι* sind, werden sie bestimmt als das, „bei dessen Aufhebung auch alles übrige aufgehoben wird" (XI 1, 1059b 30; „denn wenn diese nicht wären, so wäre überhaupt nichts", IX 8, 1050b 19; XII 6, 1071b 5–6)[5].

[5] Diese ontologischen Bestimmungen sind in die modernen Substanz-Definitionen bei Descartes und Spinoza eingegangen, freilich in sehr einseitiger und übersteigerter Form.

2. ὑποκείμενον

meint wörtlich das „Zugrundeliegende“[6] und hat bei Aristoteles eine zweifache Bedeutung, nämlich als letztes Aussagen-“Subjekt“ und als stoffliches „Substrat“. Beide Bedeutungen sind wohl zu unterscheiden, da sie aus sehr verschiedenen Gesichtspunkten entspringen, wie Buch VII 3 besonders klar zeigt: die erste Bedeutung aus einem aussagenmäßigen (und logischen) Gesichtspunkt, die zweite aus einem ursächlichen (naturphilosophischen).

In der ersten Bedeutung dient ὑποκείμενον zur Bestimmung von οὐσία, „Substanz“, als dem, „wovon alles übrige ausgesagt wird, während es selbst von nichts anderem mehr ausgesagt wird“, d. h. als letztem Aussagen-Subjekt, dem Einzelding. Die zweite Bedeutung ergibt sich daraus, daß der Form- die Stoffursache „zugrunde liegt“, wobei nun die Erschließung des Einzeldinges auf seine immanenten Ursachen hin erfolgt.

Nun könnte es zwar, nach einem in VII 3 angeführten Argument, so scheinen, daß der Stoff das letzte Aussagen-Subjekt und damit οὐσία in der Hauptbedeutung wäre; „denn das übrige wird vom Wesen (τῆς οὐσίας) ausgesagt, dieses aber vom Stoff. . . Denjenigen, welche die Sache so betrachten, ergibt sich also, daß Wesen der Stoff ist. Aber dies ist unmöglich. . .“ (1029a 23–27). Das Unmögliche liegt darin, wie Aristoteles klärt, daß der Stoff (das letzte Substrat) das gänzlich Unbestimmte ist, das erst durch die Formursache zu etwas Bestimmtem wird, die ihrerseits das Bestimmende ist. Ferner zeigt sich nun auch der zweideutige Gebrauch von „ausgesagt werden“ (κατηγορεῖται) im Argument; denn das übrige wird vom Wesen, dem Einzelding, in ganz anderer Weise „ausgesagt“ als das Wesen, mit der Formursache, von der Stoffursache: Alle Aussagen vom Einzelding sind solche vom voll Bestimmten; sie geben dem Einzelding nur wieder zurück, was

[6] Von den Scholastikern mit *subiectum* übersetzt.

an Bestimmungen dank der Formursache in ihm liegt. Das Wesen mit der Formursache dagegen wird vom Stoff als dem an sich Unbestimmten ausgesagt; die Aussage bringt hier Bestimmungen bei, die im Stoff als solchem nicht liegen. Deshalb ist auch nach Aristoteles das letzte Aussagen-Subjekt nicht der Stoff, sondern das Einzelding. Dieses ist in der aussagenmäßigen (und logischen) Ordnung das Letzte. Stoff- und Formursache hingegen erschließen sich erst in ursächlich fragender, metaphysischer Untersuchung, die hinter das Einzelding zurückgeht, oder besser: in es eingeht. Und so sagt Aristoteles V 8, 1017b 15–16, von der Seins- bzw. Formursache, sie liege „*in* demjenigen, welches nicht mehr von etwas ausgesagt wird", d. h. *in* dem letzten Aussagen-Subjekt (Substanz), dem Einzelding.[6a]

3. εἶδος

bezeichnet ursprünglich die vielem Einzelnen gemeinsame „Gestalt", „Form", unter der es sich zu einer allgemeinen „Klasse", „Art", zusammenfassen läßt, wie auch diese „Art" selbst[7].

Bei Platon kam dieses und das ihm verwandte Wort ἰδέα zu hervorragender, metaphysischer Bedeutung; denn in den Arten erschaute er die wissenschaftlich (definitorisch bzw. dialektisch) aufgefundenen Wesenheiten der Sinnesdinge und setzte sie abgetrennt von diesen als für sich bestehende Substanzen, als die sog. Ideen, an. Der Grund für die Annahme der Ideen war dieser: Da die wissenschaftliche Erkenntnis einerseits immer auf das Allgemeine geht,

[6a] Dagegen möchte E. Tugendhat (Ti kata tinos, Freiburg 1958) in der ontologischen Aussageweise der Form vom Stoff die grundlegende, logische Aussagenstruktur sehen (20–36).

[7] So schon im vorphilosophischen Sprachgebrauch, z. B. bei Herodot, Thukydides, Isokrates u. a. Das Wort εἶδος leitet sich von ἰδεῖν: sehen, her und geht ursprünglich auf die sichtbare Gestalt der Dinge.

andererseits aber immer auf das wahrhaft Reale bezogen ist, und da das Allgemeine zum Einzelnen in unaufhebbarem Gegensatz steht, so muß entweder das Einzelne das eigentlich Reale sein – dann ist aber keine Wissenschaft, keine Wesenserkenntnis mehr möglich –, oder es muß, wenn anders es Wissenschaft gibt, die wahre Realität dem Allgemeinen zugesprochen, dem Einzelnen dagegen abgesprochen werden. Platon entschied sich, dem Problem in gewisser Weise erliegend, für die zweite Alternative: Die allgemeinen Gattungen und Arten, die sog. Ideen, sind hiernach das wahrhafte reale Seiende, die sinnlichen Einzeldinge hingegen nur ein flüchtiges Werdendes, fast ein Nichtseiendes.

Für Aristoteles, der an der Ideenlehre Kritik übt, löst sich das Problem dadurch auf, daß er nicht mehr, wie noch Platon, das Allgemeine, sc. Gattungen und Arten, mit den Wesenheiten der Dinge gleichsetzt, sondern die allgemeinen Begriffe, die so nur in der Vernunft des Erkennenden sind, von dem unterscheidet, worauf sie bezogen sind, nämlich den Wesenheiten in den Dingen. Es besteht zwar der Gegensatz zwischen dem Einzelnen und dem Allgemeinen, gleichwohl aber liegen die Wesenheiten bzw. die (mit ihnen eng verbundenen) Formursachen *in* den Einzeldingen, deren Wesenheiten/Formursachen sie sind. So hat nunmehr *εἶδος* bei Aristoteles die doppelte Bedeutung: als allgemeiner Art-Begriff und als immanente Formursache in den Dingen.

Aristoteles' Lösung ergibt sich aus einem, gegenüber Platon, neuen, tieferen Verständnis der Wesenheit bzw. Formursache[8], wonach diese zwar einerseits durch allgemeine Begriffe erkannt wird, andererseits aber doch *im* Einzelding liegt. Bezeichnend ist Aristoteles' Urteil, I 7, 988a 34–b 6, in dem historischen Rückblick auf die früheren Philosophen, hinsichtlich der Wesenheit bzw. Formursache: „Das Sosein und die Wesenheit hat keiner bestimmt angegeben, am ehesten noch diejenigen, welche die Ideen an-

[8] Vgl. u. zum Begriff *τὸ τί ἦν εἶναι*.

nehmen. . ."; was doch besagt, daß auch die Platoniker sie noch nicht voll erfaßt haben.

Äußerlich gesehen, tritt die aristotelische Formursache an die Stelle der platonischen Idee und behält sogar dieselbe Bezeichnung, εἶδος. Und doch liegt ihr eine ganz andere Auffassung sowohl von der Wesenheit als auch vom Einzelding zugrunde als bei Platon. Es ist deshalb ein Irrtum moderner Interpreten anzunehmen, Aristoteles habe mit seiner Lehre von der Formursache lediglich die platonische Idee in das Einzelne, das Sinnesding, hinein verlegt und damit auch den Gegensatz (bzw. „Chorismos") zwischen Einzelnem und Allgemeinem, der nunmehr zum Gegensatz zwischen Stoff und Form im Sinnesding selbst werde[9]. Hierauf ist folgendes zu erwidern:

Erstens wurde eine solche Annahme platonischer Ideen in den Sinnesdingen schon zur Zeit des Aristoteles vertreten: Er erwähnt sie in III 2 (zur 5. Aporie über die Annahmen verschiedener Substanzgattungen) als kombinierte Annahme, neben der anderen (wohl gewisser Pythagoreer), die sowohl sinnliche als auch mathematische Substanzen und diese *in* den sinnlichen selbst ansetzte. „Ebensogut müßte es auch möglich sein, daß die Ideen immanent *in* den sinnlichen Dingen wären" (998a 11–12; nach Alexander vielleicht Annahme des Platonikers Eudoxos). Aristoteles verwirft dann beide Annahmen als die schlechtesten, weil sie die Nachteile der Annahmen in sich vereinigen, aus denen sie kombiniert sind.

Zweitens ist nach Aristoteles der Gattungs- und Artbegriff der allgemeine Stellvertreter für das Einzelding und wie dieses noch ebenso komplex, ein zusammengesetztes Ganzes aus Form und Stoff, und zwar aus einem „allgemeinen Stoff" (das Einzelding hingegen „aus diesem bestimmten Stoff", vgl. VII 10, 1035b 27–31)[10]. Die Form-

[9] E. Zeller, Philosophie der Griechen, II 2 (Leipzig³ 1879), 303 ff., 313 ff.

[10] Darin dürfte auch der Grund der aristotelischen Kritik an

ursache wird also nicht durch den Gattungs- oder den Artbegriff bezeichnet (auch die Stoffursache nicht). Vielmehr wird sie nur durch ein Gefüge definitorischer Begriffe umgrenzt (und so in ihrem Verhältnis zur Stoffursache bezeichnet, vgl. VII 12).

Drittens wird nach Aristoteles die Form vom Stoff in ganz anderer Weise ausgesagt als der allgemeine Artbegriff vom Einzelding. Dieser wird nämlich vom Einzelding als etwas Bestimmtem ausgesagt; ebenso auch nach Platon die Idee vom Einzelding, das ja ein bestimmtes „Abbild" der Idee (als des „Vorbildes") ist und keineswegs nur unbestimmter Stoff. Ganz anders dagegen hinsichtlich der aristotelischen Form- und Stoffursache: Die Form wird vom Stoff wie das bestimmende Prinzip vom bestimmbaren, an sich noch unbestimmten Prinzip ausgesagt. (Zum Stoff als dem Unbestimmten, vgl. z. B. VII 11, 1037a 27.) Am ehesten ließe sich die aristotelische Form- und Stoffursache noch mit den in Platons Spätdialog ‚Philebos' erwähnten Ursachen vergleichen (*πέρας* und *ἄπειρον*).

Viertens verhält sich bei Platon die Idee zum Sinnesding wie das Unvergängliche zum Vergänglichen bzw. wie das wahrhaft Seiende zum Werdenden, nicht so jedoch bei Aristoteles die Form zum Stoff im Sinnesding. Ganz im Gegenteil: Beide sind im werdenden Sinnesding seine immanenten Ursachen, die nicht wiederum werden, sondern schon sind (VII 8; XII 3); denn nach aristotelischer Lehre muß im Werdenden immer schon etwas sein, sc. seine konstitutiven Ursachen, und es selbst muß immer schon etwas sein (III 4; VII 17, IX 8), und zwar zunächst „in Möglichkeit", dann „in Wirklichkeit". (Das Werden ist nach ‚Phys.', Buch III, der Übergang von Möglichkeit zu Wirklichkeit,

Platon liegen, er habe mit der Annahme der Ideen die Welt der Sinnesdinge „verdoppelt" (sc. um eine nicht-sinnliche Welt); denn die Ideen, d. h. die Gattungs- und Artbegriffe, welche die Wesenheiten der Einzeldinge sein sollen, sind ja wieder Dinge, nur eben allgemeine, nicht konkrete.

von Potenz zu Akt.) Genau genommen, sind Stoff und Form Ursachen für das Sein des Sinnesdinges, Bewegungs- und Zweckursache aber für sein Werden. Stoff und Form sind Ursache des Möglich- und Wirklich-seins.

Mit der Analyse des Werdens, mit dem Hinblick auf das Sein der Sinnesdinge und mit der Unterscheidung zwischen Möglichkeit und Wirklichkeit als zwei Seinsweisen, denen Stoff- und Formursache zugeordnet sind, gewinnt Aristoteles, weit über Platon hinausgehend, ein tieferes Verständnis des Einzeldinges und erfaßt erstmals adäquat die Formursache. Platon kam der Seinsakt der Sinnesdinge noch überhaupt nicht in den Blick. Für ihn waren sie nur flüchtig Werdendes und Vergehendes, gänzlich in Veränderung, „im Fluß", wobei er hierin Heraklits Lehre folgte (vgl. I 6, 987a 32–b 1).

4. *χωριστόν*

ist ein im Zusammenhang mit Platons Ideenlehre vorkommender Begriff und dient zur Kennzeichnung der Ideen in zweifacher Bedeutung: Er bezeichnet sie erstens (wie das Perfekt-Partizip *κεχωρισμένον*) als von den Sinnesdingen „abgetrennte", ihnen „transzendente" Wesen und zweitens als „für sich bestehendes", „selbständiges", wahrhaftes Seiendes.

Indem Aristoteles mit Kritik an Platon die Sinnesdinge als „erste Substanzen" bestimmt, spricht er ihnen nunmehr das Merkmal des „selbständigen" Seienden zu. Hingegen sind für ihn die Formursachen (die an die Stelle der platonischen Ideen treten) immanent in den Sinnesdingen, also nicht dem Sein nach „abgetrennt", sondern nur „dem Begriffe nach abtrennbar".

Was aber die ersten Seinsursachen alles Seienden betrifft, den Zielgegenstand der Metaphysik, so übernimmt Aristoteles für sie den Begriff *χωριστόν* in der erwähnten ersten Bedeutung und kennzeichnet sie als „abtrennbar", d. h. als „transzendent".

Öfters bezeichnet Aristoteles die Formursache als nur „dem Begriffe nach abtrennbar", τῷ λόγῳ χωριστόν, (im Gegensatz zur platonischen Idee), während für ihn das konkrete Sinnesding „schlechthin abtrennbar" ist, χωριστὸν ἁπλῶς (z. B. VIII 1, 1042a 28–31), d. h. selbständig für sich bestehend, im Unterschied zu den Akzidenzien, die nicht abgetrennt für sich sein können (VII 1, 1028a 22–24).

III. Zu Aristoteles' Begriff τὸ τί ἦν εἶναι (Sosein, Wesenheit)

τὸ τί ἦν εἶναι ist eine neue Wortschöpfung des Aristoteles für „Wesenheit", die er in kritischer Abhebung gegen die platonische Idee bildet. Wir wollen zunächst ihre grammatische Struktur angeben [12] und dann ihre philosophische Bedeutung näher erläutern, um zu zeigen, wie sich mit dem neuen Begriff auch ein, gegenüber dem platonischen, gänzlich neues (und erstmals adäquates) Verständnis von der Wesenheit verbindet.

Zur grammatischen Struktur: Der Begriff lautet vollständig τό τί ἦν τὸ τῷ ἑκάστῳ εἶναι, in wörtlicher Übersetzung: „Was war das für jedes Einzelding wesensmäßige Sein?"[13] (Genau genommen, ist diese Frage im Griechischen nochmals substantiviert, mit voranstehendem Artikel, was sich im Deutschen nicht nachahmen läßt.) Die Frage τί ἦν: „Was war. . .?" erinnert noch an die sokratisch-platonische Frage τί ἐστιν, die sich auf die allgemeine Washeit jedes Dinges richtete. Das Imperfekt ἦν drückt die zeitlose Dauer der erfragten Wesenheit aus, die schon immer war, was sie jetzt ist. Das Neue des aristotelischen Begriffes ist nun aber der substantivierte Infinitiv von εἶναι, Sein,

[12] Zur Begriffsanalyse s. bes. Owens, S. 180 ff.

[13] Zahlreich sind bei Aristoteles die Stellen, wo er beispielshalber für τὸ τί ἦν εἶναι bestimmte Wörter im Dativ einsetzt, wie τὸ ἀνθρώπῳ εἶναι, „das dem Menschen wesensmäßige Sein", z. B. IV 4, 1006b 22ff., b 34ff. – Anders interpretieren den Ausdruck Fr. Bassenge (in Philologus 1960, 14–47, 201–222), E. Buchanan und H. Weidemann (in Phronesis 1980, 76–87).

verbunden mit dem *Dativus possessivus*, der das Eigentümlich-, Wesensmäßig-sein für etwas ausdrückt, oder kurz: das Sosein. Dadurch zielt der Begriff mit seiner Frage nicht mehr auf die allgemeine Washeit, die im Gegensatz zum Einzelnen steht, sondern auf das Sosein *im* Einzelnen ab[14].

Um nun die philosophische Bedeutung des Begriffes zu erläutern, nehmen wir das wieder auf, was oben zum Begriff εἶδος gesagt wurde, nämlich das Problem des Einzelnen und Allgemeinen, das Platon zur Annahme der sog. Ideen veranlaßte. Da nämlich Platon im Allgemeinen, das allein Gegenstand der Wissenschaft ist, die Wesenheit der Sinnesdinge erblickte, die Wissenschaft aber immer auf das wahrhaft Reale bezogen ist, und da zwischen Einzelnem und Allgemeinem ein unaufhebbarer Gegensatz besteht (sc. der zwischen Sinnlichem und Intelligiblem, Vergänglichem und Unvergänglichem), war Platon gezwungen, die allgemeinen Wesenheiten als das wahrhaft Reale „abgetrennt" vom sinnlichen Einzelnen anzusetzen, als die sog. Ideen, und das Einzelne nur für flüchtig Werdendes zu halten.

Aristoteles übt mit Recht Kritik an den platonischen Ideen, weil sie abgetrennt von den Einzeldingen, deren Wesenheiten sie sein sollen, nichts leisten, weder für ihr Sein noch für ihr Erkennbar-sein; denn hierfür müßten sie ja *in* ihnen liegen (I 9, 991a 8–14, b 1–9). Er selbst löst das Problem dadurch auf, daß er das Allgemeine, das im Gegensatz zum Einzelnen steht, nicht, wie noch Platon, mit der Wesenheit gleichsetzt, sondern von ihr unterscheidet: Das Allgemeine findet sich als begriffliches (Gattungen und Arten) in der Vernunft des Erkennenden, während

[14] Nicht passend sind solche Übersetzungen wie „Wesenswas" (Bonitz), das zu sehr an die allgemeine Washeit erinnert, oder „Was-es-ist-dies-zu-sein" (Schwarz), das weder die Substantivierung des Infinitivs von Sein erkennen läßt, sondern den Infinitiv „zu sein" verwendet, noch in „dies" die Dativ-Zugehörigkeit des Seins „für jedes Ding" ausdrückt.

die Wesenheit im Einzelding liegt [15], gleichwohl aber von der Vernunft durch das begriffliche Allgemeine erkannt wird.

Welches neue Verständnis hat aber Aristoteles, anders als Platon, von der Wesenheit, daß sie nach ihm einerseits Gegenstand allgemeiner Erkenntnis ist und andererseits doch *im* Einzelding liegt?

Das Neue ist dies, daß Aristoteles die Wesenheit mit dem Seinsakt der Einzeldinge selbst verbunden sieht, eben als ihr wesensmäßiges Sein, ihr Sosein (daher auch die neue Wortschöpfung). Er nimmt, im Gegensatz zu Platon (und Vorsokratikern, wie Parmenides), erstmals den Seinsakt *in* den Sinnesdingen in den Blick, die für ihn nicht mehr flüchtig Werdendes, sondern „erste Substanz" sind und als solche Ausgangsgegenstand seiner Metaphysik werden. Bezeichnenderweise geht Aristoteles' Metaphysik nicht einfach über das Seiende, sondern das Seiende „als seiend", wobei sich das Partizip verbal auflöst, „sofern es ist", thematisiert vom Daß-sein und Was-sein der Sinnesdinge her.

Dem Blick auf den Seinsakt der Sinnesdinge entspricht sprachlich bei Aristoteles häufig die Substantivierung des Infinitivs von Sein (τὸ εἶναι): So im Zusammenhang der Kritik an Platons Ideenlehre: Wenn nämlich auch durchaus das sinnliche Einzelding von seiner intelligiblen Wesenheit unterschieden werden muß, so liegt doch nur *ein* substantieller Seinsakt vor, in welchem beides, Einzelding und Wesenheit, identisch sind (VII 6). „Dasselbe bedeutet ‚Wesen' (οὐσία) hier (bei den Sinnesdingen) wie dort

[15] Daß hierdurch Aristoteles zugleich zu einer, gegenüber Platon, tieferen und erstmals realistischen Erfassung des Einzeldinges vorstößt, ist oben zu 3) εἶδος schon erwähnt worden.

Was das begriffliche Allgemeine im Erkennenden betrifft, so liegt hier eine Leistung der Vernunft vor, die es vom Einzelding aus dem Sinnlich-Stofflichen „abstrahiert" (zur aristotelischen „Abstraktions"lehre, in Überwindung der platonischen „Wiedererinnerungslehre, s. 'Anal. post.' II 19, und 'De an.' III 4–5). Das begriffliche Allgemeine ist aber bei Aristoteles nicht mit der Formursache, wie auch nicht mit der Wesenheit, identisch.

(bei den Ideen); oder was soll es sonst bedeuten, wenn man sagt, es *sei* (*τὸ εἶναι*) etwas neben diesen (Sinnes-)Dingen hier, (sc.) das ‘Eine über Vielem‘ (= die Ideen)?“ (I 9, 990 b 34–991a 2). – Ferner richtet sich der Erkenntnisgang der aristotelischen Metaphysik am Seinsakt der Sinnesdinge aus; denn gefragt wird nach „der Ursache des Seins“ (*αἴτιον τοῦ εἶναι*) der Sinnesdinge [16] und d. h. vor allem nach ihrer Formursache bzw. Wesenheit, ihrem Sosein (*τὸ τί ἦν εἶναι*)[17].

Wenn hiermit verständlich geworden ist, daß Aristoteles die Wesenheit mit dem Seinsakt in den Sinnesdingen verbunden sieht, so erklärt sich jetzt auch, weshalb auf die Wesenheit die begrifflich allgemeine Erkenntnis gehen kann. Das Sein ist nämlich nach Aristoteles der intelligible Aspekt (*νοητόν*) im Sinnesding. Genau genommen hat es zwei Aspekte: Dasein und Sosein. Die Erkenntnis setzt beim Sein der Dinge als ihrem Dasein ein (dem „Erstbekannten für uns“, ‘Anal. post.‘ I, 2) und erschließt es im weiteren Fortschritt unter seinem zweiten Aspekt, dem Sosein (bevor wir das Was-sein von etwas erkennen können, müssen wir schon von seinem Dasein wissen, ebd. II 7–8). Entscheidend wichtig ist nun Aristoteles’ geniale Entdeckung, daß „das Seiende keine Gattung ist“ (‘Metaph.‘ III 3, 998b 22–28), d. h. kein begrifflich-logisches Allgemeines mehr, sowie

[16] Der wichtige Ausdruck kommt bei Aristoteles an vielen Stellen vor (s. Register), z. B. V 8, 1017b 15; VII 2, 1028b 30–32; 16, 1040b 30; 17, 1041a 6ff; VIII 2, 1043a 2–3. Er geht bei Thomas v. Aqu. in den Ausdruck *causa essendi* ein.

[17] Bei Platon findet sich der substantivierte Infinitiv *τὸ εἶναι* sehr selten und dann ohne Bedeutungsunterschied zum substantivierten Partizip *τὸ ὄν*.

(Wenn überhaupt, so träfe Heideggers, gegen die traditionelle Metaphysik erhobener, Vorwurf der Seinsvergessenheit nur noch auf Platon zu, nicht mehr auf Aristoteles, bei dem sich schon explizit die Unterscheidung zwischen Seiendem und Sein findet; vgl. meinen Aufsatz: Zur Seinsfrage bei Aristoteles und Heidegger, Zeitschr. f. philosoph. Forschung 30, 1976, 203–226).

die weitere Feststellung, daß das Seiende von analoger Allgemeinheit ist (IV 2, 1003a 33ff), weil es weder in univoker, noch bloß äquivoker Bedeutung ausgesagt wird, sondern jeweils „auf Eines hin" (sc. ein erstes Analogat).

Die Analogie bezeichnet eine Gemeinsamkeit zwischen wesentlich Verschiedenem. Das Seinsmerkmal kommt allem und jedem zu, wie verschieden dies auch sein mag. Seine ontologisch-analoge Allgemeinheit erstreckt sich damit sowohl „jenseits" über die obersten begrifflich-logischen Gattungen (Kategorien) hinaus (ist scholastisch gesprochen „transzendental"), als auch „diesseits" der untersten Arten, so daß es das Einzelne nicht unbestimmt „neben" sich läßt und in Gegensatz zu ihm tritt, sondern es bestimmterweise mit erfaßt und in es eingeht.

Es bleibt schließlich nur noch zu zeigen, wie nach Aristoteles' Lehre von der Definition ('Metaph.' VII 10–12) das begriffliche Allgemeine auf die Wesenheit im Einzelding bezogen ist. Zunächst wiederholen wir die oben gemachte Feststellung, daß Aristoteles zwischen dem begrifflichen Allgemeinen (im Erkennenden) und der Wesenheit (im Einzelding) unterscheidet. Kein einfacher Begriff, sei es Gattung oder Art oder Artunterschied, deckt sich mit der Wesenheit. Vielmehr läßt diese sich nur mit einem Gefüge definitorischer Begriffe, von Gattung und Artunterschieden zusammen, eingrenzen. In Beantwortung der Frage, wodurch die Definition, die doch aus mehreren Begriffen besteht, eine Einheit ist (VII 12), ergibt sich, daß ihr einheitlicher Bezugspunkt das Sein der zu definierenden Dinge ist. Im Hinblick auf dieses entscheidet sich bei jedem Schritt der Definition, welcher von zwei disjunktiv-gegensätzlichen Artunterschieden zu- und welcher abgesprochen werden muß (z. B. ob vierfüßig oder zweifüßig), was ja immer eine Entscheidung zwischen Sein oder Nichtsein ist (im Beispiel: ob der Mensch zweifüßig *ist* oder nicht *ist*). Deshalb setzt auch jede Definition das Sein des Zu-Definierenden (d. h. der unter die Art fallenden Einzeldinge) voraus, zunächst im schlichten Dasein, das schon gewußt wird. Und die definierte Wesenheit (zweifüßiges Lebewesen) ist wieder ein Aspekt des Seins, wie schon gesagt, das Sosein der Einzeldinge. Genau genommen, ist die Wesenheit mit dem Sein jedes Dinges als potentialem und aktualem Sein verbunden und schließt so die Stoff- und Formursache ein, deren Verhältnis sich in dem Verhältnis von Gattung und Artunterschieden abbildet; denn die Gattung verhält sich zu diesen gleichsam wie das Bestimmbare (Potentiale) zum Bestimmenden (Aktualen).

IV. Die wissenschafts-theoretische Grundlage der aristotelischen ‚Metaphysik' (Zum Begriff τὸ ὂν ᾗ ὄν, dem Seienden als solchem)

Aristoteles ist der erste, der Metaphysik als Wissenschaft begründet. Bei Platon und schon bei Vorsokratikern liegt zwar auch bereits Metaphysik vor, ist aber noch nicht von systematischen Überlegungen über sie selbst als Wissenschaft begleitet. Es ist deshalb verständlich, daß Aristoteles sie als noch „gesuchte Wissenschaft" einführt, so in Buch I 2, 982a 4, und III 1, 995a 24. In Buch III 2 ff. wirft er Fragen hinsichtlich ihres Ausgangs- und Zielgegenstandes auf (1.–4. Aporie) und beantwortet sie in IV 1–2 und VI 1–4, wobei er in VI 1 auf wissenschafts-theoretische Überlegungen der ‚Analytica posteriora' zurückgreift.

Buch VI 1 bestimmt, anknüpfend an das schon in IV 1 Gesagte, den Ausgangsgegenstand der Metaphysik im „Seienden als Seiendem", und zwar durch Vergleich zwischen der Metaphysik und den übrigen, einzelnen Wissenschaften nach Gemeinsamkeit und Verschiedenheit (1025 b 3–18):

Gemeinsam ist der Metaphysik mit ihnen, daß sie wie diese einen Gegenstand hat und von ihm aus auf seine ersten Ursachen, als Ziel der Forschung, zurückgeht.

Verschieden ist sie jedoch von den Einzelwissenschaften in zweifacher Hinsicht, 1. dadurch, daß diese als Gegenstände nur jeweils einen Teilbereich des Seienden haben (gemäß bestimmter Eigenschaften, z. B. der Bewegung im All: für den Gegenstand der Astronomie; der Ausdehnung und Meßbarkeit: für den Gegenstand der Mathematik), die Metaphysik dagegen alles Seiende, einfach insofern es ist, d. h. „als Seiendes"; 2. dadurch, daß die Einzelwissenschaften zu ihren Gegenständen schon deren Was-sein (Wesenheit) und Dasein voraussetzen, während für die Metaphysik diese beiden Seinsaspekte im „Seienden als Seiendem" thematisiert und so selbst „Gegenstand" werden. Um dies zu sehen, muß man auf die fast wörtliche Übernahme von Ergebnissen der 'Analytica posteriora' I 1–2 und II 1–8 in 'Metaph.' VI 1 (1025 b 7–18) achten, wonach Was-sein und Dasein alle Einzelwissenschaften zu ihren Gegenständen schon voraussetzen[17a]. Wir besprechen im folgenden die einschlägigen Stellen der 'Analytica posteriora' kurz in ihrem Zusammenhang[18]:

Nach Buch I 1 geht alles Erkennen von einem Vorwissen aus (*ἐκ προϋπαρχούσης γνώσεως*, 71a 1–2) bzw. von einem ihm entsprechenden Vor-gewußten (*διὰ προγιγνωσκομένων*, 71a 6), das wir voraussetzen („vorwegnehmen", *προϋπολαμβάνειν*, 1 12–13). Das Vor-gewußte ist ein zweifaches: das Daß-sein und das Was-sein der Wissenschaftsgegenstände und der ihnen an sich zukommenden Eigenschaften (71a 12–17)[19].

Hierzu ist zu erwähnen, daß nach Aristoteles jede Wissen-

[17a] E. Treptow geht in seiner sonst gründlichen Arbeit (Der Zusammenhang zwischen der Metaphysik und der zweiten Analytik, Epimeleia Bd. 5, München 1966) auf Kapitel VI 1 und seine Anklänge an Anal. post. I 1–3 nicht näher ein. Das Daß-sein der Dinge soll zu einem von der Metaphysik zu untersuchenden Aspekt der Realitätsstufen werden (71 ff).

[18] Vgl. auch meinen oben (Anm. 17) zitierten Aufsatz: Zur Seinsfrage bei Aristoteles und Heidegger, S. 205 ff.

[19] Hier ist die Quelle der für die traditionelle Metaphysik so wichtig gewordenen Unterscheidung von Existenz und Essenz, Dasein und Sosein.

schaft drei Bestandstücke hat: „alles was dem Sein nach (voraus)gesetzt wird – dies ist die Gattung, von der sie die ihr an sich zukommenden Eigenschaften betrachtet – und die sog. allgemeinen Axiome, woraus als ersten (Prämissen) sie Beweis führt, sowie drittens die Eigenschaften, von denen sie das, was sie bedeuten, annimmt" (76b 12–16). Jede Wissenschaft untersucht bestimmte vorgegebene Sachverhalte eines Wirklichkeitsbereiches, genauer: bestimmte Zusammenhänge zwischen Gegenständen dieses Gattungsbereiches und ihren Eigenschaften. Dabei geht sie von gewissen Erstannahmen über das Was-sein der Eigenschaften und (im Text nicht eigens erwähnt) der Gegenstände aus, sowie von der Voraussetzung des Daseins der Gegenstände. Wesensannahmen und Seinsvoraussetzungen gehen in die Axiome, sc. die ersten Beweisprämissen ein (s. 76b 23ff.; vgl. I 2, 72a 7ff). Nicht vorausgesetzt aber wird das Dasein der Eigenschaften; denn daß sie an den Gegenständen vorkommen und mit ihnen notwendig zusammenhängen, dies sucht ja jede Wissenschaft erst zu beweisen (z.B. die Astronomie, daß dem Mond die Eigenschaft der Finsternis zukommt; oder die Geometrie, daß dem Dreieck eine Winkelsumme zukommt, die gleich zwei Rechten ist).

Obwohl das Dasein (des Gegenstandes) *und* das Wassein (von Gegenstand und Eigenschaften) in jeder Wissenschaft vorweg gewußt werden muß, ist doch beiderlei Vorwissen von verschiedener Art. Da nämlich alles Erkennen, besonders das wissenschaftliche, ein ursächliches Verstehen ist, d. h. weshalb bei einem gegebenen Sachverhalt etwas etwas anderem zukommt (I 2, 71b 9ff.; II 1; vgl. 'Metaph.' I 3, 983a 25, 28–29; VII 17), bedarf es eines zweifachen Verfahrens: der Auffindung der Ursachen aus dem gegebenen Sachverhalt und seiner Begründung aus den Ursachen. Das Verfahren aus den Ursachen ist der deduktive Beweis, welchem der zu den Ursachen vorausgeht, die sog. Induktion. Diese ist (ihrer wörtlichen Bedeutung nach) „Heranführung", d. h. an den jeweils gegebenen, erfahrbaren Sachverhalt. Sie versucht erstens an ihm die Ursachen von

Gegenstand und Eigenschaft aufzufinden, die zugleich ihre Wesenheit ausmachen. Und dies erfolgt im definitorischen Verfahren, das ein wichtiger wissenschaftlicher Erkenntnisprozeß ist. Somit ist das Wissen über die Wesenheit (von Gegenstand und Eigenschaft) zwar für die deduktiv beweisende Erkenntnis ein Vorwissen, an sich aber selbst schon Erkenntnis, die aus dem Definitionsverfahren gewonnen worden ist. Induktion ist aber zweitens auch das unmittelbare Erfassen des Daseins der Gegenstände. Damit nämlich die Wesenheit eines Dinges erkannt werden kann, muß sein Dasein schon vorweg gewußt sein, wie in 'Anal. post.' II 3–8 mehrmals betont wird (z. B. 7, 92b 4–6), weshalb auch der Wesens-Definition eines Dinges die Voraussetzung seines Daseins vorhergeht (I 2, 72a 15–25; I 10, 76b 35ff). Somit ist auch das Vorwissen vom Dasein anderer Art als das vom Wassein und ihm vorgeordnet, weil ursprünglicher; denn es ist nicht erst Ergebnis eines Erkenntnisprozesses, sondern ergibt sich aus einem unmittelbaren Erfassen von Sein zunächst im Dasein der gegebenen Dinge.

Beiderlei Vorwissen, das von Wassein und Dasein der Dinge, ist prinzipieller Natur; es geht in die obersten Prämissen aller begründenden Erkenntnis ein, besonders der wissenschaftlich beweisenden. Von ihnen stellt Buch I 2 fest: Sie „müssen ursächlich, bekannter und früher sein; ursächlich, weil wir dann etwas erkennen, wenn wir die Ursache wissen; wenn aber ursächlich, dann auch früher und vor-gewußt, nicht nur einerseits durch die Einsicht (in das Wassein), sondern auch (andererseits) durch das Wissen vom Dasein" (71b 30–33). Da nun Aristoteles zwischen dem „von Natur" und dem „für uns" Früheren, Bekannteren, unterscheidet und d. h. zwischen dem der Sinneswahrnehmung Fernen, dem Allgemeinen, und dem ihr Nahen, besonders dem Einzelnen, das ihr am nächsten liegt (71b 34–72a 6), besagt das in bezug auf Wassein und Dasein, daß jenes, die Wesenheit, das an sich Bekanntere ist, das Dasein aber das für uns Bekanntere. Gleichwohl ist aber das Dasein doch Prinzip und d. h. kein sinnlicher, sondern bereits ein intelligibler Aspekt am sinnlichen Einzelding, der vom Intellekt, der Vernunft, durch die Sinneswahrnehmung hindurch mit-erfaßt wird.

So ergibt sich aus den erkenntnis- und wissenschaftstheoretischen Überlegungen der 'Analytica posteriora', daß das Sein der Dinge als ihr Dasein das für uns bekanntere Prinzip ist, ja das bekannteste überhaupt[20]; denn die Erkenntnis eines jeweiligen Sachverhaltes der verschiedenen Gegenstandsbereiche gründet letztlich im Vorwissen vom Wassein der Gegenstände, welches aber selbst erst in einem anderen – nicht begründend deduktiven, sondern induktiven – Verfahren gewonnen wird und dabei wiederum als Voraussetzung das Vorwissen vom Dasein der Gegenstände hat. Dieses ist das (an sich und für uns) erste Bekannte.

Wenden wir uns wieder der 'Metaphysik', Buch VI 1, zu, so ist nun leicht zu sehen, wie für die Bestimmung des Gegenstandes der Metaphysik die oben angeführten Überlegungen der 'Analytica posteriora' die Grundlage bilden: daß jede (Einzel-)Wissenschaft einen je eigenen Gegenstandsbereich hat und von einem (in ihren Prämissen liegenden) zweifachen Vorwissen, über Wassein und Dasein ihrer Gegenstände, ausgeht, ferner daß dieses nicht mehr durch (deduktiven) Beweis, sondern durch „ein anderes Verfahren" aufgewiesen und „angenommen" wird[21]. In wörtlicher Übereinstimmung hiermit wird in 'Metaph.' VI 1 festgestellt, daß die Einzelwissenschaften, weil nur mit je einem begrenzten Bereich des Seienden befaßt, über Wassein und Dasein ihrer Gegenstände „nicht (mehr) Rechenschaft geben", sondern dieses „voraussetzen" bzw. „annehmen", und daß es hiervon keinen Beweis mehr gibt, sondern „Induktion", als „eine andere Art des Aufweises"[22].

[20] Auf diese Überlegungen geht die wichtige Feststellung bei Thomas v. Aqu. zurück: *ens est primum notum*, zusammen mit seinen transzendentalen Merkmalen des Einen, Wahren, Guten.

[21] ‚Anal post.' I 1–2, bes. 71 b 17.

[22] Zu 1025 b 14: „daß es vom Wesen und auch vom Wassein keinen Beweis gibt", vergleiche man ‚Anal. post.' II 1–9, wo aus-

Im Gegensatz nun zu den Einzelwissenschaften befaßt sich die Metaphysik nicht mit einem begrenzten Bereich des Seienden, sondern mit allem Seienden „als Seiendem", d. h. insofern es ist, und dies besagt: mit dem Wassein und Dasein aller Gegenstände, wovon die übrigen Wissenschaften keine Rechenschaft mehr geben. Was diese also voraussetzen, nämlich das Sein ihrer Gegenstände unter dem zweifachen Aspekt von Dasein und Wassein, wird zum „Gegenstand" einer eigenen, allgemeinen Wissenschaft, der „Metaphysik".

Näher gesehen, geht die Metaphysik vom Dasein der Dinge aus – dem ersten Aspekt ihres Seins, dem „Bekannteren für uns" –, fragt dann zurück nach den Ursachen ihres Daseins und kommt so zu ihrem Wassein – dem zweiten Aspekt ihres Seins, dem „Bekannteren an sich" (das zunächst „Unbekanntere für uns"). Dabei untersucht sie nicht das Wassein, die Wesenheit, bestimmter Dinge eines einzelnen Bereiches – denn dies leisten ja in induktiven Definitionsverfahren die Einzelwissenschaften –, sondern sie fragt nach dem Wesen, Begriff, der Wesenheit selbst (s. Buch VII 4–5, 10–12) und findet in ihr einen Zugang zur Stoff- und Formursache, den zwei immanenten Seinsursachen in den Dingen.

Wenn somit das Wassein die Seinsursachen der Dinge betrifft, so muß, genau genommen, „das Seiende als solches" primär vom Dasein (Etwas-, Eines-sein u. ä.) der Dinge her thematisiert sein; denn es bezeichnet den Ausgangsgegenstand, von dem die ersten Ursachen gesucht werden (s. IV 1, 1003a 31), und das Dasein ist ja (wie aus den ‚Zweiten Analytiken' zu entnehmen) das Erstbekannte (für uns), dessen Erfassung aller Wesenserkenntnis vorhergeht.

Das vorliegende Ergebnis dürfte etwas zur Klärung der verwirrenden Unstimmigkeit moderner Interpretationen

führlich dargelegt wird, daß es von der Wesenheit der Substanz nur Definition, keinen Beweis gibt. (Was aber die Eigenschaften an der Substanz betrifft, so können ihre Wesensdefinitionen in gewisser Weise induktive Beweisform annehmen.)

zum Begriff τὸ ὄν ᾗ ὄν beitragen, die wohl dadurch verschuldet wird, daß sie (soweit ich sehe) den engen Bezug von ‚Metaph.' VI 1 zu den ‚Zweiten Analytiken' nicht berücksichtigen. Zudem spielt auch das Problem der Einheit in der aristotelischen Metaphysik mit herein (und W. Jaegers Entwicklungshypothese), das mit der noch in VI 1 vorgetragenen Aporie zusammenhängt (1026a 23–32). In ihr fragt nämlich Aristoteles, wie die Metaphysik als „Theologie", die sich auf eine unbewegte, abgetrennte, göttliche Substanz – und d. h. auf *eine* Substanz(gatttung), nicht auf alle Substanzen – ausrichtet, noch „allgemeine", „erste Philosophie" sein könne. Wenn es aber jene göttliche Substanz nicht gebe, so müsse die „Physik" die Stelle der ersten Philosophie einnehmen. In einer kurz angedeuteten Lösung verbindet dann Aristoteles die Theologie mit der allgemeinen Betrachtung vom „Seienden als solchem".

Für moderne Interpreten stoßen hier zwei widersprüchliche Metaphysik-Konzeptionen aufeinander, die einer Theologie von der göttlichen Substanz und die einer Physik von der sinnlichen Substanz (von W. Jaeger einer frühen und späten Entstehungszeit zugeordnet), die Aristoteles vergeblich durch den Begriff des „Seienden als solchen" miteinander zu versöhnen suche, der allgemein alles Seiende bezeichnen und auch das göttliche Seiende einschließen solle; so nach Jaeger, Ross, Reale[23] u. a. Merlan[24] setzt es geradezu mit dem göttlichen Seienden gleich, während es Düring[25] überhaupt nicht allgemein, sondern als Existenz des Einzelnen verstehen will, das kein „Abgetrenntes" sei und deshalb nie für das göttliche, abgetrennte Seiende ste-

[23] Jaeger, Aristoteles, S. 225–227; Ross, I S. LXXVII ff.; Reale, I S. 26–30.

[24] Ph. Merlan, From Platonism to Neoplatonism, Den Haag 1953; ferner in: Philosoph. Rundschau 7, 1959, 148–153.

[25] Düring, S. 594–599.

hen könnte. Für Aubenque[26] ist die Aporie in VI 1 ebenfalls unauflösbar und Ausdruck für die Verlegenheit der aristotelischen Metaphysik in ihrem Versuch, vom sinnlichen Seienden zu einem übersinnlichen, göttlichen zu gelangen. Sie bleibe überwiegend aporetisches Philosophieren[27].

Zu den verschiedenen Interpretationen im einzelnen Stellung zu nehmen, ist hier nicht möglich, doch läßt sich grundsätzlich klarstellen, daß „das Seiende als Seiendes" vor allem die sinnlichen Substanzen betrifft; denn sie sind ja die erfahrbaren Gegenstände der Wissenschaften, und von ihrem Sein als Dasein her werden sie „als Seiendes" thematisiert und sind noch einmal „Gegenstand" einer eigenen Wissenschaft, der Metaphysik. Dies geht aus dem Anfang von VI 1 mit Bezug auf die 'Zweiten Analytiken' deutlich hervor, wie wir oben gesehen haben. Was aber die Allgemeinheit des Seienden als solchen, d. h. der sinnlichen Substanzen als solcher betrifft, so ist sie von analoger Natur und weist über sie hinaus auf ihre Seinsursachen (vgl. IV 2 und VII 1–3); denn wenn für die Akzidenzien die sinnlichen Substanzen „erstes Seiendes" (als erstes Analogat) sind, so sind für sie selbst wiederum ihre Seinsursachen „erstes Seiendes", zunächst die immanenten und schließlich eine transzendente, göttliche. Gleicherweise analog ist auch das Merkmal des „Abgetrennten" bzw. „Abtrennbaren": Einerseits ist schon die sinnliche Substanz, das Seiende als solches, „abgetrennt", d. h. selbständig für sich bestehend, andererseits ist aber auch die erste, göttliche Substanz in höchstem Maße abgetrennt, und zwar in dem

[26] Aubenque, S. 45 ff.; ferner in: Zeitschr. f. ph. Forschg. 15, 1961, 321–333.

[27] Einen ersten Überblick über die Kontroversen der aristotelischen Metaphysik-Konzeption gibt auch Fr. L. Beeretz, Die Aufgabe der „Metaphysik" des Aristoteles, in Φιλοσοφία, Athen 1974, 247–258.

doppelten Sinne als selbständig für sich bestehende und als transzendente[28].

Wenn „das Seiende als solches" die Sinnesdinge als Substanzen bezeichnet, dann läßt sich auch unschwer Aristoteles' Lösung der Aporie, am Ende von Buch VI 1, erkennen: Das Seiende als solches verhält sich zur ersten, göttlichen Substanz wie alles gegebene, verursachte Seiende zu seiner ersten Ursache. Und dementsprechend verhalten sich auch die Betrachtung des Seienden als solchen (sc. die Ontologie nach späterer Bezeichnung) und die Theologie über die göttliche Substanz zueinander wie der einleitende Teil (der den Ausgangsgegenstand betrifft) zum abschließenden Teil (gerichtet auf den Zielgegenstand) ein und derselben Metaphysik-Wissenschaft.

Abschließend sei noch bemerkt, daß die wissenschaftstheoretische Grundlage der aristotelischen – und weiter auch der thomasischen – Metaphysik ihre heutigen Kritiker widerlegt, die ihr „Seinsvergessenheit" oder ein „naives" Seinsverständnis vorwerfen. Es ist zwar richtig, daß die Lehre vom Seienden als dem vor aller Erkenntnis Vor-gewußten, Erstbekannten, besagt, daß wir Menschen immer schon das Sein von allem und jedem (zunächst im Dasein, Etwas-, Eins-sein u. ä.) unmittelbar, unreflektiert erfassen. Aber sie selbst ist Ergebnis einer hohen erkenntnis- und wissenschafts-theoretischen Reflexion.

Dies will aber wiederum nicht heißen, daß die klassische Metaphysik von Erkenntnis- und Wissenschaftstheorie abhänge. Im Gegenteil: Die klassische Erkenntnis- und Wissenschaftstheorie, wie sie im aristotelischen Organon, beson-

[28] Die analog mehrdeutige Verwendung von χωριστόν zeigt sich besonders deutlich in Buch XI 7, 1064 a 29, wo das „Seiende als solches" als χωριστόν gekennzeichnet und kurz darauf vom göttlichen Seienden als χωριστόν gesprochen wird.

A. Mansion legt χωριστόν auf die Bedeutung „transzendent" fest, und da diese nicht auf das „Seiende als solches" zutrifft, erklärt er die zitierte Stelle und damit das ganze Buch XI für unaristotelisch, s. Revue philosophique de Louvain, 56, 1958, 165–221. Zur Kontroverse vgl. W. Theiler, Mus. Helveticum 1958, 85–105.

ders in den 'Zweiten Analytiken' grundgelegt ist und methodisch (in bezug auf uns) der Metaphysik vorausgeht, weist in ihrem Endergebnis über sich hinaus auf das Seiende als das Erstbekannte, das erste Erkenntnisprinzip.

V. Bemerkungen zur 'Metaphysik'-Interpretation heute

1. Zur Tradition der 'Metaphysik'-Kommentierung

Da die moderne Interpretation der aristotelischen Metaphysik sich immer noch auf ihre, schon in der Antike geleistete, Kommentierung stützt, muß zunächst ein Wort über diese gesagt werden und über die Ungunst der Verhältnisse, unter denen sie ihren Anfang nahm: Die Lehrschriften des Aristoteles, der von 384/83 bis 322/21 v. Chr. lebte, kamen nämlich erst 300 Jahre nach seinem Tode an die Öffentlichkeit: Sie wurden zum ersten Male im 1. Jahrhundert v. Chr. vom Peripatetiker Andronikos von Rhodos nach Abhandlungen, „Pragmatien", geordnet und herausgebracht[29]. Von ihm stammte wohl auch die Bezeichnung

[29] Wie Strabon (XIII 1, 54) berichtet, gingen die Originalschriften des Aristoteles nach seinem Tode zunächst in die Hände seiner Schüler Theophrast und Koriskos und wurden von dessen Sohn Neleus in einem Kellerraum seines Heimatortes Skepsis in Kleinasien geborgen, angeblich damit die Attaliden von Pergamon sie nicht für ihre Bibliothek an sich rafften. Dort ruhten sie, bis sie im 1. Jahrh. v. Chr. die Erben des Neleus an einen Apellikon von Teos verkauften, dessen Bibliothek in Athen Sulla bei Eroberung der Stadt (86 v. Chr.) an sich brachte und mit nach Rom nahm, wo die aristotelischen Schriften schließlich von dem Peripatetiker Andronikos v. Rhodos erstmals (etwa zwischen 40 und 20 v. Chr.) veröffentlicht wurden.

Soweit auch sonst aus antiken Quellen zu entnehmen ist, hatte man in frühhellenistischer Zeit keine Kenntnis der Lehrschriften des Aristoteles (andere Vermutungen bei Zeller, Ph. d. Gr. II 2^2, 147 ff.). Ein auf jene Zeit zurückgehendes Verzeichnis aristotelischer Schriften, das später bei Diogenes Laertios (Vita Aristotelis) erwähnt wird, nennt die großen Pragmatien nicht. Im einzelnen s. Düring, Aristoteles, S. 32 ff. — Zu Aristoteles' Leben s. u. Anm. 45. Im übrigen s. P. Moraux, Der Aristotelismus b. d. Griechen, 1973. Zum 'Metaphysik'-Titel vgl. H. Reiner, S. 139—174, in WdF, Bd. 206, 1969.

der 14 Bücher als „nach den Physik-Büchern" folgenden, τὰ μετὰ τὰ φυσικά, woraus sich das Wort „Metaphysik" herleitet[30]. Weiter muß man bedenken, daß zwar die von Aristoteles in Athen gegründete Schule, das Lykeion, eine eigene Schulrichtung (gegenüber der platonischen Akademie) ausbildete, den sog. Peripatos, hier jedoch (anders als in der Akademie) die Kontinuität der Lehre ihres Meisters verloren ging. Die Schulhäupter schon des Älteren und Mittleren Peripatos wie Theophrast und Straton (4.–3. Jh. v. Chr.) vertraten einen von Aristoteles' Metaphysik abweichenden Naturalismus, der zum Materialismus neigte und in der ersten, göttlichen Substanz weniger die erste transzendente Seinsursache alles Seienden, sondern mehr dynamistisch den universalen, immanenten Naturzweck sah. Als deshalb im 1. Jahrhundert v. Chr. die aristotelische 'Metaphysik' mit den anderen Lehrschriften an die Öffentlichkeit kam, mochte sie den damaligen Philosophen zunächst unverständlich erschienen sein, wohl auch wegen des ihnen entfremdeten Sprachstils. Spät erst schrieb dann das erste Kommentarwerk zur 'Metaphysik' der Peripatetiker Alexander v. Aphrodisias, Anfang des 3. Jahrhunderts n. Chr. Dieses leistete zwar für die Analyse des aristotelischen Textes schon Beachtliches, verriet aber neben der, dem Peripatos (und der Stoa) eigentümlichen, naturalistischen Betrachtungsweise auch einen (neu)platonischen Einschlag[31].

Um dies an Beispielen kurz zu zeigen: Die Formursache bezeichnet Alexander als ἔνυλον εἶδος[32] und versteht dieses

[30] Ursprünglich eine bibliothekarische Bezeichnung, hat das Wort dann eine sachliche Bedeutung: Was methodisch nach dem „physischen" Seienden behandelt wird, ist ihm in der Sache als „metaphysisches" vorgeordnet, ist „nach" ihm im Sinne von „hinter" bzw. „über" ihm, d. h. ihm transzendent.

[31] besonders stark auch bei dem Michael Ephesios (11. Jh. n. Chr.) zugeschriebenen Kommentar zu den Büchern VII–IX u. XII; im folgenden zit. nach der Ausgabe von Hayduck (Berlin, 1891).

[32] Der Ausdruck findet sich bei Aristoteles nicht. Nur einmal spricht er, in De an. I, 403a 25, von ἔνυλοι λόγοι, in bezug auf Affekte, nicht auf Formursachen.

(bedeutungsgleich mit dem stoischen σπερματικὸς λόγος) der Tendenz nach als Form des Stoffes, „stoffliche Form", die selbst sich verändert wie dieser, „nicht immer dasselbe bleibend", wie es z. B. im Kommentar zum Kapitel V 8 (über die οὐσία) heißt (Hayd. 375, 33). Anders Aristoteles, der die Form zwar in den Naturdingen mit dem Stoff verbunden sieht, aber als eigene Formursache der Naturdinge als ganzer bestimmte, wodurch diese (durch alle Veränderung hindurch) in ihrem substantiellen Sein dasselbe bleiben (und mehr sind als nur Stoff). Ferner ist es bezeichnend, daß Alexander das in demselben Kapitel V 8 genannte „letzte Aussagen-Subjekt", das Einzelding, als Stoff mißversteht (376, 10). Schwierigkeit hat er auch, das Merkmal χωριστόν mit dem ἔνυλον εἶδος zu verbinden; so gibt er mehrere Bedeutungsmöglichkeiten an (darunter auch eine richtige, des „im Denken Abtrennbaren") und entscheidet sich für eine Umdeutung der „abtrennbaren Form" zur „Form im Abtrennbaren". Auffällt auch, wie er über die unbewegten (seelischen) Bewegungsprinzipien der Himmelskörper als „über die Formen" spricht (περὶ τῶν εἰδῶν, 375, 37), als stünden sie anstelle der platonischen Ideen und wären diese gleichsam in dynamischer Funktion (κινητικά, 376, 2). Im Kommentar zu VII 3 wirkt sich die neuplatonische Unterscheidung zwischen stofflichen (ἔνυλα εἴδη) und idealen Formen besonders irreführend aus: Aristoteles nennt dort die (mit dem Stoff verbundene) immanente Form(ursache) der Einzelsubstanz „am meisten aporetisch" (1029a 33) und geht dann zu ihr mit der nachfolgenden Untersuchung der Wesenheit (τὸ τί ἦν εἶναι, VII 4 ff.) über, wobei er den Übergang als einen vom „Bekannteren für uns" zum „Bekannteren an sich" (dem für uns zunächst Aporetischen) bezeichnet (1029b 3–12). Der Kommentar deutet jedoch die aporetische Form in eine ideale (transzendente) um[33] und macht die der Einzelsubstanz immanente Form – sie

[33] „ob sie an sich selbst besteht, wie Platon sagt, oder nicht" (Hayd. 465, 16).

ständig als „stoffliche Form" (ἔνυλον εἶδος) mißverstehend zum „Bekannteren für uns" (sic!)[34]. Was schließlich die erste, abgetrennte, göttliche Substanz in XII 6–7 betrifft, so wird sie dynamistisch ausgelegt als das, was „die ewige (Kreis-)Bewegung bewegt" (Hayd. 688, 32), und als seelisches Bewegungsprinzip des Fixsternhimmels: „Sie bewegt den kreisförmig umlaufenden (Himmels-)Körper wie ein Geliebtes" (695, 39f.). Damit wird jedoch diese aristotelische Metapher gänzlich verfehlt; denn sie besagt ja für die erste, göttliche Substanz, daß sie Zweckursache besonderer Art ist (XII 7, 1072b 1–3)[35], d. h. „Bewegung" (besser: Seinsaktualität) „im Unbewegten" verursacht[36], als erstes „Erstrebtes(Geliebtes) und Intelligibles" (1072a 26) für „Vernunft" als „Bewegtem" (a 30), nämlich für vernunftbegabte seelische Prinzipien; und diese sind es erst, die (nach XII 8), den Himmelskörpern zugeordnet, sie in kreisförmigem Umlauf bewegen.

Auch im Kommentar des Peripatetikers Themistios (4. Jh. n. Chr.) zu ‚Metaphysik' Buch XII, wird die erste göttliche Substanz dynamistisch fehlinterpretiert, als ob sie unmittelbar die kreisförmige Himmelsbewegung verursachte (Land. 13, 9 ff.)[37] und „Geliebtes" als Ziel aller physischen Bewegungen wäre, gleichsam der immanente Endzweck der gesamten Natur (19, 35 ff.).

In den 'Metaphysik'-Kommentaren des Asklepios und Syrianos (5. Jh.) ist, entsprechend ihrer Schulrichtung, ein neuplatonischer Einschlag bemerkbar. So findet sich bei

[34] Hiernach betrachte Aristoteles „zuerst die ἔνυλα εἴδη, das für uns Bekannte, wie es sich verhält; denn von ihnen aus werden wir dann auch jene erkennen (sc. die idealen, abgetrennten), ob sie existieren, wie Platon sagt, oder nicht" (465, 19f.).

[35] d. h. nicht mehr Zweck „von etwas" (in seiner physischen Bewegung), sondern „für etwas" (in seinem aktualen Sein); Näheres zu dieser Stelle und zum ganzen Kap. XII 7 s. Erläuterungen im Kommentarteil.

[36] vgl. XI 1, 1059a 38: ἐν τοῖς ἀκινήτοις.

[37] zitiert nach der Ausgabe von Landauer (Berlin 1903).

beiden wieder die ganz unaristotelische Unterscheidung zwischen idealer, abgetrennter, und „stofflicher Form" (ἔνυλον εἶδος)[38], diese immer verstanden als „das Bekanntere für uns". Syrianos sieht aber im aristotelischen „Seienden als solchem" kein bestimmtes Seiendes mehr, die Einzelsubstanz, sondern deutet es um in das ideale Seiende selbst, das gleich dem Guten selbst in Platons *Staat* „jenseits des einzelnen Seienden" liegt (Kroll 55, 22 ff.). Im übrigen sucht er seinen Altmeister Platon gegen die aristotelische Ideen-Kritik eifrig zu verteidigen.

Die weitere Tradition der 'Metaphysik'-Kommentierung bis ins Mittelalter kann hier nicht verfolgt werden; sie war fernerhin durch eine „platonisierende" Interpretation gekennzeichnet. Einen Neuanfang setzten erst im 13. Jahrhundert die scholastischen Theologen, so besonders Thomas v. Aquin (aus dem Dominikaner-Orden, 1225 oder 1226/27–1274), der eine rein immanente Aristoteles-Interpretation vollzog und treffsichere Textanalysen gab (eine erstaunliche Leistung, da er zur Grundlage nur eine lateinische Übersetzung hatte, die von seinem Mitbruder Wilhelm v. Moerbeke angefertigte). Um nur dies zu erwähnen: Nicht mehr findet sich bei ihm die neu-platonische Unterscheidung zwischen stofflichen und idealen Formen. Die der sinnlichen Substanz immanente Form(ursache), von ihm gern *forma substantialis* genannt, ist Erkenntnisprinzip *(principium cognitionis)* und als solches das nicht für uns, sondern der Natur nach Bekanntere *(prius notum quoad naturam)*[39]. Ferner gewinnt

[38] bei Syrianos eingangs zu XIII 1, im Rückblick auf VII ff. (Ausgabe v. Kroll, Berlin 1902, 80 ff.), bei Asklepios zu VII 3 (Ausgabe v. Hayduck, Berlin 1888, 382).

[39] So z. B. im Kommentar zu VII 3–4 (Marietti-Ausg., Nr. 1278 ff.); die Überleitung 1029 b 3–12 versteht Thomas richtig so, daß die Metaphysik-Untersuchung von den *substantiae sensibiles* als dem für uns Bekannteren ausgeht, bedenkt aber als ihr Ziel, das an sich Bekanntere, nur gewisse *substantiae insensibiles*, das letzte Ziel, nicht auch das nächste, die Formursache bzw. Wesenheit in den sinnlichen Substanzen.

Thomas auch ein tieferes Verständnis der ersten göttlichen Substanz in 'Metaph.' XII 6–7 als eines reinen Seinsaktes und als obersten (transzendenten) Zweckprinzips, das „wie ein Geliebtes bewegt", wobei er den Zusammenhang von 'Metaph.' XII 7 mit 'De anima' III 9–10 erkennt und auswertet[40]: Hiernach ist das erste „unbewegte Bewegende" das „Erstrebte und Intelligible", das erste „Bewegte" aber ein seelisches, vernunft- und willensbegabtes Prinzip („Bewegen" heißt hier: Sein aktualisieren), wiewohl dieses an sich auch wieder ein unbewegtes Bewegungsprinzip ist in bezug auf Körperliches, Leibliches, das es bewegt (zu einer physischen Bewegung). Thomas sieht richtig, daß bei Aristoteles das oberste, göttliche Prinzip nicht direkt die physischen Bewegungen des Himmels, verursacht, sondern erstes Prinzip (für das Sein) zweiter, seelischer Bewegungsprinzipien ist. Und diese erst wirken (zugleich auch als ihr immanenter Zweck) alle physischen Bewegungen.

Die von Thomas bereits vorbildlich geübte Methode der immanenten Aristoteles-Interpretation wurde für die 'Metaphysik' erst wieder im 19. Jahrhundert mit gleicher Gründlichkeit von den großen philologischen Gelehrten Trendelenburg (Aristotelem ex Aristotele interpretari) und Bonitz befolgt, wenn sie auch nicht eine gleich tiefe Erschließungskraft des metaphysischen Gehaltes zeigten wie Thomas. Letzteres gilt auch von Aristoteles-Interpreten unseres Jahrhunderts. Wie sich im übrigen feststellen läßt, gehen diese nicht auf Thomas, sondern auf die antiken Kommentatoren zurück und sind in starkem Maße von ihrer „platonisierenden" 'Metaphysik'-Interpretation beeinflußt, was im folgenden noch deutlich wird.

[40] Marietti-Ausg., Nr. 2519 ff., 2536 ff. Dieser Zusammenhang ist bei Schadewaldt nicht gesehen (Eudoxos v. Kn. und die Lehre vom Unbewegten Beweger; Satura Weinreich, 1952, 103–129). Nach ihm versucht Aristoteles mit dem vorliegenden Ausdruck des „ersten Erstrebbaren und Intelligiblen" zwei gegensätzliche Auffassungen von der göttlichen Substanz zusammenzufügen.

2. Hauptprobleme der 'Metaphysik'-Interpretation heute

Der Aristoteles-Forschung der jüngsten Vergangenheit und Gegenwart stellen sich bei der Interpretation der 'Metaphysik' immer wieder gewisse gleiche Probleme, die nicht identisch sind mit den von Aristoteles selbst (Buch III) aufgeworfenen Aporien, sondern eher ihre Lösungen (in Buch VI ff.), allgemein aber Aristoteles' Kritik an seinem Lehrer Platon betreffen und die Aporien nur insofern, als sie aus einem Gegensatz zu Platons Philosophie erwachsen und die Lösungen eine Kritik an ihr beinhalten. Das „ewige Dilemma des Aristoteles" (Brémond) besteht nun darin, daß er mit seiner Kritik zwar einen neuen Denkansatz gegenüber dem platonischen beansprucht, aber diesen Anspruch, wie es scheint, nicht durchhält, sondern in seinem Denken letztlich dem platonischen verbunden bleibt und so mit sich in Widerspruch gerät.

Folgende Probleme sollen hier kurz wiedergegeben werden:[41]

a) Das gnoseologische Problem der Wesenserkenntnis: Nach Aristoteles' Kritik an Platon sei das Allgemeine nicht für sich bestehende "Idee", sondern nur das Einzelding bestehe für sich, sei „erste Substanz" (das Allgemeine sei nur „zweite"). Die Wissenschaft solle sich „empirisch" am Einzelnen ausrichten und so zu allgemeiner Wesenserkenntnis kommen. Doch ergebe sich ein Widerspruch: denn das Allgemeine stehe zum Einzelnen in unaufhebbarem Gegensatz. Auch schienen die aristotelischen Lehrschriften weniger empirisch, als vielmehr wissenschaftlich vorzugehen, und zwar durchaus im Stile Platons dialektisch und analytisch.

[41] Vgl. Zeller, Philos. d. Gr., II. 2², 303 ff., 313 ff., 563 ff.; Ross. LXXVI ff.; Owens, 35 ff.; Düring, 25 ff. Die Probleme ergeben sich nicht alle nur aus der 'Metaphysik', sondern teilweise auch aus anderen Lehrschriften, werden hier aber gleichwohl der Vollständigkeit halber mit ausgeführt.

b) Das ontologische Problem der Form- und Stoffursache: Mit Kritik an den platonischen Ideen setze Aristoteles die Wesenheit des Einzeldinges nicht abgetrennt von ihm, sondern als Formursache *in* ihm an. Damit werde diese selber individuell, stehe für das Einzelding selbst. In Widerspruch hierzu kennzeichne aber Aristoteles die Formursache auch wieder, vergleichbar der platonischen Idee, als intelligibel, immer mit sich identisch, unentstanden und unvergänglich, so daß er eigentlich nur die platonische Idee ins Einzelding hinein verlege. – In analoger Weise sei auch der Begriff der Stoffursache in sich widersprüchlich. Einerseits werde sie mit der Aufwertung des Einzeldinges zur „ersten Substanz" zu etwas real Seiendem, ja sogar zum Individuationsprinzip, entgegen Platon, der sie als Nichtseiendes verstehe bzw. als χώρα, bloßes Raumprinzip (gleichsam nur ein *ens rationis*), andererseits erweise sie sich auch bei Aristoteles wiederum im Bezug zur Form als das gänzlich Unbestimmte, bloß Mögliche, als Nichtseiendes, sehr ähnlich wie bei Platon.

c) Das noologische Problem: Anders als Platon lehre Aristoteles, daß die Vernunft(seele) nicht unmittelbar ideale Wesenheiten erschaue, sondern in ihrer Erkenntnis immer an Vorstellungsbilder (Phantasmen) gebunden bleibe und insofern nicht „abtrennbar" von der Sinnesseele sei. Im Widerspruch dazu führe er jedoch zur Erklärung der allgemeinen Vernunfterkenntnis die „tätige Vernunft" ein, die „abtrennbar" und „unsterblich" sei, wie bei Platon die Vernunftseele.

d) Das kosmologische Problem: Einerseits unterscheide Aristoteles nicht mehr, wie noch Platon, zwei Welten, die sinnliche und intelligible, ideale, sondern stattdessen die sub- und supralunare Welt und leite Bewegung, Werden, Veränderung im sublunaren Bereich aus der gleichförmigen Bewegung (der Fixsternsphäre) und ungleichförmigen (der Planeten- und Sonnensphäre) ab, wobei er den Stoff der Himmelssphären, den sog. Äther, mit der

Selbstbewegung ausstatte. Andererseits benenne er, in Anlehnung an Platons Weltseele und -vernunft bzw. den Demiurgen, auch wieder seelische Prinzipien der Himmelskörper und ein erstes göttliches Wesen als Bewegungsursachen der Himmelsbewegungen, wobei das Widersprüchliche auftrete, daß immaterielle Bewegungsursachen die materiellen Himmelsbewegungen verursachten.

e) Das theologische Problem der 'Metaphysik': Einerseits übe Aristoteles in ihr Kritik an Platons Ideen, dem ewigen, göttlichen Seienden, und richte seine Metaphysik auf die Untersuchung der sinnlichen Substanz, andererseits führe er in ihr doch wieder, Platon folgend, die göttliche Substanz als erstes Zweck- und Bewegungsprinzip ein, „wovon der Himmel und die Natur abhängen", und bezeichne seine Metaphysik als „Theologie", was auf eine widersprüchliche Metaphysik-Konzeption schließen lasse.

Soweit die Wiedergabe der Probleme in der Aristoteles-Forschung heute. Eine Stellungnahme zu ihnen müßte m.E. versuchen, dem gegenüber Platon neuen, aristotelischen Denkansatz gerecht zu werden. Aus dem oben in Kap. II und III (zu *εἶδος* und *τὸ τί ἦν εἶναι*) Gesagten ergibt sich bereits: Die Wesenheit *als* Seinsursache ist bei Aristoteles — wie das Seinsmerkmal der Einzeldinge überhaupt —, anders als bei Platon, kein univokes, gattungsmäßiges Allgemeines, sondern ein analoges; und ihre Ansetzung als Seins- bzw. Formursache *im* Einzelding bedeutet keineswegs die Verlegung der platonischen Idee in dieses. Auch ist der aristotelische Begriff der Stoffursache, gerade in Verbindung mit dem der Möglichkeit, Potenz, ein ganz anderer als der platonische[42]. Das Mögliche, Potentiale, ist bei Aristoteles durchaus schon etwas real Seiendes, nur in bezug auf dieses

[42] Gegen H. Happ, Hyle, Berlin 1971. Siehe meine Rezension in: Philos. Jh. (79) 1972, 415 ff.

oder jenes entstehende Aktuale noch ein Nichtseiendes. Was die Vernunft betrifft, so ist sie nach Aristoteles schon bei jeder allgemeinen und notwendigen (d. h. wissenschaftlichen) Erkenntnis „abgetrennt“ von der Sinnlichkeit[43]. Daß ferner der aristotelische Gott nicht physische Bewegungsursache für eine Himmelssphäre ist, dürfte oben aus der Stellungnahme zu Alexander v. Aphr. und Themistios deutlich geworden sein. Die aristotelische „Theologie“ aber erweist sich als sehr wohl vereinbar mit der Untersuchung der sinnlichen Substanz, des „Seienden als solchen“; denn wie sich die göttliche, übersinnliche Substanz zur sinnlichen als erste Seinsursache zum verursachten Seienden verhält, so verhält sich auch die Theologie zur Untersuchung der sinnlichen Substanz, des Seienden als solchen, als abschließender Teil zum einleitenden derselben einen Metaphysik-Wissenschaft (s. o. Kap. IV. und Erläuterungen zu ‘Metaph.‘ VI 1 im Kommentarteil).

Die Probleme dürften sich in der modernen Aristoteles-Forschung nicht zuletzt aus einer „platonisierenden“ ‘Metaphysik‘-Interpretation ergeben, die auf die antiken Kommentare zurückgeht. Hinzu kommt, daß die Platon-Forschung seit dem letzten Drittel des vorigen Jahrhunderts einen großen Aufschwung nahm, der bis in unsere Zeit zu einer neuen Wertschätzung der platonischen Philosophie, sowie zu einer Problematisierung der aristotelischen Kritik an ihr führte. Sie trug ihrerseits zu einer Neubelebung der Aristoteles-Forschung bei, und zwar hinsichtlich einer möglichen Entwicklung des Philosophen Aristoteles (analog der erforschten Entwicklung in Platons Philosophie), mit der Frage: ob nicht vielleicht Aristoteles’ scharfe Kritik an Platon den Gegensatz zu ihm größer erscheinen lasse, als er in Wirklichkeit sei; ob nicht Aristoteles mehr Platoniker war – und zeit seines Lebens blieb? – als er sich eingestand.

[43] zwar nicht dem Sein nach, aber als Erkenntnisvermögen; Vgl. meine Habil.-schrift, 41–58, 94 ff., 113 ff.

3. Zu W. Jaegers Entwicklungshypothese

Die eigentliche Wende zur entwicklungsgeschichtlichen Erforschung des aristotelischen Werkes vollzog W. Jaeger[44]. Er legte erstmals eine geschlossene Entwicklungshypothese vor, von der alle späteren Untersuchungen anderer Gelehrter ausgingen, um sie entweder fortzubilden oder kritisch abzuändern. Gemeingut ist allen heute, was Jaeger erstmals im Zuge seiner Forschung erkannte, daß nämlich die sog. Pragmatien nicht für die außerschulische Öffentlichkeit abgefaßte („exoterische") Schriften waren (wie Platons Dialoge), sondern Aristoteles' Aufzeichnungen für die innerschulischen („esoterischen") Vorlesungen, und daß sich ihre Abfassung über einen größeren Zeitraum seines Lebens erstreckt haben mußte[45].

[44] mit seinem Buch „Aristoteles, Grundlegung einer Geschichte seiner Entwicklung", Berlin 1923, ²1955.

[45] Um hier einiges zu Leben und Werk des Aristoteles kurz zu erwähnen: Er wurde 384/83 v. Chr. in Stageira (oder Stageiros, einer jonischen Gründung in Thrakien) geboren. Sein Vater war Leibarzt am Hof des makedonischen Königs Amyntas III. in Pella. 367 trat der Siebzehnjährige in Platons Akademie in Athen ein. (Dort gab es in jener Zeit zwei Schultypen, den sog. „praxisorientierten" des Isokrates und den Platons, der mehr allgemein-wissenschaftlich ausgerichtet war, besonders mathematische und philosophische Fächer pflegend.) Aristoteles blieb in der Akademie zwanzig Jahre bis zu Platons Tod 347 (den er mit einem, uns noch erhaltenen, schönen Epigramm ehrte). Unter politischem Druck mußte er, der als makedonenfreundlich galt, Athen verlassen, wo die antimakedonische Partei (mit Demosthenes) ans Ruder kam. Erst die nach Philipps Sieg bei Chaironeia 338 veränderten Verhältnisse erlaubten ihm die Rückkehr nach Athen. Dazwischen lagen Jahre der Wanderschaft, die ihn nach Assos in Kleinasien und Mytilene führten, weiter auch an den makedonischen Hof, wo er mit der Erziehung des Kronprinzen Alexander betraut wurde. Aus dem Zusammentreffen mit Koriskos, Erastos und besonders mit Theophrastos von Mytilene erwuchsen gemeinsame Studien an der Fauna der kleinasiatischen Küste, die sich dann auch in tierkundlichen Schriften niederschlugen. Nach Athen 335 zurückgekehrt, gründete Aristoteles eine eigene Schule, das Lykeion (benannt nach dem Hain des Apollon Lykeios, wie Platons Schule nach dem Hain des Heros

Das „aristotelische Dilemma", zufolge der oben wiedergegebenen Probleme und „Widersprüche", suchte nun Jaeger aus einer Entwicklung im Denken des Aristoteles zu erklären, derart, daß dieser sich von der platonischen Philosophie stufenweise entfernte, d. h. weg von der Betrachtung übersinnlicher Substanzen (Ideen) und eines ewigen, göttlichen Prinzips, und sich allmählich der Untersuchung der sinnlichen Substanzen hinwandte, daß er sich also sozusagen vom Platoniker und Theologen zum Empiriker entwickelte. Jaeger unterschied drei Entwicklungsstufen, entsprechend den drei Perioden im Leben des Aristoteles, 1. der zwanzigjährigen Akademiezeit (367–347), 2. der Wanderjahre (347–335), 3. der zwölfjährigen Lehrtätigkeit am Lykeion (334–322), und ordnete ihnen die Schriften nach bestimmten Datierungskriterien (gegenseitige Verweise, Zitate von datierbaren Platon-Dialogen u. a. m.), besonders aber nach dem Kriterium der Platonnähe und -ferne zu. Mehr noch, er teilte auch einzelne Bücher, Kapitel und gewisse Textabschnitte, die in „Widersprüchen"

Akademos; an beiden Kultstätten waren Gymnasien), und wirkte dort zwölf Jahre. Alexanders Tod 323 verschob die Verhältnisse in Athen wieder zugunsten der Makedonenfeinde. Aristoteles mußte fliehen und starb erkrankt in Chalkis (auf Euboia) 322/21. Das hinterlassene Werk ist von erstaunlichem Umfang; es umfaßt die Gebiete der Logik und Erkenntnistheorie, der Naturphilosophie und Tierkunde, Psychologie und Kosmologie, der Metaphysik, Ethik, Politik, Rhetorik und Kunsttheorie. Bahnbrechend war die Ausbildung eines logischen „Organons", sowie einzelwissenschaftlicher Methoden, die zur Aufteilung in Disziplinen führte, und der empirischen Forschung mit Materialsammlung und -auswertung. (In den tierkundlichen Schriften verrät sich noch das Interesse des Arztsohnes am empirisch-wissenschaftlichen Studium des organischen Lebens). Höchst bedeutsam war auch die Schöpfung einer rein wissenschaftlichen Prosa, die (Platons kunstvolle Dialogform abstreifend) der Sache angemessen, knapp und nüchtern ist und gelegentlich, wo sachlich nötig, zu Wortneubildungen kommt. Näheres zu Aristoteles' Leben, s. bei Zeller, Ph. d. Gr. II 2^2, 1–50; U. v. Wilamowitz-Moellendorff, Aristoteles und Athen, Berlin 1893; P. Wilpert, Die wissenschaftliche Persönlichkeit des Aristoteles, Berlin 1938.

gegeneinander zu stehen schienen, verschiedenen Perioden zu. Was die 'Metaphysik' betrifft, so setzte er – um nur dies beispielshalber zu erwähnen – Buch I als früh an, in die 2. Periode, weil es „platonisch" von ersten Prinzipien spreche und Kap. 9 bei der Ideenkritik die „Wir"-Form verwende, im Sinne von „wir Platoniker", hingegen Buch XIII 1–8 als spät, in die 3. Periode, weil es in einer Dublette der Ideenkritik, Kap. 4, statt der „Wir"-Form, d. h. der 1. Person, die 3. Person verwende (Jaeger, 171). Buch III mit den Aporien sei früh, weil diese „ausnahmslos im Gebiet des Übersinnlichen" lägen, also noch „platonisch" seien (202), ferner auch Buch IV, weil es einen Teil der Aporien beantworte, und schließlich Buch XII wegen seiner Theologie über die abgetrennte, göttliche Substanz. Hingegen hielt Jaeger die Bücher VII–IX für spät, weil sie keine der Aporien von Buch III behandelten und, abweichend von der ursprünglichen theologischen Konzeption, „unversehens etwas Neues und Späteres" brächten, nämlich Untersuchungen über die sinnliche Substanz. In VI 1 stießen die zwei widersprüchlichen Metaphysik-Konzeptionen aufeinander. Aristoteles' Überleitung in VII 3/4, 1029b 3–12, mit der Unterscheidung zwischen dem „für uns Bekannteren" und dem „an sich Bekannteren", sei ein nachträglicher Einschub, der die (späten) Untersuchungen in VII–IX über die sinnliche Substanz und ihre Wesenheit, die immanente Formursache, als das „für uns Bekanntere" (sic!), nunmehr zur Vorstufe der (frühen) Theologie von der übersinnlichen, göttlichen Substanz, als dem „an sich Bekannteren", erklären möchte.

Soweit die Proben aus Jaegers Entwicklungshypothese, die hier nicht ausführlicher dargestellt und kritisch gewürdigt werden kann. Zu einigen Punkten nur kurz folgende Stellungnahme:

Die Ideenkritik in Buch I 9 ist so gründlich, daß keine Platonnähe mehr zu spüren ist. In den „Wir"-Formen muß sich nicht Aristoteles' Zugehörigkeit oder Nähe zur Akademie ausdrücken, sondern kann auch eine reflektierte

Distanz liegen („wir ehemaligen Platoniker"). Weiter, wenn die zwei inhaltlich völlig gleichen Fassungen der Ideenkritik in I 9 und XIII 4 wegen der äußerlich verschiedenen Redeform in der 1. und 3. Person einer frühen und späten Entstehungszeit angehören sollten, so wäre es um so bemerkenswerter, daß Aristoteles zu späterer Zeit eine frühere Fassung seiner Ideenkritik inhaltlich unverändert wieder aufgenommen und nur die kleine formale Änderung der Redeform angebracht hätte, was ein schlagender Beweis gegen eine „Entwicklung" seines philosophischen Denkens in diesem Punkte wäre[46]. – Was die Aporien in Buch III betrifft, so liegen diese nicht „ausnahmslos im Gebiet des Übersinnlichen" und sind nicht alle „platonischer" Herkunft. Die 1.–4. Aporie entspringen einer (modern gesagt: „wissenschaftstheoretischen") Reflexion über die Metaphysik als noch „gesuchte Wissenschaft", wie sie solcherart von Platon überhaupt noch nicht vollzogen wurde. Und die Beantwortung dieser Aporien in Buch IV 1–2, die zur Bestimmung des Metaphysik-Gegenstandes führt, des „Seienden als solchen", und seiner nicht mehr univoken, sondern analogen Allgemeinheit, gehört zum originellsten und reifsten Denken des Aristoteles; ganz zu schweigen von den tiefschürfenden Erörterungen in IV 3–8 über den Satz vom Widerspruch und ausgeschlossenen Dritten. Was aber die übrigen Aporien betrifft, die sich auf die Substanzen und ihre Prinzipien beziehen, so gehen nicht alle auf Übersinnliches, Abgetrenntes (Transzendentes); besonders die 8. Aporie zielt auf die Formursache *in* den sinnlichen Substanzen ab (und entstammt der Kritik an den platonischen Ideen, s. Erläuterg. im Komm.-Teil zu III 4). – Daß in der VI 1 formulierten Aporie nicht zwei widersprüchliche Metaphysik-Konzeptionen des Aristoteles liegen, und daß er zu ihr eine Lösung bringt, wurde schon oben gezeigt (Einltg. IV. und V. 2.; siehe Komm.-Teil zu Buch VI 1). – Auch läßt sich die These nicht halten, die Bücher VII–IX über

[46] Vgl. Reale, I, 70–73.

die sinnliche Substanz behandelten keine der Aporien von Buch III und seien in bezug auf die frühe Konzeption der Metaphysik als Theologie ein später eingeschobener „Exkurs" (Jaeger, 203). Vielmehr nimmt Aristoteles die 8. Aporie hinsichtlich der Formursache (in der sinnlichen Substanz) von III 4, 999a 24 ff., – dort als „allerschwierigste" bezeichnet und „am notwendigsten zu untersuchen" – wieder in VII 3 auf, wo er die Formursache, 1029 a 33, als „am meisten aporetisch" nennt, und löst sie in den anschließenden Untersuchungen VII 4–12, 17 und VIII (über Wesenheit und Formursache). Die Kap. VII 13–15 enthalten eine eindeutige Lösung der 6., 7. und 15. Aporie, Kap. 16 der 11. Aporie. Mit den Ergebnissen von Buch IX 8–9 wird zugleich die 14. Aporie gelöst[47]. – Überhaupt ist es nicht überzeugend, alle Teile der aristotelischen 'Metaphysik', die von der übersinnlichen, abgetrennten Substanz handeln, als „platonisch" zu kennzeichnen und deshalb früh zu datieren. Aristoteles betrachtet sie nämlich, z. B. in Buch I–III und XII, unter einem bewegungs-, zweck- und seinsursächlichen Aspekt: Eine Betrachtungsweise, die ihm allein eigentümlich, nicht platonisch ist; kritisiert er doch an den platonischen Ideen mit Recht (I 9, 991a 12–14, b 1–9), daß sie ursächlich weder für das Sein, noch das Werden, noch das Erkennbarsein der Sinnesdinge etwas beitragen. Die erste, göttliche Substanz in XII 6–7 wird als das „unbewegt Bewegende", das „wie ein Geliebtes", Erstrebtes, bewegt, anders und deutlicher erfaßt als die platonische Idee des Guten. Und vollends gehen die unvergleichlichen Erörterungen in XII 9 über die Selbsterkenntnis der göttlichen Vernunft über Platon hinaus. Daß Buch XII spät zu datieren ist, machte schon v. Arnim[48] gegen Jaeger geltend, indem er auf die Beziehung von 'Metaph.' XII 6–7 zum „unbewegten Beweger" in 'Phys.' Buch VIII verwies, das allgemein für spät gehalten wird. Hinzu kommt ebenfalls

[47] Vgl. Reale I, 75–78.
[48] In Sitzgs.-Ber. d. Ak. d. W., Wien, Philos.-hist. Kl. 212,5, 1931.

die weitere Beziehung zu der ebenfalls für spät gehaltenen Schrift 'De anima' III 9–10, wonach das erste, unbewegt Bewegende das Intelligible und Erstrebte ist.

Im ganzen gesehen, zeigt sich Jaegers Aristoteles-Interpretation, wie auch die seiner Nachfolger, von den antiken, neuplatonischen Kommentaren beeinflußt, welche z. B. die Wesenheit in der sinnlichen Substanz bzw. die Formursache – den unaristotelischen Ausdruck ἔνυλον εἶδος übernehmend – als das „für uns Bekanntere" mißverstehen. Es entgeht dabei, daß die mittleren Bücher VII–IX die sinnliche Substanz nicht *als* sinnliche untersuchen, sondern *als* Substanz, *als* „erstes Seiendes", und mit ihr sich gerade dem in IV 1 und VI 1 thematisierten „Seienden als solchem" zuwenden (s. o. Einltg. IV.). Ansetzend beim Sein (Dasein, Etwas-, Eines-Sein u. a.) der Sinnesdinge, ihrem ersten intelligiblen Aspekt, gehen sie zurück auf ihre immanenten Seinsursachen und erschließen so ihre Formursache bzw. Wesenheit (Sosein), das „an sich Bekanntere", „für uns" aber zunächst „am meisten Aporetische"[49].

Die mittleren Bücher stehen also zu den Eingangsbüchern in keinem Gegensatz, auch nicht dem der Platonferne und -nähe, sondern sind mit ihnen in Übereinstimmung, und zwar auf Grund einer genuin aristotelischen, einheitlichen Metaphysik-Konzeption.

4. Zum Kompositionsprinzip der aristotelischen 'Metaphysik'

Jaegers Entwicklungshypothese schließt die richtige Erkenntnis ein, daß Aristoteles' 'Metaphysik' kein in einem Zuge geschriebenes, geschlossen durchkomponiertes Werk ist, sondern über Jahrzehnte hinweg aus Einzelteilen zusammengewachsen sein dürfte. Dem heutigen Leser stellt es sich fast wie ein Konglomerat solcher Einzelteile dar: Häufig stoßen Abschlüsse und Anfänge von Büchern,

[49] Richtig noch von Bonitz verstanden, S. 303, zu VII 4.

Kapiteln und Abschnitten unvermittelt hart aufeinander, und finden sich scheinbar unnötige Wiederholungen (z. Teil haben schon antike Herausgeber an Bruchstellen durch Überleitungssätze zu glätten versucht). Es wäre nun aber nicht richtig, diese Unebenheiten und Härten durchwegs so zu erklären, daß jeweils Texte zeitlich verschiedener Entstehungsschichten vorlägen. Vielmehr läßt sich ein gewisses Kompositionsprinzip erkennen, das sich folgenderweise beschreiben läßt: Die Hauptthemen werden – gleichsam in spiralenförmiger Bewegung sich erweiternder Kreise – mehrfach abgehandelt, in einem ersten Durchgang knapp und umrißhaft, in zweiten Durchgängen mit immer reicheren Einzelausführungen. Es ist also nicht so, daß jedes Hauptthema nur einmal, linear eines nach dem anderen, und zwar jeweils vollständig bis in alle Einzelheiten abgehandelt würde. Dazu muß man berücksichtigen, daß allgemein die Schriften in jener Zeit, besonders auch Aristoteles' Schulschriften, noch mehr zum Hören als zum Lesen bestimmt waren, also ihre Komposition nicht so linear sein konnte, wie bei einem modernen Buch, bei dem sich vor- und zurückblättern läßt. Wiederholungen dienten als Gedächtnishilfen. Auch war noch kein „Blättern" möglich, weil die Texte auf Papyrusrollen geschrieben waren, was für die Abfassung insofern Schwierigkeiten aufwarf, als ergänzende Einzelausführungen zu einem Thema nur jeweils „hinten", in Richtung auf das Rollenende, angestückt oder auf einer neuen Rolle (als weiterem „Buch") angesetzt werden konnten.

Um das oben beschriebene Kompositionsprinzip kurz an einigen Beispielen zu erläutern: Buch III bringt die Aporien zuerst in einem knappen Aufriß in Kap. 1 und ihre ausführliche Darstellung in den Kap. 2–6, Buch II ist eine weiterführende Ergänzung zu I, Buch VIII zu VII, Buch X zu IV 2, Buch XIII und XIV zu I 8–9. (Es wäre unsinnig, diese zwei Bücher, weil sie am Ende der 'Metaphysik' stehen, für ihren Abschluß und Höhepunkt zu halten). Auch innerhalb eines Buches läßt sich dasselbe Prinzip verfolgen: In Buch VII 10 z. B. wird in einer ersten Fassung, 1034b

20–1035b 3, von den Bestandteilen der Definition gehandelt, sodann von demselben Thema nochmals in einer zweiten, ergänzenden Fassung, 1035b 3ff.: „Es ist zwar auch jetzt schon das Wahre gesagt worden, doch wollen wir (dasselbe Thema) wieder aufnehmen und noch deutlicher sprechen. . .“. Auch ist zu Kap. 3/4 ff. (über Formursache und Wesenheit) Kap. 17 eine Ergänzung, 1041a 6–7: „. . . Laßt uns gleichsam wieder einen neuen Anfang machen und so sagen . . .“.

Die hier als „Ergänzungen“ bezeichneten Texte müssen nicht immer als (entwicklungsgeschichtlich gesehen) späte Nachträge verstanden werden. Sie konnten auch im frühen, ersten Gesamtentwurf der ‘Metaphysik‘ schon als „Ergänzungen“ konzipiert gewesen sein, die an nachgeordneter, zweiter Stelle stehen sollten.

5. Ein Erfordernis der ‘Metaphysik‘-Interpretation heute

W. Jaegers Entwicklungshypothese zur *Metaphysik* erfuhr zwar inzwischen bis heute manche Korrektur und Variation[49a], doch setzte sich seine neue Interpretationsweise als solche weitgehend durch, nämlich das sog. „aristotelische Dilemma“, zufolge der oben (unter 2.) erwähnten Probleme, „Widersprüche“, entwicklungsgeschichtlich zu erklären. Verbunden damit war ein Wandel in der Einstellung zu Aristoteles’ ‘Metaphysik‘ überhaupt: Während die Interpreten vor Jaeger die erwähnten Probleme größtenteils grundsätzlich für lösbar hielten und, sofern sie noch nicht gelöst waren, glaubten, daß dies nicht an Aristoteles, sondern am vorläufigen, eigenen Unvermögen der Inter-

[49a] So z. B. bei Düring, der das Verhältnis der Platonnähe und -ferne umgekehrt wie bei Jaeger verstehen möchte (S. 46): „Nach meiner Arbeitshypothese stellte sich Aristoteles anfangs stark in Gegensatz zu Platon“, d. h. in der Frühperiode seines Denkens. In seiner Spätperiode dagegen „als reifer Denker erkennt er vollends die Größe Platons an“.

pretation lag[50], sahen Jaeger und seine Nachfolger in ihnen ein unauflösliches „Dilemma", das sich nur entwicklungsgeschichtlich derart erklären ließ, daß es seine Ursache in Aristoteles selbst hatte. Die gewandelte Einstellung bringt klar P. Wilpert in seinem Bericht über „die Lage der Aristotelesforschung"[51] zum Ausdruck: „Der Entwicklungsgedanke hat sich durchgesetzt": Es gebe keine geschlossene Einheit in Aristoteles' Metaphysik. Zu einem „scholastischen System" sei sie erst durch die antiken Herausgeber und Kommentatoren geworden. Aristoteles selbst sei „zeitlebens ein Werdender, Suchender und Ringender geblieben. Damit (sc. mit Jaegers Forschung) ist der Scholastiker Aristoteles, wie er seit dem Ausgang des Altertums durch die Jahrtausende ging, begraben".

Hiernach wäre also das Dilemma der 'Metaphysik'-Auslegung Aristoteles' eigenes Dilemma[52]. Entwicklungsgeschichtlich erklärt aber wird es heute, wie oben schon erwähnt, letztlich durch sein widerspruchsvolles Verhältnis zu Platon. Den Sachverhalt hat Düring so zusammengefaßt[53]: „Um es kurz zu sagen, beruht dieses Dilemma darauf, daß Aristoteles in gewissen platonischen Denkstrukturen so festgefahren war, daß er sich nicht davon befreien konnte".

Ohne hierzu im einzelnen Stellung zu nehmen, fragt man sich doch, ob sich das Dilemma der 'Metaphysik'-Auslegung heute nicht eher dadurch erklärt, daß moderne Interpreten auf gewisse platonische Denkstrukturen zu festgelegt sind, mit anderen Worten: daß sie von den antiken neuplatoni-

[50] Zu mancher schwierigen 'Metaphysik'-Stelle bekennt z. B. Bonitz schlicht und redlich: „apertum est", „non video", „feliciori interpretatori relinquo".

[51] Zeitschrift f. ph. Forschg. 1/1, 1947. Zitat auf S. 137. Siehe ferner 'Wege d. Forschg.', Bd. 61, 1968 (Arist. i.d. neueren Forschg.).

[52] Bei Aubenque wird Aristoteles' Metaphysik eine permanente aporetische Dialektik, die letztlich in ein „großes Scheitern" führt.

[53] Düring 29–30.

schen Kommentaren zu stark beeinflußt sind, um die gegenüber Platon neuen Ansätze der aristotelischen Metaphysik zu würdigen. Was aber vielleicht schwerer ins Gewicht fällt: Aristoteles läßt an keiner Stelle der 'Metaphysik' eine Aporie ohne Lösung zurück, bekennt auch nirgends, daß ihm eine Aporie unauflösbar sei. Er versteht sich selbst nicht als bloßen Aporetiker. Es ist aber Pflicht des Interpreten, jeden Autor so zu verstehen zu suchen, wie er sich selbst verstanden wissen will. Auch ist es notwendig, dem Autor ein Vertrauen entgegenzubringen, daß er dem Leser nicht Einsichten vortäuschen will, die er nicht hat.

Es wäre bedenklich, wollte man die oben erwähnten Probleme nur noch entwicklungsgeschichtlich erklären – und d. h. für immer festschreiben –, anstatt sachlich zu erörtern und zu lösen zu suchen. Das Erfordernis ist heute wieder: Zurück zu den Sachproblemen. Gerade wenn die entwicklungstheoretische Forschung recht hat, daß Aristoteles' 'Metaphysik' kein geschlossenes „scholastisches System" ist und aus seinem Denken erst über Jahrzehnte erwachsen sein muß, so ist es um so bemerkenswerter, daß sie trotzdem eine gewisse einheitliche Konzeption zeigt mit einer erstaunlichen Übereinstimmung der vielfältigen Erkenntnisvollzüge (s. o. Einltg. I. die Inhaltsübersicht)[54]. Mögen auch einzelne Teile der 'Metaphysik' verschiedenen Entstehungszeiten angehören, so ist es doch nicht ausgeschlossen, sondern notwendig anzunehmen, daß Aristoteles selbst noch in späten Jahren mit letzter Hand über sein vielteiliges Werk ging und ihm die letztgewollte Einheit gab. Wenn dem aber so ist, dann besteht heute weiterhin die Aufgabe, die in Aristoteles' 'Metaphysik' liegenden Probleme auch sachlich zu erörtern und mit einer immanenten Interpretationsmethode aufzulösen zu versuchen, ohne daß dies als Rückfall in eine angebliche „Scholastik" verurteilt wird.

[54] In jüngerer Zeit hat Reale in seinem Kommentar (s. d. Einleitung) auf diese innere Einheit von Aristoteles' Metaphysik wieder aufmerksam gemacht.

VI. Literaturhinweise

Angeführt wird hier nur die wichtigste Primär- und Sekundärliteratur; weitere findet sich in den Fußnoten der Einleitung und des Kommentars. Hier sei verwiesen auf

- die Aristoteles-Bibliographien:
  M. Schwab, Bibliographie d'Aristote, Paris 1896;
  J. Souilhé, Chronique bibliographique sur l'Aristote, in: Arch. de philos. 8, 1931, 573–582;
  M. D. Philippe, Aristoteles, Bern 1948 (Bibliogr. Einführg. i. d. Studium d. Philos. 8);
- ferner die Literaturübersichten bei Ueberweg-Praechter, Grundr. d. Gesch. d. Philos. I, Das Altertum, Berlin[12] 1926, 101*–122*;
  W. Totok, Handb. d. Gesch. d. Philos. I, Altertum, Frankfurt a. M. 217–263.
- schließlich die reichlichen Literaturangaben bei
  E. Berti, La filos. del primo Aristotele, Padova 1962, 1–122;
  F. Dirlmeier, Z. gegenw. Stand d. Arist.-Fschg, Wien. Stud. 76, 1963, 54–67;
  A. H. Chroust, The first thirty years of modern Aristotel. scholarship, Class. et Med. 24, 1963, 27–57;
  J. Owens, The doctrine of being etc., Toronto[2] 1963, 475–501;
  W. D. Ross, Aristotle, London (Univ. Paperbacks) 1964, 291–295;
  I. Düring, Aristoteles, Heidelberg 1966, 623–640;
  G. Reale, Aristotele, Napoli 1968, II, 449–502.

1. Textausgaben zur 'Metaphysik'

(Zu den Codices siehe die Vorworte der nachstehenden Ausgaben, bes. bei Ross; vgl. auch S. Bernardinello, Eliminatio codicum della Metafisica di Aristotele, Padova 1970.)

Aristotelis opera, ex rec. I Bekkeri, 5 vol. (Preuß. Akad.-Ausgabe)*, Bln. 1831–70, Metaphysik im 2. Bd., 980–1093. (Nachdr. Berlin 1960–63).

Aristotelis Metaphysica, ed. H. Bonitz, Bonn 1848.

Aristotelis Metaphysica, recogn. W. Christ, Leipzig 1885, 1903, 1906 u. Stuttgart 1931, 1934.

Aristotle's Metaphysics I–II, ed. W. D. Ross, Oxford 1924.

The Metaphysics (with English transl.), 2 vol., ed. H. Tredennick, London 1933–35 (Loeb Class. Libr.).

Aristotelis Metaphysica, ed. W. Jaeger, Oxford 1957.

* Der 5. Band dieser Ausgabe ist der wichtige ‚Index Aristotelicus' von H. Bonitz (Neudr. 1961).

2. Übersetzungen

E. Rolfes, Aristoteles, Metaph., 2 Bde., Leipzig 1904, 1920–21, 1928.
A. Lasson, Aristoteles, Metaphysik, Jena 1907.
H. Bonitz (ed. Wellmann), Aristoteles' Metaphysik, 1890 (wieder hgg. v. H. Carvallo, Hamburg 1966).
P. Gohlke, Die Metaphysik, Paderborn² 1961.
F. Bassenge, Metaphysik, Berlin 1960.
F. Schwarz, Metaphysik, Stuttgart (Reclam) 1970 u. 1974.

3. Kommentare

Alexandri Aphrodisiensis in Aristotelis metaphysica commentaria, ed. M. Hayduck, Berlin 1891.
Asclepii in Aristotelis metaphysicorum libros A–Z commentaria, ed. M. Hayduck, Berlin 1888.
Syriani in metaphys. commentaria, ed. G. Kroll, Berlin 1902.
Themistii in Aristotelis metaphys. libr. paraphrasis, lat. et hebr., ed. S. Landauer, Berlin 1903.
S. Thomae Aquinatis in XII libros metaphys. Aristotelis expositio, ed. Cathala et Spiazzi, Torino (Marietti) 1964.

H. Bonitz, Aristotelis Metaphysica I–II, Bonn 1848–49 (Nachdr. Hildesheim 1960).
A. Schwegler, Die Metaphysik d. Aristoteles (Text, Übers., Komm.), 4 Bde., Tübingen 1847–48 (Nachdr. Frankfurt a. M. 1960).
W. D. Ross, Aristotle's Metaphysics I–II, Oxford 1924 (Nachdr. mehrmals bis 1970).
J. Tricot, La Métaphysique, Paris 1958.
H. G. Gadamer, Aristoteles, Metaphysik XII, Frankfurt a. M. 1948.
G. Reale, La Metafisica (trad., introd., comm.) I–II, Napoli 1968.
L. Elders, Aristotle's theory of the One. A commentary on book X of the Metaphysics, Assen 1961.
–, Aristotle's Theology. A comm. on book XII of the Metaph., Assen 1972.

4. Darstellungen der 'Metaphysik' (gesondert oder in Aristoteles-Gesamtdarstellungen)

W. Bröcker, Aristoteles, Frankfurt a. M. 1935.
L. Robin, Aristote, Paris 1944.
W. Jaeger, Aristoteles. Grundlegung einer Geschichte seiner Entwicklung, Berlin 1923, 1955.
A. E. Taylor, Aristotle, New York 1955.

W. D. Ross, Aristotle, London 1923 (Univ. Paperb. 1964).
D. J. Allan, The philosophy of Aristotle, Oxford 1952.
M. Wundt, Untersuchungen z. Metaphysik d. Aristoteles, Stuttgart 1953.
J. Owens, The doctrine of being in the Aristotelian Metaphysics, Toronto² 1963.
I. Düring, Aristoteles. Darstellung u. Interpretation seines Denkens, Heidelberg 1966.
W. Marx, Einführung in Aristoteles' Theorie vom Seienden, Freiburg 1972 (Hamburg 1977, Felix Meiner Verlag).
P. Aubenque, Le problème de l'être chez Aristote, Paris 1972.
E. Berti, Aristotele: Dalla dialettica alla filosofia prima, Padova 1977.

5. Einzelabhandlungen
(nicht chronologisch, sondern alphabetisch nach den Verfassernamen aufgeführt)

K. G. Anton, Commentatio de discrimine inter aristotel. τί ἐστιν et τί ἦν εἶναι, Görlitz 1847.
Fr. L. Beeretz, Die Aufgabe der 'Metaphysik' des Aristoteles, in: Φιλοσοφία, Athen 1974, 247–258.
Cl. Bäumker, Das Problem der Materie i. d. griech. Philos., Münster 1890.
E. Berti, La dialettica in Aristotele, in: L'attualità della problematica aristotel., 3, Padova 1970.
H. Bonitz, Aristotelische Studien, SB Wien. Ak. 39, 1862, 183–280.
Fr. Brentano, Von der mannigfachen Bedeutung des Seienden nach Aristoteles, Freiburg 1862.
H. Cherniss, Aristotle's criticism of Presocratic philosophy, Baltimore 1935.
–, Aristotle's criticism of Plato and the Academy, Baltimore 1944.
W. Christ, Studia in Aristotelis libros Metaphys., Berlin 1853.
D. R. Cousin, Aristotle's doctrine of substance, in: Mind 42, 1933, 319–337; 44, 1935, 168–185.
C. Fabro, Il concetto dell'essere e la metafisica, in: Giorn. di metaf. 7, 1952, 661–668.
–, Dall'ente di Aristotele all' 'esse' di S. Tommaso, in: Aquinas 1, 1958, 5–39.
K. v. Fritz, Der Ursprung der aristotelischen Kategorienlehre, in: Arch. f. Gesch. d. Philos., 40, 1931, 449–496.
–, Die ἐπαγωγή bei Aristoteles, SB. Bayer. Ad. d. W., ph.-hist. Kl., München 1964/3.
H. Happ, Hyle. Studien z. aristotel. Materiebegriff, Bln. 1971 (vgl. meine Rez. i. Philos. Jahrb. 79, 1972, 415–421).

N. Hartmann, Zur Lehre vom Eidos b. Platon u. Aristoteles, Abhdlg. Preuß. Ak. d. W. 1941.

H. Kuhn, Rezension zu Owens „The doctrine of being etc.“, in: Gnomon 40, 1968, 139–147.

J. Moreau, L'être et l'essence dans la philosophie d'Aristote, in: Autour d'Aristote, Louvain 1955, 181–204.

G. L. Muskens, De ente qua ens Metaphysicae aristotel. obiecto, in: Mnemosyne 13, 1947, 130–140.

Kl. Oehler, Aristotle on Self-knowledge, in: Proceed. of the American Philos. Soc., 118, 1974, 493–506.

G. Patzig, Theologie u. Ontologie i. d. 'Metaphysik' d. Aristoteles, in: Kant-Stud. 52, 1961, 185–205.

A. Preiswerk, Das Einzelne u. das Allgemeine b. Platon u. Aristoteles, in: Philol., Suppl. Bd. 32/1, 1939.

H. Seidl, Der Begriff des Intellekts (νοῦς) b. Aristoteles (Habil.-schrift; Monograph. z. philos. Fschg. 80), Meisenheim 1971.

–, Zur Seinsfrage b. Aristoteles u. Heidegger, in: Ztschr. f. philos. Fschg. 30, 1976, 203–226.

–, Aristoteles' Zweite Analytiken, mit Einltg., Übers. u. Kommentar, Amsterdam–Würzburg (Elementa-Texte Bd. 1), 1984, [2]1987.

–, Beiträge zu Aristoteles' Erkenntnislehre und Metaphysik, Amsterdam–Würzburg 1984 (Elementa Bd. 35).

–, Aristoteles' Lehre von der Selbsterkenntnis des ersten, göttlichen Vernunftwesens etc., in: Aristoteles' Werk u. Wirkung (FS Moraux), Bd. 2, Berlin 1986, 157–176.

–, Bemerkungen zu Hegels Interpretation von Aristoteles' De an. III 4–5 und Metaph. XII 7 u. 9, in: Perspektiven d. Philosophie 12 (1986), 209–236.

J. Stallmach, Dynamis u. Energeia. Untersuchungen am Werk des Aristoteles z. Problemgesch. v. Möglichkeit u. Wirklichkeit, Meisenheim 1959.

E. Strycker, La notion aristotél. de séparation dans son application aux Ideés de Platon, in: Autour d'Aristote, Louvain 1955, 119–139.

G. Teichmüller, Aristotelische Forschungen, Halle 1867–1873.

Fr. A. Trendelenburg, Das τὸ ἑνὶ εἶναι, τὸ ἀγαθῷ εἶναι etc. und das τὸ τί ἦν εἶναι bei Aristoteles, in: Rhein. Mus. 2, 1828, 457–483.

J. Vogelbacher, Begriff und Erkenntnis der Substanz b. Aristoteles, Limburg 1932.

E. Vollrath, Aristoteles. Das Problem der Substanz; in: Philos. d. Altert. u. d. Mittelalt., Göttingen 1972 (Vandenh. & Rupr. UTB 146).

A. M. Vos, La ‚vraie substance‘ d'après la métaphys. d'Aristote (Library of the Xth Intern. Congr. of Philos., I, 1094–1096, Amsterdam 1949.

H. Wagner, Zum Problem der aristotelischen Metaphysik, in: Philos. Rundsch. 7, 1959, 129–148.
J. Watson, The metaphysics of Aristotle, in: Philos. Review 7 1898, 33 ff, 113 ff, 248 ff, 337 ff.
B. Weber, De *οὐσίας* apud Aristotelem notione, Bonn 1887.
P. Weiß, ‚Being, essence and existence', in: Review of Metaphysics I 1, 1947, 69–92.
Wege der Forschung, Bd. 206 (hgg. v. Fr.-P. Hager): Metaphysik und Theologie d. Aristoteles, Darmstadt 1969, (Beiträge)
P. Wilpert, Zum aristotelischen Wahrheitsbegriff, in: Philos. Jahrb. 53, 1940, 3–16.

Ergänzende Literaturhinweise der zweiten Auflage

Ausgaben

Chr. Kirwan, Aristotle's Metaphysics Γ, Δ, E, Oxford 1971.
J. Annas, Aristotle's Metaphysics M, N, Oxford 1976.

Einzelabhandlungen

K. Brinkmann, Aristoteles' allgemeine und spezielle Metaphysik, Berlin 1973.
E. Buchanan, Aristotle's Theory of Being, Cambridge (Mass.) 1962.
F. Grayeff, Aristotle and His School, 1974.
P. Moraux, Der Aristotelismus bei den Griechen, Berlin 1973.
J. H. Randall, Aristotle, New York 1960.
K.-H. Volkmann-Schluck, Die Metaphysik des Aristoteles, Frankfurt a.M. 1979.

Sammelbände

Articles on Aristotle, 3. Metaphysics, ed. by J. Barnes, M. Schofield, R. Sorabji, (Duckworth) London 1979.
(Beiträge von G.E.M. Anscombe, C.M. Gillespie, J. Hintikka, J.M. LeBlond, J. Lukasiewicz, S. Mansion, I. Mueller, G.E.L. Owen, G. Patzig, R. Sorabji).
Études sur la Métaphysique d' Aristote (Actes du 6.e Sympos. Aristot., ed. P. Aubenque), Paris 1979
(Beiträge von P. Aubenque, E. Berti, J. Brunschwig, V. Decarie, M. de Gandillac, D. Harlfinger, S. Mansion, J. Owens, J.B. Skemp, E. de Strycker).

TEXT UND ÜBERSETZUNG

Der Text ist ein Abdruck aus der Teubner-Ausgabe, herausgegeben von W. Christ, (Leipzig) 1885, 1903, 1906 und (Stuttgart) 1934.
Die Übersetzung ist eine überarbeitete Neufassung der von H. Bonitz erstellten (herausgeg. von E. Wellmann 1890, nachgedruckt in Rowohlts Klassikern Bd. 10, 1966).

ΤΩΝ ΜΕΤΑ ΤΑ ΦΥΣΙΚΑ Α.

Πάντες ἄνθρωποι τοῦ εἰδέναι ὀρέγονται φύσει. σημεῖον 980a 21
δ' ἡ τῶν αἰσθήσεων ἀγάπησις· καὶ γὰρ χωρὶς τῆς χρείας
ἀγαπῶνται δι' ἑαυτάς, καὶ μάλιστα τῶν ἄλλων ἡ διὰ τῶν
ὀμμάτων. οὐ γὰρ μόνον ἵνα πράττωμεν, ἀλλὰ καὶ μηδὲν
μέλλοντες πράττειν τὸ ὁρᾶν αἱρούμεθα ἀντὶ πάντων ὡς εἰπεῖν 25
τῶν ἄλλων. αἴτιον δ' ὅτι μάλιστα ποιεῖ γνωρίζειν ἡμᾶς
αὕτη τῶν αἰσθήσεων καὶ πολλὰς δηλοῖ διαφοράς. φύσει
μὲν οὖν αἴσθησιν ἔχοντα γίγνεται τὰ ζῷα, ἐκ δὲ τῆς αἰσθή-
σεως τοῖς μὲν αὐτῶν οὐκ ἐγγίγνεται μνήμη, τοῖς δ' ἐγγίγνε-
ται. καὶ διὰ τοῦτο ταῦτα φρονιμώτερα καὶ μαθητικώτερα 980b 21
τῶν μὴ δυναμένων μνημονεύειν ἐστίν· φρόνιμα μὲν ἄνευ
τοῦ μανθάνειν, ὅσα μὴ δύναται τῶν ψόφων ἀκούειν, οἷον
μέλιττα, κἂν εἴ τι τοιοῦτον ἄλλο γένος ζῴων ἐστίν· μανθά-

Inscriptio: *Ἀριστοτέλους τῶν μεταφυσικῶν ᾱ* A^b, *Ἀριστοτέλους τῶν μετὰ τὰ φυσικὰ ᾱ* E ‖ p. 980a v. 23 *ἑαυτὰς* A^b, de qua forma vetere in codicibus nostris passim servata dixi in praef. ‖ 26 *γνωρίζειν* E: *γνωρίζειν τι* A^b ‖ 28 *γίγνεται* A^bE: *γίνεται* vulgo, de vetere forma plurimis locis in codicibus servata in editionibus abolita dixi in praef. ‖ *τῆς αἰσθήσεως* E: *ταύτης* A^b ‖ 29 *δ' ἐγγίγνεται* A^b: *δὲ γίγνεται* E ‖ 980b, 21 *ταῦτα φρονιμώτερα καὶ μαθητικώτερα* A^b Alex.: *τὰ μὲν φρόνιμα τὰ δὲ μαθητικώτερα* E ‖ *τῶν μὴ δυναμ.* A^bE Alex.: *τῶν δυν.* S, *τὰ μὲν φρόνιμα τὰ δὲ μαθητικὰ τῶν δυν.* coni. Wirth ‖ 23 *δύναται* A^b: *δυνατὰ* E ‖ 24 *κἂν* A^bE: *καὶ* vulgo ‖ *τι* om. A^b

ARISTOTELES' METAPHYSIK

BUCH I

1 (a)* Alle Menschen streben von Natur nach Wissen. Dies 980 a 21
beweist die Liebe zu den Sinneswahrnehmungen; denn
auch ohne den Nutzen werden sie an sich geliebt und vor
allen anderen die Wahrnehmungen mittels der Augen. Nicht
nämlich nur zum Zweck des Handelns, sondern auch, wenn
wir nicht zu handeln beabsichtigen, ziehen wir das Sehen
so gut wie allen andern vor. Ursache davon ist, daß dieser
Sinn uns am meisten Erkenntnis gibt und viele Unterschie-
de aufdeckt. Von Natur nun entstehen die Lebewesen mit
sinnlicher Wahrnehmung, aus dieser entsteht bei einigen von
ihnen keine Erinnerung, bei anderen wohl, und darum sind
diese verständiger und gelehriger als jene, welche sich nicht 980 b 21
erinnern können. Verständig ohne zu lernen sind alle die-
jenigen, welche keine Geräusche hören können, z. B. die
Biene und was etwa sonst für Lebewesen der Art sind; da-

Abkürzungen zum Apparat des griech. Textes:

A^b = cod. Laur. 87, 12 s. XII; E = cod. Paris. gr. 1853, s. X; T = cod. Laur. 81, 1 s. XII–XIII; H^a = cod. Marc. 214 s. XI (?); H^b = cod. Paris. 1901 s. XIV; G^b = cod. Paris. 1896; I^b = cod. Coisl. 161; Ald. = Aldina editio a. 1498. Alex. = Alexander Aphrodisiensis.

* Die dem Übersetzungstext in Klammern eingefügten Buchstaben beziehen sich auf die Gliederungspunkte des Kommentars.

νει δ' ὃ πρὸς τῇ μνήμῃ καὶ ταύτην ἔχει τὴν αἴσθησιν. τὰ μὲν οὖν ἄλλα ταῖς φαντασίαις ζῇ καὶ ταῖς μνήμαις, ἐμπειρίας δὲ μετέχει μικρόν· τὸ δὲ τῶν ἀνθρώπων γένος καὶ τέχνῃ καὶ λογισμοῖς. γίγνεται δ' ἐκ τῆς μνήμης ἐμπειρία τοῖς ἀνθρώποις· αἱ γὰρ πολλαὶ μνῆμαι τοῦ αὐτοῦ πράγμα-
981a τος μιᾶς ἐμπειρίας δύναμιν ἀποτελοῦσιν· *καὶ δοκεῖ σχεδὸν ἐπιστήμῃ καὶ τέχνῃ ὅμοιον εἶναι ἡ ἐμπειρία· *ἀποβαίνει δ' ἐπιστήμη καὶ τέχνη διὰ τῆς ἐμπειρίας τοῖς ἀνθρώποις· ἡ μὲν γὰρ ἐμπειρία τέχνην ἐποίησεν, ὡς φησὶ Πῶλος, ὀρθῶς λέγων, ἡ δ' ἀπειρία τύχην. γίγνεται δὲ τέχνη, ὅταν ἐκ πολλῶν τῆς ἐμπειρίας ἐννοημάτων μία καθόλου γένηται περὶ τῶν ὁμοίων ὑπόληψις. τὸ μὲν γὰρ ἔχειν ὑπόληψιν ὅτι Καλλίᾳ κάμνοντι τηνδὶ τὴν νόσον τοδὶ συνήνεγκε καὶ Σωκράτει καὶ καθ' ἕκαστον οὕτω πολλοῖς, ἐμπειρίας ἐστίν· τὸ δ' ὅτι πᾶσι τοῖς τοιοῖσδε κατ' εἶδος ἓν ἀφορισθεῖσι, κάμνουσι τηνδὶ τὴν νόσον, συνήνεγκεν, οἷον τοῖς φλεγματώδεσιν ἢ χολώδεσιν ἢ πυρέττουσι καύσῳ, τέχνης. πρὸς μὲν οὖν τὸ πράττειν ἐμπειρία τέχνης οὐδὲν δοκεῖ διαφέρειν, ἀλλὰ καὶ μᾶλλον ἐπιτυγχάνοντας ὁρῶμεν τοὺς ἐμπείρους τῶν ἄνευ τῆς ἐμπειρίας λόγον ἐχόντων. αἴτιον δ' ὅτι ἡ μὲν ἐμπειρία τῶν καθ' ἕκαστόν ἐστι γνῶσις, ἡ δὲ τέχνη τῶν καθόλου, αἱ δὲ πράξεις καὶ αἱ γενέσεις πᾶσαι περὶ τὸ καθ' ἕκαστόν εἰσιν· οὐ γὰρ ἄνθρωπον ὑγιάζει ὁ ἰατρεύων, πλὴν ἀλλ' ἢ κατὰ συμβεβηκός, ἀλλὰ Καλλίαν ἢ Σωκράτη ἢ τῶν ἄλλων τινὰ τῶν οὕτω λεγομένων, ᾧ συμβέβηκεν ἀνθρώπῳ εἶναι. ἐὰν οὖν ἄνευ τῆς ἐμπειρίας ἔχῃ τις τὸν λόγον, καὶ τὸ μὲν

25 ὃ A^b: ὅσα E ‖ 981a, 1 καὶ — 2 ἐμπειρία primum afuisse putat Blass Rh. Mus. 30, 494 ‖ 2 ἡ ἐμπειρία E: καὶ ἐμπειρία A^b ‖ 3 τοῖς ἀνθρώποις om. A^b ‖ 4 ὀρθῶς λέγων om. A^b ‖ 6 μία καθόλου A^b: καθόλου μία E ‖ 8 τοδὶ E: τόδε A^b ‖ 11 τήνδε Alex. ‖ 11 οἷον — 12 καύσῳ om. A^b neque interpretatur Alex., habet E ‖ 13 δοκεῖ διαφέρειν E: διήνεγκεν A^b ‖ 14 ἐπιτυγχάνουσιν οἱ ἔμπειροι A^b ‖ 18 πλὴν om. A^b ‖ 19 Σωκράτην A^b vulgo ‖ 20 συμβέβηκεν E: συμβέβηκε καὶ A^b, καὶ non interpr. Alex.

a25 *ὅσα*: E, Ross

gegen lernen alle diejenigen, welche außer der Erinnerung auch diesen Sinn besitzen. Die anderen Lebewesen leben nun mit Vorstellungen und Erinnerungen und haben nur geringen Anteil an Erfahrung, das Geschlecht der Menschen dagegen lebt auch mit Kunst und Überlegungen. Aus der Erinnerung entsteht nämlich für die Menschen Erfahrung; denn viele Erinnerungen an denselben Gegenstand bewirken das Vermögen *einer* Erfahrung, und es scheint die Erfah- 981 a
rung der Wissenschaft und Kunst fast ähnlich zu sein. Wissenschaft aber und Kunst gehen für die Menschen aus der Erfahrung hervor; denn „Erfahrung brachte Kunst hervor", sagt Polos mit Recht, „Unerfahrenheit aber Zufall". Die Kunst entsteht dann, wenn sich aus vielen durch die Erfahrung gegebenen Gedanken eine allgemeine Annahme über das Ähnliche bildet. Denn die Annahme, daß (z. B.) dem Kallias, der an dieser bestimmten Krankheit litt, dieses bestimmte Heilmittel half, und ebenso dem Sokrates und vielen Einzelnen, ist eine Sache der Erfahrung; daß es dagegen allen von solcher Beschaffenheit, die, nach *einem* Artbegriff begrenzt, an dieser Krankheit litten, zuträglich war, z. B. denen mit phlegmatischer, cholerischer, oder fieberartiger Beschaffenheit, diese Annahme gehört der Kunst an. (b) Zum Zweck des Handelns steht die Erfahrung der Kunst nicht nach, vielmehr sehen wir, daß die Erfahrenen mehr Erfolg haben als diejenigen, die ohne Erfahrung nur den (allgemeinen) Begriff besitzen. Die Ursache davon ist, daß die Erfahrung Erkenntnis vom Einzelnen ist, die Kunst hingegen vom Allgemeinen, die Handlungen und Entstehungen aber auf das Einzelne gehen. Denn nicht einen Menschen überhaupt heilt der Arzt, außer in akzidentellem Sinne, sondern Kallias oder Sokrates oder irgendeinen anderen von den so Benannten (Kranken), dem es zukommt, ein Mensch zu sein. Wenn nun jemand den Begriff besitzt ohne Erfah-

καθόλου γνωρίζῃ, τὸ δ' ἐν τούτῳ καθ' ἕκαστον ἀγνοῇ, πολλάκις διαμαρτήσεται τῆς θεραπείας· θεραπευτὸν γὰρ τὸ καθ' ἕκαστον. ἀλλ' ὅμως τό γ' εἰδέναι καὶ τὸ ἐπαΐειν τῇ τέχνῃ τῆς ἐμπειρίας ὑπάρχειν οἰόμεθα μᾶλλον, καὶ σοφωτέρους τοὺς τεχνίτας τῶν ἐμπείρων ὑπολαμβάνομεν, ὡς κατὰ τὸ εἰδέναι μᾶλλον ἀκολουθοῦσαν τὴν σοφίαν πᾶσιν· τοῦτο δέ, ὅτι οἱ μὲν τὴν αἰτίαν ἴσασιν, οἱ δ' οὔ. οἱ μὲν γὰρ ἔμπειροι τὸ ὅτι μὲν ἴσασι, διότι δ' οὐκ ἴσασιν· οἱ δὲ τὸ διότι καὶ τὴν αἰτίαν γνωρίζουσιν. διὸ καὶ τοὺς ἀρχιτέκτονας περὶ ἕκαστον τιμιωτέρους καὶ μᾶλλον εἰδέναι νομίζομεν τῶν χειροτεχνῶν καὶ σοφωτέρους, ὅτι τὰς αἰτίας τῶν ποιουμένων 981b ἴσασιν * τοὺς δ' ὥσπερ καὶ τῶν ἀψύχων ἔνια ποιεῖν μέν, οὐκ εἰδότα δὲ ποιεῖν ἃ ποιεῖ, οἷον καίει τὸ πῦρ· τὰ μὲν οὖν ἄψυχα φύσει τινὶ ποιεῖν τούτων ἕκαστον, τοὺς δὲ χειροτέχνας δι' ἔθος * ὡς οὐ κατὰ τὸ πρακτικοὺς εἶναι σοφωτέρους ὄντας, ἀλλὰ κατὰ τὸ λόγον ἔχειν [αὐτοὺς] καὶ τὰς αἰτίας γνωρίζειν. ὅλως τε σημεῖον τοῦ εἰδότος τὸ δύνασθαι διδάσκειν ἐστίν, καὶ διὰ τοῦτο τὴν τέχνην τῆς ἐμπειρίας ἡγούμεθα μᾶλλον ἐπιστήμην εἶναι· δύνανται γάρ, οἱ δ' οὐ δύνανται διδάσκειν. ἔτι δὲ τῶν αἰσθήσεων οὐδεμίαν ἡγούμεθα εἶναι σοφίαν· καίτοι κυριώταταί γ' εἰσὶν αὗται τῶν καθ' ἕκαστα γνώσεις· ἀλλ' οὐ λέγουσι τὸ διὰ τί περὶ οὐδενός, οἷον διὰ τί θερμὸν τὸ πῦρ, ἀλλὰ μόνον ὅτι θερμόν. τὸ μὲν οὖν πρῶτον εἰκὸς τὸν ὁποιανοῦν εὑρόντα τέχνην παρὰ τὰς κοινὰς αἰσθήσεις θαυμάζεσθαι ὑπὸ τῶν ἀνθρώπων, μὴ μόνον διὰ τὸ χρήσιμον

24 *ἕκαστον* A^b: *ἕκαστον μᾶλλον* E vulgo ‖ 26 *ἐμπειρικῶν* E ‖ 28 *αἰτίαν* in marg. add. E m. pr. ‖ 29 *τὸ* ante *ὅτι* om. E ‖ 981b, 2 *τοὺς* — 5 *δι' ἔθος* om. A^b m. pr., add. m. sec. in marg., non interpret. Alex., habet E, nos primum ea afuisse stellulis appositis notavimus ‖ *ποιεῖ* E ‖ 3 *ποιεῖ* E ‖ *ἃ ποιεῖ* om. A^b ‖ 4 *ποιεῖ* E ‖ 5 *ἔθους* A^b ‖ 6 *ἔχειν αὐτοὺς* E: *αὐτοὺς ἔχειν* A^b unde *αὐτοὺς* tamquam interpretamentum seclusi ‖ 7 *ὅλως δὲ* A^b ‖ *εἰδότος* A^b: *εἰδότος καὶ μὴ εἰδότος* E ‖ *ἐστίν· καὶ διὰ τοῦτο* E: *νομίζομεν· διὸ* A^b ‖ 8 *ἡγούμεθα* A^bE: *οἰόμεθα* edd. ‖ 13 *ὅτι θερμὸν τὸ πῦρ* A^b ‖ *τὸ* A^bE: *τὸν* Bekk.

b 6 *ἔχειν αὐτοὺς* E, Ross 7 E, Ross

rung und das Allgemeine kennt, das darin enthaltene Einzelne aber nicht kennt, so wird er das rechte Heilverfahren oft verfehlen; denn Gegenstand des Heilens ist vielmehr das Einzelne. Dennoch aber glauben wir, daß Wissen und Verstehen mehr der Kunst zukomme als der Erfahrung und halten die Künstler für weiser als die Erfahrenen, da Weisheit einen jeden mehr nach dem Maßstabe des Wissens begleite. Und dies deshalb, weil die einen die Ursache kennen, die anderen nicht. Denn die Erfahrenen kennen nur das Daß, aber nicht das Warum; jene aber kennen das Warum und die Ursache. Deshalb stehen auch die leitenden Künstler in jedem einzelnen Gebiete in höherer Achtung, wie wir meinen, und wissen mehr und sind weiser als die Handwerker, weil sie die Ursachen dessen, was hervorgebracht wird, wis- 981 b
sen, während die Handwerker so wirken, wie einiges von dem Unbeseelten, das zwar etwas hervorbringt, wie z. B. das Feuer Wärme, aber ohne das zu wissen, was es hervorbringt. Wie das Unbeseelte durch ein natürliches Vermögen jedes hervorbringt, so die Handwerker durch Gewöhnung. Denn jene halten wir nicht nach der größeren Geschicklichkeit zum Handeln für weiser, sondern darum, weil sie im Besitz des Begriffes sind und die Ursachen kennen. Überhaupt ist dies ein Zeichen des Wissenden und des Unwissenden, (den Gegenstand) lehren (bzw. nicht lehren) zu können, und darum sehen wir die Kunst mehr für Wissenschaft an als die Erfahrung; denn die Künstler können lehren, die Erfahrenen aber nicht. Ferner meinen wir, daß von den Sinneswahrnehmungen keine Weisheit gewähre, und doch geben sie die bestimmteste Kenntnis vom Einzelnen; aber das Warum geben sie von keinem Dinge an, z. B. von dem Feuer geben sie nicht an, warum es brennt, sondern nur, daß es brennt. (c) Wer daher zuerst neben den gewöhnlichen Sinneswahrnehmungen eine Kunst erfand, der wurde natürlich von den Menschen bewundert, nicht nur wegen der Nützlichkeit

*εἶναί τι τῶν εὑρεθέντων, ἀλλ' ὡς σοφὸν καὶ διαφέροντα τῶν ἄλλων· πλειόνων δ' εὑρισκομένων τεχνῶν, καὶ τῶν μὲν πρὸς τἀναγκαῖα τῶν δὲ πρὸς διαγωγὴν οὐσῶν, αἰεὶ σοφωτέρους τοὺς τοιούτους ἐκείνων ὑπολαμβάνεσθαι, διὰ τὸ μὴ πρὸς χρῆσιν εἶναι τὰς ἐπιστήμας αὐτῶν. ὅθεν ἤδη πάντων τῶν τοιούτων κατεσκευασμένων αἱ μὴ πρὸς ἡδονὴν μηδὲ πρὸς τἀναγκαῖα τῶν ἐπιστημῶν εὑρέθησαν, καὶ πρῶτον ἐν τούτοις τοῖς τόποις οὗπερ ἐσχόλασαν. διὸ περὶ Αἴγυπτον αἱ μαθηματικαὶ πρῶτον τέχναι συνέστησαν· ἐκεῖ γὰρ ἀφείθη σχολάζειν τὸ τῶν ἱερέων ἔθνος. * εἴρηται μὲν οὖν ἐν τοῖς Ἠθικοῖς τίς διαφορὰ τέχνης καὶ ἐπιστήμης καὶ τῶν ἄλλων τῶν ὁμογενῶν· οὗ δ' ἕνεκα νῦν ποιούμεθα τὸν λόγον, τοῦτ' ἐστίν, ὅτι τὴν ὀνομαζομένην σοφίαν περὶ τὰ πρῶτα αἴτια καὶ τὰς ἀρχὰς ὑπολαμβάνουσι πάντες.* διό, καθάπερ εἴρηται πρότερον, ὁ μὲν ἔμπειρος τῶν ὁποιανοῦν ἐχόντων αἴσθησιν εἶναι δοκεῖ σοφώτερος, ὁ δὲ τεχνίτης τῶν ἐμπείρων, χειροτέχνου δ' ἀρ-* 982a *χιτέκτων, αἱ δὲ θεωρητικαὶ τῶν ποιητικῶν μᾶλλον. ὅτι μὲν οὖν ἡ σοφία περί τινας αἰτίας καὶ ἀρχάς ἐστιν ἐπιστήμη, δῆλον.*

ἐπεὶ δὲ ταύτην τὴν ἐπιστήμην ζητοῦμεν, ταῦτ' ἂν εἴη 2 *σκεπτέον, ἡ περὶ ποίας αἰτίας καὶ περὶ ποίας ἀρχὰς ἐπιστήμη σοφία ἐστίν. εἰ δὴ λάβοι τις τὰς ὑπολήψεις ἃς ἔχομεν περὶ τοῦ σοφοῦ, τάχ' ἂν ἐκ τούτου φανερὸν γένοιτο μᾶλλον. ὑπολαμβάνομεν δὴ πρῶτον μὲν ἐπίστασθαι πάντα τὸν*

18 *αἰεὶ*] *ἀεὶ* vulgo, v. praef. ‖ 19 *ὑπολαμβάνεσθαι* E: *ὑπολαμβάνομεν* A^b vulgo ‖ 21 *αἱ* E: *ὅσαι* A^b ‖ 23 *οὗπερ* E: *οὗ πρῶτον* A^b ‖ 25 *εἴρηται* — 29 *πάντες* primum afuisse videntur, *εἴρηται* — *ὁμογενῶν* secludenda et deinde cum Alex. lemmate *ὧν οὖν ἕνεκα ποιούμεθα* scribenda censet Blass ‖ 28 *πρῶτα* damnat Wirth ‖ 29 *διὸ* A^b: <u>*ὥστε* E</u> ‖ 30 *ὁποιαντινοῦν* E ‖ 31 *χειροτέχνου δὲ ἀρχιτέκτων* secludi iubet Luthe ‖ *ὁ ἀρχιτ.* A^b ‖ 982a, 2 *αἰτίας καὶ ἀρχὰς* E: *ἀρχὰς καὶ αἰτίας* A^b Alex. ‖ 5 *ποίας αἰτίας καὶ περὶ ποίας ἀρχὰς* E: *ποίας ἀρχὰς* A^b, *ποίας ἀρχὰς καὶ ποίας αἰτίας* H^a ‖ 6 *ἐστὶ σοφία* A^b ‖ *ἔχομεν* A^b E Alex.: non *εἴχομεν* ‖ 7 *τοὺς σοφοὺς* A^o ‖ 8 *πάντα* A^b Alex.: *μάλιστα*

b 29 *ὥστε* E, Ross

seiner Erfindung, sondern wegen der Weisheit, die ihn vor
den anderen auszeichnete. Bei dem Fortschritt in der Er-
findung von Künsten, teils für die notwendigen Bedürfnisse,
teils für die (angenehmere) Lebensführung, halten wir die
letzteren immer für weiser als die ersteren, weil ihr Wissen
nicht auf den Nutzen gerichtet ist. Als daher schon alles
Derartige (Lebensnotwendige) erworben war, da wurden die
Wissenschaften gefunden, die sich weder auf das Angeneh-
me, noch auf die notwendigen Bedürfnisse des Lebens be-
ziehen, und zwar zuerst in den Gegenden, wo man Muße
hatte. Deshalb bildeten sich in Ägypten zuerst die mathe-
matischen Künste (Wissenschaften) aus, weil dort dem Stan-
de der Priester Muße gelassen war. (d) Welcher Unterschied
nun zwischen Kunst und Wissenschaft und dem übrigen
Gleichartigen besteht, ist in der *Ethik* erklärt; der Zweck
der gegenwärtigen Erörterung aber ist, zu zeigen, daß alle
als Gegenstand der sogenannten Weisheit die ersten Ursa-
chen und Prinzipien ansehen. Daher gilt, wie gesagt, der Er-
fahrene für weiser als der, welcher irgendeine Sinneswahr-
nehmung besitzt, der Künstler für weiser als der Erfahrene,
und wieder der leitende Künstler vor dem Handwerker, die
theoretischen Wissenschaften aber vor den hervorbringen- 982 a
den. Daß also die Weisheit eine Wissenschaft von gewissen
Prinzipien und Ursachen ist, das ist hieraus klar.

2 (a) Da wir nun diese Wissenschaft suchen, müssen wir
danach fragen, von welcherlei Ursachen und Prinzipien die
Wissenschaft handelt, welche Weisheit ist. Nimmt man nun
die gewöhnlichen Annahmen, welche wir über den Weisen
haben, so dürfte vielleicht die Sache daraus eher deutlich
werden. Wir nehmen nun erstens an, daß der Weise, soviel
möglich, alles verstehe (erkenne), ohne dabei Wissen vom

σοφὸν ὡς ἐνδέχεται, μὴ καθ' ἕκαστον ἔχοντα ἐπιστήμην αὐτῶν· εἶτα τὸν τὰ χαλεπὰ γνῶναι δυνάμενον καὶ μὴ ῥᾴδια ἀνθρώπῳ γιγνώσκειν, τοῦτον σοφόν (τὸ γὰρ αἰσθάνεσθαι πάντων κοινόν, διὸ ῥᾴδιον καὶ οὐδὲν σοφόν)· ἔτι τὸν ἀκριβέστερον καὶ τὸν διδασκαλικώτερον [τῶν αἰτίων] σοφώτερον εἶναι περὶ πᾶσαν ἐπιστήμην· καὶ τῶν ἐπιστημῶν δὲ τὴν ἑαυτῆς ἕνεκεν καὶ τοῦ εἰδέναι χάριν αἱρετὴν οὖσαν μᾶλλον εἶναι σοφίαν ἢ τὴν τῶν ἀποβαινόντων ἕνεκεν, καὶ τὴν ἀρχικωτέραν τῆς ὑπηρετούσης μᾶλλον εἶναι σοφίαν· οὐ γὰρ δεῖν ἐπιτάττεσθαι τὸν σοφὸν ἀλλ' ἐπιτάττειν, καὶ οὐ τοῦτον ἑτέρῳ πείθεσθαι, ἀλλὰ τούτῳ τὸν ἧττον σοφόν. τὰς μὲν οὖν ὑπολήψεις τοιαύτας καὶ τοσαύτας ἔχομεν περὶ τῆς σοφίας καὶ τῶν σοφῶν. τούτων δὲ τὸ μὲν πάντα ἐπίστασθαι τῷ μάλιστ' ἔχοντι τὴν καθόλου ἐπιστήμην ἀναγκαῖον ὑπάρχειν· οὗτος γὰρ οἶδέ πως πάντα τὰ ὑποκείμενα. σχεδὸν δὲ καὶ χαλεπώτατα ταῦτα γνωρίζειν τοῖς ἀνθρώποις, τὰ μάλιστα καθόλου· πορρωτάτω γὰρ τῶν αἰσθήσεών ἐστιν. ἀκριβέσταται δὲ τῶν ἐπιστημῶν αἳ μάλιστα τῶν πρώτων εἰσίν· αἱ γὰρ ἐξ ἐλαττόνων ἀκριβέστεραι τῶν ἐκ προσθέσεως λαμβανομένων, οἷον ἀριθμητικὴ γεωμετρίας. ἀλλὰ μὴν καὶ διδασκαλική γ' ἡ τῶν αἰτιῶν θεωρητικὴ μᾶλλον· οὗτοι γὰρ διδάσκουσιν οἱ τὰς αἰτίας λέγοντες περὶ ἑκάστου. τὸ δ' εἰδέναι καὶ τὸ ἐπίστασθαι αὐτῶν ἕνεκα μάλισθ' ὑπάρχει τῇ τοῦ μάλιστ' ἐπιστητοῦ ἐπιστήμῃ· ὁ γὰρ ἐπίστασθαι δι' ἑαυτὸ αἱρούμενος τὴν μάλιστα ἐπιστήμην μάλιστ' αἱρήσεται, τοιαύτη δ' ἐστὶν ἡ τοῦ μάλιστ' 982b

πάντα E ‖ 10 *τὰ* om. A^b ‖ 13 *καὶ τὸν διδ.* E Alex : *καὶ διδ.* A^b ‖ *τῶν αἰτίων* ex 29 interpolatum putat Baumann ‖ 16 *ἢ τὴν* — 17 *σοφίαν* bis scriptum in E sed secundo loco punctis notatum ‖ 17 *εἶναι* om. A^b ‖ 18 *τὸν* add. supra lin. E m. pr. ‖ *οὐκ αὐτὸν* A^b ‖ *τίθεσθαι* A^b m. pr. ‖ 20 *τοιαύτας καὶ τοσαύτας* E: *τοιαύτας* (omisso *καὶ τοσαύτας*) A^b, *τοσαύτας καὶ τοιαύτας* H^a ‖ *τῆς* om. A^b ‖ 21 *ἅπαντα* A^b, E in marg. m. sec.: *ἔν τισι τῶν ἀντιγράφων λείπει τὸ πάντα ὡς ἀπὸ κοινοῦ λαμβανόμενον* ‖ 23 *πῶς ἔχει* A^b ‖ *ἅπαντα* E ‖ 26 *δὲ* E: *τε* A^b ‖ 27 *προθ.* codd. ‖ *λαμβαν.* A^b: *λεγομένων* E ‖ 30 *ἑκάστου* E: *ἕκαστον* A^b ‖ *τὸ δ'* E: *τό τε* A^b

a 13 *τῶν αἰτιῶν*: Ross 17 A^b, Ross 31 *αὐτῶν*: Ross 32 *τὸ ἐπίστασθαι*: Ross

Einzelnen zu besitzen; ferner, daß der, welcher das Schwierige und für den Menschen nicht leicht Erkennbare zu erkennen vermag, weise sei (denn Sinneswahrnehmung ist allen gemeinsam und darum leicht und nichts Weises); ferner, daß in jeder Wissenschaft der Genauere und die Ursachen zu lehren Fähigere der Weisere sei; und daß unter den Wissenschaften die, welche um ihrer selbst und um des Wissens willen gesucht wird, eher Weisheit sei als die um anderweitiger Ergebnisse willen gesuchte, und ebenso die mehr gebietende im Vergleich mit der dienenden; denn der Weise müsse nicht Anordnungen entgegennehmen, sondern geben. Und nicht er müsse einem anderen, sondern ihm der weniger Weise gehorchen. (b) Dies sind im ganzen die Annahmen, die wir über die Weisheit und die Weisen haben. Hierunter muß das Merkmal, alles zu verstehen (erkennen), dem zukommen, der am meisten die Wissenschaft vom Allgemeinen hat; denn dieser weiß gewissermaßen alles Untergeordnete. Auch ist gerade dies für die Menschan am schwersten zu erkennen: das am meisten Allgemeine; denn es liegt am entferntesten von den Sinneswahrnehmungen. Am genauesten aber sind unter den Wissenschaften die, welche sich am meisten auf das Erste (Prinzipien) beziehen; denn auf eine geringere Zahl von Prinzipien bezogene Wissenschaften sind genauer als diejenigen, bei denen noch bestimmende Zusätze hinzukommen; z. B. ist die Arithmetik genauer als die Geometrie. Aber auch zu lehren fähiger ist die auf die Ursachen theoretisch gerichtete Wissenschaft; denn es lehren diejenigen (besser), die zu jedem die Ursachen angeben. Wissen aber und Verstehen (Erkennen) um ihrer selbst willen kommen am meisten der Wissenschaft des im höchsten Sinne Verstehbaren (Erkennbaren) zu. Denn wer das Erkennen um seiner selbst willen wählt, der wird die höchste Wissenschaft am meisten wählen, dies ist aber die Wissenschaft des 982 b

ἐπιστητοῦ· μάλιστα δ' ἐπιστητὰ τὰ πρῶτα καὶ τὰ αἴτια· διὰ γὰρ ταῦτα καὶ ἐκ τούτων τἆλλα γνωρίζεται, ἀλλ' οὐ ταῦτα διὰ τῶν ὑποκειμένων. ἀρχικωτάτη δὲ τῶν ἐπιστημῶν, καὶ μᾶλλον ἀρχικὴ τῆς ὑπηρετούσης, ἡ γνωρίζουσα τίνος ἕνεκέν ἐστι πρακτέον ἕκαστον· τοῦτο δ' ἐστὶ τἀγαθὸν ἐν ἑκάστοις, ὅλως δὲ τὸ ἄριστον ἐν τῇ φύσει πάσῃ.

ἐξ ἁπάντων οὖν τῶν εἰρημένων ἐπὶ τὴν αὐτὴν ἐπιστήμην πίπτει τὸ ζητούμενον ὄνομα· δεῖ γὰρ ταύτην τῶν πρώτων ἀρχῶν καὶ αἰτιῶν εἶναι θεωρητικήν· καὶ γὰρ τἀγαθὸν καὶ τὸ οὗ ἕνεκα ἓν τῶν αἰτίων ἐστίν. ὅτι δ' οὐ ποιητική, δῆλον καὶ ἐκ τῶν πρώτων φιλοσοφησάντων. διὰ γὰρ τὸ θαυμάζειν οἱ ἄνθρωποι καὶ νῦν καὶ τὸ πρῶτον ἤρξαντο φιλοσοφεῖν, ἐξ ἀρχῆς μὲν τὰ πρόχειρα τῶν ἀπόρων θαυμάσαντες, εἶτα κατὰ μικρὸν οὕτω προϊόντες καὶ περὶ τῶν μειζόνων διαπορήσαντες, οἷον περί τε τῶν τῆς σελήνης παθημάτων καὶ τῶν περὶ τὸν ἥλιον [καὶ περὶ ἄστρων] καὶ περὶ τῆς τοῦ παντὸς γενέσεως. ὁ δ' ἀπορῶν καὶ θαυμάζων οἴεται ἀγνοεῖν (διὸ καὶ ὁ φιλόμυθος φιλόσοφός πώς ἐστιν· ὁ γὰρ μῦθος σύγκειται ἐκ θαυμασίων)· ὥστ' εἴπερ διὰ τὸ φεύγειν τὴν ἄγνοιαν ἐφιλοσόφησαν, φανερὸν ὅτι διὰ τὸ εἰδέναι τὸ ἐπίστασθαι ἐδίωκον, καὶ οὐ χρήσεώς τινος ἕνεκεν. μαρτυρεῖ δ' αὐτὸ τὸ συμβεβηκός· σχεδὸν γὰρ πάντων ὑπαρχόντων τῶν ἀναγκαίων καὶ πρὸς ῥᾳστώνην καὶ διαγωγὴν ἡ τοιαύτη φρόνησις ἤρξατο ζητεῖσθαι. δῆλον οὖν ὡς δι' οὐδεμίαν αὐτὴν ζητοῦμεν χρείαν ἑτέραν· ἀλλ' ὥσπερ ἄνθρωπός φαμεν

982b, 2 *καὶ αἴτια* A^b ‖ 3 fort. *διὰ γὰρ τούτων* vel *διὰ γὰρ τοῦτο* ‖ 4 *καὶ μᾶλλον* — 5 *ὑπηρετούσης* damnat Luthe, Begriff p. 5 ‖ 5 *ἕνεκα* E ‖ 6 *πρακτέον ἐστιν* A^b ‖ *ἐν ἑκάστοις* A^b: *ἑκάστου* E ‖ 8 *ταύτην* E: *αὐτὴν* A^b ‖ 10 *ἓν τῶν αἰτίων*] *ἓν* om. Alex., forsitan *ἕνεκεν τῶν αἰτίων* primaria lectio fuerit ‖ 11 *πρώτων* del. Luthe in Herm. 15, 192 ‖ 13 *ἀπόρων* E: *ἀτόπων* A^b et fort. Alex. ‖ 16 *τῶν περὶ τῶν* E ‖ *καὶ περὶ ἄστρων* A^b, *καὶ ἄστρα* E, eadem non interpretatur Alex., unde Bonitzio auctore seclusi ‖ 18 *ὁ φιλόμυθος φιλόσοφος* A^b Alex. Bonitz: *φιλόμυθος ὁ φιλόσοφος* E Bekk. ‖ 23 fort. *καὶ τῶν πρὸς* ut in Alex.

b 6 E Ross 8 A^b Ross 13 A^b Ross 16 E Ross

im höchsten Sinne Erkennbaren, im höchsten Sinne erkennbar aber sind das Erste (Prinzipien) und die Ursachen; denn durch diese und aus diesen wird das übrige erkannt, nicht aber sie aus dem Untergeordneten. Am gebietendsten unter den Wissenschaften, gebietender als die dienende, ist die, welche den Zweck erkennt, weshalb jedes zu tun ist; dieser ist aber das Gute für jedes Einzelne und im ganzen das Beste in der gesamten Natur.

Nach allem eben Gesagten fällt also die gesuchte Benennung derselben Wissenschaft zu: Sie muß nämlich eine auf die ersten Prinzipien und Ursachen gehende, theoretische sein; denn auch das Gute und das Weswegen ist eine der Ursachen. (c) Daß sie aber keine hervorbringende (poietische) ist, beweisen schon die ältesten Philosophen. Denn Verwunderung war den Menschen jetzt wie vormals der Anfang des Philosophierens, indem sie sich anfangs über das nächstliegende Unerklärte verwunderten, dann allmählich fortschritten und auch über Größeres Fragen aufwarfen, z. B. über die Erscheinungen an dem Mond und der Sonne und den Gestirnen und über die Entstehung des Alls. Wer sich aber über eine Sache fragt und verwundert, der glaubt sie nicht zu kennen. (Deshalb ist der Freund der Sagen auch in gewisser Weise ein Philosoph; denn die Sage besteht aus Wunderbarem.) Wenn sie daher philosophierten, um der Unwissenheit zu entgehen, so suchten sie das Erkennen offenbar des Wissens wegen, nicht um irgendeines Nutzens willen. Das bestätigt auch der Verlauf der Sache; denn als so ziemlich alles zur Annehmlichkeit und (höheren) Lebensführung Nötige vorhanden war, da begann man diese Art der Einsicht zu suchen. (d) Daraus erhellt also, daß wir sie nicht um irgendeines anderweitigen Nutzens willen suchen; sondern, wie wir den Menschen frei nennen, der um

ἐλεύθερος ὁ ἑαυτοῦ ἕνεκα καὶ μὴ ἄλλου ὤν, οὕτω καὶ αὕτη, μόνη ἐλευθέρα οὖσα τῶν ἐπιστημῶν· μόνη γὰρ αὐτὴ ἑαυτῆς ἕνεκέν ἐστιν.

διὸ καὶ δικαίως ἂν οὐκ ἀνθρωπίνη νομίζοιτο αὐτῆς ἡ κτῆσις· πολλαχῇ γὰρ ἡ φύσις δούλη τῶν ἀνθρώπων ἐστίν, ὥστε κατὰ Σιμωνίδην θεὸς ἂν μόνος τοῦτ' ἔχοι γέρας, ἄνδρα δ' οὐκ ἄξιον τὸ μὴ οὐ ζητεῖν τὴν καθ' αὑτὸν ἐπιστήμην. εἰ δὴ λέγουσί τι οἱ ποιηταὶ καὶ πέφυκε φθονεῖν τὸ θεῖον, ἐπὶ τούτου συμβαίνειν μάλιστ' εἰκὸς καὶ δυστυχεῖς εἶναι 983a *πάντας τοὺς περιττούς. ἀλλ' οὔτε τὸ θεῖον φθονερὸν ἐνδέχεται εἶναι, ἀλλὰ καὶ κατὰ τὴν παροιμίαν πολλὰ ψεύδονται ἀοιδοί, οὔτε τῆς τοιαύτης ἄλλην χρὴ νομίζειν τιμιωτέραν. ἡ γὰρ θειοτάτη καὶ τιμιωτάτη· τοιαύτη δὲ διχῶς ἂν εἴη μόνη. ἥν τε γὰρ μάλιστ' ἂν θεὸς ἔχοι, θεία τῶν ἐπιστημῶν ἐστί, κἂν εἴ τις τῶν θείων εἴη· μόνη δ' αὕτη τούτων ἀμφοτέρων τετύχηκεν· ὅ τε γὰρ θεὸς δοκεῖ τῶν αἰτίων πᾶσιν εἶναι καὶ ἀρχή τις, καὶ τὴν τοιαύτην ἢ μόνος ἢ μάλιστ' ἂν ἔχοι θεός. ἀναγκαιότεραι μὲν οὖν πᾶσαι ταύτης, ἀμείνων δ' οὐδεμία.*

δεῖ μέντοι πως καταστῆναι τὴν κτῆσιν αὐτῆς εἰς τοὐναντίον ἡμῖν τῶν ἐξ ἀρχῆς ζητήσεων. ἄρχονται μὲν γάρ, ὥσπερ εἴπομεν, ἀπὸ τοῦ θαυμάζειν πάντες, εἰ οὕτως ἔχει, καθάπερ τῶν θαυμάτων ταὐτόματα τοῖς μήπω τεθεωρηκόσι τὴν αἰτίαν, ἢ περὶ τὰς τοῦ ἡλίου τροπὰς ἢ τὴν τῆς διαμέτρου ἀσυμμετρίαν· θαυμαστὸν γὰρ εἶναι δοκεῖ πᾶσιν,

27 *αὐτὴν* <u>*ὡς*</u> *μόνην οὖσαν ἐλευθέραν* A^b || 28 *αὑτῆς ἕνεκεν αὑτῆς. διὸ* E || *ἂν*] *μὴ* E om. H^a || 31 *γέρας* A^b: *τὸ γέρας* E || *τὸ μὴ οὐ* A^b: *μὴ* E, *μὴ οὐ* Bekker || 32 *δὴ* A^b: *δὲ* E || *τι* A^b: *πη* E, *οἱ* supra lin. additum m. pr. in E || 983a, 1 *συμβαίνειν* A^b, *συμβῆναι* E || 3 *καὶ* add. A^b || 6 *μόνη* A^b: *μόνον* E || *θεὸς* A^b: *ὁ θεὸς* E vulgo || 7 *εἴ τις* A^b: *ἥτις* E || *εἴη* E: *ἐστὶ* A^b || 10 *θεός* A^b: *ὁ θεός* E vulgo, articulo abiecto tolli hiatum monuit Blass || *ταύτης* A^b: *αὐτῆς* E || 11 *πως καταστῆναι*] *πως* om. A^b || 14 *τοῖς* — 15 *αἰτίαν* post *πᾶσιν* 16 transponenda esse suspicatur Bonitz || 15 *ἢ τὴν* E: *ἢ περὶ τὴν* A^b

b 27 A^b, Ross a 14 ⟨<u>*περὶ*</u>⟩ *τῶν*: Ross [*τοῖς … αἰτίαν*]: Ross

seiner selbst willen, nicht um eines anderen willen ist, so
auch diese Wissenschaft als allein unter allen freie; denn sie
allein ist um ihrer selbst willen.

Darum möchte man auch mit Recht ihre Erwerbung für
eine nicht (mehr) menschliche halten; denn in vielen Dingen
ist die menschliche Natur knechtisch, und es dürfte daher
wohl nach des Simonides Spruch „nur ein Gott dieses Vor-
recht besitzen", für den Menschen aber unziemlich sein,
nicht die ihm angemessene Wissenschaft zu suchen. Wenn
die Dichter recht haben und die Götter von Natur neidisch
sind, so würde dies hier am meisten zutreffen, und es müß- 983 a
ten alle unglückselig sein, die (in jener Wissenschaft) zu weit
strebten. Aber weder kann Neid im göttlichen Wesen liegen,
sondern, wie es schon im Sprichwort heißt: „Viel lügen die
Dichter", noch darf man eine andere Wissenschaft für ehr-
würdiger halten als diese. Denn die göttlichste ist zugleich
die ehrwürdigste. Göttlich aber dürfte allein sie in zweifa-
chem Sinne sein: Einmal nämlich ist die Wissenschaft gött-
lich, welche der Gott am meisten haben mag, und zum
andern die, welche das Göttliche zum Gegenstand haben
dürfte. Bei dieser Wissenschaft allein trifft beides zugleich
ein; denn Gott gilt allen für eine Ursache und Prinzip, und
diese Wissenschaft möchte wohl allein oder doch am
meisten Gott besitzen. Notwendiger als diese sind alle
anderen, besser aber keine.

(e) Ihr Besitz muß jedoch für uns gewissermaßen in das
Gegenteil der anfänglichen Forschung umschlagen. Denn
es beginnen, wie gesagt, alle mit der Verwunderung darüber,
ob sich etwas wirklich so verhält, wie etwa über die automa-
tischen Kunstwerke, wenn sie die Ursache noch nicht ein-
gesehen haben, oder über die Sonnenwenden oder die In-
kommensurabilität der Diagonale (eines Rechtecks);
denn verwunderlich erscheint es allen (anfänglich),

εἴ τι τῷ ἐλαχίστῳ μὴ μετρεῖται. δεῖ δ' εἰς τοὐναντίον καὶ τὸ ἄμεινον κατὰ τὴν παροιμίαν ἀποτελευτῆσαι, καθάπερ καὶ ἐν τούτοις ὅταν μάθωσιν· οὐδὲν γὰρ ἂν θαυμάσειεν οὕτως ἀνὴρ γεωμετρικὸς ὡς εἰ γένοιτο ἡ διάμετρος μετρητή. τίς μὲν οὖν ἡ φύσις τῆς ἐπιστήμης τῆς ζητουμένης, εἴρηται, καὶ τίς ὁ σκοπὸς οὗ δεῖ τυγχάνειν τὴν ζήτησιν καὶ τὴν ὅλην μέθοδον.

ἐπεὶ δὲ φανερὸν ὅτι τῶν ἐξ ἀρχῆς αἰτίων δεῖ λαβεῖν 3
ἐπιστήμην (τότε γὰρ εἰδέναι φαμὲν ἕκαστον, ὅταν τὴν πρώτην αἰτίαν οἰώμεθα γνωρίζειν), τὰ δ' αἴτια λέγεται τετραχῶς, ὧν μίαν μὲν αἰτίαν φαμὲν εἶναι τὴν οὐσίαν καὶ τὸ τί ἦν εἶναι (ἀνάγεται γὰρ τὸ διὰ τί εἰς τὸν λόγον ἔσχατον, αἴτιον δὲ καὶ ἀρχὴ τὸ διὰ τί πρῶτον), ἑτέραν δὲ τὴν ὕλην καὶ τὸ ὑποκείμενον, τρίτην δὲ ὅθεν ἡ ἀρχὴ τῆς κινήσεως, τετάρτην δὲ τὴν ἀντικειμένην αἰτίαν ταύτῃ, τὸ οὗ ἕνεκα καὶ τἀγαθόν (τέλος γὰρ γενέσεως καὶ κινήσεως πάσης τοῦτ' ἐστίν)· τεθεώρηται μὲν οὖν ἱκανῶς περὶ αὐτῶν ἡμῖν ἐν τοῖς περὶ φύ-
983b *σεως, ὅμως δὲ παραλάβωμεν καὶ τοὺς πρότερον ἡμῶν εἰς ἐπίσκεψιν τῶν ὄντων ἐλθόντας καὶ φιλοσοφήσαντας περὶ τῆς ἀληθείας. δῆλον γὰρ ὅτι κἀκεῖνοι λέγουσιν ἀρχάς τινας καὶ αἰτίας· ἐπελθοῦσιν οὖν ἔσται τι προὔργου τῇ μεθόδῳ τῇ νῦν· ἢ γὰρ ἕτερόν τι γένος εὑρήσομεν αἰτίας, ἢ ταῖς νῦν λεγομέναις μᾶλλον πιστεύσομεν.*

τῶν δὴ πρώτων φιλοσοφησάντων οἱ πλεῖστοι τὰς ἐν ὕλης εἴδει μόνας ᾠήθησαν ἀρχὰς εἶναι πάντων· ἐξ οὗ γὰρ ἔστιν ἅπαντα τὰ ὄντα, καὶ ἐξ οὗ γίγνεται πρώτου καὶ εἰς ὃ φθείρεται τελευταῖον, τῆς μὲν οὐσίας ὑπομενού-

17 *τῷ ἐλαχίστῳ* A^b Alex. et *γρ.* E: *τῶν οὐκ ἐλαχίστων* E ‖ *δὲ* E: *δὴ* A^b ‖ 19 *θαυμάσειεν οὕτως* E: *οὕτως θαυμ.* A^b ‖ 21 *τῆς ζητουμένης ἐπιστήμης* E ‖ 28 *τί* A^b Alex.: *τί πρῶτον* E ‖ 29 *ἑτέραν δὲ* A^b: *μίαν δὲ* E ‖ 30 *δὲ* E: *δὲ τὴν* A^b ‖ 31 *τὸ* A^b: *καὶ τὸ* E ‖ 33 *τεθεώρηται μὲν οὖν* A^b et *γρ.* E: *τεθεωρημένων οὖν* E, *τεθεωρημένον* H^a ‖ 983 b, 1 *ὅμως δὲ* A^b: *ὅμως* E ‖ 6 *πρώτων* A^b: *πρῶτον* E

a 17 ⟨*τοῖς … αἰτίαν*⟩ *εἴ τι*: Ross

sofern sie die Ursache noch nicht eingesehen haben, wenn etwas durch das kleinste Maß nicht meßbar sein soll. Es muß aber dann beim Gegenteil und „beim Besseren" enden nach dem Sprichwort, wie auch bei diesen Gegenständen, wenn man (die Ursache einzusehen) gelernt hat; denn über nichts würde sich ein der Geometrie Kundiger mehr verwundern, als wenn die Diagonale kommensurabel sein sollte.

Welches also das Wesen der gesuchten Wissenschaft ist und welches das Ziel, das die Untersuchung und das gesamte Verfahren (Methode) erreichen muß, ist hiermit ausgesprochen.

3 (a) Da wir nun offenbar eine Wissenschaft von den anfänglichen Ursachen uns erwerben müssen (denn ein Wissen von jedem zu haben beanspruchen wir dann, wenn wir die erste Ursache zu kennen glauben), die Ursachen aber in vier verschiedenen Bedeutungen genannt werden, von denen die eine, wie wir behaupten, das Wesen (Wesenheit) und das Sosein ist (denn das Warum wird zuletzt auf den Begriff der Sache zurückgeführt, Ursache aber und Prinzip ist das erste Warum), eine andere der Stoff und das Substrat, eine dritte die, woher der Anfang der Bewegung kommt, eine vierte aber die dieser entgegengesetzte, nämlich das Weswegen und das Gute (denn dieses ist das Ziel aller Entstehung und Bewegung): so wollen wir, obgleich wir diesen Gegenstand in den Büchern *Über die Natur* hinlänglich erörtert haben, doch auch diejenigen hinzuziehen, welche 983 b
vor uns das Seiende erforscht und über die Wahrheit philosophiert haben. Denn offenbar sprechen auch jene von gewissen Prinzipien und Ursachen; diese durchzugehen wird also der gegenwärtigen Untersuchung (Methode) förderlich sein; denn entweder werden wir noch eine andere Gattung der Ursache finden oder den jetzt erwähnten mehr vertrauen.

(b) Von den ersten Philosophen hielten die meisten nur die stoffartigen für die Prinzipien von allem; denn dasjenige, woraus alles Seiende ist und woraus es als Erstem entsteht und worein es als Letztem untergeht, indem das Wesen

σης, τοῖς δὲ πάθεσι μεταβαλλούσης, τοῦτο στοιχεῖον καὶ ταύτην ἀρχήν φασιν εἶναι τῶν ὄντων, καὶ διὰ τοῦτο οὔτε γίγνεσθαι οὐδὲν οἴονται οὔτ' ἀπόλλυσθαι, ὡς τῆς τοιαύτης φύσεως αἰεὶ σωζομένης, ὥσπερ οὐδὲ τὸν Σωκράτη φαμὲν οὔτε γίγνεσθαι ἁπλῶς, ὅταν γίγνηται καλὸς ἢ μουσικός, οὔτ' ἀπόλλυσθαι, ὅταν ἀποβάλλῃ ταύτας τὰς ἕξεις, διὰ τὸ ὑπομένειν τὸ ὑποκείμενον τὸν Σωκράτη αὐτόν. οὕτως οὐδὲ τῶν ἄλλων οὐδέν· δεῖ γάρ εἶναί τινα φύσιν ἢ μίαν ἢ πλείους μιᾶς, ἐξ ὧν γίγνεται τἆλλα σωζομένης ἐκείνης. τὸ μέντοι πλῆθος καὶ τὸ εἶδος τῆς τοιαύτης ἀρχῆς οὐ τὸ αὐτὸ πάντες λέγουσιν, ἀλλὰ Θαλῆς μὲν ὁ τῆς τοιαύτης ἀρχηγὸς φιλοσοφίας ὕδωρ εἶναί φησιν· (διὸ καὶ τὴν γῆν ἐφ' ὕδατος ἀπεφαίνετο εἶναι), λαβὼν ἴσως τὴν ὑπόληψιν ταύτην ἐκ τοῦ πάντων ὁρᾶν τὴν τροφὴν ὑγρὰν οὖσαν καὶ αὐτὸ τὸ θερμὸν ἐκ τούτου γιγνόμενον καὶ τούτῳ ζῶν (τὸ δ' ἐξ οὗ γίγνεται, τοῦτ' ἐστὶν ἀρχὴ πάντων), διά τε δὴ τοῦτο τὴν ὑπόληψιν λαβὼν ταύτην, καὶ διὰ τὸ πάντων τὰ σπέρματα τὴν φύσιν ὑγρὰν ἔχειν, τὸ δ' ὕδωρ ἀρχὴν τῆς φύσεως εἶναι τοῖς ὑγροῖς. εἰσὶ δέ τινες οἳ καὶ τοὺς παμπαλαίους καὶ πολὺ πρὸ τῆς νῦν γενέσεως καὶ πρώτους θεολογήσαντας οὕτως οἴονται περὶ τῆς φύσεως ὑπολαβεῖν· Ὠκεανόν τε γὰρ καὶ Τηθὺν ἐποίησαν τῆς γενέσεως πατέρας, καὶ τὸν ὅρκον τῶν θεῶν ὕδωρ, τὴν καλουμένην ὑπ' αὐτῶν Στύγα [τῶν ποιητῶν]· τιμιώτατον μὲν γὰρ τὸ πρεσβύτατον, ὅρκος δὲ τὸ τιμιώτατόν ἐστιν. εἰ μὲν οὖν ἀρχαία τις αὕτη καὶ παλαιὰ τετύχηκεν οὖσα περὶ τῆς φύ- 984a
σεως ἡ δόξα, τάχ' ἂν ἄδηλον εἴη, Θαλῆς μέντοι λέγεται

13 et 16 *Σωκράτη* E: *Σωκράτην* A^b vulgo, confer 981a, 19 ‖ *ὥσπερ* – 17 *οὐδὲν* primum afuisse susp. Blass Rh. M. 30, 488 ‖ 15 *ἀποβάλῃ* A^b ‖ 17 *δεῖν* coni. Wirth ‖ *ἢ μίαν* E Alex.: *μίαν* A^b ‖ 21 *εἶναι φησὶν* A^b: *φησὶν εἶναι* E ‖ 22 *ἀπεφαίνετο* A^b: *ἀπεφήνατο* E ‖ *ὑπόληψιν ταύτην* A^b: *ὑπόληψιν* E vulgo ‖ 24 *καὶ τούτῳ ζῶν* A^b Alex.: *καὶ τὸ ζῷον. τούτῳ ζῶν* E ‖ 27 *ἀρχὴ τ. φ. ἐστί* E ‖ 28 *παλαιοὺς* A^b ‖ 32 *ὑπὸ ποιητῶν* tamquam interpretamentum inclusimus

b 22 E. Ross

bestehen bleibt und nur die Eigenschaften wechseln, dies, sagen sie, ist Element und Prinzip des Seienden. Darum nehmen sie auch kein Entstehen und Vergehen von etwas an, da ja eine derartige Natur stets erhalten bleibe, wie man ja auch nicht von Sokrates sagt, daß er schlechthin werde, wenn er schön oder gebildet wird, noch daß er vergehe, wenn er diese Eigenschaften verliert, weil das Substrat, Sokrates selbst, beharrt; so werde und vergehe auch nichts anderes. Denn es muß eine gewisse Natur vorhanden sein, entweder eine oder mehr als eine, aus welcher das übrige entsteht, während jene erhalten bleibt. (c) Doch über die Menge und die Art eines derartigen Prinzips stimmen nicht alle überein. Thales, der Urheber solcher Philosophie, nennt es Wasser (weshalb er auch erklärte, daß die Erde auf dem Wasser sei), wobei er vielleicht zu dieser Annahme kam, weil er sah, daß die Nahrung aller Dinge feucht ist und das Warme selbst aus dem Feuchten entsteht und durch dasselbe lebt (das aber, woraus alles wird, ist das Prinzip von allem); hierdurch also kam er wohl auf diese Annahme und außerdem dadurch, daß die Samen aller Dinge feuchter Natur sind, das Wasser aber für das Feuchte Prinzip seiner Natur ist. Manche meinen auch, daß die Alten, welche lange vor unserer Generation und zuerst über die göttlichen Dinge geforscht haben (die ersten Theologen), ebenso über die Natur gedacht hätten; denn den Okeanos und die Tethys machten sie zu Erzeugern der Entstehung und den Eid der Götter zum Wasser, das bei den Dichtern Styx heißt; denn am ehrwürdigsten ist das Älteste, der Eid aber ist das Ehrwürdigste. Ob nun dies schon eine ursprüngliche und alte Meinung über die Natur war, das möchte wohl dunkel blei- 984 a
ben; Thales jedoch soll sich auf diese Weise über die erste

οὕτως ἀποφήνασθαι περὶ τῆς πρώτης αἰτίας. *Ἵππωνα γὰρ οὐκ ἄν τις ἀξιώσειε θεῖναι μετὰ τούτων διὰ τὴν εὐτέλειαν αὐτοῦ τῆς διανοίας.* Ἀναξιμένης δ' ἀέρα καὶ Διογένης πρότερον ὕδατος καὶ μάλιστ' ἀρχὴν τιθέασι τῶν ἁπλῶν σωμάτων, Ἵππασος δὲ πῦρ ὁ Μεταποντῖνος καὶ Ἡράκλειτος ὁ Ἐφέσιος, Ἐμπεδοκλῆς δὲ τὰ τέτταρα, πρὸς τοῖς εἰρημένοις γῆν προστιθεὶς τέταρτον· ταῦτα γὰρ αἰεὶ διαμένειν καὶ οὐ γίγνεσθαι ἀλλ' ἢ πλήθει καὶ ὀλιγότητι συγκρινόμενα καὶ διακρινόμενα εἰς ἕν τε καὶ ἐξ ἑνός. Ἀναξαγόρας δ' ὁ Κλαζομένιος τῇ μὲν ἡλικίᾳ πρότερος ὢν τούτου, τοῖς δ' ἔργοις ὕστερος, ἀπείρους εἶναί φησι τὰς ἀρχάς· σχεδὸν γὰρ ἅπαντα τὰ ὁμοιομερῆ, καθάπερ ὕδωρ ἢ πῦρ, οὕτω γίγνεσθαι καὶ ἀπόλλυσθαί φησι συγκρίσει καὶ διακρίσει μόνον, ἄλλως δ' οὔτε γίγνεσθαι οὔτ' ἀπόλλυσθαι, ἀλλὰ διαμένειν ἀΐδια.

ἐκ μὲν οὖν τούτων μόνην τις αἰτίαν νομίσειεν ἂν τὴν ἐν ὕλης εἴδει λεγομένην. προϊόντων δ' οὕτως, αὐτὸ τὸ πρᾶγμα ὡδοποίησεν αὐτοῖς καὶ συνηνάγκασε ζητεῖν· εἰ γὰρ ὅτι μάλιστα πᾶσα γένεσις καὶ φθορὰ ἔκ τινος ἑνὸς ἢ καὶ πλειόνων ἐστίν, διὰ τί τοῦτο συμβαίνει καὶ τί τὸ αἴτιον; οὐ γὰρ δὴ τό γ' ὑποκείμενον αὐτὸ ποιεῖ μεταβάλλειν ἑαυτό· λέγω δ' οἷον οὔτε τὸ ξύλον οὔτε ὁ χαλκὸς αἴτιος τοῦ μεταβάλλειν ἑκάτερον αὐτῶν, οὐδὲ ποιεῖ τὸ μὲν ξύλον κλίνην ὁ δὲ χαλκὸς ἀνδριάντα, ἀλλ' ἕτερόν τι τῆς μεταβολῆς αἴτιον. τὸ δὲ τοῦτο ζητεῖν ἐστὶ τὸ τὴν ἑτέραν ἀρχὴν ζητεῖν, ὡς ἂν ἡμεῖς φαίημεν, ὅθεν ἡ ἀρχὴ τῆς κινήσεως. οἱ μὲν οὖν πάμπαν ἐξ ἀρχῆς ἁψάμενοι τῆς μεθόδου τῆς τοιαύτης καὶ ἓν φάσκοντες

984a, 3 οὕτως A^b Alex.: τοῦτον τὸν τρόπον E ‖ Ἵππωνα — 5 διανοίας in margine primum adiecta et ad sequentia magis pertinere sentio ‖ γὰρ] μὲν γὰρ E ‖ 7 ὁ alterum om. A^b ‖ 9 προσθεὶς E ‖ 10 ἢ om. A^b ‖ 15 ἄλλως — 16 ἀΐδια primum afuisse susp. Blass Rh. M. 30, 488 ‖ ἁπλῶς em. Zeller ‖ 16 διαμένειν E: μένειν A^b ‖ 17 ἂν om. A^b ‖ 20 γένεσις καὶ φθορὰ A^b: φθορὰ καὶ γένεσις E vulgo ‖ 21 γε] τε A^b m. pr. ‖ 28 τῆς τοιαύτης] γρ. καὶ ταύτης, ἤτοι τῆς φυσικῆς E

Ursache ausgesprochen haben. Den Hippon wird man wohl wegen des geringen Wertes seiner Gedanken nicht würdigen, unter diese Männer zu rechnen. Anaximenes und Diogenes dagegen setzen die Luft als früher gegenüber dem Wasser an und als vorzüglichstes Prinzip unter den einfachen Körpern, Hippasos der Metapontiner und Herakleitos der Ephesier das Feuer, Empedokles die vier Elemente, indem er zu den genannten die Erde als viertes hinzufügte. Denn diese blieben (nach seiner Ansicht) immer und entstünden nicht, außer in Hinsicht der größeren oder geringeren Menge, indem sie zur Einheit verbunden oder aus der Einheit ausgeschieden würden. Anaxagoras aber, der Klazomenier, welcher der Zeit nach früher ist als dieser, seinen Werken nach aber später, behauptet, daß die Prinzipien unbegrenzt viele seien; denn ziemlich alles Gleichteilige, wie Wasser und Feuer, entstände und verginge so, nämlich nur durch Verbindung und Trennung, auf andere Weise aber entstehe und vergehe es nicht, sondern bleibe ewig.

(d) Hiernach möchte man das nach Art des Stoffes verstandene Prinzip für das einzige ansehen. Beim weiteren Fortschritt jedoch zeigte ihnen die Sache selbst den Weg und nötigte sie zum (weiteren) Forschen. Denn wenn auch durchaus jedem Entstehen und Vergehen etwas zugrunde liegt, aus dem es hervorgeht, sei dies eines oder mehreres, warum geschieht denn dies und was ist die Ursache? Denn das Zugrundeliegende bewirkt doch nicht selbst seine eigne Veränderung. Ich meine z. B. so: Das Holz und das Erz sind nicht die Ursache dafür, daß sich jedes von beiden verändert, und nicht das Holz macht ein Bett oder das Erz eine Bildsäule (aus sich selbst), sondern etwas anderes ist Ursache der Veränderung. Diese Ursache nun suchen heißt das zweite Prinzip suchen, oder, wie wir es nennen würden, dasjenige, wovon der Anfang der Bewegung kommt. Die sich nun ganz zu Anfang mit dieser Weise des Vorgehens befaßten und ein einziges

εἶναι τὸ ὑποκείμενον οὐδὲν ἐδυσχέραναν ἑαυτοῖς, ἀλλ᾽ ἔνιοί γε τῶν ἓν λεγόντων, ὥσπερ ἡττηθέντες ὑπὸ ταύτης τῆς ζητήσεως, τὸ ἓν ἀκίνητόν φασιν εἶναι καὶ τὴν φύσιν ὅλην οὐ μόνον κατὰ γένεσιν καὶ φθοράν (τοῦτο μὲν γὰρ ἀρχαῖόν τε καὶ πάντες ὡμολόγησαν), ἀλλὰ καὶ κατὰ τὴν ἄλλην μεταβολὴν πᾶσαν· καὶ τοῦτο αὐτῶν ἴδιόν ἐστιν. τῶν μὲν οὖν ἓν φασκόντων εἶναι τὸ πᾶν οὐδενὶ συνέβη τὴν τοιαύτην συνιδεῖν αἰτίαν, πλὴν εἰ ἄρα Παρμενίδῃ, καὶ τούτῳ κατὰ τοσοῦτον ὅσον οὐ μόνον ἓν ἀλλὰ καὶ δύο πως τίθησιν αἰτίας εἶναι. τοῖς δὲ δὴ πλείω ποιοῦσι μᾶλλον ἐνδέχεται λέγειν, οἷον τοῖς θερμὸν καὶ ψυχρὸν ἢ πῦρ καὶ γῆν· χρῶνται γὰρ ὡς κινητικὴν ἔχοντι τῷ πυρὶ τὴν φύσιν, ὕδατι δὲ καὶ γῇ καὶ τοῖς τοιούτοις τοὐναντίον.

μετὰ δὲ τούτους καὶ τὰς τοιαύτας ἀρχάς, ὡς οὐχ ἱκανῶν οὐσῶν γεννῆσαι τὴν τῶν ὄντων φύσιν, πάλιν ὑπ᾽ αὐτῆς τῆς ἀληθείας, ὥσπερ εἴπομεν, ἀναγκαζόμενοι τὴν ἐχομένην ἐζήτησαν ἀρχήν. τοῦ γὰρ εὖ καὶ καλῶς τὰ μὲν ἔχειν τὰ δὲ γίγνεσθαι τῶν ὄντων ἴσως οὔτε πῦρ οὔτε γῆν οὔτ᾽ ἄλλο τῶν τοιούτων οὐδὲν οὔτ᾽ εἰκὸς αἴτιον εἶναι οὔτ᾽ ἐκείνους οἰηθῆναι· οὐδ᾽ αὖ τῷ αὐτομάτῳ καὶ τῇ τύχῃ τοσοῦτον ἐπιτρέψαι πρᾶγμα καλῶς εἶχεν. νοῦν δή τις εἰπὼν ἐνεῖναι, καθάπερ ἐν τοῖς ζῴοις, καὶ ἐν τῇ φύσει τὸν αἴτιον τοῦ κόσμου καὶ τῆς τάξεως πάσης οἷον νήφων ἐφάνη παρ᾽ εἰκῇ λέγοντας τοὺς πρότερον. φανερῶς μὲν οὖν Ἀναξαγόραν ἴσμεν ἁψάμενον τούτων τῶν λόγων, αἰτίαν δ᾽ ἔχει πρότερον Ἑρ-

29 ἑαυτοῖς E: ἐν αὐτοῖς Alex. in lemmate, ἐν ἑαυτοῖς A^b ‖ 32 τοῦτο — 33 ὡμολογήσαν om. A^b, non interpretatur Alex., habet E ‖ 984b, 1 ἅπασαν A^b ‖ καὶ — ἐστιν om. A^b, non interpretatur Alex., habet E ‖ 2 συνιδεῖν E: ἰδεῖν A^b ‖ 5 δὴ om. E ‖ 11 post ἀρχὴν add. A^b τουτέστι τὴν ποιητικὴν τούτων εὖ ἔχειν καὶ καλῶς ‖ 13 ἄλλο τι A^b ‖ ἐκείνους εἰκὸς οἰηθ. E ‖ 14 τῇ om. E ‖ 15 ἔχειν E ‖ ἐνεῖναι A^b E: εἶναι Ald. ‖ 16 τοῖς om. E ‖ τὸ A^b ‖ τοῦ A^b: καὶ τοῦ E ‖ 17 εἰκῇ λέγοντας] μεθύοντας in marg. E m. pr.

Substrat setzten, fanden hierin keine Schwierigkeit. Einige indes von denen, welche das Eine (als Prinzip) behaupten, erklären, dieser Untersuchung gleichsam unterliegend, das Eine und die ganze Natur sei unbeweglich, nicht nur in Beziehung auf Entstehen und Vergehen (denn dies ist eine alte Lehre und darin stimmten alle überein), sondern auch in Beziehung auf jede andere Art der Veränderung, und dieses ist ihnen eigentümlich. Von denen also, welche be- 984 b
haupten, das All sei nur Eines, kam keiner dazu, diese Art des Prinzips (der Bewegung) ins Auge zu fassen, außer etwa Parmenides, und auch dieser nur insofern, als er nicht das Eine sondern gewissermaßen zwei Ursachen annimmt. Die aber mehr als eines annahmen, können eher davon sprechen, wie z. B. die, welche das Warme und das Kalte oder Feuer und Erde annehmen; sie gebrauchen nämlich das Feuer, als habe es eine bewegende Natur, das Wasser aber und die Erde und das andere dieser Art in der entgegengesetzten Weise.

(e) Nach diesen Männern und solchen (von ihnen vertretenen) Prinzipien wurde man, da diese nicht genügten, die Natur des Seienden aus ihnen entstehen zu lassen, wieder, wie gesagt, von der Wahrheit selbst genötigt, das nächstfolgende Prinzip zu suchen. Denn daß sich im Sein und Werden das Gute und Schöne findet, davon kann doch billigerweise nicht das Feuer oder die Erde oder sonst etwas der Art die Ursache sein, noch konnten jene wohl diese Ansicht haben; aber ebensowenig ging es wohl an, eine so große Sache dem Zufall und dem Ungefähr zuzuschreiben. Als nun jemand erklärte, daß Vernunft wie in den lebenden Wesen so auch in der Natur die Ursache aller Schönheit und aller Ordnung sei, da erschien er gegen die Früheren wie ein Nüchterner gegen Irreredende. Sicher wissen wir, daß Anaxagoras diese Gedanken ergriff, doch es besteht Grund (zu der Annahme), daß sie schon früher

μότιμος ὁ Κλαζομένιος εἰπεῖν. οἱ μὲν οὖν οὕτως ὑπολαμβάνοντες ἅμα τοῦ καλῶς τὴν αἰτίαν ἀρχὴν εἶναι τῶν ὄντων ἔθεσαν, καὶ τὴν τοιαύτην ὅθεν ἡ κίνησις ὑπάρχει τοῖς οὖσιν.

4 ὑποπτεύσειε δ' ἄν τις Ἡσίοδον πρῶτον ζητῆσαι τὸ τοιοῦτον, κἂν εἴ τις ἄλλος ἔρωτα ἢ ἐπιθυμίαν ἐν τοῖς οὖσιν ἔθηκεν ὡς ἀρχήν, οἷον καὶ Παρμενίδης· οὗτος γὰρ κατασκευάζων τὴν τοῦ παντὸς γένεσιν „πρώτιστον μέν" φησιν „ἔρωτα θεῶν μητίσατο πάντων." Ἡσίοδος δὲ „πάντων μὲν πρώτιστα χάος γένετ', αὐτὰρ ἔπειτα γαῖ' εὐρύστερνος, ἠδ' ἔρος ὃς πάντεσσι μεταπρέπει ἀθανάτοισιν," ὡς δέον ἐν τοῖς οὖσιν ὑπάρχειν τιν' αἰτίαν ἥτις κινήσει καὶ συνάξει τὰ πράγματα. τούτους μὲν οὖν πῶς χρὴ διανεῖμαι περὶ τοῦ τίς πρῶτος, ἐξέστω κρίνειν ὕστερον· ἐπεὶ δὲ καὶ τἀναντία τοῖς ἀγαθοῖς ἐνόντα ἐφαίνετο ἐν τῇ φύσει, καὶ οὐ μόνον τάξις καὶ 985a τὸ καλὸν ἀλλὰ καὶ ἀταξία καὶ τὸ αἰσχρόν, καὶ πλείω τὰ κακὰ τῶν ἀγαθῶν καὶ τὰ φαῦλα τῶν καλῶν, οὕτως ἄλλος τις φιλίαν εἰσήνεγκε καὶ νεῖκος, ἑκάτερον ἑκατέρων αἴτιον τούτων. εἰ γάρ τις ἀκολουθοίη καὶ λαμβάνοι πρὸς τὴν διάνοιαν καὶ μὴ πρὸς ἃ ψελλίζεται λέγων Ἐμπεδοκλῆς, εὑρήσει τὴν μὲν φιλίαν αἰτίαν οὖσαν τῶν ἀγαθῶν, τὸ δὲ νεῖκος τῶν κακῶν· ὥστ' εἴ τις φαίη τρόπον τινὰ καὶ λέγειν καὶ πρῶτον λέγειν τὸ κακὸν καὶ τὸ ἀγαθὸν ἀρχὰς Ἐμπεδοκλέα, τάχ' ἂν λέγοι καλῶς, εἴπερ τὸ τῶν ἀγαθῶν ἁπάντων αἴτιον αὐτὸ τἀγαθόν ἐστι [καὶ τῶν κακῶν τὸ κακόν.]

οὗτοι μὲν οὖν, ὥσπερ λέγομεν, καὶ μέχρι τούτου δυοῖν αἰτίαιν, ὧν ἡμεῖς διωρίσαμεν ἐν τοῖς περὶ φύσεως, ἡμμένοι φαίνονται, τῆς

22 γρ. καὶ ἔθεσαν τὴν τοιαύτην, εἶτα ὅθεν ἡ κίνησις E ‖ 25 οὗτος γὰρ A^b: καὶ γὰρ οὗτος E ‖ 26 πρώτιστον] πρῶτον A^b E ‖ 27 Hesiod. theog. 116 sqq. ‖ 28 γέα γαῖα E ‖ 29 ἔρος E: ἔρως A^b ‖ 30 τινα E: τὴν A^b ‖ συνάξει E: συνέξει A^b ‖ 31 <u>τούτοις</u> <u>A^b</u> ‖ 985a, 4 λαμβάνει A^b ‖ 9 λέγοιτο A^b m. pr. ‖ πάντων A^b ‖ 10 ἀγαθὸν fort. Alex. ‖ καὶ — κακὸν om. A^b Alex., habet E ‖ 11 δυεῖν E ‖ 12 ἡμμένοι φαίνονται A^b: ἐφήψαντο E et edd. v. 11 post αἰτίαιν, v. Blass Rh. M. 30, 489.

b 26 A^b E, Ross 31 A^b, Ross

Hermotimos der Klazomenier ausgesprochen hat. Diejenigen nun, welche diese Annahme aufstellten, setzten zugleich die Ursache des Guten als ein Prinzip des Seienden, und als eine solche, wovon für das Seiende der Anfang der Bewegung kommt.

4 (a) Man könnte vermuten, daß Hesiodos zuerst eine sol-
che Ursache gesucht und wer noch sonst etwa Liebe oder
Begierde in dem Seienden als Prinzip gesetzt, wie auch
Parmenides; denn dieser sagt, wo er die Entstehung des Alls
aufbaut: „Als ersten von allen unsterblichen Göttern ersann
sie (die über das All waltende Göttin) den Eros“; Hesiodos
aber sagt: „Vor allem zuerst ward Chaos, nach diesem aber
ward die breitbrüstige Erde, und Eros, der vor allen un-
sterblichen Göttern hervorragt“, als ob in dem Seienden
sich eine Ursache finden müsse, welche die Dinge bewege
und zusammenbringe. Wem unter diesen man den Vorrang
geben soll, es zuerst ausgesprochen zu haben, das sei später
zu entscheiden gestattet. Da aber auch das Gegenteil des
Guten sich in der Natur vorhanden zeigte, nicht nur Ord-
nung und das Schöne, sondern auch Unordnung und das 985 a
Häßliche, und des Bösen mehr als des Guten, des Schlech-
ten mehr als des Schönen, so führte ebenso ein anderer
Freundschaft und Streit ein, jedes von beiden als Ursache
jener beiden. Denn folgt man dem Empedokles und faßt
seine Ansicht nach ihrem eigentlichen Gedanken, nicht
nach ihrem unbeholfenen Ausdruck, so wird man finden,
daß ihm die Freundschaft Ursache des Guten ist, der Streit
Ursache des Bösen; so daß wohl recht hat, wer sagt, Empe-
dokles setze gewissermaßen und zwar als Erster das Gute
und das Böse als Prinzipien, sofern ja die Ursache alles Gu-
ten das Gute selbst und des Bösen das Böse ist.

(b) Soweit also scheinen diese, wie gesagt, sich mit zwei von den Ursachen befaßt zu haben, welche wir in den Büchern *Über die Natur* unterschieden haben, nämlich mit

τε ὕλης καὶ τοῦ ὅθεν ἡ κίνησις, ἀμυδρῶς μέντοι καὶ οὐδὲν σαφῶς, ἀλλ' οἷον ἐν ταῖς μάχαις οἱ ἀγύμναστοι ποιοῦσιν· καὶ γὰρ ἐκεῖνοι περιφερόμενοι τύπτουσι πολλάκις καλὰς πληγάς, ἀλλ' οὔτε ἐκεῖνοι ἀπὸ ἐπιστήμης οὔτε οὗτοι ἐοίκασιν εἰδέναι ὅ τι λέγουσιν· σχεδὸν γὰρ οὐδὲν χρώμενοι φαίνονται τούτοις ἀλλ' ἢ κατὰ μικρόν. Ἀναξαγόρας τε γὰρ μηχανῇ χρῆται τῷ νῷ πρὸς τὴν κοσμοποιίαν, καὶ ὅταν ἀπορήσῃ διὰ τίν' αἰτίαν ἐξ ἀνάγκης ἐστί, τότε παρέλκει αὐτόν, ἐν δὲ τοῖς ἄλλοις πάντα μᾶλλον αἰτιᾶται τῶν γιγνομένων ἢ νοῦν. καὶ Ἐμπεδοκλῆς ἐπὶ πλέον μὲν χρῆται τούτου τοῖς αἰτίοις, οὐ μὴν οὔθ' ἱκανῶς, οὔτ' ἐν τούτοις εὑρίσκει τὸ ὁμολογούμενον. πολλαχοῦ γοῦν αὐτῷ ἡ μὲν φιλία διακρίνει, τὸ δὲ νεῖκος συγκρίνει. ὅταν μὲν γὰρ εἰς τὰ στοιχεῖα διίστηται τὸ πᾶν ὑπὸ τοῦ νείκους, τό τε πῦρ εἰς ἓν συγκρίνεται καὶ τῶν ἄλλων στοιχείων ἕκαστον· ὅταν δὲ πάλιν ὑπὸ τῆς φιλίας συνίωσιν εἰς τὸ ἕν, ἀναγκαῖον ἐξ ἑκάστου τὰ μόρια διακρίνεσθαι πάλιν. Ἐμπεδοκλῆς μὲν οὖν παρὰ τοὺς πρότερον πρῶτος ταύτην τὴν αἰτίαν διελὼν εἰσήνεγκεν, οὐ μίαν ποιήσας τὴν τῆς κινήσεως ἀρχὴν ἀλλ' ἑτέρας τε καὶ ἐναντίας. ἔτι δὲ τὰ ὡς ἐν ὕλης εἴδει λεγόμενα στοιχεῖα τέτταρα πρῶτος εἶπεν· οὐ μὴν χρῆταί γε τέτταρσιν, ἀλλ' ὡς δυσὶν οὖσι μόνοις, πυρὶ μὲν καθ' αὑτό, τοῖς δ' ἀντικειμένοις ὡς μιᾷ φύσει, γῇ τε καὶ ἀέρι καὶ ὕδατι. λάβοι δ' ἄν τις αὐτὸ θεωρῶν ἐκ τῶν ἐπῶν. οὗτος μὲν οὖν, ὥσπερ λέγομεν, οὕτω τε καὶ τοσαύτας εἴρηκε τὰς ἀρχάς· Λεύκιππος δὲ καὶ ὁ ἑταῖρος αὐτοῦ Δημόκριτος στοιχεῖα μὲν τὸ πλῆρες καὶ τὸ κενὸν εἶναί

16 εἰδέναι Ab: εἰδόσι λέγειν E, quod in εἰδόσι λέγουσι mutandum censet Gomperz, ipse potius in εἰδότες λέγειν correxerim collato p. 986b, 29 ‖ 19 καὶ ὅταν ἀπορήσῃ Ab: ὅταν ἀπορήσῃ γὰρ E, ὅταν γὰρ ἀπορήσῃ Ha ‖ διὰ — 20 ἐστι om. Ab ‖ 20 παρέλκει Ab et γρ. E: ἕλκει E ‖ 22 χρῆται τούτου Ab: τούτου χρῆται E ‖ 23 ἐξευρίσκει Ab ‖ 26 τότε τὸ E et fort. Alex. ‖ 27 πάλιν Ab E: πάντα Ha, πάλιν πάντα vulgo ‖ 30 ταύτην E: τὸ Ab ‖ διελεῖν Ab ‖ 985b, 4 τὰς ἀρχὰς Ab E: ἀρχὰς vulgo

dem Stoff und mit dem, wovon die Bewegung ausgeht, indessen nur undeutlich und noch keineswegs sicher, sondern so wie es in den Gefechten die Ungeübten machen; denn diese führen im Herumfahren wohl auch öfters gute Hiebe, aber sie tun es nicht aus Wissen, und ebenso gleichen auch jene nicht Wissenden in dem, was sie sagen; denn sie machen ja offenbar von diesen Prinzipien fast gar keinen oder doch nur sehr wenig Gebrauch. Anaxagoras nämlich gebraucht bei seiner Weltbildung die Vernunft (wie) als Kunstgriff (wie den Maschinengott im Theater), und wenn er in Verlegenheit kommt, aus welcher Ursache denn etwas notwendig sein soll, dann zieht er ihn herbei; im übrigen aber sucht er die Ursache eher in allem andern Entstehenden als in der Vernunft. Und Empedokles gebraucht seine Ursachen zwar etwas mehr als dieser, aber doch weder genügend, noch findet er zu einer Übereinstimmung unter ihnen. Öfters wenigstens trennt bei ihm die Freundschaft und verbindet der Streit. Denn wenn das All durch den Streit in die Elemente getrennt wird, so wird ja das Feuer in Eines (Element) verbunden und ebenso jedes der übrigen Elemente; wenn sie aber wieder alle durch die Freundschaft in das Eine (Sphairos) zusammengehen, so müssen notwendig aus einem jeden die Teile wieder geschieden werden. Empedokles also hat im Gegensatz zu den früheren Philosophen als Erster diese Ursache als geteilt eingeführt, indem er nicht eine Ursache der Bewegung aufstellte, sondern verschiedene und entgegengesetzte. Ferner benannte er zuerst von den sogenannten stoffartigen Elementen vier, doch wendet er sie nicht als vier an, sondern als wären sie nur zwei, nämlich das Feuer an sich und die ihr 985 b
gegenüberstehenden: Erde, Luft und Wasser, als eine einzige Natur. Das kann man bei genauerer Betrachtung aus seinen Gedichten entnehmen. (c) In dieser Weise also benannte Empedokles, wie gesagt, soviele Prinzipien. Leukippos aber und sein Genosse Demokritos behaupten als Elemente das Volle und das Leere, indem sie das eine als

φασι, λέγοντες τὸ μὲν ὂν τὸ δὲ μὴ ὄν, τούτων δὲ τὸ μὲν πλῆρες καὶ στερεὸν τὸ ὄν, τὸ δὲ κενὸν καὶ μανὸν τὸ μὴ ὄν (διὸ καὶ οὐδὲν μᾶλλον τὸ ὂν τοῦ μὴ ὄντος εἶναί φασιν, ὅτι οὐδὲ τὸ κενὸν τοῦ σώματος), αἴτια δὲ τῶν ὄντων ταῦτα ὡς ὕλην. καὶ καθάπερ οἱ ἓν ποιοῦντες τὴν ὑποκειμένην οὐσίαν τἆλλα τοῖς πάθεσιν αὐτῆς γεννῶσι, τὸ μανὸν καὶ τὸ πυκνὸν ἀρχὰς τιθέμενοι τῶν παθημάτων, τὸν αὐτὸν τρόπον καὶ οὗτοι τὰς διαφορὰς αἰτίας τῶν ἄλλων εἶναί φασιν. ταύτας μέντοι τρεῖς εἶναι λέγουσι, σχῆμά τε καὶ τάξιν καὶ θέσιν. διαφέρειν γάρ φασι τὸ ὂν ῥυσμῷ καὶ διαθιγῇ καὶ τροπῇ μόνον· τούτων δὲ ὁ μὲν ῥυσμὸς σχῆμά ἐστιν, ἡ δὲ διαθιγὴ τάξις, ἡ δὲ τροπὴ θέσις· διαφέρει γὰρ τὸ μὲν Α τοῦ Ν σχήματι, τὸ δὲ ΑΝ τοῦ ΝΑ τάξει, τὸ δὲ Ζ τοῦ Ν θέσει. περὶ δὲ κινήσεως, ὅθεν ἢ πῶς ὑπάρχει τοῖς οὖσι, καὶ οὗτοι παραπλησίως τοῖς ἄλλοις ῥαθύμως ἀφεῖσαν. περὶ μὲν οὖν τῶν δύο αἰτιῶν, ὥσπερ λέγομεν, ἐπὶ τοσοῦτον ἔοικεν ἐζητῆσθαι παρὰ τῶν πρότερον.

ἐν δὲ τούτοις καὶ πρὸ τούτων οἱ καλούμενοι Πυθαγόρειοι 5
τῶν μαθημάτων ἁψάμενοι πρῶτον ταῦτα προήγαγον, καὶ ἐντραφέντες ἐν αὐτοῖς τὰς τούτων ἀρχὰς τῶν ὄντων ἀρχὰς ᾠήθησαν εἶναι πάντων. ἐπεὶ δὲ τούτων οἱ ἀριθμοὶ φύσει πρῶτοι, ἐν δὲ τοῖς ἀριθμοῖς ἐδόκουν θεωρεῖν ὁμοιώματα πολλὰ τοῖς οὖσι καὶ γιγνομένοις, μᾶλλον ἢ ἐν πυρὶ καὶ γῇ καὶ ὕδατι, ὅτι τὸ μὲν τοιονδὶ τῶν ἀριθμῶν πάθος δικαιοσύνη,

6 *λέγοντες οἷον τὸ* E ‖ 7 *κενὸν* A^b: *κενόν τε* E, *κενόν γε* Bekk. ‖ *καὶ μανὸν* om. A^b ‖ 9 *οὐδὲ τὸ σῶμα τοῦ κενοῦ* Casaubonus, *τὸ κενὸν ἔλαττον τοῦ σωμ.* Zeller ‖ *ταῦτα* E: *ταῦτά γε* A^b ‖ 12 *τῶν παθημάτων ἀρχὰς τιθέμενοι* A^b ‖ *φέρεται δὲ ἔν τισιν γραφὴ τοιαύτη „καὶ ὥσπερ τῶν μαθηματικῶν τὸν αὐτὸν τρόπον καὶ οὗτοι“* Alex. ‖ 15 *διαφέρει* E ‖ *φησι* E ‖ *ῥοισμῷ* A^b ‖ 15 et 17 *διαθηγῇ* E ‖ 16 *ῥοισμὸς* A^b ‖ 19 *ὑπάρχει* E: *ὑπάρξει* A^b ‖ 22 *παρὰ τῶν προτ.* A^b: *παρὰ τῶν* om. E ‖ 24 *πρῶτον* T: *πρῶτοι* A^b E ‖ *ταῦτά τε πρ.* A^b ‖ *προῆγον* E ‖ 25 *τῶν ὄντων ἀρχὰς* om. A^b ‖ 27 *τοῖς ἀριθμοῖς* E: *τούτοις* A^b ‖ 28 *μᾶλλον* — 29 *ὕδατι* damnat Blass

b 7 *καὶ μανὸν* om. A^b, Ross 24 A^b E, Ross

Seiendes, das andere als Nichtseiendes benennen, nämlich das Volle und Dichte als das Seiende, das Leere und Dünne als das Nichtseiende. Deshalb behaupten sie auch, daß das Seiende um nichts mehr sei als das Nichtseiende, weil auch das Leere nicht (weniger) als der Körper. Dies seien die Ursachen des Seienden im Sinne des Stoffes. Und wie diejenigen, welche das zugrunde liegende Wesen als Eines setzen, das übrige durch die Eigenschaften desselben entstehen lassen und dabei das Dünne und Dichte als Prinzipien der Eigenschaften annehmen, in gleicher Weise erklären auch diese die Unterschiede für die Ursachen des übrigen. Deren sind aber nach ihrer Ansicht drei: Gestalt, Ordnung und Lage; denn das Seiende, sagen sie, unterscheide sich nur durch Zug, Berührung und Wendung. Hiervon bedeutet aber der Zug Gestalt, die Berührung Ordnung, und die Wendung Lage. Es unterscheidet sich nämlich A von N durch die Gestalt, AN von NA durch die Ordnung, N von Z durch die Lage. Die Frage aber nach der Bewegung, woher denn oder wie sie bei dem Seienden stattfinde, haben auch diese mit ähnlichem Leichtsinn wie die übrigen beiseite gesetzt. Über die zwei Ursachen scheinen also, wie gesagt, die Untersuchungen der Früheren bis hierher geführt worden zu sein.

(a) Während dieser Zeit und schon vorher befaßten sich die sogenannten Pythagoreer mit der Mathematik und brachten sie zuerst weiter, und darin eingelebt hielten sie deren Prinzipien für die Prinzipien alles Seienden. Da nämlich die Zahlen in der Mathematik der Natur nach das Erste sind, und sie in den Zahlen viele Ähnlichkeiten (Gleichnisse) zu sehen glaubten mit dem, was ist und entsteht, mehr als in Feuer, Erde und Wasser, wonach ihnen (z. B.) die eine Bestimmtheit der Zahlen Gerechtigkeit sei, eine

τὸ δὲ τοιονδὶ ψυχὴ καὶ νοῦς, ἕτερον δὲ καιρὸς καὶ τῶν ἄλλων ὡς εἰπεῖν ἕκαστον ὁμοίως· * ἔτι δὲ τῶν ἁρμονιῶν ἐν ἀριθμοῖς ὁρῶντες τὰ πάθη καὶ τοὺς λόγους· * ἐπεὶ δὴ τὰ μὲν ἄλλα τοῖς ἀριθμοῖς ἐφαίνετο τὴν φύσιν ἀφωμοιῶσθαι πᾶσαν, οἱ δ' ἀριθμοὶ πάσης τῆς φύσεως πρῶτοι, τὰ τῶν ἀριθμῶν στοιχεῖα τῶν ὄντων στοιχεῖα πάντων ὑπέλαβον εἶναι, καὶ τὸν ὅλον οὐρανὸν ἁρμονίαν εἶναι καὶ ἀριθμόν. καὶ ὅσα εἶχον ὁμολογούμενα δεικνύναι ἔν τε τοῖς ἀριθμοῖς καὶ ταῖς ἁρμονίαις πρὸς τὰ τοῦ οὐρανοῦ πάθη καὶ μέρη καὶ πρὸς τὴν ὅλην διακόσμησιν, ταῦτα συνάγοντες ἐφήρμοττον· κἂν εἴ τί που διέλειπε, προσεγλίχοντο τοῦ συνειρομένην πᾶσαν αὐτοῖς εἶναι τὴν πραγματείαν. λέγω δ' οἷον, ἐπειδὴ τέλειον ἡ δεκὰς εἶναι δοκεῖ καὶ πᾶσαν περιειληφέναι τὴν τῶν ἀριθμῶν φύσιν, καὶ τὰ φερόμενα κατὰ τὸν οὐρανὸν δέκα μὲν εἶναί φασιν, ὄντων δ' ἐννέα μόνον τῶν φανερῶν διὰ τοῦτο δεκάτην τὴν ἀντίχθονα ποιοῦσιν. διώρισται δὲ περὶ τούτων ἐν ἑτέροις ἡμῖν ἀκριβέστερον. ἀλλ' οὗ δὴ χάριν ἐπερχόμεθα, τοῦτ' ἐστὶν ὅπως λάβωμεν καὶ παρὰ τούτων τίνας εἶναι τιθέασι τὰς ἀρχὰς καὶ πῶς εἰς τὰς εἰρημένας ἐμπίπτουσιν αἰτίας. φαίνονται δὴ καὶ οὗτοι τὸν ἀριθμὸν νομίζοντες ἀρχὴν εἶναι καὶ ὡς ὕλην τοῖς οὖσι καὶ ὡς πάθη τε καὶ ἕξεις, τοῦ δ' ἀριθμοῦ στοιχεῖα τό τ' ἄρτιον καὶ τὸ περιττόν, τούτων δὲ τὸ μὲν

30 *ψυχή τε καὶ* A^b^ ‖ 31 *ἁρμονιῶν* A^b^E Alex.: *ἁρμονικῶν* Bekk. ‖ 32 *ἐπεὶ δὴ* scripsi: *ἐπειδὴ* vulgo ‖ 33 *ἐφαίνοντο* A^b^ ‖ *ἀφομοιῶσθαι* A^b^, *ἀφομοιωθῆναι* E ‖ *πᾶσιν* E, *πάντα* Bonitz ‖ 986a, 2 *ὑπ. εἶναι* A^b^: *εἶναι ὑπέλαβον* E vulgo ‖ 3 *ὅσα μὲν* fort. Alex. ‖ *εἶχεν* A^b^ ‖ 4 *δεικνύναι* om. A^b^, damnat Blass Rh. M. 30, 489 ‖ 6 *που* E: *πολὺ* A^b^ ‖ 7 *προσεπεγλίχοντο* E ‖ *τοῦ*] *ἕνεκεν* sup. lin. add. m. sec. in A^b^ ‖ 8 *τέλειον ἡ δεκὰς εἶναι δοκεῖ* A^b^E, *ἡ δεκὰς τελεία δοκεῖ* in marg. E m. pr. ‖ 9 *εἶναι — φύσιν* om. A^b^, non interpetatur Alex., habet E ‖ 11 *μόνων* A^b^E, *μόνον* vulgo ‖ 12 *ἐν ἑτέροις*] in libro *περὶ τῶν Πυθαγορείων* vel ut Alexander dicit *ἐν ταῖς τῶν Πυθαγορικῶν δόξαις*, *ἐν τῷ περὶ φιλοσοφίας* marg. E m. pr., inde m. sec. *καὶ ἐν τῷ περὶ οὐρανοῦ* ‖ 13 fort. *νῦν ἐπερχ.* ‖ 16 *δὴ* E: *δὲ* A^b^ ‖ 18 *τε* add. A^b^ ‖ *ἄπειρον τὸ δὲ πεπερασμένον* A^b^: *πεπερασμένον τὸ δ' ἄπειρον* E, cf. phys. *Γ* 4

a 4 *δεικνύναι* om. A^b^, Ross 18 E, Ross

andere Seele oder Vernunft, wieder eine andere Reife und so in gleicher Weise so gut wie jedes einzelne, und sie ferner die Bestimmungen und Verhältnisse der Harmonien in Zahlen fanden; – da ihnen also das übrige seiner ganzen Natur nach den Zahlen zu gleichen schien, die Zahlen aber sich als das Erste in der gesamten Natur zeigten, so nahmen sie an, die Elemente der Zahlen seien Elemente alles Seienden, und 986 a
der ganze Himmel sei Harmonie und Zahl. Und was sie nun in den Zahlen und den Harmonien als übereinstimmend mit den Eigenschaften (Zuständen) und den Teilen des Himmels und der ganzen Weltbildung aufweisen konnten, das brachten sie zusammen und paßten es an. Und wenn irgendwo eine Lücke blieb, schauten sie eifrig darauf, daß ihre ganze Untersuchung in sich geschlossen sei. Ich meine z. B., da ihnen die Zehnzahl etwas Vollkommenes ist und das ganze Wesen der Zahlen umfaßt, so behaupten sie auch, der bewegten Himmelskörper seien zehn; nun sind aber nur neun wirklich sichtbar; darum erdichten sie als zehnten die Gegenerde. Diesen Gegenstand haben wir anderswo genauer erörtert; daß wir aber jetzt darauf eingehen, hat den Zweck, auch von ihnen zu entnehmen, welche Prinzipien sie setzen und wie diese auf die genannten Ursachen zurückkommen. Offenbar nun sehen auch sie die Zahl als Prinzip an, sowohl als Stoff für das Seiende, als auch als Bestimmtheiten und Zustände. Als Elemente der Zahl aber betrachten sie das Gerade und das Ungerade, von denen das eine begrenzt sei,

ἄπειρον, τὸ δὲ πεπερασμένον, τὸ δ' ἓν ἐξ ἀμφοτέρων εἶναι τούτων καὶ γὰρ ἄρτιον εἶναι καὶ περιττόν, τὸν δ' ἀριθμὸν ἐκ τοῦ ἑνός, ἀριθμοὺς δέ, καθάπερ εἴρηται, τὸν ὅλον οὐρανόν. ἕτεροι δὲ τῶν αὐτῶν τούτων τὰς ἀρχὰς δέκα λέγουσιν εἶναι τὰς κατὰ συστοιχίαν λεγομένας, πέρας καὶ ἄπειρον, περιττὸν καὶ ἄρτιον, ἓν καὶ πλῆθος, δεξιὸν καὶ ἀριστερόν, ἄρρεν καὶ θῆλυ, ἠρεμοῦν καὶ κινούμενον, εὐθὺ καὶ καμπύλον, φῶς καὶ σκότος, ἀγαθὸν καὶ κακόν, τετράγωνον καὶ ἑτερόμηκες. ὅνπερ τρόπον ἔοικε καὶ Ἀλκμαίων ὁ Κροτωνιάτης ὑπολαβεῖν, καὶ ἤτοι οὗτος παρ' ἐκείνων ἢ ἐκεῖνοι παρὰ τούτου παρέλαβον τὸν λόγον τοῦτον· καὶ γὰρ ἐγένετο τὴν ἡλικίαν Ἀλκμαίων ἐπὶ γέροντι Πυθαγόρᾳ, ἀπεφήνατο δὲ παραπλησίως τούτοις. φησὶ γὰρ εἶναι δύο τὰ πολλὰ τῶν ἀνθρωπίνων, λέγων τὰς ἐναντιότητας οὐχ ὥσπερ οὗτοι διωρισμένας ἀλλὰ τὰς τυχούσας, οἷον λευκὸν μέλαν, γλυκὺ πικρόν, ἀγαθὸν κακόν, μέγα μικρόν. οὗτος μὲν οὖν ἀδιορίστως ἀπέρριψε περὶ 986b τῶν λοιπῶν, οἱ δὲ Πυθαγόρειοι καὶ πόσαι καὶ τίνες αἱ ἐναντιώσεις ἀπεφήναντο. παρὰ μὲν οὖν τούτων ἀμφοῖν τοσοῦτον ἔστι λαβεῖν, ὅτι τἀναντία ἀρχαὶ τῶν ὄντων· τὸ δ' ὅσαι παρὰ τῶν ἑτέρων, καὶ τίνες αὗταί εἰσιν. πῶς μέντοι πρὸς τὰς εἰρημένας αἰτίας ἐνδέχεται συναγαγεῖν, σαφῶς μὲν οὐ διήρθρωται παρ' ἐκείνων, ἐοίκασι δ' ὡς ἐν ὕλης εἴδει τὰ στοιχεῖα τάττειν· ἐκ τούτων γὰρ ὡς ἐνυπαρχόντων συνεστάναι καὶ πεπλάσθαι φασὶ τὴν οὐσίαν.

τῶν μὲν οὖν παλαιῶν καὶ πλείω λεγόντων τὰ στοιχεῖα τῆς φύ-

p. 203 a, 11 ‖ 20 *καὶ γὰρ — περιττόν* om. A^b ‖ 21 *ἀριθμὸν* S ‖ 23 *συστοχίαν* A^b m. pr. ‖ 23—26 *πέρας καὶ ἄπειρον*] hic et in reliquis *καὶ* add. A^b, om. E, inde ab *ἄρρεν* om. Alex ‖ 29 *καὶ γὰρ Ἀλκμαίων ἀπεφήνατο παραπλησίως* A^b, media om. A^b neque interpr. Alex, habet E ‖ 34 *μέγα μικρόν* A^b Bonitz: *μικρὸν μέγα* E Bekk. ‖ 34 *ἀπέρριψε* A^bE: *ἐπέρριψε* vulgo, quod coniectura ut videtur repositum recipere dubitavi ‖ 986 b, 2 *ἀμφοῖν μὲν τοσ.* A^b ‖ 3 *τὸ — 4 ἑτέρων* om. A^b ‖ 5 *συναγαγεῖν* A^b: *συνάγειν* E, fort. *τἆλλα συναγαγεῖν.* ‖ 9 *λεγόντων τὰ στοιχεῖα* A^b: *τὰ στοιχεῖα λεγόντων* E

das andere unbegrenzt, das Eine aber bestehe aus diesen beiden (denn es sei sowohl gerade als ungerade), die Zahl aber aus dem Einen, und aus Zahlen, wie gesagt, bestehe der ganze Himmel.

Andere aus derselben Schule nehmen zehn Prinzipien an, welche sie in entsprechende Reihen zusammenordnen: Grenze und Unbegrenztes, Ungerades und Gerades, Eines und Vielheit, Rechtes und Linkes, Männliches und Weibliches, Ruhendes und Bewegtes, Gerades und Krummes, Licht und Finsternis, Gutes und Böses, gleichseitiges und ungleichseitiges Viereck. Dieser Annahme scheint auch der Krotoniate Alkmaion zu folgen, mag er sie nun von jenen oder mögen jene sie von ihm übernommen haben; denn Alkmaion war ein jüngerer Zeitgenosse des Pythagoras und sprach sich auf ähnliche Weise aus wie die Pythagoreer. Er sagt nämlich, die meisten menschlichen Dinge bildeten eine Zweiheit, und bezeichnet damit die Gegensätze, nicht bestimmte, wie diese, sondern die ersten besten, wie Weißes und Schwarzes, Süßes und Bitteres, Gutes und Böses, Kleines und Großes. Dieser also warf nun unbestimmte Ansich- 986 b
ten hin über das übrige, die Pythagoreer dagegen erklärten, wie viele Gegensätze es gebe und welche es seien. Von beiden also kann man so viel entnehmen, daß die Gegensätze Prinzipien des Seienden seien; wie viele aber und welche, kann man nur von den einen entnehmen. Wie man diese jedoch auf die genannten Ursachen zurückführen könne, das ist von ihnen nicht bestimmt entwickelt, doch scheinen sie die Elemente als stoffartige Prinzipien zu setzen; denn aus ihnen als immanenten Bestandteilen bestehe, sagen sie, das Wesen (die Substanz) und sei aus ihnen gebildet.

(b) Hieraus kann man die Gedanken der Alten, welche eine Mehrheit von Elementen der Natur

σεως ἐκ τούτων ἱκανόν ἐστι θεωρῆσαι τὴν διάνοιαν· εἰσὶ δέ τινες οἳ περὶ τοῦ παντὸς ὡς ἂν μιᾶς οὔσης φύσεως ἀπεφήναντο, τρόπον δ' οὐ τὸν αὐτὸν πάντες οὔτε τοῦ καλῶς οὔτε τοῦ κατὰ τὴν φύσιν. εἰς μὲν οὖν τὴν νῦν σκέψιν τῶν αἰτίων οὐδαμῶς συναρμόττει περὶ αὐτῶν ὁ λόγος· οὐ γὰρ ὥσπερ ἔνιοι τῶν φυσιολόγων ἓν ὑποθέμενοι τὸ ὂν ὅμως γεννῶσιν ὡς ἐξ ὕλης τοῦ ἑνός, ἀλλ' ἕτερον τρόπον οὗτοι λέγουσιν· ἐκεῖνοι μὲν προστιθέασι κίνησιν, γεννῶντές γε τὸ πᾶν, οὗτοι δ' ἀκίνητον εἶναί φασιν. οὐ μὴν ἀλλὰ τοσοῦτόν γ' οἰκεῖόν ἐστι τῇ νῦν σκέψει. Παρμενίδης μὲν γὰρ ἔοικε τοῦ κατὰ τὸν λόγον ἑνὸς ἅπτεσθαι, Μέλισσος δὲ τοῦ κατὰ τὴν ὕλην· διὸ καὶ ὁ μὲν πεπερασμένον, ὁ δ' ἄπειρόν φησιν εἶναι αὐτό· Ξενοφάνης δὲ πρῶτος τούτων ἑνίσας (ὁ γὰρ Παρμενίδης τούτου λέγεται γενέσθαι μαθητής) οὐδὲν διεσαφήνισεν, οὐδὲ τῆς φύσεως τούτων οὐδετέρας ἔοικε θιγεῖν, ἀλλ' εἰς τὸν ὅλον οὐρανὸν ἀποβλέψας τὸ ἓν εἶναί φησι τὸν θεόν. οὗτοι μὲν οὖν, καθάπερ εἴπομεν, ἀφετέοι πρὸς τὴν νῦν παροῦσαν ζήτησιν, οἱ μὲν δύο καὶ πάμπαν ὡς ὄντες μικρὸν ἀγροικότεροι, Ξενοφάνης καὶ Μέλισσος· Παρμενίδης δὲ μᾶλλον βλέπων ἔοικέ που λέγειν. παρὰ γὰρ τὸ ὂν τὸ μὴ ὂν οὐδὲν ἀξιῶν εἶναι, ἐξ ἀνάγκης ἓν οἴεται εἶναι τὸ ὂν καὶ ἄλλο οὐδέν (περὶ οὗ σαφέστερον ἐν τοῖς περὶ φύσεως εἰρήκαμεν), ἀναγκαζόμενος δ' ἀκολουθεῖν τοῖς φαινομένοις, καὶ τὸ ἓν μὲν κατὰ τὸν λόγον, πλείω δὲ κατὰ τὴν αἴσθησιν ὑπολαμβάνων εἶναι, δύο τὰς αἰτίας καὶ δύο τὰς ἀρχὰς πάλιν τίθησι, θερμὸν καὶ ψυχρόν, οἷον πῦρ καὶ γῆν λέγων· τούτων δὲ κατὰ μὲν τὸ ὂν τὸ θερμὸν τάττει, θάτερον δὲ κατὰ 987a
τὸ μὴ ὄν.

11 *ἂν* om. A[b] ‖ 12 *τὴν* om. H[a] Alex. ‖ 17 *γε* om. A[b] ‖ 19 *τὸν* om. A[b] ‖ 22 *παρμενίδης ὃς τούτου* E ‖ *λεγ. γενέσθαι μαθ.* A[b], *γενέσθαι* om. E ‖ 23 *οὔτε* A[b] ‖ *τούτων* post *ἔοικε* A[b] ‖ 24 *τὸν θεόν* om. A[b], habet Alex. ‖ 26 *παροῦσαν* add. A[b] ‖ 28 *βλέπων* om. E ‖ 30 *σαφέστερον* A[b]: *σαφεστέρως* E ‖ *ἐν τοῖς περὶ φύσεως*| phys. I, 2. 3 ‖ 32 fort. *τὸ ὂν ἕν* ‖ *ὑπολαβὼν* A[b] ‖ 33 *τὰς* ante *ἀρχάς* om. A[b] ‖ 34 *τούτων μὲν κατὰ μὲν τὸ ὂν* A[b]

b 26 A[b], Ross

setzten, zur Genüge ersehen. Manche zwar erklärten sich auch über das All in dem Sinne, daß es eine einzige Natur sei, indessen auch diese nicht auf gleiche Weise, weder in Hinsicht auf Richtigkeit noch gemäß der Natur. In die gegenwärtige Untersuchung der Ursachen paßt nun zwar ihre Erwähnung keineswegs; denn sie reden vom Einen nicht in dem Sinne wie einige von den Naturphilosophen, welche zwar auch Eines zugrunde legen, aber aus dem Einen als aus dem Stoffe das Seiende entstehen lassen; denn jene fügen die Bewegung hinzu, insofern sie ja das All entstehen lassen, diese aber behaupten die Unbeweglichkeit. Indessen folgendes über sie gehört doch in die gegenwärtige Untersuchung. Parmenides nämlich scheint das begriffliche Eine aufgefaßt zu haben, Melissos das stoffartige; deswegen behauptet es jener als begrenzt, dieser als unbegrenzt, Xenophanes dagegen, der zuerst die Einheit lehrte (denn Parmenides soll sein Schüler gewesen sein), erklärte sich nicht bestimmter und scheint gar nicht die eine oder die andere Natur berührt zu haben, sondern im Hinblick auf den ganzen Himmel sagt er, das Eine sei der Gott. Diese müssen also für die gegenwärtige Untersuchung beiseite gesetzt werden, (und zwar) die beiden, Xenophanes und Melissos, durchaus, da sie zu wenig philosophische Bildung haben. Parmenides scheint mit hellerer Einsicht zu sprechen. Indem er nämlich davon ausgeht, daß das Nichtseiende neben dem Seienden überhaupt nichts sei, so meint er, daß notwendig das Seiende Eines sei und weiter nichts (worüber wir genauer in den Büchern *Über die Natur* gesprochen haben); indem er sich aber dann gezwungen sieht, den Erscheinungen nachzugeben, und so eine Einheit für den Begriff, eine Vielheit für die sinnliche Wahrnehmung annimmt, so setzt er wiederum zwei Ursachen und zwei Prinzipien, das Warme und das Kalte, wie von Feuer und Erde sprechend, und ordnet das Warme dem Seienden zu, das andere dem Nichtseienden. 987 a

ἐκ μὲν οὖν τῶν εἰρημένων καὶ παρὰ τῶν συνηδρευκότων ἤδη τῷ λόγῳ σοφῶν τοσαῦτα παρειλήφαμεν, παρὰ μὲν τῶν πρώτων σωματικήν τε τὴν ἀρχήν (ὕδωρ γὰρ καὶ πῦρ καὶ τὰ τοιαῦτα σώματά ἐστιν) καὶ τῶν μὲν μίαν τῶν δὲ πλείους τὰς ἀρχὰς τὰς σωματικάς, ἀμφοτέρων μέντοι ταύτας ὡς ἐν ὕλης εἴδει τιθέντων· παρὰ δέ τινων ταύτην τε τὴν αἰτίαν [τιθέντων] καὶ πρὸς ταύτῃ τὴν ὅθεν ἡ κίνησις, καὶ ταύτην παρὰ τῶν μὲν μίαν παρὰ τῶν δὲ δύο. μέχρι μὲν οὖν τῶν Ἰταλικῶν καὶ χωρὶς ἐκείνων μετριώτερον εἰρήκασιν οἱ ἄλλοι περὶ αὐτῶν, πλὴν ὥσπερ εἴπομεν, δυοῖν τ' αἰτίαιν τυγχάνουσι κεχρημένοι, καὶ τούτων τὴν ἑτέραν οἱ μὲν μίαν οἱ δὲ δύο ποιοῦσι, τὴν ὅθεν ἡ κίνησις· οἱ δὲ Πυθαγόρειοι δύο μὲν τὰς ἀρχὰς κατὰ τὸν αὐτὸν εἰρήκασι τρόπον, τοσοῦτον δὲ προσεπέθεσαν, ὃ καὶ ἴδιόν ἐστιν αὐτῶν, ὅτι τὸ πεπερασμένον καὶ τὸ ἄπειρον καὶ τὸ ἓν οὐχ ἑτέρας τινὰς ᾠήθησαν εἶναι φύσεις, οἷον πῦρ ἢ γῆν ἤ τι τοιοῦτον ἕτερον, ἀλλ' αὐτὸ τὸ ἄπειρον καὶ αὐτὸ τὸ ἓν οὐσίαν εἶναι τούτων ὧν κατηγοροῦνται, διὸ καὶ ἀριθμὸν εἶναι τὴν οὐσίαν ἁπάντων. περί τε τούτων οὖν τοῦτον ἀπεφήναντο τὸν τρόπον, καὶ περὶ τοῦ τί ἐστιν ἤρξαντο μὲν λέγειν καὶ ὁρίζεσθαι, λίαν δ' ἁπλῶς ἐπραγματεύθησαν. ὡρίζοντό τε γὰρ ἐπιπολαίως, καὶ ᾧ πρώτῳ ὑπάρξειεν ὁ λεχθεὶς ὅρος, τοῦτ' εἶναι τὴν οὐσίαν τοῦ πράγματος ἐνόμιζον, ὥσπερ εἴ τις οἴοιτο ταὐτὸν εἶναι διπλάσιον καὶ τὴν δυάδα, διότι πρῶτον ὑπάρχει τοῖς δυσὶ τὸ διπλάσιον. ἀλλ'

987a, 2 *συνεδρευκότων* A^b^ ‖ 3 *τοσαῦτα* A^b^: *ταῦτα* E ‖ 6 *τὰς ἀρχάς* A^b^: *ἀρχάς* E ‖ 8 *τιθέντων* seclusimus, supplendum enim est *παρειλήφαμεν* ‖ 9 *παρ' ὧν μὲν μίαν παρ' ὧν δὲ* A^b^ ‖ 10 *μετριώτερον* E: *μαλακώτερον* A^b^ et *γρ.* E, quod interpretamentum esse lectionis *μορυχώτερον* docet Alex., *μονιμώτερον* Ascl., hoc vel *μοναχώτερον* Alexandrum legisse putavit Brandis ‖ 11 *περὶ τῶν αὐτῶν* E ‖ 15 *ἐστιν αὐτῶν* A^b^: *αὐτῶν ἐστίν* E ‖ 16 *καὶ τὸ ἓν* add. A^b^, om. E, fort. recte ‖ 19 *πάντων* A^b^ ‖ 20 *οὖν* om. A^b^ ‖ *ἀπεφήναντο τοῦτον* A^b^ ‖ 22 *πρώτῳ* E: *πρώτως* A^b^ ‖ 24 *ἐνόμιζον* A^b^: *ἐνόμισαν* E ‖ 25 *δύο* A^b^ ‖ *ἀλλ'*— 27 *συνέβαινεν* primum afuisse susp. Blass Rh. M. 30, 490

a 10 *μορυχώτερον* Alex., Ross

(c) Aus dem bisher Angeführten und den Ansichten der Weisen, welche bereits mit der Untersuchung dieses Gegenstandes beschäftigt gewesen, haben wir also folgendes erhalten: Von den ersten Philosophen ein körperliches Prinzip (denn Wasser und Feuer und dergleichen sind Körper), und zwar von den einen ein einziges, von anderen mehrere körperliche Prinzipien, von beiden aber als stoffartige Prinzipien. Einige, welche dies Prinzip setzten, fügten dazu noch das, von dem die Bewegung ausgeht, und zwar dies teils als ein einziges, teils als ein zwiefaches. Bis zu den Italischen Philosophen also, diese nicht mit eingerechnet, haben die übrigen nur in beschränkter Weise hierüber gehandelt; sie haben eben nur, wie gesagt, zwei Prinzipien angewendet, von denen sie das zweite, das, von dem die Bewegung ausgeht, teils als Eines/Prinzip, teils als Zwei setzten. Die Pythagoreer haben die Prinzipien als zweifache in derselben Weise gesetzt, das aber fügten sie hinzu, was ihnen auch eigentümlich ist, daß sie das Begrenzte und das Unbegrenzte und das Eine nicht für Prädikate anderer Wesenheiten ansahen, wie etwa des Feuers, der Erde oder anderer dergleichen Dinge, sondern das Unbegrenzte selbst und das Eins selbst als Wesen dessen behaupteten, von dem es prädiziert werde; weshalb sie denn auch die Zahl für die Wesenheit aller Dinge erklärten. Hierüber also erklärten sie sich auf diese Weise, außerdem begannen sie auch auf die Frage nach dem Was zu antworten und zu definieren, aber sie betrieben den Gegenstand zu leichthin. Denn sie definierten oberflächlich und hielten dasjenige, dem der in Rede stehende Begriff zuerst zukommt, für die Wesenheit der Sache geradeso, wie wenn jemand meinte, das Doppelte und die Zweizahl seien dasselbe, weil sich in der Zweizahl zuerst das Doppelte findet.

οὐ ταὐτόν ἐστιν ἴσως τὸ εἶναι διπλασίῳ καὶ δυάδι· εἰ δὲ μή, πολλὰ τὸ ἓν ἔσται, ὃ κἀκείνοις συνέβαινεν. παρὰ μὲν οὖν τῶν πρότερον καὶ τῶν ἄλλων τοσαῦτα ἔστι λαβεῖν.

6 μετὰ δὲ τὰς εἰρημένας φιλοσοφίας ἡ Πλάτωνος ἐπεγένετο πραγματεία, τὰ μὲν πολλὰ τούτοις ἀκολουθοῦσα, τὰ δὲ καὶ ἴδια παρὰ τὴν τῶν Ἰταλικῶν ἔχουσα φιλοσοφίαν. ἐκ νέου τε γὰρ συνήθης γενόμενος πρῶτον Κρατύλῳ καὶ ταῖς Ἡρακλειτείοις δόξαις, ὡς ἁπάντων τῶν αἰσθητῶν αἰεὶ ῥεόντων καὶ ἐπιστήμης περὶ αὐτῶν οὐκ οὔσης, ταῦτα μὲν καὶ ὕστερον οὕτως ὑπέλαβεν· Σωκράτους δὲ περὶ μὲν τὰ ἠθικὰ 987b πραγματευομένου, περὶ δὲ τῆς ὅλης φύσεως οὐδέν, ἐν μέντοι τούτοις τὸ καθόλου ζητοῦντος καὶ περὶ ὁρισμῶν ἐπιστήσαντος πρώτου τὴν διάνοιαν, ἐκεῖνον ἀποδεξάμενος διὰ τὸ τοιοῦτον ὑπέλαβεν ὡς περὶ ἑτέρων τοῦτο γιγνόμενον καὶ οὐ τῶν αἰσθητῶν [τινός]· ἀδύνατον γὰρ εἶναι τὸν κοινὸν ὅρον τῶν αἰσθητῶν τινός, αἰεί γε μεταβαλλόντων. οὕτως μὲν οὖν τὰ τοιαῦτα τῶν ὄντων ἰδέας προσηγόρευσε, τὰ δ' αἰσθητὰ παρὰ ταῦτα καὶ κατὰ ταῦτα λέγεσθαι πάντα· κατὰ μέθεξιν γὰρ εἶναι τὰ πολλὰ τῶν συνωνύμων τοῖς εἴδεσιν. τὴν δὲ μέθεξιν τοὔνομα μόνον μετέβαλεν· οἱ μὲν γὰρ Πυθαγόρειοι μιμήσει τὰ ὄντα φασὶν εἶναι τῶν ἀριθμῶν, Πλάτων δὲ μεθέξει [τοὔνομα μεταβαλών]. τὴν μέντοι γε μέθεξιν ἢ τὴν μίμησιν ἥτις ἂν εἴη τῶν εἰδῶν ἀφεῖσαν ἐν κοινῷ ζητεῖν. ἔτι δὲ παρὰ τὰ αἰσθητὰ καὶ τὰ εἴδη τὰ μαθηματικὰ τῶν πραγμάτων εἶναί φησι μεταξύ, διαφέροντα τῶν μὲν αἰσθητῶν τῷ ἀΐδια καὶ ἀκί-

26 ἐστὶν ἴσως A^b: ἴσως ἐστιν E ‖ 28 ἄλλων] fort. Ἰταλικῶν ‖ 31 ἰδίαι E ‖ 32 τε om. A^b ‖ συνήθης γενόμενος A^b Alex.: συγγενόμενος E ‖ 987b, 1 οὗτος E ‖ 2 μέντοι E: δὲ A^b ‖ 5 γιγνομένων A^b ‖ οὐ περὶ τῶν A^b ‖ 6 τινός om A^b, in ceteros codd. ex sequenti versu irrepsisse videtur ‖ ὅρον A^b: λόγον E ‖ 7 οὕτως μὲν οὖν τὰ τοιαῦτα Bonitz: οὗτος οὖν τὰ μὲν τοι. E, οὕτως τὰ μὲν οὖν τοι. A^b ‖ 8 fort. ταῦτα εἶναι ‖ 10 συνωνύμων τοῖς A^b Alex. et γρ. E: συνωνύμων ὁμώνυμα τοῖς E ‖ 11 μόνον om. A^b ‖ μετέλαβεν A^b ‖ 12 τοὔνομα μεταβαλών om. A^b ‖ 13 γε om. A^b ‖ 14 ἀφῆσαν A^b

b 6 A^b, Ross

Aber darum ist es doch nicht dasselbe, Doppeltes sein oder Zweizahl sein, sonst würde ja, wie es denn auch jenen widerfuhr, das eine vieles sein. – Von den Früheren also und den übrigen kann man so viel entnehmen.

6 (a) Nach den genannten Philosophen folgte die Lehre Platons, welche sich in den meisten Punkten an diese anschloß, jedoch auch einige Eigentümlichkeiten hatte im Gegensatz zu den Italischen Philosophen. Da er nämlich von Jugend auf mit dem Kratylos und den Ansichten des Herakleitos bekannt geworden war, daß alles Sinnliche in beständigem Flusse sei, und daß es keine Wissenschaft davon gebe, so blieb er auch später bei dieser Annahme. Und da sich nun Sokrates mit den ethischen Gegenständen be- 987 b
schäftigte und gar nicht mit der gesamten Natur, in jenen aber das Allgemeine suchte und sein Nachdenken zuerst auf Definitionen richtete, brachte dies den Platon, der seine Ansichten aufnahm, zu der Annahme, daß die Definition auf etwas von dem Sinnlichen Verschiedenes gehe; denn unmöglich könne es eine allgemeine Definition von irgendeinem sinnlichen Gegenstande geben, da diese sich in beständiger Veränderung befänden. Was nun von dem Seienden solcher Art war, nannte er Ideen; das Sinnliche aber sei neben diesem und werde nach ihm benannt; denn durch Teilhabe an den Ideen existiere die Vielheit des den Ideen Gleichnamigen. Dieser Ausdruck ‚Teilhabe' ist nur ein neues Wort für eine ältere Ansicht; denn die Pythagoreer behaupten, das Seiende existiere durch Nachahmung der Zahlen, Platon, mit verändertem Namen, durch Teilhabe. Was denn aber eigentlich diese Teilhabe oder diese Nachahmung sei, das haben sie andern zu untersuchen überlassen. Ferner erklärt er, daß außer dem Sinnlichen und den Ideen die mathematischen Dinge existierten, als dazwischen liegend, unterschieden vom Sinnlichen durch ihre Ewigkeit und

νητα εἶναι, τῶν δ' εἰδῶν τῷ τὰ μὲν πόλλ' ἄττα ὅμοια εἶναι τὸ δ' εἶδος αὐτὸ ἓν ἕκαστον μόνον. ἐπεὶ δ' αἴτια τὰ εἴδη τοῖς ἄλλοις, τἀκείνων στοιχεῖα πάντων ᾠήθη τῶν ὄντων εἶναι στοιχεῖα. ὡς μὲν οὖν ὕλην τὸ μέγα καὶ τὸ μικρὸν εἶναι ἀρχάς, ὡς δ' οὐσίαν τὸ ἕν· ἐξ ἐκείνων γὰρ κατὰ μέθεξιν τοῦ ἑνὸς τὰ εἴδη εἶναι [τοὺς ἀριθμούς]. τὸ μέντοι γ' ἓν οὐσίαν εἶναι, καὶ μὴ ἕτερόν γέ τι ὂν λέγεσθαι ἕν, παραπλησίως τοῖς Πυθαγορείοις ἔλεγε, καὶ τὸ τοὺς ἀριθμοὺς αἰτίους εἶναι τοῖς ἄλλοις τῆς οὐσίας ὡσαύτως ἐκείνοις· τὸ δ' ἀντὶ τοῦ ἀπείρου ὡς ἑνὸς δυάδα ποιῆσαι καὶ τὸ ἄπειρον ἐκ μεγάλου καὶ μικροῦ, τοῦτ' ἴδιον· καὶ ὅτι ὁ μὲν τοὺς ἀριθμοὺς παρὰ τὰ αἰσθητά, οἱ δ' ἀριθμοὺς εἶναί φασιν αὐτὰ τὰ πράγματα, καὶ τὰ μαθηματικὰ μεταξὺ τούτων οὐ τιθέασιν. τὸ μὲν οὖν τὸ ἓν καὶ τοὺς ἀριθμοὺς παρὰ τὰ πράγματα ποιῆσαι, καὶ μὴ ὥσπερ οἱ Πυθαγόρειοι, καὶ ἡ τῶν εἰδῶν εἰσαγωγὴ διὰ τὴν ἐν τοῖς λόγοις ἐγένετο σκέψιν (οἱ γὰρ πρότεροι διαλεκτικῆς οὐ μετεῖχον), τὸ δὲ δυάδα ποιῆσαι τὴν ἑτέραν φύσιν διὰ τὸ τοὺς ἀριθμούς, ἔξω τῶν πρώτων, εὐφυῶς ἐξ αὐτῆς γεννᾶσθαι, ὥσπερ ἔκ τινος ἐκμαγείου. καίτοι συμβαίνει γ' ἐναντίως· οὐ γὰρ εὔλογον οὕτως. οἱ μὲν γὰρ ἐκ τῆς ὕλης πολλὰ ποιοῦσιν, τὸ δ' εἶδος ἅπαξ γεννᾷ μόνον, φαίνεται δ' ἐκ μιᾶς ὕλης μία τράπεζα, ὁ δὲ τὸ εἶδος ἐπιφέρων εἷς ὢν πολλὰς ποιεῖ. ὁμοίως δ' ἔχει καὶ τὸ ἄρρεν πρὸς τὸ θῆλυ· τὸ μὲν γὰρ ὑπὸ μιᾶς πληροῦται ὀχείας, τὸ δ' ἄρρεν πολλὰ πληροῖ· καίτοι ταῦτα μιμήματα τῶν ἀρχῶν ἐκείνων ἐστίν. Πλάτων

17 πολλὰ τὰ ὅμοια A^b ‖ 19 ἁπάντων A^b ‖ τῶν ὄντων ᾠήθη A^b ‖ 22 τὰ εἴδη εἶναι τοὺς ἀριθμούς codd. et Alex.: τὰ εἴδη secl. Zeller, καὶ τοὺς ἀρ. Ascl., τοὺς deleri iussit Schwegler, καὶ τοὺς ἀριθμοὺς transponendum esse post τὸ ἕν (21) censet Jackson ‖ 23 γε add. A^b ‖ ὂν] τὸ ὂν E, τὸ ἓν Ascl. ‖ ἓν A^b Alex.: εἶναι E ‖ 24 τοῖς ἄλλοις] γρ. τῆς ὕλης οὐσίας E ‖ 26 καὶ τὸ A^b: τὸ δ' E Alex. ‖ 27 ὅτι A^b: ἔτι E Alex. ‖ 29 τὸν ἀριθμὸν A^b ‖ 988 a, 2 οὕτω E ‖ οἱ A^b Alex.: νῦν E ‖ 5 τὸ μὲν γὰρ E Bonitz: τὸ μὲν γὰρ θῆλυ A^b Bekker, hiatum vitandum duxi

b 22 [τὰ εἴδη] εἶναι τοὺς ἀριθμούς: Zeller, Ross 27 E Alex., Ross

Unbeweglichkeit, von den Ideen dadurch, daß es der mathematischen Dinge viel gleichartige gibt, während die Idee selbst nur je eine ist. (b) Da nun die Ideen für das übrige Ursachen sind, so glaubte er, daß die Elemente der Ideen Elemente aller Dinge seien. Als Stoff nun seien das Große und das Kleine Prinzipien, als Wesen das Eine. Denn aus jenem entständen durch Teilhabe am Einen die Ideen, die Zahlen. Daß er das Eine selbst als Wesen erklärt und nicht als Prädikat eines davon verschiedenen Dinges, darin stimmt er mit den Pythagoreern überein, und ebenso setzt er gleich diesen die Zahlen als Ursache der Wesen für alles übrige; eigentümlich aber ist ihm, daß er anstatt des Unbegrenzten als eines einzigen (Prinzips) eine Zweiheit setzt und das Unbegrenzte aus dem Großen und Kleinen bestehen läßt, und ferner die Zahlen getrennt neben dem Sinnlichen annimmt, während jene behaupten, die Zahlen seien die Dinge selbst, und das Mathematische nicht zwischen den Ideen und dem Sinnlichen setzen. Daß er nun das Eine und die Zahlen neben die Dinge setzte (als von diesen getrennt), und nicht wie die Pythagoreer, und die Einführung der Ideen war begründet in dem fragenden Denken in Begriffen; denn die Früheren hatten noch keinen Anteil an der Dialektik. Zur Zweiheit aber machte er das andere Prinzip darum, weil sich die Zahlen mit Ausnahme der ersten leicht aus dieser erzeugen ließen, wie aus einem bildsamen Stoffe. Und doch findet das Gegenteil statt, denn so, wie sie sagen, ist es gar 988 a
nicht mit Grund anzunehmen. Sie lassen nämlich aus demselben Stoffe vieles hervorgehen, während die Form nur einmal erzeugt; dagegen sieht man ja, wie aus einem Stoff (z. B.) nur ein Tisch wird, während der, der die Form dazu bringt, als ein einzelner, viele Dinge hervorbringt. Ähnlich verhält sich auch das Männliche zu dem Weiblichen; das Weibliche ist durch eine Begattung befruchtet, das Männliche aber befruchtet vieles. Und dies sind doch Nachbilder von jenen Prinzipien. (c) So also erklärte sich Platon über

μὲν οὖν περὶ τῶν ζητουμένων οὕτω διώρισεν· φανερὸν δ' ἐκ τῶν εἰρημένων ὅτι δυοῖν αἰτίαιν μόνον κέχρηται, τῇ τε τοῦ τί ἐστι καὶ τῇ κατὰ τὴν ὕλην (τὰ γὰρ εἴδη τοῦ τί ἐστιν αἴτια τοῖς ἄλλοις, τοῖς δ' εἴδεσι τὸ ἕν), καὶ τίς ἡ ὕλη ἡ ὑποκειμένη, καθ' ἧς τὰ εἴδη μὲν ἐπὶ τῶν αἰσθητῶν τὸ δ' ἓν ἐν τοῖς εἴδεσι λέγεται, ὅτι αὕτη δυάς ἐστι, τὸ μέγα καὶ τὸ μικρόν. ἔτι δὲ τὴν τοῦ εὖ καὶ τοῦ κακῶς αἰτίαν τοῖς στοιχείοις ἀπέδωκεν ἑκατέροις ἑκατέραν, ὥσπερ φαμὲν καὶ τῶν προτέρων ἐπιζητῆσαί τινας φιλοσόφων, οἷον Ἐμπεδοκλέα καὶ Ἀναξαγόραν.

7 συντόμως μὲν οὖν καὶ κεφαλαιωδῶς ἐπεληλύθαμεν τίνες τε καὶ πῶς τυγχάνουσιν εἰρηκότες περί τε τῶν ἀρχῶν καὶ τῆς ἀληθείας· ὅμως δὲ τοσοῦτόν γ' ἔχομεν ἐξ αὐτῶν, ὅτι τῶν λεγόντων περὶ ἀρχῆς καὶ αἰτίας οὐδεὶς ἔξω τῶν ἐν τοῖς περὶ φύσεως ἡμῖν διωρισμένων εἴρηκεν, ἀλλὰ πάντες ἀμυδρῶς μὲν ἐκείνων δέ πως φαίνονται θιγγάνοντες. οἱ μὲν γὰρ ὡς ὕλην τὴν ἀρχὴν λέγουσιν, ἄν τε μίαν ἄν τε πλείους ὑποθῶσι, καὶ ἐάν τε σῶμα ἐάν τε ἀσώματον τοῦτο τιθῶσιν, οἷον Πλάτων μὲν τὸ μέγα καὶ τὸ μικρὸν λέγων, οἱ δ' Ἰταλικοὶ τὸ ἄπειρον, Ἐμπεδοκλῆς δὲ πῦρ καὶ γῆν καὶ ὕδωρ καὶ ἀέρα, Ἀναξαγόρας δὲ τὴν τῶν ὁμοιομερῶν ἀπειρίαν. οὗτοί τε δὴ πάντες τῆς τοιαύτης αἰτίας ἡμμένοι εἰσί, καὶ ἔτι ὅσοι ἀέρα ἢ πῦρ ἢ ὕδωρ ἢ πυρὸς μὲν πυκνότερον ἀέρος δὲ λεπτότερον· καὶ γάρ τοιοῦτόν τινες εἰρήκασιν εἶναι τὸ πρῶτον στοιχεῖον. οὗτοι μὲν οὖν ταύτης τῆς αἰτίας ἥψαντο μόνον· ἕτεροι δέ τινες ὅθεν ἡ ἀρχὴ τῆς κινήσεως, οἷον ὅσοι φιλίαν καὶ νεῖκος ἢ νοῦν ἢ ἔρωτα ποιοῦσιν ἀρχήν. τὸ δὲ τί ἦν εἶναι

8 *διώριζε* A^b ‖ 9 *μόνον κέχρηται* A^b: *ἐστὶ μόνον κεχρημένος* E ‖ 11 *τοῖς δ' εἰδόσι τὸ ἓν καὶ τῇ ὕλῃ* in aliquot libris scribi refert Alex. ‖ 12 *τὰ εἴδη μὲν ἐπὶ* A^b et *γρ.* Alex.: *τὰ εἴδη τὰ μὲν ἐπὶ* E Alex. ‖ *δὲ ἓν ἐν* A^b E: *δὲ ἐπὶ* Alex. ‖ 13 *ὅτι* — 14 *μικρόν* om. A^b, habet Alex. ‖ 14 *καλῶς* A^b m. pr. ‖ 15 *ὥσπερ* A^b Alex.: *ὅπερ μᾶλλον* E ‖ 16 *φιλοσόφων* A^b Alex.: *φιλοσόφους* E ‖ 25 *ἀσώματον τοῦτο* A^b: *ἀσωμάτους* E, *ἀσώματον* vulgo ‖ 34

das, was zur Untersuchung steht; offenbar hat er nach dem Gesagten nur zwei Ursachen angewendet, nämlich die des Was und die stoffartige; denn die Ideen sind für das übrige, für die Ideen selbst aber das Eine Ursache des Was. Und hinsichtlich der zugrunde liegenden Materie, von welcher bei den übrigen Dingen die Ideen, bei den Ideen selbst das Eine ausgesagt wird, erklärte er, daß sie eine Zweiheit ist, nämlich das Große und das Kleine. Ferner schrieb er auch den beiden Elementen, dem einen die Erzeugung des Guten, dem andern des Bösen zu, was, wie wir erwähnt, auch schon einige der früheren Philosophen getan hatten, z. B. Empedokles und Anaxagoras.

7 Kurz und zusammenfassend sind wir hiermit durchgegangen, wer von den Prinzipien und der Wahrheit gehandelt hat, und in welcher Weise; soviel jedoch können wir daraus entnehmen, daß von allen, die über Prinzip und Ursache handeln, keiner ein anderes Prinzip außer den in den Büchern *Über die Natur* von uns bestimmten genannt hat, sondern offenbar alle, freilich dunkel, nur jene irgendwie berühren. (a) Denn die einen meinen das Prinzip als Stoff, mögen sie es nun als eines oder als mehrere annehmen und als einen Körper oder als etwas Unkörperliches setzen, wie z. B. Platon das Große und das Kleine, die Italische Schule das Unendliche, Empedokles Feuer, Erde, Wasser und Luft, Anaxagoras die unendliche Zahl des Gleichteiligen. Alle diese also haben sich mit einer solchen Ursache befaßt, und ferner ebenso alle, welche die Luft oder das Feuer oder das Wasser oder etwas, das dichter als Feuer und dünner als Luft sei, zum Prinzip machen; denn auch auf solche Weise haben einige das erste Element bestimmt. (b) Diese also haben nur diese (eine) Ursache aufgefaßt; andere haben dazu das hinzugefügt, wovon der Ursprung der Bewegung ausgeht, z. B. alle, welche Freundschaft und Streit oder Vernunft oder Eros zum Prinzip machen. (c) Das Sosein und das

καὶ τὴν οὐσίαν σαφῶς μὲν οὐδεὶς ἀποδέδωκε, μάλιστα δ' οἱ τὰ εἴδη τιθέντες λέγουσιν· οὔτε γὰρ ὡς ὕλην τοῖς αἰσθητοῖς τὰ εἴδη καὶ τὸ ἓν τοῖς εἴδεσιν, οὔθ' ὡς ἐντεῦθεν τὴν ἀρχὴν τῆς κινήσεως γιγνομένην ὑπολαμβάνουσιν (ἀκινησίας γὰρ αἴτια μᾶλλον καὶ τοῦ ἐν ἠρεμίᾳ εἶναί φασιν), ἀλλὰ τὸ τί ἦν εἶναι ἑκάστῳ τῶν ἄλλων τὰ εἴδη παρέχονται, τοῖς δ' εἴδεσι τὸ ἕν. τὸ δ' οὗ ἕνεκα αἱ πράξεις καὶ αἱ μεταβολαὶ καὶ αἱ κινήσεις, τρόπον μέν τινα λέγουσιν αἴτιον, οὕτω δ' οὐ λέγουσιν, οὐδ' ὅνπερ πέφυκεν. οἱ μὲν γὰρ νοῦν λέγοντες ἢ φιλίαν ὡς ἀγαθὸν μέν τι ταύτας τὰς αἰτίας τιθέασιν, οὐ μὴν ὡς ἕνεκά γε τούτων ἢ ὂν ἢ γιγνόμενόν τι τῶν ὄντων, ἀλλ' ὡς ἀπὸ τούτων τὰς κινήσεις οὔσας λέγουσιν. ὡς δ' αὕτως καὶ οἱ τὸ ἓν ἢ τὸ ὂν φάσκοντες εἶναι τὴν τοιαύτην φύσιν, τῆς μὲν οὐσίας αἴτιόν φασιν εἶναι, οὐ μὴν τούτου γ' ἕνεκα ἢ εἶναι ἢ γίγνεσθαι. ὥστε λέγειν τε καὶ μὴ λέγειν πως συμβαίνει αὐτοῖς τἀγαθὸν αἴτιον· οὐ γὰρ ἁπλῶς ἀλλὰ κατὰ συμβεβηκὸς λέγουσιν. ὅτι μὲν οὖν ὀρθῶς διώρισται περὶ τῶν αἰτίων, καὶ πόσα καὶ ποῖα, μαρτυρεῖν ἐοίκασιν ἡμῖν καὶ οὗτοι πάντες, οὐ δυνάμενοι θιγεῖν ἄλλης αἰτίας. πρὸς δὲ τούτοις, ὅτι ζητητέαι αἱ ἀρχαὶ ἢ οὕτως ἅπασαι ἢ τινὰ τρόπον τούτων, δῆλον. πῶς δὲ τούτων ἕκαστος εἴρηκε, καὶ πῶς ἔχει περὶ τῶν ἀρχῶν, τὰς ἐνδεχομένας ἀπορίας μετὰ τοῦτο διέλθωμεν περὶ αὐτῶν.

ἢ νοῦν A^b: καὶ νοῦν E ‖ 35 ἀποδέδωκε A^{b}E Bonitz: ἀπέδωκε Bekker ‖ 988b, 1 εἴδη καὶ τὰ ἐν τοῖς εἴδεσι τιθ. A^b ‖ ὕλη A^b‖ 2 τὸ ἓν coni. Bonitz: τὰ ἐν A^{b}E Alex. ‖ οὐδ' A^b ‖ 3 αἴτια E: αἰτίαν A^b, αἰτίαι Alex. ‖ 8 πέφυκε τρόπον. οἱ E ‖ ἢ] καὶ A^b ‖ 9 τι om. A^b ‖ μὴν] τὴν A^b ‖ 11 οὔσας A^b: εἶναι τούτων E ‖ 12 τὸ ἓν ἢ τὸ ὂν E Alex.: τὸ ὂν ἢ τὸ ἓν A^b ‖ 13 τῆς μὲν οὐσίας A^b: τῆς οὐσίας μὲν E ‖ ἢ ante εἶναι om. A^b ‖ 15 οὐ γὰρ — 16 λέγουσιν om. A^b, habet Alex. ‖ 20 — 993a, 24 εἴρηκεν, sive capp. 8 et 9 et 10, quorum noni prior pars paene ad verbum cum *M* 4 et 5 conspirat, primum ab hoc libro afuisse existimo, ab ipso autem Aristotele postea eo consilio adiecta, ut libris *M N* abiectis hoc opus libro *Λ* finiretur; fuisse inter veteres grammaticos qui hanc partem libri atque adeo totum librum damnarent apparet ex Alexandro et Syriano ad *B* p. 997b, 3

Wesen hat keiner bestimmt angegeben, am meisten sprechen noch davon die, welche die Ideen annehmen; denn weder 988 b als Stoff setzen sie für das Sinnliche die Ideen und für die Ideen das Eine voraus, noch nehmen sie an, daß davon die Bewegung ausgehe (denn sie erklären es vielmehr für die Ursache der Bewegungslosigkeit und der Ruhe), sondern die Ideen verursachen das Sosein für jedes von den übrigen Dingen, und für die Ideen selbst das Eine. (d) Den Zweck aber, um deswillen die Handlungen und Veränderungen und Bewegungen geschehen, führen sie in gewisser Weise als Ursache an, doch nicht in dieser Weise und nicht, wie es der Natur der Sache angemessen ist. Diejenigen nämlich, welche die Vernunft oder die Freundschaft annehmen, setzen zwar diese Ursachen als etwas Gutes, aber doch nicht in dem Sinne, daß um ihretwillen etwas von den seienden Dingen sei oder werde, sondern so, daß sie von ihnen die Bewegungen ausgehen lassen. Ebenso sagen zwar die, welche das Eine oder das Seiende für eine solche Natur erklären, daß dieses Ursache des Wesens (der Substanz) sei, aber doch nicht, daß um seinetwillen etwas sei oder werde. So ergibt sich denn, daß sie das Gute als Ursache gewissermaßen aufstellen und auch nicht aufstellen; denn sie machen es nicht schlechthin, sondern in akzidentellem Sinne zur Ursache.

Daß wir also die Zahl und die Art der Ursachen richtig bestimmt haben, dafür scheinen auch diese alle Zeugnis zu geben, da sie keine andere Ursache berühren konnten. Außerdem leuchtet auch ein, daß die Prinzipien so entweder alle oder eine Art derselben zu erforschen sind. Welche möglichen Probleme (Aporien) sich aber gegen die Lehre eines jeden und seine Ansicht über die Prinzipien ergeben, das wollen wir nachher durchgehen.

8 ὅσοι μὲν οὖν ἕν τε τὸ πᾶν καὶ μίαν τινὰ φύσιν ὡς ὕλην τιθέασι, καὶ ταύτην σωματικὴν καὶ μέγεθος ἔχουσαν, δῆλον ὅτι πολλαχῶς ἁμαρτάνουσιν. τῶν γὰρ σωμάτων τὰ στοιχεῖα τιθέασι μόνον, τῶν δ' ἀσωμάτων οὔ, ὄντων καὶ ἀσωμάτων. καὶ περὶ γενέσεως καὶ φθορᾶς ἐπιχειροῦντες τὰς αἰτίας λέγειν, καὶ περὶ πάντων φυσιολογοῦντες, τὸ τῆς κινήσεως αἴτιον ἀναιροῦσιν. ἔτι δὲ τὸ τὴν οὐσίαν μηδενὸς αἰτίαν τιθέναι, μηδὲ τὸ τί ἐστιν. καὶ πρὸς τούτοις τὸ ῥᾳδίως τῶν ἁπλῶν σωμάτων λέγειν ἀρχὴν ὁτιοῦν πλὴν γῆς, οὐκ ἐπισκεψάμενοι τὴν ἐξ ἀλλήλων γένεσιν πῶς ποιοῦνται [λέγω δὲ πῦρ καὶ ὕδωρ καὶ γῆν καὶ ἀέρα]. τὰ μὲν γὰρ συγκρίσει, τὰ δὲ διακρίσει ἐξ ἀλλήλων γίγνεται, τοῦτο δὲ πρὸς τὸ πρότερον εἶναι καὶ ὕστερον διαφέρει πλεῖστον. τῇ μὲν γὰρ ἂν δόξειε στοιχειωδέστατον εἶναι πάντων ἐξ οὗ γίγνονται συγκρίσει πρώτου, τοιοῦτον δὲ τὸ μικρομερέστατον καὶ λεπτότατον ἂν εἴη τῶν σωμάτων. διόπερ ὅσοι πῦρ ἀρχὴν τιθέασι, μάλιστα ὁμολογουμένως ἂν τῷ λόγῳ τούτῳ λέγοιεν. τοιοῦτον δὲ καὶ τῶν ἄλλων ἕκαστος ὁμολογεῖ τὸ στοιχεῖον εἶναι τὸ τῶν σωμάτων. οὐδεὶς γοῦν τῶν ὕστερον ἠξίωσε καὶ ἓν λεγόντων γῆν εἶναι στοιχεῖον, δηλονότι διὰ τὴν μεγαλομέρειαν. τῶν δὲ τριῶν ἕκαστον στοιχείων εἴληφε κριτήν τινα· οἱ μὲν γὰρ πῦρ, οἱ δ' ὕδωρ, οἱ δ' ἀέρα τοῦτ' εἶναί φασιν. καίτοι διὰ τί ποτ' οὐ καὶ τὴν γῆν λέγουσιν, ὥσπερ οἱ πολλοὶ τῶν ἀνθρώπων; πάντα γὰρ εἶναί φασι γῆν. φησὶ δὲ καὶ Ἡσίοδος τὴν γῆν πρώτην γενέσθαι τῶν σωμάτων· οὕτως ἀρχαίαν καὶ δημοτικὴν

21 *περὶ αὐτῶν* suspectum ‖ 22 *μίαν εἶναί τινα* E ‖ 25 *ὄντων καὶ ἀσωμάτων* om. A[b], habet Alex. ‖ 26 *καὶ φθορᾶς* Alex. non legisse arbitratur Bonitz ‖ 27 *ἁπάντων* A[b] ‖ 28 *ἀναιροῦσι*] *παρέλιπον* fort. Alex. ‖ 31 *λέγω δὲ — ἀέρα* disserendi ordinem interrumpunt ‖ 32 *γῆν καὶ ὕδωρ* A[b] ‖ 34 *τῇ* A[b], *πῇ* E ‖ 989a, 1 *τοιοῦτο* E ‖ 4 *ἕκαστον ὁμολογεῖτο στ.* A[b] ‖ *τὸ* ante *τῶν* om. A[b] ‖ 5 *τῶν ὕστερον ἠξίωσε καὶ* E: *ἠξίωσε τῶν* A[b] ‖ 7 *ἕκαστον στοιχείων* A[b]E: *στοιχείων ἕκαστον* vulgo ‖ *κριτήν τινα* E: *τινα κριτήν* A[b], unde *τινα* eiciendum conicias, ut quod desit de an. I p. 405b, 8 ‖ 8 *οὐ καὶ* E: *οὐδὲ* A[b] ‖ 11 *γενέσθαι* E: *γεγενῆσθαι* A[b]

8 (a) Alle nun, welche das All als Eines und eine Natur
als Stoff setzen, und zwar eine körperliche, ausgedehnte,
fehlen offenbar in mehr als einer Beziehung. Denn nur für
die Körper setzen sie diese Elemente, nicht für das Unkör-
perliche, obgleich es doch auch Unkörperliches gibt. Und
während sie die Ursachen des Entstehens und Vergehens
anzugeben versuchen und über die Natur aller Dinge Unter-
suchung anstellen, heben sie doch die Ursache der Bewegung
auf. Ferner ist es ein Fehler, daß sie das Wesen und das
Was von keinem Ding als Ursache setzen. Wenn sie überdies
so leichthin jeden von den einfachen Körpern für Prinzip
erklären mit Ausnahme der Erde, so tun sie dies, weil sie die
gegenseitige Entstehung derselben auseinander nicht ihrer
Art nach untersucht haben. Ich meine Feuer, Wasser, Erde
und Luft; denn einiges von diesen entsteht durch Verbin-
dung, anderes durch Trennung auseinander. Dies ist aber für
die Entscheidung über das Früher und Später von der größ-
ten Wichtigkeit; denn in der einen Rücksicht würde derjeni-
ge Körper als der elementarste gelten, aus welchem als er-
stem die übrigen durch Verbindung entstehen, der Art wür- 989 a
de aber der kleinteiligste und feinste Körper sein. Darum
würden alle, welche das Feuer als Prinzip setzen, am mei-
sten mit dieser Betrachtungsweise übereinstimmen. Und auch
jeder der übrigen stimmt dem Gedanken bei, daß das Ele-
ment der Körper von dieser Beschaffenheit sein müsse; we-
nigstens hat keiner von den Späteren, welche ein Prinzip be-
haupten, die Erde für das Element erklärt, offenbar wegen
ihr Großteiligkeit. Von den übrigen drei Elementen hat je-
des seinen Verteidiger gefunden, denn die einen erklären
das Feuer, die andern das Wasser, die dritten die Luft für
das Prinzip. Und doch, warum nennen sie denn nicht auch
die Erde, nach der Ansicht der meisten Menschen, die ja al-
les für Erde erklären? So sagt ja auch Hesiodos, die Erde sei
zuerst unter den Körpern entstanden, so alt und volkstümlich

συμβέβηκεν εἶναι τὴν ὑπόληψιν. κατὰ μὲν οὖν τοῦτον τὸν λόγον οὔτ' εἴ τις τούτων τι λέγει πλὴν πυρός, οὔτ' εἴ τις ἀέρος μὲν πυκνότερον τοῦτο τίθησιν ὕδατος δὲ λεπτότερον, οὐκ ὀρθῶς ἂν λέγοι. εἰ δ' ἔστι τὸ τῇ γενέσει ὕστερον τῇ φύσει πρότερον, τὸ δὲ πεπεμμένον καὶ συγκεκριμένον ὕστερον τῇ γενέσει, τοὐναντίον ἂν εἴη τούτων, ὕδωρ μὲν ἀέρος πρότερον, γῆ δὲ ὕδατος.

περὶ μὲν οὖν τῶν μίαν τιθεμένων αἰτίαν οἵαν εἴπομεν, ἔστω ταῦτ' εἰρημένα· τὸ δ' αὐτὸ κἂν εἴ τις ταῦτα πλείω τίθησιν, οἷον Ἐμπεδοκλῆς τέτταρά φησιν εἶναι σώματα τὴν ὕλην. καὶ γὰρ τούτῳ τὰ μὲν ταὐτὰ τὰ δ' ἴδια συμβαίνειν ἀνάγκη. γιγνόμενά τε γὰρ ἐξ ἀλλήλων ὁρῶμεν ὡς οὐκ αἰεὶ διαμένοντος πυρὸς καὶ γῆς τοῦ αὐτοῦ σώματος (εἴρηται δ' ἐν τοῖς περὶ φύσεως περὶ αὐτῶν), καὶ περὶ τῆς τῶν κινούντων αἰτίας, πότερον ἓν ἢ δύο θετέον, οὔτ' ὀρθῶς οὔτ' εὐλόγως οἰητέον εἰρῆσθαι παντελῶς. ὅλως τ' ἀλλοίωσιν ἀναιρεῖσθαι ἀνάγκη τοῖς οὕτω λέγουσιν· οὐ γὰρ ἐκ θερμοῦ ψυχρὸν οὐδ' ἐκ ψυχροῦ θερμὸν ἔσται. τί γὰρ ἂν αὐτὰ πάσχοι τἀναντία, καὶ τίς ἂν εἴη μία φύσις ἡ γιγνομένη πῦρ καὶ ὕδωρ, ὃ ἐκεῖνος οὔ φησιν. Ἀναξαγόραν δ' εἴ τις ὑπολάβοι δύο λέγειν στοιχεῖα, μάλιστ' ἂν ὑπολάβοι κατὰ λόγον, ὃν ἐκεῖνος αὐτὸς μὲν οὐ διήρθρωσεν, ἠκολούθησε μέντ' ἂν ἐξ ἀνάγκης τοῖς ἐπάγουσιν αὐτόν. ἀτόπου γὰρ ὄντος καὶ ἄλλως τοῦ φάσκειν μεμῖχθαι τὴν ἀρχὴν πάντα καὶ διὰ
989b τὸ συμβαίνειν ἄμικτα δεῖν προϋπάρχειν, καὶ διὰ τὸ μὴ πεφυκέναι τῷ τυχόντι μίγνυσθαι τὸ τυχόν, πρὸς δὲ τούτοις ὅτι τὰ πάθη καὶ τὰ συμβεβηκότα χωρίζοιτ' ἂν τῶν οὐσιῶν

12 *συμβέβηκεν εἶναι* E: *εἶχε* A^b ‖ 13 *τι* post *λέγει* A^b ‖ 16 *πρότερον τῇ φύσει ὕστερον* A^b ‖ 20 *καὶ εἰ* Alex. ‖ 24 *ἐν τοῖς περὶ φύσεως*] de caelo III 7 et de gener. II 6 ‖ 25 *κινούντων* E: *κινουμένων* A^b vulgo ‖ *θετέον, ὃ οὔτ'* A^b ‖ *εὐλόγως* A^b et *γρ.* E: *ἀλόγως* E et *γρ.* Alex. ‖ *ὅλως* — 30 *φησιν* om. A^b neque interpretatur Alex., habet E, damnat Blass Rh. M. 30, 490 ‖ 28 *αὐτὰ ἂν* E ‖ 29 *εἴη ἂν* E ‖ 32 *οὐ*] *οὐ σαφῶς* A^b ‖ 33 *ἐπάγουσιν* A^b: *λέγουσιν* E

a25 A^b vulgo, Ross

ist diese Annahme. Nach jenem Gesichtspunkte nun also
würde niemand recht haben, der etwas anderes als das Feuer
zum Prinzip macht, auch nicht, wenn er etwas setzt, das
dichter als die Luft und dünner als das Wasser sei. Ist dage-
gen das im Verlauf der Entstehung Spätere der Natur nach
früher, und ist das Verarbeitete und Verbundene später im
Verlauf des Werdens, so müßte das Gegenteil hiervon statt-
finden, das Wasser müßte früher sein als die Luft, die Erde
früher als das Wasser.

(b) Soviel mag genügen über die, welche eine Ursache der
bezeichneten Art setzen. Dasselbe gilt aber auch, wenn je-
mand mehrere stoffliche Prinzipien setzt, wie etwa Empe-
dokles, welcher die vier Elemente für den Stoff erklärt.
Denn auch für diesen müssen sich notwendig teils dieselben,
teils andere eigentümliche Folgerungen ergeben. Denn ein-
mal sehen wir, daß diese auseinander entstehen, so daß also
Feuer und Erde nicht immer als derselbe Körper bestehen
bleiben, worüber wir in den Büchern *Über die Natur* gespro-
chen haben; dann, was die Ursache des Bewegten betrifft,
so muß man meinen, daß er sich darüber, ob man ein oder
zwei Ursachen hiervon setzen muß, weder richtig noch be-
gründet ausgesprochen hat. Überhaupt hebt eine solche An-
sicht notwendig die Qualitätsveränderung auf; denn es wird
nicht etwas aus warm kalt, noch aus kalt warm werden.
Sonst müßte ja etwas diese entgegengesetzten Affektionen
erfahren, und es müßte eine einzige Natur geben, welche
Wasser und Feuer würde, was jener nicht meint. Wenn man
von Anaxagoras annähme, daß er zwei Elemente setzte, so
wäre dies am sinnvollsten; zwar hat er selbst diese nicht ent-
wickelt, aber es würde doch notwendig folgen, wenn man
ihn leitete. Zwar ist es auch sonst schon unstatthaft zu sagen,
alles sei am Anfang gemischt gewesen, einmal weil sich dar-
aus ergibt, daß es vorher müßte ungemischt vorhanden gewe- 989 b
sen sein, dann weil der Natur nach nicht jegliches mit jegli-
chem sich aufs Geratewohl mischen läßt, und ferner weil die
Affektionen und Akzidenzien von den Wesen getrennt würden

(τῶν γὰρ αὐτῶν μῖξίς ἐστι καὶ χωρισμός), ὅμως εἴ τις ἀκολουθήσειε συνδιαρθρῶν ἃ βούλεται λέγειν, ἴσως ἂν φανείη καινοπρεπεστέρως λέγων. ὅτε γὰρ οὐδὲν ἦν ἀποκεκριμένον, δῆλον ὡς οὐδὲν ἦν ἀληθὲς εἰπεῖν κατὰ τῆς οὐσίας ἐκείνης, λέγω δ' οἷον ὅτι οὔτε λευκὸν οὔτε μέλαν ἢ φαιὸν [ἢ ἄλλο χρῶμα], ἀλλ' ἄχρων ἦν ἐξ ἀνάγκης· εἶχε γὰρ ἄν τι τούτων τῶν χρωμάτων· ὁμοίως δὲ καὶ ἄχυμον τῷ αὐτῷ λόγῳ τούτῳ, οὐδ' ἄλλο τι τῶν ὁμοίων οὐδέν· οὔτε γὰρ ποιόν τι οἷόν τ' αὐτὸ εἶναι οὔτε ποσὸν οὔτε τί· τῶν γὰρ ἐν μέρει τι λεγομένων εἰδῶν ὑπῆρχεν ἂν αὐτῷ, τοῦτο δ' ἀδύνατον μεμιγμένων γε πάντων· ἤδη γὰρ ἂν ἀπεκέκριτο, φησὶ δ' εἶναι μεμιγμένα πάντα πλὴν τοῦ νοῦ, τοῦτον δ' ἀμιγῆ μόνον καὶ καθαρόν. ἐκ δὴ τούτων συμβαίνει λέγειν αὐτῷ τὰς ἀρχὰς τό τε ἕν (τοῦτο γὰρ ἁπλοῦν καὶ ἀμιγές) καὶ θάτερον, οἷον τίθεμεν τὸ ἀόριστον πρὶν ὁρισθῆναι καὶ μετασχεῖν εἴδους τινός. ὥστε λέγει μὲν οὔτ' ὀρθῶς οὔτε σαφῶς, βούλεται μέντοι τι παραπλήσιον τοῖς τε ὕστερον λέγουσι καὶ τοῖς φαινομένοις μᾶλλον.

ἀλλὰ γὰρ οὗτοι μὲν τοῖς περὶ γένεσιν λόγοις καὶ φθορὰν καὶ κίνησιν οἰκεῖοι τυγχάνουσι μόνον· σχεδὸν γὰρ περὶ τῆς τοιαύτης οὐσίας καὶ τὰς ἀρχὰς καὶ τὰς αἰτίας ζητοῦσι μόνης. ὅσοι δὲ περὶ μὲν ἁπάντων τῶν ὄντων ποιοῦνται τὴν θεωρίαν, τῶν δ' ὄντων τὰ μὲν αἰσθητὰ τὰ δ' οὐκ αἰσθητὰ τιθέασι, δῆλον ὡς περὶ ἀμφοτέρων τῶν γενῶν ποιοῦνται τὴν ἐπίσκεψιν· διὸ μᾶλλον ἄν τις ἐνδιατρίψειε περὶ αὐτῶν, τί καλῶς ἢ μὴ καλῶς λέγουσιν εἰς τὴν τῶν νῦν ἡμῖν προκειμένων σκέψιν. οἱ μὲν οὖν καλούμενοι Πυθαγόρειοι ταῖς μὲν

989 b, 8 οἷον add. A[b] ‖ ἢ ἄλλο χρῶμα om. A[b] ‖ 9 ἄχρων E: ἀχρώματον A[b] ‖ ἦν om. A[b] ‖ τῶν χρωμάτων τούτων A[b] ‖ 10 ἄχυμον καὶ τῷ A[b], καὶ om. E Bonitz ‖ 11 τι om. E ‖ οὔτε — 12 τί damnat Blass Rh. M. 30, 490 ‖ 17 θάτερον, καθάπερ ὄν, οἷον E ‖ 19 λέγει A[b]: λέγειν Alex., λέγεται E vulgo ‖ 20 τοῖς φαινομένοις Alex. Brandis: τοῖς νῦν φαινομένοις A[b]E Bekker ‖ 24 μόνον E vulgo ‖ ποιοῦνται A[b]E: ποιοῦσι Ald.

(denn wovon es Mischung gibt, davon ebenso auch Trennung); indessen, wenn man seiner Ansicht nachgeht und das, was er sagen will, entwickelt, so würde sich zeigen, daß seine Lehre sich neuartiger ausdrückt (den Späteren näher steht). Denn als noch nichts bestimmt ausgeschieden war, konnte man offenbar nichts in Wahrheit von jenem Wesen aussagen. Ich meine z. B., es war weder weiß noch schwarz noch grau noch von anderer Farbe, sondern notwendig farblos; denn sonst würde es ja schon eine einzelne Farbe gehabt haben. In gleicher Weise hatte es auch keinen Geschmack und aus demselben Grunde auch sonst nichts der Art. Es konnte überhaupt weder eine Qualität noch eine Quantität haben, noch überhaupt etwas sein; denn sonst hätte es eine bestimmte einzelne Form gehabt, was unmöglich, da alles gemischt war. Sonst wäre es ja schon ausgeschieden gewesen. Es aber sagt, alles sei gemischt gewesen außer dem Geist, dieser allein sei unvermischt und rein. Hieraus ergibt sich nun, daß er als Prinzipien das Eine (denn dies ist einfach und ungemischt) und das Andere setzt, wie wir das Unbestimmte nennen, ehe es bestimmt worden und an einer Formbestimmung Anteil bekommen hat. Und so redet er freilich nicht richtig und nicht bestimmt, indessen will er doch etwas Ähnliches wie die Späteren und wie es mehr dem Augenschein entspricht.

(c) Indessen diese sind nur auf die Erörterung des Entstehens und Vergehens und der Bewegung beschränkt; denn fast nur für das Wesen solcher Art forschen sie nach den Prinzipien und den Ursachen. Die aber alles Seiende zum Gegenstande ihrer Betrachtung machen und von dem Seienden einiges als sinnlich wahrnehmbar, anderes als nicht sinnlich wahrnehmbar setzen, diese richten ihre Untersuchung offenbar auf beide Gattungen; daher man sich mit ihnen mehr zu beschäftigen hat, was sie denn Richtiges und was Unrichtiges für unsere gegenwärtige Untersuchung bringen. Die sogenannten Pythagoreer nun handeln von

ἀρχαῖς καὶ τοῖς στοιχείοις ἐκτοπωτέροις χρῶνται τῶν φυσιολόγων (τὸ δ' αἴτιον ὅτι παρέλαβον αὐτὰς οὐκ ἐξ αἰσθητῶν· τὰ γὰρ μαθηματικὰ τῶν ὄντων ἄνευ κινήσεώς ἐστιν, ἔξω τῶν περὶ τὴν ἀστρολογίαν), διαλέγονται μέντοι καὶ πραγματεύονται περὶ φύσεως πάντα· γεννῶσί τε γὰρ τὸν οὐρανόν,
990a καὶ περὶ τὰ τούτου μέρη [καὶ τὰ πάθη καὶ τὰ ἔργα] διατηροῦσι τὸ συμβαῖνον, καὶ τὰς ἀρχὰς καὶ τὰ αἴτια εἰς ταῦτα καταναλίσκουσιν, ὡς ὁμολογοῦντες τοῖς ἄλλοις φυσιολόγοις ὅτι τό γ' ὂν τοῦτ' ἐστὶν ὅσον αἰσθητόν ἐστι καὶ περιείληφεν ὁ καλούμενος οὐρανός. τὰς δ' αἰτίας καὶ τὰς ἀρχάς, ὥσπερ εἴπομεν, ἱκανὰς λέγουσιν ἐπαναβῆναι καὶ ἐπὶ τὰ ἀνωτέρω τῶν ὄντων, καὶ μᾶλλον ἢ τοῖς περὶ φύσεως λόγοις ἁρμοττούσας. ἐκ τίνος μέντοι τρόπου κίνησις ἔσται πέρατος καὶ ἀπείρου μόνων ὑποκειμένων καὶ περιττοῦ καὶ ἀρτίου, οὐδὲν λέγουσιν, ἢ πῶς δυνατὸν ἄνευ κινήσεως καὶ μεταβολῆς γένεσιν εἶναι καὶ φθορὰν ἢ τὰ τῶν φερομένων ἔργα κατὰ τὸν οὐρανόν. ἔτι δὲ εἴτε δοίη τις αὐτοῖς ἐκ τούτων εἶναι τὸ μέγεθος εἴτε δειχθείη τοῦτο, ὅμως τίνα τρόπον ἔσται τὰ μὲν κοῦφα τὰ δὲ βάρος ἔχοντα τῶν σωμάτων; ἐξ ὧν γὰρ ὑποτίθενται καὶ λέγουσιν, οὐδὲν μᾶλλον περὶ τῶν μαθηματικῶν λέγουσι σωμάτων ἢ περὶ τῶν αἰσθητῶν· διὸ περὶ πυρὸς ἢ γῆς ἢ τῶν ἄλλων τῶν τοιούτων σωμάτων οὐδ' ὁτιοῦν εἰρήκασιν, ἅτ' οὐδὲν περὶ τῶν αἰσθητῶν οἶμαι λέγοντες ἴδιον. ἔτι δὲ πῶς δεῖ λαβεῖν αἴτια μὲν εἶναι τὰ τοῦ ἀριθμοῦ πάθη καὶ τὸν ἀριθμὸν τῶν κατὰ τὸν οὐρανὸν ὄντων καὶ γιγνομένων καὶ ἐξ ἀρχῆς καὶ νῦν, ἀριθμὸν δ' ἄλλον μηδένα εἶναι παρὰ τὸν ἀριθμὸν τοῦτον ἐξ οὗ συνέστηκεν ὁ κόσμος; ὅταν γὰρ ἐν τῳδὶ μὲν τῷ

30 ἐκτοπωτέροις Bonitz Alexandrum p. 53, 24 secutus: ἐκτοπωτέρως A^b E ‖ 34 πάντα περὶ φύσεως A^b ‖ 990a, 1 καὶ τὰ πάθη καὶ τὰ ἔργα non interpretatur Alex., unde ea seclusi tamquam interpretamentum sive alteram lectionem, τὰ ante ἔργα om. A^b ‖ 6 ἱκανῶς E ‖ ἀνωτέρωι E ‖ 9 μόνων E: μόνον A^b ‖ καὶ περιττοῦ καὶ ἀρτίου damnat Blass Rh. M. 30, 490 ‖ 12 δοίη A^b: δῴη E ‖ τὸ om. E ‖ 16 περὶ post ἢ om. A^b

a 1 *καὶ … ἔργα*: Ross

ungewöhnlicheren Prinzipien und Elementen als die Natur-
philosophen. Ursache davon ist, weil sie diese nicht aus dem
Sinnlichen entnommen haben; denn die mathematischen
Dinge sind ohne Bewegung, mit Ausnahme derjenigen, von
denen die Astronomie handelt. Dabei ist doch der Gegen-
stand ihrer ganzen Untersuchung und Bemühung die Natur;
denn sie lassen den Himmel entstehen und beobachten, was
sich an seinen Teilen, Eigenschaften (Zuständen) und Tätig- 990 a
keiten zuträgt, und verwenden hierauf ihre Prinzipien und
Ursachen, gleich als stimmten sie den übrigen Naturphilo-
sophen darin bei, daß zum Seienden nur das gehört, was
sinnlich wahrnehmbar ist und was der sogenannte Himmel
umfaßt. Ihre Ursachen und Prinzipien aber sind, wie ge-
sagt, geeignet, auch zum höheren Seienden aufzusteigen,
und passen dafür mehr als für die Erörterung der Natur.
Von welcher Art von Ursache jedoch Bewegung ausgehen
soll, da nur Grenze und Unbegrenztes, Ungerades und Ge-
rades vorausgesetzt sind, darüber sagen sie nichts, noch
auch, wie es möglich ist, daß ohne Bewegung und Verände-
rung Entstehen und Vergehen und die Erscheinungen der
bewegten Himmelskörper stattfinden sollen. – Ferner, ge-
setzt auch, man gebe ihnen zu, daß aus diesen Prinzipien
eine Größe sich ergebe, oder gesetzt, dies würde erwiesen,
so bleibt doch die Frage, wie denn einige von den Körpern
schwer, andere leicht sein sollen. Denn nach den Prinzipien,
die sie voraussetzen und erörtern, handeln sie ebensogut
von den sinnlichen wie von den mathematischen Dingen;
darum haben sie auch über Feuer oder Erde oder die andern
derartigen Körper gar nichts gesagt, da sie über das Sinnli-
che nichts ihm Eigenes, wie ich glaube, zu sagen hatten. –
Ferner, wie kann man annehmen, daß Ursachen von dem,
was am Himmel ist und geschieht, vom Anfang an wie jetzt
die Bestimmtheiten der Zahl und die Zahl selbst
seien, und daß es doch keine andere Zahl gebe als
diejenige, aus welcher der Himmel gebildet ist? Wenn
sich nämlich nach ihnen in einem bestimmten Teile

μέρει δόξα καὶ καιρὸς αὐτοῖς ᾖ, μικρὸν δ' ἄνωθεν ἢ κάτωθεν ἀδικία καὶ κρίσις ἢ μῖξις, ἀπόδειξιν δὲ λέγωσιν ὅτι τούτων μὲν ἓν ἕκαστον ἀριθμός ἐστι, συμβαίνει δὲ κατὰ τοῦτον τὸν τόπον ⟨τοῦτο⟩ ἤδη πλῆθος εἶναι τῶν συνισταμένων μεγεθῶν διὰ τὸ τὰ πάθη ταῦτα ἀκολουθεῖν τοῖς τόποις ἑκάστοις, πότερον οὗτος ὁ αὐτός ἐστιν ἀριθμὸς ὁ ἐν τῷ οὐρανῷ, ὃν δεῖ λαβεῖν ὅτι τούτων ἕκαστόν ἐστιν, ἢ παρὰ τοῦτον ἄλλος; ὁ μὲν γὰρ Πλάτων ἕτερον εἶναί φησιν· καίτοι κἀκεῖνος ἀριθμοὺς οἴεται καὶ ταῦτα εἶναι καὶ τὰς τούτων αἰτίας, ἀλλὰ τοὺς μὲν νοητοὺς αἰτίους, τούτους δὲ αἰσθητούς.

9 περὶ μὲν οὖν τῶν Πυθαγορείων ἀφείσθω τὰ νῦν· ἱκανὸν γὰρ αὐτῶν ἅψασθαι τοσοῦτον. οἱ δὲ τὰς ἰδέας αἰτίας τιθέμενοι πρῶτον μὲν ζητοῦντες τωνδὶ τῶν ὄντων λαβεῖν τὰς αἰτίας ἕτερα τούτοις ἴσα τὸν ἀριθμὸν ἐκόμισαν, ὥσπερ εἴ τις ἀριθμῆσαι βουλόμενος ἐλαττόνων μὲν ὄντων οἴοιτο μὴ δυνήσεσθαι, πλείω δὲ ποιήσας ἀριθμοίη. σχεδὸν γὰρ ἴσα ἢ οὐκ ἐλάττω ἐστὶ τὰ εἴδη τούτων, περὶ ὧν ζητοῦντες τὰς αἰτίας ἐκ τούτων ἐπ' ἐκεῖνα προῆλθον· καθ' ἕκαστον γὰρ ὁμώνυμόν τί ἐστι, καὶ παρὰ τὰς οὐσίας τῶν [τε] ἄλλων, ὧν ἐστιν ἓν ἐπὶ πολλῶν, καὶ ἐπὶ τοῖσδε καὶ ἐπὶ τοῖς ἀϊδίοις. ἔτι καθ' οὓς τρόπους δείκνυμεν ὅτι ἔστι τὰ εἴδη, κατ' οὐδένα φαίνεται τούτων· ἐξ

23 καὶ] ἐκεῖ δὲ coni. Luthe, Herm. 15, 194 ‖ 24 ἀδικία] ἀνικία γρ. E et γρ. Alex. ‖ κρίσις A^b Alex.: διάκρισις E ‖ ἀπόδειξις A^b m. pr. ‖ 25 μὲν ἓν E: ἓν A^b, μὲν Alex. ‖ τοῦτον τὸν τόπον A^b: τὸν τόπον τοῦτον E Alex.; τοῦτο add. Zeller ‖ 27 πότ. δὲ ὁ αὐτὸς omisso οὗτος A^b ‖ 28 ὁ αὐτὸς] ὁ αἴτιος coni. Luthe ‖ ἀριθμός ἐστιν A^b ‖ 33 Πυθαγορικῶν Alex. ‖ τὸ νῦν E ‖ 34 τοσοῦτον] μόμον fort. Alex. ‖ αἰτίας om. E ‖ 990 b, 5 ἐστὶ τὰ εἴδη A^b: τὰ εἴδη ἐστὶν E ‖ τούτων] τούτοις A^b, utrumque interpretatur Alex. 257, 20 et 26 ‖ 6 ἐπ' ἐκεῖνα E: ἐκεῖ A^b ‖ 7 τῶν τε E, τε om. A^b, cf. 1079 a, 2 ‖ ἄλλων ὧν A^b et Alex. in interpretatione: ἄλλων omisso ὧν E, ἄλλων ἃ γρ. E et Alex. in lemmate ‖ ἓν ἐπὶ πολλῶν A^b: ἐπὶ πολλῶν ἓν E ‖ 8 ἔτι δὲ καθ' E ‖ 9 δείκνυται A^b, δείκνυμεν E quod confirmat etiam Alex., cf. infra p. 991, 3 et 992 a, 11. 25, 997 b, 3, 1002 b, 13; contra tertiam personam praefert auctor vel librarius libri *M* p. 1079 a, 5. 7. 12. 20 et 1080 a, 5 ‖ ὅτι ἔστι om. Alex.

a 25 *ἕν*: om. Ross   b 7 *τῶν τε ἄλλων ἔστιν ἕν*: Ross

Meinung und Reife befindet, ein wenig weiter oben oder unten aber Ungerechtigkeit und Scheidung oder Mischung, und sie zum Beweise dafür anführen, jedes einzelne von diesen sei eine Zahl, und an dem bestimmten Orte sei gerade die entsprechende Menge von (aus diesen Zahlen) bestehenden Größen, weil jene Eigenschaften je einem besonderen Orte angehörten: so fragt sich, ob diese am Himmel befindliche Zahl dieselbe ist wie die, für die man eine jeder dieser Affektionen zu halten hat, oder eine andere neben ihr? Platon behauptet, sie sei eine andere; er hält freilich ebenfalls sowohl jene Affektionen als auch ihre Ursachen für Zahlen, aber die einen für bloß gedachte, ursächliche, die andern für sinnlich wahrnehmbare.

9 (a) Von den Pythagoreern wollen wir für jetzt nicht weiter handeln; denn es genügt, sich mit ihnen soweit befaßt zu haben. Diejenigen aber, welche die Ideen als Ursache 990 b
setzen, haben (1.) fürs erste, indem sie die Ursache dieser sinnlichen Dinge finden wollten, andere an Zahl ihnen gleiche hinzugebracht, gleichwie wenn jemand, der eine Anzahl von Gegenständen zählen möchte, es nicht zu können glaubte, wenn weniger Zahlen vorliegen, aber dann zählte, nachdem er sie (die Zahlen) vermehrt hat. Denn der Ideen sind ungefähr ebenso viele oder nicht weniger als der Dinge, deren Ursachen erforschend sie eben von diesen sinnlichen Dingen zu jenen fortschritten. Denn für jedes Einzelne gibt es etwas Gleichnamiges, abgesehen von den Wesen auch für die anderen Dinge, die eine Einheit über der Vielheit des Einzelnen haben, sowohl bei diesen veränderlichen Dingen als bei den ewigen. (2.) Ferner erscheint von den Beweisen, welche wir für die Existenz der Ideen führen, keiner evident;

ἐνίων μὲν γὰρ οὐκ ἀνάγκη γίγνεσθαι συλλογισμόν, ἐξ ἐνίων δὲ καὶ οὐχ ὧν οἰόμεθα τούτων εἴδη γίγνεται. κατά τε γὰρ τοὺς λόγους τοὺς ἐκ τῶν ἐπιστημῶν εἴδη ἔσται πάντων ὅσων ἐπιστῆμαί εἰσι, καὶ κατὰ τὸ ἓν ἐπὶ πολλῶν καὶ τῶν ἀποφάσεων, κατὰ δὲ τὸ νοεῖν τι φθαρέντος τῶν φθαρτῶν· φάντασμα γάρ τι τούτων ἐστίν. ἔτι δὲ οἱ ἀκριβέστεροι τῶν λόγων οἱ μὲν τῶν πρός τι ποιοῦσιν ἰδέας, ὧν οὔ φαμεν εἶναι καθ' αὑτὸ γένος, οἱ δὲ τὸν τρίτον ἄνθρωπον λέγουσιν. ὅλως τε ἀναιροῦσιν οἱ περὶ τῶν εἰδῶν λόγοι ἃ μᾶλλον εἶναι βουλόμεθα [οἱ λέγοντες εἴδη] τοῦ τὰς ἰδέας εἶναι· συμβαίνει γὰρ μὴ εἶναι τὴν δυάδα πρώτην ἀλλὰ τὸν ἀριθμόν, καὶ τὸ πρός τι τοῦ καθ' αὑτό, καὶ πάνθ' ὅσα τινὲς ἀκολουθήσαντες ταῖς περὶ τῶν ἰδεῶν δόξαις ἠναντιώθησαν ταῖς ἀρχαῖς. ἔτι δὲ κατὰ μὲν τὴν ὑπόληψιν, καθ' ἣν εἶναί φαμεν τὰς ἰδέας, οὐ μόνον τῶν οὐσιῶν ἔσται εἴδη ἀλλὰ πολλῶν καὶ ἑτέρων (καὶ γὰρ τὸ νόημα ἓν οὐ μόνον περὶ τὰς οὐσίας ἀλλὰ καὶ κατὰ τῶν ἄλλων ἐστί, καὶ ἐπιστῆμαι οὐ μόνον τῆς οὐσίας εἰσὶν ἀλλὰ καὶ ἑτέρων, καὶ ἄλλα δὲ μυρία συμβαίνει τοιαῦτα)· κατὰ δὲ τὸ ἀναγκαῖον καὶ τὰς δόξας τὰς περὶ αὐτῶν, εἰ ἔστι μεθεκτὰ τὰ εἴδη, τῶν οὐσιῶν ἀναγκαῖον ἰδέας εἶναι μόνον· οὐ γὰρ κατὰ συμβεβηκὸς μετέχονται, ἀλλὰ δεῖ ταύτῃ ἑκάστου μετέχειν, ᾗ μὴ καθ' ὑποκειμένου λέγεται. λέγω δ' οἷον, εἴ τι αὐτοδιπλασίου μετέχει, τοῦτο καὶ ἀϊδίου μετέχει,

11 τε E: γε A^b ‖ 12 ἐκ om. A^b ‖ 14 τι om. A^b ‖ 15 ἀκριβέστατοι E et p. 1079a, 11 ‖ 17 λέγουσιν] εἰσάγουσι in interpretatione Alex., cf. 989a, 33 ‖ 18 βούλονται A^b, βουλόμεθα E, quo recepto οἱ λέγοντες εἴδη delendum esse monuit Blass ‖ 20 τὴν δυάδα πρώτην A^bE: πρῶτον τὴν δυάδα p. 1079a, 16 rectius ‖ 21 τοῦ E: τῶν A^b ‖ 22 ἰδεῶν A^b: εἰδῶν E et p. 1079a, 18 ‖ δὲ om. A^b ‖ 24 ἔσονται A^b et p. 1079a, 20 ‖ 26 καὶ αἱ ἐπ. A^b, cf. p. 1079a, 22 ‖ 29 τὰ add. A^b et Alex., om. E ‖ fort. μόνων scribendum dicit Bonitz ex Alex. p. 65, 26. 66, 2. 26. 69, 3 ‖ 30 ἑκάστου A^bE: ἕκαστον, quod in cod. H^b scriptum exstat, alteram lectionem Alexandri fuisse putavit Brandis ‖ 31 ᾗ μὴ καθ' A^bE: ᾗ καθ' γρ. Alex.

denn aus einigen ergibt sich keine notwendige Schlußfolge, andere erweisen auch Ideen für solche Dinge, für welche wir keine Ideen annehmen. Nach den Beweisgründen nämlich, welche aus den Wissenschaften argumentieren, würde es Ideen von allem geben, worüber Wissenschaften gehen; und nach dem Beweis, welcher von „dem Einen über dem Vielen“ (Einzelnen) ausgeht, müßte es auch von den Negationen Ideen geben, und nach dem Argument, daß man (auch) etwas Vergangenes noch denke, gäbe es Ideen der vergänglichen Dinge; denn es bleibt doch eine Vorstellung von diesen. (3.) Ferner ergeben die schärferen Beweise teils Ideen des Relativen, wovon es doch nach unserer Lehre keine Gattung an sich gibt, teils sprechen sie von „dem dritten Menschen“. (4.) Und überhaupt heben die für die Ideen vorgebrachten Gründe dasjenige auf, dessen Sein wir, wenn wir von Ideen sprechen, noch mehr wollen als das der Ideen selbst; denn es ergibt sich ja daraus, daß nicht die Zweiheit das Erste ist, sondern die Zahl, und das Relative früher ist als das An-sich und was einige noch sonst alles, den Ansichten der Ideenlehre nachgehend, ihren Prinzipien entgegengestellt haben. (5.) Ferner müßte es nach der zugrunde liegenden Annahme, wonach wir sagen, daß es Ideen gäbe, nicht nur von den Wesen (Substanzen) Ideen geben, sondern auch noch von vielem anderen (denn der Gedanke ist ja ein einziger nicht nur bei den Wesen, sondern auch beim übrigen, und Wissenschaft gibt es nicht nur von dem Wesen, sondern auch von anderem, und dergleichen Folgerungen ergeben sich noch tausend andere). Nach der Notwendigkeit aber und den herrschenden Ansichten über die Ideen muß es, wenn es eine Teilhabe an den Ideen gibt, Ideen nur von den Wesen geben. Denn nicht in akzidenteller Weise findet Teilhabe an ihnen statt, sondern diese muß insofern stattfinden, als ein jedes nicht von einem Zugrundeliegenden (Subjekt) ausgesagt wird. Ich meine z. B., wenn etwas an dem Doppelten-an-sich teilhat, so hat es auch an dem Ewigen teil, aber

ἀλλὰ κατὰ συμβεβηκός· συμβέβηκε γὰρ τῷ διπλασίῳ ἀϊδίῳ εἶναι. ὥστ᾽ ἔσται οὐσία τὰ εἴδη· ταὐτὰ δ᾽ ἐνταῦθα οὐσίαν σημαίνει κἀκεῖ· ἢ τί ἔσται τὸ εἶναι φάναι τι παρὰ 991a ταῦτα, τὸ ἓν ἐπὶ πολλῶν; καὶ εἰ μὲν ταὐτὸ εἶδος τῶν ἰδεῶν καὶ τῶν μετεχόντων, ἔσται τι κοινόν· τί γὰρ μᾶλλον ἐπὶ τῶν φθαρτῶν δυάδων καὶ τῶν πολλῶν μὲν ἀϊδίων δὲ τὸ δυὰς εἶναι ἓν καὶ ταὐτόν, ἢ ἐπί τ᾽ αὐτῆς καὶ τῆς τινός; εἰ δὲ μὴ τὸ αὐτὸ εἶδος, ὁμώνυμα ἂν εἴη, καὶ ὅμοιον ὥσπερ ἂν εἴ τις καλοῖ ἄνθρωπον τόν τε Καλλίαν καὶ τὸ ξύλον, μηδεμίαν κοινωνίαν ἐπιβλέψας αὐτῶν.

πάντων δὲ μάλιστα διαπορήσειεν ἄν τις, τί ποτε συμβάλλεται τὰ εἴδη τοῖς ἀϊδίοις τῶν αἰσθητῶν ἢ τοῖς γιγνομένοις καὶ φθειρομένοις. οὔτε γὰρ κινήσεως οὔτε μεταβολῆς οὐδεμιᾶς ἐστιν αἴτια αὐτοῖς. ἀλλὰ μὴν οὐδὲ πρὸς τὴν ἐπιστήμην οὐδὲν βοηθεῖ τὴν τῶν ἄλλων (οὐδὲ γὰρ οὐσία ἐκεῖνα τούτων· ἐν τούτοις γὰρ ἂν ἦν), οὔτε εἰς τὸ εἶναι, μὴ ἐνυπάρχοντά γε τοῖς μετέχουσιν. οὕτω μὲν γὰρ ἂν ἴσως αἴτια δόξειεν εἶναι ὡς τὸ λευκὸν μεμιγμένον τῷ λευκῷ. ἀλλ᾽ οὗτος μὲν ὁ λόγος λίαν εὐκίνητος, ὃν Ἀναξαγόρας μὲν πρῶτος, Εὔδοξος δ᾽ ὕστερον καὶ ἄλλοι τινὲς ἔλεγον· ῥᾴδιον γὰρ συναγαγεῖν πολλὰ καὶ ἀδύνατα πρὸς τὴν τοιαύτην δόξαν. ἀλλὰ μὴν οὐδ᾽ ἐκ τῶν εἰδῶν ἔστι τἆλλα κατ᾽ οὐδένα τρόπον τῶν εἰωθότων λέγεσθαι. τὸ δὲ λέγειν παραδείγματα αὐτὰ εἶναι καὶ μετέχειν αὐτῶν τἆλλα κενολογεῖν ἐστὶ καὶ μεταφορὰς λέγειν ποιητικάς. τί γάρ ἐστι τὸ ἐργαζόμενον πρὸς τὰς ἰδέας ἀποβλέπον; ἐνδέχεται γὰρ

33 *συμβέβηκε* — 34 *εἶναι* om. A^b ‖ 34 *οὐσία*] *οὐσιῶν* vel *οὐσίας* coni. Bonitz ‖ *ταὐτὰ* Alex. Bekker: *ταῦτα* A^bE ‖ *δὲ*] *γὰρ* fort. Alex. Bonitz ‖ *ἐνταῦθά τε* fort. Alex. ‖ 991a, 2 *τὸ* om. Ascl. ‖ 4 *δυάδων καὶ τῶν πολλῶν* E: *δυάδων καὶ δυάδων τῶν πολλῶν* A^b et Alex. et p. 1079a, 35 ‖ 5 *εἶναι* om. E ‖ *τ᾽ αὐτῆς* Bonitz secutus Alexandrum p. 69, 15: *ταύτης* A^bE ‖ 6 *ὁμωνυμία* E ‖ 7 *καλοῖ* E: *καλοίη* A^b ‖ 9 *ἂν* om. A^b ‖ 10 *καὶ φθειρ.* A^b Alex.: *καὶ τοῖς φθειρ.* E ‖ 12 *οὔτε* coni. Bonitz, *οὐδὲ* A^bE, vide tamen polit. p. 956a, 40 ‖ 13 *οὔτε* E ‖ 14 *γε* om. E ‖ 15 *ὡς* om. E ‖ 21 *αὐτὰ* E: *τε* A^b ‖ 23 *γὰρ* E Alex.: *τε* A^b et p. 1079b, 28

a 5 *εἶναι* om. E, Ross 15 *τε* A^b, Ross

in akzidentellem Sinne; denn es ist ein Akzidens für das Doppelte, daß es ewig ist. Also werden die Ideen nur Wesen sein. Dasselbe aber bedeutet Wesen hier bei dem Sinnlichen und dort bei dem Ewigen. Oder was soll es sonst heißen, 991 a
wenn man sagt, es sei (existiere) etwas getrennt von diesem Sinnlichen, welches die Einheit sei zur Vielheit des Einzelnen? Und wenn nun die Ideen und die an ihnen teilnehmenden Dinge derselben Form (Art) angehören, so würden sie ja etwas Gemeinsames haben; denn warum sollte denn bei den vergänglichen Zweiheiten und bei den zwar vielen, aber ewigen (mathematischen) Zweiheiten mehr als bei der (idealen) Zweiheit-an-sich und der einzelnen sinnlichen Zweiheit das Wesen, Zweiheit zu sein, ein und daselbe sein? Gehören sie aber nicht derselben Form an, so würden sie ja nur namensgleich sein, und es wäre geradeso, als wenn man sowohl den Kallias wie das Holz Mensch nennte, ohne eine Gemeinschaft beider zu sehen.

(b) (6.) Am meisten aber müßte man wohl in Verlegenheit kommen, wenn man angeben sollte, was denn die Ideen für das Ewige unter dem sinnlich Wahrnehmbaren oder für das Entstehende und Vergehende beitragen; denn sie sind ja weder irgendeiner Bewegung noch einer Veränderung Ursache. Aber sie helfen auch nichts, weder zur Erkenntnis der anderen Dinge (denn sie sind ja nicht das Wesen derselben, sonst müßten sie in ihnen sein), noch zum Sein derselben, da sie ja nicht in den an ihnen teilhabenden Dingen sind. Denn sie könnten zwar vielleicht Ursachen in dem Sinne sein, wie die Beimischung des Weißen Ursache ist, daß etwas weiß ist. Doch dieser Gedanke, den zuerst Anaxagoras, später Eudoxos und einige andere ausgesprochen, hat gar zu wenig Halt; denn es ist leicht, viele ungereimte Folgerungen gegen eine solche Ansicht zusammenzubringen. (7.) Aber es ist auch auf keine der Weisen, die man gewöhnlich anführt, möglich, daß aus den Ideen das andere werde. Wenn man aber sagt, die Ideen seien Vorbilder und das andere nehme an ihnen teil, so sind das leere Worte und poetische Metaphern. Denn was ist denn das werktätige Prinzip, welches im Hinblick auf die Ideen arbeitet? Es kann ja

καὶ εἶναι καὶ γίγνεσθαι ὅμοιον ὁτιοῦν καὶ μὴ εἰκαζόμενον πρὸς ἐκεῖνο, ὥστε καὶ ὄντος Σωκράτους καὶ μὴ ὄντος γένοιτ' ἂν οἷόσπερ Σωκράτης· ὁμοίως δὲ δῆλον ὅτι κἂν εἰ ἦν ὁ Σωκράτης ἀΐδιος. ἔσται τε πλείω παραδείγματα τοῦ αὐτοῦ, ὥστε καὶ εἴδη, οἷον τοῦ ἀνθρώπου τὸ ζῷον καὶ τὸ δίπουν, ἅμα δὲ καὶ τὸ αὐτοάνθρωπος. ἔτι οὐ μόνον τῶν αἰσθητῶν παραδείγματα τὰ εἴδη, ἀλλὰ καὶ αὐτῶν, οἷον τὸ γένος, ὡς γένος, εἰδῶν· ὥστε τὸ αὐτὸ ἔσται παράδειγμα καὶ 991b εἰκών. ἔτι δόξειεν ἂν ἀδύνατον εἶναι χωρὶς τὴν οὐσίαν καὶ οὗ ἡ οὐσία· ὥστε πῶς ἂν αἱ ἰδέαι οὐσίαι τῶν πραγμάτων οὖσαι χωρὶς εἶεν; ἐν δὲ τῷ Φαίδωνι οὕτω λέγεται, ὡς καὶ τοῦ εἶναι καὶ τοῦ γίγνεσθαι αἴτια τὰ εἴδη ἐστίν· καίτοι τῶν εἰδῶν ὄντων ὅμως οὐ γίγνεται τὰ μετέχοντα, ἐὰν μὴ ᾖ τὸ κινῆσον· καὶ πολλὰ γίγνεται ἕτερα, οἷον οἰκία καὶ δακτύλιος, ὧν οὔ φαμεν εἴδη εἶναι· ὥστε δῆλον ὅτι ἐνδέχεται καὶ τἆλλα καὶ εἶναι καὶ γίγνεσθαι διὰ τοιαύτας αἰτίας οἵας καὶ τὰ ῥηθέντα νῦν.

ἔτι εἴπερ εἰσὶν ἀριθμοὶ τὰ εἴδη, πῶς αἴτιοι ἔσονται; πότερον ὅτι ἕτεροι ἀριθμοί εἰσι τὰ ὄντα, οἷον ὁδὶ μὲν ἀριθμὸς ἄνθρωπος, ὁδὶ δὲ Σωκράτης, ὁδὶ δὲ Καλλίας; τί οὖν ἐκεῖνοι τούτοις αἴτιοί εἰσιν; οὐδὲ γὰρ εἰ οἱ μὲν ἀΐδιοι οἱ δὲ μή, οὐδὲν διοίσει. εἰ δ' ὅτι λόγοι ἀριθμῶν τἀνταῦθα, οἷον ἡ συμφωνία, δῆλον ὅτι ἔστιν ἕν γέ τι ὧν εἰσὶ λόγοι· εἰ δή τι τοῦτο, ἡ ὕλη, φανερὸν ὅτι καὶ αὐτοὶ οἱ ἀριθμοὶ λόγοι τινὲς ἔσονται ἑτέρου πρὸς ἕτερον. λέγω δ' οἷον, εἴ ἐστιν ὁ Καλλίας λόγος ἐν ἀριθμοῖς πυρὸς καὶ γῆς καὶ ὕδατος καὶ ἀέρος,

25 γένοιτ' A^b: γίγνοιτ' E ‖ 26 οἷος A^b, οἷος περ E ‖ 27 ἔσται τε — b, 1 εἰκών in nonnullis exemplaribus omissa esse testatur Alex. ‖ 29 τοῦ αὐτοανθρώπου A^b ‖ 30 αὐτῶν τῶν ἰδεῶν, οἷον Alex., τῶν ἰδεῶν om. A^bE Bonitz hic et p. 1079b, 34 ‖ 31 ὡς γένος εἰδῶν A^bE: τῶν ὡς γένους εἰδῶν p. 1079b, 34, quod merito praefert Bonitz ‖ 991b, 1 ἂν om. A^b ‖ ἀδύνατον bis A^b ‖ 3 ἐν δὲ τῷ Φαίδωνι] p. 100 D ‖ οὕτως vulgo ‖ λέγεται] λέγομεν Alex. Ascl. ‖ 11 ἄνθρωπος ἀριθμὸς A^b ‖ 14 τι alterum om. A^b ‖ 17 καὶ ἀέρος — 18 ἀριθμὸς om. E

b 10 μὲν ⟨ὁ⟩ ἀριθμός: Ross

auch etwas einem andern ähnlich sein oder werden, ohne diesem nachgebildet zu sein; also mag es nun einen Sokrates geben oder nicht, so kann es jemand geben wie Sokrates, und dasselbe gälte offenbar auch, wenn es einen ewigen Sokrates gäbe. – (8.) Ferner wird es für dasselbe Ding mehrere Vorbilder geben, also auch mehrere Ideen, z. B. für den Menschen das Lebewesen und das Zweifüßige und zugleich den Menschen selbst. (9.) Ferner würden die Ideen nicht nur Vorbilder für das Sinnliche sein, sondern auch für die Ideen selbst, z. B. die Gattung für die Arten der Gattung; wonach denn dasselbe zugleich Vorbild und Nachbild sein müßte. (10.) Ferner muß es wohl für unmöglich gelten, daß 991 b
das Wesen und dasjenige, wovon es Wesen (Wesenheit) ist, getrennt voneinander existieren. Wie können denn also die Ideen, wenn sie die Wesen(heiten) der Dinge sind, getrennt von diesen existieren? – Im *Phaidon* wird der Gedanke ausgesprochen, daß die Ideen sowohl des Seins als des Werdens Ursache seien. Aber wenngleich die Ideen existieren, so entsteht doch das daran Teilhabende nicht, wofern es nicht eine bewegende Kraft gibt, und dagegen entsteht wieder vieles andere, wie ein Haus und ein Ring, wovon es nach dieser Lehre keine Ideen gibt. Also ist es ja offenbar möglich, daß auch die andern Dinge durch solche Ursachen wie die oben angeführten sein und werden können.

(c) (11.) Ferner, wenn die Ideen Zahlen sind, wie sollen sie ursächlich sein? Etwa darum, weil die seienden Dinge andere Zahlen sind, z. B. diese Zahl ein Mensch, diese Sokrates, diese Kallias? Inwiefern sind denn dann jene für diese ursächlich? Denn daß die einen ewig sind, die anderen nicht, kann keinen Unterschied machen. (12.) Sind sie aber deshalb ursächlich, weil die sinnlich wahrnehmbaren Dinge Zahlverhältnisse sind, z. B. die Harmonie, so muß es ja offenbar etwas Eines geben, dessen Verhältnisse sie sind. Gibt es nun dieses Etwas, nämlich den Stoff, so müssen offenbar auch die (Ideen-)Zahlen selbst Verhältnisse sein von etwas zu einem andern. Ich meine z. B., wenn Kallias ein Zahlenverhältnis ist von Feuer, Erde, Wasser und Luft, so müßte

ἄλλων τινῶν ὑποκειμένων ἔσται καὶ ἡ ἰδέα ἀριθμός· καὶ αὐτοάνθρωπος, εἴτ' ἀριθμός τις ὢν εἴτε μή, ὅμως ἔσται λόγος ἐν ἀριθμοῖς τινῶν καὶ οὐκ ἀριθμός, οὐδ' ἔσται τις διὰ ταῦτα ἀριθμός. ἔτι ἐκ πολλῶν ἀριθμῶν εἷς ἀριθμὸς γίγνεται, ἐξ εἰδῶν δὲ ἓν εἶδος πῶς; εἰ δὲ μὴ ἐξ αὐτῶν ἀλλ' ἐκ τῶν ἐναρίθμων, οἷον ἐν τῇ μυριάδι, πῶς ἔχουσιν αἱ μονάδες; εἴτε γὰρ ὁμοειδεῖς, πολλὰ συμβήσεται ἄτοπα, εἴτε μὴ ὁμοειδεῖς, μήτε αἱ αὐταὶ ἀλλήλαις μήτε αἱ ἄλλαι πᾶσαι πάσαις· τίνι γὰρ διοίσουσιν ἀπαθεῖς οὖσαι; οὔτε γὰρ εὔλογα ταῦτα οὔτε ὁμολογούμενα τῇ νοήσει. ἔτι δ' ἀναγκαῖον ἕτερόν τι γένος ἀριθμοῦ κατασκευάζειν, περὶ ὃ ἡ ἀριθμητικὴ καὶ πάντα τὰ μεταξὺ λεγόμενα ὑπό τινων, ἃ πῶς ἢ ἐκ τίνων ἐστὶν ἀρχῶν; ἢ διὰ τί μεταξὺ τῶν δεῦρό τ' ἔσται καὶ αὐτῶν; ἔτι αἱ μονάδες αἱ ἐν τῇ δυάδι ἑκατέρα ἔκ τινος προτέρας δυάδος· καίτοι ἀδύνατον. ἔτι διὰ τί ἓν ὁ ἀριθμὸς 992a
συλλαμβανόμενος; ἔτι δὲ πρὸς τοῖς εἰρημένοις, εἴπερ εἰσὶν αἱ μονάδες διάφοροι, ἐχρῆν οὕτω λέγειν ὥσπερ καὶ ὅσοι τὰ στοιχεῖα τέτταρα ἢ δύο λέγουσιν· καὶ γὰρ τούτων ἕκαστος οὐ τὸ κοινὸν λέγει στοιχεῖον, οἷον τὸ σῶμα, ἀλλὰ πῦρ καὶ γῆν, εἴτ' ἔστι τι κοινὸν τὸ σῶμα εἴτε μή. νῦν δὲ λέγεται ὡς ὄντος τοῦ ἑνὸς ὥσπερ πυρὸς ἢ ὕδατος ὁμοιομεροῦς· εἰ δ' οὕτως, οὐκ ἔσονται οὐσίαι οἱ ἀριθμοί, ἀλλὰ δῆλον ὅτι, εἴπερ ἐστί τι ἓν

18 ἄλλων] καὶ ἄλλων A^b et fort. Alex. ‖ 20 οὐδ' A^b: καὶ οὐκ E ‖ 21 ἀριθμός] ἰδέα ἀριθμός interpretatur Alex. ‖ ἔτι δ' ἐκ E ‖ 22 ἀλλὰ τῶν omisso ἐκ A^b ‖ ἐναρίθμων E: ἐν τῷ ἀριθμῷ A^b, E in marg. γρ. ἀλλὰ ἐκ τῶν ἀριθμῶν, ὅ ἐστιν ἐκ τῶν μονάδων. τὸ δὲ ἐναρίθμον ἀντὶ τοῦ ἐκ τῶν λόγων τοῦ ἀριθμοῦ ‖ 24 ἄτοπα συμβήσεται E ‖ 25 μήτε αἱ αὐταὶ E Alex.: μηδὲ αἱ αὐταὶ A^b ‖ ἄλλαι αἱ πᾶσαι E ‖ 27 ἔτι δὲ E: ἔτι τε A^b ‖ τι om. A^b ‖ 28 ὃ] ὃν A^b ‖ 29 ἃ πῶς A^b: ἁπλῶς E, ἁπλῶς Alex. p. 83, 10 in textu, sed idem ἃ πῶς interpretatur ut recte intellexit Bonitz ‖ 30 τί μετ. A^b Alex. Ascl. Bonitz: τί τὰ μετ. E Bekk. ‖ τῶν δεῦρο τ' E: τῶν τῶνδε τε A^b ‖ 31 ἑκατέρα E Alex.: ἑκατέρων A^b ‖ τινος ἔτι προτέρας τῆς δυάδος A^b ‖ 992 a, 3 διάφοροι] ἀδιάφοροι γρ. Alex. ‖ 6 τι om. A^b

b 22 ἐν τῷ ἀριθμῷ: Ross

auch die Idee ein Zahlenverhältnis von andern ihr zugrunde liegenden Dingen sein, und der Mensch selbst, mag er Zahl sein oder nicht, wird doch ein Zahlenverhältnis sein von etwas, und nicht Zahl (schlechthin), noch muß es deswegen eine Zahl geben. (13.) Ferner, aus vielen Zahlen entsteht eine Zahl, wie soll aber aus mehreren Ideen eine Idee werden? Sagt man aber, daß nicht aus mehreren Zahlen eine wird, sondern aus den in den Zahlen enthaltenen Einheiten, wie etwa in der Myriade, wie steht es dann mit den Einheiten? Sind sie innerlich gleichartig, so werden sich daraus viele Ungereimtheiten ergeben; sind sie dagegen nicht gleichartig, weder die in derselben Zahl enthaltenen untereinander noch alle mit allen, wodurch sollen sie sich denn unterscheiden, da sie keine Eigenschaft haben? Das läßt sich nicht begründen, noch sinnvoll denken. (14.) Ferner ist es notwendig, eine davon verschiedene Art von Zahlen zu konstruieren, welche Gegenstand der Arithmetik sei, und so alles das, was einige als dazwischen liegend bezeichnen. Wie oder aus welchen Prinzipien soll dies sein? Oder weshalb soll es zwischen den sinnlichen Dingen und den (Ideen-)Zahlen selbst liegen? (15.) Ferner, jeder von den beiden Einheiten, welche in der Zweizahl enthalten sind, besteht aus einer früheren Zweiheit. Aber das ist doch unmöglich. (16.) Ferner, warum ist denn die zusammengefaß- 992 a
te Zahl eine einzige Zahl? (17.) Ferner überdies, wenn denn die Einheiten verschieden sind, so hätten sie davon so reden sollen wie diejenigen, welche von vier oder zwei Elementen sprechen. Jeder von diesen nämlich nennt nicht das Allgemeine Element, z. B. den Körper, sondern Feuer und Erde, mag nun dafür der Körper etwas Allgemeines sein oder nicht. Nun aber spricht man von dem Einen so, als sei es in sich so gleichartig wie Feuer oder Wasser. Wäre dem so, so würden die Zahlen nicht Wesen sein, vielmehr ist offenbar,

αὐτὸ καὶ τοῦτό ἐστιν ἀρχή, πλεοναχῶς λέγεται τὸ ἕν· ἄλλως γὰρ ἀδύνατον. βουλόμενοι δὲ τὰς οὐσίας ἀνάγειν εἰς τὰς ἀρχὰς μήκη μὲν τίθεμεν ἐκ βραχέος καὶ μακροῦ, ἔκ τινος μικροῦ καὶ μεγάλου, καὶ ἐπίπεδον ἐκ πλατέος καὶ στενοῦ, σῶμα δ' ἐκ βαθέος καὶ ταπεινοῦ. καίτοι πῶς ἕξει ἢ τὸ ἐπίπεδον γραμμὴν ἢ τὸ στερεὸν γραμμὴν καὶ ἐπίπεδον; ἄλλο γὰρ γένος τὸ πλατὺ καὶ τὸ στενὸν καὶ βαθὺ καὶ ταπεινόν. ὥσπερ οὖν οὐδ' ἀριθμὸς ὑπάρχει ἐν αὐτοῖς, ὅτι τὸ πολὺ καὶ ὀλίγον ἕτερον τούτων, δῆλον ὅτι οὐδ' ἄλλο οὐδὲν τῶν ἄνω ὑπάρξει τοῖς κάτω. ἀλλὰ μὴν οὐδὲ γένος τὸ πλατὺ τοῦ βαθέος· ἦν γὰρ ἂν ἐπίπεδόν τι τὸ σῶμα. ἔτι αἱ στιγμαὶ ἐκ τίνος ἐνυπάρξουσιν; τούτῳ μὲν οὖν τῷ γένει καὶ διεμάχετο Πλάτων ὡς ὄντι γεωμετρικῷ δόγματι, ἀλλ' ἐκάλει ἀρχὴν γραμμῆς, τοῦτο δὲ πολλάκις ἐτίθει τὰς ἀτόμους γραμμάς. καίτοι ἀνάγκη τούτων εἶναί τι πέρας· ὥστ' ἐξ οὗ λόγου γραμμή ἐστι, καὶ στιγμή ἐστιν.

ὅλως δὲ ζητούσης τῆς σοφίας περὶ τῶν φανερῶν τὸ αἴτιον, τοῦτο μὲν εἰάκαμεν (οὐδὲν γὰρ λέγομεν περὶ τῆς αἰτίας ὅθεν ἡ ἀρχὴ τῆς μεταβολῆς), τὴν δ' οὐσίαν οἰόμενοι λέγειν αὐτῶν ἑτέρας μὲν οὐσίας εἶναι φαμέν, ὅπως δ' ἐκεῖναι τούτων οὐσίαι, διὰ κενῆς λέγομεν· τὸ γὰρ μετέχειν, ὥσπερ καὶ πρότερον εἴπομεν, οὐδέν ἐστιν. οὐδὲ δὴ ὃ περὶ τὰς ἐπιστήμας ὁρῶμεν ὂν αἴτιον, δι' ὃ καὶ πᾶς νοῦς καὶ πᾶσα φύσις ποιεῖ, οὐδὲ ταύτης τῆς αἰτίας ἥν φαμεν εἶναι μίαν τῶν ἀρχῶν, οὐδὲν ἅπτεται τὰ εἴδη, ἀλλὰ γέγονε τὰ μαθήματα τοῖς νῦν ἡ φιλοσοφία, φασκόντων τῶν ἄλλων χάριν
992b *αὐτὰ δεῖν πραγματεύεσθαι. ἔτι δὲ τὴν ὑποκειμένην οὐσίαν*

11 *βραχέος καὶ μακροῦ* A^b Alex.: *μακροῦ καὶ βραχέος* E vulgo ‖ 13 *ἢ* om. A^b ‖ 15 *καὶ στενόν* omisso *καὶ* A^b, fort. *καὶ στενὸν καὶ τὸ βαθὺ* ‖ 16 *ἐν* om. A^b ‖ 20 *ἐνυπάρξουσιν* A^b: *ἐνυπάρχουσι* E ‖ 23 *καίτοι ἀν. καὶ τούτων* Alex. ‖ 24 *φιλοσοφίας* A^b ‖ 26 *πόθεν* A^b ‖ 29 *ὅπερ ταῖς ἐπιστήμαις* E, *ὃ περὶ τὰς ἐπιστήμας* A^b; *ἄλλας* add. Susemihl, *ποιητικὰς* add. Zeller ‖ 30 *δι' ὃ*] *διὸ* vulgo ‖ 31 *οὐδὲ*] *τὸ δὲ* A^b ‖ 33 *τῶν ἄλλων* A^b: *ἄλλων* E Alex.

daß, wenn etwas das Eine selbst und dies Prinzip ist, man das Eine in mehrfachem Sinne nimmt; denn anders ist es unmöglich.

(18.) Indem wir die Wesen auf die Prinzipien zurückführen wollen, lassen wir die Linien entstehen aus dem Kurzen und Langen als einer Art des Kleinen und Großen, die Fläche aus dem Breiten und Schmalen, den Körper aus dem Hohen und Niedrigen. Aber wie kann denn dann in der Fläche die Linie enthalten sein, und in dem Körper Linie und Fläche? Denn das Breite und Schmale ist ja eine andere Gattung als das Hohe und Niedrige. Sowenig also die Zahlen in diesen enthalten sind, weil das Viel und Wenig von diesen verschieden ist, ebensowenig wird hier das Höhere in dem Niederen sein. Es ist aber auch nicht das Breite die höhere Gattung des Tiefen; sonst wäre ja der Körper eine Fläche. – (19.) Ferner, woher sollen die Punkte (in den Linien) enthalten sein? Gegen ihre Gattung stritt nun freilich Platon als gegen eine bloß geometrische Lehre und nannte sie vielmehr den Anfang (Prinzip) der Linie, wofür er auch oft den Ausdruck der „unteilbaren Linien" gebrauchte. Aber es muß doch eine Grenze der Linie geben, und aus demselben Grunde, aus welchem die Linie existiert, muß auch der Punkt existieren.

(d) (20.) Überhaupt haben wir, indem doch die Weisheit über die Ursachen der sichtbaren Dinge forscht, dies beiseite gesetzt (denn wir reden gar nicht von der Ursache, von welcher der Anfang der Bewegung ausgeht), sondern in der Meinung, als gäben wir das Wesen derselben an, erklären wir, daß andere Wesen existieren; inwiefern aber diese das Wesen der sichtbaren Dinge sind, darüber machen wir leere Worte; denn von Teilhabe zu sprechen, ist, wie früher erörtert, nichts. (21.) Ebensowenig stehen die Ideen mit der Ursache, welche wir durch die Wissenschaften sehen, wodurch jede Vernunft und jede Natur tätig ist und die wir als eines von den Prinzipien anführen, in irgendeiner Berührung, sondern die Mathematik ist den jetzigen Philosophen zur Philosophie geworden, obgleich sie behaupten, man müsse dieselbe um anderer Dinge willen betreiben. (22.) Ferner möchte man das als Stoff zu- 992 b

ὡς ὕλην μαθηματικωτέραν ἄν τις ὑπολάβοι, καὶ μᾶλλον κατηγορεῖσθαι καὶ διαφορὰν εἶναι τῆς οὐσίας καὶ τῆς ὕλης ἢ ὕλην, οἷον τὸ μέγα καὶ τὸ μικρόν, ὥσπερ καὶ οἱ φυσιολόγοι φασὶ τὸ μανὸν καὶ τὸ πυκνόν, πρώτας τοῦ ὑποκειμένου φάσκοντες εἶναι διαφορὰς ταύτας· ταῦτα γάρ ἐστιν ὑπεροχή τις καὶ ἔλλειψις. περί τε κινήσεως, εἰ μὲν ἔσται ταῦτα κίνησις, δῆλον ὅτι κινήσεται τὰ εἴδη· εἰ δὲ μή, πόθεν ἦλθεν; ὅλη γὰρ ἡ περὶ φύσεως ἀνῄρηται σκέψις. ὅ τε δοκεῖ ῥᾴδιον εἶναι, τὸ δεῖξαι ὅτι ἓν ἅπαντα, οὐ γίγνεται· τῇ γὰρ ἐκθέσει οὐ γίγνεται πάντα ἓν ἀλλ' αὐτό τι ἕν, ἐὰν διδῷ τις πάντα. καὶ οὐδὲ τοῦτο, εἰ μὴ γένος δώσει τὸ καθόλου εἶναι· τοῦτο δ' ἐν ἐνίοις ἀδύνατον. οὐδένα δ' ἔχει λόγον οὐδὲ τὰ μετὰ τοὺς ἀριθμούς, μήκη καὶ ἐπίπεδα καὶ στερεά, οὔτε ὅπως ἔστιν ἢ ἔσται, οὔτε τίνα ἔχει δύναμιν· ταῦτα γὰρ οὔτε εἴδη οἷόν τ' εἶναι (οὐ γάρ εἰσιν ἀριθμοί), οὔτε τὰ μεταξύ (μαθηματικὰ γὰρ ἐκεῖνα), οὔτε τὰ φθαρτά, ἀλλὰ πάλιν τέταρτον ἄλλο φαίνεται τοῦτό τι γένος.

ὅλως τε τὸ τῶν ὄντων ζητεῖν στοιχεῖα μὴ διελόντας, πολλαχῶς λεγομένων, ἀδύνατον εὑρεῖν, ἄλλως τε καὶ τοῦτον τὸν τρόπον ζητοῦντας ἐξ οἵων ἐστὶ στοιχείων. ἐκ τίνων γὰρ τὸ ποιεῖν ἢ πάσχειν, ἢ τὸ εὐθύ, οὐκ ἔστι δήπου λαβεῖν, ἀλλ' εἴπερ, τῶν οὐσιῶν μόνον ἐνδέχεται· ὥστε τὸ τῶν ὄντων ἁπάντων τὰ στοιχεῖα ζητεῖν ἢ οἴεσθαι ἔχειν οὐκ ἀληθές. πῶς δ' ἄν τις καὶ μάθοι τὰ τῶν πάντων στοιχεῖα; δῆλον γὰρ ὡς οὐδὲν οἷόν τε προϋπάρχειν γνωρίζοντα πρότε-

992b, 4 ἢ ὕλην add. A^b Alex., om. E ‖ 6 ταύτας om. A^b ‖ ταῦτα δέ ἐστιν ἡ ὑπεροχή τις Alex. ‖ 7 καὶ ἔλλειψις om. A^b ‖ τε E: δὲ A^b ‖ ἔσται A^b E: ἔστι H^b ‖ 9 σκέψις ἀνῄρηται A^b ‖ ὅ τε A^b: καὶ ὃ E ‖ 10 ἅπαντα ἐκ τῆς ὑποθέσεως οὐ γίνεται πάντα A^b ‖ 12 εἰ et δώσει A^b: ἐὰν et δῷ E ‖ 13 ἐν om. A^b ‖ 14 μήκη τε καὶ ἐπ. A^b ‖ οὐδὲ A^b ‖ 15 οὔτε τίνα A^b et Alex. p. 93, 30: οὔτ' εἴ τινα E ‖ 16 τὰ μαθ. E ‖ 17 τοῦτο φαίνεται γένος A^b ‖ 18 διελόντα τὰ πολλαχῶς λεγόμενα A^b ‖ 20 οἵων E: ὧν A^b et Alex. in interpret. ‖ 21 εὐθύ E Alex.: εὖ A^b ‖ 23 ἢ ζητεῖν E ‖ 25 γνωρίζοντας Alex.

b 23 E, Ross

grunde gelegte Wesen mehr für ein mathematisches halten und vielmehr für ein Prädikat und einen Artunterschied des Wesens und des Stoffes als selbst für Stoff, ich meine nämlich das Große und Kleine, wie ja auch die Naturphilosophen von dem Dünnen und Dichten reden und es als die ersten Unterschiede des Substrates bezeichnen; denn dies ist ja auch ein Überschuß und ein Mangel. – (23.) Und was die Bewegung anbetrifft, so würden, wenn dies, das Große und Kleine, Bewegung sein soll, offenbar die Ideen in Bewegung sein; wo aber nicht, woher kam sie dann? So ist denn die ganze Untersuchung der Natur aufgehoben. (24.) Und was sich leicht zu erweisen scheint, nämlich daß Alles Eines ist, das ergibt sich aus ihren Beweisen nicht. Denn durch das Herausheben des Einen aus der Vielheit ergibt sich, selbst wenn man ihnen alles zugibt, nicht, daß Alles eins ist, sondern nur, daß es ein Eines selbst gibt; und nicht einmal dies, wofern man ihnen nicht zugibt, daß das Allgemeine Gattung sei, und das ist doch in manchen Fällen unmöglich. (25.) Wenn sie aber nach den Zahlen Linien und Flächen und Körper setzen, so läßt sich gar kein Grund anführen, weder inwiefern sie sind oder sein sollen, noch darüber, welches Vermögen sie haben; denn diese können weder Ideen sein, da sie keine Zahlen sind, noch Dazwischenliegendes, da dies das Mathematische ist, noch können sie den vergänglichen Dingen angehören, sondern offenbar ergibt sich hierin wieder eine andere, vierte Gattung der Wesen.

(e) (26.) Überhaupt ist es unmöglich, die Elemente des Seienden zu finden, wenn man nicht die verschiedenen Bedeutungen, die das Seiende hat, unterscheidet, zumal wenn die Untersuchung auf die Frage geht, aus welcherlei Elementen das Seiende bestehe. Denn für das Tun oder Leiden oder für das Gerade kann man doch keine Elemente angeben, aus denen es bestände, sondern, wofern dies überhaupt möglich ist, so ist es nur für die Wesen (Substanzen) möglich. Also ist es unrichtig, die Elemente von allem Seienden zu suchen oder zu meinen, daß man sie habe. (27.) Wie sollte man denn auch die Elemente der gesamten Dinge erkennen lernen? Denn offenbar könnte man ja vor dieser Erkenntnis nichts vorher erkannt haben.

ρον. ὥσπερ γὰρ τῷ γεωμετρεῖν μανθάνοντι ἄλλα μὲν ἐνδέχεται προειδέναι, ὧν δ' ἡ ἐπιστήμη καὶ περὶ ὧν μέλλει μανθάνειν οὐδὲν προγιγνώσκει, οὕτω δὴ καὶ ἐπὶ τῶν ἄλλων. ὥστ' εἴ τις τῶν πάντων ἐστὶν ἐπιστήμη, ὥς τινές φασιν, οὐδὲν ἂν προϋπάρχοι γνωρίζων οὗτος. καίτοι πᾶσα μάθησις διὰ προγιγνωσκομένων ἢ πάντων ἢ τινῶν ἐστί, καὶ ἡ δι' ἀποδείξεως καὶ ἡ δι' ὁρισμῶν· δεῖ γὰρ ἐξ ὧν ὁ ὁρισμὸς προειδέναι καὶ εἶναι γνώριμα· ὁμοίως δὲ καὶ ἡ δι' ἐπαγωγῆς. ἀλλὰ μὴν
993a καὶ εἰ τυγχάνει σύμφυτος οὖσα, θαυμαστὸν πῶς λανθάνομεν ἔχοντες τὴν κρατίστην τῶν ἐπιστημῶν. ἔτι πῶς τις γνωριεῖ ἐκ τίνων ἐστί, καὶ πῶς ἔσται δῆλον; καὶ γὰρ τοῦτ' ἔχει ἀπορίαν· ἀμφισβητήσειε γὰρ ἄν τις, ὥσπερ καὶ περὶ ἐνίας συλλαβάς· οἱ μὲν γὰρ τὸ ζα ἐκ τοῦ σ καὶ δ καὶ α φασὶν εἶναι, οἱ δέ τινες ἕτερον φθόγγον φασὶν εἶναι καὶ οὐδένα τῶν γνωρίμων. ἔτι δὲ ὧν ἐστὶν αἴσθησις, ταῦτα πῶς ἄν τις μὴ ἔχων τὴν αἴσθησιν γνοίη; καίτοι ἔδει, εἴγε πάντων ταὐτὰ στοιχεῖά ἐστιν ἐξ ὧν, ὥσπερ αἱ σύνθετοι φωναί εἰσιν ἐκ τῶν οἰκείων στοιχείων.

ὅτι μὲν οὖν τὰς εἰρημένας ἐν τοῖς φυσικοῖς αἰτίας ζητεῖν 10
ἐοίκασι πάντες, καὶ τούτων ἐκτὸς οὐδεμίαν ἔχοιμεν ἂν εἰπεῖν, δῆλον καὶ ἐκ τῶν πρότερον εἰρημένων· ἀλλ' ἀμυδρῶς ταύτας· καὶ τρόπον μέν τινα πᾶσαι πρότερον εἴρηνται, τρόπον δέ τινα οὐδαμῶς. ψελλιζομένῃ γὰρ ἔοικεν ἡ πρώτη φιλοσοφία περὶ πάντων, ἅτε νέα [τε] κατ' ἀρχὰς οὖσα καὶ τὸ πρῶτον, ἐπεὶ καὶ Ἐμπεδοκλῆς ὀστοῦν τῷ λόγῳ φησὶν

26 *γεωμέτρη γεωμετρεῖν* $\mathrm{A^b}$ ‖ 28 *δὴ* $\mathrm{A^b}$: *δὲ* E ‖ 29 *ἁπάντων* $\mathrm{A^b}$ ‖ *ὡς* E: *οἷαν δή* $\mathrm{A^b}$ ‖ 31 *ἡ δι'* collato Alex. p. 96, 2—5 Bonitz: *ἢ δι'* codd. ‖ 32 *καὶ ἡ δι'* Bonitz: *ἢ δι'* codd. ‖ 993a, 2 *γνωριεῖ* $\mathrm{A^b}$: *γνωρίσειεν* E, *γνωρίσει* Alex. ‖ 5 *ζα* Alex. Ascl. Bonitz: *σμα* $\mathrm{A^b}$E vulgo ‖ *δ* Alex. Bonitz: *μ̄* $\mathrm{A^b}$E ‖ *καὶ α* delenda, utpote orta ex antiqua lectione *ΚΑΙ Δ* ‖ 6 *δὲ τὸν ἕτερον τρόπον ἴδιον εἶναι* $\mathrm{A^b}$ ‖ 8 *ἔδει* E: *δεῖ* $\mathrm{A^b}$ ‖ 9 *ὥσπερ* — 10 *στοιχείων* glossema esse videtur ad 5 *τὸ ζα* — *εἶναι* pertinens ‖ 12 *ἔχομεν εἰπεῖν* $\mathrm{A^b}$ ‖ 15 *ψελλιζομένη* E ‖ 16 *ἁπάντων* $\mathrm{A^b}$ ‖ *τε* om. $\mathrm{A^b}$, fort. *τε καὶ κατ'* ‖ fort. *τὸ πρῶτον περὶ ἀρχῶν θεωροῦσα*

So wie nämlich der, welcher die Geometrie erlernt, zwar andere Dinge vorher wissen kann, aber keines von denjenigen, welche Gegenstand dieser Wissenschaft sind und die er eben erst erlernen will, ebenso verhält es sich auch bei allem anderen. Gibt es also eine Wissenschaft der gesamten Dinge, wie manche behaupten, so müßte, wer sie erlernt, vorher nichts wissen. Nun geschieht aber doch jede Erlernung durch ein vorausgehendes Wissen aller oder einiger Stücke, sowohl die Erlernung durch Beweis wie die durch Definition; denn man muß die Teile, aus welchen die Definition besteht, vorher kennen, und sie müssen schon bekannt sein. In gleicher Weise verhält es sich bei der Erlernung durch Induktion. – (28.) Aber gesetzt, diese Erkenntnis wäre uns angeboren, so wäre es doch verwunderlich, wie es uns ver- 993 a
borgen bleiben sollte, wenn wir im Besitz der höchsten Wissenschaft wären. (29.) Ferner, wie soll man erkennen, woraus das Seiende besteht, und wie soll dies deutlich werden? Auch dies macht nämlich Schwierigkeit; denn man könnte ja darüber Zweifel erheben in derselben Art wie bei einigen Silben, wo z. B. einige behaupten, die Silbe za bestehe aus den Lauten, s,d, und a, andere dagegen einen andern, von den bekannten verschiedenen Laut annehmen. (30.) Ferner, wie kann man wohl die Gegenstände der sinnlichen Wahrnehmung erkennen, wenn man nicht diese sinnliche Wahrnehmung besitzt? Und doch müßte dies der Fall sein, wenn jene Prinzipien die Elemente wären, aus denen alles bestände, ebenso wie die zusammengesetzten Laute aus ihren eigentümlichen Elementen bestehen.

10 Daß also alle die in den Büchern *Über die Natur* angeführten Ursachen aufzusuchen scheinen, und daß wir außer diesen keine andere Art von Ursachen anführen können, ist selbst aus den obigen Erörterungen offenbar. Doch handelten sie von diesen nur dunkel, und wenn in gewissem Sinne alle Ursachen schon früher genannt sind, so sind sie es wieder in gewissem Sinne durchaus nicht. Denn die erste Philosophie schien über alles nur stammelnd zu reden (wie ein Kind), da sie noch jung war und am Beginn stand. So sagt zwar auch Empedokles, der Knochen habe sein Sein durch den Be-

εἶναι, τοῦτο δ' ἐστὶ τὸ τί ἦν εἶναι καὶ ἡ οὐσία τοῦ πράγματος. ἀλλὰ μὴν ὁμοίως ἀναγκαῖον καὶ σαρκὸς καὶ τῶν ἄλλων ἑκάστου εἶναι τὸν λόγον, ἢ μηδενός· διὰ τοῦτο ἄρα καὶ σὰρξ καὶ ὀστοῦν ἔσται καὶ τῶν ἄλλων ἕκαστον, καὶ οὐ διὰ τὴν ὕλην, ἥν ἐκεῖνος λέγει, πῦρ καὶ γῆν καὶ ὕδωρ καὶ ἀέρα. ἀλλὰ ταῦτα ἄλλου μὲν λέγοντος συνέφησεν ἂν ἐξ ἀνάγκης, σαφῶς δ' οὐκ εἴρηκεν. περὶ μὲν οὖν τῶν τοιούτων δεδήλωται καὶ πρότερον· ὅσα δὲ περὶ τῶν αὐτῶν τούτων ἀπορήσειεν ἄν τις, ἐπανέλθωμεν πάλιν· τάχα γὰρ ἂν ἐξ αὐτῶν εὐπορήσαιμέν τι πρὸς τὰς ὕστερον ἀπορίας.

[Α ΕΛΑΤΤΟΝ.]

Ἡ περὶ τῆς ἀληθείας θεωρία τῇ μὲν χαλεπή, τῇ δὲ ῥᾳδία. σημεῖον δὲ τὸ μήτ' ἀξίως μηδένα δύνασθαι τυχεῖν αὐτῆς, μήτε πάντως ἀποτυγχάνειν, ἀλλ' ἕκαστον λέγειν τι 993b περὶ τῆς φύσεως, καὶ καθ' ἕνα μὲν ἢ μηδὲν ἢ μικρὸν ἐπιβάλλειν αὐτῇ, ἐκ πάντων δὲ συναθροιζομένων γίγνεσθαί τι μέγεθος. ὥστ' εἴπερ ἔοικεν ἔχειν καθάπερ τυγχάνομεν παροιμιαζόμενοι, τίς ἂν θύρας ἁμάρτοι; ταύτῃ μὲν ἂν εἴη ῥᾳδία·

19 *σάρκα* T, *σάρκας* A^b, *σαρκὸς* E ‖ 20 *ἕκαστον* A^{b}E, *ἑκάστου* interpretatur Bessario ‖ *διὰ τὸν λόγον* coni. Blass Rh. M. 30, 493 ‖ *μηδὲ ἓν* E, *μηδενὸς* A^b, fort. *αἴτιον τὸν λόγον ἢ μηδενός· διὰ τοῦτον* cf. Alex. p. 99, 22 ‖ *ἄρα* A^b: *γὰρ* E ‖ *ἡ σὰρξ* A^b ‖ 21 *ἔσται* A^{b}E: *ἐστι* ex Alex. Bonitz ‖ 24 *τῶν τοιούτων* E Alex.: *τούτων* A^b ‖ 25 *δὲ*] *δὴ* Alex. ‖ 27 *τι* om. A^b et Alex. p. 100, 16 ‖ 29 *ᾱ ἔλαττον* A^b, *β̄* ex *ᾱ* correctum E, *τοῦτο τὸ βιβλίον οἱ πλείους φασὶν εἶναι Πασικλέους τοῦ Ῥοδίου, ὃς ἦν ἀκροατὴς Ἀριστοτέλους, υἱὸς δὲ Βοηθοῦ τοῦ Εὐδήμου ἀδελφοῦ. Ἀλέξανδρος δὲ ὁ Ἀφροδισιεύς* (cf. p. 100, 10) *φησιν εἶναι αὐτὸ Ἀριστοτέλους* E, quodsi Pasicles, cuius memoriam Nicolao, in scholio Theophrasti metaphysicorum (p. 323 ed. Brandis) commemorato, debere videmur, ipsa quae audiverat verba Aristotelis reddidit, ille quidem physicis et metaphysicis ea praemitti voluit ‖ 30 *ἡ*] *ὅτι ἡ γρ.* Alex. ‖ 31 *τυχεῖν* E: *θιγεῖν* A^b ‖ 993b, 1 *πάντως* coni. Brandis ex Alex. p. 101, 14. 102, 12. 21. 25: *πάντας* A^{b}E ‖ 2 *ἢ μηδὲν* A^{b}E et fort. Alex., *ἢ* om. vulgo, *ἢ μηδὲν ἢ* deleverim ‖ 5 *θύρας*] *θήρας* coni. Erasmus

a 20 Blass, Ross *μηδὲ ἕν* E, Ross 30 Alex., Ross b 1 A^b E, Ross

griff (Verhältnis), dieser ist aber das Sosein und das Wesen des Dinges. Auf gleiche Weise müßte ja aber der Begriff (das Verhältnis) auch das Fleisch und jedes einzelne von den übrigen Dingen bestimmen oder überhaupt keines; denn durch diesen würde ebensowohl das Fleisch wie der Knochen und jedes einzelne von den andern Dingen sein Sein haben, nicht durch den Stoff, von dem er spricht: Feuer, Erde, Wasser und Luft. Doch hierin würde er, wenn es ein anderer ausgesprochen hätte, beigestimmt haben, er selbst hat es aber nicht bestimmt gesagt. Dergleichen Gegenstände sind schon oben geklärt worden. Welche Fragen man aber über eben diese Gegenstände vorbringen kann, darauf wollen wir nun eingehen; denn vielleicht können sie uns den Weg zur Lösung der späteren Fragen bahnen.

BUCH II

1 (a) Die Betrachtung der Wahrheit ist in einer Hinsicht schwer, in einer andern leicht. Dies zeigt sich darin, daß niemand sie in gebührender Weise erreichen, aber auch nicht alle verfehlen können, sondern ein jeder etwas Richtiges über 993 b
die Natur sagt, und wenn sie einzeln genommen nichts oder nur wenig zu derselben beitragen, so ergibt sich doch aus der Zusammenfassung aller eine gewisse Größe. Wenn es sich also mit ihr zu verhalten scheint wie nach dem Sprichwort: ‚Wer sollte denn eine Tür nicht treffen', so möchte sie von dieser Seite betrachtet leicht sein;

τὸ δ' ὅλον τι ἔχειν καὶ μέρος μὴ δύνασθαι δηλοῖ τὸ χαλεπὸν αὐτῆς. ἴσως δὲ καὶ τῆς χαλεπότητος οὔσης κατὰ δύο τρόπους, οὐκ ἐν τοῖς πράγμασιν ἀλλ' ἐν ἡμῖν τὸ αἴτιόν ἐστιν αὐτῆς. ὥσπερ γὰρ τὰ τῶν νυκτερίδων ὄμματα πρὸς τὸ φέγγος ἔχει τὸ μεθ' ἡμέραν, οὕτω καὶ τῆς ἡμετέρας ψυχῆς ὁ νοῦς πρὸς τὰ τῇ φύσει φανερώτατα πάντων. οὐ μόνον δὲ χάριν ἔχειν δίκαιον τούτοις ὧν ἄν τις κοινώσαιτο ταῖς δόξαις, ἀλλὰ καὶ τοῖς ἐπιπολαιοτέρως ἀποφηναμένοις· καὶ γὰρ οὗτοι συνεβάλοντό τι· τὴν γὰρ ἕξιν προήσκησαν ἡμῶν. εἰ μὲν γὰρ Τιμόθεος μὴ ἐγένετο, πολλὴν ἂν μελοποιίαν οὐκ εἴχομεν· εἰ δὲ μὴ Φρῦνις, Τιμόθεος οὐκ ἂν ἐγένετο. τὸν αὐτὸν δὲ τρόπον καὶ τῶν περὶ τῆς ἀληθείας ἀποφηναμένων παρὰ μὲν [γὰρ] ἐνίων παρειλήφαμέν τινας δόξας, οἱ δὲ τοῦ γενέσθαι τούτους αἴτιοι γεγόνασιν. ὀρθῶς δ' ἔχει καὶ τὸ καλεῖσθαι τὴν φιλοσοφίαν ἐπιστήμην τῆς ἀληθείας. θεωρητικῆς μὲν γὰρ τέλος ἀλήθεια, πρακτικῆς δ' ἔργον· καὶ γὰρ ἐὰν τὸ πῶς ἔχει σκοπῶσιν, οὐ τὸ ἀΐδιον ἀλλὰ πρός τι καὶ νῦν θεωροῦσιν οἱ πρακτικοί. οὐκ ἴσμεν δὲ τὸ ἀληθὲς ἄνευ τῆς αἰτίας· ἕκαστον δὲ μάλιστα αὐτὸ τῶν ἄλλων, καθ' ὃ καὶ τοῖς ἄλλοις ὑπάρχει τὸ συνώνυμον, οἷον τὸ πῦρ θερμότατον· καὶ γὰρ τοῖς ἄλλοις τὸ αἴτιον τοῦτο τῆς θερμότητος· ὥστε καὶ ἀληθέστατον τὸ τοῖς ὑστέροις αἴτιον τοῦ ἀληθέσιν εἶναι. διὸ τὰς τῶν αἰεὶ ὄντων ἀρχὰς ἀναγκαῖον [ἀεὶ] εἶναι ἀληθεστά-

6 τι A^b: τ' E, utrumque interpretatur Alex.; idem rettulit fuisse qui conicerent ὅλον μὴ δύνασθαι καὶ μέρος ἔχειν ‖ 8 ἐστιν add. A^b, om. E ‖ 9 γὰρ τὰ A^bE: γὰρ καὶ τὰ vulgo ‖ 12 κοινώσαιτο A^b: κοινωνήσαιτο E, sed το post additum eadem, ut videtur, manu, κοινωνῆσαι Alex. ‖ 13 τοῖς ἐπιπολαιότερον A^b ‖ 14 συνεβάλοντο A^b: συμβάλλονται E ‖ ἤσκησαν A^b ‖ 17 καὶ περὶ τῶν ἀλ. A^b ‖ 19 δὴ E ‖ ἔχει om. A^b ‖ 20 καλέσαι E ‖ τὴν κατὰ φιλ. A^b ‖ post ἀληθείας add. θεωρητικήν A^b ‖ 22 ἔχῃ E ‖ οὐκ ἀΐδιον A^b Alex.: οὐ τὸ αἴτιον καθ' αὑτὸ E et γρ. Alex., οὐ τὸ καθ' αὑτὸ coni. Luthe, Herm. 15, 198 ‖ fort. ἀλλὰ τὸ πρός τι ‖ 23 τῆς om. Alex. ‖ 27 modo ἀληθέστερον modo ἀληθέστατον Alex. ‖ 28 alterum ἀεὶ om. Bessarion, recte, cf. Alex. p. 109, 25

b22 E et *γρ.* Alex., Ross

daß man aber etwas im ganzen haben, im einzelnen aber verfehlen kann, das beweist ihre Schwierigkeit. (b) Vielleicht ist nun aber die Ursache der Schwierigkeit, die ja von zweifacher Art sein kann, nicht in den Dingen, sondern in uns selbst; wie sich nämlich die Augen der Eulen gegen das Tageslicht verhalten, so verhält sich die Vernunft unserer Seele zu dem, was seiner Natur nach unter allem am offenbarsten ist. (c) Mit Recht muß man nicht bloß gegenüber denjenigen dankbar sein, deren Ansichten man teilen kann, sondern auch gegenüber denen, deren Lehren sich mehr auf der Oberfläche gehalten haben. Denn auch sie trugen dadurch etwas bei, daß sie unsere Fähigkeit übten und vorbildeten. Wäre Timotheos nicht gewesen, so entbehrten wir eines großen Teiles unserer lyrischen Poesie; wäre aber Phrynis nicht gewesen, so wäre Timotheos nicht aufgetreten. Geradeso verhält es sich mit denen, welche sich über die Wahrheit erklärt haben; von den einen haben wir gewisse Ansichten überkommen, die andern sind die Ursache gewesen, daß diese auftraten. (d) Richtig ist es auch, die Philosophie Wissenschaft der Wahrheit zu nennen. Denn für die theoretische Philosophie ist die Wahrheit, für die praktische das Werk Ziel. Denn wenn auch die Vertreter der praktischen Philosophie danach fragen, wie etwas beschaffen ist, so ist doch nicht das Ewige (das Ursächliche, das Ansich), sondern das Relative und Zeitliche Gegenstand ihrer Betrachtung. Die Wahrheit aber wissen wir nicht ohne Erkenntnis der Ursache. Jedes (Prinzip) hat dasjenige vor dem übrigen im höchsten Grade, wonach es auch in dem übrigen als Gemeinsames zukommt, wie z. B. das Feuer am wärmsten ist, weil es auch für das übrige Ursache der Wärme ist. Daher ist auch dasjenige am wahrsten, welches für das Spätere Ursache der Wahrheit ist. Darum müssen die Prinzipien des ewig Seienden (immer) am wahrsten sein; denn sie

τας· οὐ γὰρ ποτὲ ἀληθεῖς, οὐδ' ἐκείναις αἴτιόν τι τοῦ εἶναι, ἀλλ' ἐκεῖναι τοῖς ἄλλοις, ὥσθ' ἕκαστον ὡς ἔχει τοῦ εἶναι, οὕτω καὶ τῆς ἀληθείας.

2 ἀλλὰ μὴν ὅτι γ' ἐστὶν ἀρχή τις καὶ οὐκ ἄπειρα τὰ αἴ- 994a
τια τῶν ὄντων, οὔτ' εἰς εὐθυωρίαν οὔτε κατ' εἶδος, δῆλον. οὔτε γὰρ ὡς ἐξ ὕλης τόδ' ἐκ τοῦδε δυνατὸν ἰέναι εἰς ἄπειρον, οἷον σάρκα μὲν ἐκ γῆς, γῆν δ' ἐξ ἀέρος, ἀέρα δ' ἐκ πυρός, καὶ τοῦτο μὴ ἵστασθαι· οὔτε ὅθεν ἡ ἀρχὴ τῆς κινήσεως, οἷον τὸν μὲν ἄνθρωπον ὑπὸ τοῦ ἀέρος κινηθῆναι, τοῦτον δ' ὑπὸ τοῦ ἡλίου, τὸν δ' ἥλιον ὑπὸ τοῦ νείκους, καὶ τούτου μηδὲν εἶναι πέρας. ὁμοίως δὲ οὐδὲ τὸ οὗ ἕνεκα εἰς ἄπειρον οἷόν τ' ἰέναι, βάδισιν μὲν ὑγιείας ἕνεκεν, ταύτην δ' εὐδαιμονίας, τὴν δ' εὐδαιμονίαν ἄλλου, καὶ οὕτως αἰεὶ ἄλλο ἄλλου ἕνεκεν εἶναι. καὶ ἐπὶ τοῦ τί ἦν εἶναι δ' ὡσαύτως. τῶν γὰρ μέσων, ὧν ἐστὶν ἔξω τι ἔσχατον καὶ πρότερον, ἀναγκαῖον εἶναι τὸ πρότερον αἴτιον τῶν μετ' αὐτό. εἰ γὰρ εἰπεῖν ἡμᾶς δέοι τί τῶν τριῶν αἴτιον, τὸ πρῶτον ἐροῦμεν· οὐ γὰρ δὴ τό γ' ἔσχατον, οὐδενὸς γὰρ τὸ τελευταῖον· ἀλλὰ μὴν οὐδὲ τὸ μέσον, ἑνὸς γάρ. οὐδὲν δὲ διαφέρει ἓν ἢ πλείω εἶναι, οὐδ' ἄπειρα ἢ πεπερασμένα. τῶν δ' ἀπείρων τοῦτον τὸν τρόπον καὶ ὅλως τοῦ ἀπείρου πάντα τὰ μόρια μέσα ὁμοίως [μέχρι τοῦ νῦν]· ὥστ' εἴπερ μηδέν ἐστι πρῶτον, ὅλως αἴτιον οὐδέν ἐστιν. ἀλλὰ μὴν οὐδ' ἐπὶ τὸ κάτω οἷόν τ' ἐπ' ἄπειρον ἰέναι, τοῦ ἄνω ἔχοντος ἀρχήν, ὥστ' ἐκ πυρὸς μὲν ὕδωρ, ἐκ δὲ τούτου

29 *ἐκείνων* A^b Alex. ‖ *τι* A^b: *τί ἐστι* E, om. Alex. ‖ 994 a, 2 *εἰς* E: *ἐπ'* A^b ‖ 3 *εἶναι ἐπ' ἄπειρον* E ‖ 6 *ἄνθρωπον ἐκ τοῦ ἀέρος* A^b ‖ 8 *οὐδὲ*] *καὶ* et deinde *οὐχ οἷόν* A^b ‖ 9 *ἰέναι*] *εἶναι* A^b ‖ *ἕνεκεν* A^b: *ἕνεκα* E ‖ 11 *εἶναι* om. A^b ‖ *τοῦ* A^b E Alex. in interpr.: *τῶν* Bekk. ‖ 12 *ἔξω τι* om. A^b ‖ *πρότερον*] *πρῶτον* utroque loco interpretatur Alex. ‖ 13 *τῶν* A^b: *τῶι* E ‖ *μεθ' αὐτὸ* A^b ‖ *ἡμᾶς εἰπεῖν* A^b ‖ 14 *γε* E: *τ'* A^b ‖ 15 *γὰρ τὸ* A^b: *γὰρ τό γε* E ‖ 16 *ἓν μέσον* interpretatur Alex. ‖ 18 *μέχρι τοῦ νῦν* delenda duco, licet codd. et Alex. ea tueantur ‖ 20 *οἷόν τ' ἐπ'* Alex.: *οἷόν τε εἰς* A^b, *οἷόν τ' ἐστὶν ἐπ'* E ‖ *ἀπιέναι* A^b

b 29 E, Ross

sind nicht bald wahr, bald falsch, noch haben sie die Ursache des Seins in einem andern, sondern sie selbst sind Ursache für das übrige. Wie sich daher jedes zum Sein verhält, so auch zur Wahrheit.

2 (a) Daß es ein Prinzip gibt und die Ursachen des Seienden nicht ins Unendliche fortschreiten, weder in fortlaufender Reihe noch der Art nach, ist offenbar. Denn weder das Entstehen des einen aus dem andern als aus seinem Stoffe kann ins Unendliche fortgehen, z. B. Fleisch aus Erde, und Erde aus Wasser, und Wasser aus Feuer und so ins Unendliche; noch kann bei derjenigen Ursache, von welcher die Bewegung ausgeht, ein Fortschritt ins Unendliche stattfinden, z. B. daß der Mensch von der Luft bewegt würde, diese von der Sonne, die Sonne vom Streite, und so fort ohne Grenze. In gleicher Weise kann auch der Zweck nicht ins Unendliche fortgehen, daß etwa das Gehen stattfände um der Gesundheit willen, diese um der Glückseligkeit, diese wieder um eines andern willen, und so fort jedes wieder in einem andern seinen Zweck habe. Dasselbe findet auch statt bei dem Sosein. Denn bei jedem Mittleren, wozu es geschieden davon ein Äußerstes und ein Früheres gibt, muß notwendig das Frühere Ursache sein für das Nachfolgende. Denn wenn wir sagen sollten, welches denn unter den dreien Ursache sei, so werden wir das Erste nennen. Gewiß doch nicht das Äußerste, denn das Letzte ist für keines Ursache; aber ebensowenig das Mittlere, denn dies ist nur für eines Ursache. Es macht dabei keinen Unterschied, ob man von einem (Mittleren) oder mehreren, von unbegrenzten oder begrenzten handelt. Bei den in diesem Sinne unendlichen (Ursachen) aber und überhaupt bei dem Unendlichen sind alle Teile gleich sehr mittlere bis zum gegenwärtigen; gibt es also bei ihm nichts Erstes, so gibt es auch keine Ursache. Ebensowenig aber ist es möglich, daß, während es aufwärts einen Anfang gibt, abwärts ein Fortschritt ins Unendliche stattfinde, so daß etwa aus dem Feuer Wasser, aus diesem Erde, und so immer wieder eine andere

γῆν, καὶ οὕτως αἰεὶ ἄλλο τι γίγνεσθαι γένος. διχῶς γὰρ γίγνεται τόδε ἐκ τοῦδε (μὴ ὡς τόδε λέγεται μετὰ τόδε, οἷον ἐξ Ἰσθμίων Ὀλύμπια) ἢ ὡς ἐκ παιδὸς ἀνὴρ μεταβάλλοντος, ἢ ὡς ἐξ ὕδατος ἀήρ. ὡς μὲν οὖν ἐκ παιδὸς ἄνδρα γίγνεσθαί φαμεν ὡς ἐκ τοῦ γιγνομένου τὸ γεγονὸς ἢ ἐκ τοῦ ἐπιτελουμένου τὸ τετελεσμένον· αἰεὶ γάρ ἐστι τι μεταξύ, ὥσπερ τοῦ εἶναι καὶ μὴ εἶναι γένεσις, οὕτω καὶ τὸ γιγνόμενον τοῦ ὄντος καὶ μὴ ὄντος. ἔστι δὲ ὁ μανθάνων γιγνόμενος ἐπιστήμων, καὶ τοῦτ' ἐστὶν ὃ λέγεται, ὅτι γίγνεται ἐκ μανθάνοντος ἐπιστήμων. τὸ δ' ὡς ἐξ ἀέρος ὕδωρ, φθειρομένου θατέρου. διὸ ἐκεῖνα μὲν οὐκ ἀνακάμπτει εἰς ἄλληλα, οὐδὲ γίγνεται ἐξ ἀνδρὸς παῖς· οὐ γὰρ γίγνεται ἐκ τῆς γενέσεως τὸ γιγνό- 994b μενον, ἀλλ' ὃ ἔστι μετὰ τὴν γένεσιν. οὕτω γὰρ καὶ ἡμέρα ἐκ τοῦ πρωΐ, ὅτι μετὰ τοῦτο· διὸ οὐδὲ τὸ πρωῒ ἐξ ἡμέρας. θάτερα δ' ἀνακάμπτει. ἀμφοτέρως δ' ἀδύνατον εἰς ἄπειρον ἰέναι. τῶν μὲν γὰρ ὄντων μεταξὺ ἀνάγκη τέλος εἶναι, τὰ δ' εἰς ἄλληλα ἀνακάμπτει· ἡ γὰρ θατέρου φθορὰ θατέρου ἐστὶ γένεσις. ἅμα δὲ καὶ ἀδύνατον τὸ πρῶτον ἀΐδιον ὂν φθαρῆναι· ἐπεὶ γὰρ οὐκ ἄπειρος ἡ γένεσις ἐπὶ τὸ ἄνω, ἀνάγκη, ἐξ οὗ φθαρέντος πρώτου τι ἐγένετο, μὴ ἀΐδιον εἶναι. ἔτι δὲ τὸ οὗ ἕνεκα τέλος, τοιοῦτον δὲ ὃ μὴ ἄλλου ἕνεκα, ἀλλὰ τἆλλα ἐκείνου· ὥστ' εἰ μὲν ἔσται τοιοῦτόν τι ἔσχατον, οὐκ ἔσται ἄπειρον· εἰ δὲ μηδὲν τοιοῦτον, οὐκ ἔσται

23 μὴ Alex. p. 114, 9. 14 et γρ. E: ἢ AᵇE sed in E ante η rasura unius litterae ‖ 24 ἢ ὡς Bonitz Alexandrum secutus: ἢ οὐχ οὕτως ἀλλ' ὡς Aᵇ, ἢ E, sed ante η rasura sex litterarum, ἀλλ' ὡς ἢ γρ. E, ἀλλ' ὡς coni. Stölzle ‖ μεταβάλλοντος ἢ ἐξ ὑδ. in ras. E ‖ 25 ἢ ὡς Aᵇ: ἢ E ‖ exspectes ὅσα μὲν οὖν ὡς ‖ ἀὴρ — 26 φαμεν om. E ‖ 26 φαμὲν, ὡς vulgo ‖ ἐκ (alt.) om. Alex. ‖ 27 ἔστι τι Ascl.: τι om. AᵇE ‖ fort. ἡ γένεσις ‖ 29 δὲ E: γὰρ Aᵇ ‖ 30 καὶ — 31 ἐπιστήμων om. Aᵇ ‖ 33 γὰρ E: δὲ Aᵇ ‖ 994b, 1 ἀλλ' ὃ ἔστι μετὰ scripsi: ἀλλ' ἔστι μετὰ AᵇE, ἀλλὰ μετὰ omisso ἔστι Alex. Ascl.; possis quoque conicere, ut minimum mutetur ἀλλ' ἃ ‖ 2 ἐκ τὸ πρωὶ Aᵇ ‖ τὸ om. Aᵇ ‖ 3 θάτερον Aᵇ ‖ 5 ἀνακάμπτειν Aᵇ ‖ θατέρου γένεσίς ἐστιν Alex. ‖ 7 ἡ om. Aᵇ ‖ 9 ἔτι E: ἐπεὶ Aᵇ Alex. ‖ 10 τι coni. secutus Alexandrum Bonitz: τὸ AᵇE

b9 Aᵇ Alex., Ross

Gattung entstände. In zweifachem Sinne nämlich sagt man,
daß eines aus dem andern werde: entweder (erstens) so, wie
„eines nach dem anderen", z. B. die isthmischen Spiele aus
den olympischen, bzw. wie aus dem Knaben, indem er sich
verändert, der Mann, oder (zweitens), wie aus Wasser Luft
wird. Wie aus dem Knaben der Mann, damit meinen wir,
wie aus dem Werdenden das Gewordene und aus dem sich
Vollendenden das Vollendete. Immer nämlich liegt etwas
dazwischen: Wie das Werden zwischen Sein und Nichtsein,
so ist auch das Werdende ein Mittleres zwischen Seiendem
und Nicht-Seiendem. Der Lernende ist ein werdender Ge-
lehrter, und das meinen wir, wenn wir sagen, daß aus dem
Lernenden ein Gelehrter werde. Wie aus Wasser Luft, damit
meinen wir das Entstehen durch den Untergang des andern.
Daher findet bei jenen keine Umkehr in der Folge des Ent-
stehens statt, und es wird nicht aus dem Manne der Knabe;
denn nicht aus dem Entstehen wird dort das Werdende, son- 994 b
dern nach dem Entstehen. So wird auch der Tag aus dem
Morgen, indem er nach diesem eintritt, und darum wird
auch nicht der Morgen aus dem Tage. Bei der anderen Art
des Werdens dagegen findet die Umkehrung der Folge statt.
Bei beiden Arten aber ist ein Fortschritt ins Unendliche un-
möglich; denn das eine muß als ein Mittleres ein Ende ha-
ben, das andere aber erleidet eine Umkehr in einander, in-
dem das Vergehen des einen Entstehen des andern ist. Zu-
gleich ist es auch unmöglich, daß das Erste, welches ewig
ist, bei dem Entstehen selbst untergehe; denn da das Entste-
hen nicht einen Fortschritt ins Unendliche aufwärts zuläßt,
so kann dasjenige, aus welchem als erstem durch seinen
Untergang etwas entstand, nicht ewig sein. Ferner ist das
Weswegen Endzweck. Endzweck aber ist das, welches nicht
um eines andern willen, sondern um dessentwillen das ande-
re ist. Wenn es also ein solches Äußerstes gibt, so findet da-
bei kein Fortschritt ins Unendlicht statt; gibt es kein sol-
ches, so gibt es überhaupt kein Weswegen. Aber wer hierin

τὸ οὗ ἕνεκα. ἀλλ' οἱ τὸ ἄπειρον ποιοῦντες λανθάνουσιν ἐξαιροῦντες τὴν τοῦ ἀγαθοῦ φύσιν. καίτοι οὐδεὶς ἂν ἐγχειρήσειεν οὐδὲν πράττειν μὴ μέλλων ἐπὶ πέρας ἥξειν. οὐδ' ἂν εἴη νοῦς ἐν τοῖς τοιούτοις· ἕνεκα γάρ τινος αἰεὶ πράττει ὅ γε νοῦν ἔχων· τοῦτο δέ ἐστι πέρας· τὸ γὰρ τέλος πέρας ἐστίν. ἀλλὰ μὴν οὐδὲ τὸ τί ἦν εἶναι ἐνδέχεται ἀνάγεσθαι εἰς ἄλλον ὁρισμὸν πλεονάζοντα τῷ λόγῳ. αἰεί τε γάρ ἐστιν ὁ ἔμπροσθεν μᾶλλον, ὁ δὲ ὕστερος οὐκ ἔστιν· οὗ δὲ τὸ πρῶτον μὴ ἔστιν, οὐδὲ τὸ ἐχόμενόν ἐστιν. ἔτι τὸ ἐπίστασθαι ἀναιροῦσιν οἱ οὕτως λέγοντες· οὐ γὰρ οἷόν τ' εἰδέναι πρὶν ἢ εἰς τὰ ἄτομα ἐλθεῖν. καὶ τὸ γιγνώσκειν οὐκ ἔστιν. τὰ γὰρ οὕτως ἄπειρα πῶς ἐνδέχεται νοεῖν; οὐ γὰρ ὅμοιον ἐπὶ τῆς γραμμῆς, ἣ κατὰ τὰς διαιρέσεις μὲν οὐχ ἵσταται, νοῆσαι δ' οὐκ ἔστι μὴ στήσαντα· διόπερ οὐκ ἀριθμήσει τὰς τομὰς ὁ τὴν ἄπειρον διεξιών. ἀλλὰ καὶ τὴν ὕλην ἐν κινουμένῳ νοεῖν ἀνάγκη. καὶ ἀπείρῳ οὐδενὶ ἔστιν εἶναι· εἰ δὲ μή, οὐκ ἄπειρόν γ' ἐστὶν τὸ ἀπείρῳ εἶναι. ἀλλὰ μὴν καὶ εἰ ἄπειρά γ' ἦσαν πλήθει τὰ εἴδη τῶν αἰτίων, οὐκ ἂν ἦν οὐδ' οὕτω τὸ γιγνώσκειν· τότε γὰρ εἰδέναι οἰόμεθα, ὅταν τὰ αἴτια γνωρίσωμεν· τὸ δ' ἄπειρον κατὰ τὴν πρόσθεσιν οὐκ ἔστιν ἐν πεπερασμένῳ διεξελθεῖν.

3 αἱ δ' ἀκροάσεις κατὰ τὰ ἔθη συμβαίνουσιν· ὡς γὰρ εἰώθαμεν, οὕτως ἀξιοῦμεν λέγεσθαι, καὶ τὰ παρὰ ταῦτα οὐχ 995a ὅμοια φαίνεται ἀλλὰ διὰ τὴν ἀσυνήθειαν ἀγνωστότερα καὶ ξενικώτερα. τὸ γὰρ σύνηθες γνωριμώτερον. ἡλίκην δ' ἰσχὺν ἔχει τὸ σύνηθες οἱ νόμοι δηλοῦσιν, ἐν οἷς τὰ μυθώδη καὶ παιδαριώδη μεῖζον ἰσχύει τοῦ γιγνώσκειν περὶ αὐτῶν διὰ τὸ

14 πράσσειν E ‖ 15 τοῖς τοιούτοις] τοῖς οὖσιν A^b Alex., τοιούτοις E ‖ 16 δὲ scripsi: γὰρ A^{b}E vulgo ‖ τέλος πέρας E: πέρας τέλος A^b ‖ 17 ἀεὶ post ἀνάγεσθαι vel ἐνδέχεται addendum censeo ‖ 20 ἐστιν om. A^b ‖ 22 ἢ om. A^b ‖ ἐλθεῖν E: ἔλθῃ A^b ‖ 25 ἀριθμεῖ A^b ‖ 26 ὕλην κινουμένην γρ. Alex., quod nescio an truncatum sit ex ὕλην ἔν τινι κινουμένην ‖ 27 οὐδενὶ A^b et E corr.: οὐδὲν E m. pr. et γρ. E in marg. ‖ γ' E: δ' A^b ‖ 31 πρόθεσιν A^b ‖ 995a, 1 ἀξιοῦμεν ἔτι τὸ λέγ. Alex. ‖ 3 γνώριμον A^b ‖ 4 τὰ] περὶ τὰ A^b, quod corrigas in οἷσπερ τὰ ‖ 5 διὰ om. A^b

b 22 ἤ: om. Ross a 3 A^b, Ross

einen Fortschritt ins Unendliche behauptet, der hebt, ohne es zu wissen, das Wesen des Guten auf. Und doch würde niemand etwas zu tun unternehmen, wenn er nicht zu einem Ende zu kommen gedächte. Auch läge in solchem Verhalten keine Vernunft; denn der Vernünftige handelt immer nach einem Weswegen; dies ist aber eine Grenze; denn der Zweck ist eine Grenze. Aber auch das Sosein läßt sich nicht jeweils auf eine andere Begriffsbestimmung zurückführen, die begrifflich (immer wieder) erweitert würde. Denn immer ist der frühere mehr Begriff der Sache als der spätere; wenn es also nicht das Erste schon ist, so noch weniger das darauf Folgende. – Ferner hebt eine solche Behauptung das Wissen auf, da es nicht möglich ist zu wissen, bevor man zum Unteilbaren gelangt ist. Und ebensowenig ist Erkennen möglich. Denn wie ist es denn möglich, das in diesem Sinne Unendliche zu denken? Es verhält sich nämlich hierbei nicht so, wie bei der Linie, bei welcher die Teilung zwar keine Grenze hat, die man aber doch nicht denken kann, ohne im Teilen anzuhalten. Wer deshalb die unendlich teilbare Linie durchgeht, wird die Teilungen der Linie nicht zählen (können). Auch die Materie kann man nur an einem bewegten Gegenstande denkend erfassen. Und kein (bewegtes, materielles) Ding kann unendlich sein. Andernfalls wäre das wesentlich Unendliche nicht unendlich. (b) Ebensowenig aber wäre ein Erkennen möglich, wenn die Arten der Ursachen der Zahl nach unendlich wären. Denn wir glauben dann etwas zu wissen, wenn wir die Ursachen desselben erkannt haben; das ins Unendliche Zunehmende aber kann man nicht in begrenzter Zeit durchgehen.

3 (a) Die verschiedene Aufnahme des Unterrichts hängt von der Gewohnheit ab; denn wie wir es gewohnt sind, so 995 a
verlangen wir, soll die Behandlung eines Gegenstandes beschaffen sein, und was davon abweicht, erscheint uns als unpassend und wegen des Ungewöhnlichen schwieriger zu verstehen und fremdartiger; denn das Gewohnte ist verständlicher. Wie groß die Macht der Gewohnheit ist, beweisen die Gesetze, bei welchen Sagenhaftes und Kindisches wegen der Gewohnheit daran mehr bewirkt

ἔθος. οἱ μὲν οὖν, ἐὰν μὴ μαθηματικῶς λέγῃ τις, οὐκ ἀποδέχονται τῶν λεγόντων, οἱ δ' ἐὰν μὴ παραδειγματικῶς, οἱ δὲ μάρτυρα ἀξιοῦσιν ἐπάγεσθαι ποιητήν. καὶ οἱ μὲν πάντα ἀκριβῶς, τοὺς δὲ λυπεῖ τὸ ἀκριβὲς ἢ διὰ τὸ μὴ δύνασθαι συνείρειν ἢ διὰ τὴν μικρολογίαν. ἔχει γάρ τι τὸ ἀκριβὲς τοιοῦτον, ὥστε καθάπερ ἐπὶ τῶν συμβολαίων, καὶ ἐπὶ τῶν λόγων ἀνελεύθερον εἶναί τισι δοκεῖ. διὸ δεῖ πεπαιδεῦσθαι πῶς ἕκαστα ἀποδεκτέον, ὡς ἄτοπον ἅμα ζητεῖν ἐπιστήμην καὶ τρόπον ἐπιστήμης· ἔστι δ' οὐδέτερον ῥᾴδιον λαβεῖν. τὴν δ' ἀκριβολογίαν τὴν μαθηματικὴν οὐκ ἐν ἅπασιν ἀπαιτητέον, ἀλλ' ἐν τοῖς μὴ ἔχουσιν ὕλην. διόπερ οὐ φυσικὸς ὁ τρόπος· ἅπασα γὰρ ἴσως ἡ φύσις ἔχει ὕλην. διὸ σκεπτέον πρῶτον τί ἐστιν ἡ φύσις. οὕτω γὰρ καὶ περὶ τίνος ἡ φυσικὴ δῆλον ἔσται. [καὶ εἰ μιᾶς ἐπιστήμης ἢ πλειόνων τὰ αἴτια καὶ τὰς ἀρχὰς θεωρῆσαί ἐστιν.]

B.

Ἀνάγκη πρὸς τὴν ἐπιζητουμένην ἐπιστήμην ἐπελθεῖν ἡμᾶς πρῶτον, περὶ ὧν ἀπορῆσαι δεῖ πρῶτον· ταῦτα δ' ἐστὶν ὅσα τε περὶ αὐτῶν ἄλλως ὑπειλήφασί τινες, κἂν εἴ τι χωρὶς τούτων τυγχάνοι παρεωραμένον. ἔστι δὲ τοῖς εὐπορῆσαι βουλομένοις προὔργου τὸ διαπορῆσαι καλῶς· ἡ γὰρ ὕστερον εὐπορία λύσις τῶν πρότερον ἀπορουμένων ἐστί, λύειν δ' οὐκ ἔστιν ἀγνοοῦντας τὸν δεσμόν. ἀλλ' ἡ τῆς διανοίας ἀπορία δηλοῖ τοῦτο περὶ τοῦ πράγματος· ᾗ γὰρ ἀπορεῖ, ταύτῃ παραπλήσιον πέπονθε τοῖς δεδεμένοις· ἀδύνατον γὰρ ἀμφοτέρως προελθεῖν εἰς τὸ πρόσθεν. διὸ δεῖ τὰς δυσχερείας τε-

et Alex. in interpret. ‖ 7 exspectes τὸν λέγοντα ‖ 12 δοκεῖ τισι A^b ‖ πεπαιδεῦθαι E ‖ 14 δὲ οὐδὲ θάτερον A^b ‖ 17 τρόπος A^bE et γρ. Alex.: λόγος Alex. ‖ 18 ἡ om. E ‖ τίνων A^b Alex.: τίνος E ‖ 19 καὶ — 20 ἐστιν a nonnullis ex 995 b, 5 falso hoc loco adiecta esse docet Alex. p. 130, 24; postea additum videtur etiam initium libri B ἀνάγκη — 27 παρεωραμένον ‖ 24 ἐπιζητουμένην E Alex.: ζητουμένην A^b ‖ 25 πρῶτον ante περὶ om. A^b ‖ 27 τυγχάνη A^bE ‖ 30 ἀγνοοῦντας A^b: ἀγνοοῦντα E ‖ 31 ἡ γὰρ ἀπορία A^b

a 14 A^b, Ross

als Erkennen. Einige also mögen einen Unterrichtenden gar nicht anhören, wenn er nicht auf mathematische Weise spricht. Andere, wenn er nicht Beispiele bringt, andere verlangen, daß er Dichter als Zeugen anführe. Die einen verlangen in allen Dingen strenge Genauigkeit, die andern verdrießt diese Genauigkeit, entweder weil sie dieselbe nicht fassen können, oder weil sie ihnen für Kleinlichkeit gilt. Denn strenge Genauigkeit hat hiervon etwas an sich, wodurch sie wie im Geschäftsverkehr so auch in der Behandlung der Wissenschaften manchen für unfrei gilt. (b) Daher muß man (im methodischen Fragen) schon gebildet sein, welche Weise man bei jedem Gegenstande zu fordern hat; denn unstatthaft ist es, zugleich die Wissenschaft und die Weise ihrer Behandlung zu suchen, da (auch) jedes von diesen beiden für sich zu finden nicht leicht ist. (c) Die genaue Schärfe der Mathematik aber darf man nicht für alle Gegenstände fordern, sondern nur für die stofflosen. Darum paßt diese Weise nicht für die Wissenschaft der Natur, denn alle Natur ist wohl mit Stoff verbunden. Wir müssen deshalb zuerst untersuchen, was die Natur ist; denn daraus wird sich auch ergeben, worüber die Physik geht [und ob die Untersuchung der Ursachen und Prinzipien Gegenstand einer oder mehrerer Wissenschaften ist].

BUCH III

1 (a) Für die gesuchte Wissenschaft ist es nötig, daß wir uns zuerst dem zuwenden, worüber wir zunächst Fragen stellen müssen. Dies sind teils die abweichenden Ansichten, welche manche hierüber aufgestellt haben, teils anderes, was etwa bisher unbeachtet geblieben ist. Für diejenigen nämlich, die einen guten Erfolg der Lösung anstreben, ist eine gute Fragestellung förderlich; denn der spätere Erfolg liegt in der Lösung des vorher in Frage Gestellten, auflösen aber kann man nicht, wenn man den Knoten nicht kennt. Die Fragestellung (Aporie) aber im Denken zeigt diesen Knoten in der Sache an; denn im Fragen gleicht man den Gebundenen, denen es nach beiden Seiten unmöglich ist vorwärts zu schreiten. Man muß deshalb vorher alle Schwierigkeiten in

θεωρηκέναι πάσας πρότερον, τούτων τε χάριν καὶ διὰ τὸ τοὺς ζητοῦντας ἄνευ τοῦ διαπορῆσαι πρῶτον ὁμοίους εἶναι τοῖς ποῖ δεῖ βαδίζειν ἀγνοοῦσι, καὶ πρὸς τούτοις οὐδ' εἴ ποτε τὸ ζητούμενον εὕρηκεν ἢ μὴ γιγνώσκειν· τὸ γὰρ τέλος τούτῳ μὲν οὐ 995b δῆλον, τῷ δὲ προηπορηκότι δῆλον. ἔτι δὲ βέλτιον ἀνάγκη ἔχειν πρὸς τὸ κρῖναι τὸν ὥσπερ ἀντιδίκων καὶ τῶν ἀμφισβητούντων λόγων ἀκηκοότα πάντων.

ἔστι δ' ἀπορία πρώτη μὲν περὶ ὧν ἐν τοῖς πεφροιμιασμένοις διηπορήσαμεν πότερον μιᾶς ἢ πολλῶν ἐπιστημῶν θεωρῆσαι τὰς αἰτίας, καὶ πότερον τὰς τῆς οὐσίας ἀρχὰς τὰς πρώτας ἐστὶ τῆς ἐπιστήμης ἰδεῖν μόνον, ἢ καὶ περὶ τῶν ἀρχῶν ἐξ ὧν δεικνύουσιν ἅπαντες, οἷον πότερον ἐνδέχεται ταὐτὸ καὶ ἓν ἅμα φάναι καὶ ἀποφάναι ἢ οὔ, καὶ περὶ τῶν ἄλλων τῶν τοιούτων. εἴ τ' ἔστι περὶ τὴν οὐσίαν, πότερον μία περὶ πάσας ἢ πλείονές εἰσι, καὶ εἰ πλείονες, πότερον ἅπασαι συγγενεῖς, ἢ τὰς μὲν σοφίας τὰς δ' ἄλλο τι λεκτέον αὐτῶν. καὶ τοῦτο δ' αὐτὸ τῶν ἀναγκαίων ἐστὶ ζητῆσαι, πότερον τὰς αἰσθητὰς οὐσίας εἶναι μόνον φατέον ἢ καὶ παρὰ ταύτας ἄλλας, καὶ πότερον μοναχῶς ἢ πλείονα γένη τῶν οὐσιῶν, οἷον οἱ ποιοῦντες τά τ' εἴδη καὶ τὰ μαθηματικὰ μεταξὺ τούτων τε καὶ τῶν αἰσθητῶν. περί τε τούτων οὖν, καθάπερ φαμέν, ἐπισκεπτέον, καὶ πότερον περὶ τὰς οὐσίας ἡ θεωρία μόνον ἐστὶν ἢ καὶ περὶ τὰ συμβεβηκότα καθ' αὑτὰ ταῖς οὐσίαις. πρὸς δὲ τούτοις περὶ ταὐτοῦ καὶ ἑτέρου καὶ ὁμοίου καὶ ἀνομοίου [καὶ ταυτότητος] καὶ ἐναντιότητος καὶ περὶ προτέρου καὶ ὑστέρου καὶ τῶν ἄλλων ἁπάντων τῶν τοιούτων, περὶ ὅσων οἱ διαλεκτικοὶ πειρῶνται

36 *οὐδέποτε τὸ ζητούμενον εἰ εὕρηκεν* Ab ‖ 995b, 1 *γιγνώσκει* malo maiore interpunctione ante *καὶ πρὸς τούτοις* posita ‖ 2 *δὲ* post *ἔτι* om. Ab ‖ 5 *πεπροοιμιασμένοις* E ‖ *περὶ ὧν* — 6 *διηπορήσαμεν* referri oportet ad *τὰς αἰτίας*, unde comma ante *πότερον* sustulimus ‖ 9 *πάντες* Ab, post *πάντες* Alex. habuit: *ἀρχαὶ ταῦτα πάσης ἐπιστήμης* ‖ 10 *καὶ ἀποφάναι* om. E ‖ 11 *εἴ τ'* scripsi: *εἴτ'* vulgo ‖ 14—17 = 997a, 34—b, 2 ‖ 16 *πλεοναχῶς τὰ γένη* Ab ‖ 21 *καὶ ταυτότητος* om. Ab E, habet ut videtur cod. S ‖ *καὶ ἐναντίου* T

a36 *οὐδὲ πότε ⟨ρον⟩*: Jaeger   b21 *καὶ ταυτότητος* om. Ab E, Ross

Betracht gezogen haben sowohl aus dem bereits ausgesprochenen Grunde, als auch weil man bei einer Forschung ohne vorausgegangenes Fragen den Wanderern gleicht, welche nicht wissen, wohin sie gehen sollen, und zudem dann nicht einmal erkennen, ob sie das gesuchte Ziel gefunden haben 995 b oder nicht. Denn das Ziel ist ihnen ja nicht bekannt, wohl aber ist es dem bekannt, der vorher danach gefragt hat. Überdies muß notwendig der zur Entscheidung befähigter sein, der die gegeneinander streitenden Gründe, wie ein Richter die streitenden Parteien, angehört hat.

(b) (1.) Die erste Frage betrifft den Gegenstand, den wir in der Einleitung besprochen haben, nämlich ob die Betrachtung der Ursachen Gegenstand einer oder mehrerer Wissenschaften ist, und (2.) ob es der Wissenschaft nur zukommt, die ersten Prinzipien der Wesen (Substanzen) in Betracht zu ziehen oder auch die allgemeinen Prinzipien der Beweisführung, z. B. ob es möglich ist, ein und dasselbe zugleich zu bejahen und zu verneinen oder nicht, und anderes der Art. (3.) Und wenn die Wissenschaft auf das Wesen (Substanz) geht, so fragt sich, ob alle Wesen einer oder mehreren Wissenschaften angehören, und wenn mehreren, ob diese alle verwandt sind oder einige von ihnen als Weisheit zu bezeichnen sind, andere nicht. (4.) Auch dies muß ferner erforscht werden, ob man nur den sinnlichen Wesen Sein zuzuschreiben hat oder noch anderen neben diesen, und ob dann einer oder mehreren Gattungen von Wesen, wie dies von denen geschieht, welche die Ideen und das Mathematische, als Mittleres zwischen den Ideen und den sinnlichen Dingen, aufstellen. (5.) Diese Fragen also müssen untersucht werden, und ferner, ob die theoretische Untersuchung nur auf die Wesen gerichtet ist oder auch auf die Akzidenzien, die den Wesen an sich zukommen. Ferner in Beziehung auf Identisches und Verschiedenes, Ähnliches und Unähnliches, Selbigkeit und Gegensatz, über Früheres und Späteres und alles andere dieser Art, welches die Dialektik nur nach Wahrscheinlichkeits-

σκοπεῖν ἐκ τῶν ἐνδόξων μόνον ποιούμενοι τὴν σκέψιν, τίνος ἐστὶ θεωρῆσαι περὶ πάντων. ἔτι δὲ τούτοις αὐτοῖς ὅσα καθ' αὑτὰ συμβέβηκεν· καὶ μὴ μόνον τί ἐστι τούτων ἕκαστον, ἀλλὰ καὶ ἆρα ἓν ἑνὶ ἐναντίον. καὶ πότερον αἱ ἀρχαὶ καὶ τὰ στοιχεῖα τὰ γένη ἐστὶν ἢ εἰς ἃ διαιρεῖται ἐνυπάρχοντα ἕκαστον· καὶ εἰ τὰ γένη, πότερον ὅσα ἐπὶ τοῖς ἀτόμοις λέγεται τελευταῖα ἢ τὰ πρῶτα, οἷον πότερον ζῷον ἢ ἄνθρωπος ἀρχή τε καὶ μᾶλλον ἔστι παρὰ τὸ καθ' ἕκαστον. μάλιστα δὲ ζητητέον καὶ πραγματευτέον, πότερον ἔστι τι παρὰ τὴν ὕλην αἴτιον καθ' αὑτὸ ἢ οὔ, καὶ τοῦτο χωριστὸν ἢ οὔ, καὶ πότερον ἓν ἢ πλείω τὸν ἀριθμόν. καὶ πότερον ἔστι τι παρὰ τὸ σύνολον (λέγω δὲ τὸ σύνολον, ὅταν κατηγορηθῇ τι τῆς ὕλης) ἢ οὐδέν, ἢ τῶν μὲν τῶν δ' οὔ, καὶ ποῖα ταῦτα τῶν ὄντων.
996a ἔτι αἱ ἀρχαὶ πότερον ἀριθμῷ ἢ εἴδει ὡρισμέναι, καὶ αἱ ἐν τοῖς λόγοις καὶ αἱ ἐν τῷ ὑποκειμένῳ· καὶ πότερον τῶν φθαρτῶν καὶ ἀφθάρτων αἱ αὐταὶ ἢ ἕτεραι· καὶ πότερον ἄφθαρτοι πᾶσαι ἢ τῶν φθαρτῶν φθαρταί. ἔτι δὲ τὸ πάντων χαλεπώτατον καὶ πλείστην ἀπορίαν ἔχον, πότερον τὸ ἓν καὶ τὸ ὄν, καθάπερ οἱ Πυθαγόρειοι καὶ Πλάτων ἔλεγον, οὐχ ἕτερόν τί ἐστιν ἀλλ' οὐσία τῶν ὄντων ἢ οὔ, ἀλλ' ἕτερόν τι τὸ ὑποκείμενον, ὥσπερ Ἐμπεδοκλῆς φησὶ φιλίαν, ἄλλος δέ τις πῦρ, ὁ δὲ ὕδωρ, ὁ δὲ ἀέρα. καὶ πότερον αἱ ἀρχαὶ καθόλου εἰσὶν ἢ ὡς τὰ καθ' ἕκαστα τῶν πραγμάτων, καὶ δυνάμει ἢ ἐνεργείᾳ· ἔτι πότερον ἄλλως ἢ κατὰ κίνησιν· καὶ γὰρ ταῦτα ἀπορίαν ἂν παράσχοι πολλήν. πρὸς δὲ τούτοις πότερον οἱ ἀριθμοὶ καὶ τὰ μήκη καὶ τὰ σχήματα καὶ αἱ στιγμαὶ οὐσίαι τινές εἰσιν ἢ οὔ, κἂν εἰ οὐσίαι, πότερον

24 *μόνον* E: *μόνων* A^b ‖ 27 *ἆρα* E, *ἄρα* A^b: *εἰ ἄρα* ceteri Ascl. et fort. Alex. ‖ 29 *εἰ* om. E ‖ 31 fort. *τὰ καθ'* ‖ *μάλιστα δὲ* E: *μᾶλλον δὲ* A^b ‖ 33 *καθ' αὑτὸ ἢ οὐ* om. A^b, legit Alex. ‖ *καὶ τοῦτο χωριστὸν ἢ οὐ* om. E, legit Alex. ‖ 36 *ποῖα ταῦτα* I^b, *ὁπόσα ταῦτα* Alex., *ποῖα τοιαῦτα* A^bE ‖ 996 a, 1 *αἱ* post *καὶ* om. A^b ‖ 2 *αἱ* om. A^b ‖ 6 *ἔλεγεν* A^bE, *ἔλεγον* E supra lin. ‖ 7 *οὐσίαι* Alex. ‖ 9 *ὁ δὲ ἀέρα* A^b: *ἢ ἀέρα* E ‖ 10 *καὶ δυνάμει ἢ ἐνεργείᾳ* om. A^b, leg. Alex.

gründen zu betrachten versucht, muß man fragen, welcher Wissenschaft die Untersuchung derselben zukommt; ebenso auch über die Akzidenzien, die diesen Dingen an sich zukommen, und nicht bloß darüber, was ein jedes derselben ist, sondern auch, ob ein jedes nur einen konträren Gegensatz hat. (6.) Ferner, ob die Prinzipien und Elemente die Gattungen sind oder die immanenten Bestandteile, in welche jedes Ding zerlegt wird; und (7.) wenn die Gattungen, ob die von den Individuen zunächst ausgesagten oder die ersten und höchsten, z. B. ob Lebewesen oder Mensch Prinzip ist, und welches von beiden neben dem Einzelnen in höherem Grade ist. (8.) Am meisten aber muß man danach forschen und sich damit beschäftigen, ob es neben dem Stoff noch eine Ursache an sich gibt oder nicht, und ob diese abtrennbar ist oder nicht, ob sie der Zahl nach eine ist oder mehrere, und ob es etwas neben dem konkreten Ding gibt oder nicht (von Konkretem spreche ich dort, wo etwas vom Stoff ausgesagt wird), oder ob dies bei einigen der Fall ist, bei andern nicht, und bei welcherlei Dingen. (9.) Ferner fragt sich, ob die Prinzipien der Zahl oder der Art nach be- 996 a
stimmt sind, ebensowohl die in den Begriffen wie die im Zugrundeliegenden (Einzelnen) enthaltenen, und (10.) ob für Vergängliches und Unvergängliches dieselben Prinzipien sind oder verschiedene, und ob alle unvergänglich sind oder die des Vergänglichen vergänglich. (11.) Besonders schwierig und fragwürdig ist ferner dies, ob das Eine und das Seiende, wie die Pythagoreer und Platon lehrten, nicht etwas anderes ist (als das, wovon es ausgesagt wird), sondern Wesen (Wesenheit) des Seienden ist, oder ob dies nicht der Fall ist, sondern etwas anderes das Zugrundeliegende (Subjekt) ist, wie etwa in Empedokles' Lehre die Freundschaft, oder bei einem andern das Feuer oder das Wasser oder die Luft. (12.) Ferner fragt sich, ob die Prinzipien allgemein sind oder wie die Einzeldinge, (13.) ob sie der Möglichkeit nach oder in Wirklichkeit sind, und überdies, ob noch in einer andern Weise als für die Bewegung; denn auch diese Frage kann viel Schwierigkeit machen. (14.) Überdies ist noch zu untersuchen, ob die Zahlen, Linien, Figuren und Punkte Wesen sind oder nicht, und wenn sie Wesen sind,

κεχωρισμέναι τῶν αἰσθητῶν ἢ ἐνυπάρχουσαι ἐν τούτοις. περὶ γὰρ τούτων ἁπάντων οὐ μόνον χαλεπὸν τὸ εὐπορῆσαι τῆς ἀληθείας, ἀλλ' οὐδὲ τὸ διαπορῆσαι τῷ λόγῳ ῥᾴδιον καλῶς.

2 πρῶτον μὲν οὖν περὶ ὧν πρῶτον εἴπομεν, πότερον μιᾶς ἢ πλειόνων ἐστὶν ἐπιστημῶν θεωρῆσαι πάντα τὰ γένη τῶν αἰτίων. μιᾶς μὲν γὰρ ἐπιστήμης πῶς ἂν εἴη μὴ ἐναντίας οὔσας τὰς ἀρχὰς γνωρίζειν; ἔτι δὲ πολλοῖς τῶν ὄντων οὐχ ὑπάρχουσι πᾶσαι. τίνα γὰρ τρόπον οἷόν τε κινήσεως ἀρχὴν εἶναι τοῖς ἀκινήτοις ἢ τὴν τἀγαθοῦ φύσιν, εἴπερ ἅπαν, ὃ ἂν ᾖ ἀγαθὸν καθ' αὑτὸ καὶ διὰ τὴν αὑτοῦ φύσιν, τέλος ἐστὶν καὶ οὕτως αἴτιον, ὅτι ἐκείνου ἕνεκα καὶ γίγνεται καὶ ἔστι τἆλλα, τὸ δὲ τέλος καὶ τὸ οὗ ἕνεκα πράξεώς τινός ἐστι τέλος, αἱ δὲ πράξεις πᾶσαι μετὰ κινήσεως· ὥστ' ἐν τοῖς ἀκινήτοις οὐκ ἂν ἐνδέχοιτο ταύτην εἶναι τὴν ἀρχὴν οὐδ' εἶναί τι αὐτοαγαθόν. διὸ καὶ ἐν τοῖς μαθήμασιν οὐδὲν δείκνυται διὰ ταύτης τῆς αἰτίας, οὐδ' ἔστιν ἀπόδειξις οὐδεμία διότι βέλτιον ἢ χεῖρον, ἀλλ' οὐδὲ τὸ παράπαν μέμνηται οὐδεὶς οὐδενὸς τῶν τοιούτων. ὥστε διὰ ταῦτα τῶν σοφιστῶν τινὲς οἷον Ἀρίστιππος προεπηλάκιζεν αὐτά· ἐν μὲν γὰρ ταῖς ἄλλαις τέχναις, καὶ ταῖς βαναύσοις, οἷον ἐν τεκτονικῇ καὶ σκυτικῇ, διότι βέλτιον ἢ χεῖρον λέγεσθαι πάντα, τὰς δὲ μαθηματικὰς οὐδένα ποιεῖσθαι λόγον περὶ ἀγαθῶν καὶ κακῶν. ἀλλὰ μὴν 996b
εἴ γε πλείους ἐπιστῆμαι τῶν αἰτίων εἰσὶ καὶ ἑτέρα ἑτέρας ἀρχῆς, τίνα τούτων φατέον εἶναι τὴν ζητουμένην, ἢ τίνα μάλιστα τοῦ πράγματος τοῦ ζητουμένου ἐπιστήμονα τῶν ἐχόντων αὐτάς; ἐνδέχεται γὰρ τῷ αὐτῷ πάντας τοὺς τρόπους τοὺς τῶν αἰτίων ὑπάρχειν, οἷον οἰκίας, ὅθεν μὲν ἡ κίνησις, ἡ τέχνη καὶ ὁ οἰκοδόμος, οὗ δ' ἕνεκα, τὸ ἔργον, ὕλη δὲ γῆ καὶ λίθοι,

15 ἐνυπάρχουσαι add. A^b, om. E Alex. ‖ 23 ἀγαθοῦ A^b ‖ 25 καὶ ἔστι καὶ τὰ ἄλλα A^b ‖ 33 αὐτά Göbel: αὐτάς A^bE ‖ 34 βαν. αὐταῖς A^b ‖ 996b, 1 κακῶν E Alex.: καλῶν A^b ‖ 2 ἑτέρα E, quod idem interpretatur Alex.: ἕτεραι A^b ‖ 4 τοῦ ζητουμένου om. A^b ‖ 5 τρόπους τοὺς τῶν A^bE: τρόπους τῶν Alex. Bonitz

a23 ⟨ἐν⟩ τοῖς: Jaeger 33 A^b E, Ross

ob abgetrennt von den sinnlichen oder immanent in denselben. In allen diesen Punkten ist nicht nur die Auffindung der Wahrheit schwer, sondern selbst eine gute Fragestellung für das Denken nicht leicht.

2 (1. Aporie) Zuerst also die Frage, die wir zuerst anführten, nämlich ob die Betrachtung aller Gattungen der Ursachen einer Wissenschaft angehört oder mehreren. (a) Wie sollte es wohl einer Wissenschaft zukommen, die verschiedenen Ursachen zu erkennen, da diese nicht entgegengesetzt sind? Dazu kommt, daß sich in vielen seienden Dingen nicht alle Arten von Ursachen finden. Denn wie ist es möglich, daß sich das Prinzip der Bewegung oder die Natur des Guten in dem Unbeweglichen finde, da ja jedes, was an sich und nach seiner eigenen Natur gut ist, ein Zweck und insofern Ursache ist, als um seinetwillen das andere wird und ist, der Zweck aber und das Weswegen Zweck einer Handlung ist und jede Handlung mit Bewegung verbunden ist? Darum kann sich also in dem Unbeweglichen dies Prinzip und das Gute an sich nicht finden. Daher wird auch in der Mathematik nichts aus dieser Ursache bewiesen, und kein Beweis geht darauf zurück, daß es so besser oder schlechter sei, vielmehr tut niemand derartiger Verhältnisse dabei auch nur Erwähnung. Deshalb verachteten auch einige von den Sophisten, z. B. Aristippos, die Mathematik; denn bei den andern Künsten, sagten sie, ja selbst bei den Handwerken, wie dem Zimmerer- oder Schusterhandwerk, führe man als Grund immer an, daß etwas so besser oder schlechter sei, die Mathematik aber nehme auf gut und schlecht gar keine Rücksicht. (b) Wenn aber andererseits die Ursachen 996 b
mehreren Wissenschaften angehören und jedes Prinzip einer anderen Wissenschaft, welche von diesen sollen wir für die gesuchte erklären? Oder wen unter denen, die diese Wissenschaften besitzen, sollen wir am meisten für kundig des gesuchten Gegenstandes halten? Denn es ist ja möglich, daß sich bei einem und demselben Gegenstande alle Arten der Ursachen finden, z. B. beim Hause; hier ist nämlich der Ursprung der Bewegung die Kunst und der Baumeister, Zweck das Werk, Stoff die Erde und die Steine, Form der Begriff.

τὸ δ' εἶδος ὁ λόγος. ἐκ μὲν οὖν τῶν πάλαι διωρισμένων, τίνα χρὴ καλεῖν τῶν ἐπιστημῶν σοφίαν, ἔχει λόγον ἑκάστην προσαγορεύειν. ᾗ μὲν γὰρ ἀρχικωτάτη καὶ ἡγεμονικωτάτη καὶ ᾗ ὥσπερ δούλας οὐδ' ἀντειπεῖν τὰς ἄλλας ἐπιστήμας δίκαιον, ἡ τοῦ τέλους καὶ τἀγαθοῦ τοιαύτη (τούτου γὰρ ἕνεκα τἆλλα). ᾗ δὲ τῶν πρώτων αἰτίων καὶ τοῦ μάλιστ' ἐπιστητοῦ διωρίσθη εἶναι, ἡ τῆς οὐσίας ἂν εἴη τοιαύτη. πολλαχῶς γὰρ ἐπισταμένων τὸ αὐτὸ μᾶλλον μὲν εἰδέναι φαμὲν τὸν τῷ εἶναι γνωρίζοντα τί τὸ πρᾶγμα ἢ τῷ μὴ εἶναι, αὐτῶν δὲ τούτων ἕτερον ἑτέρου μᾶλλον, καὶ μάλιστα τὸν τί ἐστιν, ἀλλ' οὐ τὸν πόσον ἢ ποῖον ἢ τί ποιεῖν ἢ πάσχειν πέφυκεν· ἔτι δὲ καὶ ἐν τοῖς ἄλλοις τὸ εἰδέναι ἕκαστον, καὶ ὧν ἀποδείξεις εἰσί, τότ' οἰόμεθα ὑπάρχειν, ὅταν εἰδῶμεν τί ἐστιν, οἷον τί ἐστι τὸ τετραγωνίζειν, ὅτι μέσης εὕρεσις· ὁμοίως δὲ καὶ ἐπὶ τῶν ἄλλων. περὶ δὲ τὰς γενέσεις καὶ τὰς πράξεις καὶ περὶ ἅπασαν μεταβολήν, ὅταν εἰδῶμεν τὴν ἀρχὴν τῆς κινήσεως· τοῦτο δ' ἕτερον καὶ ἀντικείμενον τῷ τέλει. ὥστ' ἄλλης ἂν δόξειεν ἐπιστήμης εἶναι τὸ θεωρῆσαι τῶν αἰτίων τούτων ἕκαστον.

ἀλλὰ μὴν καὶ περὶ τῶν ἀποδεικτικῶν ἀρχῶν, πότερον μιᾶς ἐστὶν ἐπιστήμης ἢ πλειόνων, ἀμφισβητήσιμόν ἐστιν. λέγω δ' ἀποδεικτικὰς τὰς κοινὰς δόξας, ἐξ ὧν ἅπαντες δεικνύουσιν, οἷον ὅτι πᾶν ἀναγκαῖον ἢ φάναι ἢ ἀποφάναι, καὶ ἀδύνατον ἅμα εἶναι καὶ μὴ εἶναι, καὶ ὅσαι ἄλλαι τοιαῦται προτάσεις, πότερον μία τούτων ἐπιστήμη καὶ τῆς οὐσίας ἢ ἑτέρα, κἂν εἰ μὴ μία, ποτέραν χρὴ προσαγορεύειν τὴν ζητουμένην νῦν. μιᾶς μὲν οὖν οὐκ εὔλογον εἶναι· τί γὰρ μᾶλλον γεωμετρίας ἢ ὁποιασοῦν περὶ τούτων ἐστὶν ἴδιον τὸ ἐπαΐειν; εἴπερ οὖν ὁμοίως μὲν ὁποιασοῦν ἐστίν, ἁπασῶν δὲ μὴ ἐνδέχε-

8 τῶν πάλαι] cf. *A* 2 ‖ 9 ἐπιστημῶν] ἐπι A^b in fine paginae ‖ ἔχει E Alex.: οὐδαμῶς ἔχει A^b ‖ 10 καὶ ἡ γενικωτάτη A^b ‖ 12 ἀγαθοῦ A^b ‖ 17 τὸν A^bE Alex.: τῶν Bekk. ‖ 19 καὶ ante ὧν epexegeticam vim habet ‖ 23 πᾶσαν A^b ‖ 24 ἄλλης] οὐκ ἄλλης coni. Alex. et γρ. E ‖ 32 κἂν εἰ E: καὶ ἂν εἴη A^b ‖ 34 exspectes μᾶλλον ταύτης ἢ γεωμετρίας ‖ τῶν περὶ A^b

Nach dem nun, was früher hierüber bestimmt worden ist, welche von den Wissenschaften man Weisheit zu nennen hat, läßt sich für jede ein Grund anführen, sie so zu nennen. Denn als herrschende und leitende Wissenschaft, der die anderen wie dienende nicht einmal widersprechen dürfen, würde die Wissenschaft des Zwecks und des Guten diesen Namen verdienen (denn um des Zweckes willen ist das andere); insofern aber die Weisheit als Wissenschaft der ersten Ursachen und des am meisten Wißbaren bestimmt wurde, wäre vielmehr die Wissenschaft des Wesens so zu nennen. Denn unter mehreren, welche auf verschiedene Weise dasselbe wissen, schreiben wir dem in höherem Sinne Wissen zu, der die Sache nach ihrem Sein, als dem, der sie nach ihrem Nichtsein erkennt, und im höchsten Sinne dem, der erkennt, was sie ist, nicht bloß, wie groß oder wie beschaffen sie ist, oder was sie ihrer Natur nach zu tun oder zu leiden fähig ist. Ferner schreiben wir uns auch bei jedem andern Dinge, für das es Beweisführung gibt, Wissen dann zu, wenn wir die Frage, was es ist, beantworten; z. B. was ist Quadrierung? Die Auffindung der mittleren Proportionale; und auf gleiche Weise auch in den übrigen Dingen. Hinsichtlich der Entstehungen aber und der Handlungen und überhaupt jeder Veränderung legen wir uns dann Wissenschaft bei, wenn wir das Prinzip der Bewegung erkannt haben. Dies ist aber vom Zwecke verschieden und ihm entgegengesetzt. – Danach würde es scheinen, daß die Betrachtung jeder einzelnen dieser Ursachen verschiedenen Wissenschaften zukomme.

(2. Aporie) Ferner erhebt sich eine Frage in Beziehung auf die Prinzipien der Beweise, ob diese einer und derselben oder einer andern Wissenschaft angehören. Unter Prinzipien der Beweise verstehe ich nämlich die allgemeinen Annahmen, von denen wir alle beim Beweisen ausgehen, z. B. daß man notwendig alles entweder bejahen oder verneinen muß, daß unmöglich etwas zugleich sein und nicht sein kann, und was dergleichen Voraussetzungen mehr sind. Es fragt sich also: gehören diese einer und derselben Wissenschaft an wie auch das Wesen (Substanz) oder einer andern, und wenn nicht derselben, welche von beiden soll man als die gesuchte bezeichnen? (a) Daß sie derselben Wissenschaft angehören, ist nicht mit Grund anzunehmen. Denn inwiefern kommt denn eine Einsicht in dieselben der Geometrie etwa mehr zu als überhaupt irgendeiner? Wenn es aber nun jeder beliebigen gleich gut zukommt und

ται, ὥσπερ οὐδὲ τῶν ἄλλων οὕτως οὐδὲ τῆς γνωριζούσης τὰς 997a οὐσίας ἴδιόν ἐστι τὸ γιγνώσκειν περὶ αὐτῶν. ἅμα δὲ καὶ τίνα τρόπον ἔσται αὐτῶν ἐπιστήμη; τί μὲν γὰρ ἕκαστον τούτων τυγχάνει ὂν καὶ νῦν γνωρίζομεν· χρῶνται γοῦν ὡς γιγνωσκομένοις αὐτοῖς καὶ ἄλλαι τέχναι. εἰ δ' ἀποδεικτικὴ περὶ αὐτῶν ἐστί, δεήσει τι γένος εἶναι ὑποκείμενον, καὶ τὰ μὲν πάθη τὰ δ' ἀξιώματ' αὐτῶν (περὶ πάντων γὰρ ἀδύνατον ἀπόδειξιν εἶναι)· ἀνάγκη γὰρ ἔκ τινων εἶναι καὶ περί τι καὶ τινῶν τὴν ἀπόδειξιν. ὥστε συμβαίνει πάντων εἶναι γένος ἕν τι τῶν δεικνυμένων· πᾶσαι γὰρ αἱ ἀποδεικτικαὶ χρῶνται τοῖς ἀξιώμασιν. ἀλλὰ μὴν εἰ ἑτέρα ἡ τῆς οὐσίας καὶ ἡ περὶ τούτων, ποτέρα κυριωτέρα καὶ προτέρα πέφυκεν αὐτῶν; καθόλου γὰρ μάλιστα καὶ πάντων ἀρχαὶ τὰ ἀξιώματά ἐστιν. εἴ τ' ἐστὶ μὴ τοῦ φιλοσόφου, τίνος ἔσται περὶ αὐτῶν ἄλλου τὸ θεωρῆσαι τὸ ἀληθὲς καὶ τὸ ψεῦδος; ὅλως τε τῶν οὐσιῶν πότερον μία πασῶν ἐστὶν ἢ πλείους ἐπιστῆμαι; εἰ μὲν οὖν μὴ μία, ποίας οὐσίας θετέον τὴν ἐπιστήμην ταύτην; τὸ δὲ μίαν πασῶν οὐκ εὔλογον· καὶ γὰρ ἂν ἀποδεικτικὴ μία περὶ πάντων εἴη τῶν συμβεβηκότων, εἴπερ πᾶσα ἀποδεικτικὴ περί τι ὑποκείμενον θεωρεῖ τὰ καθ' αὑτὰ συμβεβηκότα ἐκ τῶν κοινῶν δοξῶν. περὶ οὖν τὸ αὐτὸ γένος τὰ συμβεβηκότα καθ' αὑτὰ τῆς αὐτῆς ἐστὶ θεωρῆσαι ἐκ τῶν αὐτῶν δοξῶν. περί τε γὰρ ὃ μιᾶς, καὶ ἐξ ὧν μιᾶς, εἴτε τῆς αὐτῆς εἴτε ἄλλης· ὥστε καὶ τὰ συμβεβηκότα, εἴτ' αὗται θεωροῦσιν εἴτ' ἐκ τούτων μία. ἔτι δὲ πότερον περὶ τὰς οὐσίας μόνον ἡ θεωρία ἐστὶν ἢ καὶ περὶ τὰ συμβεβηκότα ταύταις· λέγω δ' οἷον, εἰ τὸ στερεὸν οὐσία τίς ἐστι καὶ γραμμαὶ καὶ ἐπίπεδα, πό-

997a, 3 ἔσται αὐτοῖς ἡ γνῶσις Alex. ‖ 6 modo εἶναι τὸ ὑποκ. modo εἶναι ὑποκ. Alex. ‖ 9 ἓν om. A^b ‖ 14 εἴτ' vulgo ‖ 15 τὸ post καὶ om. E ‖ 18 γὰρ ἂν. . πάντων ἂν εἴη A^b ‖ 19 τῶν καθ' αὑτὸ συμβ. S Alex. in interpr., καθ' αὑτὸ om. A^b E ‖ 22 θεωρῆσαι ἐστι A^b ‖ 23 ἐκ τ α. δοξῶν spuria ‖ ὃ A^b Alex.: τὸ ὅτι E et γρ. E et Syrianus ‖ 24 εἴτ' αὗται E: εἶθ' αὗται A^b, αἱ αὐταὶ γρ. Alex. ‖ θεωροῦσιν A^b Alex.: θεωρήσουσιν E ‖ 25 μόνον ἡ θεωρία A^b: ἡ θ. μ. E Alex.

a 24 A^b, Ross

doch nicht allen zusammen zukommen kann, so wird ihre Erkenntnis sowenig wie irgendeiner der übrigen Wissen- 997 a
schaften, ebensowenig auch der die Wesen erkennenden Wissenschaft angehören. Dazu kommt: Auf welche Weise sollte es denn überhaupt eine Wissenschaft derselben geben? Denn was ein jeder dieser Sätze bedeutet, das wissen wir auch jetzt schon; wenigstens wenden auch die andern Künste dieselben als bekannte an. Sollte es aber eine beweisende Wissenschaft für dieselben geben, so muß ein Gattungsbereich zugrunde liegen, und sie müssen teils Bestimmtheiten von ihm, teils Axiome sein (denn nicht für alles kann es einen Beweis geben); denn jeder Beweis muß aus etwas über etwas und für etwas geführt werden. Daraus ergäbe sich also, daß alles, was bewiesen wird, *einem* Gattungsbereich angehörte, denn alle beweisenden Wissenschaften wenden die Axiome an. (b) Ist aber die Wissenschaft vom Wesen eine andere als die von den Axiomen, welche von beiden ist dann ihrer Natur nach die bedeutendere und frühere? Denn am allgemeinsten und von allem Prinzip sind die Axiome. Und wenn nicht dem Philosophen, wem anders soll es denn dann zukommen, hierüber Wahres und Falsches zu erforschen? (3. Aporie) Überhaupt, handeln von allen Wesen eine Wissenschaft oder mehrere? (a) Wenn nun nicht eine einzige, welche Art von Wesen soll man als Gegenstand der gegenwärtigen Wissenschaft setzen? (b) Daß sie aber alle einer Wissenschaft angehören, ist nicht wahrscheinlich; sonst würde es auch *eine* beweisende Wissenschaft für alle Akzidenzien geben, da ja eine jede Wissenschaft an einem Zugrundeliegenden (Subjekt) die wesentlichen Akzidenzien betrachtet, ausgehend von den allgemeinen Axiomen. Es kommt also einer und derselben Wissenschaft zu, von denselben Annahmen ausgehend an einem und demselben Gattungsbereich die wesentlichen Akzidenzien zu betrachten. Denn wie der Gegenstand der Beweisführung *einer* Wissenschaft angehört, so gehören auch die Annahmen, von denen man ausgeht, einer Wissenschaft an, mag es nun dieselbe sein oder eine andere; daher haben diese selben Wissenschaften oder eine von ihnen abhängige auch die Akzidenzien zu betrachten. (4. Aporie) Ferner fragt sich, ob die Untersuchung nur auf die Wesen geht oder auch auf ihre Akzidenzien. Ich meine z. B., wenn der Körper ein Wesen ist und ebenso Linien und

τερον τῆς αὐτῆς ταῦτα γνωρίζειν ἐπιστήμης καὶ τὰ συμβεβηκότα περὶ ἕκαστον γένος, περὶ ὧν αἱ μαθηματικαὶ δεικνύουσιν, ἢ ἄλλης. εἰ μὲν γὰρ τῆς αὐτῆς, ἀποδεικτική τις ἂν εἴη καὶ ἡ τῆς οὐσίας· οὐ δοκεῖ δὲ τοῦ τί ἐστιν ἀπόδειξις εἶναι. εἰ δ' ἑτέρας, τίς ἔσται ἡ θεωροῦσα περὶ τὴν οὐσίαν τὰ συμβεβηκότα; τοῦτο γὰρ ἀποδοῦναι παγχάλεπον.

ἔτι δὲ πότερον τὰς αἰσθητὰς οὐσίας μόνας εἶναι φατέον ἢ καὶ παρὰ ταύτας ἄλλας· καὶ πότερον μοναχῶς ἢ 997b πλείω γένη τετύχηκεν ὄντα τῶν οὐσιῶν, οἷον οἱ λέγοντες τά τ' εἴδη καὶ τὰ μεταξύ, περὶ ἃ τὰς μαθηματικὰς εἶναί φασιν ἐπιστήμας. ὡς μὲν οὖν λέγομεν τὰ εἴδη αἴτιά τε καὶ οὐσίας εἶναι καθ' αὑτὰς εἴρηται ἐν τοῖς πρώτοις λόγοις περὶ αὐτῶν· πολλαχῇ δ' ἐχόντων δυσκολίαν, οὐδενὸς ἧττον ἄτοπον τὸ φάναι μὲν εἶναί τινας φύσεις παρὰ τὰς ἐν τῷ οὐρανῷ, ταύτας δὲ τὰς αὐτὰς φάναι τοῖς αἰσθητοῖς πλὴν ὅτι τὰ μὲν ἀΐδια τὰ δὲ φθαρτά. αὐτὸ γὰρ ἄνθρωπόν φασιν εἶναι καὶ ἵππον καὶ ὑγίειαν, ἄλλο δ' οὐδέν, παραπλήσιον ποιοῦντες τοῖς θεοὺς μὲν εἶναι φάσκουσιν, ἀνθρωποειδεῖς δὲ εἶναι. οὔτε γὰρ ἐκεῖνοι οὐδὲν ἄλλο ἐποίουν ἢ ἀνθρώπους ἀϊδίους, οὔθ' οὗτοι τὰ εἴδη ἄλλ' ἢ αἰσθητὰ ἀΐδια. ἔτι δὲ εἴ τις παρὰ τὰ εἴδη καὶ τὰ αἰσθητὰ τὰ μεταξὺ θήσεται, πολλὰς ἀπορίας ἕξει. δῆλον γὰρ ὡς ὁμοίως γραμμαί τε παρ' αὐτὰς καὶ τὰς αἰσθητὰς ἔσονται καὶ ἕκαστον τῶν ἄλλων γενῶν· ὥστ' ἐπείπερ ἡ ἀστρολογία μία τούτων ἐστίν, ἔσται τις καὶ οὐρανὸς παρὰ τὸν αἰσθητὸν οὐρανὸν καὶ ἥλιός τε καὶ σελήνη καὶ τἆλλα ὁμοίως τὰ κατὰ τὸν οὐρανόν. καίτοι πῶς δεῖ πιστεῦσαι τούτοις; οὐδὲ γὰρ ἀκίνητον εὔλογον εἶναι, κινούμενον δὲ

28 *γνωρίζειν ἐστιν ἐπ.* A^b ‖ 30 *τις* om. Alex., quo eiecto etiam *ἡ* omittendum fuit ‖ 34 — 997 b, 2 = 995 b, 14 — 17 ‖ 997 b, 2 *ἃ* om. A^b ‖ 4 *ἐν τοῖς πρώτοις*] cf. *A* 6 et 9 ‖ 5 *πολλὰς δ' ἐχόντων δυσκολίας* Alex. ‖ 7 *ὅτι* E: *τί* A^b ‖ 10 *δὲ εἶναι* A^b: *εἶναι* om. E vulgo ‖ 12 *τὰ εἴδη* delendum videtur ‖ 14 *παρὰ ταύτας* A^b, quod ortum videtur ex *παρά τ' αὐτὰς* ‖ 17 *ἥλιός τε καὶ* A^bE: *τε* om. edd. ante Bekk.

b 10 E vulgo, Ross

Flächen, so fragt sich, ob es derselben Wissenschaft zukommt, diese zu erkennen und zugleich auch die Akzidenzien einer jeden dieser Gattungen, von denen die Mathematik beweisend handelt, oder ob es einer andern Wissenschaft angehört. (a) Gehört es nämlich derselben Wissenschaft an, so müßte ja auch die Wissenschaft vom Wesen eine beweisführende sein, und doch scheint für das Was keine Beweisführung stattzufinden. (b) Gehört es aber einer andern Wissenschaft an, welche Wissenschaft soll es denn sein, die hinsichtlich des Wesens die Akzidenzien zu betrachten hätte? Hierauf zu antworten ist sehr schwer.

(5. Aporie) Ferner ist die Frage, ob man nur von den sinnlichen Wesen zu behaupten hat, daß sie seien, oder auch noch von andern außer diesen, und ob dann nur eine oder mehrere Gattungen von Wesen zu setzen sind, wie 997 b
dies diejenigen tun, welche die Ideen annehmen und das Mittlere, wovon, wie sie sagen, die mathematischen Wissenschaften handeln. In welchem Sinne wir die Ideen als Ursachen und Wesen(heiten) an sich setzen, darüber ist im ersten Abschnitt gesprochen. (a) Bei den vielen Schwierigkeiten, zu welchen die Ideenlehre führt, tritt dies besonders als unstatthaft hervor, daß man zwar gewisse Naturen annimmt neben denen im Weltall, diese aber den sinnlich wahrnehmbaren gleichmacht, mit dem einzigen Unterschied, daß die einen ewig seien, die andern vergänglich. Denn sie reden von einem Menschen-an-sich, Pferde-an-sich, Gesundheit-an-sich und fügen eben nichts weiter als dies an-sich hinzu, ganz so wie diejenigen, welche zwar Götter annehmen, aber von Menschengestalt; denn jene setzten nichts anderes als ewige Menschen, und ebenso setzen diese in den Ideen nichts anderes als ewige sinnlich wahrnehmbare Dinge. (b) Will man ferner neben den Ideen und den sinnlich wahrnehmbaren Dingen das Dazwischenliegende setzen, so wird man in viele Schwierigkeiten geraten. Denn offenbar muß es dann in gleicher Weise Linien geben neben den Ideallinien und den sinnlichen und in gleicher Weise bei jeder anderen Gattung. Da nun die Astronomie eine dieser Wissenschaften ist, so muß es einen Himmel geben neben dem sinnlichen Himmel und eine Sonne und einen Mond und ebenso für die übrigen Himmelskörper. Wie soll man aber solchen Folgerungen Glauben schenken? Denn als unbeweglich könnte man diesen Himmel nicht sinnvoll annehmen, als bewegt

καὶ παντελῶς ἀδύνατον. ὁμοίως δὲ καὶ περὶ ὧν ἡ ὀπτικὴ πραγματεύεται καὶ ἡ ἐν τοῖς μαθήμασιν ἁρμονική. καὶ γὰρ ταῦτα ἀδύνατον εἶναι παρὰ τὰ αἰσθητὰ διὰ τὰς αὐτὰς αἰτίας. εἰ γάρ ἐστιν αἰσθητὰ μεταξὺ καὶ αἰσθήσεις, δῆλον ὅτι καὶ ζῷα ἔσονται μεταξὺ αὐτῶν τε καὶ τῶν φθαρτῶν. ἀπορήσειε δ' ἄν τις καὶ παρὰ ποῖα τῶν ὄντων δεῖ ζητεῖν ταύτας τὰς ἐπιστήμας. εἰ γὰρ τούτῳ διοίσει τῆς γεωδαισίας ἡ γεωμετρία μόνον, ὅτι ἡ μὲν τούτων ἐστὶν ὧν αἰσθανόμεθα ἡ δ' οὐκ αἰσθητῶν, δῆλον ὅτι καὶ παρ' ἰατρικὴν ἔσται τις ἐπιστήμη καὶ παρ' ἑκάστην τῶν ἄλλων μεταξὺ αὐτῆς τ' ἰατρικῆς καὶ τῆσδε τῆς ἰατρικῆς. καίτοι πῶς τοῦτο δυνατόν; καὶ γὰρ ἂν ὑγιείν' ἄττα εἴη παρὰ τὰ αἰσθητὰ καὶ αὐτὸ τὸ ὑγιεινόν. ἅμα δ' οὐδὲ τοῦτο ἀληθές, ὡς ἡ γεωδαισία τῶν αἰσθητῶν ἐστὶ μεγεθῶν καὶ φθαρτῶν· ἐφθείρετο γὰρ ἂν φθειρομένων. ἀλλὰ μὴν οὐδὲ τῶν αἰσθητῶν ἂν εἴη μεγεθῶν οὐδὲ περὶ τὸν οὐρανὸν ἡ ἀστρολογία τόνδε. οὔτε γὰρ αἱ αἰσθηταὶ γραμμαὶ τοιαῦταί εἰσιν οἵας λέγει ὁ γεωμέτρης (οὐδὲν 998a
γὰρ εὐθὺ τῶν αἰσθητῶν οὕτως οὐδὲ στρογγύλον· ἅπτεται γὰρ τοῦ κανόνος οὐ κατὰ στιγμὴν ὁ κύκλος, ἀλλ' ὥσπερ Πρωταγόρας ἔλεγεν ἐλέγχων τοὺς γεωμέτρας), οὔθ' αἱ κινήσεις καὶ ἕλικες τοῦ οὐρανοῦ ὅμοιαι, περὶ ὧν ἡ ἀστρολογία ποιεῖται τοὺς λόγους, οὔτε τὰ σημεῖα τοῖς ἄστροις τὴν αὐτὴν ἔχει φύσιν. εἰσὶ δέ τινες οἵ φασιν εἶναι μὲν τὰ μεταξὺ ταῦτα λεγόμενα τῶν τ' εἰδῶν καὶ τῶν αἰσθητῶν, οὐ μὴν χωρίς γε τῶν αἰσθητῶν ἀλλ' ἐν τούτοις· οἷς τὰ συμβαίνοντα ἀδύνατα πάντα μὲν πλείονος λόγου διελθεῖν, ἱκανὸν δὲ καὶ τὰ τοιαῦτα θεωρῆσαι. οὔτε γὰρ ἐπὶ τούτων εὔλογον ἔχειν οὕτω μόνον, ἀλλὰ δῆλον ὅτι καὶ τὰ εἴδη ἐνδέχοιτ' ἂν ἐν τοῖς αἰσθητοῖς εἶναι·

23 μεταξύ, καὶ αἰσθήσεις, εἰ δ' αἰσθήσεις δῆλον Alex. legisse videtur, dubito an recte ‖ 25 παρὰ E Alex.: <u>περὶ Ab</u> ‖ 26 γεωδεσίας Ab ‖ 27 ὧν Ab: ἃ E ‖ 31 ὑγιεινά τα Ab ‖ 32 γεωδεσία Ab et E m. pr. ‖ 34 οὐδ' αἰσθητῶν Ab ‖ 35 οὐδ' ἡ περὶ τὸν οὐρανὸν ἀστρ. Ab ‖ αἱ om. Ab ‖ 998a, 4 καὶ Ab: καὶ αἱ E ‖ 5 ὅμοιαι om. Ab ‖ ἡ om. Ab ‖ 9 οἷς] οἵ E m. pr.

b25 Ab, Ross

aber ihn anzusehen ist ganz unmöglich. Das gleiche gilt von den Gegenständen, mit denen sich die Optik und die mathematische Harmonik beschäftigt; auch diese nämlich können aus denselben Gründen unmöglich neben den sinnlichen Dingen existieren. Denn wenn sinnlich Wahrnehmbares und sinnliche Wahrnehmungen dazwischen liegen, so müßten ja offenbar auch Lebewesen zwischen den Ideen und den vergänglichen existieren. – Man würde aber auch darüber Fragen stellen, anzugeben, bei welchen Arten der seienden Dinge man diese Wissenschaften zu suchen hat. Denn soll sich die Geometrie von der praktischen Feldmeßkunst nur dadurch unterscheiden, daß die eine das sinnlich Wahrnehmbare, die andere das nicht sinnlich Wahrnehmbare zum Gegenstande hat, so müßte ja auch neben der Heilkunst eine Wissenschaft bestehen, welche zwischen der Heilkunst an sich und dieser bestimmten Heilkunst läge, und in gleicher Weise für jede andere Wissenschaft. Wie ist das aber möglich? Denn dann müßte es ja auch ein Gesundes geben neben dem sinnlichen Gesunden und dem Gesunden an-sich. Übrigens ist es auch nicht einmal wahr, daß die Feldmeßkunst die sinnlichen und vergänglichen Größen zu ihrem Gegenstande hat; sonst würde sie ja mit deren Untergange selbst untergehen. Und ebensowenig handelt die Astronomie von den sinnlichen Größen oder von diesem sinnlich wahrnehmbaren Himmel. Denn weder die sinnlich 998 a
wahrnehmbaren Linien sind von der Art, wie die Geometrie sie setzt (denn nichts sinnlich Wahrnehmbares ist in dieser Weise gerade oder rund; denn der Kreis berührt das Lineal nicht in einem Punkte, sondern in der Weise, wie Protagoras zur Widerlegung der Geometer darlegte), noch sind die Bewegungen und Wendungen am Himmel denen gleich, von welchen die Astronomie redet, noch haben die Punkte eine den Gestirnen gleiche Natur. – (c) Es gibt nun einige, welche dies sogenannte Dazwischenliegende zwischen den Ideen und den sinnlichen Dingen zwar auch setzen, aber nicht als selbständig getrennt von den sinnlichen Dingen, sondern als immanent in denselben. Die Unmöglichkeiten alle durchzugehen, in welche diese geraten, würde eine längere Erörterung erfordern, doch genügt schon folgende Betrachtung. Einerseits nämlich ist nicht mit Grund anzunehmen, daß es sich nur bei diesen so verhalten sollte, sondern offenbar müßte es ebensogut möglich sein, daß die Ideen immanent in den sinnlichen Dingen wären;

τοῦ γὰρ αὐτοῦ λόγου ἀμφότερα ταῦτά ἐστιν. ἔτι δὲ δύο στερεὰ ἐν τῷ αὐτῷ ἀναγκαῖον εἶναι τόπῳ, καὶ μὴ εἶναι ἀκίνητα ἐν κινουμένοις γ' ὄντα τοῖς αἰσθητοῖς. ὅλως δὲ τίνος ἕνεκ' ἄν τις θείη εἶναι μὲν αὐτά, εἶναι δ' ἐν τοῖς αἰσθητοῖς; ταὐτὰ γὰρ συμβήσεται ἄτοπα τοῖς προειρημένοις· ἔσται γὰρ οὐρανός τις παρὰ τὸν οὐρανόν, πλήν γ' οὐ χωρὶς ἀλλ' ἐν τῷ αὐτῷ τόπῳ· ὅπερ ἐστὶν ἀδυνατώτερον.

3 περί τε τούτων οὖν ἀπορία πολλὴ πῶς δεῖ θέμενον τυχεῖν τῆς ἀληθείας, καὶ περὶ τῶν ἀρχῶν πότερον δεῖ τὰ γένη στοιχεῖα καὶ ἀρχὰς ὑπολαμβάνειν ἢ μᾶλλον ἐξ ὧν ἐνυπαρχόντων ἐστὶν ἕκαστον πρώτων, οἷον φωνῆς στοιχεῖα καὶ ἀρχαὶ δοκοῦσιν εἶναι ταῦτ' ἐξ ὧν σύγκεινται αἱ φωναὶ πᾶσαι πρώτων, ἀλλ' οὐ τὸ κοινὸν ἡ φωνή· καὶ τῶν διαγραμμάτων ταῦτα στοιχεῖα λέγομεν, ὧν αἱ ἀποδείξεις ἐνυπάρχουσιν ἐν ταῖς τῶν ἄλλων ἀποδείξεσιν ἢ πάντων ἢ τῶν πλείστων. ἔτι δὲ τῶν σωμάτων καὶ οἱ πλείω λέγοντες εἶναι στοιχεῖα καὶ οἱ ἕν, ἐξ ὧν σύγκειται καὶ ἐξ ὧν συνέστηκεν ἀρχὰς λέγουσιν εἶναι, οἷον Ἐμπεδοκλῆς πῦρ καὶ ὕδωρ καὶ τὰ μεταξὺ τούτων στοιχεῖά φησιν εἶναι ἐξ ὧν ἔστι τὰ ὄντα ἐνυπαρχόντων, ἀλλ' οὐχ ὡς γένη λέγει ταῦτα τῶν ὄντων. πρὸς δὲ 998b τούτοις καὶ τῶν ἄλλων εἴ τις ἐθέλει τὴν φύσιν ἀθρεῖν, οἷον κλίνην ἐξ ὧν μορίων συνέστηκε καὶ πῶς συγκειμένων, τότε γνωρίζει τὴν φύσιν αὐτῆς. ἐκ μὲν οὖν τούτων τῶν λόγων οὐκ ἂν εἴησαν αἱ ἀρχαὶ τὰ γένη τῶν ὄντων· ᾗ δ' ἕκαστον μὲν γνωρίζομεν διὰ τῶν ὁρισμῶν, ἀρχαὶ δὲ τὰ γένη τῶν ὁρι-

13 δὲ $\mathrm{A^b}$: τε E ‖ 19 ὅπερ E: ὃ $\mathrm{A^b}$ ‖ 20 οὖν om. $\mathrm{A^b}$ ‖ 21 πότερον $\mathrm{A^b}$: πότερα E ‖ 22 ὑπαρχόντων $\mathrm{A^b}$ ‖ 23 πρώτων E ex corr. et Alex. p. 157, 26 Bonitz: πρῶτον $\mathrm{A^b}$ et E m. pr. et Alex. in lemmate ‖ 24 πᾶσαι om. $\mathrm{A^b}$ ‖ 25 πρώτων E: πρῶτον $\mathrm{A^b}$ ‖ 26 ἐνυπάρχοντα $\mathrm{A^b}$ ‖ 27 τῶν ἄλλων E: τούτων $\mathrm{A^b}$ ‖ 29 σύγκειται $\mathrm{G^b}$: σύγκεινται $\mathrm{A^b}$E ‖ 30 τὰ μεταξὺ τούτων $\mathrm{A^b}$, τὰ μετὰ τούτων E, sed μετὰ erasum ‖ 998b, 1 ἐθέλει E: θέλει $\mathrm{A^b}$ ‖ 2 συνέστηκε $\mathrm{A^b}$ Alex. in interpret.: ἐστὶ E ‖ συγκειμένων καὶ τότε $\mathrm{A^b}$, fort. ἀθρεῖ καὶ τότε ‖ 4 ᾗ E: εἰ $\mathrm{A^b}$ Ascl.

b 4 $\mathrm{A^b}$Ascl., Ross

denn bei beiden ist das Verhältnis dasselbe. Ferner müßten notwendig zwei Körper in demselben Raume sein, und (das Dazwischenliegende) könnte nicht unbeweglich sein als immanent in den bewegten sinnlichen Dingen. Überhaupt aber, wozu nähme man denn an, daß dies (Dazwischenliegende) zwar existiere, aber in den sinnlichen Dingen immanent? Denn man wird ja in dieselben Ungereimtheiten verfallen wie die vorhin erwähnten; es müßte nämlich auch so einen Himmel geben neben dem sinnlichen, nur nicht getrennt von ihm, sondern an demselben Orte, was noch unmöglicher ist.

3 (6. Aporie) In diesen Punkten also ist es sehr schwierig anzugeben, welche Annahme die Wahrheit trifft, und dasselbe gilt auch hinsichtlich der Prinzipien, nämlich ob man die Gattungen als Elemente und Prinzipien ansehen soll oder vielmehr die ersten, immanenten Bestandteile, aus denen jedes einzelne Ding besteht; (a) wie z. B. für Elemente und Prinzip des Lautes alles das gilt, woraus als ersten immanenten Bestandteilen die Laute zusammengesetzt sind, und nicht das Allgemeine, der Laut; und ebenso nennen wir Elemente der geometrischen Figuren dasjenige, dessen Beweise im Beweise der übrigen (sc. der Figuren), entweder aller oder der meisten, enthalten sind. Ferner bei den Körpern nennen sowohl die, welche mehrere Elemente annehmen, wie die, welche eines setzen, dasjenige Prinzip, woraus die Körper zusammengesetzt sind und bestehen; z. B. Empedokles bezeichnet Feuer, Wasser und das übrige als Elemente, weil aus ihnen als den immanenten Bestandteilen die Dinge bestehen, nicht, weil sie Gattungen der Dinge wären. Zudem findet dasselbe statt, wenn jemand bei
andern Dingen die Natur erkennen will, z. B. bei einem Bet- 998 b
te; wenn er nämlich weiß, aus welchen Bestandteilen es besteht und wie diese zusammengesetzt sind, dann kennt er die Natur desselben. (b) Nach diesen Gründen also würden die Gattungen nicht die Prinzipien der seienden Dinge sein. Insofern wir aber jedes Ding durch Begriffsbestimmung erkennen, und Prinzipien der Begriffsbestimmung die Gat-

σμῶν εἰσίν, ἀνάγκη καὶ τῶν ὁριστῶν ἀρχὰς εἶναι τὰ γένη. κἂν εἰ ἔστι τὴν τῶν ὄντων λαβεῖν ἐπιστήμην τὸ τῶν εἰδῶν λαβεῖν καθ' ἃ λέγονται τὰ ὄντα, τῶν γ' εἰδῶν ἀρχαὶ τὰ γένη εἰσίν. φαίνονται δέ τινες καὶ τῶν λεγόντων στοιχεῖα τῶν ὄντων τὸ ἓν καὶ τὸ ὂν ἢ τὸ μέγα καὶ μικρὸν ὡς γένεσιν αὐτοῖς χρῆσθαι. ἀλλὰ μὴν οὐδ' ἀμφοτέρως γ' οἷόν τε λέγειν τὰς ἀρχάς. ὁ μὲν γὰρ λόγος τῆς οὐσίας εἷς· ἕτερος δ' ἔσται ὁ διὰ τῶν γενῶν ὁρισμὸς καὶ ὁ λέγων ἐξ ὧν ἔστιν ἐνυπαρχόντων.

πρὸς δὲ τούτοις εἰ καὶ ὅτι μάλιστα ἀρχαὶ τὰ γένη εἰσί, πότερον δεῖ νομίζειν τὰ πρῶτα τῶν γενῶν ἀρχὰς ἢ τὰ ἔσχατα κατηγορούμενα ἐπὶ τῶν ἀτόμων; καὶ γὰρ τοῦτο ἔχει ἀμφισβήτησιν. εἰ μὲν γὰρ ἀεὶ τὰ καθόλου μᾶλλον ἀρχαί, φανερὸν ὅτι τὰ ἀνωτάτω τῶν γενῶν· ταῦτα γὰρ λέγεται κατὰ πάντων. τοσαῦται οὖν ἔσονται ἀρχαὶ τῶν ὄντων ὅσαπερ τὰ πρῶτα γένη, ὥστ' ἔσται τό τε ὂν καὶ τὸ ἓν ἀρχαὶ καὶ οὐσίαι· ταῦτα γὰρ κατὰ πάντων μάλιστα λέγεται τῶν ὄντων. οὐχ οἷόν τε δὲ τῶν ὄντων οὔτε τὸ ἓν οὔτε τὸ ὂν εἶναι γένος· ἀνάγκη μὲν γὰρ τὰς διαφορὰς ἑκάστου γένους καὶ εἶναι καὶ μίαν εἶναι ἑκάστην, ἀδύνατον δὲ κατηγορεῖσθαι ἢ τὰ εἴδη τοῦ γένους ἐπὶ τῶν οἰκείων διαφορῶν ἢ τὸ γένος ἄνευ τῶν αὐτοῦ εἰδῶν· ὥστ' εἴπερ τὸ ἓν γένος ἢ τὸ ὄν, οὐδεμία διαφορὰ οὔτε ὂν οὔτε ἓν ἔσται. ἀλλὰ μὴν εἰ μὴ γένη, οὐδ' ἀρχαὶ ἔσονται, εἴπερ ἀρχαὶ τὰ γένη. ἔτι καὶ τὰ μεταξὺ συλλαμβανό-

6 κἂν E: καὶ A^b ‖ 8 καθ' ἃ E: καθὸ A^b ‖ ἀρχαὶ τὰ γένη E Alex.: τὰ γένη ἀρχαὶ A^b ‖ 10 ἓν καὶ τὸ ὂν A^b et Alex. in interpr.: ἓν ἢ τὸ ὂν E ‖ καὶ μικρὸν A^bE: καὶ τὸ μικρὸν Alex. vulgo ‖ 13 ὁρισμός A^bE: ὁ ὁρισμὸς Sylb. ‖ 15 πότερον A^b Alex.: πότερα E ‖ 17 εἰ A^b: ἢ E in ras. ‖ ἀεὶ ex Alexandro p. 160, 5 reposuit Bonitz: δεῖ A^b, ὅτι E ‖ ἀρχὰς A^b, ἀρχαὶ E, sed ι in ras. ‖ 20 ἓν καὶ τὸ ὂν Alex. ‖ 21 γὰρ μάλιστα λέγεται κατὰ πάντων Alex. ‖ 22 τῶν ὄντων om. A^b ‖ οὔτε τὸ ἓν — γένος A^b: ἓν εἶναι γένος οὔτε τὸ ἓν οὔτε τὸ ὂν E ‖ 24 εἴδη ἄνευ τοῦ γένους καὶ τῶν E, lectionem receptam codicis A^b confirmat Alexander ‖ 25 ἄνευ τούτων τῶν A^b ‖ 27 οὔτε ἓν οὔτε ὂν ex οὔτε τὸ ἓν οὔτε τὸ ὂν corr. E

tungen sind, müssen notwendig die Gattungen auch Prinzipien des durch den Begriff Bestimmten sein. Und wenn Wissenschaft von den Dingen erlangen nichts anderes heißt als Erkenntnis der Artformen erlangen, nach welchen sie genannt werden, so sind ja doch die Gattungen Prinzipien der Arten. Auch scheinen einige von denen, welche als Elemente der Dinge das Eine und das Seiende aufstellen oder das Große und Kleine, dies in der Bedeutung von Gattungen zu nehmen. (c) Aber auf beide Weisen zugleich die Prinzipien zu setzen, ist ebensowenig möglich. Denn der Begriff des Wesens ist nur einer, und die Begriffsbestimmung durch die Gattungen würde ja von der verschieden sein, welche die Bestandteile angäbe.

(7. Aporie) Überdies, wenn auch durchaus die Gattungen Prinzipien sind, soll man dann die ersten Gattungen für Prinzipien ansehen, oder die, welche zuletzt von den Individuen ausgesagt werden? Denn auch hierüber erhebt sich Zweifel. (a) Wenn nämlich immer das Allgemeine mehr Prinzip ist, so müssen offenbar die höchsten Gattungen als Prinzipien gesetzt werden; denn diese werden von allen Dingen ausgesagt. Es wird daher geradeso viele Prinzipien des Seienden geben, wie es erste Gattungen gibt, und es werden daher das Seiende und das Eine Prinzipien und Wesen(heiten) sein; denn diese werden durchaus von allem Seienden ausgesagt. Aber es ist nicht möglich, daß das Eine und das Seiende Gattungen der seienden Dinge seien. Denn die Artunterschiede jeder Gattung müssen notwendig sein, und jeder muß einer sein; unmöglich aber können die Arten einer Gattung von den zugehörigen Artunterschieden, noch die Gattung, abgesehen von ihren Arten, von den Artunterschieden ausgesagt werden, woraus sich ergibt, daß, sofern das Eine und das Seiende Gattungen sind, kein Artunterschied ein Seiendes oder ein Eines sein kann. Wenn aber das Eine und das Seiende nicht Gattungen sind, so können sie auch nicht Prinzipien sein, sofern ja die Gattungen Prinzipien sein sollen. Ferner würde bei dieser Annahme auch das, was zwi-

μενα μετὰ τῶν διαφορῶν ἔσται γένη μέχρι τῶν ἀτόμων· νῦν δὲ τὰ μὲν δοκεῖ τὰ δ' οὐ δοκεῖ. πρὸς δὲ τούτοις ἔτι μᾶλλον αἱ διαφοραὶ ἀρχαὶ ἢ τὰ γένη· εἰ δὲ καὶ αὗται ἀρχαί, ἄπειροι ὡς εἰπεῖν ἀρχαὶ γίγνονται, ἄλλως τε κἄν τις τὸ
999a πρῶτον γένος ἀρχὴν τιθῇ. ἀλλὰ μὴν καὶ εἰ μᾶλλόν γ' ἀρχοειδὲς τὸ ἕν ἐστιν, ἓν δὲ τὸ ἀδιαίρετον, ἀδιαίρετον δὲ ἅπαν ἢ κατὰ τὸ ποσὸν ἢ κατὰ τὸ εἶδος, πρότερον δὲ τὸ κατ' εἶδος, τὰ δὲ γένη διαιρετὰ εἰς εἴδη, μᾶλλον ἂν ἓν τὸ ἔσχατον εἴη κατηγορούμενον· οὐ γάρ ἐστι γένος ὁ ἄνθρωπος τῶν τινῶν ἀνθρώπων. ἔτι ἐν οἷς τὸ πρότερον καὶ ὕστερόν ἐστιν, οὐχ οἷόν τε τὸ ἐπὶ τούτων εἶναί τι παρὰ ταῦτα. οἷον εἰ πρώτη τῶν ἀριθμῶν ἡ δυάς, οὐκ ἔσται τις ἀριθμὸς παρὰ τὰ εἴδη τῶν ἀριθμῶν· ὁμοίως δὲ οὐδὲ σχῆμα παρὰ τὰ εἴδη τῶν σχημάτων· εἰ δὲ μὴ τούτων, σχολῇ τῶν γ' ἄλλων ἔσται τὰ γένη παρὰ τὰ εἴδη· τούτων γὰρ δοκεῖ μάλιστα εἶναι γένη· ἐν δὲ τοῖς ἀτόμοις οὐκ ἔστι τὸ μὲν πρότερον τὸ δ' ὕστερον. ἔτι ὅπου τὸ μὲν βέλτιον τὸ δὲ χεῖρον, αἰεὶ τὸ βέλτιον πρότερον· ὥστ' οὐδὲ τούτων ἂν εἴη γένος. ἐκ μὲν οὖν τούτων μᾶλλον φαίνεται τὰ ἐπὶ τῶν ἀτόμων κατηγρούμενα ἀρχαὶ εἶναι τῶν γενῶν. πάλιν δὲ πῶς αὖ δεῖ ταύτας ἀρχὰς ὑπολαβεῖν οὐ ῥᾴδιον εἰπεῖν. τὴν μὲν γὰρ ἀρχὴν δεῖ καὶ τὴν αἰτίαν εἶναι παρὰ τὰ πράγματα ὧν ἀρχή, καὶ δύνασθαι εἶναι χωριζομένην αὐτῶν· τοιοῦτον δέ τι παρὰ τὸ καθ' ἕκαστον εἶναι διὰ τί ἄν τις ὑπολάβοι, πλὴν ὅτι καθόλου κατηγορεῖται καὶ κατὰ πάντων; ἀλλὰ μὴν εἰ διὰ τοῦτο, τὰ μᾶλλον καθόλου μᾶλλον θετέον ἀρχάς· ὥστ' ἀρχαὶ τὰ πρῶτ' ἂν εἴησαν γένη.

ἔστι δ' ἐχομένη τε τούτων ἀπορία καὶ πασῶν χαλεπω- 4

31 αὐταὶ E ‖ 32 κἂν E: καὶ ἂν A^b ‖ 999a, 3 κατ' εἶδος (prius) A^b ‖ 5 ἐστι] ἐστι τὸ E, om. Alex. ‖ ὁ add. A^b, om. E Alex. ‖ 8 δυὰς ἢ τριὰς Alex. p. 164, 8 ‖ 9 τῶν E: τὰ τῶν A^b ‖ οὐδὲ om. A^b ‖ 14 οὐδὲ A^b E: οὐδὲν vulgo et fort. Alex. ‖ post γένος aut ἀρχὴ aut παρὰ τὰ εἴδη excidisse videntur ‖ 17 εἰπεῖν om. A^b ‖ 18 εἶναι ante 17 δεῖ A^b ‖ 19 fort. τὰ καθ'

schen den obersten Gattungen und den Individuen liegt, mit
den Artunterschieden zusammengefaßt Gattung sein müs-
sen, bis zu den Individuen; nun aber gilt dies wohl bei eini-
gem, bei anderem aber nicht. Außerdem sind auch die Art-
unterschiede in noch höherem Sinne Prinzipien als die Gat-
tungen. Falls aber auch diese Prinzipien sind, so werden ja
der Prinzipien geradezu unendlich viele, zumal wenn man
die erste Gattung als Prinzip setzt. (b) Wenn aber anderer- 999 a
seits das Eine mehr prinzipartig ist, Eines aber das Unteil-
bare, und unteilbar jedes entweder der Quantität oder der
Art nach ist, und unter diesen beiden das der Art nach Un-
teilbare früher ist, die Gattungen aber teilbar sind, nämlich
in Arten: so würde hiernach das zuletzt von den Individuen
Ausgesagte mehr Eines sein. Denn ‚Mensch‘ ist nicht Gat-
tung der einzelnen Menschen. – Ferner kann bei den Din-
gen, in welchen es ein Früher und Später gibt, das Allgemei-
ne über diesen Einzelnen nicht etwas außer und neben den-
selben sein; z. B. wenn die erste unter den Zahlen die Zwei-
heit ist, so kann es nicht eine Zahl geben außer den Arten
der Zahlen, ebenso nicht eine Figur neben den Arten der Fi-
guren. Wenn aber bei diesen nicht die Gattungen neben den
Arten sind, so wird es noch weniger bei den andern Dingen
der Fall sein; denn gerade von diesen scheint es am meisten
Gattungen zu geben. In den Individuen aber findet sich kein
Früher und Später. – Ferner, wo sich ein Besser und Schlech-
ter findet, da ist immer das Bessere früher; also würde es
auch von diesen Dingen keine Gattungen geben. Hiernach
scheint vielmehr das von den Individuen Ausgesagte Prinzip
zu sein als die Gattungen. Wie man aber wiederum von ihnen
als Prinzipien annehmen soll, daß sie Prädikate der Indivi-
duen Prinzipien seien, ist nicht leicht zu sagen. Denn das
Prinzip und die Ursache muß außer den Dingen sein, deren
Prinzip sie ist, und abgetrennt von denselben existieren kön-
nen. Daß aber ein solches (Prinzip) neben den einzelnen
Dingen existiere, könnte man doch aus keinem andern
Grunde annehmen, als weil es allgemein und von allen aus-
gesagt wird. Ist aber dies der Grund der Annahme, so möch-
te man das Allgemeinere auch mehr als Prinzip setzen, und
es würden also die ersten Gattungen Prinzipien sein.

4 (8. Aporie) Hieran schließt sich als nächste die schwie-

τάτη καὶ ἀναγκαιοτάτη θεωρῆσαι, περὶ ἧς ὁ λόγος ἐφέστηκε νῦν. εἴτε γὰρ μὴ ἔστι τι παρὰ τὰ καθ' ἕκαστα, τὰ δὲ καθ' ἕκαστα ἄπειρα, τῶν [δ'] ἀπείρων πῶς ἐνδέχεται λαβεῖν ἐπιστήμην; ᾗ γὰρ ἕν τι καὶ ταὐτόν, καὶ ᾗ καθόλου τι ὑπάρχει, ταύτῃ πάντα γνωρίζομεν. ἀλλὰ μὴν εἰ τοῦτο ἀναγκαῖόν ἐστι, καὶ δεῖ τι εἶναι παρὰ τὰ καθ' ἕκαστα, ἀναγκαῖον ἂν εἴη τὰ γένη εἶναι παρὰ τὰ καθ' ἕκαστα, ἤτοι τὰ ἔσχατα ἢ τὰ πρῶτα· τοῦτο δ' ὅτι ἀδύνατον ἄρτι διηπορήσαμεν. ἔτι εἰ ὅτι μάλιστα ἔστι τι παρὰ τὸ σύνολον, ὅταν κατηγορηθῇ τι τῆς ὕλης, πότερον, εἰ ἔστι, παρὰ πάντα δεῖ εἶναί τι, ἢ παρὰ μὲν ἔνια εἶναι παρὰ δ' ἔνια μὴ εἶναι, ἢ παρ' οὐδέν; εἰ μὲν οὖν μηδέν ἐστι παρὰ τὰ καθ' ἕκαστα, οὐδὲν ἂν εἴη νοητὸν ἀλλὰ πάντα αἰσθητὰ καὶ ἐπιστήμη οὐδενός, εἰ μή τις εἶναι λέγει τὴν αἴσθησιν ἐπιστήμην. ἔτι δ' οὐδ' ἀΐδιον οὐδὲν οὐδ' ἀκίνητον· τὰ γὰρ αἰσθητὰ πάντα φθείρεται καὶ ἐν κινήσει ἐστίν. ἀλλὰ μὴν εἴ γ' ἀΐδιον οὐδέν ἐστιν, οὐδὲ γένεσιν εἶναι δυνατόν· ἀνάγκη γὰρ εἶναί τι τὸ γιγνόμενον καὶ ἐξ οὗ γίγνεται καὶ τούτων τὸ ἔσχατον ἀγέννητον, εἴπερ ἵσταταί τε καὶ ἐκ μὴ ὄντος γενέσθαι ἀδύνατον. ἔτι δὲ γενέσεως οὔσης καὶ κινήσεως ἀνάγκη καὶ πέρας εἶναι· οὔτε γὰρ ἄπειρός ἐστιν οὐδεμία κίνησις ἀλλὰ πάσης ἐστὶ τέλος, γίγνεσθαί τ' οὐχ οἷόν τε τὸ ἀδύνατον γενέσθαι· τὸ δὲ γεγονὸς ἀνάγκη εἶναι ὅτε πρῶτον γέγονεν. ἔτι δ' εἴπερ ἡ ὕλη ἔστι διὰ τὸ ἀγέννητος εἶναι, πολὺ ἔτι μᾶλλον εὔλογον

26 *εἰ γὰρ* A^b ‖ 27 *τῶν δὲ* A^bE, *δ'* vel omittendum esse vel mutandum in *γ'* censuit Bonitz ‖ 28 *ταὐτό* A^b ‖ 30 *ἀναγκαῖον ἂν εἴη τὰ γένη εἶναι παρὰ τὰ καθ' ἕκαστα* A^b Ascl. Bonitz, om. E Bekker ‖ 33 *εἰ* E: *δ'* A^b ‖ *τι* om. A^b, in E m. pr. ut videtur additum ‖ 34 *ἔστι* A^b Alex. Bonitz: *ἔστι τι* E, *ἔστιν εἶδός τι* Bekker ex cod. S ut videtur, *ὅταν — ὕλης* et *εἰ ἔστιν εἶδός τι* superflua ‖ 999b, 1 *ἢ παρ' οὐδὲν* seclusit Essen ‖ *παρὰ τὰ καθ' ἕκαστα* eicienda duxi Stud. p. 28 ‖ 4 *ἔτι* E: *ἔτι δὲ* A^b ‖ 5 *οὐδὲν* A^b: *μηθέν* E ‖ 7 *ἀγένητον* E ‖ 8 *γενέσθαι* A^bE: *γίγνεσθαι* ex F^b recepit Bonitz ‖ 13 *ἔστι*] fort. *ἐστὶν ἀΐδιος* ‖ *ἀγένητος* A^bE

a 33 *σύνολον, ⟨λέγω δὲ σύνολον⟩ ὅταν*: Jaeger

rigste und am notwendigsten zu erörternde Frage an, bei der die Erörterung jetzt steht. (a) Wenn es nämlich nichts gibt neben den einzelnen Dingen, die einzelnen Dinge aber unendlich viele sind, wie ist es dann möglich, von den unendlich vielen Dingen Wissenschaft zu erlangen? Denn nur insofern erkennen wir alles, als es etwas Eines und Identisches gibt und ein Allgemeines vorliegt. Wenn aber dies notwendig ist und es also etwas neben den einzelnen Dingen geben muß, so müssen notwendig die Gattungen neben den Einzeldingen existieren, und zwar entweder die nächsten oder die höchsten Gattungen; daß dies aber unmöglich ist, haben wir soeben in Fragen erörtert. Ferner, wenn es denn durchaus etwas gibt neben dem konkreten Ganzen (dem Einzelding, von dem ich dann spreche), wenn immer etwas von dem Stoff ausgesagt wird, so fragt sich, falls es etwas
gibt, ob es neben allen Dingen etwas geben soll, oder nur 999 b
neben einigen, neben andern nicht, oder neben keinem. (b) Angenommen nun, es gäbe nichts neben den einzelnen Dingen, so würde nichts erkennbar, sondern alles nur sinnlich wahrnehmbar sein und es von nichts Wissenschaft geben, man müßte denn etwa die sinnliche Wahrnehmung für Wissenschaft erklären. Ferner würde auch nichts ewig oder unbeweglich sein; denn alles Sinnliche vergeht und ist in Bewegung. Gibt es aber nichts Ewiges, so ist es auch nicht möglich, daß ein Werden stattfinde. Denn hierbei muß es notwendig etwas geben, was wird, und das, woraus es wird, und von diesen muß das Letzte unentstanden sein, sofern ja nicht ein Fortschritt ins Unendliche stattfindet, und nichts aus Nichtseiendem werden kann. Ferner, wo Werden und Bewegung ist, muß auch eine Grenze sein; denn weder ist irgendeine Bewegung unendlich, sondern jede hat ein Ziel, noch kann dasjenige werden, für das es unmöglich ist, (dann) geworden zu sein. Jedes Gewordene aber muß (dann) notwendig sein, sobald es geworden ist. Weiter aber, wenn der Stoff existiert, eben darum weil er unentstanden ist, so ist noch mit mehr Grund anzunehmen, daß es auch die Wesen-

εἶναι τὴν οὐσίαν ὅ ποτε ἐκείνη γίγνεται· εἰ γὰρ μήτε τοῦτο ἔσται μήτε ἐκείνη, οὐδὲν ἔσται τὸ παράπαν. εἰ δὲ τοῦτο ἀδύνατον, ἀνάγκη τι εἶναι παρὰ τὸ σύνολον, τὴν μορφὴν καὶ τὸ εἶδος. εἰ δ' αὖ τις τοῦτο θήσει, ἀπορία ἐπὶ τίνων τε θήσει τοῦτο καὶ ἐπὶ τίνων οὔ. ὅτι μὲν γὰρ ἐπὶ πάντων οὐχ οἷόν τε, φανερόν· οὐ γὰρ ἂν θείημεν εἶναί τινα οἰκίαν παρὰ τὰς τινὰς οἰκίας. πρὸς δὲ τούτοις πότερον ἡ οὐσία μία πάντων ἔσται, οἷον τῶν ἀνθρώπων; ἀλλ' ἄτοπον· ἓν γὰρ ἅπαντα ὧν ἡ οὐσία μία. ἀλλὰ πολλὰ καὶ διάφορα; ἀλλὰ καὶ τοῦτο ἄλογον. * ἅμα δὲ καὶ πῶς γίγνεται ἡ ὕλη τούτων ἕκαστον καὶ ἔστι τὸ σύνολον ἄμφω ταῦτα; * ἔτι δὲ περὶ τῶν ἀρχῶν καὶ τόδε ἀπορήσειεν ἄν τις. εἰ μὲν γὰρ εἴδει εἰσὶν ἕν, οὐδὲν ἔσται ἀριθμῷ ἕν, οὐδ' αὐτὸ τὸ ἓν καὶ ὄν. * καὶ τὸ ἐπίστασθαι πῶς ἔσται, εἰ μή τι ἔσται ἓν ἐπὶ πάντων; * ἀλλὰ μὴν εἰ ἀριθμῷ ἓν καὶ μία ἑκάστη τῶν ἀρχῶν, καὶ μὴ ὥσπερ ἐπὶ τῶν αἰσθητῶν ἄλλαι ἄλλων, οἷον τῆσδε τῆς συλλαβῆς τῷ εἴδει τῆς αὐτῆς οὔσης καὶ αἱ ἀρχαὶ εἴδει αἱ αὐταί· καὶ γὰρ αὗται ὑπάρχουσιν ἀριθμῷ ἕτεραι. εἰ δὲ μὴ οὕτως, ἀλλ' αἱ τῶν ὄντων ἀρχαὶ ἀριθμῷ ἕν εἰσιν, οὐκ ἔσται παρὰ τὰ στοιχεῖα οὐδὲν ἕτερον· τὸ γὰρ ἀριθμῷ ἓν ἢ τὸ καθ' ἕκαστον λέγειν διαφέρει οὐδέν. οὕτω γὰρ λέγομεν τὸ καθ' ἕκαστον 1000a τὸ ἀριθμῷ ἕν, καθόλου δὲ τὸ ἐπὶ τούτων. ὥσπερ οὖν εἰ τὰ

14 ὅ ποτὲ E Alex.: ὁπότε A^b, vulgo ante Bonitzium ‖ 15 ἐκείνη] modo ἐκεῖνο modo ἐκείνη Alex. ‖ 16 τι om. Alex. ‖ 21 ἓν γὰρ Alex. Syr.: οὐ γὰρ πάντων ἡ γρ. Syr., οὐ γὰρ ἓν A^bE, idem comma ante ἀλλὰ et colon post διάφορα, sed in E οὐ γὰρ ἓν ἅπαντα in ras. ‖ 22 ἡ om. A^b ‖ τούτοις A^b ‖ 23 ἅμα — ταῦτα collocari debebant ante 20 πρὸς δὲ τούτοις ‖ ἡ] ποτε ἡ A^b ‖ 24 περὶ — 25 τόδε om. A^b ‖ 26 αὐτὸ τὸ A^b: αὐτὸ E ‖ καὶ ὄν E: <u>καὶ τὸ ὄν A^b</u> ‖ 26 οὐδ' αὐτὸ — 27 πάντων damnat Essen, ipsi καὶ τὸ ἐπίστασθαι — 27 πάντων post 23 ἄλογον collocanda iudicamus ‖ 30 αἱ ἀρχαὶ A^b: ἀρχαὶ E ‖ exspectes ἀριθμῷ γὰρ καὶ αὗται ὑπάρχουσιν ἕτεραι ‖ 31 οὕτω E ‖ 32 ἀρχαὶ add. A^b, om. E ‖ ἕν om. A^b, supra lin. m. sec. add. E ‖ 1000a, 1 ὡς ante τὸ ἀριθμῷ addendum censuit Schwegler ‖ οὖν codd. Alex.: ἂν coniecit post Fonsecam Bonitzius, Schweglerus

b 26 *καὶ τὸ ὄν* A^b, Ross

heit gibt, wenn immer jener Stoff (zu etwas Bestimmtem) wird. Denn wenn weder dieses (Bestimmte mit der Wesenheit) sein soll noch jener (Stoff), so würde überhaupt nichts sein. Ist dies aber unmöglich, so muß notwendig die Gestalt und die Artform etwas neben dem konkreten Ganzen sein. (c) Aber bei dieser Annahme entsteht wieder die schwierige Frage, für welche Dinge man etwas neben dem konkreten Ganzen setzen soll und für welche nicht; denn man würde doch nicht die Existenz eines Hauses neben den einzelnen Häusern annehmen. Überdies, soll denn für alle einzelnen, z. B. für alle Menschen, die Wesenheit eine sein? Das ist unstatthaft; denn wessen Wesenheit eine ist, das ist selbst Eines. Also vielmehr viele und verschiedene? Das ist aber ebensowenig mit Grund anzunehmen. Überdies, auf welche Weise wird denn der Stoff zu jedem einzelnen Ding, und wie enthält denn das konkrete Ganze beides in sich? (9. Aporie) Ferner kann man hinsichtlich der Prinzipien folgende Frage aufwerfen: (a) Sind sie nur der Art nach Eines, so würde es überhaupt nichts geben, was der Zahl nach Eines wäre, und auch nicht das Eine und das Seiende selbst. Und wie sollte es dann wissenschaftliche Erkenntnis geben, wenn es nicht etwas Eines über allem Einzelnen gäbe? (b) Andrerseits aber, wenn sie der Zahl nach Eines sind und jedes der Prinzipien eines ist, und nicht wie bei den sinnlichen Dingen ein anderes für anderes (wie z. B. für diese der Art nach identische Silbe auch die Prinzipien der Art nach dieselben sind, aber der Zahl nach andere), wenn also die Prinzipien der seienden Dinge nicht in dieser Weise, sondern jedes der Zahl nach Eines ist, so würde es außer den Elementen überhaupt nichts anderes geben (denn der Zahl nach Eines und Einzelnes bedeutet ganz dasselbe; Einzelnes nennen wir ja
eben das, was der Zahl nach Eines ist, Allgemeines aber das 1000 a
von allen Ausgesagte), geradeso wie, wenn die Elemente des

τῆς φωνῆς ἀριθμῷ ἦν στοιχεῖα ὡρισμένα, ἀναγκαῖον ἦν ἂν τοσαῦτα εἶναι τὰ πάντα γράμματα ὅσαπερ τὰ στοιχεῖα, μὴ ὄντων γε δύο τῶν αὐτῶν μηδὲ πλειόνων.

οὐδενὸς δ' ἐλάττων ἀπορία παραλέλειπται καὶ τοῖς νῦν καὶ τοῖς πρότερον, πότερον αἱ αὐταὶ τῶν φθαρτῶν καὶ τῶν ἀφθάρτων ἀρχαί εἰσιν ἢ ἕτεραι. εἰ μὲν γὰρ αἱ αὐταί εἰσι, πῶς τὰ μὲν φθαρτὰ τὰ δὲ ἄφθαρτα, καὶ διὰ τίν' αἰτίαν; οἱ μὲν οὖν περὶ Ἡσίοδον καὶ πάντες ὅσοι θεολόγοι μόνον ἐφρόντισαν τοῦ πιθανοῦ τοῦ πρὸς αὐτούς, ἡμῶν δ' ὠλιγώρησαν. θεοὺς γὰρ ποιοῦντες τὰς ἀρχὰς καὶ ἐκ θεῶν γεγονέναι, τὰ μὴ γευσάμενα τοῦ νέκταρος καὶ τῆς ἀμβροσίας θνητὰ γενέσθαι φασίν, δῆλον ὡς ταῦτα τὰ ὀνόματα γνώριμα λέγοντες αὑτοῖς. καίτοι περὶ αὐτῆς τῆς προσφορᾶς τῶν αἰτίων τούτων ὑπὲρ ἡμᾶς εἰρήκασιν. εἰ μὲν γὰρ χάριν ἡδονῆς αὐτῶν θιγγάνουσιν, οὐδὲν αἴτια τοῦ εἶναι τὸ νέκταρ καὶ ἡ ἀμβροσία· εἰ δὲ τοῦ εἶναι, πῶς ἂν εἶεν ἀΐδιοι δεόμενοι τροφῆς; ἀλλὰ περὶ μὲν τῶν μυθικῶς σοφιζομένων οὐκ ἄξιον μετὰ σπουδῆς σκοπεῖν· παρὰ δὲ τῶν δι' ἀποδείξεως λεγόντων δεῖ πυνθάνεσθαι διερωτῶντας τί δή ποτ' ἐκ τῶν αὐτῶν ὄντα τὰ μὲν ἀΐδια τὴν φύσιν ἐστὶ τὰ δὲ φθείρεται τῶν ὄντων. ἐπεὶ δ' οὔτε αἰτίαν λέγουσιν οὔτε εὔλογον οὕτως ἔχειν, δῆλον ὡς οὐχ αἱ αὐταὶ ἀρχαὶ οὐδ' αἰτίαι αὐτῶν ἂν εἶεν. καὶ γὰρ ὅνπερ οἰηθείη λέγειν ἄν τις μάλιστα ὁμολογουμένως αὑτῷ, Ἐμπεδοκλῆς, καὶ οὗτος ταὐτὸν πέπονθεν· τίθησι μὲν γὰρ ἀρχήν τινα αἰτίαν τῆς φθορᾶς τὸ νεῖκος, δόξειε δ' ἂν οὐδὲν ἧττον καὶ τοῦτο γεννᾶν

apte comparavit anal. pr. p. 34a, 22 ‖ 2 φωνῆς ἐν ἀριθμῷ E ‖ ὡρισμένῳ A^b ‖ ἦν ἂν A^{b}E, ἂν om. vulgo, fort. ἂν ἦν ‖ 3 τὰ στοιχεῖα E: στοιχεῖα A^b ‖ 8 <u>εἰσι om. A^b</u> ‖ ἄφθαρτα τὰ δὲ φθαρτά E et Alex. in interpret. p. 174, 4. 22 ‖ 11 ἐκ θεῶν A^b E: ἐκ τῶν θεῶν Ald. ‖ 14 καίτοι καὶ E ‖ προσφορᾶς A^{b}E Alex.: προφορᾶς Ald., τῆς φύσεως· γρ. E ‖ 15 ἡδονῆς αὐτῶν A^b E: ἡδονῆς περὶ αὐτῶν Ald. ‖ 18 μυθικῶν A^b ‖ 24 αὐτῶν ἂν A^b: ἂν αὐτῶν E ‖ 25 ταὐτὸ πεπ. E ‖ 27—28 ὡς δόξειεν ἄν, οὐδὲν

Lautes der Zahl nach begrenzt wären, es notwendig nur ebensoviele Buchstaben geben müßte wie Elemente, da ja nicht zwei oder mehrere von derselben Art wären.

(10. Aporie) Eine der schwierigsten Fragen wurde von den gegenwärtigen Philosophen ebenso wie von den früheren übergangen, nämlich ob für das Vergängliche und für das Unvergängliche die Prinzipien dieselben sind oder verschiedene. (a) Sind nämlich die Prinzipien für beides dieselben, wie kommt es, daß das eine (von den Dingen) vergänglich, das andere unvergänglich ist, und was ist hiervon die Ursache? Dichter nun wie Hesiodos und alle übrigen Theologen haben nur daran gedacht, was ihnen selbst glaublich erschien, aber auf uns keine Rücksicht genommen. Denn indem sie Götter zu Prinzipien machen und aus Göttern alles entstehen lassen, erklären sie dann, was nicht Nektar und Ambrosia gekostet habe, das sei sterblich geworden. Offenbar also waren diese Worte ihnen selbst verständlich, und doch geht schon, was sie von der Anwendung selbst dieser Ursachen gesagt haben, über unser Fassungsvermögen. Denn wenn sie um der Lust willen Nektar und Ambrosia berühren, so sind dieselben für sie nicht Ursachen des Seins; berühren sie aber dieselben um des Seins willen, wie können sie dann ewig sein, da sie doch der Speise bedürfen? Doch es gehört sich wohl nicht, mythische Weisheit in ernstliche Betrachtung zu ziehen. Diejenigen aber, welche für ihre Lehren Beweise bringen, muß man fragen und ausforschen, wie (es denn möglich sein soll, daß) die Dinge, da sie doch aus denselben Prinzipien hervorgehen, zum Teil ihrer Natur nach ewig sind, zum Teil vergehen. Da sie aber keine Ursache dafür angeben und es sich auch nicht wohl begründen läßt, daß es sich so verhalte, so können offenbar nicht dieselben Prinzipien und Ursachen für beides sein. Selbst Empedokles, dem man noch am meisten zutrauen möchte, daß er in seiner Rede mit sich selbst in Übereinstimmung bleibt, verfällt in denselben Fehler. Er setzt nämlich zwar ein Prinzip als Ursache des Vergehens, den Streit, aber es scheint wohl, daß dies Prinzip ebensogut alles erzeugt, aus-

ἔξω τοῦ ἑνός· ἅπαντα γὰρ ἐκ τούτου τἆλλά ἐστι πλὴν ὁ θεός. λέγει γοῦν „ἐξ ὧν πάνθ' ὅσα τ' ἦν ὅσα τ' ἔσθ' ὅσα τ' ἔσται ὀπίσσω, δένδρεά τ' ἐβλάστησε καὶ ἀνέρες ἠδὲ γυναῖκες, θῆρές τ' οἰωνοί τε καὶ ὑδατοθρέμμονες ἰχθῦς, καί τε θεοὶ δολιχαίωνες.“ καὶ χωρὶς δὲ τούτων δῆλον· εἰ γὰρ μὴ ἐνῆν [τὸ νεῖκος] ἐν τοῖς πράγμασιν, ἓν ἂν ἦν ἅπαντα, ὥς φησίν· ὅταν γὰρ συνέλθωσιν, τότε δ' ἔσχατον ἵστατο νεῖκος. διὸ καὶ συμβαίνει αὐτῷ τὸν εὐδαιμονέστατον θεὸν ἧττον φρόνιμον εἶναι τῶν ἄλλων· οὐ γὰρ γνωρίζει τὰ στοιχεῖα πάντα· τὸ γὰρ νεῖκος οὐκ ἔχει, ἡ δὲ γνῶσις τοῦ ὁμοίου τῷ ὁμοίῳ. „γαίῃ μὲν γάρ,“ φησί, „γαῖαν ὀπώπαμεν, ὕδατι δ' ὕδωρ, αἰθέρι δ' αἰθέρα δῖον, ἀτὰρ πυρὶ πῦρ ἀΐδηλον, στοργὴν δὲ στοργῇ, νεῖκος δέ τε νείκεϊ λυγρῷ.“ ἀλλ' ὅθεν δὴ ὁ λόγος, τοῦτό γε φανερόν, ὅτι συμβαίνει αὐτῷ τὸ νεῖκος μηδὲν μᾶλλον φθορᾶς ἢ τοῦ εἶναι αἴτιον. ὁμοίως δ' οὐδ' ἡ φιλότης τοῦ εἶναι· συνάγουσα γὰρ εἰς τὸ ἓν φθείρει τἆλλα. καὶ ἅμα δ' αὐτῆς τῆς μεταβολῆς αἴτιον οὐδὲν λέγει, ἀλλ' ἢ ὅτι οὕτως πέφυκεν· „ἀλλ' ὅτε δὴ μέγα νεῖκος ἐνὶ μελέεσσιν ἐθρέφθη, εἰς τιμάς τ' ἀνόρουσε τελειομένοιο χρόνοιο, ὅς σφιν ἀμοιβαῖος πλατέος παρελήλαται ὅρκου,“ ὡς ἀναγκαῖον μὲν ὂν μεταβάλλειν· αἰτίαν δὲ τῆς ἀνάγκης οὐδεμίαν δηλοῖ. ἀλλ' ὅμως τοσοῦτόν γε μόνος

δὲ ἧττον καὶ τοῦτο γεννᾷ A^b^ ‖ 28 *ἔξω* — 29 *θεός*] Alex. fort.: *ἐκ γὰρ τοῦ ἑνὸς ἅπαντα καὶ ἐκ τούτου τὰ ἄλλα ἐστὶ πλὴν θεός* ‖ 30 *ὅσα τ' ἔστιν* Ab, om. in textu E ‖ *ὀπίσσω* om. Ab ‖ *ἀνέρες τ' ἥδε* Ab ‖ 31 *θῆρές τ'* E: *θῆρες* Ab ‖ 32 *καί* E: *κἀν* Ab ‖ 1000b, 1 *ἐνῆν* E: *ἦν* Ab ‖ *τὸ νεῖκος* om. E, add. m. sec. in Ab ‖ 2 *συνέλθωσι* Ab: *συνέλθῃ* E, versus fuit *εὖτε συνέλθωσιν* ‖ *τότε δ'* Ab: *τότε* E ‖ 3 *ἵστατο* Ab et E m. pr., *ἱστᾶ τὸ* E m. sec. ‖ *διὸ* E: *ᾧ* Ab ‖ 5 *τὰ στοιχεῖα* om. Ab, habet E, legisse videtur Alex. ‖ *ἅπαντα* Ab ‖ 7 *αἰθέρι* — 8 *ἀίδηλον* om. E ‖ *θεῖον* Ab ‖ 7. 8 *ἀτὰρ πυρὶ πῦρ ἀίδηλον* om. AbE, additum videtur in edd. ex Arist. de an. I 2, 6 ‖ 8 *στοργῆι τε στοργὴν* E ‖ 11 *αἴτιον* om. Ab ‖ 12 *μεταβολῆς τὸ αἴτιον* Ab ‖ 13 *ἀλλ' ἢ* AbE: *ἀλλὰ* vulgata ante Bekk. ‖ 16 *παρελήλατο* E, *παρ' ἐλήλαται* coni. Bonitz ‖ *δ' ἐξ ἀν.* E ‖ 17 *μόνος* Ab: *μόνον* E vulgo

b 1 E, Ross   2 E, Ross   5 Ab, Ross

genommen das Eine; denn alles andere ist aus dem Streit hervorgegangen, außer Gott. Sagt ja doch Empedokles:

> "Aus ihm sproßte, was ist und was war und alles, was sein wird,
> Bäume sproßten hervor aus ihm und Männer und Frauen,
> Tiere des Waldes und Vögel und wassergenährete Fische,
> Und nie alternde Götter."

Und auch abgesehen hiervon ist dies einleuchtend; denn
wenn der Streit nicht in den Dingen wäre, so wäre Alles 1000 b
Eines, wie er sagt; denn als sie zusammengetreten waren, stand der Streit an der äußersten Grenze. Daraus folgt denn auch für ihn, daß der seligste Gott weniger Einsicht hat als alles andere; denn er erkennt nicht alle Elemente, da er den Streit nicht in sich hat, und nur Gleiches durch Gleiches erkannt wird.

> "Denn mit der Erde (sagt er) gewahrt man die Erde, mit Wasser das Wasser,
> Göttlichen Äther mit Äther, mit Feuer verderbliches Feuer,
> Streit mit furchtbarem Streit und bindende Liebe mit Liebe."

Doch, wovon unsere Rede ausgegangen ist, so viel ist offenbar: Es ergibt sich für ihn, daß nach seiner Ansicht der Streit ebensogut für das Sein wie für das Vergehen Ursache sein müßte. Ebensowenig aber ist die Freundschaft Ursache nur des Seins; denn indem sie die Dinge in das Eine zusammenführt, vernichtet sie die übrigen. Und zugleich gibt er für die Veränderung selbst nicht einmal eine Ursache an, außer daß es sich eben von Natur so verhalte:

> "Aber nachdem der gewaltige Streit in den Gliedern gereift war
> und sich zur Herrschaft erhob, als endlich die Zeit sich erfüllte,
> die kraft mächtigen Eides den beiden wechselnd bestimmt ist,"

unter der Voraussetzung, daß notwendig die Veränderung eintreten müsse; eine Ursache aber der Notwendigkeit gibt er nicht an. Indessen insoweit bleibt er sich doch konsequent,

λέγει ὁμολογουμένως· οὐ γὰρ τὰ μὲν φθαρτὰ τὰ δ' ἄφθαρτα ποιεῖ τῶν ὄντων, ἀλλὰ πάντα φθαρτὰ πλὴν τῶν στοιχείων. ἡ δὲ νῦν λεγομένη ἀπορία ἐστὶ διὰ τί τὰ μὲν τὰ δ' οὔ, εἴπερ ἐκ τῶν αὐτῶν ἐστίν.

ὅτι μὲν οὖν οὐκ ἂν εἴησαν αἱ αὐταὶ ἀρχαί, τοσαῦτα εἰρήσθω. εἰ δὲ ἕτεραι ἀρχαί, μία μὲν ἀπορία πότερον ἄφθαρτοι καὶ αὗται ἔσονται ἢ φθαρταί. εἰ μὲν γὰρ φθαρταί, δῆλον ὡς ἀναγκαῖον καὶ ταύτας ἔκ τινων εἶναι· πάντα γὰρ φθείρεται εἰς ταῦτ' ἐξ ὧν ἔστιν· ὥστε συμβαίνει τῶν ἀρχῶν ἑτέρας ἀρχὰς εἶναι προτέρας. τοῦτο δ' ἀδύνατον, καὶ εἰ ἵσταται καὶ εἰ βαδίζει εἰς ἄπειρον. ἔτι δὲ πῶς ἔσται τὰ φθαρτά, εἰ αἱ ἀρχαὶ ἀναιρεθήσονται; εἰ δὲ ἄφθαρτοι, διὰ τί ἐκ μὲν τούτων ἀφθάρτων οὐσῶν φθαρτὰ ἔσται, ἐκ δὲ τῶν ἑτέρων ἄφθαρτα; τοῦτο γὰρ οὐκ εὔλογον, ἀλλ' ἢ ἀδύνατον ἢ πολλοῦ λόγου δεῖται. ἔτι δὲ οὐδ' ἐγκεχείρηκεν οὐδεὶς ἑτέρας λέγειν, ἀλλὰ τὰς αὐτὰς ἁπάντων λέγουσιν ἀρχάς. ἀλλὰ 1001a
τὸ πρῶτον ἀπορηθὲν ἀποτρώγουσιν ὥσπερ τοῦτο μικρόν τι λαμβάνοντες.

πάντων δὲ καὶ θεωρῆσαι χαλεπώτατον καὶ πρὸς τὸ γνῶναι τἀληθὲς ἀναγκαιότατον, πότερόν ποτε τὸ ὂν καὶ τὸ ἓν οὐσίαι τῶν ὄντων εἰσί, καὶ ἑκάτερον αὐτῶν οὐχ ἕτερόν τι ὂν τὸ μὲν ἓν τὸ δὲ ὄν ἐστιν, ἢ δεῖ ζητεῖν τί ποτ' ἔστι τὸ ὂν καὶ τὸ ἓν ὡς ὑποκειμένης ἄλλης φύσεως. οἱ μὲν γὰρ ἐκείνως, οἱ δ' οὕτως οἴονται τὴν φύσιν ἔχειν. Πλάτων μὲν γὰρ καὶ οἱ Πυθαγόρειοι οὐχ ἕτερόν τι τὸ ὂν οὐδὲ τὸ ἕν, ἀλλὰ τοῦτο αὐτῶν τὴν φύσιν εἶναι, ὡς οὔσης τῆς οὐσίας αὐτοῦ τοῦ ἑνὶ εἶναι καὶ ὄντι. οἱ δὲ περὶ φύσεως, οἷον Ἐμ-

24 αὗται E: αἱ αὐταὶ A^b, αὐταὶ vulgo ‖ 25 ἅπαντα E ‖ 27 ἀρχὰς om. Alex. in lemmate ‖ 28 τὰ om. A^b ‖ 1001a, 1 λέγειν add. A^b: quod cum ceteri codd. omittant, εἴρηκεν vel τὴν ἀρχὴν εἴρηκεν pro ἐγκεχείρηκεν coni. Bonitz, λέγειν secludi iubet Vahlen poet.[3] p. 158 ‖ λέγουσιν ἁπάντων A^b ‖ 8 ἓν καὶ τὸ ὂν Alex. ‖ 10 τὸ ὂν A^b: ὂν E omisso τὸ ‖ 12 αὐτοῦ τοῦ ἑνὶ εἶναι καὶ τοῦ ὄντι coni. Bonitz, αὐτοῦ τὸ ἓν εἶναι καὶ ὄντι A^b, ταὐτὸ

a 1 codd., Ross

daß er nicht einen Teil der seienden Dinge als vergänglich, einen andern als unvergänglich, sondern alles als vergänglich setzt außer den Elementen. Die jetzt erörterte Frage aber geht darauf, weshalb denn einiges vergänglich ist, anderes nicht, wenn doch alles aus denselben Prinzipien hervorgeht.

(b) Soviel also darüber, daß die Prinzipien für beides nicht dieselben sein können. Wenn aber für das Vergängliche andere Prinzipien sind, so erhebt sich eine Frage, ob diese ebenfalls unvergänglich sein sollen oder vergänglich. Sind sie nämlich vergänglich, so leuchtet ein, daß sie notwendig wieder aus etwas sein müssen (denn alles vergeht in das, woraus es ist), woraus dann folgt, daß es für die Prinzipien andere frühere Prinzipien geben müßte, was doch unmöglich ist, mag nun hierin sich ein Ende finden, oder mag es ins Unendliche fortgehen. Ferner, wie sollte denn das Vergängliche existieren, wenn die Prinzipien aufgehoben werden? – Sind sie dagegen unvergänglich, warum soll dann aus diesen unvergänglichen Prinzipien Vergängliches hervorgehen, aus den anderen aber Unvergängliches? Das ist nicht wahrscheinlich, sondern ist entweder unmöglich oder bedarf einer langen Erörterung. Übrigens hat niemand auch nur daran gedacht, verschiedene Prinzipien anzunehmen, sondern sie setzen dieselben Prinzipien für alles und naschen nur an der zuerst aufgeworfenen Frage, als sei sie eine Kleinigkeit. 1001 a

(11. Aporie) Vor allem schwierig und zur Erkenntnis der Wahrheit notwendig ist die Beantwortung der Frage, ob denn das Seiende und das Eine Wesen der seienden Dinge sind, und jedes von beiden nicht, indem es jeweils für etwas anderes steht, das eine seiend, das andere eines ist, oder ob man vielmehr fragen muß, was denn das Seiende und was das Eine ist, in dem Sinne, daß eine andere Natur zugrunde liegt. Einige nämlich meinen, daß es sich seinem Wesen nach auf jene, andere, daß es sich auf diese Weise verhalte. Platon nämlich und die Pythagoreer erklären, daß das Soseiende und das Eine nicht jeweils für etwas anderes stehen, sondern dies selbst sei eben ihre Natur, indem das Eines-sein und das Seiendes-sein selbst ihr Wesen sei. Der anderen Ansicht sind die Physiker; Empedokles z. B.,

πεδοκλῆς ὡς εἰς γνωριμώτερον ἀνάγων λέγει ὅ τι τὸ ἕν ἐστιν· δόξειε γὰρ ἂν λέγειν τοῦτο τὴν φιλίαν εἶναι· αἰτία γοῦν ἐστὶν αὕτη τοῦ ἓν εἶναι πᾶσιν. ἕτεροι δὲ πῦρ, οἱ δ' ἀέρα φασὶν εἶναι τὸ ἓν τοῦτο καὶ τὸ ὄν, ἐξ οὗ τὰ ὄντα εἶναί τε καὶ γεγονέναι. ὡς δ' αὕτως καὶ οἱ πλείω τὰ στοιχεῖα τιθέμενοι· ἀνάγκη γὰρ καὶ τούτοις τοσαῦτα λέγειν τὸ ἓν καὶ τὸ ὂν ὅσας περ ἀρχὰς εἶναί φασιν. συμβαίνει δέ, εἰ μέν τις μὴ θήσεται εἶναί τινα οὐσίαν τὸ ἓν καὶ τὸ ὄν, μηδὲ τῶν ἄλλων εἶναι τῶν καθόλου μηδέν· ταῦτα γάρ ἐστι καθόλου μάλιστα πάντων. εἰ δὲ μὴ ἔστι τι ἓν αὐτὸ μηδ' αὐτὸ ὄν, σχολῇ τῶν γ' ἄλλων τι ἂν εἴη παρὰ τὰ λεγόμενα καθ' ἕκαστα. ἔτι δὲ μὴ ὄντος τοῦ ἑνὸς οὐσίας, δῆλον ὅτι οὐδ' ἂν ἀριθμὸς εἴη ὡς κεχωρισμένη τις φύσις τῶν ὄντων· ὁ μὲν γὰρ ἀριθμὸς μονάδες, ἡ δὲ μονὰς ὅπερ ἕν τί ἐστιν. εἰ δ' ἔστι τι αὐτὸ ἓν καὶ ὄν, ἀναγκαῖον οὐσίαν αὐτῶν εἶναι τὸ ἓν καὶ τὸ ὄν· οὐ γὰρ ἕτερόν τι καθόλου κατηγορεῖται, ἀλλὰ ταῦτα αὐτά. ἀλλὰ μὴν εἴ γ' ἔσται τι αὐτὸ ὂν καὶ αὐτὸ ἕν, πολλὴ ἀπορία πῶς ἔσται τι παρὰ ταῦτα ἕτερον, λέγω δὲ πῶς ἔσται πλείω ἑνὸς τὰ ὄντα. τὸ γὰρ ἕτερον τοῦ ὄντος οὐκ ἔστιν, ὥστε κατὰ τὸν Παρμενίδου συμβαίνειν ἀνάγκη λόγον, ἓν ἅπαντα εἶναι τὰ ὄντα καὶ
1001b τοῦτο εἶναι τὸ ὄν. ἀμφοτέρως δὲ δύσκολον. ἐάν τε γὰρ μὴ ᾖ τὸ ἓν οὐσία ἐάν τ' ᾖ τι αὐτὸ ἕν, ἀδύνατον τὸν ἀριθμὸν οὐσίαν εἶναι. ἐὰν μὲν οὖν μὴ ᾖ, εἴρηται πρότερον δι' ὅ· ἐὰν δ' ᾖ, ἡ αὐτὴ ἀπορία καὶ περὶ τοῦ ὄντος. ἐκ τίνος γὰρ

ἓν εἶναι καὶ ὄντι E, αὐτὸ τὸ ἓν εἶναι καὶ ὄν τι F^b Bekker ‖ 13 ὅ τι Brandis: ὅτι Bekk., ὅ τι ποτε A^b ‖ ἕν A^b: ἓν ὄν E ‖ 14 τοῦτο E: τί τοῦτο A^b ‖ 15 exspectaveris τοῦ ἑνὶ εἶναι ‖ 19 ἓν καὶ τὸ ὂν A^b: ὂν καὶ τὸ ἓν E ‖ 20 τινα οὐσίαν E Alex.: τινας οὐσίας A^b, τινος οὐσίαν λέγει γρ. Alex. ‖ τὸ ἓν in marg. add. E ‖ 22 δὲ E: γὰρ A^b ‖ ἓν αὐτὸ] αὐτοὲν Alex. ‖ 25 τις φύσις A^b: φύσις τις E ‖ 27 οὐσίας Alex. ‖ 28 ὂν καὶ τὸ ἓν E ‖ καθόλου] καθ' οὗ coni. Bonitz ‖ 29 αὐτὰ ταῦτα Alex. ‖ 33 ἀνάγκη συμβαίνειν λόγον A^b ‖ 1001b, 1 δύσκαλον E ‖ 2 τι A^b: τὸ E ‖ 4 γὰρ A^b Alex.: γὰρ καὶ E

um das Eine auf etwas Bekannteres zurückzuführen, sagt, was das Eine ist; denn er scheint die Freundschaft dafür zu erklären, da sie ja in allem Ursache der Einheit ist. Andere erklären das Feuer, andere die Luft für dies Eine und dies Seiende, aus welchem die Dinge seien und geworden seien. In gleicher Weise erklären sich auch diejenigen, welche eine Mehrzahl von Elementen setzen; denn auch sie müssen notwendig das Eine und das Seiende ebenso vielfach bestimmen, wie sie Prinzipien setzen. (a) Wenn man nun das Eine und das Seiende nicht als Wesen setzt, so ergibt sich daraus, daß auch von dem übrigen Allgemeinen nichts ist; denn dies ist ja am meisten vor allem andern allgemein. Gibt es aber nicht etwas Eines selbst und ein Seiendes selbst, so kann es noch viel weniger von den übrigen etwas neben den Einzeldingen geben. – Ferner, wenn das Eine nicht ein Wesen ist, so kann offenbar auch die Zahl nicht eine von den seienden Dingen abgetrennte Natur sein; denn die Zahl besteht aus Einheiten, die Einheit aber ist ihrem Wesen nach Eines. (b) Gibt es dagegen ein Eines und ein Seiendes selbst, so muß notwendig das Eine und das Seiende ihr Wesen sein; denn es wird nicht als etwas anderes allgemein ausgesagt, sondern als ebendieses selbst. Doch wenn es nun ein Seiendes selbst und ein Eines selbst geben soll, so entsteht die sehr schwierige Frage, wie dann etwas außer dem Einen sein, ich meine, wie dann mehr als das Eine sein soll. Denn was verschieden von dem Seienden ist, das ist nicht. Man muß daher in die parmenideische Lehre verfallen, daß alle Dinge Eines sind und dies eben das Seiende ist. Beide Annahmen aber sind schwer zu halten; denn mag man das Eine nicht als Wesen 1001 b
setzen oder wohl als etwas, so ist es doch unmöglich, daß die Zahl Wesen sei. Setzt man das Eine nicht als Wesen, so sind die (fraglichen) Gründe schon vorher erörtert; setzt man es aber als Wesen, so entsteht hier dieselbe Frage auch bei dem Seienden. Denn woher soll dann neben dem Einen

παρὰ τὸ ἓν ἔσται αὐτὸ ἄλλο ἕν; ἀνάγκη γὰρ μὴ ἓν εἶναι· ἅπαντα δὲ τὰ ὄντα ἢ ἓν ἢ πολλά, ὧν ἓν ἕκαστον. ἔτι εἰ ἀδιαίρετον αὐτὸ τὸ ἕν, κατὰ μὲν τὸ Ζήνωνος ἀξίωμα οὐδὲν ἂν εἴη. ὃ γὰρ μήτε προστιθέμενον μήτε ἀφαιρούμενον ποιεῖ μεῖζον μηδὲ ἔλαττον, οὔ φησιν εἶναι τοῦτο τῶν ὄντων, ὡς δῆλον ὅτι ὄντος μεγέθους τοῦ ὄντος, καὶ εἰ μέγεθος, σωματικόν· τοῦτο γὰρ πάντῃ ὄν. τὰ δ' ἄλλα πῶς μὲν προστιθέμενα ποιήσει μεῖζον πῶς δ' οὐδέν, οἷον ἐπίπεδον καὶ γραμμή, στιγμὴ δὲ καὶ μονὰς οὐδαμῶς. ἀλλ' ἐπειδὴ οὗτος θεωρεῖ φορτικῶς, καὶ ἐνδέχεται εἶναι ἀδιαίρετόν τι, ὥστε καὶ οὕτως καὶ πρὸς ἐκεῖνόν τιν' ἀπολογίαν ἔχειν· μεῖζον μὲν γὰρ οὐ ποιήσει, πλεῖον δὲ προστιθέμενον τὸ τοιοῦτον· ἀλλὰ πῶς δὴ ἐξ ἑνὸς τοιούτου ἢ πλειόνων τοιούτων ἔσται μέγεθος; ὅμοιον γὰρ καὶ τὴν γραμμὴν ἐκ στιγμῶν εἶναι φάσκειν. ἀλλὰ μὴν καὶ εἴ τις οὕτως ὑπολαμβάνει ὥστε γενέσθαι, καθάπερ λέγουσί τινες, ἐκ τοῦ ἑνὸς αὐτοῦ καὶ ἄλλου μὴ ἑνός τινος τὸν ἀριθμόν, οὐδὲν ἧττον ζητητέον διὰ τί καὶ πῶς ὁτὲ μὲν ἀριθμὸς ὁτὲ δὲ μέγεθος ἔσται τὸ γενόμενον, εἴπερ τὸ μὴ ἓν ἡ ἀνισότης καὶ ἡ αὐτὴ φύσις ἦν. οὔτε γὰρ ὅπως ἐξ ἑνὸς καὶ ταύτης, οὔτε ὅπως ἐξ ἀριθμοῦ τινὸς καὶ ταύτης γένοιτ' ἂν τὰ μεγέθη, δῆλον.

5 τούτων δ' ἐχομένη ἀπορία, πότερον οἱ ἀριθμοὶ καὶ τὰ σώματα καὶ τὰ ἐπίπεδα καὶ αἱ στιγμαὶ οὐσίαι τινές εἰσιν ἢ οὔ. εἰ γὰρ μή εἰσιν, διαφεύγει τί τὸ ὂν καὶ τίνες αἱ οὐσίαι τῶν ὄντων. τὰ μὲν γὰρ πάθη καὶ αἱ κινήσεις καὶ τὰ πρός τι καὶ αἱ διαθέσεις καὶ οἱ λόγοι οὐδενὸς δοκοῦσιν οὐσίαν σημαίνειν· λέγονται γὰρ πάντα καθ' ὑποκειμέ-

5 ἓν ἔσται αὐτὸ ἄλλο ἕν] ἓν ἄλλο Alex. ‖ μὴ ἓν A^b, μηδὲν E ‖ 9 ποιεῖ μεῖζον A^b E: ποιεῖ τι μεῖζον Ald. et fort. Alex. p. 182,25 ‖ μηδὲ ἔλαττον om. E ‖ 11 requiro σωματικοῦ ‖ 13 ἀλλ' εἰ δὴ A^b ‖ 14 οὗτος E: οὕτως A^b ‖ καὶ οὐκ ἐνδ. E ‖ τι om. E ‖ 15 καὶ οὕτως aut tamquam var. lect. delendum aut καὶ οὕτως ὥστε transponendum ‖ ἀπολογίαν ἔχειν A^b: ἔχει ἀπολογίαν E, sed ν post ἔχει eras. in E ‖ 17 τοιούτων add. A^b Alex., om. E ‖ 23 ἡ post ἓν om. Alex. ‖ 27 καὶ τὰ ἐπίπεδα non legit Alex.

selbst ein anderes Eines sein? Denn es müßte ja Nicht-Eines sein, während doch alles Seiende entweder Eines oder Vieles ist, das Viele aber aus Einheiten besteht. — Ferner, wenn das Eine selbst unteilbar ist, so müßte es nach Zenons Behauptung überhaupt nichts sein. Denn was weder hinzugefügt etwas größer mache, noch hinweggenommen kleiner, das, behauptet er, ist gar nichts Seiendes, indem offenbar das Seiende eine Größe sei; und wenn eine Größe, eine körperliche, denn dieser kommt jedenfalls Sein zu. Die anderen Größen bringen auf die eine Weise hinzugefügt Vergrößerung hervor, auf die andere Weise nicht, z. B. Fläche und Linie; Punkt aber und Einheit auf keine Weise. Doch Zenon philosophiert freilich unwissenschaftlich, und es kann etwas Unteilbares existieren, und zwar so, daß es auch gegen seine Gründe besteht (denn es kann nicht Vergrößerung, sondern Vermehrung hervorbringen). Aber es bleibt doch die Frage, wie denn aus einem solchen Einen oder aus mehreren solchen eine Größe hervorgehen solle. Denn es ist ja hier derselbe Fall, wie wenn man die Linie aus Punkten entstehen ließe. Wenn man aber annimmt, wie dies einige tun, daß aus dem Einen selbst und einem andern Nicht-Einen die Zahl hervorgehe, so muß man hier ebensogut fragen, warum und wie denn das Hervorgehende bald Zahl, bald Größe sein soll, sofern doch das Nicht-Eine die Ungleichheit und immer dasselbe Wesen war. Denn weder ist einzusehen, wie aus dem Einen und diesem Wesen, noch, wie aus den Zahlen und diesem Wesen die Größen hervorgehen sollen.

5 (12. Aporie) Hieran schließt sich als nächste die Frage an, ob die Zahlen, die Körper, die Flächen und die Punkte Wesen sind oder nicht. (a) Wenn sie nicht Wesen sind, so entgeht uns ganz, was denn das Seiende und was die Wesen der Dinge sein sollen. Denn die Affektionen, die Bewegungen, das Relative, die verschiedenen Lagen und die begrifflichen Verhältnisse scheinen doch nicht das Wesen von irgend etwas zu bezeichnen; denn dies alles wird von einem Zugrundeliegenden ausgesagt, und keines von ihnen ist ein

νου τινός, καὶ οὐδὲν τόδε τι. ἃ δὲ μάλιστ' ἂν δόξειε σημαίνειν οὐσίαν, ὕδωρ καὶ γῆ καὶ πῦρ καὶ ἀήρ, ἐξ ὧν 1002a τὰ σύνθετα σώματα συνέστηκε, τούτων θερμότητες μὲν καὶ ψυχρότητες καὶ τὰ τοιαῦτα πάθη, οὐκ οὐσίαι, τὸ δὲ σῶμα τὸ ταῦτα πεπονθὸς μόνον ὑπομένει ὥς ὄν τι καὶ οὐσία τις οὖσα. ἀλλὰ μὴν τό γε σῶμα ἧττον οὐσία τῆς ἐπιφανείας, καὶ αὕτη τῆς γραμμῆς, καὶ αὕτη τῆς μονάδος καὶ τῆς στιγμῆς. τούτοις γὰρ ὥρισται τὸ σῶμα· καὶ τὰ μὲν ἄνευ σώματος ἐνδέχεσθαι δοκεῖ εἶναι, τὸ δὲ σῶμα ἄνευ τούτων ἀδύνατον. διόπερ οἱ μὲν πολλοὶ καὶ οἱ πρότερον τὴν οὐσίαν καὶ τὸ ὂν ᾤοντο τὸ σῶμα εἶναι, τὰ δ' ἄλλα τούτου πάθη, ὥστε καὶ τὰς ἀρχὰς τὰς τῶν σωμάτων τῶν ὄντων εἶναι ἀρχάς· οἱ δ' ὕστερον καὶ σοφώτεροι τούτων εἶναι δόξαντες ἀριθμούς. καθάπερ οὖν εἴπομεν, εἰ μή ἐστιν οὐσία ταῦτα, ὅλως οὐδεμία ἐστὶν οὐσία οὐδὲ ὂν οὐδέν· οὐ γὰρ δὴ τά γε συμβεβηκότα τούτοις ἄξιον ὄντα καλεῖν. ἀλλὰ μὴν εἰ τοῦτο μὲν ὁμολογεῖται, ὅτι μᾶλλον οὐσία τὰ μήκη τῶν σωμάτων καὶ αἱ στιγμαί, ταῦτα δὲ μὴ ὁρῶμεν ποίων ἂν εἶεν σωμάτων (ἐν γὰρ τοῖς αἰσθητοῖς ἀδύνατον εἶναι), οὐκ ἂν εἴη οὐσία οὐδεμία. ἔτι δὲ φαίνεται ταῦτα πάντα διαιρέσεις ὄντα τοῦ σώματος, τὸ μὲν εἰς πλάτος, τὸ δ' εἰς βάθος, τὸ δ' εἰς μῆκος. πρὸς δὲ τούτοις ὁμοίως ἔνεστιν ἐν τῷ στερεῷ ὁποιονοῦν σχῆμα ἢ οὐδέν· ὥστ' εἰ μηδ' ἐν τῷ λίθῳ Ἑρμῆς, οὐδὲ τὸ ἥμισυ τοῦ κύβου ἐν τῷ κύβῳ οὕτως ὡς ἀφωρισμένον· οὐκ ἄρα οὐδ' ἐπιφάνεια· εἰ γὰρ ὁποιαοῦν, κἂν αὕτη ἂν ἦν ἡ ἀφορίζουσα τὸ ἥμισυ. ὁ δ' αὐτὸς λόγος καὶ ἐπὶ γραμμῆς καὶ στιγμῆς καὶ μονάδος.

33 καὶ ἀήρ add. A^b, om. E ‖ 1002a, 4 γε A^bE: τε Ald. ‖ ἧττων E ‖ 5 αὕτη τ. μ. E: ἡ γραμμὴ τ. μ. A^b ‖ 8 εἶναι ἀδυν. vulgo, εἶναι om. A^bE ‖ 9 τὸ ante σῶμα add. A^bE, om. edd. ‖ τὰ δ' ἄλλα A^b: τἄλλα δὲ E ‖ 11 καὶ οἱ σ. A^b ‖ 13 οὐδεμία E: οὐδὲν A^b ‖ ἐστὶν] εἴη ἂν Alex., ἔσται coni. Bonitz ‖ 14 δὴ E: ἂν A^b ‖ 18 δὲ add. A^b, om. E ‖ 21 ἔνεστιν A^bE Brandis: ἓν ἐστιν Bekker ‖ ἢ οὐδὲν add. A^b, om. E ‖ 24 fort. ἐνῆν ‖ 25 καὶ ἐπὶ στ. E

bestimmtes Etwas (Substanz). Bei demjenigen aber, das
wohl am meisten ein Wesen zu bezeichnen scheint, nämlich
Wasser, Erde, Feuer und Luft, woraus die zusammengesetz-
ten Körper bestehen, bei diesen also sind Wärme und Kälte 1002 a
und ähnliche Affektionen nicht Wesen. Nur der Körper, der
diese Affektionen erleidet, besteht als etwas Seiendes und
als ein Wesen (Substanz). Nun ist aber der Körper weniger
Wesen als die Fläche, diese weniger als die Linie, und die Li-
nie weniger als die Einheit und der Punkt; denn durch diese
ist der Körper bestimmt, und sie scheinen ohne den Körper
sein zu können; der Körper aber kann nicht ohne diese sein.
Deshalb hielten die meisten und die älteren Philosophen
den Körper für das Wesen und das Seiende, das übrige aber
für Affektionen desselben, so daß ihnen die Prinzipien der
Körper Prinzipien aller Dinge sind. Die späteren aber, die
für weiser galten, setzten die Zahlen als Prinzipien. Also,
wie gesagt, wenn diese nicht Wesen sind, so ist überhaupt
nichts Wesen und nichts ein Seiendes; denn man kann ja
doch nicht die Akzidenzien derselben als Seiendes bezeich-
nen. (b) Andrerseits aber, wenn man der Ansicht beistimmt,
daß die Linien und die Punkte mehr Wesen seien als die
Körper, und wir doch nicht sehen, an welcherlei Körpern
diese sein sollen (denn an den sinnlich wahrnehmbaren kön-
nen sie unmöglich sein), so würde es ja überhaupt kein We-
sen geben. Ferner leuchtet ein, daß dies alles nur Teilungen
des Körpers sind, nach der Breite oder nach der Tiefe oder
nach der Länge. Überdies findet sich in dem Körper in glei-
chem Sinne jede beliebige Figur oder gar keine. Wenn also
im Steine nicht (z. B.) die Hermesstatue enthalten ist, so ist
auch im Würfel nicht die Hälfte des Würfels enthalten, näm-
lich als bestimmt abgegrenzt. Also ist auch keine Fläche
darin; denn wäre irgendeine darin, so würde auch diejenige
darin enthalten sein, welche die Hälfte abgrenzt. Dasselbe
gilt auch von der Linie, dem Punkte und der Einheit. Wenn

ὥστ' εἰ μάλιστα μὲν οὐσία τὸ σῶμα, τούτου δὲ μᾶλλον ταῦτα, μή ἐστι δὲ ταῦτα μηδ' οὐσίαι τινές, διαφεύγει τί τὸ ὂν καὶ τίς ἡ οὐσία τῶν ὄντων. πρὸς γὰρ τοῖς εἰρημένοις καὶ τὰ περὶ τὴν γένεσιν καὶ τὴν φθορὰν συμβαίνει ἄλογα. δοκεῖ μὲν γὰρ ἡ οὐσία, ἐὰν μὴ οὖσα πρότερον νῦν ᾖ ἢ πρότερον οὖσα ὕστερον μὴ ᾖ, μετὰ τοῦ γίγνεσθαι καὶ φθείρεσθαι ταῦτα πάσχειν· τὰς δὲ στιγμὰς καὶ τὰς γραμμὰς καὶ τὰς ἐπιφανείας οὐκ ἐνδέχεται οὔτε γίγνεσθαι οὔτε φθείρεσθαι, ὁτὲ μὲν οὔσας ὁτὲ δὲ οὐκ οὔσας. ὅταν γὰρ ἅπτηται ἢ διαιρῆται τὰ σώματα, ἅμα ὁτὲ μὲν μία ἁπτομένων, ὁτὲ δὲ δύο διαιρουμένων γίγνεται· ὥστ' οὔτε συγκειμένων ἐστὶν ἀλλ' ἔφθαρται, διῃρημένων τε εἰσὶν αἱ πρότερον οὐκ οὖσαι. οὐ γὰρ δὴ ἥ γ' ἀδιαίρετος στιγμὴ διῃρέθη εἰς δύο. εἴ τε γίγνονται καὶ φθείρονται, ἐκ τινὸς γίγνονται. παραπλησίως δ' ἔχει καὶ περὶ τὸ νῦν τὸ ἐν τῷ χρόνῳ· οὐδὲ γὰρ τοῦτο ἐνδέχεται γίγνεσθαι καὶ φθείρεσθαι, ἀλλ' ὅμως ἕτερον αἰεὶ δοκεῖ εἶναι, οὐκ οὐσία τις οὖσα. ὁμοίως δὲ δῆλον ὅτι ἔχει καὶ περὶ τὰς στιγμὰς καὶ γραμμὰς καὶ τὰ ἐπίπεδα· ὁ γὰρ αὐτὸς λόγος· ἅπαντα γὰρ ὁμοίως ἢ πέρατα ἢ διαιρέσεις εἰσίν.

6 ὅλως δ' ἀπορήσειεν ἄν τις διὰ τί καὶ δεῖ ζητεῖν ἄλλ' ἄττα παρά τε τὰ αἰσθητὰ καὶ τὰ μεταξύ, οἷον ἃ τίθεμεν εἴδη. εἰ γὰρ διὰ τοῦτο, ὅτι τὰ μὲν μαθηματικὰ τῶν δεῦρο ἄλλῳ μέν τινι διαφέρει, τῷ δὲ πόλλ' ἄττα ὁμοειδῆ εἶναι οὐδὲν διαφέρει· ὥστ' οὐκ ἔσονται αὐτῶν αἱ ἀρχαὶ ἀριθμῷ ἀφωρισμέναι, ὥσπερ οὐδὲ τῶν ἐνταῦθα γραμμάτων ἀριθμῷ

27 μηδὲ quod codd. et Alex. exhibent abesse malim ‖ 30 μὲν om. A^b Alex. ‖ ἐὰν om. E ‖ ἐὰν ἡ οὐσία μὴ οὖσα A^b ‖ νῦν ᾖ Alex., om. A^b, νῦν εἶναι E ‖ 31 ᾖ add. A^b, om. E ‖ 1002b, 2 γίγνονται A^bE, sed ο ex ε corr. in E, γίγνεται Alex. ‖ συγκειμένου Λ^b ‖ 3 ἔφθαρτο E, sed ο in ras. ‖ 8 εἶναι om. A^b ‖ 9 καὶ γραμμὰς A^b m. pr. et E: καὶ τὰς γραμμὰς γρ. A^b ‖ 10 διαίρεσις E ‖ 12 ἀλλ' ἄττα E: ἄλλα τοιαῦτα A^b ‖ 13 τε add. A^b, om. E ‖ τὰ post καὶ om. E ‖ 15 πολλὰ τὰ A^b ‖ 17 ἀριθμῶν A^b

b 5 τίνος: Ross 15 A^b, Ross

also der Körper durchaus Wesen ist, und diese (Begrenzungen) wieder mehr als der Körper, sie aber doch nicht Wesen sind, so entgeht uns, was überhaupt unter den Dingen das Seiende und das Wesen sein soll. Denn außer dem Erörterten ergeben sich auch noch Widersprüche hinsichtlich des Entstehens und Vergehens. Es scheint nämlich, daß das Wesen, wenn es nach früherem Nicht-sein nunmehr ist oder nach vorherigem Sein späterhin nicht ist, dieses durch Vermittlung des Entstehens und Vergehens erleide; die Punkte aber und Linien und Flächen können weder werden noch vergehen, obgleich sie bald sind, bald nicht sind. Wenn nämlich zwei Körper sich berühren oder trennen, so sind zugleich mit der Berührung die Grenzen eins, zugleich mit 1002 b
der Trennung zwei; so daß bei der Berührung die eine nicht mehr ist, sondern vergangen ist, bei der Trennung aber die sind, welche vorher nicht waren. Ein Werden findet dabei nicht statt, denn der unteilbare Punkt kann ja nicht in zwei geteilt werden. Und wenn ein Werden und Vergehen stattfindet, woraus werden sie dann? – Ähnlich verhält es sich auch mit dem Jetzt in der Zeit; denn auch dies kann ebensowenig entstehen und vergehen und scheint doch immer ein anderes zu sein, so daß es also nicht Wesenheit ist. Ebenso verhält es sich aber offenbar mit den Punkten und den Linien und Flächen; es findet bei diesen dasselbe Verhältnis statt, da sie alle in gleicher Weise Grenzen oder Teilungen sind.

6 (13. Aporie) Überhaupt kann man die Frage aufwerfen, weshalb es denn nötig ist, neben dem Sinnlichen und dem Dazwischenliegenden (sc. zwischen diesem und den Ideen) noch etwas anderes zu suchen, wie wir z. B. die Ideen setzen. (a) Wenn dies nämlich deshalb geschieht, weil die mathematischen Dinge sich von den sinnlichen zwar in anderem unterscheiden, aber nicht darin, daß viele gleichartige existieren, so werden deshalb denn auch ihre Prinzipien nicht der Zahl nach bestimmt sein können, wie ja auch (z. B.) die Prinzipien der sinnlichen Buchstaben nicht der

μὲν πάντων οὐκ εἰσὶν αἱ ἀρχαὶ ὡρισμέναι, εἴδει δέ, ἐὰν μὴ λαμβάνῃ τις τησδὶ τῆς συλλαβῆς ἢ τησδὶ τῆς φωνῆς· τούτων δ' ἔσονται καὶ ἀριθμῷ ὡρισμέναι· ὁμοίως δὲ καὶ ἐπὶ τῶν μεταξύ· ἄπειρα γὰρ κἀκεῖ τὰ ὁμοειδῆ· ὥστ' εἰ μή ἐστι παρὰ τὰ αἰσθητὰ καὶ τὰ μαθηματικὰ ἕτερ' ἄττα, οἷα λέγουσι τὰ εἴδη τινές, οὐκ ἔσται μία ἀριθμῷ καὶ εἴδει οὐσία, οὐδ' αἱ ἀρχαὶ τῶν ὄντων ἀριθμῷ ἔσονται ποσαί τινες ἀλλὰ εἴδει. εἰ οὖν τοῦτο ἀναγκαῖον, καὶ τὰ εἴδη ἀναγκαῖον διὰ τοῦτο εἶναι τιθέναι. καὶ γὰρ εἰ μὴ καλῶς διαρθροῦσιν οἱ λέγοντες, ἀλλ' ἔστι γε τοῦθ' ὃ βούλονται, καὶ ἀνάγκη ταῦτα λέγειν αὐτοῖς, ὅτι τῶν εἰδῶν οὐσία τις ἕκαστόν ἐστι καὶ οὐδὲν κατὰ συμβεβηκός. ἀλλὰ μὴν εἴ γε θήσομεν τά τε εἴδη εἶναι καὶ ἓν ἀριθμῷ τὰς ἀρχὰς ἀλλὰ μὴ εἴδει, εἰρήκαμεν ἃ συμβαίνειν ἀναγκαῖον ἀδύνατα πρότερον.

σύνεγγυς δὲ τούτων ἐστὶ τὸ διαπορῆσαι πότερον δυνάμει ἐστὶ τὰ στοιχεῖα ἤ τιν' ἕτερον τρόπον. εἰ μὲν γὰρ ἄλλως πως, πρότερόν τι ἔσται τῶν ἀρχῶν ἄλλο· πρότερον γὰρ ἡ δύναμις ἐκείνης τῆς αἰτίας, τὸ δὲ δυνατὸν οὐκ ἀναγκαῖον ἐκείνως πᾶν ἔχειν. εἰ δ' ἔστι δυνάμει τὰ στοιχεῖα, ἐνδέχεται μηδὲν εἶναι τῶν ὄντων. δυνατὸν γὰρ εἶναι καὶ τὸ μήπω ὄν· γίγνεται μὲν γὰρ τὸ μὴ ὄν, οὐδὲν δὲ γίγνεται τῶν εἶναι ἀδυνάτων. ταύτας τ' οὖν τὰς ἀπορίας ἀναγκαῖον ἀπορῆσαι περὶ τῶν ἀρχῶν, καὶ πότερον καθόλου εἰσὶν ἢ ὡς λέγομεν τὰ καθ' ἕκαστα. εἰ μὲν γὰρ καθόλου, οὐκ ἔσονται οὐσίαι· οὐδὲν γὰρ τῶν κοινῶν τόδε τι σημαίνει, ἀλλὰ τοιόνδε, ἡ δ'

23 *καὶ τῷ εἴδει* Alex., idem coniecit *ἀλλὰ τῷ εἴδει* ‖ 24 *οὐσία*] *ὡς ἀρχὴ οὐσία* Alex. ‖ *ἀριθμῷ ἓν ἔσονται* A^b ‖ 26 *εἶναι τιθέναι* A^b: *εἶναι* E ‖ 27 *γε* add. A^b, om. E ‖ 28 *αὐτοῖς* E: *αὐτούς* A^b ‖ 29 comma ante *καὶ* sustuli, ut *οὐδὲν* vim praedicati sustineat ‖ 30 *τε* add. A^b, om. E ‖ 30 *ἓν* om. E ‖ 31 *ἀδύνατα πρότερον.* A^b, *πρότερον* om. E et edd. ‖ 34 *ἄλλως πως, πρότερον* Alex.: *ἄλλως, πῶς πρότερόν τι ἔσται τῶν ἀρχῶν ἄλλο;* Bekker

Zahl nach bestimmt sind, sondern (nur) der Art nach; man müßte denn etwa von den Prinzipien dieser bestimmten einzelnen Silbe oder dieses bestimmten einzelnen Lautes reden, dann werden die Prinzipien auch der Zahl nach bestimmt sein. Ebenso nun auch bei dem Dazwischenliegenden (Mathematischen), denn auch bei diesem ist des Gleichartigen unzählig viel. Wenn es daher nicht neben den sinnlichen und den mathematischen Dingen andere gibt, wie z. B. manche die Ideen setzen, so wird es kein Wesen geben, das der Zahl und der Art nach eines wäre, und die Prinzipien der seienden Dinge werden nicht der Zahl, sondern nur der Art nach bestimmt begrenzt sein. Wenn diese Gründe zwingend sind, dann müssen auch die Ideen um ihretwillen gesetzt werden. Wenn nämlich auch die Anhänger der Ideenlehre ihre Gründe nicht gut darlegen, so ist es doch dies, was sie eigentlich wollen, und sie müssen dies sagen, daß jede Idee ein Wesen ist und keine ein bloßes Akzidens. (b) Aber nehmen wir nun an, daß die Ideen existieren und daß jedes Prinzip der Zahl und nicht bloß der Art nach Eines sei, so ergeben sich daraus die schon oben dargelegten unmöglichen Folgerungen.

(14. Aporie) In nahem Zusammenhange hiermit steht die Frage, ob die Elemente der Möglichkeit nach existieren oder auf eine andere Weise. (a) Wenn nämlich auf andere Weise, so wird etwas anderes noch den Prinzipien vorausgehen. Denn die Möglichkeit ist früher als jene Art der Ursa- 1003 a
che, vom Möglichen aber braucht nicht notwendig alles sich auf jene Weise zu verhalten. – (b) Sind dagegen die Elemente nur der Möglichkeit nach, so könnte auch gar nichts von dem Seienden existieren. Denn vermögend zu sein ist das, was noch nicht ist, denn es wird das Nichtseiende (= das Mögliche); es wird ja nichts von dem, dem zu sein unmöglich ist. (15. Aporie) Außer diesen schwierigen Fragen über die Prinzipien muß man auch noch folgende behandeln, nämlich ob die Prinzipien allgemein sind oder in der Weise der Einzeldinge. (a) Sind sie nämlich allgemein, so können sie nicht Wesen sein, denn nichts Allgemeines bezeichnet ein bestimmtes Etwas, sondern bloß eine Qualität,

οὐσία τόδε τι. εἰ δ' ἔσται τόδε τι καὶ ἐκθέσθαι τὸ κοινῇ κατηγορούμενον, πολλὰ ἔσται ζῷα ὁ Σωκράτης αὐτός τε καὶ ὁ ἄνθρωπος καὶ τὸ ζῷον, εἴπερ σημαίνει ἕκαστον τόδε τι καὶ ἕν. εἰ μὲν οὖν καθόλου αἱ ἀρχαί, ταῦτα συμβαίνει· εἰ δὲ μὴ καθόλου ἀλλ' ὡς τὰ καθ' ἕκαστα, οὐκ ἔσονται ἐπιστηταί· καθόλου γὰρ αἱ ἐπιστῆμαι πάντων. ὥστ' ἔσονται ἀρχαὶ ἕτεραι πρότεραι τῶν ἀρχῶν αἱ καθόλου κατηγορούμεναι, ἄνπερ μέλλῃ ἔσεσθαι αὐτῶν ἐπιστήμη.

Γ.

Ἔστιν ἐπιστήμη τις ἣ θεωρεῖ τὸ ὂν ᾗ ὂν καὶ τὰ τούτῳ ὑπάρχοντα καθ' αὑτό. αὕτη δ' ἐστὶν οὐδεμιᾷ τῶν ἐν μέρει λεγομένων ἡ αὐτή· οὐδεμία γὰρ τῶν ἄλλων ἐπισκοπεῖ καθόλου περὶ τοῦ ὄντος ᾗ ὄν, ἀλλὰ μέρος αὐτοῦ τι ἀποτεμόμεναι περὶ τούτου θεωροῦσι τὸ συμβεβηκός, οἷον αἱ μαθηματικαὶ τῶν ἐπιστημῶν. ἐπεὶ δὲ τὰς ἀρχὰς καὶ τὰς ἀκροτάτας αἰτίας ζητοῦμεν, δῆλον ὡς φύσεώς τινος αὐτὰς ἀναγκαῖον εἶναι καθ' αὑτήν. εἰ οὖν καὶ οἱ τὰ στοιχεῖα τῶν ὄντων ζητοῦντες ταύτας τὰς ἀρχὰς ἐζήτουν, ἀνάγκη καὶ τὰ στοιχεῖα τοῦ ὄντος εἶναι μὴ κατὰ συμβεβηκός, ἀλλ' ᾗ ὄν. διὸ καὶ ἡμῖν τοῦ ὄντος ᾗ ὂν τὰς πρώτας αἰτίας ληπτέον.

2 τὸ δ' ὂν λέγεται μὲν πολλαχῶς, ἀλλὰ πρὸς ἓν καὶ μίαν τινὰ φύσιν, καὶ οὐχ ὁμωνύμως, ἀλλ' ὥσπερ καὶ τὸ ὑγιεινὸν ἅπαν πρὸς ὑγίειαν, τὸ μὲν τῷ φυλάττειν, τὸ δὲ τῷ ποιεῖν, τὸ ·δὲ τῷ σημεῖον εἶναι τῆς ὑγιείας, τὸ δ' ὅτι

1003 a, 10 καὶ ἐκθέσθαι] fort. κατ' ἔκθεσιν, cf. Alex. p. 192, 9 ‖ 11 ζῷα delendum censeo ‖ 14 ἐπιστηταί E: ἐπιστῆμαι A^b ‖ 15 αἱ ἐπιστῆμαι E: ἡ ἐπιστήμη A^b ‖ 16 αἱ add. A^b, om. E ‖ 22 αὐτὰ Alex. ‖ 25 τούτου A^bE: τοῦτο T ‖ 28 καθ' αὑτάς A^b ‖ 31 ὂν coni. Bonitz: ὄντα E, ὄντας A^b, qui codex cum omittat διὸ — τὰς idem quod Bonitzius coniecit exhibuisse videtur, praeterea requiro ὄν, καὶ omisso διό, ut duo καὶ sibi respondeant ‖ 34 καὶ post φύσιν add. A^bE, om. Bekk. ‖ ἀλλ' om. A^b

a 10 καὶ ἐν θέσθαι: Ross 15 A^b, Ross 25 T, Ross

die Wesenheit aber ist ein bestimmtes Etwas. Und sollte auch das allgemein Ausgesagte ein bestimmtes Etwas sein und sich herausheben lassen, so würde daraus folgen, daß Sokrates eine Vielheit von Lebewesen wäre, nämlich er wäre er selbst und Mensch und Lebewesen, sofern ja jedes von diesen ein bestimmtes Etwas und Eines bezeichnet. – (b) Sind also die Prinzipien allgemein, so ergeben sich diese Folgerungen; sind sie dagegen nicht allgemein, sondern in der Art der Einzeldinge, so können sie nicht Gegenstand der Wissenschaft sein; denn die Wissenschaften aller Dinge sind allgemein. Es müßten also diesen Prinzipien andere allgemein von ihnen ausgesagte vorausgehen, wenn es eine Wissenschaft derselben geben sollte.

BUCH IV

1 (a) Es gibt eine Wissenschaft, welche das Seiende als Seiendes untersucht und das demselben an sich Zukommende. Diese Wissenschaft ist mit keiner der einzelnen Wissenschaften identisch; denn keine der übrigen Wissenschaften handelt allgemein vom Seienden als Seiendem, sondern sie grenzen sich einen Teil des Seienden ab und untersuchen die für diesen sich ergebenden Bestimmungen, wie z. B. die mathematischen Wissenschaften. (b) Indem wir nun die Prinzipien und die höchsten Ursachen suchen, ist offenbar, daß diese notwendig Ursachen einer gewissen Natur an sich sein müssen. Wenn also auch diejenigen, welche die Elemente des Seienden suchten, diese Prinzipien suchten, so müssen dies auch die Elemente des Seienden sein nicht in akzidentellem Sinne, sondern insofern es ist. Daher müssen auch wir die ersten Ursachen des Seienden als Seienden erfassen.

2 (a) Das Seiende wird in mehrfacher Bedeutung ausgesagt, aber immer in Beziehung auf *Eines* und auf eine einzige Natur und nicht nach bloßer Namensgleichheit (homonym); sondern wie alles, was gesund genannt wird, auf Gesundheit hin ausgesagt wird, indem es dieselbe erhält oder hervorbringt, oder ein Anzeichen derselben, oder sie aufzunehmen fähig ist, 1003 b

1003 b δεκτικὸν αὐτῆς· καὶ τὸ ἰατρικὸν πρὸς ἰατρικήν· τὸ μὲν γὰρ τῷ ἔχειν τὴν ἰατρικὴν λέγεται ἰατρικόν, τὸ δὲ τῷ εὐφυὲς εἶναι πρὸς αὐτήν, τὸ δὲ τῷ ἔργον εἶναι τῆς ἰατρικῆς· ὁμοιοτρόπως δὲ καὶ ἄλλα ληψόμεθα λεγόμενα τούτοις· οὕτω δὲ καὶ τὸ ὂν λέγεται πολλαχῶς μέν, ἀλλὰ πᾶν πρὸς μίαν ἀρχήν· τὰ μὲν γὰρ ὅτι οὐσίαι, ὄντα λέγεται, τὰ δ' ὅτι πάθη οὐσίας, τὰ δ' ὅτι ὁδὸς εἰς οὐσίαν, ἢ φθοραὶ ἢ στερήσεις ἢ ποιότητες ἢ ποιητικὰ ἢ γεννητικὰ οὐσίας ἢ τῶν πρὸς τὴν οὐσίαν λεγομένων, ἢ τούτων τινὸς ἀποφάσεις ἢ οὐσίας· διὸ καὶ τὸ μὴ ὂν εἶναι μὴ ὄν φαμεν. καθάπερ οὖν καὶ τῶν ὑγιεινῶν ἁπάντων μία ἐπιστήμη ἐστίν, ὁμοίως τοῦτο καὶ ἐπὶ τῶν ἄλλων. οὐ γὰρ μόνον τῶν καθ' ἓν λεγομένων ἐπιστήμης ἐστὶ θεωρῆσαι μιᾶς, ἀλλὰ καὶ τῶν πρὸς μίαν λεγομένων φύσιν· καὶ γὰρ ταῦτα τρόπον τινὰ λέγεται καθ' ἕν. δῆλον οὖν ὅτι καὶ τὰ ὄντα μιᾶς θεωρῆσαι ᾗ ὄντα ἅπαντα. πανταχοῦ δὲ κυρίως τοῦ πρώτου ἡ ἐπιστήμη, καὶ ἐξ οὗ τὰ ἄλλα ἤρτηται, καὶ δι' ὃ λέγονται. εἰ οὖν τοῦτ' ἐστὶν ἡ οὐσία, τῶν οὐσιῶν ἂν δέοι τὰς ἀρχὰς καὶ τὰς αἰτίας ἔχειν τὸν φιλόσοφον.

ἅπαντος δὲ γένους καὶ αἴσθησις μία ἑνὸς καὶ ἐπιστήμη, οἷον ἡ γραμματικὴ μία οὖσα πάσας θεωρεῖ τὰς φωνάς. διὸ καὶ τοῦ ὄντος ᾗ ὂν ὅσα εἴδη θεωρῆσαι μιᾶς ἐστὶν ἐπιστήμης τῷ γένει, τὰ δὲ εἴδη τῶν εἰδῶν. εἰ δὴ τὸ ὂν καὶ τὸ ἓν ταὐτὸ καὶ μία φύσις τῷ ἀκολουθεῖν ἀλλήλοις ὥσπερ ἀρχὴ καὶ αἴτιον, ἀλλ' οὐχ ὡς ἑνὶ λόγῳ δηλούμενα (διαφέρει δ'

1003b, 2 τὴν ἰατρικὴν A^b, τὴν om. E ‖ 3 εἶναι τὴν ἰατρικήν A^b ‖ 5 δὲ] fort. δή, nisi rectius ab καθάπερ οὖν (11) conclusionem argumentationis incipere dicas ‖ 5 ἀλλὰ πᾶν E: ἀλλ' ἅπαν A ‖ 7 οὐσία A^b ‖ ὁδοὶ Alex. ‖ φθορὰ ἢ στέρησις A^b, pluralem tuetur Alex. ‖ 9 ἀπόφασις A^b ‖ 15 λέγονται A^b ‖ 16 ἅπαντα de coni. addidi ‖ 20 ἡ add. A^b Alex., om. E ‖ 21 ᾗ ὂν add. A^b, om. E ‖ 22 τὰ δὲ Alex.: τά τε A^bE ‖ ab εἰδῶν primum scriptor ad 1004a, 2 καὶ τοσαῦτα transiisse videtur omissis quae interiecta sunt et καὶ τὸ ἓν 1004a, 5 ‖ 23 ἓν καὶ τὸ ὂν A^b ‖ ταὐτὸ A^b: ταὐτὸν E vulgo

b 16 *ἅπαντα* om. Ross

und wie etwas ärztlich heißt in Beziehung auf die Arzneikunde, entweder weil es die Arzneikunde besitzt oder zu ihr wohl befähigt oder ein Werk derselben ist; und wie wir dasselbe beim Gebrauch der übrigen Wörter finden werden: ebenso wird auch das Seiende zwar in vielfachen Bedeutungen ausgesagt, aber doch alles in Beziehung auf *ein* Prinzip. Denn einiges wird als seiend bezeichnet, weil es Wesen (Substanzen), anderes, weil es Eigenschaften eines Wesens sind, anderes, weil es der Weg zu einem Wesen oder Untergang oder Beraubung oder Qualität oder das Schaffende und Erzeugende ist für ein Wesen oder für etwas in Beziehung zu ihm Stehendes, oder Negation von etwas unter diesen oder von einem Wesen (deshalb sagen wir ja auch, das Nichtseiende *sei* nicht-seiend). Wie nun alles Gesunde *einer* Wissenschaft angehört, so verhält es sich gleicherweise auch bei dem übrigen. Denn nicht nur das, was *nach Einem* ausgesagt wird, sondern auch das, was *in Beziehung auf Eines* ausgesagt wird, ist Gegenstand einer einzigen Wissenschaft; denn in gewissem Sinne wird auch dies *nach Einem* ausgesagt. Also gehört offenbar auch alles Seiende als Seiendes einer einzigen Wissenschaft an. Überall geht aber die Wissenschaft vornehmlich und zunächst auf das Erste, von dem das übrige abhängt und wonach es benannt ist. Ist dies nun das Wesen (Substanz), so muß der Philosoph die Prinzipien und die Ursachen der Wesen (erfaßt) haben.

Von jeder Gattung gibt es aber, wie nur *eine* Sinneswahrnehmung, so nur *eine* Wissenschaft; die Grammatik z. B. als eine einzige Wissenschaft handelt von allen Lauten. Daher gehören auch alle Arten des Seienden einer der Gattung nach einzigen Wissenschaft an, die Arten des Seienden aber den Arten der Wissenschaft. (b) Nun sind das Eine und das Seiende identisch und *eine* Natur, indem sie einander folgen, wie Prinzip und Ursache, nicht insofern als sie durch *einen* Begriff bestimmt würden. (Doch macht es nichts aus,

οὐδὲν οὐδ' ἂν ὁμοίως ὑπολάβωμεν, ἀλλὰ καὶ πρὸ ἔργου μᾶλλον)· ταὐτὸ γὰρ εἷς ἄνθρωπος καὶ ὢν ἄνθρωπος καὶ ἄνθρωπος, καὶ οὐχ ἕτερόν τι δηλοῖ κατὰ τὴν λέξιν ἐπαναδιπλούμενον τὸ εἷς ἐστιν ἄνθρωπος καὶ ἔστιν ἄνθρωπος (δῆλον δ' ὅτι οὐ χωρίζεται οὔτ' ἐπὶ γενέσεως οὔτ' ἐπὶ φθορᾶς· ὁμοίως δὲ καὶ ἐπὶ τοῦ ἑνός)· ὥστε φανερὸν ὅτι ἡ πρόσθεσις ἐν τούτοις ταὐτὸ δηλοῖ, καὶ οὐδὲν ἕτερον τὸ ἓν παρα τὸ ὄν. ἔτι δ' ἡ ἑκάστου οὐσία ἕν ἐστιν οὐ κατὰ συμβεβηκός, ὁμοίως δὲ καὶ ὅπερ ὄν τι — ὥσθ' ὅσα περ τοῦ ἑνὸς εἴδη, τοσαῦτα καὶ τοῦ ὄντος ἐστίν· περὶ ὧν τὸ τί ἐστι τῆς αὐτῆς ἐπιστήμης τῷ γένει θεωρῆσαι, λέγω δ' οἷον περὶ ταὐτοῦ καὶ ὁμοίου καὶ τῶν ἄλλων τῶν τοιούτων καὶ τῶν τούτοις ἀντικειμένων· σχεδὸν δὲ πάντα ἀνάγεται τἀναντία εἰς τὴν ἀρχὴν ταύτην· τεθεωρήσθω δ' ἡμῖν ταῦτα ἐν τῇ ἐκλογῇ τῶν ἐναντίων. καὶ τοσαῦτα μέρη φιλοσοφίας ἐστὶν ὅσαι περ αἱ οὐσίαι· ὥστε ἀναγκαῖον εἶναι πρώτην τινὰ καὶ ἐχομένην αὐτῶν. ὑπάρχει γὰρ εὐθὺς γένη ἔχοντα τὸ ὂν καὶ τὸ ἕν. διὸ καὶ αἱ ἐπιστῆμαι ἀκολουθήσουσι τούτοις. ἔστι γὰρ ὁ φιλόσοφος ὥσπερ ὁ μαθηματικὸς λεγόμενος· καὶ γὰρ αὕτη ἔχει μέρη, καὶ πρώτη τις καὶ δευτέρα ἐστὶν ἐπιστήμη καὶ ἄλλαι ἐφεξῆς ἐν τοῖς μαθήμασιν. ἐπεὶ δὲ μιᾶς τἀντικείμενα θεωρῆσαι, τῷ δ' ἑνὶ ἀντίκειται πλῆθος, ἀπόφασιν δὲ καὶ στέρησιν μιᾶς

26 ταὐτὸν Alex. ‖ 28 τὸ A^b: τί E ‖ εἷς ἐστιν ἄνθρωπος καὶ ἔστιν ἄνθρωπος A^b: ἐστιν ὁ ἄνθρωπος καὶ ἄνθρωπος καὶ εἷς ἄνθρωπος E, ἐστιν εἷς ἄνθρωπος καὶ ἄνθρωπος καὶ ὂν ἄνθρωπος Ascl., εἷς ἐστιν ἄνθρωπος καὶ ἔστιν ἄνθρωπος ἄνθρωπος Alex. ‖ ἄνθρωπος ἄνθρωπος Alex., alterum ἄνθρωπος om. A^bE ‖ δῆλον δ' — 29 φθορᾶς et ὁμοίως — ἑνός argumentationis seriem interrumpere significavi ‖ 29 οὐχ ὁρίζεται S ‖ 31 οὐδὲν ἔτι ἕτερον A^b, qua in lectione ἔτι tu corrigas in ἐστι ‖ 34 ἐστιν om. A^b ‖ 36 καὶ τῶν τούτοις ἀντικειμένων Alex., om. A^bE ‖ 1004a, 1 τεθεωρήσθω A^b et Alex. p. 208, 4: τεθεώρηται E' ‖ 2 δὲ τοῦτο ἡμῖν Alex. ‖ 4 τινα πρώτην E ‖ 5 ἔχον A^b et γρ. Alex., confer ad 1003b, 22 ‖ ἓν καὶ τὸ ὄν A^b ‖ αἱ add. A^b, om. E ‖ 6 φιλ. οὕτως ὥσπερ A^b, ὥσπερ om. E ‖ 9 ἐπεὶ] ἔτι coni. Luthe

b 28 *καὶ ἔστιν ⟨εἷς ὢν⟩ ἄνθρωπος*: Ross 34 A^b, Ross 36 A^b E, Ross
a 4 E, Ross 5 *ἔχον* A^b, Ross [*καὶ τὸ ἕν*]: Ross

wenn wir das letztere annehmen, vielmehr ist es für die
Untersuchung noch mehr förderlich.) Denn dasselbe ist *ein*
Mensch und seiender Mensch und Mensch, und die Verdop-
pelung im Ausdruck „er ist *ein* Mensch“ oder „er ist
Mensch“ bringt keine Veränderung des Sinnes hervor (of-
fenbar wird es auch beim Entstehen und beim Vergehen
nicht getrennt, und dasselbe gilt vom Einen); der Zusatz be-
zeichnet also hier nur dasselbige, und das Eine ist nicht et-
was Verschiedenes außer dem Seienden. Auch ist jedes We-
sen eines, nicht bloß in akzidentellem Sinne, und ebenso
ist es seiend an sich. So viel es also Arten des Einen gibt, so
viel gibt es auch Arten des Seienden, deren Was zu untersu-
chen die Aufgabe einer der Gattung nach einzigen Wissen-
schaft ist, ich meine z. B. die Untersuchungen über das
Identische, das Ähnliche und anderes dergleichen und das
ihnen Entgegengesetzte. So gut wie alle Gegensätze aber
werden auf dies Prinzip zurückgeführt. Hierüber mag das 1004 a
genügen, was wir in der Auswahl der Gegensätze untersucht
haben. Und Teile der Philosophie gibt es so viele, wie es
verschiedene Wesen gibt, so daß notwendig ein Teil von
ihnen erster, ein anderer der folgende sein muß; denn das
Eine und das Seiende liegt von vornherein in Gattungen
vor, und deshalb werden ihnen (nach Gattungen geordnet)
die Wissenschaften entsprechen. Es verhält sich nämlich mit
dem Philosophen wie mit dem sog. Mathematiker; denn
auch die Mathematik hat Teile, und es gibt in ihr eine erste
und zweite Wissenschaft und so andere der Reihe nach.
(c) Da nun die Untersuchung des Entgegengesetzten
einer Wissenschaft angehört, dem Einen aber die Viel-
heit entgegensteht, und die Negation ebensogut wie die
Privation zu untersuchen derselben *einen* Wissenschaft

ἐστὶ θεωρῆσαι διὰ τὸ ἀμφοτέρως θεωρεῖσθαι τὸ ἕν, οὗ ἡ ἀπόφασις ἢ ἡ στέρησις (ἣ γὰρ ἁπλῶς λέγομεν, ὅτι οὐχ ὑπάρχει ἐκεῖνο ἤ τινι γένει· ἔνθα μὲν οὖν τῷ ἑνὶ ἡ διαφορὰ πρόσεστι παρὰ τὸ ἐν τῇ ἀποφάσει· ἀπουσία γὰρ ἡ ἀπόφασις ἐκείνου ἐστίν· ἐν δὲ τῇ στερήσει καὶ ὑποκειμένη τις φύσις γίγνεται, καθ' ἧς λέγεται ἡ στέρησις)· τῷ δ' ἑνὶ πλῆθος ἀντίκειται, ὥστε καὶ τἀντικείμενα τοῖς εἰρημένοις, τό τε ἕτερον καὶ ἀνόμοιον καὶ ἄνισον, καὶ ὅσα ἄλλα λέγεται ἢ κατὰ ταῦτα ἢ κατὰ πλῆθος καὶ τὸ ἕν, τῆς εἰρημένης γνωρίζειν ἐπιστήμης· ὧν ἐστὶ καὶ ἡ ἐναντιότης· διαφορὰ γάρ τις ἡ ἐναντιότης, ἡ δὲ διαφορὰ ἑτερότης. ὥστ' ἐπειδὴ πολλαχῶς τὸ ἓν λέγεται, καὶ ταῦτα πολλαχῶς μὲν λεχθήσεται, ὅμως δὲ μιᾶς ἅπαντά ἐστι γνωρίζειν· οὐ γὰρ εἰ πολλαχῶς, ἑτέρας, ἀλλ' εἰ μήτε καθ' ἓν μήτε πρὸς ἓν οἱ λόγοι ἀναφέρονται. ἐπεὶ δὲ πάντα πρὸς τὸ πρῶτον ἀναφέρεται, οἷον ὅσα ἓν λέγεται πρὸς τὸ πρῶτον ἕν, ὡσαύτως φατέον καὶ περὶ ταὐτοῦ καὶ ἑτέρου καὶ τῶν ἐναντίων ἔχειν· ὥστε διελόμενον ποσαχῶς λέγεται ἕκαστον, οὕτως ἀποδοτέον πρὸς τὸ πρῶτον ἐν ἑκάστῃ κατηγορίᾳ, πῶς πρὸς ἐκεῖνο λέγεται· τὰ μὲν γὰρ τῷ ἔχειν ἐκεῖνο, τὰ δὲ τῷ ποιεῖν, τὰ δὲ κατ' ἄλλους λεχθήσεται τοιούτους τρόπους.

φανερὸν οὖν, ὅπερ ἐν ταῖς ἀπορίαις ἐλέχθη, ὅτι μιᾶς περὶ τούτων καὶ τῆς οὐσίας ἐστὶ λόγον ἔχειν. τοῦτο δ' ἦν ἓν τῶν ἐν τοῖς ἀπορήμασιν. καὶ ἔστι τοῦ φιλοσόφου περὶ πάν-

12 η γὰρ ἁπλῶς λέγομεν ex Alex. p. 209,2 reposuit Bonitz: ἡ ἁπλῶς λεγομένη A^b^E, sed ἢ ante ἡ add. m. sec. E ‖ 13 ἐκεῖνο ex Alex. restituit Bonitz: ἐκείνῳ A^b^E, sed ω ex ο corr. in E ‖ 19 ταῦτα Alex.: ταὐτὰ A^b^E ‖ κατὰ τὸ πλῆθός τε καὶ τὸ ἕν Alex. ‖ τοῖς εἰρημένοις E ‖ 20 ἐστὶ A^b^: ἕν τι addito ἐστί post ἐναντιότης E ‖ 21 δὲ διαφορὰ E: δὲ ἐναντιότης A^b^ ‖ 23 ὅμως E: ὁμοίως A^b^ ‖ γνωρίζειν ἐστὶ E ‖ 24 post ἀναφέρονται add. E τότε ἑτέρας ‖ 25 ἀναφέρετε E, ἀναφέρονται A^b^ ‖ 26 πρώτως A^b^ ‖ 27 τῶν ἐναντίων] τῶν ἄλλων coni. Luthe ‖ 30 ἐκεῖνο A^b^E: ἐκεῖνα edd. ‖ 32 ὅπερ — ἐλέχθη om. A^b^, ἔν τισι λείπει τὸ ὅπερ ἐν ταῖς ἀπορίαις ἐλέχθη E marg. m. sec.

zukommt, weil in diesen beiden das Eine, wovon es Negation oder Privation gibt, betrachtet wird (entweder nämlich sagen wir schlichthin, daß jenes nicht vorhanden sei oder für eine bestimmte Gattung nicht; in diesem Falle kommt zu dem negierten Einen außer der Negation noch der negierende Unterschied hinzu; denn die Negation ist Abwesenheit des Negierten. Bei der Privation tritt auch ein bestimmtes Wesen auf, von welcher die Privation ausgesagt wird); – da also dem Einen die Vielheit entgegengesetzt ist, so ist auch die Erkenntnis dessen, was den erwähnten Gegenständen entgegengesetzt ist, (nämlich) des Anderen, des Verschiedenen, des Ungleichen und was noch sonst nach diesen oder nach der Menge und dem Einen genannt wird, Aufgabe der genannten Wissenschaft. Hierzu gehört auch der (konträre) Gegensatz; denn der Gegensatz ist ein Unterschied, der Unterschied eine Verschiedenheit. Da nun also das Eine in mehreren Bedeutungen ausgesagt wird, so werden auch diese Gegenstände in verschiedenen Bedeutungen ausgesagt werden, aber die Erkenntnis aller wird doch *einer* Wissenschaft zufallen; denn wegen der Mehrheit der Bedeutungen gehört ein Gegenstand erst dann verschiedenen Wissenschaften an, wenn die Begriffe weder *nach* Einem ausgesagt, noch *auf Eines hin* bezogen werden. Da aber alles auf das Erste zurückgeführt wird, z. B. alles, was Eines heißt, auf das erste Eine, und man sagen muß, daß es sich ebenso auch bei dem Identischen und dem Anderen und den Gegensätzen verhält: so muß man unterscheiden, in wie vielen Bedeutungen jedes ausgesagt wird, und dann in Beziehung auf das Erste in jeder Kategorie angeben, wie es sich zu diesem verhält; denn einiges wird nach dem Ersten in derselben Kategorie genannt werden, weil es dasselbe hat, anderes, weil es dasselbe hervorbringt, anderes auf andere ähnliche Weisen.

(d) Hieraus ist nun offenbar, was bei den aufgeworfenen Fragen erwähnt wurde, daß es *einer* Wissenschaft zukommt, diese (Gegensätze) ebenso wie das Wesen zu erörtern; dies war aber eine von den besprochenen Fragen. Auch kommt

των δύνασθαι θεωρεῖν. εἰ γὰρ μὴ τοῦ φιλοσόφου, τίς ἔσται ὁ ἐπισκεψόμενος εἰ ταὐτὸ Σωκράτης καὶ Σωκράτης καθήμενος, ἢ εἰ ἓν ἑνὶ ἐναντίον, ἢ τί ἐστι τὸ ἐναντίον, ἢ ποσαχῶς λέγεται; ὁμοίως δὲ καὶ περὶ τῶν ἄλλων τῶν τοιούτων. ἐπεὶ οὖν τοῦ ἑνὸς ᾗ ἓν καὶ τοῦ ὄντος ᾗ ὂν ταῦτα καθ' αὑτά ἐστι πάθη, ἀλλ' οὐχ ᾗ ἀριθμοὶ ἢ γραμμαὶ ἢ πῦρ, δῆλον ὡς ἐκείνης τῆς ἐπιστήμης καὶ τί ἐστι γνωρίσαι καὶ τὰ συμβεβηκότα αὐτοῖς. καὶ οὐ ταύτῃ ἁμαρτάνουσιν οἱ περὶ αὐτῶν σκοπούμενοι ὡς οὐ φιλοσοφοῦντες, ἀλλ ὅτι πρότερον ἡ οὐσία, περὶ ἧς οὐδὲν ἐπαΐουσιν, ἐπεὶ ὥσπερ ἐστὶ καὶ ἀριθμοῦ ᾗ ἀριθμὸς ἴδια πάθη, οἷον περιττότης ἀρτιότης, συμμετρία ἰσότης, ὑπεροχὴ ἔλλειψις, καὶ ταῦτα καὶ καθ' ἑαυτοὺς καὶ πρὸς ἀλλήλους ὑπάρχει τοῖς ἀριθμοῖς· ὁμοίως δὲ καὶ στερεῷ καὶ ἀκινήτῳ καὶ κινουμένῳ, ἀβαρεῖ τε καὶ βάρος ἔχοντι ἔστιν ἕτερα ἴδια· οὕτω καὶ τῷ ὄντι ᾗ ὂν ἔστι τινὰ ἴδια, καὶ ταῦτ' ἐστὶ περὶ ὧν τοῦ φιλοσόφου ἐπισκέψασθαι τἀληθές. σημεῖον δέ· οἱ γὰρ διαλεκτικοὶ καὶ σοφισταὶ ταὐτὸν μὲν ὑποδύονται σχῆμα τῷ φιλοσόφῳ [ἡ γὰρ σοφιστικὴ φαινομένη μόνον σοφία ἐστί, καὶ οἱ διαλεκτικοί], διαλέγονται δὲ περὶ ἁπάντων, κοινὸν δὲ πᾶσι τὸ ὄν ἐστιν. διαλέγονται δὲ περὶ τούτων δῆλον ὅτι διὰ τὸ τῆς φιλοσοφίας εἶναι ταῦτ' οἰκεῖα. περὶ μὲν γὰρ τὸ αὐτὸ γένος στρέφεται ἡ σοφιστικὴ καὶ ἡ διαλεκτικὴ τῇ φιλοσοφίᾳ, ἀλλὰ διαφέρει τῆς μὲν τῷ τρόπῳ τῆς δυνάμεως, τῆς δὲ τοῦ βίου τῇ προαιρέσει. ἔστι δὲ ἡ διαλεκτικὴ πειραστικὴ περὶ ὧν ἡ φιλοσοφία γνωριστική, ἡ δὲ σοφιστικὴ φαινομένη, οὖσα δ' οὔ. ἔτι τῶν ἐναντίων ἡ ἑτέρα συστοιχία στέρησις, καὶ πάντα ἀν-

1004b, 6 ἀριθμὸς ἢ γραμμὴ A^b, ἀριθμὸς ᾗ γραμμαὶ Alex. || 14 ἀβαρεῖ τε E: καὶ ἀβαρεῖ A^b, fort. καὶ ἀβαρεῖ τε || 15 οὕτω — ἴδια om. A^b || 18 ἡ γὰρ — 19 διαλεκτικοὶ seclusi et post διαλέγονται inserui δὲ || 20 δὲ om. codd. || 22 εἶναι ταῦτ' οἰκ. scripsi: ταῦτα εἶναι οἰκ. A^b, εἶναι αὐτὰ οἰκ. E vulgo || 23 ἡ post καὶ om. E || 24 τῇ om. A^b

b 20 codd., Ross

es dem Philosophen zu, alle (diese) Gegenstände untersuchen zu können. Denn wenn nicht dem Philosophen, wem soll es denn zukommen zu erforschen, ob Sokrates und der sitzende Sokrates dasselbe ist, oder ob immer Eines zu Einem in Gegensatz steht, oder was der Gegensatz ist, oder in wie vielen Bedeutungen er ausgesagt wird, und ebenso in bezug auf anderes derartiges? Da dies nun Eigenschaften des Einen an sich sind, insofern es Eines, und des Seienden, insofern es Seiendes, nicht insofern es Zahl oder Linie oder Feuer ist, so hat offenbar jene Wissenschaft sowohl das Was als auch die Akzidenzien (Eigenschaften) hierzu zu erkennen. Und nicht insofern fehlen die, welche hierüber Untersuchungen anstellen, als dies der Philosophie nicht angehöre, sondern als sie von dem Wesen selbst, das doch das Frühere ist, nichts wissen. Denn wie die Zahl als Zahl besondere Eigenschaften hat, z. B. Ungeradheit und Geradheit, Verhältnis und Gleichheit, Übermaß und Mangel, was den Zahlen sowohl an sich als in Beziehung auf einander zukommt; und ebenso das Solide, das Unbewegte und das Bewegte, das Schwerelose und das Schwere andere Eigenschaften hat: ebenso hat auch das Seiende als solches gewisse eigentümliche Merkmale, und sie sind es, hinsichtlich deren der Philosoph die Wahrheit zu erforschen hat. Ein Beweis dafür ist auch folgendes: Die Dialektiker und die Sophisten wollen ebenfalls für Philosophen gelten. Denn die Sophistik ist nur Scheinweisheit, und auch die Dialektiker diskutieren über alles, gemeinsam aber ist allem das Seiende. Sie diskutieren darüber offenbar deshalb, weil es der Philosophie angehört. Denn die Sophistik und die Dialektik beschäftigen sich mit derselben Gattung wie die Philosophie, nur unterscheidet sich diese von der einen durch die Art und Weise ihres Vermögens, von der andern durch ihren Lebenszweck. Denn die Dialektik versucht sich nur an dem, was die Philosophie erkennt, und die Sophistik scheint nur Weisheit zu sein, ist es aber nicht. Ferner ist die eine Reihe der Gegensätze Privation, und alles wird auf das Seiende und Nicht-Seiende

άγεται εἰς τὸ ὂν καὶ τὸ μὴ ὄν, καὶ ἓν καὶ πλῆθος, οἷον στάσις τοῦ ἑνός, κίνησις δὲ τοῦ πλήθους· τὰ δ' ὄντα καὶ τὴν οὐσίαν ὁμολογοῦσιν ἐξ ἐναντίων σχεδὸν ἅπαντες συγκεῖσθαι· πάντες γοῦν τὰς ἀρχὰς ἐναντίας λέγουσιν· οἱ μὲν γὰρ περιττὸν καὶ ἄρτιον, οἱ δὲ θερμὸν καὶ ψυχρόν, οἱ δὲ πέρας καὶ ἄπειρον, οἱ δὲ φιλίαν καὶ νεῖκος.* πάντα δὲ καὶ τἆλλα ἀναγόμενα φαίνεται εἰς τὸ ἓν καὶ πλῆθος (εἰλήφθω γὰρ ἡ ἀναγωγὴ ἡμῖν), αἱ δ' ἀρχαὶ καὶ παντελῶς αἱ παρὰ τῶν ἄλλων ὡς εἰς γένη ταῦτα πίπτουσιν.* φανερὸν οὖν καὶ ἐκ τούτων ὅτι μιᾶς ἐπιστήμης τὸ ὂν ᾗ ὂν θεωρῆσαι. πάντα γὰρ ἢ ἐναντία ἢ ἐξ ἐναντίων, ἀρχαὶ δὲ τῶν ἐναντίων τὸ ἓν καὶ πλῆθος. ταῦτα δὲ μιᾶς ἐπιστήμης, εἴτε καθ' ἓν λέγεται εἴτε μή, ὥσπερ ἴσως ἔχει καὶ τἀληθές. ἀλλ' ὅμως εἰ καὶ πολλαχῶς λέγεται τὸ ἕν, πρὸς τὸ πρῶτον τἆλλα λεχθήσεται καὶ τὰ ἐναντία ὁμοίως. καὶ διὰ τοῦτο [καὶ εἰ μή ἐστι τὸ ὂν ἢ τὸ ἓν καθόλου καὶ ταὐτὸ ἐπὶ πάντων ἢ χωριστόν, ὥσπερ ἴσως οὐκ ἔστιν, ἀλλὰ τὰ μὲν πρὸς ἓν τὰ δὲ τῷ ἐφεξῆς. καὶ διὰ τοῦτο] οὐ τοῦ γεωμέτρου θεωρῆσαι τί τὸ ἐναντίον ἢ τέλειον ἢ ὂν ἢ ἓν ἢ ταὐτὸν ἢ ἕτερον, ἀλλ' ἢ ἐξ ὑποθέσεως. ὅτι μὲν οὖν μιᾶς ἐπιστήμης τὸ ὂν ᾗ ὂν θεωρῆσαι, καὶ τὰ ὑπάρχοντα αὐτῷ ᾗ ὄν, δῆλον, καὶ ὅτι οὐ μόνον τῶν οὐσιῶν ἀλλὰ καὶ τῶν ὑπαρχόντων ἡ αὐτὴ θεωρητική, τῶν τ' εἰρημένων καὶ περὶ προτέρου καὶ ὑστέρου, καὶ γένους καὶ εἴδους, καὶ ὅλου καὶ μέρους καὶ τῶν ἄλλων τῶν τοιούτων.

28 τὸ ante μὴ ὂν om. A^b Alex. ‖ εἰς ἓν E ‖ 30 σχεδὸν ἅπαντες ἐξ ἐναντίων Alex. ‖ σχεδῶν E ‖ 33 ἅπαντα A^b, πάντα — πίπτουσιν pertinent ad 29 οἷον — πλήθους ‖ 34 φαίνεται ἀναγόμενα A^b ‖ 1005a, 1 αἱ παρὰ τῶν ἄλλων spuria ‖ 2 εἰς γένη εἰς τ. A^b ‖ 5 δὲ καὶ μιᾶς A^b ‖ ἕνα A^b ‖ 6 καὶ ἔχει τἀλ. A^b: καὶ om. E ‖ 7 τὸ ἓν λέγεται A^b ‖ 8 καὶ τὰ ἐναντία ὁμοίως delenda censet Luthe ‖ καὶ διὰ τοῦτο om. A^b, καὶ εἰ — 11 ἐφεξῆς alterius recensionis esse videntur, Bonitzius comma posuit post ἐφεξῆς ‖ 9 ἢ καὶ τὸ A^b ‖ 10 τὸ μὲν — τὸ δὲ E ‖ 11 τῷ] modo ὡς modo τῷ Alex.; post ἐφεξῆς vulgo comma ponunt ‖ 12 ἢ ἓν ἢ ὂν E delenda censet Luthe ‖ ἀλλ'

b 28 E, Ross 8 [καὶ διὰ τοῦτο]: Ross

und auf das Eine und die Vielheit zurückgeführt, z. B. Ruhe
auf das Eine, Bewegung auf die Vielheit. Das Seiende und
die Wesenheit lassen so gut wie alle in übereinstimmender
Ansicht aus Gegensätzen zusammengesetzt werden, indem
ja alle als Prinzipien Gegensätze annehmen, einige das Un-
gerade und das Gerade, andere das Warme und das Kalte,
andere Grenze und Unbegrenztes, andere Freundschaft und
Streit. Und auch alles übrige wird offenbar auf das Eine und
die Vielheit zurückgeführt; die Art der Zurückführung wol-
len wir (als bekannt) voraussetzen. Und vollends die von
den anderen gesetzten Prinzipien fallen unter diese (gegen- 1005 a
sätzlichen) Gattungen. Also auch hieraus erhellt, daß die
Untersuchung des Seienden als Seienden *einer* Wissenschaft
angehört; denn alles ist entweder Gegensatz oder aus Gegen-
sätzen, Prinzipien aber der Gegensätze sind das Eine und die
Vielheit. Diese aber gehören *einer* Wissenschaft an, mögen
sie nun nach Einem genannt sein oder nicht, wie denn das
letztere wohl in Wahrheit der Fall ist. Indessen wenn auch
das Eine in mehrfacher Bedeutung ausgesagt wird, so wird
doch das übrige *in Beziehung* auf das erste Eine ausgesagt
werden, und dasselbe gilt von dem Entgegengesetzten. Auch
schon deshalb (selbst wenn das Seiende und das Eine nicht
ein Allgemeines und dasselbe für alles oder selbständig ab-
trennbar ist – wie dies wohl auch nicht der Fall ist –, son-
dern teils durch seine Beziehungen auf das Eine, teils durch
Reihenfolge Eines ist) kommt es nicht dem Geometer zu,
zu untersuchen, was das Konträre oder das Vollkommene
oder das Seiende, das Eine oder das Identische oder das
Verschiedene ist, ausgenommen voraussetzungsweise.

(e) Hiernach ist denn klar, daß es *einer* Wissenschaft zukommt, das Seiende als Seiendes und das dem Seienden als solchem Zukommende zu untersuchen, und daß dieselbe Wissenschaft nicht nur die Wesen, sondern auch die den Wesen zukommenden Merkmale untersucht, sowohl die bisher genannten, als auch das Früher und Später, Gattung und Art, Ganzes und Teil und anderes derartiges.

3 λεκτέον δὲ πότερον μιᾶς ἢ ἑτέρας ἐπιστήμης περί τε τῶν ἐν τοῖς μαθήμασι καλουμένων ἀξιωμάτων καὶ περὶ τῆς οὐσίας. φανερὸν δὴ ὅτι μιᾶς τε καὶ τῆς τοῦ φιλοσόφου καὶ ἡ περὶ τούτων ἐστὶ σκέψις· ἅπασι γὰρ ὑπάρχει τοῖς οὖσιν, ἀλλ' οὐ γένει τινὶ χωρὶς ἰδίᾳ τῶν ἄλλων. καὶ χρῶνται μὲν πάντες, ὅτι τοῦ ὄντος ἐστὶν ᾗ ὄν, ἕκαστον δὲ τὸ γένος ὄν. ἐπὶ τοσοῦτον δὲ χρῶνται, ἐφ' ὅσον αὐτοῖς ἱκανόν· τοῦτο δ' ἔστιν, ὅσον ἐπέχει τὸ γένος, περὶ οὗ φέρουσι τὰς ἀποδείξεις. ὥστ' ἐπεὶ δῆλον ὅτι ᾗ ὄντα ὑπάρχει πᾶσι (τοῦτο γὰρ αὐτοῖς τὸ κοινόν), τοῦ περὶ τὸ ὂν ᾗ ὂν γνωρίζοντος καὶ περὶ τούτων ἐστὶν ἡ θεωρία. διόπερ οὐδεὶς τῶν κατὰ μέρος ἐπισκοπούντων ἐγχειρεῖ λέγειν τι περὶ αὐτῶν, εἰ ἀληθῆ ἢ μή, οὔτε γεωμέτρης οὔτ' ἀριθμητικός, ἀλλὰ τῶν φυσικῶν ἔνιοι, εἰκότως τοῦτο δρῶντες· μόνοι γὰρ ᾤοντο περί τε τῆς ὅλης φύσεως σκοπεῖν καὶ περὶ τοῦ ὄντος. ἐπεὶ δ' ἔστιν ἔτι τοῦ φυσικοῦ τις ἀνωτέρω (ἓν γάρ τι γένος τοῦ ὄντος ἡ φύσις), τοῦ καθόλου καὶ τοῦ περὶ τὴν πρώτην οὐσίαν θεωρητικοῦ καὶ ἡ περὶ τούτων ἂν εἴη σκέψις. ἔστι δὲ σοφία τις καὶ ἡ φυ- 1005b
σική, ἀλλ' οὐ πρώτη. * ὅσα δ' ἐγχειροῦσι τῶν λεγόντων τινὲς περὶ τῆς ἀληθείας, ὃν τρόπον δεῖ ἀποδέχεσθαι, δι' ἀπαιδευσίαν τῶν ἀναλυτικῶν τοῦτο δρῶσιν· δεῖ γὰρ περὶ τούτων ἥκειν προεπισταμένους, ἀλλὰ μὴ ἀκούοντας ζητεῖν. *

ὅτι μὲν οὖν τοῦ φιλοσόφου καὶ τοῦ περὶ πάσης τῆς οὐσίας θεωροῦντος ᾗ πέφυκεν, καὶ περὶ τῶν συλλογιστικῶν ἀρχῶν ἐστὶν ἐπισκέψασθαι, δῆλον. προσήκει δὲ τὸν μάλιστα

ἐξ Alex. ‖ 22 ἐστὶ σκέψις E: ἐπίσκεψις A^b ‖ 24 ὄντως E ‖ ἕκαστον] fort. ἑκάστης ‖ 25 ὄν] ἓν A^b m. pr. ‖ 25. 26 τουτέστιν Alex. ‖ 30 εἰ A^b: ἢ εἰ E m. pr., εἰ ἢ E m. sec., εἰ ᾗ ante Bekkerum ‖ 32 τε om. A^b ‖ 34 τις A^bE: τι Bekk. ‖ ἀνωτέρωι E ‖ 35 τοῦ alterum om. T, fort. recte ‖ 1005b, 1 τις σοφία A^b ‖ 2 ὅσα δ' ἐγχ. — 5 ζητεῖν Alex. ponenda censet post 8, equidem cum vix ab eodem quo 1006a, 5—8 scribi potuerint, uncinis inclusi ab auctore libri α haec inserta esse rati; cf. p. 1006a, 26 ‖ τῶν λεγόντων om. Alex. ‖ 4 ἀναλυτικῶν] anal. post. I 1 et II 19

3 (a) Zu erörtern ist nun, ob es einer und derselben oder verschiedenen Wissenschaften zukommt, von den in der Mathematik so genannten Axiomen und von dem Wesen (Substanz) zu handeln. Offenbar kommt die Untersuchung der Axiome derselben *einen* Wissenschaft zu, nämlich der des Philosophen; denn sie gelten von allem Seienden, nicht von irgendeiner Gattung insbesondere, geschieden von den übrigen. Alle bedienen sich ihrer, weil sie vom Seienden als Seiendem gelten, und jede Gattung Seiendes ist. Sie bedienen sich ihrer aber nur insoweit, als es für sie nötig ist, d. h. soweit die Gattung reicht, auf welche ihre Beweisführungen gehen. Da sie also von allem gelten, insofern es Seiendes ist (denn dies ist das allem Gemeinsame), so kommt ihre Untersuchung dem zu, der das Seiende als solches erkennt. Deshalb unternimmt denn auch keiner von denen, die sich einer speziellen Wissenschaft widmen, über diese zu sprechen, ob sie wahr sind oder nicht, weder der Geometer noch der Arithmetiker, ausgenommen einige Physiker. Daß diese es taten, hat seinen guten Grund; denn sie allein glaubten über die ganze Natur und über das Seiende Untersuchungen anzustellen. Da es aber einen Wissenschaftler gibt, der noch über dem Physiker steht (denn die Natur ist ja nur *eine* Gattung des Seienden), so wird diesem, welcher (das Seiende) allgemein und das erste Wesen betrachtet hat, auch die Untersuchung der Axiome zufallen. Die 1005 b
Physik ist zwar auch eine Weisheit, aber nicht die erste. Was aber einige von denen, die von den Axiomen sprechen, über die Wahrheit vorbringen, wie man dieselbe annehmen solle, das tun sie aus Unkenntnis der Analytik; denn die Kenntnis dieser Dinge muß man schon zur Untersuchung mitbringen und nicht erst bei derselben suchen.

(b) Daß es also dem Philosophen und dem, der jedes Wesen betrachtet, zukommt, auch die Prinzipien des Beweises zu untersuchen, ist hiernach klar. Es gehört sich nun, daß in jeder Gattung der, welcher die vollste Erkenntnis

γνωρίζοντα περὶ ἕκαστον γένος ἔχειν λέγειν τὰς βεβαιοτάτας ἀρχὰς τοῦ πράγματος, ὥστε καὶ τὸν περὶ τῶν ὄντων ᾗ ὄντα τὰς πάντων βεβαιοτάτας. ἔστι δ' οὗτος ὁ φιλόσοφος, βεβαιοτάτη δ' ἀρχὴ πασῶν περὶ ἣν διαψευσθῆναι ἀδύνατον· γνωριμωτάτην τε γὰρ ἀναγκαῖον εἶναι τὴν τοιαύτην (περὶ γὰρ ἃ μὴ γνωρίζουσιν, ἀπατῶνται πάντες) καὶ ἀνυπόθετον. ἣν γὰρ ἀναγκαῖον ἔχειν τὸν ὁτιοῦν ξυνιέντα τῶν ὄντων, τοῦτο οὐχ ὑπόθεσις· ὃ δὲ γνωρίζειν ἀναγκαῖον τῷ ὁτιοῦν γνωρίζοντι, καὶ ἥκειν ἔχοντα ἀναγκαῖον. ὅτι μὲν οὖν ἡ τοιαύτη πασῶν βεβαιοτάτη ἀρχή, δῆλον· τίς δ' ἔστιν αὕτη, μετὰ ταῦτα λέγομεν. τὸ γὰρ αὐτὸ ἅμα ὑπάρχειν τε καὶ μὴ ὑπάρχειν ἀδύνατον τῷ αὐτῷ καὶ κατὰ τὸ αὐτό· καὶ ὅσα ἄλλα προσδιορισαίμεθ' ἄν, ἔστω προσδιωρισμένα πρὸς τὰς λογικὰς δυσχερείας. αὕτη δὴ πασῶν ἐστὶ βεβαιοτάτη τῶν ἀρχῶν· ἔχει γὰρ τὸν εἰρημένον διορισμόν. ἀδύνατον γὰρ ὁντινοῦν ταὐτὸν ὑπολαμβάνειν εἶναι καὶ μὴ εἶναι, καθάπερ τινὲς οἴονται λέγειν Ἡράκλειτον· οὐκ ἔστι γὰρ ἀναγκαῖον, ἅ τις λέγει, ταῦτα καὶ ὑπολαμβάνειν. εἰ δὲ μὴ ἐνδέχεται ἅμα ὑπάρχειν τῷ αὐτῷ τἀναντία (προσδιωρίσθω δ' ἡμῖν καὶ ταύτῃ τῇ προτάσει τὰ εἰωθότα), ἐναντία δ' ἐστὶ δόξα δόξῃ ἡ τῆς ἀντιφάσεως, φανερὸν ὅτι ἀδύνατον ἅμα ὑπολαμβάνειν τὸν αὐτὸν εἶναι καὶ μὴ εἶναι τὸ αὐτό· ἅμα γὰρ ἂν ἔχοι τὰς ἐναντίας δόξας ὁ διεψευσμένος περὶ τούτου. διὸ πάντες οἱ ἀποδεικνύντες εἰς ταύτην ἀνάγουσιν ἐσχάτην δόξαν· φύσει γὰρ ἀρχὴ καὶ τῶν ἄλλων ἀξιωμάτων αὕτη πάντων.

11 τὰς περὶ πάντων A^b ‖ 15 ξυνιόντα A^b ‖ 16 ὑπόθεσις E: ὑποθέσει A^b ‖ 17 ἔχοντι E ‖ 17. 18 βεβαιοτάτη ἡ τοιαύτη πασῶν ἀρχή A^b ‖ 19 λέγομεν A^bE: λέγωμεν T Ascl. ‖ τε add. A^b, om. E ‖ 20 καὶ ante κατὰ om. Alex. ‖ 21 προσδιωρισάμεθα omisso ἂν Alex. ‖ ἔστω E: ἔστω τὰ A^b ‖ 22 δ' ἁπασῶν E ‖ 24 ταὐτὸ E ‖ εἶναί τε καὶ Alex. ‖ 27 τῶ αὐτῶ ὑπάρχειν A^b ‖ προδιωρίσθω ἡμῖν A^b ‖ 29 ἅμα ἀδύνατον A^b ‖ 31 διαψευσάμενος E ‖ 32 οἱ add. A^b Alex., om. E

b 19 T Ascl., Ross

derselben besitzt, die sichersten Prinzipien der Sache anzugeben vermag, also auch der, welcher vom Seienden als Seiendem die höchste Wissenschaft hat, die sichersten Prinzipien von allem. Dies ist aber der Philosoph, und das sicherste unter allen Prinzipien ist dasjenige, bei welchem Täuschung unmöglich ist; denn ein solches muß notwendig am bekanntesten sein, da sich ja alle über das täuschen, was sie nicht erkennen, und muß ohne Voraussetzung gelten. Denn ein Prinzip, welches jeder notwendig besitzen muß, der irgend etwas von dem Seienden erkennen soll, ist nicht Annahme (Hypothese), und was jeder erkannt haben muß, der irgend etwas erkennen soll, das muß er schon zum Erkennen mitbringen. Daß ein so beschaffenes Prinzip das sicherste unter allen ist, leuchtet ein; welches aber dies ist, wollen wir nun angeben: daß nämlich dasselbe demselben und in derselben Beziehung (und dazu mögen noch die anderen näheren Bestimmungen hinzugefügt sein, mit denen wir logischen Einwürfen ausweichen) unmöglich zugleich zukommen und nicht zukommen kann. Das ist das sicherste unter allen Prinzipien; denn es paßt darauf die angegebene Bestimmung. Es ist nämlich unmöglich, daß jemand annehme, dasselbe sei und sei nicht. Zwar meinen einige, Herakleitos sage so, doch ist es ja nicht notwendig, daß jemand das, was er sagt, auch wirklich so annehme. Wenn es nun aber nicht möglich ist, daß demselben das Entgegengesetzte zugleich zukomme (und dabei wollen wir auch zu diesem Satze die gewöhnlichen näheren Bestimmungen hinzugefügt haben), beim Widerspruche aber eine Meinung der anderen Meinung entgegengesetzt ist, so ist es offenbar unmöglich, daß derselbe zugleich annehme, daß dasselbe sei und nicht sei; denn wer sich hierüber täuschte, der hätte ja die entgegengesetzten Ansichten zugleich. Daher kommen alle, die einen Beweis führen, auf diese letzte Annahme zurück; denn dies Prinzip ist seinem Wesen nach zugleich Prinzip der anderen Axiome.

4 εἰσὶ δέ τινες οἵ, καθάπερ εἴπομεν, [αὐτοί τε] ἐνδέχεσθαί φασι τὸ αὐτὸ εἶναι καὶ μὴ εἶναι, καὶ ὑπολαμβάνειν οὕτως. χρῶνται δὲ τῷ λόγῳ τούτῳ πολλοὶ καὶ τῶν περὶ φύσεως. ἡμεῖς δὲ νῦν εἰλήφαμεν ὡς ἀδυνάτου ὄντος ἅμα εἶναι καὶ μὴ εἶναι, καὶ διὰ τούτου ἐδείξαμεν ὅτι βεβαιοτάτη αὕτη τῶν ἀρχῶν ἁπασῶν. ἀξιοῦσι δὴ καὶ τοῦτο ἀποδεικνύναι τινὲς δι' ἀπαιδευσίαν· ἔστι γὰρ ἀπαιδευσία τὸ μὴ γιγνώσκειν τίνων δεῖ ζητεῖν ἀπόδειξιν καὶ τίνων οὐ δεῖ. ὅλως μὲν γὰρ ἁπάντων ἀδύνατον ἀπόδειξιν εἶναι· εἰς ἄπειρον γὰρ ἂν βαδίζοι, ὥστε μηδ' οὕτως εἶναι ἀπόδειξιν. εἰ δέ τινων μὴ δεῖ ζητεῖν ἀπόδειξιν, τίνα ἀξιοῦσιν εἶναι μᾶλλον τοιαύτην ἀρχὴν οὐκ ἂν ἔχοιεν εἰπεῖν. ἔστι δ' ἀποδεῖξαι ἐλεγκτικῶς καὶ περὶ τούτου ὅτι ἀδύνατον, ἐὰν μόνον τι λέγῃ ὁ ἀμφισβητῶν· ἐὰν δὲ μηδέν, γελοῖον τὸ ζητεῖν λόγον πρὸς τὸν μηδενὸς ἔχοντα λόγον [ᾗ μὴ ἔχει]. ὅμοιος γὰρ φυτῷ ὁ τοιοῦτος ᾗ τοιοῦτος ἤδη. τὸ δ' ἐλεγκτικῶς ἀποδεῖξαι λέγω διαφέρειν καὶ τὸ ἀποδεῖξαι, ὅτι ἀποδεικνύων μὲν ἂν δόξειεν αἰτεῖσθαι τὸ ἐν ἀρχῇ, ἄλλου δὲ τοῦ τοιούτου αἰτίου ὄντος ἔλεγχος ἂν εἴη καὶ οὐκ ἀπόδειξις. ἀρχὴ δὲ πρὸς ἅπαντα τὰ τοιαῦτα οὐχὶ τὸ ἀξιοῦν ἢ εἶναί τι λέγειν ἢ μὴ εἶναι (τοῦτο μὲν γὰρ τάχ' ἄν τις ὑπολάβοι τὸ ἐξ ἀρχῆς αἰτεῖν), ἀλλὰ σημαίνειν γέ τι καὶ ἑαυτῷ καὶ ἄλλῳ· τοῦτο γὰρ ἀνάγκη, εἴπερ λέγοι τι. εἰ γὰρ μή, οὐκ ἂν εἴη τῷ τοιούτῳ λόγος, οὔτ' αὐτῷ πρὸς αὑτὸν οὔτε πρὸς ἄλλον. ἐὰν δέ τις τοῦτο διδῷ, ἔσται ἀπόδειξις· ἤδη γάρ τι ἔσται

35 αὐτοί τε non interpretatur Alex., nos inclusimus ‖ 1006a, 2 χρῶνται ex χρῶντο corr. E ‖ 3 ὡς add. A^bE, om. edd. ante Bekk. ‖ 5 ἁπασῶν A^b: πασῶν E vulgo ‖ 14 ᾗ μὴ ἔχει A^b, ἢ μηθένα ἔχει λόγον E, ipse tamquam interpretamentum verborum ᾗ τοιοῦτος (15) seclusi ‖ 15 ἤδη A^b Alex., om. E ‖ 16 ὁ ἀπ. E, ὁ om. A^b ‖ 17 αἰτεῖσθαι E Alex., αἰτῆσθαι A^b unde conicias αἰτῆσαι ‖ 18 αἰτίου om. A^b ‖ 19 οὐ E et γρ. Alex., οὐχὶ A^b, om. Alex. ‖ 20 γὰρ om. γρ. Alex. ‖ 21 τὸ σημαίνειν Ald. Bekk., τὸ om. A^bE ‖ τι om. A^b ‖ 23 οὔτ' αὐτῷ A^b, οὐθ' αὐτῷ E ‖ 24 ἔσται δή τι ὡρισμένον Alex.

b 35 *αὐτοί τε*: Ross

4 (a) Nun gibt es aber, wie gesagt, einige, welche es auch
selber für möglich erklären, daß dasselbe sei und nicht sei 1006 a
und daß man dies so annehme. Auch viele von den Physikern bedienen sich dieses Satzes. Wir dagegen haben angenommen, es sei unmöglich, daß etwas zugleich sei und nicht sei, und haben hieraus erwiesen, daß dies das sicherste unter allen Prinzipien ist. Manche verlangen nun aus Mangel an Bildung, man solle auch dies beweisen; denn Mangel an Bildung ist es, wenn man nicht weiß, wofür ein Beweis zu suchen ist und wofür nicht. Denn daß es überhaupt für alles einen Beweis gebe, ist unmöglich, sonst würde ja ein Fortschritt ins Unendliche eintreten und auch so kein Beweis stattfinden. Wenn aber für manches kein Beweis gesucht werden darf, so möchten sie wohl nicht angeben können, was sie denn mit mehr Recht für ein solches Prinzip halten wollten. Doch ein widerlegender Beweis für die Unmöglichkeit der Behauptung läßt sich führen, sobald der dagegen Streitende nur überhaupt redet; wo aber nicht, so wäre es ja lächerlich, gegen den reden zu wollen, der über nichts Rede steht, gerade insofern er nicht Rede steht; denn ein solcher ist, als solcher, einer Pflanze gleich. Den widerlegenden Beweis aber unterscheide ich von dem eigentlichen direkten Beweis; wollte man diesen führen, so würde man das zu Erweisende vorauszusetzen scheinen; ist aber der andere (Bestreitende) schuld daran, so ergibt sich eine Widerlegung, aber nicht ein eigentlicher Beweis. Der Ausgangspunkt bei allen derartigen Diskussionen ist nicht, daß man vom Gegner verlangt, er solle erklären, daß etwas sei oder nicht sei (denn dies würde man schon für eine Annahme des zu Beweisenden ansehen), sondern daß er im Reden etwas bezeichne für sich wie für einen anderen; denn das ist ja notwendig, sofern er überhaupt etwas reden will. Wo nicht, so hätte ja ein solcher gar keine Rede, weder zu sich selbst noch zu einem andern. Gibt jemand einmal dies zu, so läßt sich ihm auch die Wahrheit des Axioms erweisen; denn es ist dann schon etwas

ὡρισμένον. ἀλλ' αἴτιος οὐχ ὁ ἀποδεικνὺς ἀλλ' ὁ ὑπομένων· ἀναιρῶν γὰρ λόγον ὑπομένει λόγον. *ἔτι δὲ ὁ τοῦτο συγχωρήσας συγκεχώρηκέ τι ἀληθὲς εἶναι χωρὶς ἀποδείξεως, ὥστε οὐκ ἂν πᾶν οὕτως καὶ οὐχ οὕτως ἔχοι.*

πρῶτον μὲν οὖν δῆλον ὡς τοῦτό γ' αὐτὸ ἀληθές, ὅτι σημαίνει τὸ ὄνομα τὸ εἶναι ἢ μὴ εἶναι τοδί· ὥστ' οὐκ ἂν πᾶν οὕτως καὶ οὐχ οὕτως ἔχοι. ἔτι εἰ τὸ ἄνθρωπος σημαίνει ἕν· ἔστω τοῦτο τὸ ζῷον δίπουν (λέγω δὲ τὸ ἓν σημαίνειν τοῦτο· εἰ τοῦτ' ἔστιν ἄνθρωπος, ἂν ᾖ τι ἄνθρωπος, τοῦτ' ἔσται τὸ ἀνθρώπῳ εἶναι. διαφέρει δ' οὐδὲν οὐδ' εἰ πλείω τις φαίη σημαίνειν, 1006b μόνον δὲ ὡρισμένα· τεθείη γὰρ ἂν ἐφ' ἑκάστῳ λόγῳ ἕτερον ὄνομα. λέγω δ' οἷον, εἰ μὴ φαίη τὸ ἄνθρωπος ἓν σημαίνειν, πολλὰ δέ, ὧν ἑνὸς μὲν εἴη λόγος, τὸ ζῷον δίπουν· εἶεν δὲ καὶ ἕτεροι πλείους, ὡρισμένοι δὲ τὸν ἀριθμόν· τεθείη γὰρ ἂν ἴδιον ὄνομα καθ' ἕκαστον τῶν λόγων. εἰ δὲ μὴ [τεθείη] ἀλλ' ἄπειρα σημαίνειν φαίη, φανερὸν ὅτι οὐκ ἂν εἴη λόγος· τὸ γὰρ μὴ ἓν σημαίνειν οὐδὲν σημαίνειν ἐστίν, μὴ σημαινόντων δὲ τῶν ὀνομάτων ἀνῄρηται τὸ διαλέγεσθαι πρὸς ἀλλήλους, κατὰ δὲ τὴν ἀλήθειαν καὶ πρὸς αὐτόν· οὐδὲ γὰρ ἐνδέχεται νοεῖν μὴ νοοῦντα ἕν· εἰ δ' ἐνδέχεται, τεθείη ἂν ὄνομα τούτῳ τῷ πράγματι ἕν)· ἔστω δή, ὥσπερ ἐλέχθη κατ' ἀρχάς, σημαῖνόν τι τὸ ὄνομα καὶ σημαῖνον ἕν. οὐ δὴ ἐνδέχεται τὸ ἀνθρώπῳ εἶναι σημαίνειν ὅπερ ἀν-

26 *ἔτι* — 28 *ἔχοι* om. E, damnavit Bonitz ‖ 30 *ἅπαν* A[b] ‖ 31 post *ἓν* maiorem posui interpunctionem, quandoquidem apodosis infra 1006b, 11 sequitur ‖ 32 *τοῦτο τὸ εἰ* A[b] ‖ 33 *ἄνθρωπος* priore loco om. A[b] et Alex. ‖ *ᾖι* E: *εἰ* A[b] ‖ *ἔσται* A[b] Alex.: *ἐστι* E ‖ *τὸ* ex *τῶι* corr. E ‖ 34 *ἐπὶ πλείω* A[b], quod corrigas in *ἔτι πλείω* ‖ 1006b, 1 *λόγῳ* E: *τῷ λόγῳ* A[b] Bekk., *τῷ* add. A[b], om. E ‖ 2 *τὸν ἄνθρωπον* E ‖ 3 *ἑνὸς μὲν εἴη λόγος* scripsi: *εἷς μὲν εἴη λόγος* A[b], *ἑνὸς μὲν εἷς λόγος* E vulgo ‖ *δίπουν* om. E ‖ 4 *εἶεν* A[b]: *εἰσὶ* E ‖ 5 *τὸν λόγον* A[b] ‖ 6 *τεθείη* codd. Alex., expellendum esse intellexit Gomperz ‖ 7 *ἓν* A[b]E: *ἕν τι* vulgo ‖ *ἐστιν* om. m. pr. E ‖ 9 *αὑτὸν* Alex. Bonitz: *αὐτὸν* Bekk. ‖ 10 *οὐδὲ* Alex.: *οὐδὲν* A[b]E ‖ *μὴ* A[b] Alex.: *μηθὲν* E ‖ 12 *κατ'*] *καὶ κατ'* E ‖ *σημαίνειν τι* A[b] ‖ 13 *ὅπερ* om. A ‖ 13. 14 *ἀν-*

fest bestimmt. Die Grundlage zum Beweise aber gibt nicht der Beweisende, sondern der, welcher Rede steht; denn er steht Rede, obgleich er doch die Rede aufhebt. [Und ferner hat der, der dies zugab, zugleich zugegeben, daß etwas wahr sei ohne Beweis, so daß sich also nicht alles zugleich so und auch nicht so verhalten würde.]

(b) (1.) Zuerst nun also ist eben dies selbst wahr, daß das Wort ‚sein' und das Wort ‚nicht-sein' etwas Bestimmtes bezeichnet, so daß unmöglich sich alles zugleich so und auch nicht so verhalten kann. Ferner, wenn das Wort ‚Mensch' Eines (etwas Bestimmtes) bezeichnet, so mag dies z. B. ‚zweifüßiges Lebewesen' sein. Daß es Eines bezeichne, meine ich so: Wenn ‚Mensch' dies bedeutet, so wird, falls etwas ein Mensch ist, sein Wesen, Mensch zu sein, hierin liegen. (Doch macht es keinen Unterschied, wenn jemand behauptete, das Wort Mensch bezeichne Mehreres, aber nur bestimmt Begrenztes; denn dann würde für jeden Begriff ein anderer 1006 b
Name gesetzt werden. Ich meine z. B., wenn jemand behauptete, das Wort Mensch bezeichne nicht nur Eines, sondern Vieles, unter denen das eine den Begriff des zweifüßigen Lebewesens habe, aber es wären auch noch mehrere davon verschiedene, jedoch der Zahl nach begrenzte Begriffe vorhanden; denn dann ließe sich für jeden der Begriffe ein besonderer Name setzen. Könnte dies aber nicht geschehen, sondern behauptete vielmehr jemand, das Wort bezeichne unendlich Vieles, so wäre offenbar gar keine Rede möglich; denn nicht Eines (Bestimmtes) bezeichnen ist dasselbe wie nichts bezeichnen; bezeichnen aber die Worte nichts, so ist die Möglichkeit der Unterredung mit andern aufgehoben, in Wahrheit auch die Möglichkeit der Unterredung mit sich selbst. Denn man kann gar nichts denken, wenn man nicht Eines denkt; ist dies aber der Fall, so würde man auch für diese Sache *einen* Namen setzen können.) So mag es denn bei dem zu Anfang ausgesprochenen Satz bleiben, daß das Wort etwas bezeichne und zwar Eines bezeichne. Dann ist es nicht möglich, daß Mensch-sein dasselbe be-

θρώπῳ μὴ εἶναι, εἰ τὸ ἄνθρωπος σημαίνει μὴ μόνον καθ' ἑνὸς ἀλλὰ καὶ ἕν· οὐ γὰρ τοῦτο ἀξιοῦμεν τὸ ἓν σημαίνειν τὸ καθ' ἑνός, ἐπεὶ οὕτω γε κἂν τὸ μουσικὸν καὶ τὸ λευκὸν καὶ τὸ ἄνθρωπος ἓν ἐσήμαινεν, ὥστε ἓν ἅπαντα ἔσται· συνώνυμα γάρ. καὶ οὐκ ἔσται εἶναι καὶ μὴ εἶναι τὸ αὐτὸ ἀλλ' ἢ καθ' ὁμωνυμίαν, ὥσπερ ἂν εἰ ὃν ἡμεῖς ἄνθρωπον καλοῦμεν, ἄλλοι μὴ ἄνθρωπον καλοῖεν· τὸ δ' ἀπορούμενον οὐ τοῦτό ἐστιν, εἰ ἐνδέχεται τὸ αὐτὸ ἅμα εἶναι καὶ μὴ εἶναι ἄνθρωπον τὸ ὄνομα, ἀλλὰ τὸ πρᾶγμα. εἰ δὲ μὴ σημαίνει ἕτερον τὸ ἄνθρωπος καὶ τὸ μὴ ἄνθρωπος, δῆλον ὅτι καὶ τὸ μὴ εἶναι ἀνθρώπῳ τοῦ εἶναι ἀνθρώπῳ· ὥστ' ἔσται τὸ ἀνθρώπῳ εἶναι μὴ ἀνθρώπῳ εἶναι· ἓν γὰρ ἔσται. τοῦτο γὰρ σημαίνει τὸ εἶναι ἕν, τὸ ὡς λώπιον καὶ ἱμάτιον, εἰ ὁ λόγος εἷς. εἰ δ' ἔσται ἕν, ἓν σημαίνει τὸ ἀνθρώπῳ εἶναι καὶ μὴ ἀνθρώπῳ. ἀλλ' ἐδέδεικτο ὅτι ἕτερον σημαίνει. ἀνάγκη τοίνυν, εἴ τι ἔστιν ἀληθὲς εἰπεῖν, ὅτι ἄνθρωπος, ζῷον εἶναι δίπουν· τοῦτο γὰρ ἦν ὃ ἐσήμαινε τὸ ἄνθρωπος· εἰ δ' ἀνάγκη τοῦτο, οὐκ ἐνδέχεται μὴ εἶναι τὸ αὐτὸ ζῷον δίπουν· τοῦτο γὰρ σημαίνει τὸ ἀνάγκη εἶναι, τὸ ἀδύνατον εἶναι μὴ εἶναι [ἄνθρωπον]. οὐκ ἄρα ἐνδέχεται ἅμα ἀληθὲς εἶναι εἰπεῖν τὸ αὐτὸ ἄνθρωπον εἶναι καὶ μὴ εἶναι ἄνθρωπον. ὁ δ' αὐτὸς λόγος καὶ ἐπὶ τοῦ μὴ ἄνθρωπον εἶναι· τὸ γὰρ ἀνθρώπῳ εἶναι καὶ τὸ μὴ ἀνθρώπῳ εἶναι ἕτερον σημαίνει, εἴπερ καὶ τὸ λευκὸν εἶναι καὶ τὸ ἄνθρωπον εἶναι ἕτερον· πολὺ γὰρ ἀντίκειται ἐκεῖνο μᾶλλον, ὥστε σημαίνειν ἕτερον. εἰ δὲ καὶ τὸ λευκὸν φήσει τὸ αὐτὸ καὶ ἓν σημαίνειν, πάλιν τὸ αὐτὸ

θρώπῳ μὴ εἶναι A^b: μὴ εἶναι ἀνθρ. E ‖ 16 τὸ ante λευκὸν add. A^b Alex., om. E ‖ 17 τὸ ἀνθρ. A^b: ἀνθρ. E, ὁ ἄνθρ. fort. Alex. ‖ 21 ἅμα τὸ αὐτὸ E ‖ 24 εἶναι post μὴ om. Alex. p. 238, 4 ‖ 26 τὸ εἶναι om. A^b ‖ τὸ ὡς A^b: ὡς E vulgo ‖ 30 ἐσήμαινεν ὁ ἄνθρ. Alex. ‖ 31 τοῦτο A^b, τοῦτο ex τότε corr. E ‖ τὸ A^b: τότε E, τότε τὸ coni. Bonitz ‖ 33 ἄνθρωπον delendum censeo, cf. Alex. p. 238, 21 ‖ 34 αὐτὸς δ' A^b ‖ 1007a, 1 εἶναι ἄνθρωπον codd. edd., εἶναι aut transponendum aut delendum fuit ‖ 4 σημαίνει A^b ‖ fort. εἰ δὲ τὸ ἄνθρωπος καὶ τὸ λευκὸν ‖ 5 φήσει E: φησι A^b

b 31 *μὴ εἶναι ⟨τότε⟩ τὸ αὐτό*: Ross

zeichne wie Nicht-Mensch-sein, sofern nämlich das Wort Mensch Eines bezeichnet nicht bloß als Prädikat von Einem, sondern auch als Eines. Denn nicht so wollen wir das Eines-bezeichnen verstanden wissen, daß etwas Prädikat von Einem sei; in diesem Sinne nämlich würde auch Gebildet und Weiß und Mensch Eines bezeichnen, und alles würde Eines sein, weil alles gleichbedeutend wäre. Und auch Sein und Nicht-sein wird nicht in anderem Sinne dasselbe sein als in dem der Gleichnamigkeit, etwa so, wie wenn, was wir Mensch nennen, andere Nicht-Mensch nennten. Aber das ist gar nicht der Fragepunkt, ob dasselbe Mensch und Nicht-Mensch heißen, sondern, ob das Ding beides zugleich sein kann. Wenn nun also Mensch und Nicht-Mensch nichts Verschiedenes bezeichnen, so würde offenbar auch das Nicht-Mensch-sein von Mensch-sein nicht verschieden sein, also Mensch-sein würde heißen Nicht-Mensch-sein; denn es würde Eines sein. Denn das bedeutet ja Eines-sein, wie z. B. bei Gewand und Kleid, daß der Begriff derselbe ist. Wäre es aber Eines, so bezeichnet dann Mensch-sein und Nicht-Mensch-sein ein und dasselbe. Es war aber gezeigt, daß es Verschiedenes bezeichnet. So ist also notwendig, daß, wenn man von etwas in Wahrheit sagen kann, daß es Mensch ist, dies zweifüßiges Lebewesen ist; denn dies war es ja, was das Wort Mensch bezeichnete. Ist dies aber notwendig, so ist es nicht möglich, daß dasselbe auch nicht zweifüßiges Lebewesen sei; denn "notwendig Mensch sein" bezeichnet ja eben die Unmöglichkeit, nicht Mensch zu sein. Also ist es nicht möglich, daß es zugleich wahr sei zu behaupten, dasselbe sei Mensch und sei nicht Mensch. Dasselbe gilt auch von dem Nicht-Mensch-sein. Denn Mensch-sein und Nicht-Mensch- 1007 a
sein bezeichnet Verschiedenes, sofern ja schon "weiß sein" und "Mensch sein" Verschiedenes bezeichnen; denn jenes ist ja noch viel mehr entgegengesetzt, so daß es gewiß Verschiedenes bezeichnet. Wollte nun noch jemand sagen, daß ja Weiß dasselbe und Eines bezeichne, so würden

ἐροῦμεν ὅπερ καὶ πρότερον ἐλέχθη, ὅτι ἓν πάντα ἔσται καὶ οὐ μόνον τὰ ἀντικείμενα. εἰ δὲ μὴ ἐνδέχεται τοῦτο, συμβαίνει τὸ λεχθέν, ἐὰν ἀποκρίνηται τὸ ἐρωτώμενον. ἐὰν δὲ προστιθῇ ἐρωτῶντος ἁπλῶς καὶ τὰς ἀποφάσεις, οὐκ ἀποκρίνεται τὸ ἐρωτώμενον. οὐδὲν γὰρ κωλύει τὸ αὐτὸ εἶναι καὶ ἄνθρωπον καὶ λευκὸν καὶ ἄλλα μυρία τὸ πλῆθος· ἀλλ’ ὅμως ἐρομένου εἰ ἀληθὲς εἰπεῖν ἄνθρωπον τοῦτο εἶναι ἢ οὔ, ἀποκριτέον τὸ ἓν σημαῖνον, καὶ οὐ προσθετέον ὅτι καὶ λευκὸν καὶ μέγα. καὶ γὰρ ἀδύνατον ἄπειρά γ’ ὄντα τὰ συμβεβηκότα διελθεῖν· ἢ οὖν ἅπαντα διελθέτω ἢ μηδέν. ὁμοίως τοίνυν εἰ καὶ μυριάκις ἐστὶ τὸ αὐτὸ ἄνθρωπος καὶ οὐκ ἄνθρωπος, οὐ προσαποκριτέον τῷ ἐρομένῳ εἰ ἔστιν ἄνθρωπος, ὅτι ἔστιν ἅμα καὶ οὐκ ἄνθρωπος, εἰ μὴ καὶ τἆλλα ὅσα συμβέβηκε προσαποκριτέον, ὅσα ἐστὶν ἢ μὴ ἐστίν· ἐὰν δὲ τοῦτο ποιῇ, οὐ διαλέγεται.

ὅλως δ’ ἀναιροῦσιν οἱ τοῦτο λέγοντες οὐσίαν καὶ τὸ τί ἦν εἶναι. πάντα γὰρ ἀνάγκη συμβεβηκέναι φάσκειν αὐτοῖς, καὶ τὸ ὅπερ ἀνθρώπῳ εἶναι ἢ ζῴῳ εἶναι μὴ εἶναι. εἰ γὰρ ἔσται τι ὅπερ ἀνθρώπῳ εἶναι, τοῦτο οὐκ ἔσται μὴ ἀνθρώπῳ εἶναι ἢ μὴ εἶναι ἀνθρώπῳ, καίτοι αὗται ἀποφάσεις τούτου· ἓν γὰρ ἦν ὃ ἐσήμαινε, καὶ ἦν τοῦτό τινος οὐσία. τὸ δ’ οὐσίαν σημαίνειν ἐστὶν ὅτι οὐκ ἄλλο τι τὸ εἶναι αὐτῷ. εἰ δ’ ἔσται τι [ὅπερ ἀνθρώπῳ εἶναι] ἢ ὅπερ μὴ ἀνθρώπῳ εἶναι ἢ ὅπερ μὴ εἶναι ἀνθρώπῳ, ἄλλο τι ἔσται. ὥστ’ ἀναγκαῖον αὐτοῖς λέγειν

6 ἔσται Alex. p. 240, 3 Bonitz: ἐστὶ A^bE ‖ 9 ἀποκρινεῖται fort. Alex. ‖ 10 τὸ αὐτὸ εἶναι A^b: εἶναι τὸ αὐτὸ E vulgo ‖ 17 ἐρωμένωι E ‖ 18 ἅμα E: ἀλλὰ A^b ‖ εἰ μὴ] εἰ δὲ μὴ Cas. γρ., καὶ μὴ S ‖ 22 εἶναι μὴ εἶναι πάντα A^b ‖ 23 ἢ — 24 ἀνθρώπῳ εἶναι om. E, sed in marg. add. m. sec. ‖ 23 μὴ εἶναι E: μὴ εἶναι τί ἦν εἶναι τινος A^b, τί ἦν εἶναι μὴ εἶναι Alex. Bonitz ‖ 24 καὶ τοιαῦτα A^b ‖ 26 ἐσήμαινε A^b Alex.: ἐσήμηνε E ‖ σημαινειν αὐτῆς ἐστὶν A^b ‖ 27 τι A^b: αὐτῷ τὸ E vulgo ‖ ὅπερ ἀνθρώπῳ εἶναι eicienda notavi ‖ 28 ἢ priore loco om. E, ἅμα καὶ ὅπερ Alex. ‖ ἀνθρώπῳ μὴ A^b ‖ 29 τι add. A^b, om. E

wir wieder dasselbe erwidern wie schon früher, nämlich daß dann alles Eines sein würde, nicht nur das Entgegengesetzte. Ist dies aber nicht möglich, so ergibt sich die ausgesprochene Folgerung, sofern der Streitende nur auf das Gefragte antwortet. Fügt er dagegen bei einer einfachen Frage in seiner Antwort auch noch die Negationen hinzu, so antwortet er nicht auf die Frage. Denn es ist allerdings ganz gut möglich, daß dasselbe zugleich Mensch und weiß sei und noch tausend anderes, aber dennoch muß man auf die Frage, ob man dies mit Wahrheit Mensch nennen kann oder nicht, nur das antworten, was Eines bezeichnet, und nicht hinzufügen, daß es auch weiß und groß ist. Denn es ist unmöglich die Akzidenzien alle anzuführen, da ihrer unendlich viele sind; also mag der Gegner entweder alle anführen oder keines. In gleicher Weise also darf man, wenn auch tausendmal dasselbe Mensch ist und nicht Mensch ist, doch auf die Frage, ob dies Mensch ist, nicht noch hinzuantworten, daß es auch nicht Mensch ist, wenn man nicht auch noch alle andern Akzidenzien, welche es hat und nicht hat, hinzufügen will. Tut man aber dies, so unterredet man sich nicht.

(2.) Überhaupt heben die, welche diese Behauptung aufstellen, das Wesen und das Sosein auf. Denn sie müssen notwendig behaupten, daß alles Akzidens sei und Ein-Mensch-sein an sich oder Lebewesen-sein an sich gar nicht existiere. Denn wäre es das Wesen von etwas, Mensch zu sein, so könnte dies nicht zugleich Nicht-Mensch sein oder Mensch nicht sein, was doch die Verneinungen von jenen sind. Denn Eines war es, was jenes bezeichnete, und dies war Wesenheit von etwas. Etwas als Wesen eines Dinges bezeichnen heißt aussagen, daß es sein eigentümliches Sein in nichts anderem habe. Wenn aber sein Wesen, Mensch zu sein, zugleich darin liegen soll, nicht Mensch zu sein oder Mensch nicht zu sein, so wäre es ja etwas anderes. Jene müssen also erklären, daß es von kei-

ὅτι οὐδενὸς ἔσται τοιοῦτος λόγος, ἀλλὰ πάντα κατὰ συμβεβηκός· τούτῳ γὰρ διώρισται οὐσία καὶ τὸ συμβεβηκός· τὸ γὰρ λευκὸν τῷ ἀνθρώπῳ συμβέβηκεν, ὅτι ἔστι μὲν λευκὸς ἀλλ' οὐχ ὅπερ λευκόν. εἰ δὲ πάντα κατὰ συμβεβηκὸς λέγεται, οὐδὲν ἔσται πρῶτον τὸ καθ' οὗ, εἰ αἰεὶ τὸ συμβεβηκὸς καθ' ὑποκειμένου τινὸς σημαίνει τὴν κατηγορίαν. ἀνάγκη ἄρα εἰς ἄπειρον ἰέναι. ἀλλ' ἀδύνατον· οὐδὲ 1007b γὰρ πλείω συμπλέκεται δυοῖν. τὸ γὰρ συμβεβηκὸς οὐ συμβεβηκότι συμβεβηκός, εἰ μὴ ὅτι ἄμφω συμβέβηκε ταὐτῷ. λέγω δ' οἷον τὸ λευκὸν μουσικόν, καὶ τοῦτο λευκόν, ὅτι ἄμφω τῷ ἀνθρώπῳ συμβέβηκεν. ἀλλ' οὐχ ὁ Σωκράτης μουσικὸς οὕτως, ὅτι ἄμφω συμβέβηκεν ἑτέρῳ τινί. ἐπεὶ τοίνυν τὰ μὲν οὕτως τὰ δ' ἐκείνως λέγεται συμβεβηκότα, ὅσα οὕτως λέγεται ὡς τὸ λευκὸν τῷ Σωκράτει, οὐκ ἐνδέχεται ἄπειρα εἶναι ἐπὶ τὸ ἄνω, οἷον τῷ Σωκράτει τῷ λευκῷ ἕτερόν τι συμβεβηκός· οὐ γὰρ γίγνεταί τι ἓν ἐξ ἁπάντων. οὐδὲ δὴ τῷ λευκῷ ἕτερόν τι ἔσται συμβεβηκός, οἷον τὸ μουσικόν. οὐδέν τε γὰρ μᾶλλον τοῦτο ἐκείνῳ ἢ ἐκεῖνο τούτῳ συμβέβηκεν, καὶ ἅμα διώρισται ὅτι τὰ μὲν οὕτω συμβέβηκε, τὰ δ' ὡς τὸ μουσικὸν Σωκράτει· ὅσα δ' οὕτως, οὐ συμβεβηκότι συμβέβηκε τὸ συμβεβηκός, ἀλλ' ὅσα ἐκείνως, ὥστ' οὐ πάντα κατὰ συμβεβηκὸς λεχθήσεται. ἔσται ἄρα τι καὶ ὡς οὐσίαν σημαῖνον. εἰ δὲ τοῦτο, δέδεικται ὅτι ἀδύνατον ἅμα κατηγορεῖσθαι τὰς ἀντιφάσεις.

ἔτι εἰ ἀληθεῖς αἱ ἀντιφάσεις ἅμα κατὰ τοῦ αὐτοῦ πᾶσαι, δῆλον ὡς ἅπαντα ἔσται ἕν. ἔσται γὰρ τὸ αὐτὸ καὶ τριήρης καὶ τοῖχος καὶ ἄνθρωπος, εἰ κατὰ παντός τι ἢ καταφῆσαι

31 τούτῳ — συμβεβηκός om. E, sed in marg. add. m. sec. ‖ 34 καθ' οὗ coni. Alex.: καθόλου A^b E ‖ εἰ δ' ἀεὶ E ‖ 1007b, 1 οὐδὲ — 2 δυοῖν non interpretatur Alex. et interpolata esse videntur ‖ 2 πλείω] δύο A^b ‖ 9 λευκῷ] λευκῷ ὁμοίως Alex. ‖ 11 ἔσται om. Alex. ‖ 12 τούτω A^b, οὕτω ex οὕτως vel οὕτωι corr. E ‖ 15 τὸ om. E ‖ 21 τι om. A^b

b17 ὡς: Ross

nem Dinge einen solchen Begriff des Wesens gibt, sondern alles nur Akzidens ist. Denn dadurch sind ja Wesenheit und Akzidens voneinander geschieden; Weiß z. B. ist ein Akzidens für den Menschen, weil er zwar weiß ist, aber nicht das Weiße an sich. Wird aber alles nur in akzidentellem Sinne ausgesagt, so gäbe es ja gar nichts Erstes, wovon ausgesagt würde, wenn anders das Akzidens immer das Prädikat eines Subjekts bedeutet. Es müßte also ins Unendliche fort- 1007 b
gehen. Das ist aber nicht möglich, da nicht mehr als zwei miteinander verbunden werden; denn das Akzidens ist nicht Akzidens eines Akzidens, außer sofern beide Akzidenzien an demselben Ding sind. Ich meine z. B., das Weiße ist gebildet und das Gebildete weiß, weil beides Akzidenzien des Menschen sind; aber nicht in diesem Sinne sagt man ‚Sokrates ist gebildet', weil etwa beides Akzidenzien an einem andern wären. Alle Akzidenzien werden nun entweder auf die letztere oder auf die erstere Weise ausgesagt. Bei der letzteren Weise, wie im Beispiel das Weiße Akzidens für Sokrates ist, ist ein Fortschritt ins Unendliche aufwärts nicht möglich, z. B. daß für Sokrates, der weiß ist, wieder etwas anderes Akzidens sei; denn es wird nicht aus allen ein Eines. Aber auch bei der anderen Art kann nicht das Weiße wieder etwas anderes als Akzidens haben, z. B. das Gebildete; denn es wäre ja ebensogut jenes für dieses, wie dieses für jenes Akzidens. Nun ist aber auch unterschieden, daß alles entweder in dieser Weise Akzidens ist, oder in dem Sinne wie Gebildet am Sokrates. In dieser letzteren Weise aber ist das Akzidens nicht Akzidens eines Akzidens, sondern nur in der ersteren; also kann nicht alles als Akzidens ausgesagt werden. Es muß also etwas geben, das auch (etwas) als Wesen bezeichnet, und wenn dies, so ist bewiesen, daß unmöglich die Wiedersprüche zugleich prädiziert werden können.

(3.) Ferner, wenn zugleich alle Widersprüche über denselben Gegenstand wahr sind, so müßte offenbar alles Eines sein. Denn es würde dasselbe Schiff und Mauer und Mensch sein, wenn man von jedem Dinge etwas bejahend

ἢ ἀποφῆσαι ἐνδέχεται, καθάπερ ἀνάγκη τοῖς τὸν Πρωταγόρου λέγουσι λόγον. εἰ γάρ τῳ δοκεῖ μὴ εἶναι τριήρης ὁ ἄνθρωπος, δῆλον ὡς οὐκ ἔστι τριήρης· ὥστε καὶ ἔστιν, εἴπερ ἡ ἀντίφασις ἀληθής. καὶ γίγνεται δὴ τὸ τοῦ Ἀναξαγόρου, ὁμοῦ πάντα χρήματα· ὥστε μηδὲν ἀληθῶς ὑπάρχειν. τὸ ἀόριστον οὖν ἐοίκασι λέγειν, καὶ οἰόμενοι τὸ ὂν λέγειν περὶ τοῦ μὴ ὄντος λέγουσιν· τὸ γὰρ δυνάμει ὂν καὶ μὴ ἐντελεχείᾳ τὸ ἀόριστόν ἐστιν. ἀλλὰ μὴν λεκτέον γ' αὐτοῖς κατὰ παντὸς παντὸς τὴν κατάφασιν ἢ τὴν ἀπόφασιν. ἄτοπον γὰρ εἰ ἑκάστῳ ἡ μὲν αὑτοῦ ἀπόφασις ὑπάρξει, ἡ δ' ἑτέρου ὃ μὴ ὑπάρχει αὐτῷ οὐχ ὑπάρξει· λέγω δ' οἷον εἰ ἀληθὲς εἰπεῖν τὸν ἄνθρωπον ὅτι οὐκ ἄνθρωπος, δῆλον ὅτι καὶ οὐ τριήρης. εἰ μὲν οὖν ἡ κατάφασις, ἀνάγκη καὶ τὴν ἀπόφασιν· εἰ δὲ μὴ ὑπάρχει ἡ κατάφασις, ἥ γ' ἀπόφασις ὑπάρξει
1008a μᾶλλον ἢ ἡ αὑτοῦ. εἰ οὖν κἀκείνη ὑπάρχει, ὑπάρξει καὶ ἡ τῆς τριήρους· εἰ δ' αὕτη, καὶ ἡ κατάφασις. ταῦτά τ' οὖν συμβαίνει τοῖς λέγουσι τὸν λόγον τοῦτον, καὶ ὅτι οὐκ ἀνάγκη ἢ φάναι ἢ ἀποφάναι. εἰ γὰρ ἀληθές ἐστιν ὅτι ἄνθρωπος καὶ οὐκ ἄνθρωπος, δῆλον ὅτι καὶ οὔτ' ἄνθρωπος οὔτ' οὐκ ἄνθρωπος ἔσται. τοῖν γὰρ δυοῖν δύο ἀποφάσεις. εἰ δὲ μία ἐξ ἀμφοῖν ἐκείνη, καὶ αὕτη μία ἂν εἴη ἀντικειμένη. ἔτι ἤτοι περὶ ἅπαντα οὕτως ἔχει, καὶ ἔστι καὶ λευκὸν καὶ οὐ λευκὸν καὶ ὂν καὶ οὐκ ὄν, καὶ περὶ τὰς ἄλλας φάσεις καὶ ἀποφάσεις ὁμοιοτρόπως, ἢ οὔ, ἀλλὰ περὶ μέν τινας, περί τινας δ' οὔ. καὶ εἰ μὲν μὴ περὶ πάσας, αὗται ἂν εἶεν

23 λέγουσι λόγον E: λόγον λέγουσι A^b Alex. ‖ δοκεῖν A^b ‖ 24 ὡς A^b Alex.: ὅτι E ‖ ἔσται τριήρης T Alex., quo probato ὥστε καὶ ἔσται scribendum conicit Bonitz ‖ 25 ἡ E: ἦν ἡ A^b ‖ 26 ὑπάρχειν] ἓν ὑπάρχειν T ‖ 27 λέγειν τὸ ὂν A^b ‖ 30 κατὰ παντὸς παντὸς τὴν κατ. coni. Bonitz coll. Alex. p. 248, 12. 251, 25. 268, 19, alterum παντὸς om. codd. ‖ ἄτοπον — 33 τριήρης pertinent ad alterum παντός ‖ 33 οὐ E: ἢ τριήρης ἢ οὐ A^b ‖ 35 ἥ γε] εἴ γε ἡ Ald. ‖ 1008a, 1 ἢ ἡ E Alex., om. A^b ‖ 4 ἢ ante φάναι om. ST ‖ ἐστιν add. A^b, om. E ‖ 7 ἀμφοτέρων E ‖ ἔτι] τι A^b ‖ 10 μὲν περὶ A^b

b 31 αὐτοῦ: Ross

oder verneinend prädizieren kann, wie diejenigen notwendig zugeben müssen, welche der Lehre des Protagoras beistimmen. Denn wenn jemand meint, der Mensch sei kein Schiff, so ist er auch offenbar kein Schiff; also ist er auch ein Schiff, sofern das kontradiktorische Gegenteil wahr ist. Und so kommt man denn zu dem "Allzusammen der Dinge" bei Anaxagoras, so daß nichts in Wahrheit existiert. Sie scheinen also das Unbestimmte zu behaupten, und während sie glauben vom Seienden zu reden, reden sie vom Nichtseienden; denn was nur dem Vermögen, nicht der Wirklichkeit nach ist, das ist das Unbestimmte. Sie müssen nun aber von jedem Dinge jede Verneinung oder Bejahung aussprechen; denn es wäre ja unstatthaft, wenn einem jeden seine eigene Verneinung zwar zukommen sollte, die Verneinung eines andern aber, das ihm nicht zukommt, nicht zukommen sollte. Ich meine z. B., wenn es wahr ist, vom Menschen zu sagen, daß er nicht Mensch ist, so ist es offenbar auch wahr, daß er nicht Schiff ist. Findet nun die Bejahung statt, so muß notwendig auch die Verneinung stattfinden; kommt ihm die Bejahung nicht zu, so wird ihm doch gewiß die Verneinung desselben noch gewisser zukommen 1008 a
als die seiner selbst. Da nun diese ihm zukommt, so würde ihm auch die Verneinung des Schiffes zukommen, und wenn diese, dann auch die Bejahung. (4.) In diese Folgerungen also geraten diejenigen, welche diese Behauptung aufstellen, und ferner auch dahin, daß gar nicht notwendig Bejahung oder Verneinung stattfinden muß. Denn wenn es wahr ist, daß der Mensch zugleich nicht Mensch ist, so müßte er offenbar auch weder Mensch noch nicht Mensch sein. Denn jene zwei Aussagen haben zwei Verneinungen, oder wenn man dieselbe als eine einzige aus beiden gebildete ansieht, so würde auch diese als eine einzige entgegengesetzt sein. (5.) Ferner verhält es sich entweder bei allen Dingen so, wie sie behaupten, und es ist etwas zugleich weiß und nicht weiß, seiend und nicht-seiend und in gleicher Weise bei den andern Bejahungen und Verneinungen, oder dies ist nicht der Fall, sondern es verhält sich nur bei einigen so, bei andern nicht. Verhält es sich nun nicht bei allen so, dann würden doch diese,

ὁμολογούμεναι· εἰ δὲ περὶ πάσας, πάλιν ἤτοι καθ' ὅσων τὸ φῆσαι καὶ ἀποφῆσαι καὶ καθ' ὅσων ἀποφῆσαι καὶ φῆσαι, ἢ κατὰ μὲν ὧν φῆσαι καὶ ἀποφῆσαι, καθ' ὅσων δὲ ἀποφῆσαι οὐ πάντων φῆσαι. καὶ εἰ μὲν οὕτως, εἴη ἄν τι παγίως οὐκ ὄν, καὶ αὕτη βεβαία δόξα· καὶ εἰ τὸ μὴ εἶναι βέβαιόν τι καὶ γνώριμον, γνωριμωτέρα ἂν εἴη ἡ φάσις ἡ ἀντικειμένη. εἰ δ' ὁμοίως καὶ ὧν ἔστιν ἀποφῆσαι κατὰ τούτων ἔστι φάναι, ἀνάγκη ἤτοι ἀληθὲς διαιροῦντα λέγειν, οἷον ὅτι λευκὸν καὶ πάλιν ὅτι οὐ λευκόν, ἢ οὔ. καὶ εἰ μὲν μὴ ἀληθὲς διαιροῦντα λέγειν, οὐ λέγει τε ταῦτα καὶ οὐκ ἔστιν οὐδέν· τὰ δὲ μὴ ὄντα πῶς ἂν φθέγξαιτο ἢ βαδίσειεν; καὶ πάντα δ' ἂν εἴη ἕν, ὥσπερ καὶ πρότερον εἴρηται, καὶ ταὐτὸν ἔσται καὶ ἄνθρωπος καὶ θεὸς καὶ τριήρης καὶ αἱ ἀντιφάσεις αὐτῶν. εἰ γὰρ ὁμοίως καθ' ἑκάστου, οὐδὲν διοίσει ἕτερον ἑτέρου· εἰ γὰρ διοίσει, τοῦτ' ἔσται ἀληθὲς καὶ ἴδιον. ὁμοίως δὲ καὶ εἰ διαιροῦντα ἐνδέχεται ἀληθεύειν, συμβαίνει τὸ λεχθέν. πρὸς δὲ τούτῳ ὅτι πάντες ἂν ἀληθεύοιεν καὶ πάντες ἂν ψεύδοιντο, καὶ αὐτὸς αὑτὸν ὁμολογεῖ ψεύδεσθαι. ἅμα δὲ φανερὸν ὅτι περὶ οὐδενός ἐστι πρὸς τοῦτον ἡ σκέψις· οὐδὲν γὰρ λέγει. οὔτε γὰρ οὕτως οὔτ' οὐχ οὕτως λέγει, ἀλλ' οὕτως τε καὶ οὐχ οὕτως· καὶ πάλιν γε ταῦτα ἀπόφησιν ἄμφω, ὅτι οὔθ' οὕτως οὔτ' οὐχ οὕτως· εἰ γὰρ μή, ἤδη ἄν τι εἴη ὡρισμένον. ἔτι εἰ ὅταν ἡ φάσις ἀληθὴς ᾖ, ἡ ἀπόφασις ψευδής, κἂν αὕτη ἀληθὴς ᾖ, ἡ κατάφασις ψευδής, οὐκ ἂν εἴη τὸ αὐτὸ ἅμα φάναι καὶ

12 fort. ὅσων φῆσαι omisso articulo ‖ 15 πάντως E ‖ 17 γνωριμωτέρα γὰρ ἂν A[b], γὰρ om. E Alex. ‖ 18 ἡ ἀντικ. E: ἢ ἡ ἀντικειμένη ἀπόφασις A[b] ‖ ὧν ἔστιν ἀποφῆσαι κατὰ τούτων ἔστι φάναι A[b], ὅσα ἀποφῆσαι φάναι E Alex., lectione codicis E recepta post ἀνάγκη interpunxit Bonitz ‖ 21 λέγειν E: λέγει A[b] ‖ 23 βαδίσειεν E Alex. Ascl.: νοήσεις A[b], νοήσειεν Bekker ‖ ἅπαντα A[b] ‖ 25 εἰ γὰρ A[b]: εἰ δ' E Alex. ‖ 26 οὐδενὶ A[b] ‖ 29 ἀληθεύσειεν A[b] ‖ fort. ὁμολογοῖ ‖ 34 εἴη E: πω A[b] ‖ 35 ἢ alterum om. A[b] ‖ 36 ἅμα τὸ αὐτὸ E

bei denen es sich nicht so verhält, als bestimmte festgelegt sein. Verhält es sich dagegen bei allen so, so wird wiederum entweder bei allen, bei welchen die Bejahung stattfindet, auch die Verneinung, und bei denen die Verneinung, auch die Bejahung stattfinden, oder es wird zwar, bei denen die Bejahung stattfindet, auch die Verneinung, aber nicht umgekehrt bei allen, bei denen die Verneinung, auch die Bejahung stattfinden. Wäre das letztere der Fall, so gäbe es doch etwas bleibend und fest Nicht-seiendes, und diese Behauptung wäre sicher; und wenn das Nicht-sein sicher und erkennbar ist, so würde die entgegengesetzte Bejahung noch erkennbarer sein. Findet aber gleichmäßig bei allen, wo Verneinung, auch Bejahung statt, so muß man notwendig die Wahrheit reden, entweder indem man trennt, z. B. indem man sagt, daß etwas weiß, und dann wieder, daß es nicht weiß ist, oder indem man nicht trennt. Kann man nun die Wahrheit nicht aussagen, indem man trennt, so sagt man dies gar nicht aus, und es ist überhaupt nichts. Wie sollte wohl aber das, was nicht ist, etwas aussprechen oder gehen können? Auch würde alles Eines sein, wie schon früher gesagt, und Mensch, Gott, Schiff samt den Verneinungen davon würden ein und dasselbe sein. Denn wenn man gleichmäßig von jedem dies aussagen kann, so kann sich dann nicht eines von dem andern unterscheiden; denn sollte es sich unterscheiden, so würde ja dies wahr und eigentümlich sein. Auf gleiche Weise ergeben sich die ausgesprochenen Folgerungen, wenn man trennend Wahrheit aussagen kann. (6.) Dazu kommt, daß hiernach alle die Wahrheit sagen und alle im Irrtum sein würden, und daß, wer dies behauptet, von sich selbst eingesteht, daß er im Irrtum ist. Ferner ist offenbar gegen diesen gar kein Streit möglich, denn er sagt nichts. Denn er sagt weder, daß sich etwas so, noch, daß es sich nicht so verhalte, sondern sowohl so als auch nicht so; und wiederum verneint er beides, daß es sich weder so, noch nicht so verhalte; denn sonst wäre ja schon etwas bestimmt.

(7.) Ferner, wenn dort, wo die Bejahung wahr ist, die Verneinung falsch, und wo diese wahr, die Bejahung falsch ist, dürfte es nicht möglich sein, dasselbe zugleich mit Wahrheit

1008b ἀποφάναι ἀληθῶς. ἀλλ' ἴσως φαῖεν ἂν τοῦτ' εἶναι τὸ ἐξ ἀρχῆς κείμενον.

ἔτι ἄρα ὁ μὲν ἢ ἔχειν πως ὑπολαμβάνων ἢ μὴ ἔχειν διέψευσται, ὁ δ' ἄμφω ἀληθεύει; εἰ γὰρ μὴ ἀληθεύει, τί ἂν εἴη τὸ λεγόμενον ὅτι τοιαύτη τῶν ὄντων ἡ φύσις; εἰ δὲ μὴ ἀληθεύει, ἀλλὰ μᾶλλον ἀληθεύει ἢ ὁ ἐκείνως ὑπολαμβάνων, ἤδη πως ἔχοι ἂν τὰ ὄντα, καὶ τοῦτ' ἀληθὲς ἂν εἴη, καὶ οὐχ ἅμα καὶ οὐκ ἀληθές. εἰ δ' ὁμοίως ἅπαντες καὶ ψεύδονται καὶ ἀληθῆ λέγουσιν, οὔτε φθέγξασθαι οὔτ' εἰπεῖν τῷ τοιούτῳ ἔστιν· ἅμα γὰρ ταῦτά τε καὶ οὐ ταῦτα λέγει. εἰ δὲ μηδὲν ὑπολαμβάνει ἀλλ' ὁμοίως οἴεται καὶ οὐκ οἴεται, τί ἂν διαφερόντως ἔχοι τῶν φυτῶν; ὅθεν καὶ μάλιστα φανερόν ἐστιν ὅτι οὐδεὶς οὕτω διάκειται οὔτε τῶν ἄλλων οὔτε τῶν λεγόντων τὸν λόγον τοῦτον. διὰ τί γὰρ βαδίζει Μέγαράδε ἀλλ' οὐχ ἡσυχάζει οἰόμενος βαδίζειν; οὐδ' εὐθὺς [ἕωθεν] πορεύεται εἰς φρέαρ ἢ εἰς φάραγγα, ἐὰν τύχῃ, ἀλλὰ φαίνεται εὐλαβούμενος, ὡς οὐχ ὁμοίως οἰόμενος μὴ ἀγαθὸν εἶναι τὸ ἐμπεσεῖν καὶ ἀγαθόν; δῆλον ἄρα ὅτι τὸ μὲν βέλτιον ὑπολαμβάνει τὸ δ' οὐ βέλτιον. εἰ δὲ τοῦτο, καὶ τὸ μὲν ἄνθρωπον τὸ δ' οὐκ ἄνθρωπον καὶ τὸ μὲν γλυκὺ τὸ δ' οὐ γλυκὺ ἀνάγκη ὑπολαμβάνειν. οὐ γὰρ ἐξ ἴσου ἅπαντα ζητεῖ καὶ ὑπολαμβάνει, ὅταν οἰηθεὶς βέλτιον εἶναι τὸ πιεῖν ὕδωρ καὶ ἰδεῖν ἄνθρωπον εἶτα ζητῇ αὐτά· καίτοι γ' ἔδει, εἰ ταὐτὸν ἦν ὁμοίως καὶ ἄνθρωπος καὶ οὐκ ἄνθρωπος. ἀλλ' ὅπερ ἐλέχθη, οὐδεὶς ὃς οὐ φαίνεται τὰ μὲν εὐλαβούμενος τὰ δ' οὔ. ὥστε, ὡς ἔοικε, πάντες ὑπολαμβάνουσιν ἔχειν ἁπλῶς, εἰ μὴ περὶ ἅπαντα,

1008b, 3 γὰρ μὴ A^b et fort. Alex.: μὴ om. E vulgo ‖ 5 ἢ ὁ A^b Alex.: ἢ om. E ‖ 8 πάντες Alex. ‖ καὶ οὐκ ἀλ. E ‖ 9 ἐστὶν E: ἔσται A^b ‖ 9. 10 ταυτά τε καὶ οὐ ταυτά E ‖ 11 φυτῶν Alex. et E supra lin. m. sec. Bonitz: πεφυκότων A^b et E m. pr. ‖ 15 εὐθὺς A^b: εὐθέως E ‖ ἕωθεν non interpretatur Alex. ‖ εἰς post ἢ om. E ‖ 17 τὸ om. E ‖ 20 ὡρισμένως ante ὑπολ. add. m. sec. E ‖ 22 οἰηθῇς A^b ‖ 23 ζητεῖ A^b, ζητῇ E sed alterum η in ras. ‖ ἔδει γε E

b 3 μὴ om. E vulgo, Ross 9 ἔσται A^b, Ross 15 βαδίζειν δεῖν A^b Alex., Ross εὐθέως ἕωθεν: Ross

zu bejahen und zu verneinen. Doch dies möchte man wohl 1008 b
für eine Annahme des zu Beweisenden erklären. (8.) Ferner, ist denn der im Irrtum, welcher annimmt, es verhalte sich etwas so, oder es verhalte sich nicht so, der dagegen in der Wahrheit, der beides zugleich annimmt? Ist der letztere in der Wahrheit, was ist denn dann damit gemeint, wenn man sagt, die Natur des Seienden sei so beschaffen? Ist er aber nicht in der Wahrheit, sondern vielmehr der, welcher jenes annimmt, so verhielte sich ja doch das Seiende schon auf eine bestimmte Weise, und dies wäre wahr und nicht auch zugleich nicht wahr. Wenn aber alle auf gleiche Weise irren und die Wahrheit sagen, so kann, wer dieser Ansicht ist, überhaupt gar nichts aussprechen oder sagen; denn zugleich sagt er ja dies und auch nicht dies. Nimmt er aber überhaupt gar nichts an, sondern meint eben nur und meint auch ebensogut nicht, wie unterschiede er sich denn dann von den Pflanzen? (9.) Hieraus erhellt am deutlichsten, daß niemand wirklich dieser Ansicht ist, selbst nicht unter denen, welche diese Lehre bekennen. Denn warum geht denn der Anhänger dieser Lehre (z. B.) nach Megara und bleibt nicht lieber in Ruhe, während er meint zu gehen? Warum stürzt er sich nicht gleich frühmorgens in einen Brunnen oder in einen Abgrund, wenn es sich eben trifft, sondern nimmt sich offenbar in acht, indem er also das Hineinstürzen nicht in gleicher Weise für nicht gut und für gut hält? Offenbar also hält er das eine für besser, das andere nicht. Wo aber dies, so muß er notwendig auch annehmen, dies sei ein Mensch, jenes nicht, dies sei süß, jenes nicht. Denn er sucht ja nicht alles auf gleiche Weise und hält nicht alles für gleich, wenn er in der Meinung, es sei gut, (z. B.) Wasser zu trinken oder einen Menschen zu sehen, dann dies sucht, und doch müßte er alles gleich setzen, wenn dasselbe gleicherweise Mensch wäre und auch nicht Mensch. Aber, wie gesagt, es gibt niemanden, der sich nicht offenbar vor einigem hütete, vor anderem nicht. Wie es also scheint, nehmen alle an, daß sich etwas schlechthin so verhalte, wenn nicht in allen Dingen,

ἀλλὰ περὶ τὸ ἄμεινον καὶ χεῖρον. εἰ δὲ μὴ ἐπιστάμενοι ἀλλὰ δοξάζοντες, πολὺ μᾶλλον ἐπιμελητέον ἂν εἴη τῆς ἀληθείας, ὥσπερ καὶ νοσώδει ὄντι ἢ ὑγιεινῷ τῆς ὑγιείας· καὶ γὰρ ὁ δοξάζων πρὸς τὸν ἐπιστάμενον οὐχ ὑγιεινῶς διάκειται πρὸς τὴν ἀλήθειαν. ἔτι εἰ ὅτι μάλιστα πάντα οὕτως ἔχει καὶ οὐχ οὕτως, ἀλλὰ τό γε μᾶλλον καὶ ἧττον ἔνεστιν ἐν τῇ φύσει τῶν ὄντων· οὐ γὰρ ἂν ὁμοίως φήσαιμεν εἶναι τὰ δύο ἄρτια καὶ τὰ τρία, οὐδ' ὁμοίως διέψευσται ὁ τὰ τέτταρα πέντε οἰόμενος καὶ ὁ χίλια. εἰ οὖν μὴ ὁμοίως, δῆλον ὅτι ἅτερος ἧττον, ὥστε μᾶλλον ἀληθεύει. εἰ οὖν τὸ μᾶλλον ἐγγύτερον, εἴη γ' ἄν τι ἀληθὲς οὗ ἐγγύτερον τὸ μᾶλλον ἀληθές. κἂν εἰ μή ἐστιν, ἀλλ' ἤδη γέ τι ἐστὶ βεβαιότερον καὶ ἀληθινώτερον, καὶ τοῦ λόγου ἀπηλλαγμένοι ἂν εἴημεν τοῦ ἀκράτου καὶ κωλύοντός τι τῇ διανοίᾳ ὁρίσαι.

ἔτι δ' ἀπὸ τῆς αὐτῆς δόξης καὶ ὁ Πρωταγόρου λόγος, καὶ ἀνάγκη ὁμοίως αὐτοὺς ἄμφω ἢ εἶναι ἢ μὴ εἶναι. εἴτε γὰρ τὰ δοκοῦντα πάντα ἐστὶν ἀληθῆ καὶ τὰ φαινόμενα, ἀνάγκη πάντα ἅμα ἀληθῆ καὶ ψευδῆ εἶναι. πολλοὶ γὰρ τἀναντία ὑπολαμβάνουσιν ἀλλήλοις, καὶ τοὺς μὴ ταὐτὰ δοξάζοντας ἑαυτοῖς διεψεῦσθαι νομίζουσιν· ὥστ' ἀνάγκη τὸ αὐτὸ εἶναί τε καὶ μὴ εἶναι. καὶ εἰ τοῦτ' ἐστίν, ἀνάγκη τὰ δοκοῦντα εἶναι πάντ' ἀληθῆ· τὰ ἀντικείμενα γὰρ δοξάζουσιν ἀλλήλοις οἱ διεψευσμένοι καὶ ἀληθεύοντες· εἰ οὖν ἔχει τὰ ὄντα οὕτως, ἀληθεύσουσι πάντες. ὅτι μὲν οὖν ἀπὸ τῆς αὐτῆς εἰσὶ διανοίας ἀμφότεροι οἱ λόγοι, δῆλον. ἔστι δ' οὐχ ὁ αὐτὸς τρόπος πρὸς πάντας τῆς ἐντεύξεως· οἱ μὲν γὰρ πειθοῦς δέονται, οἱ δὲ βίας. ὅσοι μὲν γὰρ ἐκ τοῦ ἀπορῆσαι

34 τὰ δύο εἶναι A^b ‖ 35 πέντε A^b: πάντα E ‖ 1009a, 1 τι om. A^b ‖ 7 αὐτοὺς ἄμφω A^b: ἄμφω αὐτοὺς E vulgo ‖ 9 εἶναι post ἀνάγκη A^b ‖ 11 διεψεῦσθαι] ψευδεῖς Alex. ‖ 15 ἀληθεύουσι E ‖ οὖν εἰσὶν ἀπὸ A^b ‖ 16 ἀμφότεροι οἱ E: οἱ τοιοῦτοι A^b ‖ 17 ἅπαντας E

a 6 ἔτι: Christ ἔστι: codd., Ross

so doch bei der Frage nach Besser und Schlechter. Tun sie
dies aber nicht nach Wissen, sondern nach bloßem Meinen,
so müssen sie um so mehr um Erreichung der Wahrheit be-
müht sein, wie sich ja auch der Kranke um die Gesundheit
mehr bemüht als der Gesunde; denn im Vergleich mit dem
Wissenden steht der Meinende nicht in gesundem Verhältnis
zur Wahrheit. (10.) Ferner, wenn sich auch durchaus alles
so und auch nicht so verhält, so findet sich doch wenigstens
das Mehr und Weniger in der Natur des Seienden; denn
nicht in gleicher Weise würden wir die Zwei ungerade nen-
nen und die Drei, und nicht in gleichem Irrtum befindet
sich, wer Vier für Fünf hält, und wer Tausend dafür ansieht.
Irren also diese nicht gleich sehr, so irrt der eine weniger
und hat daher mehr Wahrheit. Ist nun das Mehr näher (zur 1009 a
Wahrheit), so muß es auch Wahres geben, dem das mehr
Wahre sich mehr nähert. Und selbst wenn dies nicht, so
muß es doch schon etwas Sichereres und Wahreres geben,
und wir sind damit von der Lehre befreit, welche keinen
Unterschied zugibt und nichts im Denken fest zu begrenzen
erlaubt.

(a) Von derselben Meinung geht auch die Lehre des Pro-
tagoras aus, und beide müssen miteinander stehen oder fal-
len. Denn wenn alles, was jemand meint oder was ihm
scheint, wahr ist, so muß alles zugleich wahr und falsch
sein; denn viele haben einander entgegengesetzte Meinungen
und glauben, daß die, welche nicht dasselbe meinen, im Irr-
tum seien. Sonach muß notwendig dasselbe sein und auch
nicht sein. Wenn aber diese Behauptung richtig ist, so muß
alles, was jemand meint, wahr sein. Denn dadurch, daß sie
Entgegengesetztes meinen, unterscheiden sich die im Irr-
tum und die in der Wahrheit sich Befindenden. Ist nun das
Seiende selbst so beschaffen, so würden ja alle in der Wahr-
heit sein. Hieraus ist also klar, daß beide Lehren von dem-
selben Gedanken ausgehen. Doch ist die Art, wie man ihnen
zu begegnen hat, nicht bei allen dieselbe; die einen haben
Gründe nötig, die anderen Gewalt. Denn bei denen, welche
von ungelösten Fragen aus zu dieser Annahme gelangten,

ὑπέλαβον οὕτως, τούτων εὐΐατος ἡ ἄγνοια· οὐ γὰρ πρὸς τὸν λόγον ἀλλὰ πρὸς τὴν διάνοιαν ἡ ἀπάντησις αὐτῶν. ὅσοι δὲ λόγου χάριν λέγουσι, τούτων δ' ἔλεγχος ἴασις τοῦ ἐν τῇ φωνῇ λόγου καὶ τοῦ ἐν τοῖς ὀνόμασιν. ἐλήλυθε δὲ τοῖς διαποροῦσιν αὕτη ἡ δόξα ἐκ τῶν αἰσθητῶν, ἡ μὲν τοῦ ἅμα τὰς ἀντιφάσεις καὶ τἀναντία ὑπάρχειν ὁρῶσιν ἐκ ταὐτοῦ γιγνομένα τἀναντία. εἰ οὖν μὴ ἐνδέχεται γίγνεσθαι τὸ μὴ ὄν, προϋπῆρχεν ὁμοίως τὸ πρᾶγμα ἄμφω ὄν, ὥσπερ καὶ Ἀναξαγόρας μεμῖχθαι πᾶν ἐν παντί φησι καὶ Δημόκριτος· καὶ γὰρ οὗτος τὸ κενὸν καὶ τὸ πλῆρες ὁμοίως καθ' ὁτιοῦν ὑπάρχειν μέρος, καίτοι τὸ μὲν ὂν τούτων εἶναι, τὸ δὲ μὴ ὄν. πρὸς μὲν οὖν τοὺς ἐκ τούτων ὑπολαμβάνοντας ἐροῦμεν, ὅτι τρόπον μέν τινα ὀρθῶς λέγουσι, τρόπον δέ τινα ἀγνοοῦσιν. τὸ γὰρ ὂν λέγεται διχῶς, ὥστ' ἔστιν ὂν τρόπον ἐνδέχεται γίγνεσθαί τι ἐκ τοῦ μὴ ὄντος, ἔστι δ' ὂν οὔ, καὶ ἅμα τὸ αὐτὸ εἶναι καὶ ὂν καὶ μὴ ὄν, ἀλλ' οὐ κατὰ ταὐτό [ὄν]. δυνάμει μὲν γὰρ ἐνδέχεται ἅμα ταὐτὸ εἶναι τὰ ἐναντία, ἐντελεχείᾳ δ' οὔ. ἔτι δ' ἀξιώσομεν αὐτοὺς ὑπολαμβάνειν καὶ ἄλλην τινὰ οὐσίαν εἶναι τῶν ὄντων, ᾗ οὔτε κίνησις ὑπάρχει οὔτε φθορὰ οὔτε γένεσις τὸ παράπαν.

1009b ὁμοίως δὲ καὶ ἡ περὶ τὰ φαινόμενα ἀλήθεια ἐνίοις ἐκ τῶν αἰσθητῶν ἐλήλυθεν. τὸ μὲν γὰρ ἀληθὲς οὐ πλήθει κρίνεσθαι οἴονται προσήκειν οὐδὲ ὀλιγότητι, τὸ δ' αὐτὸ τοῖς μὲν γλυκὺ γευομένοις δοκεῖν εἶναι, τοῖς δὲ πικρόν· ὥστ' εἰ πάντες ἔκαμνον ἢ πάντες παρεφρόνουν, δύο δ' ἢ τρεῖς ὑγίαινον ἢ νοῦν εἶχον, δοκεῖν ἂν τούτους κάμνειν καὶ παραφρονεῖν, τοὺς δ'

21 τοῦ τ' E, τ' om. A^b recte, siquidem una de re agitur duobus nominibus significata ‖ 22 fort. τοῖς ἀποροῦσιν ‖ 24 ὑπάρξειν E ‖ ταυτοῦ E: τοῦ αὐτοῦ A^b ‖ 25 γίγνεσθαι A^b Alex.: γενέσθαι E ‖ 26 post ἄμφω ὂν add. A^b: τουτέστιν ὂν καὶ μὴ ὂν ‖ 30 οὖν add. A^bE, om. edd. ante Bekk. ‖ 33 ὂν E: ὅπως A^b ‖ 34 καὶ ὂν A^b: ὂν E ‖ κατὰ om. A^b ‖ ὂν inclusi ‖ 37 τινὰ add. A^b, om. E ‖ 1009 b, 1 ἀλήθεια] exspectes ἡ περὶ τὸ τὰ φαινόμενα ἀληθῆ εἶναι δόξα ‖ 4 δοκεῖ E

ist die Unwissenheit leicht zu heilen, da man nicht ihren Worten, sondern ihren Gedanken zu begegnen hat; bei denen aber, welche so reden, nur um so zu reden, ist die Widerlegung eine Heilung ihrer Rede in den Lauten und Worten. (b) Der Anlaß zu dieser Ansicht lag für die, welche aus wirklichem Zweifel dazu gelangten, im Sinnlichen. (1.) Einmal nämlich, daß die Widersprüche und Gegensätze zugleich existierten, glaubte man darum, weil man aus demselben das Entgegengesetzte werden sah. Wenn es nun nicht möglich ist, daß etwas war, ohne zu sein, so war schon vorher die Sache beides, wie ja Anaxagoras sagt, alles finde sich in allem gemischt, und so auch Demokritos, der das Leere und das Volle in jedem Teile gleich sehr existieren läßt, wiewohl er dabei das eine als Seiendes, das andere als Nicht-Seiendes bezeichnet. Denen nun, die von hier aus zu jener Ansicht gelangt sind, werden wir erwidern, daß sie in gewissem Sinne recht haben, in gewissem Sinne aber unwissend sind. Denn das Seiende wird in zwei Bedeutungen gebraucht, so daß in dem einen Sinne etwas aus dem Nicht-Seienden werden kann, in dem andern nicht, und es möglich ist, daß dasselbe zugleich sei und nicht sei, nur nicht in derselben Bedeutung. Denn dem Vermögen nach kann dasselbe zugleich Entgegengesetztes sein, der Wirklichkeit (Vollendung) nach aber nicht. Ferner werden wir aber von ihnen verlangen, daß sie auch eine andere Wesenheit des Seienden anerkennen, bei der überhaupt weder Bewegung noch Vergehen und Entstehen stattfindet.

(2.) Auf gleiche Weise lag in dem Sinnlichen die Veran- 1009 b
lassung zu der Ansicht, das Erscheinende sei das Wahre. Denn die Wahrheit, meinen sie, dürfe man doch nicht nach der größeren oder geringeren Anzahl derer, welche eine bestimmte Meinung haben, prüfen, da dasselbe einigen beim Kosten süß scheine, anderen bitter, so daß, wenn alle krank oder verrückt, nur zwei bis drei gesund oder bei Verstande wären, diese für die Kranken und die Verrückten gelten würden, nicht aber die ande-

ἄλλους οὔ. ἔτι δὲ πολλοῖς τῶν ἄλλων ζῴων τἀναντία περὶ τῶν αὐτῶν φαίνεσθαι καὶ ἡμῖν, καὶ αὐτῷ δὲ ἑκάστῳ πρὸς αὑτὸν οὐ ταὐτὰ κατὰ τὴν αἴσθησιν αἰεὶ δοκεῖν. ποῖα οὖν τούτων ἀληθῆ ἢ ψευδῆ, ἄδηλον· οὐδὲν γὰρ μᾶλλον τάδε ἢ τάδε ἀληθῆ, ἀλλ' ὁμοίως. διὸ Δημόκριτός γέ φησιν ἤτοι οὐδὲν εἶναι ἀληθὲς ἢ ἡμῖν γ' ἄδηλον. ὅλως δὲ διὰ τὸ ὑπολαμβάνειν φρόνησιν μὲν τὴν αἴσθησιν, ταύτην δ' εἶναι ἀλλοίωσιν, τὸ φαινόμενον κατὰ τὴν αἴσθησιν ἐξ ἀνάγκης ἀληθὲς εἶναί φασιν· ἐκ τούτων γὰρ καὶ Ἐμπεδοκλῆς καὶ Δημόκριτος καὶ τῶν ἄλλων ὡς ἔπος εἰπεῖν ἕκαστος τοιαύταις δόξαις γεγένηνται ἔνοχοι. καὶ γὰρ Ἐμπεδοκλῆς μεταβάλλοντας τὴν ἕξιν μεταβάλλειν φησὶ τὴν φρόνησιν· "πρὸς παρεὸν γὰρ μῆτις ἀέξεται ἀνθρώποισιν." καὶ ἐν ἑτέροις δὲ λέγει ὅτι "ὅσσον τ' ἀλλοῖοι μετέφυν, τόσον ἄρ σφισιν αἰεὶ καὶ τὸ φρονεῖν ἀλλοῖα παρίστατο." καὶ Παρμενίδης δὲ ἀποφαίνεται τὸν αὐτὸν τρόπον. "ὡς γὰρ ἕκαστος ἔχει κρᾶσιν μελέων πολυκάμπτων, τὼς νόος ἀνθρώποισι παρίσταται· τὸ γὰρ αὐτό ἐστιν ὅπερ φρονέει μελέων φύσις ἀνθρώποισιν καὶ πᾶσιν καὶ παντί· τὸ γὰρ πλέον ἐστὶ νόημα." Ἀναξαγόρου δὲ καὶ ἀπόφθεγμα μνημονεύεται πρὸς τῶν ἑταίρων τινάς, ὅτι τοιαῦτ' αὐτοῖς ἔσται τὰ ὄντα οἷα ἂν ὑπολάβωσιν. φασὶ δὲ καὶ τὸν Ὅμηρον ταύτην ἔχοντα φαίνεσθαι τὴν δόξαν, ὅτι ἐποίησε τὸν Ἕκτορα, ὡς ἐξέστη ὑπὸ τῆς πληγῆς, κεῖσθαι ἀλλοφρονέοντα, ὡς φρονοῦντας μὲν καὶ τοὺς παραφρονοῦντας ἀλλ' οὐ ταὐτά. δῆλον οὖν ὅτι, εἰ

7 δὲ καὶ π. A^b ‖ ἄλλων om. A^b ‖ ζῴων ὑγιαίνουσι τἀν. A^b ‖ περὶ τῶν αὐτῶν add. A^b ‖ 8 αὑτὸν coni. Bonitz: αὐτὸν vulgo ‖ 10 οὐδὲν] οὐδὲ Alex. ‖ 12 ὅλως E Alex.: ὁμοίως A^b ‖ 19 ἀέξεται S: ἐναύξεται A^{b}E, sed in E ἐναυ in ras. m. sec. ‖ 20 ὅσσον τ' scripsi: ὅσον A^{b}E Alex., sed in E ὅσον ex ὅσσον corr. ‖ τόσσον E ‖ 22 ἑκάστω A^b ‖ 23 τὼς] τ' ὡς A^b, ὡς ex τῶς corr. E ‖ παρίσταται] παρέστηκεν Sylburg; cf. Hom. Il. Π 243, ubi ἐπιστέαται scripsit Zenodotus ‖ 24 φύσις ἀνθρώποισιν om. A^b, ἀνθρώποισιν om. Alex. ‖ 25 πᾶσιν E m. pr.: πᾶσι A^b et E m. sec. ‖ 27 τινας Sylb.: τινός A^{b}E ‖ 30 cf. de an. I 2 et Il. Ο 246 ‖ 31 εἰ om. A^b

b 7–8 περὶ τῶν αὐτῶν: secl. Ross   20 ὅσσον ⟨δ'⟩: Ross

ren. Ferner scheine es auch vielen der übrigen Lebewesen bei denselben Gegenständen anders und entgegengesetzt als uns, ja selbst jeder einzelne für sich bleibe sich in der durch die Sinneswahrnehmung gegebenen Meinung nicht gleich. Was nun hiervon wahr sei, was falsch, das sei verborgen, denn das eine sei nicht mehr wahr als das andere, sondern beides auf gleiche Weise. Daher denn Demokritos sagt, entweder sei nichts wahr, oder es sei uns doch verborgen. Überhaupt aber mußten sie, weil sie die Sinneswahrnehmung für Verstand und wieder die Sinneswahrnehmung für Veränderung hielten, notwendig dasjenige, was einem jeden in der Sinneswahrnehmung erscheint, für wahr erklären. Von diesen Ausgangspunkten aus sind Empedokles, Demokritos und so gut wie alle übrigen in solchen Ansichten befangen. So sagt ja Empedokles, mit der Veränderung unseres Zustandes verändere sich unser Verstand:

> "Je nach vorhandenem Stoffe erwächst dem Menschen die Einsicht",

und an einer andern Stelle:

> "Wie sie selber sich wandeln, so naht sich in stetigem Wechsel
> ihnen Gedank' um Gedanke".

Auf gleiche Weise spricht sich auch Parmenides aus:

> "Denn wie jedem die Mischung sich regt in gelenken Organen,
> also naht der Gedanke dem Menschen; denn ein und dasselbe
> ist's, was denkt, der Organe Natur, bei allen und jedem
> Sterblichen; denn das Mehrere ist's, was wirkt als Gedanke".

Ebenso wird von Anaxagoras berichtet, er habe einigen Gefährten gegenüber geäußert, die Dinge würden für sie so sein, wie sie diese auffaßten. Auch Homer, so sagt man, sei offenbar derselben Ansicht, da er den Hektor, als er durch einen Schlag benommen war, da liegen läßt „anderes sinnend“, wonach denn auch die des Verstandes Beraubten Verstand hätten, nur einen anderen. Wenn nun beides Ver-

ἀμφότεραι φρονήσεις, καὶ τὰ ὄντα ἅμα οὕτω τε καὶ οὐχ οὕτως ἔχει. ᾗ καὶ χαλεπώτατον τὸ συμβαῖνόν ἐστιν. εἰ γὰρ οἱ μάλιστα τὸ ἐνδεχόμενον ἀληθὲς ἑωρακότες (οὗτοι δ' εἰσὶν οἱ μάλιστα ζητοῦντες αὐτὸ καὶ φιλοῦντες) οὗτοι τοιαύτας ἔχουσι τὰς δόξας καὶ ταῦτα ἀποφαίνονται περὶ τῆς ἀληθείας, πῶς οὐκ ἄξιον ἀθυμῆσαι τοὺς φιλοσοφεῖν ἐγχειροῦντας; τὸ γὰρ τὰ πετόμενα διώκειν τὸ ζητεῖν ἂν εἴη τὴν ἀλήθειαν.

1010a αἴτιον δὲ τῆς δόξης τούτοις ὅτι περὶ τῶν ὄντων μὲν τὴν ἀλήθειαν ἐσκόπουν, τὰ δ' ὄντα ὑπέλαβον εἶναι τὰ αἰσθητὰ μόνον· ἐν δὲ τούτοις πολλὴ ἡ τοῦ ἀορίστου φύσις ἐνυπάρχει, καὶ ἡ τοῦ ὄντος οὕτως ὥσπερ εἴπομεν· διὸ εἰκότως μὲν λέγουσιν, οὐκ ἀληθῆ δὲ λέγουσιν. οὕτω γὰρ ἁρμόττει μᾶλλον εἰπεῖν ἢ ὥσπερ Ἐπίχαρμος εἰς Ξενοφάνην. ἔτι δὲ πᾶσαν ὁρῶντες ταύτην κινουμένην τὴν φύσιν, κατὰ δὲ τοῦ μεταβάλλοντος οὐδὲν ἀληθευόμενον· περί γε τὸ πάντῃ πάντως μεταβάλλον οὐκ ἐνδέχεσθαι ἀληθεύειν. ἐκ γὰρ ταύτης τῆς ὑπολήψεως ἐξήνθησεν ἡ ἀκροτάτη δόξα τῶν εἰρημένων, ἡ τῶν φασκόντων ἡρακλειτίζειν, καὶ οἵαν Κρατύλος εἶχεν, ὃς τὸ τελευταῖον οὐδὲν ᾤετο δεῖν λέγειν ἀλλὰ τὸν δάκτυλον ἐκίνει μόνον, καὶ Ἡρακλείτῳ ἐπετίμα εἰπόντι ὅτι δὶς τῷ αὐτῷ ποταμῷ οὐκ ἔστιν. ἐμβῆναι· αὐτὸς γὰρ ᾤετο οὐδ' ἅπαξ. ἡμεῖς δὲ καὶ πρὸς τοῦτον τὸν λόγον ἐροῦμεν, ὅτι τὸ μὲν μεταβάλλον ὅτε μεταβάλλει ἔχει τινὰ αὐτοῖς [ἀληθῆ] λόγον μὴ οἴεσθαι εἶναι. καίτοι ἔστι γ' ἀμφισβητήσιμον· τό τε γὰρ ἀποβάλλον ἔχει τι ἔτι τοῦ ἀποβαλλομένου, καὶ τοῦ γιγνομένου ἤδη ἀνάγκη τι εἶναι. ὅλως τε εἰ φθείρεται, ὑπάρξει τι ὄν· καὶ εἰ γίγνεται, ἐξ οὗ

33 ἔχῃ E ‖ ᾗ E: ἢ A^b ‖ 37 ἀθυμεῖν E et fort. Alex. ‖ 38 πετώμενα E ‖ 1010a, 4 οὕτως ὄντος ὡς προείπομεν Alex. ‖ εἰκότα Alex. ‖ 14 ὅτι add. A^b, om. E fort. recte ‖ 15 τούτων in τοῦτον corr. E ‖ 17 ἀληθῆ suspectum ‖ 18 ἔτι om. codd., ex Alex. p. 266, 4 addendum coni. Bonitz ‖ 19 ἤδη] δὴ Alex.

a 17 ἀληθῆ: om. Ross

stand ist, so muß sich das Seiende notwendig so und auch nicht so verhalten. – Hieraus ergibt sich etwas sehr Beklemmendes; denn wenn diejenigen, welche das Wahre, soweit es überhaupt möglich ist, am meisten erkannt haben – denn das sind doch jene, die es am meisten suchen und lieben –, solche Ansichten hegen und dies über die Wahrheit erklären, wie sollten nicht die mit Recht mutlos werden, welche zu philosophieren unternehmen? Denn die Wahrheit suchen möchte hiernach nichts anderes sein als nach Vögeln haschen.

(c) (1.) Die Ursache dieser Ansicht nun lag für sie darin, 1010 a
daß sie bei der Forschung nach der Wahrheit des Seienden nur das Sinnliche für Seiendes hielten; in diesem aber ist die Natur des Unbestimmten und dessen, was auf die bezeichnete Weise ist, vorherrschend. Daher sprechen sie zwar begreiflicherweise so, aber Wahres sprechen sie nicht. Es ist nämlich wohl passender, (gegen sie) sich in dieser Weise zu äußern als in der des Epicharm gegen Xenophanes. – (2.) Ferner, da sie sehen, daß sich diese Natur in ihrem ganzen Umfang in Bewegung befinde, und es von dem sich Verändernden keine wahre Aussage gebe, so meinten sie, daß man über dieses auf alle Weise durchaus sich Verändernde nichts mit Wahrheit aussagen könne. Aus dieser Annahme ging die überspannteste unter den erwähnten Ansichten hervor, derer nämlich, die sich Anhänger des Herakleitos nennen, und des Kratylos, der zuletzt gar nichts mehr glaubte sagen zu dürfen, sondern nur den Finger zum Zeigen bewegte und dem Herakleitos Vorwürfe darüber machte, daß er erklärte, man könne nicht zweimal in denselben Fluß einsteigen; denn er selbst meinte, man könne es auch nicht *einmal*. Wir werden nun auch auf diese Erörterung erwidern, daß bei dem sich Verändernden, während es eben sich verändert, allerdings ein richtiger Grund vorhanden ist, es für nicht seiend zu halten. Und doch ist auch dies noch zweifelhaft; denn das Werdende, indem es eine Eigenschaft eben verliert, hat noch etwas von dem, was es verliert, und muß schon etwas von dem sein, was es wird. Und überhaupt: soll etwas untergehn, so muß es als ein Seiendes vorhanden sein, und wenn dagegen etwas entsteht, so muß etwas sein,

γίγνεται καὶ ὑφ' οὗ γεννᾶται, ἀναγκαῖον εἶναι, καὶ τοῦτο μὴ ἰέναι εἰς ἄπειρον. ἀλλὰ ταῦτα παρέντες ἐκεῖνα λέγωμεν, ὅτι οὐ ταὐτόν ἐστι τὸ μεταβάλλειν κατὰ τὸ ποσὸν καὶ κατὰ τὸ ποιόν. κατὰ μὲν οὖν τὸ ποσὸν ἔστω μὴ μένον· ἀλλὰ κατὰ τὸ εἶδος ἅπαντα γιγνώσκομεν. ἔτι δ' ἄξιον ἐπιτιμῆσαι τοῖς οὕτως ὑπολαμβάνουσιν, ὅτι καὶ αὐτῶν τῶν αἰσθητῶν ἐπὶ τῶν ἐλαττόνων τὸν ἀριθμὸν ἰδόντες οὕτως ἔχοντα περὶ ὅλου τοῦ οὐρανοῦ ὁμοίως ἀπεφήναντο. ὁ γὰρ περὶ ἡμᾶς τοῦ αἰσθητοῦ τόπος ἐν φθορᾷ καὶ γενέσει διατελεῖ μόνος ὤν· ἀλλ' οὗτος οὐδὲν ὡς εἰπεῖν μόριον τοῦ παντός ἐστιν, ὥστε δικαιότερον ἂν δι' ἐκεῖνα τούτων ἀπεψηφίσαντο ἢ διὰ ταῦτα ἐκείνων κατεψηφίσαντο. ἔτι δὲ δῆλον ὅτι καὶ πρὸς τούτους ταὐτὰ τοῖς πάλαι λεχθεῖσιν ἐροῦμεν· ὅτι γὰρ ἔστιν ἀκίνητός τις φύσις δεικτέον αὐτοῖς καὶ πειστέον αὐτούς. καίτοι συμβαίνει γε τοῖς ἅμα φάσκουσιν εἶναι καὶ μὴ εἶναι ἠρεμεῖν μᾶλλον φάναι πάντα ἢ κινεῖσθαι· οὐ γὰρ ἔστιν εἰς ὅ τι μεταβάλλει· ἅπαντα γὰρ ὑπάρχει πᾶσιν.

περὶ δὲ τῆς ἀληθείας, ὡς οὐ πᾶν τὸ φαινόμενον ἀληθές, πρῶτον μὲν ὅτι οὐδ' ἡ αἴσθησις ψευδὴς τοῦ γε ἰδίου ἐστίν, ἀλλ' ἡ φαντασία οὐ ταὐτὸν τῇ αἰσθήσει. εἶτ' ἄξιον θαυμάσαι εἰ τοῦτ' ἀποροῦσι, πότερον τηλικαῦτά ἐστι τὰ μεγέθη καὶ τὰ χρώματα τοιαῦτα οἷα τοῖς ἄποθεν φαίνεται ἢ οἷα τοῖς ἐγγύθεν, καὶ πότερον οἷα τοῖς κάμνουσιν ἢ οἷα τοῖς ὑγιαίνουσιν, καὶ βαρύτερα πότερον ἃ τοῖς ἀσθενοῦσιν

22 *ἰέναι* Bekk.: *εἶναι* codd. et Alex., quod defendit Bonitz ‖ 23 *τὸ αὐτὸ* E ‖ 29 *φορᾷ* E ‖ 30 *ὡς εἰπεῖν οὐδὲν* A^b ‖ 31 *ἂν*] *εἰ* A^b ‖ *τούτων* Sylb. Bekk.: *τοῦτον* A^bE ‖ 32 *ἢ* E Alex.: *εἰ* A^b ‖ 34 *πιστέον* E ‖ 35 *γε συμβαίνει* E ‖ 36 *φάναι ἢ κινεῖσθαι πάντα* A^b ‖ 37 *μεταβάλλειν* A^b fort. recte ‖ 1010b, 2 *μὲν* E Alex., *μέν γε* A^b Bekk. ‖ *τοῦ γε ἰδίου* A^b, *γε* om. E vulgo ‖ Bonitzius Alexandrum legisse putat *ὅτι οὐδ' εἰ ἡ αἴσθησις μὴ ψευδὴς τοῦ ἰδίου ἐστίν, ἀλλ' ἡ φαντασία* ‖ 3 *φαντασία — αἰσθήσει*] hoc contra Plat. Theaet. p. 152C, fort. *οὐ ταὐτὸν οὖσα* ‖ 7 *ὑγιαίνουσιν ἢ οἷα τοῖς κάμνουσιν* codd. Alex. vulg.: ipse dativos suum locum mutare volui ‖ 7 et 8 et 9 *ἃ* A^b: *οἷα* E

b 2 *οὐδ'⟨εἰ⟩ ἡ αἴσθησις ⟨μὴ⟩ ψευδής*: Ross 7 *ὑγιαίνουσιν . . . κάμνουσιν*: codd. Ross

woraus und wodurch es erzeugt wird, und dies kann nicht ins Unendliche gehen. Doch dies wollen wir jetzt übergehen und nur dies erwidern, daß Veränderung in der Quantität etwas anderes ist als Veränderung in der Qualität. Mag immerhin die Quantität nicht beharren, doch ist es ja die Form, nach der wir alles erkennen. (3.) Ferner muß man den Anhängern dieser Ansicht mit Recht vorwerfen, daß sie, während sie bei den sinnlichen Dingen selbst nur die geringere Zahl sich so verhalten sahen, ihre Behauptung gleichmäßig über das ganze Weltall ausdehnten. Denn nur der uns umgebende Raum der Sinneswelt befindet sich in beständigem Vergehen und Entstehen. Aber dieser ist so gut wie gar kein Teil von dem All, und mit mehr Recht würde man also um unbewegter Dinge willen diese freigesprochen als mit diesen jene verdammt haben. – (4.) Ferner werden wir ihnen dasselbe erwidern, was schon oben erwähnt wurde; man muß ihnen nämlich beweisen und sie überzeugen, daß es eine unbewegte Natur (Wesen) gibt. Geraten doch gerade diejenigen, welche alles zugleich sein und nicht sein lassen, in die Folgerung, daß sie vielmehr eine allgemeine Ruhe als eine allgemeine Bewegung behaupten müssen. Denn es gibt ja nichts, wozu sich etwas verändern könnte, da sich bereits alles in allem findet.

(5.) Was aber die behauptete Wahrheit alles Erscheinen- 1010 b
den betrifft, so ist zu erwidern, daß nicht alles Erscheinende wahr ist; einmal, weil jede Sinneswahrnehmung nur in dem ihr eigentümlichen Gebiete von Irrtum frei ist, und weil die Vorstellung von der Sinneswahrnehmung verschieden ist. (6.) Ferner muß man sich wundern, wenn sie wirklich darüber Fragen aufwerfen, ob die Größen so groß, die Farben so beschaffen sind, wie sie den Entfernten oder wie sie den nahe Stehenden, und ob so, wie sie den Gesunden oder wie sie den Kranken erscheinen, ob über die Schwere die Schwächlichen oder die Starken,

ἢ ἃ τοῖς ἰσχύουσιν, καὶ ἀληθῆ πότερον ἃ τοῖς καθεύδουσιν ἢ ἃ τοῖς ἐγρηγορόσιν. ὅτι μὲν γὰρ οὐκ οἴονταί γε, φανερόν· οὐδεὶς γοῦν ἐὰν ὑπολάβῃ νύκτωρ Ἀθήνησιν εἶναι ὢν ἐν Λιβύῃ, πορεύεται εἰς τὸ ᾠδεῖον. ἔτι δὲ περὶ τοῦ μέλλοντος, ὥσπερ καὶ Πλάτων λέγει, οὐ δήπου ὁμοίως κυρία ἡ τοῦ ἰατροῦ δόξα καὶ ἡ τοῦ ἀγνοοῦντος, οἷον περὶ τοῦ μέλλοντος ἔσεσθαι ὑγιοῦς ἢ μὴ μέλλοντος. ἔτι δὲ ἐπ' αὐτῶν τῶν αἰσθήσεων οὐχ ὁμοίως κυρία ἡ τοῦ ἀλλοτρίου καὶ ἰδίου ἢ τοῦ πλησίον καὶ τοῦ αὐτῆς, ἀλλὰ περὶ μὲν χρώματος ὄψις οὐ γεῦσις, περὶ δὲ χυμοῦ γεῦσις οὐκ ὄψις· ὧν ἑκάστη ἐν τῷ αὐτῷ χρόνῳ περὶ τὸ αὐτὸ οὐδέ ποτέ φησιν ἅμα οὕτω καὶ οὐχ οὕτως ἔχειν. ἀλλ' οὐδ' ἐν ἑτέρῳ χρόνῳ περί γε τὸ πάθος ἠμφισβήτησεν, ἀλλὰ περὶ τὸ ᾧ συμβέβηκε τὸ πάθος. λέγω δ' οἷον ὁ μὲν αὐτὸς οἶνος δόξειεν ἂν ἢ μεταβαλὼν ἢ τοῦ σώματος μεταβαλόντος ὁτὲ μὲν εἶναι γλυκὺς ὁτὲ δὲ οὐ γλυκύς· ἀλλ' οὐ τό γε γλυκὺ οἷόν ἐστιν ὅταν ᾖ, οὐδεπώποτε μετέβαλεν, ἀλλ' αἰεὶ ἀληθεύει περὶ αὐτοῦ, καὶ ἔστιν ἐξ ἀνάγκης τὸ ἐσόμενον γλυκὺ τοιοῦτον. καίτοι τοῦτο ἀναιροῦσιν οὗτοι οἱ λόγοι πάντες, ὥσπερ καὶ οὐσίαν μὴ εἶναι μηδενός, οὕτω μηδ' ἐξ ἀνάγκης μηδέν· τὸ γὰρ ἀναγκαῖον οὐκ ἐνδέχεται ἄλλως καὶ ἄλλως ἔχειν, ὥστ' εἴ τι ἔστιν ἐξ ἀνάγκης, οὐχ ἕξει οὕτω τε καὶ οὐχ οὕτως. ὅλως τ' εἴ περ ἔστι τὸ αἰσθητὸν μόνον, οὐδὲν ἂν εἴη μὴ ὄντων τῶν ἐμψύχων· αἴσθησις γὰρ οὐκ ἂν εἴη. τὸ μὲν οὖν μηδὲ τὰ αἰσθήματα εἶναι ἴσως ἀληθές

8 ἰσχυροῖς A^b ‖ 9 ἐγρηγόρωσιν E ‖ οὐκ οἴονται] οὐχ οἷόν τε A^b ‖ 10 ἐὰν ὑπολάβῃ E: ὑπολαβὼν A^b ‖ Ἀθήνῃσιν E ‖ 11 ᾠδεῖον] E marg. m. pr. τόπος Ἀθήνησι ἐν ᾧ οἱ κιθαρῳδοὶ ἠγωνίζοντο ‖ 12 cf. Plato Theaet. p. 178c et 171e ‖ 16 καὶ] ἢ Alex. ‖ 17 οὐκ A^b: ἀλλ' οὐκ E ‖ 18 ὧν καὶ ἑκάστη A^b ‖ οὐδὲ πώποτε A^b ‖ 20 γε E: δὲ A^b ‖ 22 μεταβάλλων A^b et fort. Alex., fort. αὐτὸς μεταβαλών, cf. Alex. p. 272, 19 ‖ μεταβάλλοντος A^b ‖ 23 γε E: τε A^b ‖ 24 μετέβαλεν E: μεταβάλλει A^b ‖ 26 ἅπαντες E vulgo ‖ 30 οὕτω E ‖ ὅλως τ' codd. et Alex. in lemmate: ἄλλως vel ἄλλως τε Alex. p. 274, 13 ‖ 32 τὸ μὲν οὖν — 1011a, 2 ἧττον quibus semet

b16 *αὐτῆς*: Ross 32 *μήτε … αἰσθήματα* E vulgo: Ross

über die Wahrheit die Schlafenden oder die Wachenden richtig urteilen. Denn daß sie dies gar nicht ernstlich meinen, ist offenbar; es macht sich ja niemand, wenn er (z. B.) während eines Aufenthaltes in Libyen des Nachts in Athen zu sein glaubt, auf den Weg in das Odeon. (7.) Ferner über das Zukünftige ist doch wohl, wie schon Platon sagt, die Meinung des Arztes gültiger als die des Laien, z. B. darüber, ob jemand gesund werden wird oder nicht. (8.) Ferner haben auch die Sinneswahrnehmungen selbst über das einem fremden und das ihrem eigenen Gebiet Angehörige, über das Nahe und das Entfernte nicht gleiche Gültigkeit, sondern über die Farbe entscheidet das Gesicht, nicht der Geschmack, über die Speise der Geschmack, nicht das Gesicht. (9.) Keiner aber von diesen Sinnen erklärt zu gleicher Zeit über dasselbe, daß es sich so verhalte und auch nicht so verhalte. Ja selbst in verschiedenen Zeiten ist niemals jemand über die Sinnesaffektion selbst im Zweifel gewesen, sondern nur über den Gegenstand, bei dem dieselbe vorkam. Ich meine z. B., es kann zwar derselbe Wein, wenn er selbst oder wenn der Körper des Kostenden sich verändert hat, einmal süß und das anderemal nicht süß erscheinen; aber das Süße selbst, so wie es ist, wofern es ist, hat sich nie verändert, sondern die Sinneswahrnehmung hat immer darüber recht, und was süß sein soll, das muß notwendig diese bestimmte Beschaffenheit haben. Dies heben freilich alle diese Ansichten auf; so wie sie nicht die Wesenheit von irgend etwas anerkennen, so auch nicht die Notwendigkeit. Denn das Notwendige kann sich nicht so und auch anders verhalten, so daß, wenn etwas notwendig ist, es sich nicht zugleich so und auch nicht so verhalten wird. (10.) Überhaupt aber würde, wenn nur das Sinnlich-Wahrnehmbare wäre, nichts sein, wofern die beseelten Wesen nicht wären; denn es gäbe dann keine Sinneswahrnehmung. Daß nun (unter dieser Bedingung) nichts sinnlich Wahrnehmbares

(τοῦ γὰρ αἰσθανομένου πάθος τοῦτό ἐστι), τὸ δὲ τὰ ὑποκείμενα μὴ εἶναι, ἃ ποιεῖ τὴν αἴσθησιν, καὶ ἄνευ αἰσθήσεως ἀδύνατον. οὐ γὰρ δὴ ἥ γ' αἴσθησις αὐτὴ ἑαυτῆς ἐστίν, ἀλλ' ἔστι τι καὶ ἕτερον παρὰ τὴν αἴσθησιν, ὃ ἀνάγκη πρότερον εἶναι τῆς αἰσθήσεως· τὸ γὰρ κινοῦν τοῦ κινουμένου φύσει πρότερόν ἐστι. κἂν εἰ λέγεται πρὸς ἄλληλα ταῦτα, 1011a οὐδὲν ἧττον.

6 εἰσὶ δέ τινες οἳ ἀποροῦσι καὶ τῶν ταῦτα πεπεισμένων καὶ τῶν τοὺς λόγους τούτους μόνον λεγόντων, [ζητοῦσι γὰρ] τίς ὁ κρίνων τὸν ὑγιαίνοντα καὶ ὅλως τὸν περὶ ἕκαστα κρινοῦντα ὀρθῶς. τὰ δὲ τοιαῦτα ἀπορήματα ὅμοιά ἐστι τῷ ἀπορεῖν πότερον καθεύδομεν νῦν ἢ ἐγρηγόραμεν. δύνανται δ' αἱ ἀπορίαι αἱ τοιαῦται πᾶσαι τὸ αὐτό. πάντων γὰρ λόγον ἀξιοῦσιν οὗτοι εἶναι· ἀρχὴν γὰρ ζητοῦσι, καὶ ταύτην δι' ἀποδείξεως λαμβάνειν, ἐπεὶ ὅτι γε πεπεισμένοι οὐκ εἰσί, φανεροί εἰσιν ἐν ταῖς πράξεσιν. ἀλλ' ὅπερ εἴπομεν, τοῦτο αὐτῶν τὸ πάθος ἐστίν· λόγον γὰρ ζητοῦσιν ὧν οὐκ ἔστι λόγος· ἀποδείξεως γὰρ ἀρχὴ οὐκ ἀπόδειξίς ἐστιν. οὗτοι μὲν οὖν ῥᾳδίως ἂν τοῦτο πεισθεῖεν· ἔστι γὰρ οὐ χαλεπὸν λαβεῖν· οἱ δ' ἐν τῷ λόγῳ τὴν βίαν μόνον ζητοῦντες ἀδύνατον ζητοῦσιν· ἐναντία γὰρ εἰπεῖν ἀξιοῦσιν, εὐθὺς ἐναντία λέγοντες. εἰ δὲ μή ἐστι πάντα πρός τι, ἀλλ' ἔνιά ἐστι καὶ αὐτὰ καθ' αὑτά, οὐκ ἂν εἴη πᾶν τὸ φαινόμενον ἀληθές· τὸ γὰρ

ipse corrigat philosophus postea addidisse videtur || μηδὲ τὰ αἰσθήματα εἶναι scripsi collato Alex. p. 273, 18: μηδὲ τὰ αἰσθητὰ εἶναι A^b, μήτε τὰ αἰσθητὰ εἶναι μήτε τὰ αἰσθήματα E vulgo || 34 καὶ quod est ante ἄνευ nescio an ante τὰ ὑποκείμενα transponendum sit || 35 ἀδύνατον E Alex.: δύνατον A^b in initio versus nondum adiecto initiali α || αὐτὴ ἑαυτῆς E: αὐτῆς A^b || 1011a, 1 ἄλληλα E: ἄλλα A^b || ταῦτα E: ταυτὰ A^b, ταῦτα αὐτὰ E || 4 ζητοῦσι γὰρ seclusi, conf. Alex. 274, 4 || 5 κρινοῦντα E: κρίνοντα A^b || 8 αἱ τοιαῦται E Alex.: αὗται A^b || 9 εἶναι οὗτοι E || 10 ὅτι γε A^b: γε ὅτι E || πεπεισμένοι οὐκ A^b: οὐ πεπ. E || 12 γὰρ rectius abesse dixeris || 15 μόνην A^b || 16 post ἀξιοῦσι supplendum esse dicit Alexander περιαχθῆναι || 18 πᾶν A^b: ἅπαν E

a 4 ζητοῦσι γὰς codd., Ross

vorhanden wäre, mag wohl wahr sein, (denn dies ist eine Affektion des Wahrnehmenden); daß aber die Subjekte (Dinge), welche die Sinneswahrnehmung bewirken, nicht sein sollen, wenn keine Sinneswahrnehmung statt hat, ist unmöglich. Denn die Sinneswahrnehmung ist ja doch nicht Wahrnehmung ihrer selbst; sondern es muß etwas davon Verschiedenes außer der Sinneswahrnehmung existieren (sc. die Dinge), was dieser selbst notwendig vorausgehen muß. Denn das Bewegende ist seinem Wesen nach früher als das Bewegte, und dies bleibt wahr, wenngleich beides auf ein- 1011 a
ander bezogen wird.

6 (11.) Manchen nun sowohl unter denen, welche von diesen Ansichten überzeugt sind, als auch von denen, die sie nur mit dem Munde bekennen, stellen sich Fragen; denn sie untersuchen, wer denn das Kriterium für den Gesunden haben soll und überhaupt für den, der über jeden Gegenstand richtig urteile. Solche Schwierigkeiten kommen der Frage gleich, ob wir jetzt schlafen oder wachen. Alle solche Fragen nämlich laufen auf dasselbe hinaus; denn sie fordern für alles einen Grund; sie suchen nämlich ein Prinzip und wollen dies durch Beweis erlangen. Daß sie nicht wirklich davon überzeugt sind, das beweisen sie deutlich in ihren Handlungen. Vielmehr liegt ihr Fehler darin, daß sie, wie gesagt, einen Beweis für das suchen, wofür es keinen Beweis gibt; denn des Beweises Prinzip ist nicht selbst Beweis. Diese also würden sich leicht überzeugen lassen, da dies nicht schwer zu fassen ist. Die dagegen in Worten gezwungen sein wollen, verlangen etwas Unmögliches; sie fordern, man solle das Entgegengesetzte beweisen, während sie doch selbst schon Entgegengesetztes aussprechen. (12.) Wenn nun aber nicht alles relativ ist, sondern auch einiges an und für sich existiert, so kann nicht alles Erscheinende wahr sein;

φαινόμενον τινί ἐστι φαινόμενον· ὥστε ὁ λέγων ἅπαντα τὰ φαινόμενα εἶναι ἀληθῆ, ἅπαντα ποιεῖ τὰ ὄντα πρός τι. διὸ καὶ φυλακτέον τοῖς τὴν βίαν ἐν τῷ λόγῳ ζητοῦσιν, ἅμα δὲ καὶ ὑπέχειν λόγον ἀξιοῦσιν, ὅτι οὐ τὸ φαινόμενόν ἐστιν, ἀλλὰ τὸ φαινόμενον ᾧ φαίνεται καὶ ὅτε φαίνεται καὶ ᾗ καὶ ὥς. ἐὰν δ' ὑπέχωσι μὲν λόγον, μὴ οὕτω δ' ὑπέχωσι, συμβήσεται ἑαυτοῖς τἀναντία ταχὺ λέγειν. ἐνδέχεται γὰρ τῷ αὐτῷ κατὰ μὲν τὴν ὄψιν μέλι φαίνεσθαι, τῇ δὲ γεύσει μή, καὶ τῶν ὀφθαλμῶν δυοῖν ὄντοιν μὴ ταὐτὰ ἑκατέρᾳ τῇ ὄψει, ἐὰν ὦσιν ἀνόμοιαι. ἐπεὶ πρός γε τοὺς διὰ τὰς πάλαι εἰρημένας αἰτίας τὸ φαινόμενον φάσκοντας ἀληθὲς εἶναι, καὶ διὰ τοῦτο πάνθ' ὁμοίως εἶναι ψευδῆ καὶ ἀληθῆ· οὔτε γὰρ ἅπασι ταὐτὰ φαίνεσθαι οὔτε ταὐτῷ αἰεὶ ταὐτά, ἀλλὰ πολλάκις τἀναντία κατὰ τὸν αὐτὸν χρόνον (ἡ μὲν γὰρ ἁφὴ δύο λέγει ἐν τῇ ἐπαλλάξει τῶν δακτύλων, ἡ δ' ὄψις ἕν), ἀλλ' οὔ τοι τῇ αὐτῇ γε καὶ κατὰ τὸ αὐτὸ αἰσθήσει καὶ ὡσαύτως καὶ ἐν τῷ αὐτῷ 1011b *χρόνῳ, ὥστε τοῦτ' ἂν εἴη ἀληθές. ἀλλ' ἴσως διὰ τοῦτ' ἀνάγκη λέγειν τοῖς μὴ δι' ἀπορίαν ἀλλὰ λόγου χάριν λέγουσιν, ὅτι οὐκ ἔστιν ἀληθὲς τοῦτο, ἀλλὰ τούτῳ ἀληθές. καὶ ὥσπερ δὴ πρότερον εἴρηται, ἀνάγκη καὶ πρός τι ποιεῖν ἅπαντα καὶ πρὸς δόξαν καὶ αἴσθησιν, ὥστ' οὔτε γέγονεν οὔτ' ἔσται οὐδὲν μηδενὸς προδοξάσαντος. εἰ δὲ γέγονεν ἢ ἔσται, δῆλον ὅτι οὐκ ἂν εἴη ἅπαντα πρὸς δόξαν. ἔτι εἰ ἕν, πρὸς ἓν ἢ πρὸς ὡρισμένον· καὶ εἰ ταὐτὸ καὶ ἥμισυ καὶ ἴσον,*

26 *τῶι αὐτῶι* E: *τὸ αὐτὸ* A[b], *τὸ αὐτὸ τῷ αὐτῷ* fort. Alex. p. 278, 13 ‖ 28 *ταῦθ'* E ‖ *ἀνόμοια* ex *ἀνόμοιαι* corr. E ‖ 31 *οὔτε* — 34 *ἕν* parenthesi inclusit Bonitz, ut apodosis ab *ἀλλ' οὔτε* (34) inciperet, mihi quidem anakoluthia philosophus recta via deflexisse videtur ‖ *φαίνεται* Alex. ‖ 32 *τῷ αὐτῷ* ex Alex. restituit Bonitz: *αὐτῷ* E, *ἑαυτῷ* A[b], *ταὐτῷ* Ald. ‖ 33 *ἐπαλλάξει* A[b] E: *ὑπάρξει* Ald. ‖ 34 *οὔτε* Alex., *οὔ τι* A[b]E, *οὔτοι* coni. Bonitz ‖ *γε* om. Alex. ‖ 35 *αἰσθήσει* post *αὐτῇ* ponit Alex. ‖ 1011 b, 4 *καὶ* ante *πρός τι* om. A[b] ‖ 5 *οὐ γέγονεν* A[b] ‖ 7 fort. *ἔτι εἴ ἐστι* scil. *πρὸς δόξαν* ‖ 8 *ἢ* E: *ἡ* A[b]

b 4 *καί* om. A[b], Ross

denn das Erscheinende ist Erscheinung für jemanden. Wer
also alles Erscheinende für wahr erklärt, der macht alles
Seiende zu bloß Relativem. Darum müssen denn die, welche
durch die Gewalt der Worte gezwungen sein wollen und da-
bei Rede stehen, in ihrer Behauptung acht geben und sagen,
nicht daß das Erscheinende ist, sondern daß das Erscheinen-
de für den ist, dem es erscheint, und wann und inwiefern
und wie es erscheint. Stehen sie aber Rede und fügen nicht
diese näheren Bestimmungen hinzu, so werden sie bald in
Widersprüche gegen sich selbst gebracht werden. Denn es ist
ja möglich, daß etwas denselben für das Gesicht als Honig
erscheint, für den Geschmack aber nicht, und daß den bei-
den Augen, wenn sie von ungleicher Sehkraft sind, etwas
verschieden erscheint. <Leicht ist freilich die Erwiderung>
gegen die, welche aus den erörterten Gründen das Erschei-
nende für das Wahre halten und darum behaupten, daß alles
ebenso sehr zugleich wahr und falsch sei; es erscheine ja
nämlich nicht allen dasselbe, und sogar nicht denselben im-
mer dasselbe, sondern oftmals auch zu derselben Zeit Ent-
gegengesetztes. (Der Tastsinn z. B. hält bei der Verschlin-
gung der Finger für zwei Gegenstände, was dem Gesichts-
sinn als einer erscheint.) Aber es erscheint doch nicht dem-
selben Sinne in derselben Beziehung, derselben Weise und
derselben Zeit etwas als verschieden; dies also würde das 1011 b
Wahre sein. Und darum müssen wohl die, welche nicht
um der Sachfrage, sondern nur um der Rede willen diese
Ansichten aussprechen, erklären, daß das Erscheinende
nicht schlechthin wahr ist, sondern wahr für diesen, dem
es erscheint, und müssen, wie gesagt, alles zu Relativem ma-
chen, welches nur in seiner Beziehung auf Meinung und
Sinneswahrnehmung existiere, so daß danach nichts gewor-
den ist noch werden kann, wofern es nicht jemand vorher
gemeint hat. Ist es dagegen wahr, daß etwas geworden ist
und sein wird, so ist es offenbar nicht wahr, daß alles nur
durch die Beziehung auf das Meinen existiere. (13.)
Ferner, wenn etwas Eines ist, so müßte es sich auf
Eines oder auf ein Bestimmtes beziehen, und ebenso,
wenn etwas Identisches sowohl Halbes als auch Gleiches

ἀλλ' οὐ πρὸς τὸ διπλάσιόν γε τὸ ἴσον. πρὸς δὴ τὸ δοξάζον εἰ ταὐτὸ ἄνθρωπος καὶ τὸ δοξαζόμενον, οὐκ ἔσται ἄνθρωπος τὸ δοξάζον, ἀλλὰ τὸ δοξαζόμενον. εἰ δ' ἕκαστον ἔσται πρὸς τὸ δοξάζον, πρὸς ἄπειρα ἔσται τῷ εἴδει τὸ δοξάζον.

ὅτι μὲν οὖν βεβαιοτάτη δόξα πασῶν τὸ μὴ εἶναι ἀληθεῖς ἅμα τὰς ἀντικειμένας φάσεις, καὶ τί συμβαίνει τοῖς οὕτω λέγουσι, καὶ διὰ τί οὕτω λέγουσι, τοσαῦτα εἰρήσθω. ἐπεὶ δ' ἀδύνατον τὴν ἀντίφασιν ἅμα ἀληθεύεσθαι κατὰ τοῦ αὐτοῦ, φανερὸν ὅτι οὐδὲ τἀναντία ἅμα ὑπάρχειν ἐνδέχεται τῷ αὐτῷ. τῶν μὲν γὰρ ἐναντίων θάτερον στέρησίς ἐστιν οὐχ ἧττον, οὐσίας δὲ στέρησις· ἡ δὲ στέρησις ἀπόφασίς ἐστιν ἀπό τινος ὡρισμένου γένους. εἰ οὖν ἀδύνατον ἅμα καταφάναι καὶ ἀποφάναι ἀληθῶς, ἀδύνατον καὶ τἀναντία ὑπάρχειν ἅμα, ἀλλ' ἢ πῇ ἄμφω, ἢ θάτερον μὲν πῇ θάτερον δὲ ἁπλῶς.

7 ἀλλὰ μὴν οὐδὲ μεταξὺ ἀντιφάσεως ἐνδέχεται εἶναι οὐδέν, ἀλλ' ἀνάγκη ἢ φάναι ἢ ἀποφάναι ἓν καθ' ἑνὸς ὁτιοῦν. δῆλον δὲ πρῶτον μὲν ὁρισαμένοις τί τὸ ἀληθὲς καὶ ψεῦδος. τὸ μὲν γὰρ λέγειν τὸ ὂν μὴ εἶναι ἢ τὸ μὴ ὂν εἶναι ψεῦδος, τὸ δὲ τὸ ὂν εἶναι καὶ τὸ μὴ ὂν μὴ εἶναι ἀληθές· ὥστε καὶ ὁ λέγων εἶναι ἢ μὴ ἀληθεύσει ἢ ψεύσεται· ἀλλ' οὔτε τὸ ὂν λέγεται μὴ εἶναι ἢ εἶναι οὔτε τὸ μὴ ὄν. ἔτι ἤτοι τὸ μεταξὺ ἔσται τῆς ἀντιφάσεως ὥσπερ τὸ φαιὸν μέλανος καὶ λευκοῦ, ἢ ὡς τὸ μηδέτερον ἀνθρώπου καὶ ἵππου. εἰ μὲν οὖν οὕτως, οὐκ ἂν μεταβάλλοι (ἐκ μὴ ἀγαθοῦ γὰρ

10 ἔστιν E ‖ 11 εἰ δὲ καθ' ἕκαστον A^b Alex. ‖ 12 πρὸς ἄπειρα A^b Alex. Bonitz: ἄπειρα E Bekk. ‖ 14 οὕτως E ‖ 15 διὰ τί E: ἂν A^b ‖ 16 ἅμα ἀληθεύεσθαι A^b: ἀλ. ἅμα E vulgo ‖ 19 οὐσίας δὲ στέρησις, ἡ δὲ στέρησις ἀπ. ex Alex restituit Bonitz: οὐσίας στέρησις ἡ δὲ στέρησις ἀπ. A^b, οὐσίας δὲ στέρησις ἀπ. E ‖ 20 καὶ E: ἢ A^b ‖ 22 μὲν om. A^b Alex. ‖ 24 ἓν om. A^b ‖ 26 τὸ μὴ ὂν | τοῦτο E ‖ 27 τὸ post δὲ om. E ‖ καὶ τὸ A^b: τὸ δὲ E ‖ 28 καὶ ὁ λέγων τοῦτο ex Alex. p. 287, 1 restituit Bonitz, ἐκεῖνο λέγων A^b, καὶ ὁ λέγων E ‖ 29 λέγει E ‖ εἶναι ἢ μὴ εἶναι Alex. p. 287, 7 ‖ 30 τὸ post ἤτοι add. A^b, om. E ‖ ἔσται E: ἔστι A^b ‖ 32 ἐκ μὴ ἀγαθοῦ — 33 ἀγαθόν interpolatoris esse videntur

b 30 *τὸ* om. E, Ross

ist, so steht doch nicht etwa das Gleiche in Beziehung zum
Doppelten. Wenn nun dem Meinenden gegenüber Mensch
und Gemeintes dasselbe ist, so kann dann das Meinende
nicht Mensch sein, da vielmehr das Gemeinte Mensch ist.
Und wenn jedes durch seine Beziehung zum Meinenden ist,
so müßte das Meinende zu der Art nach unendlich vielen
Dingen in Beziehung stehen.

(d) So viel nun darüber, daß die Ansicht: kontradiktori-
sche Aussagen könnten nicht zugleich wahr sein, die sicher-
ste unter allen ist, und was sich für die ergibt, welche so sa-
gen (beide Aussagen könnten zugleich wahr sein), und aus
welchem Grunde sie so sagen. Da nun aber unmöglich der
Widerspruch zugleich von demselben Gegenstande mit
Wahrheit ausgesagt werden kann, so kann offenbar auch das
Konträre nicht demselben Gegenstande zugleich zukom-
men. Denn von den beiden Gliedern eines konträren Gegen-
satzes ist das eine nicht minder Privation, und zwar Priva-
tion eines Wesens. Privation aber ist die über eine bestimmte
Gattung ausgesprochene Negation. Ist es nun unmöglich, et-
was in Wahrheit zugleich zu bejahen und zu verneinen, so
ist es ebenso unmöglich, daß das Konträre demselben zu-
gleich zukomme, sondern entweder beides nur in gewisser
Beschränkung oder das eine in gewisser Beschränkung das
7 andere schlechthin.

(a) Ebensowenig aber kann es zwischen den beiden Glie-
dern des Widerspruchs etwas geben, sondern man muß not-
wendig jeweils Eines von Einem entweder bejahen oder ver-
neinen. (1.) Dies erhellt zuerst aus der Bestimmung dessen,
was wahr und falsch ist. Zu sagen nämlich, das Seiende sei
nicht oder das Nicht-Seiende sei, ist falsch, dagegen zu sa-
gen, das Seiende sei und das Nicht-Seiende sei nicht, ist
wahr. Wer also ein Sein oder ein Nicht-Sein prädiziert, muß
Wahres oder Falsches aussprechen. Man sagt aber von dem
Seienden nicht, es sei nicht oder es sei, und ebensowenig
von dem Nicht-Seienden. – (2.) Ferner, das Mittlere zwi-
schen den beiden Gliedern des Widerspruchs wird entweder
in der Weise Mittleres sein, wie Grau zwischen Weiß und
Schwarz, oder wie dasjenige, was weder Mensch noch Pferd
ist, zwischen Mensch und Pferd. Ist es in dem letzteren
Sinne Mittleres, so würde bei ihm keine Veränderung statt-
haben (denn es verändert sich ja etwas aus dem Nicht-Guten

εἰς ἀγαθὸν μεταβάλλει, ἢ ἐκ τούτου εἰς μὴ ἀγαθόν), νῦν δ᾽ ἀεὶ φαίνεται. οὐ γάρ ἐστι μεταβολὴ ἀλλ᾽ ἢ εἰς τὰ ἀντικείμενα καὶ μεταξύ. εἰ δ᾽ ἔστι μεταξύ, καὶ οὕτως εἴη ἄν 1012a τις εἰς λευκὸν οὐκ ἐκ μὴ λευκοῦ γένεσις· νῦν δ᾽ οὐχ ὁρᾶται. ἔτι πᾶν τὸ διανοητὸν καὶ νοητὸν ἡ διάνοια ἢ κατάφησιν ἢ ἀπόφησιν· τοῦτο δ᾽ ἐξ ὁρισμοῦ δῆλον ὅταν ἀληθεύῃ ἢ ψεύδηται. ὅταν μὲν ὡδὶ συνθῇ φᾶσα ἢ ἀποφᾶσα, ἀληθεύει, ὅταν δὲ ὡδί, ψεύδεται. ἔτι παρὰ πάσας δεῖ εἶναι τὰς ἀντιφάσεις, εἰ μὴ λόγου ἕνεκα λέγεται· ὥστε καὶ οὔτε ἀληθεύσει τις οὔτ᾽ οὐκ ἀληθεύσει. καὶ παρὰ τὸ ὂν καὶ τὸ μὴ ὂν ἔσται, ὥστε καὶ παρὰ γένεσιν καὶ φθορὰν μεταβολή τις ἔσται. ἔτι ἐν ὅσοις γένεσιν ἡ ἀπόφασις τὸ ἐναντίον ἐπιφέρει, καὶ ἐν τούτοις ἔσται, οἷον ἐν ἀριθμοῖς οὔτε περιττὸς οὔτε οὐ περιττὸς ἀριθμός. ἀλλ᾽ ἀδύνατον· ἐκ τοῦ ὁρισμοῦ δὲ δῆλον. ἔτι εἰς ἄπειρον βαδιεῖται, καὶ οὐ μόνον ἡμιόλια τὰ ὄντα ἔσται ἀλλὰ πλείω. πάλιν γὰρ ἔσται ἀποφῆσαι τοῦτο πρὸς τὴν φάσιν καὶ τὴν ἀπόφασιν, καὶ τοῦτ᾽ ἔσται τι· ἡ γὰρ οὐσία ἐστί τις αὐτοῦ ἄλλη. ἔτι ὅταν ἐρομένου εἰ λευκόν ἐστιν εἴπῃ ὅτι οὔ, οὐδὲν ἄλλο ἀποπέφακεν ἢ τὸ εἶναι· ἀπόφασις δὲ τὸ μὴ εἶναι. ἐλήλυθε δ᾽ ἐνίοις αὕτη ἡ δόξα ὥσπερ καὶ ἄλλαι τῶν παραδόξων· ὅταν γὰρ λύειν μὴ δύνωνται λόγους ἐριστικούς, ἐνδόντες τῷ λόγῳ σύμφασιν ἀληθὲς εἶναι τὸ συλλογισθέν. οἱ μὲν οὖν διὰ τοιαύτην αἰτίαν λέγουσιν, οἱ δὲ διὰ τὸ πάντων ζητεῖν λόγον. ἀρχὴ δὲ πρὸς ἅπαντας τούτους ἐξ ὁρισμοῦ. ὁρισμὸς δὲ γίγνεται ἐκ τοῦ

34 ἀεὶ om. A^b^ ‖ μεταβολὴ ex μεταβάλλειν ut videtur corr. E ‖ 35 καὶ μεταξὺ] ἢ τὰ μεταξὺ fort. Alex. ‖ οὕτως εἴη ἄν τις E: οὕτως ἢ ἡ ἀντίφασις A^b^, οὕτως ἡ ἀντίφασις· εἴη ἄν τις Alex. ‖ 1012a, 2 modo καὶ modo τε καὶ Alex. ‖ 6 λέγηται A^b^ ‖ 7 καὶ παρὰ τὸ μὴ ὂν Alex. ‖ 8 fort. ἔσται τι ‖ 12 τὰ ὄντα E: ταῦτα A^b^ ‖ 13 τοῦτο E: τοῦ A^b^ ‖ 15 ἄλλη] fort. add. Alex. p. 291, 29 καὶ τοῦτο ἐπ᾽ ἄπειρον ‖ ἐρωμένου E ‖ εἰ om. A^b^ ‖ 16 ἄλλο om. A^b^ ‖ ἀποπέφακεν scripsi: ἀποπέφυκεν A^b^E, ἀπέφηνεν S, ἀποφάσκει interpr. Alex. ‖ 18 καὶ αἱ ἄλλαι E ‖ γὰρ om. A^b^ ‖ 21 λόγον ζητεῖν E

zum Guten oder aus diesem zum Nicht-Guten). Nun zeigt sich aber immer, daß diese statthat, indem sich Veränderung nicht anders findet denn als Übergang in das Entgegengesetzte und (auch) in das Mittlere. Gibt es dagegen ein Mittleres, so würde ja dann ein Werden stattfinden zum Weißen, und doch nicht aus dem Nicht-Weißen. Nun je- 1012 a
doch findet sich ein solches Werden nicht. – (3.) Ferner, alles was Gegenstand des Denkens oder des intellektiven Erfassens ist, wird vom Denken bejaht oder verneint. Dies ergibt sich aus der Definition darüber, wann das Denken wahr oder falsch ist, nämlich wenn immer es so bejahend oder verneinend verbindet, ist es in der Wahrheit, wenn aber anders, im Irrtum. – (4.) Ferner müßte ein solches Mittleres, wenn man nicht eben bloß um des Redens willen davon redet, neben *allen* Widersprüchen sich finden, woraus sich ergäbe, daß man auch weder die Wahrheit sagen, noch die Wahrheit nicht sagen würde. Ebenso müßte es auch zwischen dem Seienden und Nichtseienden ein Mittleres, und eine Veränderung außer dem Entstehen und Vergehen geben. – (5.) Ferner müßte es auch in den Gattungen des Seienden, in welchen die Negation zugleich den konträren Gegensatz mit sich bringt, ein Mittleres geben, z. B. bei den Zahlen müßte es solche geben, die weder gerade noch ungerade wären; das ist aber unmöglich, wie sich aus der Definition ergibt. – (6.) Ferner müßte dies ins Unendliche fortgehen, und man würde nicht nur das Anderthalbfache der seienden Dinge erhalten, sondern noch mehr. Denn man könnte ja wieder über das Mittlere zusammen mit der Bejahung und zusammen mit der Verneinung die Verneinung aussprechen, und dies würde selbst etwas sein, da seine Wesenheit eine von beiden verneinten verschiedene wäre. – (7.) Ferner, wenn jemand auf die Frage, ob etwas weiß ist, mit Nein antwortet, so hat er nichts weiter abgesprochen als das Sein; denn das Nicht-sein ist Verneinung. (b) Einige nun sind in diese Ansicht, so gut wie in andere paradoxe Ansichten, dadurch geraten, daß sie, unvermögend die Streitgründe zu widerlegen, denselben nachgaben und das Erschlossene als richtig anerkannten. Aus diesem Grunde also sind einige auf diese Ansicht gekommen, andere dadurch, daß sie für alles begründenden Beweis suchten. (c) Gegen alle diese ergibt sich der Anfang (der Widerlegung) aus der Definition. Diese entsteht daraus, daß sie ja notwendig

σημαίνειν τι ἀναγκαῖον εἶναι αὐτούς· ὁ γὰρ λόγος, οὗ τὸ ὄνομα σημεῖον, ὁρισμὸς γίγνεται. ἔοικε δ' ὁ μὲν Ἡρακλείτου λόγος, λέγων πάντα εἶναι καὶ μὴ εἶναι, ἅπαντα ἀληθῆ ποιεῖν, ὁ δ' Ἀναξαγόρου εἶναί τι μεταξὺ τῆς ἀντιφάσεως, ὥστε πάντα ψευδῆ· ὅταν γὰρ μιχθῇ, οὔτ' ἀγαθὸν οὔτ' οὐκ ἀγαθὸν τὸ μῖγμα, ὥστ' οὐδὲν εἰπεῖν ἀληθές.

8 διωρισμένων δὲ τούτων φανερὸν ὅτι καὶ τὰ μοναχῶς λεγόμενα καὶ κατὰ πάντων ἀδύνατον ὑπάρχειν, ὥσπερ τινὲς λέγουσιν, οἱ μὲν οὐδὲν φάσκοντες ἀληθὲς εἶναι (οὐδὲν γὰρ κωλύειν φασὶν οὕτως ἅπαντα εἶναι ὥσπερ τὸ τὴν διάμετρον σύμμετρον εἶναι), οἱ δὲ πάντ' ἀληθῆ. σχεδὸν γὰρ οὗτοι οἱ λόγοι οἱ αὐτοὶ τῷ Ἡρακλείτου· ὁ γὰρ λέγων ὅτι πάντ' ἀληθῆ καὶ [πάντα] ψευδῆ, καὶ χωρὶς λέγει τῶν λόγων ἑκάτερον τούτων, ὥστ' εἴπερ ἀδύνατα ἐκεῖνα, καὶ 1012b ταῦτ' ἀδύνατον εἶναι. ἔτι δὲ φανερῶς ἀντιφάσεις εἰσὶν ἃς οὐχ οἷόν τε ἅμα ἀληθεῖς εἶναι. οὐδὲ δὴ ψευδεῖς πάσας· καίτοι δόξειέ γ' ἂν μᾶλλον ἐνδέχεσθαι ἐκ τῶν εἰρημένων. ἀλλὰ πρὸς ἅπαντας τοὺς τοιούτους λόγους αἰτεῖσθαι δεῖ, καθάπερ ἐλέχθη καὶ ἐν τοῖς ἐπάνω λόγοις, οὐχὶ εἶναί τι ἢ μὴ εἶναι ἀλλὰ σημαίνειν τι, ὥστ' ἐξ ὁρισμοῦ διαλεκτέον λαβόντα τί σημαίνει τὸ ψεῦδος ἢ τὸ ἀληθές. εἰ δὲ μηδὲν ἄλλο ἢ τὸ ἀληθὲς [φάναι ἢ] ἀποφάναι ψεῦδός ἐστιν, ἀδύνατον πάντα ψευδῆ εἶναι· ἀνάγκη γὰρ τῆς ἀντιφάσεως

24 *γίνεται* E: *ἔσται* A^b ‖ 27 *ὥστε* om. A^b ‖ 30 *τὰ κατὰ* Alex. Bekk., *τὰ* om. A^bE ‖ 31 *εἶναι ἀληθές* Alex. ‖ 32 *κωλύειν* E: *κωλύει* A^b ‖ *ὥσπερ*] *ὡς* Alex. ‖ 33 *εἶναι σύμμετρον* Alex. ‖ 34 *οὗτοι οἱ*] *αὐτοῖς οἱ* E, *οἱ τοιοῦτοι* Alex. ‖ *τῷ τοῦ Ἡρακλείδου* A^b, *τῷ τοῦ Ἡρακλείτου* Alex., *τοῦ* om. E ‖ 35 *πάντα* seclusi ‖ 1012b, 3 *δὴ*] *δεῖ* E ‖ 4 *γ'* om. A^b Alex. ‖ 5 *πάντας* A^b ‖ 6 *οὐχὶ* E Alex.: *οὐκ* A^b ‖ 7 *λαβόντα* A^b: *λαβόντας* E vulgo ‖ 8 *σημαίνειν* E ‖ *εἰ δὲ μηδὲν ἄλλο ἢ τὸ ἀληθὲς φάναι ἢ ἀποφάναι ψεῦδός ἐστιν* A^b E Alex., nisi quod *ἢ* ante *τὸ* om. A^b, *εἰ δὲ μηδὲν ἄλλο τὸ ἀληθὲς ἢ φάναι ἢ ἀποφάναι καὶ τὸ ψεῦδός ἐστιν γρ.* Alex., *εἰ δὲ μηδὲν ἄλλο ἢ φάναι ἢ ἀποφάναι τὸ ἀληθὲς ἢ ψεῦδός ἐστιν* coni. Bonitz, nos *φάναι ἢ* secludere satis habuimus

a 24 A^b, Ross 35 *πάντα* codd. Ross b 8–9 *τὸ ἀληθὲς φάναι ἢ* ⟨ὃ⟩ *ἀποφάναι*: Ross

etwas bezeichnen müssen; denn der Begriff, dessen Wort Zeichen (Angabe der Bedeutung) ist, wird zur Definition. Es scheint nun die Lehre des Herakleitos, welche alles sein und auch nicht sein läßt, alles für wahr zu erklären, die des Anaxagoras dagegen etwas Mittleres zwischen den Gliedern des Widerspruchs zu setzen, so daß alles falsch wird; denn wenn Gutes und Nicht-Gutes gemischt wird, so ist die Mischung weder Gutes nocht Nicht-Gutes, so daß man nichts von ihr in Wahrheit aussagen kann.

8 (a) Nach diesen Bestimmungen ergibt sich, daß die Erklärungen über Wahr und Falsch, welche sich auf einerlei Weise über alles erstrecken sollen, nicht statthaben können, wie einerseits die Lehre derer, welche behaupten, nichts sei wahr – denn es könne sich mit allen Sätzen so verhalten wie mit dem, welcher die Quadrat-Diagonale für kommensurabel erklärt –, und andererseits derer, welche sagen, alles sei wahr. (b) (1.) Im ganzen fallen diese Lehren mit der des Herakleitos zusammen; denn wer behauptet, alles sei wahr und alles sei falsch, der spricht auch jeden von diesen beiden Sätzen abgesondert für sich aus; sind nun jene unmög- 1012 b
lich, so kann auch dies unmöglich statthaben. – (2.) Ferner gibt es offenbar manche Widersprüche, in denen unmöglich beide Glieder zugleich wahr sein können. Aber ebensowenig können alle falsch sein, obwohl dies nach dem Gesagten noch eher möglich schiene. Gegen alle solche Behauptungen muß man, wie schon in den obigen Erörterungen gesagt ist, das Zugeständnis fordern, nicht daß etwas sei oder nicht sei, sondern daß man mit einem Worte etwas bezeichne; man muß also von einer Definition ausgehend sich unterreden und zuerst festsetzen, was denn Wahr oder Falsch bedeute. Wenn nun aber das Falsche nichts anderes ist als die Verneinung des Wahren, so kann unmöglich alles falsch sein; denn notwendig muß das eine Glied des Widerspruchs wahr sein. –

θάτερον εἶναι μόριον ἀληθές. ἔτι εἰ πᾶν ἢ φάναι ἢ ἀποφάναι ἀναγκαῖον, ἀδύνατον ἀμφότερα ψευδῆ εἶναι· θάτερον γὰρ μέρος τῆς ἀντιφάσεως ψεῦδός ἐστιν. συμβαίνει δὴ καὶ τὸ θρυλλούμενον πᾶσι τοῖς τοιούτοις λόγοις, αὐτοὺς ἑαυτοὺς ἀναιρεῖν. ὁ μὲν γὰρ πάντα ἀληθῆ λέγων καὶ τὸν ἐναντίον ἑαυτοῦ λόγον ἀληθῆ ποιεῖ, ὥστε τὸν αὑτοῦ οὐκ ἀληθῆ (ὁ γὰρ ἐναντίος οὔ φησιν αὐτὸν ἀληθῆ), ὁ δὲ πάντα ψευδῆ καὶ αὐτὸς ἑαυτόν. ἐὰν δ' ἐξαιρῶνται ὁ μὲν τὸν ἐναντίον ὡς οὐκ ἀληθὴς μόνος ἐστίν, ὁ δὲ τὸν αὐτὸς αὑτοῦ ὡς οὐ ψευδής, οὐδὲν ἧττον ἀπείρους συμβαίνει αὐτοῖς αἰτεῖσθαι λόγους ἀληθεῖς καὶ ψευδεῖς· ὁ γὰρ λέγων τὸν ἀληθῆ λόγον ἀληθῆ ἀληθής, τοῦτο δ' εἰς ἄπειρον βαδιεῖται. φανερὸν δ' ὅτι οὐδ' οἱ πάντα ἠρεμεῖν λέγοντες ἀληθῆ λέγουσιν, οὐδ' οἱ πάντα κινεῖσθαι. εἰ μὲν γὰρ ἠρεμεῖ πάντα, αἰεὶ ταὐτὰ ἀληθῆ καὶ ψευδῆ ἔσται, φαίνεται δὲ τοῦτο μεταβάλλον· ὁ γὰρ λέγων ποτὲ αὐτὸς οὐκ ἦν καὶ πάλιν οὐκ ἔσται. εἰ δὲ πάντα κινεῖται, οὐδὲν ἔσται ἀληθές· πάντα ἄρα ψευδῆ. ἀλλὰ δέδεικται ὅτι ἀδύνατον. ἔτι τὸ ὂν ἀνάγκη μεταβάλλειν· ἔκ τινος γὰρ εἴς τι ἡ μεταβολή. ἀλλὰ μὴν οὐδὲ πάντα ἠρεμεῖ ἢ κινεῖται ποτέ, αἰεὶ δ' οὐδέν· ἔστι γάρ τι ὃ αἰεὶ κινεῖ τὰ κινούμενα, καὶ τὸ πρῶτον κινοῦν ἀκίνητον αὐτό.

Δ.

Ἀρχὴ λέγεται ἡ μὲν ὅθεν ἄν τις τοῦ πράγματος κινηθείη πρῶτον, οἷον τοῦ μήκους καὶ ὁδοῦ ἐντεῦθεν μὲν αὕτη

13 μόριον A^b ‖ 14 θρυλούμενον E ‖ 15 τὸ A^b ‖ 17 ἐναντίος ὃν φησιν αὐτὸς εἶναι ἀληθῆ ἐκεῖνός φησι μὴ εἶναι ἀληθῆ A^b ‖ 19 ἐστιν om. A^b ‖ τὸν αὐτὸς αὐτοῦ E, τὸν αὐτοῦ A^b ‖ 20 ἀπείρου A^b ‖ 21 ἀληθῆ λόγον ἀληθής omisso altero ἀληθῆ A^b ‖ 22 ἀληθής ἐστιν Alex. ‖ φανερὸν — 31 αὐτὸ in nonnullis libris defuisse docet Alex. ‖ 24 ἠρεμεῖ καὶ ἀεὶ A^b ‖ 28 ἀνάγκη τὸ ὂν E ‖ 29 εἴστι E, ἐστιν A^b ‖ 30 κινεῖται, ποτὲ δὲ A^b E Bekk., δὲ om. Alex. Bonitz ‖ τι ὃ E: τιν' ἃ A^b ‖ κινεῖ τὰ E: κινεῖται A^b ‖ 31 πρώτως γρ. E ‖ αὐτό E: αὐτὸ ἀρχὴ λέγεται A^b, dein in initio alterius libri denuo Ἀρχὴ λέγεται ‖ 34 sqq. liber quartus meta-

b 19 A^b, Ross

(3.) Ferner, wenn man notwendig jedes bejahen oder verneinen muß, so kann unmöglich beides falsch sein; denn nur das eine Glied des Widerspruchs ist falsch. (4.) Alle solche Behauptungen geraten aber auch in die vielerwähnte Folgerung, daß sie sich selbst aufheben. Denn wer alles für wahr erklärt, der erklärt damit auch die der seinen entgegenstehende Behauptung für wahr, also seine eigne für falsch (da jene des Gegners seine eigne nicht für wahr erklärt). Wer aber alles für falsch hält, der hält auch seine eigene Behauptung für falsch. Wollte aber der eine die Behauptung des Gegners ausnehmen, als ob diese allein nicht wahr sei, der andere seine eigne, als ob diese allein nicht falsch sei, so würden sie nichtsdestoweniger dahin kommen, unendlich viele wahre und falsche Behauptungen annehmen zu müssen. Denn auch die Behauptung, welche erklärt, daß die wahre Behauptung wahr sei, würde selbst wahr sein, und dies würde ins Unendliche fortgehen. (5.) Offenbar ist die Lehre, daß alles ruhe, ebensowenig wahr, wie die andere, alles sei in Bewegung. Denn wenn alles ruht, so wäre immer dasselbe wahr und falsch, während sich dies doch offenbar als der Veränderung unterworfen zeigt; der Sprechende selbst war ja einst nicht und wird wiederum nicht sein. Ist dagegen alles in Bewegung, so würde nichts wahr sein; es wäre also alles falsch. Doch wurde schon bewiesen, daß dies unmöglich ist. Ferner muß, was sich verändert, ein Seiendes sein; denn die Veränderung geht aus etwas zu etwas. Aber es ist auch nicht möglich, daß alles nur zu Zeiten in Ruhe oder Bewegung sei und nichts für immer; denn es gibt etwas, das immer das Bewegte bewegt, und das erste Bewegende ist selbst unbewegt.

BUCH V

(a) (1.) Prinzip wird erstens das bei einer Sache genannt, von woher einer zuerst eine Bewegung beginnt; z. B. bei der Linie und dem Weg ist von der einen Seite dies, von der

ἀρχή, ἐξ ἐναντίας δ' ἑτέρα· ἡ δὲ ὅθεν ἂν κάλλιστα ἕκαστον 1013a γένοιτο, οἷον καὶ μαθήσεως οὐκ ἀπὸ τοῦ πρώτου καὶ τῆς τοῦ πράγματος ἀρχῆς ἐνίοτε ἀρκτέον, ἀλλ' ὅθεν ῥᾷστ' ἂν μάθοι· ἡ δὲ ὅθεν πρῶτον γίγνεται ἐνυπάρχοντος, οἷον ὡς πλοίου τρόπις καὶ οἰκίας θεμέλιος, καὶ τῶν ζῴων οἱ μὲν καρδίαν οἱ δ' ἐγκέφαλον οἱ δ' ὅ τι ἂν τύχωσι τοιοῦτον ὑπολαμβάνουσιν· ἡ δὲ ὅθεν γίγνεται πρῶτον μὴ ἐνυπάρχοντος καὶ ὅθεν πρῶτον ἡ κίνησις πέφυκεν ἄρχεσθαι καὶ ἡ μεταβολή, οἷον τὸ τέκνον ἐκ τοῦ πατρὸς καὶ τῆς μητρὸς καὶ ἡ μάχη ἐκ τῆς λοιδορίας· ἡ δὲ οὗ κατὰ προαίρεσιν κινεῖται τὰ κινούμενα καὶ μεταβάλλει τὰ μεταβάλλοντα, ὥσπερ αἵ τε κατὰ πόλεις ἀρχαὶ καὶ αἱ δυναστεῖαι καὶ αἱ βασιλεῖαι καὶ τυραννίδες ἀρχαὶ λέγονται καὶ αἱ τέχναι, καὶ τούτων αἱ ἀρχιτεκτονικαὶ μάλιστα. ἔτι ὅθεν γνωστὸν τὸ πρᾶγμα πρῶτον καὶ αὕτη ἀρχὴ λέγεται τοῦ πράγματος, οἷον τῶν ἀποδείξεων αἱ ὑποθέσεις. ἰσαχῶς δὲ καὶ τὰ αἴτια λέγεται· πάντα γὰρ τὰ αἴτια ἀρχαί. πασῶν μὲν οὖν κοινὸν τῶν ἀρχῶν τὸ πρῶτον εἶναι ὅθεν ἢ ἔστιν ἢ γίγνεται ἢ γιγνώσκεται· τούτων δὲ αἱ μὲν ἐνυπάρχουσαί εἰσιν αἱ δὲ ἐκτός. διὸ ἥ τε φύσις ἀρχὴ καὶ τὸ στοιχεῖον καὶ ἡ διάνοια καὶ προαίρεσις καὶ οὐσία καὶ τὸ οὗ ἕνεκα· πολλῶν γὰρ καὶ τοῦ γνῶναι καὶ τῆς κινήσεως ἀρχὴ τἀγαθὸν καὶ τὸ καλόν.

2 αἴτιον λέγεται ἕνα μὲν τρόπον ἐξ οὗ γίγνεταί τι ἐν-

physicorum in indice Diogeniano V 27 separatim (cf. 1017 b, 9) sub titulo περὶ τῶν ποσαχῶς λεγομένων recensetur et iam ante libros de gener. (v. p. 336 b, 29) scriptus est. vide tamen 1004 a, 22 ‖ 1013 a, 1 γένοιτο ἕκαστον A^b: ἕκαστον γένοιτο E ‖ 4 οἷον ὡς] easdem particulas coniunctas habes p. 818 a, 22 ‖ 8 καὶ ἡ E Alex.: ἡ om. A^b ‖ 10 fort. κινεῖται πρῶτον ‖ 14 ἔτι E: ἀρχὴ λέγεται ἔτι A^b ‖ 15 post καὶ add. γὰρ A^b ‖ 17. 18 τῶν ἀρχῶν κοινὸν A^b ‖ 21 καὶ πρ. E: καὶ ἡ πρ. A^b Alex., aut hic articulus omittendus aut ante οὐσία adiciendus fuit ‖ ἡ οὐσία fort. Alex. p. 305, 20 ‖ 23 καλόν Alex.: κακὸν A^b E et γρ. Alex. ‖ 24—1014 a, 25 ad verbum fere congruunt cum phys. II 3 ‖ 24 αἴτιον δὲ λέγε-

a 21 A^b Alex., Ross

entgegengesetzten das andere Prinzip. (2.) Ferner heißt Prinzip dasjenige, von dem aus etwas am besten entstehen kann: So muß man z. B. beim Unterricht oft nicht vom Ersten und vom Prinzip der Sache ausgehen, sondern von wo aus man am leichtesten lernen kann. (3.) Ferner heißt Prinzip der immanente Teil, von welchem zuerst die Entstehung ausgeht; z. B. wie bei dem Schiff der Kiel oder bei dem Haus der Grund Prinzip in diesem Sinne ist, so nehmen bei den Tieren einige das Gehirn, andere das Herz, andere irgendeinen anderen Teil dafür. (4.) Dann dasjenige, von welchem als nicht immanenten Teil die Entstehung eines Dinges anfängt und von welchem, dem natürlichen Verlauf gemäß, die Bewegung und Veränderung zuerst beginnt; so entsteht das Kind von Vater und Mutter, die Schlacht aus dem Streit. (5.) Ferner heißt Prinzip dasjenige, nach dessen Entschlusse das Bewegte sich bewegt und das Sich-Verändernde sich verändert; in diesem Sinne werden die Ämter in den Staaten und die Regierungen der Herrscher, Könige und Tyrannen Prinzipien (Herrschaften) genannt, und (6.) auch die Künste und unter ihnen am meisten diejenigen, welche für andere Künste Anleitung geben. (7.) Ferner dasjenige, wovon man in der Erkenntnis eines Gegenstandes ausgeht, denn auch dies wird Prinzip des Gegenstandes genannt; z. B. die Voraussetzungen (Prämissen) der Beweise. (b) In gleich vielen Bedeutungen wird auch der Begriff Ursache gebraucht; denn alle Ursachen sind Prinzipien. (c) Allgemeines Merkmal der Prinzipien in allen Bedeutungen ist, daß es ein Erstes ist, wovon her etwas ist, wird oder erkannt wird. Von diesen Prinzipien sind die einen (den Dingen) immanent, die anderen außerhalb (von ihnen). Darum ist sowohl die Natur Prinzip als auch das Element und ebenso das Denken, der Entschluß, die Wesenheit und der Zweck; denn bei vielen Dingen ist das Gute und das Schöne Prinzip sowohl des Erkennens als auch der Bewegung. 1013 a

2 (a) Ursache wird (1.) in einer Bedeutung der immanente Stoff genannt, woraus etwas wird; so ist das Erz der Bild-

υπάρχοντος, οἷον ὁ χαλκὸς τοῦ ἀνδριάντος καὶ ὁ ἄργυρος τῆς φιάλης καὶ τὰ τούτων γένη· ἄλλον δὲ τὸ εἶδος καὶ τὸ παράδειγμα, τοῦτο δ' ἐστὶν ὁ λόγος τοῦ τί ἦν εἶναι, καὶ τὰ τούτου γένη, οἷον τοῦ διὰ πασῶν τὰ δύο πρὸς ἓν καὶ ὅλως ὁ ἀριθμός, καὶ τὰ μέρη τὰ ἐν τῷ λόγῳ· ἔτι ὅθεν ἡ ἀρχὴ τῆς μεταβολῆς ἡ πρώτη ἢ τῆς ἠρεμήσεως, οἷον ὁ βουλεύσας αἴτιος καὶ ὁ πατὴρ τοῦ τέκνου, καὶ ὅλως τὸ ποιοῦν τοῦ ποιουμένου καὶ τὸ μεταβλητικὸν τοῦ μεταβάλλοντος· ἔτι ὡς τὸ τέλος· τοῦτο δ' ἐστὶ τὸ οὗ ἕνεκα, οἷον τοῦ περιπατεῖν ἡ ὑγίεια. διὰ τί γὰρ περιπατεῖ; φαμέν, ἵνα ὑγιαίνῃ, καὶ εἰπόντες οὕτως οἰόμεθα ἀποδεδωκέναι τὸ αἴτιον. καὶ ὅσα δὴ κινήσαντος ἄλλου μεταξὺ γίγνεται τοῦ τέλους, οἷον τῆς ὑγιείας ἡ ἰσχνασία ἢ ἡ κάθαρσις ἢ τὰ φάρμακα ἢ τὰ ὄργανα· πάντα γὰρ ταῦτα τοῦ τέλους ἕνεκά ἐστι, διαφέρει δ' ἀλλήλων ὡς ὄντα τὰ μὲν ὄργανα τὰ δ' ἔργα. τὰ μὲν οὖν αἴτια σχεδὸν τοσαυταχῶς λέγεται, συμβαίνει δὲ πολλαχῶς λεγομένων τῶν αἰτίων καὶ πολλὰ τοῦ αὐτοῦ αἴτια εἶναι οὐ κατὰ συμβεβηκός, οἷον τοῦ ἀνδριάντος καὶ ἡ ἀνδριαντοποιικὴ καὶ ὁ χαλκὸς οὐ καθ' ἕτερόν τι ἀλλ' ᾗ ἀνδριάς· ἀλλ' οὐ τὸν αὐτὸν τρόπον, ἀλλὰ τὸ μὲν ὡς ὕλη τὸ δ' ὡς ὅθεν ἡ κίνησις. καὶ ἀλλήλων αἴτια, οἷον τὸ πονεῖν τῆς εὐεξίας καὶ αὕτη τοῦ πονεῖν· ἀλλ' οὐ τὸν αὐτὸν τρόπον, ἀλλὰ τὸ μὲν ὡς τέλος τὸ δ' ὡς ἀρχὴ κινήσεως. ἔτι δὲ ταὐτὸ ἐνίοτε τῶν ἐναντίων ἐστίν· ὃ γὰρ παρὸν αἴτιον τουδί, τοῦτ'

ται E, δὲ om. Ab ‖ 25 ὁ post οἷον om. Ab ‖ 27 ὁ om. Ab ‖ ὁ ante τοῦ add. phys. ‖ 28 τούτου Ab E Alex. phys.: τούτων Bekk. ‖ τὰ E: τὸ Ab ‖ 31 ὁ βουλεύσας αἴτιος καὶ quae Alex. non interpretatur dubito an eicienda sint; habent tamen codd. hic et in phys. ‖ 32 μεταβαλλομένου Alex. et phys. ‖ 34 ὑγιαίνει E ‖ 1013b, 3 τὰ μὲν ὄργανα τὰ δ' ἔργα Ab: τὰ μὲν ὡς ὄργανα τὰ δ' ὡς ἔργα E, τὰ μὲν ἔργα τὰ δ' ὄργανα phys. et fort. Alex. ‖ 6 οὐ] καθ' αὑτὰ καὶ οὐ Alex. ‖ ἀνδριαντοιητικὴ Ab ‖ 9 ἔστι δέ τινα καὶ ἀλλ. phys. ‖ πονεῖν αἴτιον τῆς Ab ‖ 12 ἐνίοτε E, om. Ab et fort. Alex., item om. phys. ‖ post ἐστίν add. αἴτιον phys.

säule, das Silber der Schale Ursache und ebenso die allgemeineren Gattungen von diesen; (2.) in einer andern Bedeutung heißt Ursache die Form und das Musterbild – dies ist der Begriff des Soseins – sowie die Gattungen davon, z. B. Ursache der Oktave das Verhältnis von Zwei zu Eins und allgemeiner die Zahl, wie auch die in dem Begriff enthaltenen Bestandteile. (3.) Ferner heißt Ursache dasjenige, wovon her die Veränderung oder die Ruhe ihren ersten Anfang nimmt; so ist z. B. der Beratende Ursache, oder der Vater Ursache des Kindes, und überhaupt das Hervorbringende Ursache des Hervorgebrachten, das Verändernde Ursache des Veränderten. (4.) Ferner heißt etwas Ursache als Zweck, d. h. als dasjenige, worumwillen etwas geschieht; in diesem Sinne ist die Gesundheit Ursache des Spazierengehens. Denn auf die Frage, weshalb jemand spazierengeht, antworten wir: um gesund zu werden, und glauben mit dieser Antwort die Ursache angegeben zu haben. Dasselbe gilt von allem, was auf jemandes Bewegung hin noch dazwischen vor dem Eintreten des Zwecks geschieht, z. B. vor dem Gesundwerden die Abmagerung oder die Reinigung oder die ärztli- 1013 b
chen Mittel oder Werkzeuge; dies alles nämlich geschieht um des Zweckes willen, es unterscheidet sich aber untereinander dadurch, daß einiges Werkzeug, anderes Werk ist. (b) In so vielen Bedeutungen werden ungefähr die Ursachen genannt. Da sie in mehreren Bedeutungen vorliegen, ergibt sich, daß dasselbe Ding mehrere Ursachen haben kann, und zwar nicht in akzidentellem Sinne: So ist z. B. von der Bildsäule sowohl die Bildnerkunst als auch das Erz Ursache, in keiner andern Beziehung, als insofern sie Bildsäule ist; aber nicht in derselben Weise, sondern das eine als Stoff, das andere als Ursprung der Bewegung. Manches ist auch Ursache von einander; das Arbeiten z. B. ist Ursache des Wohlbefindens und dieses Ursache des Arbeitens, aber nicht in demselben Sinne, sondern das eine als Zweck, das andere als Anfang der Bewegung. Ferner ist auch dasselbe zuweilen Ursache von Entgegengesetztem; denn wessen Anwesenheit Ursache von diesem bestimmten Ereignis ist,

ἀπὸν αἰτιώμεθα ἐνίοτε τοῦ ἐναντίου, οἷον τὴν ἀπουσίαν τοῦ κυβερνήτου τῆς τοῦ πλοίου ἀνατροπῆς, οὗ ἦν ἡ παρουσία αἰτία τῆς σωτηρίας· ἄμφω δέ, καὶ ἡ παρουσία καὶ ἡ στέρησις, αἴτια ὡς κινοῦντα. ἅπαντα δὲ τὰ νῦν εἰρημένα αἴτια εἰς τέτταρας τρόπους πίπτει τοὺς φανερωτάτους. τὰ μὲν γὰρ στοιχεῖα τῶν συλλαβῶν καὶ ἡ ὕλη τῶν σκευαστῶν καὶ τὸ πῦρ καὶ ἡ γῆ καὶ τὰ τοιαῦτα πάντα τῶν σωμάτων καὶ τὰ μέρη τοῦ ὅλου καὶ αἱ ὑποθέσεις τοῦ συμπεράσματος ὡς τὸ ἐξ οὗ αἴτιά ἐστιν· τούτων δὲ τὰ μὲν ὡς τὸ ὑποκείμενον, οἷον τὰ μέρη, τὰ δὲ ὡς τὸ τί ἦν εἶναι, τό τε ὅλον καὶ ἡ σύνθεσις καὶ τὸ εἶδος. τὸ δὲ σπέρμα καὶ ὁ ἰατρὸς καὶ ὁ βουλεύσας καὶ ὅλως τὸ ποιοῦν, πάντα ὅθεν ἡ ἀρχὴ τῆς μεταβολῆς ἢ στάσεως. τὰ δ' ἄλλα ὡς τὸ τέλος καὶ τἀγαθὸν τῶν ἄλλων· τὸ γὰρ οὗ ἕνεκα βέλτιστον καὶ τέλος τῶν ἄλλων ἐθέλει εἶναι· διαφερέτω δὲ μηδὲν εἰπεῖν αὐτὸ ἀγαθὸν ἢ φαινόμενον ἀγαθόν. τὰ μὲν οὖν αἴτια ταῦτα καὶ τοσαῦτά ἐστι τῷ εἴδει, τρόποι δὲ τῶν αἰτίων ἀριθμῷ μέν εἰσι πολλοί, κεφαλαιούμενοι δὲ καὶ οὗτοι ἐλάττους. λέγεται γὰρ αἴτια πολλαχῶς καὶ αὐτῶν τῶν ὁμοειδῶν προτέρως καὶ ὑστέρως ἄλλο ἄλλου, οἷον ὑγιείας ὁ ἰατρὸς καὶ ὁ τεχνίτης, καὶ τοῦ διὰ πασῶν τὸ διπλάσιον καὶ ἀριθμός, καὶ αἰεὶ τὰ περιέχοντα ὁτιοῦν τῶν καθ' ἕκαστα. ἔτι δ' ὡς τὸ συμβεβηκὸς καὶ τὰ τούτων γένη, οἷον ἀνδριάντος ἄλλως Πολύκλειτος καὶ ἄλλως ἀνδριαντοποιός, ὅτι συμβέβηκε τῷ ἀν-

13 ἀπὸν E Alex. phys.: αὐτὸ A^b ‖ αἰτιόμεθα A^b ‖ 14 τῆς τοῦ πλοίου ἀνατροπῆς phys., τοῦ πλοίου om. A^b E ‖ 15 δὲ τὸ αὐτὸ καὶ A^b ‖ 16 δὲ καὶ τὰ A^b fortasse recte, cf. Studia p. 35 ‖ 17 τρόπους A^bE, τόπους phys. ‖ 19 πάντα om. A^b ‖ 20 ὑποθέσεις A^bE Alex. phys.: προτάσεις H^b ‖ 25 δ' ἄλλα E phys.: ἄλλα om. A^b Alex. ‖ 27 ἐθέλειν A^b ‖ εἰπεῖν αὐτὸ phys.: αὐτὸ εἰπεῖν E A^b Alex. ‖ εἰπεῖν ἢ E ‖ 28 οὖν om. A^b ‖ 30 λέγονται A^b ‖ 31 τὰ αἴτια Alex. et phys. ‖ 32 ἄλλου ἄλλο A^b ‖ ὁ ante ἰατρὸς add. A^bE, om. phys. ‖ ὁ post καὶ add. A^b, om. E et phys. ‖ 33 ὁ ἀριθμός phys. ‖ 34 ὁτιοῦν τῶν] πρὸς τὸ Alex. et phys. ‖ ἕκαστον A^b ‖ 36 καὶ ὅτι A^b

b 14 *τοῦ πλοίου* om. A^b E, Ross 25 *ἄλλα* om. A^b Alex., Ross 30 A^b, Ross

dessen Abwesenheit sehen wir zuweilen als Ursache des Gegenteils an; z. B. als Ursache des Schiffbruches die Abwesenheit des Steuermannes, dessen Anwesenheit Ursache der Erhaltung des Schiffes war. Beides aber, die Anwesenheit wie deren Gegenteil, sind bewegende Ursachen. (c) Alle bisher erwähnten Bedeutungen von Ursachen fallen sehr deutlich unter vier Hauptklassen. Denn die Buchstaben sind Ursachen für die Silben, der Stoff für das daraus Gefertigte, das Feuer, die Erde und alles dergleichen für die Körper, die Teile für das Ganze und die Voraussetzungen für den Schluß, insofern sie das sind, woraus etwas wird, und hierbei sind nun die einen Ursachen als das Zugrundeliegende (Substrat), z. B. die Teile, die anderen als das Sosein, nämlich die Ganzheit und die Zusammensetzung und die Form. Der Same aber und der Arzt und der Beratende und überhaupt das Hervorbringende, diese alle sind Ursachen in dem Sinne, daß von ihnen der Anfang der Bewegung oder der Ruhe ausgeht. Anderes endlich ist Ursache als der Zweck für das übrige und als das Gute; denn dasjenige, worum willen etwas geschieht, soll das Beste und der Zweck des übrigen sein. Es mag hierbei gleich gelten, ob wir es als das wirklich Gute oder als das scheinbar Gute bezeichnen. (d) Ursachen sind also diese und soviele der Art nach. Zahlreich sind die Weisen, in denen die Ursachen auftreten, doch lassen sich auch diese unter wenige Hauptgesichtspunkte bringen. Es werden nämlich die Ursachen in verschiedener Weise selbst bei dem Gleichartigen genannt, indem das eine verglichen mit dem anderen in vor- oder nachgeordneter Weise Ursache ist; Ursache der Gesundheit z. B. ist sowohl der Arzt wie der Künstler, und Ursache der Oktave sowohl das Doppelte wie die Zahl, und so immer das umfassende Allgemeine von irgendeinem einzelnen Individuellen. Ferner gilt dasselbe von der akzidentellen Ursache und ihren höheren Gattungen. Ursache der Bildsäule z. B. ist in anderem Sinne Polykleitos, in anderem der Bildhauer, weil es nämlich ein Akzidens des Bildhauers ist,

1014a *δριαντοποιῷ Πολυκλείτῳ εἶναι· καὶ τὰ περιέχοντα δὲ τὸ συμβεβηκός, οἷον ἄνθρωπος αἴτιος ἀνδριάντος, ἢ καὶ ὅλως ζῷον, ὅτι ὁ Πολύκλειτος ἄνθρωπος, ὁ δ' ἄνθρωπος ζῷον. ἔστι δὲ καὶ τῶν συμβεβηκότων ἄλλ' ἄλλων πορρώτερον καὶ ἐγγύτερον, οἷον εἰ ὁ λευκὸς καὶ ὁ μουσικὸς αἴτιος λέγοιτο τοῦ ἀνδριάντος, ἀλλὰ μὴ μόνον Πολύκλειτος ἢ ἄνθρωπος. [παρὰ] πάντα δὲ καὶ τὰ οἰκείως λεγόμενα καὶ τὰ κατὰ συμβεβηκὸς τὰ μὲν ὡς δυνάμενα λέγεται τὰ δ' ὡς ἐνεργοῦντα, οἷον τοῦ οἰκοδομεῖσθαι οἰκοδόμος ἢ οἰκοδομῶν οἰκοδόμος. ὁμοίως δὲ λεχθήσεται καὶ ἐφ' ὧν αἴτια τὰ αἴτια τοῖς εἰρημένοις, οἷον τοῦδε τοῦ ἀνδριάντος ἢ ἀνδριάντος ἢ ὅλως εἰκόνος, καὶ χαλκοῦ τοῦδε ἢ χαλκοῦ ἢ ὅλως ὕλης· καὶ ἐπὶ τῶν συμβεβηκότων ὡσαύτως. ἔτι δὲ συμπλεκόμενα καὶ ταῦτα κἀκεῖνα λεχθήσεται, οἷον οὐ Πολύκλειτος οὐδὲ ἀνδριαντοποιός, ἀλλὰ Πολύκλειτος ἀνδριαντοποιός. ἀλλ' ὅμως ἅπαντά γε ταῦτ' ἐστὶ τὸ μὲν πλῆθος ἕξ, λεγόμενα δὲ διχῶς· ἢ γὰρ ὡς τὸ καθ' ἕκαστον, ἢ ὡς τὸ γένος αὐτοῦ, ἢ ὡς τὸ συμβεβηκός, ἢ ὡς τὸ γένος τοῦ συμβεβηκότος, ἢ ὡς συμπλεκόμενα ταῦτα, ἢ ὡς ἁπλῶς λεγόμενα, πάντα δὲ ὡς ἐνεργοῦντα ἢ κατὰ δύναμιν. διαφέρει δὲ τοσοῦτον, ὅτι τὰ μὲν ἐνεργοῦντα καὶ τὰ καθ' ἕκαστον ἅμα ἔστι καὶ οὐκ ἔστιν αὐτά τε καὶ ὧν αἴτια, οἷον ὅδε ὁ ἰατρεύων τῷδε τῷ ὑγιαζομένῳ, καὶ ὅδε ὁ οἰκοδόμος τῷδε τῷ οἰκοδομουμένῳ, τὰ*

1014a, 1 *τὸ Πολυκλ.* phys. 195a, 35 ‖ 2 *οἷον εἰ* A^b phys. ‖ *ἢ* E: *εἴη ἢ* A^b phys. ‖ *καὶ* om. phys. ‖ 3 *ὅτι — ζῷον* om. phys. ‖ 4 *ἄλλ'* E: *ἄλλα* A^b ‖ *πορρώτερον καὶ ἐγγύτερον* E phys.: *πορρώτερα καὶ ἐγγύτερα* A^b ‖ 5 *καὶ ὁ μουσικὸς* om. cod. E in phys. 195b, 2 ‖ *λέγοιτο*] *οἴοιτο* A^b ‖ 6 *ἀλλὰ — ἄνθρωπος* om. phys. ‖ 7 *παρὰ* om. phys. Bonitz ‖ 9 *οἷον τὸ τοῦ* A^b ‖ 11 *τουδὶ* phys. ‖ *ἢ ἀνδρ.*] *ἢ ἀνδρ.* A^b ‖ *ἢ καὶ ὅλως* phys. ‖ 12 *καὶ* A^b: *ἢ* E ‖ *ἢ χαλκοῦ* A^b ‖ 16 *πάντα ταῦτα* Alex., *γε* om. etiam phys. ‖ 17 *αὐτοῦ*] *τοῦ καθ' αὐτὰ* A^b, *ἢ ὡς τὸ γ.* αὐτοῦ om. E, *αὐτοῦ* om. phys. ‖ 19 *ἢ ὡς ἁπλῶς* A^bE phys.: *ὡς* om. edd. ‖ *πάντα δὲ ἢ* A^b phys., *ἔτι ὡς* E ‖ 22 *αὐτά τε* om. A^b Alex. phys. ‖ *ὁ* om. A^b

a 17 *αὐτοῦ* om. Ross 19 *ἢ ὡς*: Ross

Polykleitos zu sein. Aber auch das umfassende Allgemeine 1014 a des Akzidens ist Ursache, z. B. der Mensch oder auch allgemein das Lebewesen ist Ursache der Bildsäule, weil Polykleitos ein Mensch und der Mensch ein Lebewesen ist. Es steht also von den Akzidenzien selbst das eine im Vergleich zu dem andern ferner und näher (zur Ursache), z. B. wenn man den Weißen oder den Musikalischen Ursache der Bildsäule nennte und nicht nur den Polykleitos oder den Menschen. Alles aber, sowohl was an sich als auch was in akzidentellem Sinne als Ursache bezeichnet wird, wird so genannt teils als dem Vermögen, teils als der wirklichen Tätigkeit nach; z. B. Ursache des Bauens ist der Baumeister oder der bauende Baumeister. – Das gleiche wird sich auch von dem (Verursachten) sagen lassen, dessen Ursachen in den genannten Fällen die Ursachen sind, z. B. von dieser bestimmten Bildsäule oder der Bildsäule überhaupt oder allgemein dem Abbild, und diesem bestimmten Erz oder dem Erz überhaupt oder allgemein dem Stoff, und so in gleicher Weise auch bei den Akzidenzien des Verursachten. Ferner wird auch das eine und das andere verbunden ausgesagt werden, z. B. wenn man nicht sagt Polykleitos oder Bildhauer, sondern der Bildhauer Polykleitos. (e) Alle diese verschiedenen Bedeutungen von Ursache kommen jedoch auf sechs Arten zurück, deren jede eine zwiefache Weise zuläßt: Entweder nämlich wird die Ursache als das Einzelne selbst oder als die höhere Gattung bezeichnet oder als Akzidens oder als Gattung des Akzidens, und zwar entweder verbunden untereinander oder einfach (getrennt). Und dieses alles findet entweder dem Vermögen oder der wirklichen Tätigkeit nach statt. Auf diesem letzteren Gegensatze aber beruht der Unterschied, daß das wirklich Tätige und die einzelne individuelle Ursache immer zugleich ist mit dem Gegenstande, auf welchen sie gerichtet ist, z. B. dieser bestimmte Heilende mit diesem bestimmten Kranken, und dieser einzelne Bauende mit diesem einzelnen im Bau begriffenen Gegenstande. Was aber nur dem Vermögen nach

δὲ κατὰ δύναμιν οὐκ αἰεί· φθείρεται γὰρ οὐχ ἅμα ἡ οἰκία καὶ ὁ οἰκοδόμος.

3 στοιχεῖον λέγεται ἐξ οὗ σύγκειται πρώτου ἐνυπάρχοντος, ἀδιαιρέτου τῷ εἴδει εἰς ἕτερον εἶδος, οἷον φωνῆς στοιχεῖα ἐξ ὧν σύγκειται ἡ φωνὴ καὶ εἰς ἃ διαιρεῖται ἔσχατα, ἐκεῖνα δὲ μηκέτ' εἰς ἄλλας φωνὰς ἑτέρας τῷ εἴδει αὐτῶν. ἀλλὰ κἂν διαιρῆται, τὰ μόρια ὁμοειδῆ, οἷον ὕδατος τὸ μόριον ὕδωρ, ἀλλ' οὐ τῆς συλλαβῆς. ὁμοίως δὲ καὶ τὰ τῶν σωμάτων στοιχεῖα λέγουσιν οἱ λέγοντες, εἰς ἃ διαιρεῖται τὰ σώματα ἔσχατα, ἐκεῖνα δὲ μηκέτ' εἰς ἄλλα εἴδει διαφέροντα· καὶ εἴτε ἓν εἴτε πλείω τὰ τοιαῦτα, ταῦτα στοιχεῖα λέγουσιν. παραπλησίως δὲ καὶ τὰ τῶν διαγραμμάτων στοιχεῖα λέγεται, καὶ ὅλως τὰ τῶν ἀποδείξεων· αἱ γὰρ πρῶται ἀποδείξεις καὶ ἐν πλείοσιν ἀποδείξεσιν ἐνυπάρχουσαι, αὗται στοιχεῖα τῶν ἀποδείξεων λέγονται· εἰσὶ δὲ τοιοῦτοι συλλογισμοὶ οἱ πρῶτοι ἐκ τῶν τριῶν δι' ἑνὸς μέσου. καὶ μεταφέροντες δὲ στοιχεῖον καλοῦσιν ἐντεῦθεν, ὃ ἂν ἓν ὂν καὶ μικρὸν ἐπὶ πολλὰ ᾖ χρήσιμον· διὸ καὶ τὸ μικρὸν καὶ ἁπλοῦν καὶ ἀδιαίρετον στοιχεῖον λέγεται. ὅθεν ἐλήλυθε τὰ μάλιστα καθόλου στοιχεῖα εἶναι, ὅτι ἕκαστον αὐτῶν ἓν ὂν καὶ ἁπλοῦν ἐν πολλοῖς ὑπάρχει ἢ πᾶσιν ἢ ὅτι πλείστοις· διὸ καὶ τὸ ἓν καὶ τὴν στιγμὴν ἀρχάς τισι δοκεῖν εἶναι. ἐπεὶ οὖν τὰ καλούμενα γένη καθόλου καὶ ἀδιαίρετα (οὐ γάρ ἐστι λόγος αὐτῶν), στοιχεῖα τὰ γένη λέγουσί τινες, καὶ μᾶλλον ἢ τὴν διαφοράν,

26 ἐνυπάρχοντας E ‖ 27 εἰς ἕτερον εἶδος om. Alex., ἀδιαιρέτου τ. ε. εἰς ἕτερον εἶδος et ἀδιαιρέτου εἰς τὸ αὐτὸ εἶδος γρ. Alex. ‖ 28 διαιρεῖ E ‖ 30 κἂν E: ἂν καὶ A^b ‖ 32 οἱ λέγοντες non legisse videtur Alex. ‖ 34 διαφέροντα σώματα καὶ E, σώματα om. A^b ‖ 1014 b, 2 ἐκ τῶν τριῶν E, τῶν τριῶν Alex., ἐκ τῶν τριῶν μέσων A^b et γρ. Alex., fort. τῶν ἐκ τριῶν vel ἐκ τριῶν, cf. Alex. 315, 15 ‖ 8 ἢ τοῖς πλείστοις Alex., cf. 998a, 27 ‖ διὸ add. A^b, om. E Alex. ‖ 9 ἀρχὰς καὶ στοιχεῖά τισιν Alex. ‖ δοκεῖν E: δοκεῖ A^b vulgo ‖ 10 οὐ A^b Alex.: εἰς E ‖ 11 τινες εἶναι καὶ A^b

b 8 *διὸ* om. E Alex., Ross

Ursache ist, das ist nicht immer mit seinem Gegenstande zugleich; denn nicht zugleich vergeht das Haus und der Baumeister.

3 (a) Element wird (1.) dasjenige genannt, woraus als erstem immanenten Bestandteil etwas zusammengesetzt ist, welcher nicht mehr der Art nach in Verschiedenartiges teilbar ist, wie z. B. Elemente (Buchstaben) der Sprachlaute dasjenige sind, woraus die Lauteinheit zusammengesetzt ist und worin sie zerlegt wird als in die letzten Bestandteile, die sich nicht wieder in verschiedenartige Laute von ihnen auflösen lassen. Vielmehr, selbst wenn man sie teilte, ergäben sich gleichartige Teile, wie vom Wasser jeder Teil wieder Wasser ist, nicht dagegen so von der Silbe. (2.) Auf gleiche Weise nennt man auch Elemente der Körper dasjenige, worin die Körper als in die letzten, nicht weiter in Verschiedenartiges auflösbare Bestandteile zerlegt werden; mag deren einer oder mögen ihrer mehrere sein, so nennt man sie Elemente. (3.) In verwandter Weise spricht man vom Element der mathematischen Beweise und der Beweise überhaupt; denn die ersten ursprünglichen Beweise, welche in mehreren Beweisen wieder enthalten sind, werden Ele- 1014 b
mente der Beweise genannt; solcherlei Schlüsse sind die ersten, einfachen, aus drei Gliedern durch einen Mittelbegriff gebildeten. (b) Hiervon überträgt man den Namen Element auch auf das, was als Eines und Kleines zu vielem brauchbar ist. Deshalb wird denn das Kleine, Einfache und Unteilbare Element genannt. Daher ist es denn gekommen, daß man die allgemeinsten Dinge als Elemente betrachtet, weil jedes derselben als ein Einziges und Einfaches sich in vielen Dingen oder den meisten findet; weshalb ja nach der Ansicht mancher auch das Eine und der Punkt Prinzipien sind. Da nun die sog. Gattungen allgemein und unteilbar sind (denn es gibt keine Definition von ihnen), so nennen manche die Gattungen Elemente, und zwar diese mehr als den Artunterschied, weil die Gattung allgemeiner ist; denn

ὅτι καθόλου μᾶλλον τὸ γένος· ᾧ μὲν γὰρ ἡ διαφορὰ ὑπάρχει, καὶ τὸ γένος ἀκολουθεῖ, ᾧ δὲ τὸ γένος, οὐ παντὶ ἡ διαφορά. ἁπάντων δὲ κοινὸν τὸ εἶναι στοιχεῖον ἑκάστου τὸ πρῶτον ἐνυπάρχον ἑκάστῳ.

φύσις λέγεται ἕνα μὲν τρόπον ἡ τῶν φυομένων γένεσις, οἷον εἴ τις ἐπεκτείνας λέγοι τὸ υ· ἕνα δὲ ἐξ οὗ φύεται πρώτου τὸ φυόμενον ἐνυπάρχοντος· ἔτι ὅθεν ἡ κίνησις ἡ πρώτη ἐν ἑκάστῳ τῶν φύσει ὄντων ἐν αὐτῷ ᾗ αὐτὸ ὑπάρχει. φύεσθαι δὲ λέγεται ὅσα αὔξησιν ἔχει δι' ἑτέρου τῷ ἅπτεσθαι καὶ συμπεφυκέναι ἢ προσπεφυκέναι ὥσπερ τὰ ἔμβρυα. διαφέρει δὲ σύμφυσις ἁφῆς· ἔνθα μὲν γὰρ οὐδὲν παρὰ τὴν ἁφὴν ἕτερον ἀνάγκη εἶναι, ἐν δὲ τοῖς συμπεφυκόσιν ἔστι τι ἓν τὸ αὐτὸ ἐν ἀμφοῖν, ὃ ποιεῖ ἀντὶ τοῦ ἅπτεσθαι συμπεφυκέναι καὶ εἶναι ἓν κατὰ τὸ συνεχὲς καὶ ποσόν, ἀλλὰ μὴ κατὰ τὸ ποιόν. ἔτι δὲ φύσις λέγεται ἐξ οὗ πρώτου ἢ ἔστιν ἢ γίγνεταί τι τῶν μὴ φύσει ὄντων, ἀρρυθμίστου ὄντος καὶ ἀμεταβλήτου ἐκ τῆς δυνάμεως τῆς ἑαυτοῦ, οἷον ἀνδριάντος καὶ τῶν σκευῶν τῶν χαλκῶν ὁ χαλκός ἡ φύσις λέγεται, τῶν δὲ ξυλίνων ξύλον· ὁμοίως δὲ καὶ ἐπὶ τῶν ἄλλων· ἐκ τούτων γάρ ἐστιν ἕκαστον διασωζομένης τῆς πρώτης ὕλης· τοῦτον γὰρ τὸν τρόπον καὶ τῶν φύσει ὄντων τὰ στοιχεῖά φασιν εἶναι φύσιν, οἱ μὲν πῦρ οἱ δὲ γῆν οἱ δ' ἀέρα οἱ δ' ὕδωρ οἱ δ' ἄλλο τι τοιοῦτον λέγοντες, οἱ δ' ἔνια τούτων, οἱ δὲ πάντα ταῦτα. ἔτι δ' ἄλλον τρόπον λέγεται ἡ φύσις ἡ τῶν φύσει ὄντων οὐσία, οἷον οἱ λέγοντες τὴν φύσιν εἶναι τὴν πρώτην σύνθεσιν, ἢ ὥσπερ Ἐμπεδοκλῆς
1015a λέγει ὅτι "φύσις οὐδενός ἐστιν ἐόντων, ἀλλὰ μόνον μῖξίς τε

(chapter number in right margin beside "φύσις λέγεται ἕνα μὲν τρόπον…": 4)

16 φύσις δὲ λ. E ‖ 18 πρώτου E m. sec. et Alex.: πρῶτον A^b et E m. pr. ‖ 19 ἡ ἐν ἑκάστῳ Alex. quod emendandum est in ᾗ ἐν ἑκάστῳ ‖ ἧι αὐτῶι E ‖ 21 συμπεφυκέναι ἢ om. A^b ‖ 26 δὲ om. A^b ‖ 27 τῶν μὴ φύσει A^b, <u>μὴ om. E vulgo</u> ‖ 30 ἡ om. A^b ‖ ἡ φύσις λέγεται non legisse videtur Alex. ‖ 37 ἢ ὥσπερ A^bE, ἢ om. Bekk.

b 27 *μὴ* om. Ross

wovon der Artunterschied ausgesagt wird, dem kommt auch der Gattungsbegriff notwendig zu, aber nicht jedem, dem der Gattungsbegriff zukommt, auch der Artunterschied. (c) Das Gemeinsame in allen Bedeutungen ist, daß Element eines jeden einen ersten immanenten Bestandteil bezeichnet.

4 (a) (1.) Natur heißt in einer Bedeutung die Entstehung des Wachsenden (gleichsam als wenn man das y in phýsis lang ausspräche), (2.) in einer andern der erste immanente (Stoff), woraus das Wachsende erwächst; (3.) ferner dasjenige, wovon bei einem jeden natürlichen Dinge die erste Bewegung ausgeht, welche ihm selbst zukommt, insofern es das ist, was es ist. (4.) Wachsen (natürliches Werden) aber schreibt man allem zu, was Vermehrung durch ein anderes dadurch erhält, daß es mit ihm in Berührung steht und zusammengewachsen oder angewachsen ist, wie die Embryonen. Das Zusammenwachsen ist aber verschieden von der Berührung; denn bei der letzten braucht außer der Berührung nichts weiter vorhanden zu sein, bei dem Zusammengewachsenen aber ist etwas in beiden eins und dasselbe, welches bewirkt, daß sie, statt sich bloß zu berühren, zusammengewachsen und eins sind, der Kontinuität und der Quantität, nicht aber der Qualität nach. (5.) Ferner wird Natur derjenige Stoff genannt, aus welchem als dem ersten (Bestandteil) eines von den nicht natürlichen Dingen (= Artefakten) ist oder wird, wobei er selbst noch ungestaltet ist und sich aus eigenem Vermögen nicht verändert. So bezeichnet man z. B. als Natur der Bildsäule und der ehernen Geräte das Erz, als Natur der hölzernen das Holz, und auf gleiche Weise bei den übrigen; denn aus diesen besteht jedes einzelne, wobei der (zugrundeliegende) erste Stoff erhalten bleibt. Auf diese Weise nennt man auch die Elemente der natürlichen Dinge deren Natur, indem einige das Feuer, andere die Erde, die Luft, das Wasser oder etwas anderes der Art angeben, und entweder nur einiges von diesen oder alle. – (6.) Ferner heißt in einer andern Bedeutung Natur die Wesenheit der natürlichen Dinge, z. B. wenn man die erste Zusammensetzung Natur nennt, wie Empedokles 1015 a
sagt: „Natur ist keines der Dinge, sondern sie ist Mischung allein und Trennung allein des Gemischten. Natur werden

διάλλαξίς τε μιγέντων ἐστί, φύσις δ' ἐπὶ τοῖς ὀνομάζεται ἀνθρώποισιν." διὸ καὶ ὅσα φύσει ἐστὶν ἢ γίγνεται, ἤδη ὑπάρχοντος ἐξ οὗ πέφυκε γίγνεσθαι ἢ εἶναι, οὔπω φαμὲν τὴν φύσιν ἔχειν, ἐὰν μὴ ἔχῃ τὸ εἶδος καὶ τὴν μορφήν. φύσει μὲν οὖν τὸ ἐξ ἀμφοτέρων τούτων ἐστίν, οἷον τὰ ζῷα καὶ τὰ μόρια αὐτῶν· φύσις δὲ ἥ τε πρώτη ὕλη (καὶ αὕτη διχῶς, ἢ πρὸς αὐτὸ πρώτη ἢ ὅλως πρώτη, οἷον τῶν χαλκῶν ἔργων πρὸς αὐτὰ μὲν πρῶτος ὁ χαλκός, ὅλως δ' ἴσως ὕδωρ, εἰ πάντα τὰ τηκτὰ ὕδωρ) καὶ τὸ εἶδος καὶ ἡ οὐσία· τοῦτο δ' ἐστὶ τὸ τέλος τῆς γενέσεως. μεταφορᾷ δ' ἤδη καὶ ὅλως πᾶσα οὐσία φύσις λέγεται διὰ ταύτην, ὅτι καὶ ἡ φύσις οὐσία τίς ἐστιν. ἐκ δὴ τῶν εἰρημένων ἡ πρώτη φύσις καὶ κυρίως λεγομένη ἐστὶν ἡ οὐσία ἡ τῶν ἐχόντων ἀρχὴν κινήσεως ἐν αὐτοῖς ᾗ αὐτά· ἡ γὰρ ὕλη τῷ ταύτης δεκτικὴ εἶναι λέγεται φύσις, καὶ αἱ γενέσεις καὶ τὸ φύεσθαι τῷ ἀπὸ ταύτης εἶναι κινήσεις. καὶ ἡ ἀρχὴ τῆς κινήσεως τῶν φύσει ὄντων αὕτη ἐστὶν ἐνυπάρχουσά πως ἢ δυνάμει ἢ ἐντελεχείᾳ.

5 ἀναγκαῖον λέγεται, οὗ ἄνευ οὐκ ἐνδέχεται ζῆν ὡς συναιτίου, οἷον τὸ ἀναπνεῖν καὶ ἡ τροφὴ τῷ ζῴῳ ἀναγκαῖον· ἀδύνατον γὰρ ἄνευ τούτων εἶναι. καὶ ὧν ἄνευ τὸ ἀγαθὸν μὴ ἐνδέχεται ἢ εἶναι ἢ γενέσθαι, ἢ τὸ κακὸν ἀποβαλεῖν ἢ στερηθῆναι, οἷον τὸ πιεῖν τὸ φάρμακον ἀναγκαῖον ἵνα μὴ κάμνῃ, καὶ τὸ πλεῦσαι εἰς Αἴγιναν ἵν' ἀπολάβῃ τὰ χρήματα. ἔτι τὸ βίαιον καὶ ἡ βία· τοῦτο δ' ἐστὶ τὸ παρὰ

1015a, 2 τε post διάλλ. om. A^b ‖ ἐστὶ καὶ φύσις A^b ‖ τοῖς A^b E: τοῖσδ' vulgo ante Bekkerum ‖ 8 διχῶς ἡ A^b, διχῶς ἢ ἡ E Bonitz ‖ ἢ ὅλως A^b: ἢ ἡ ὅλως E Bonitz, ipse hiatum fugi ‖ 11 μεταφορὰ A^b ‖ 12. 13 ὅτι καὶ ἡ τῶν τέχνῃ γιγνομένων οὐσία φύσις τίς ἐστιν Alexandrum legisse suspicatus sum Stud. p. 36 ‖ 14 ἡ ante οὐσία om. Alex. ‖ 16 καὶ γένεσις A^b, καὶ αἱ γενέσεις E sed αἱ ex corr. ‖ τῶ A^b ‖ 17 εἶναι κίνησις A^b ‖ 18 αὕτη E: ἡ αὐτή A^b ‖ 19 ἐντελεχείᾳ E: ἐνεργεια A^b ‖ 20 ζῆν] εἶναι in interpr. Alex., item infra 1015b, 4 ‖ 23 ἢ τὸ A^b Alex.: ἤ τι E

a 8 ἢ ἡ ὅλως E Bonitz, Ross

die Dinge nur von den Menschen genannt". Daher sagen wir auch von allem, was von Natur ist oder wird, wenngleich das schon vorhanden ist, woraus es naturgemäß wird oder ist, daß es noch nicht seine Natur habe, wenn es nicht die Form und Gestalt hat. Von Natur also ist das aus beiden, Stoff und Form Bestehende, z. B. die Tiere und deren Teile; Natur aber ist einerseits der erste Stoff (und auch dieser in doppelter Bedeutung, entweder der erste für dieses spezielle Ding oder im allgemeinen der erste, wie z. B. von Erzarbeiten in Beziehung auf sie selbst das Erz erster Stoff ist, im allgemeinen aber vielleicht das Wasser, wenn alles Schmelzbare Wasser ist), andererseits die Form und die Wesenheit; diese ist aber der Zweck des Werdens. In übertragenem Sinne nennt man nun auch überhaupt jedes Wesen Natur auf Grund von dieser, weil die Natur ein Wesen ist. (b) Nach dem Gesagten ist also Natur im ersten und eigentlichen Sinne die Wesenheit der Dinge, welche das Prinzip der Bewegung in sich selbst haben, insofern sie das sind, was sie sind; denn der Stoff wird Natur genannt, weil er diese aufzunehmen fähig ist, das Werden und Wachsen darum, weil es Bewegungen sind, die von dieser ausgehen. Und Natur ist auch das Prinzip der Bewegung der natürlichen Dinge, immanent in den Dingen entweder dem Vermögen oder der wirklichen Tätigkeit nach.

5 (a) (1.) Notwendig nennt man dasjenige, ohne welches als Mitursache es nicht möglich ist zu leben; so sind z. B. das Atmen und die Nahrung dem lebenden Wesen notwendig; denn es ist unmöglich, ohne diese zu sein. (2.) Ferner heißt notwendig dasjenige, ohne welches das Gute nicht sein oder werden, oder man das Übel nicht entfernen und sich davon befreien kann, wie es z. B. notwendig ist, die Arznei zu trinken, um nicht zu leiden, oder nach Aigina zu segeln, um sein Geld zu bekommen. (3.) Ferner heißt notwendig das Erzwungene und der Zwang, d. h. dasjenige,

τὴν ὁρμὴν καὶ τὴν προαίρεσιν ἐμποδίζον καὶ κωλυτικόν. τὸ γὰρ βίαιον ἀναγκαῖον λέγεται· διὸ καὶ λυπηρόν, ὥσπερ καὶ Εὔηνός φησι "πᾶν γὰρ ἀναγκαῖον πρᾶγμ' ἀνιαρὸν ἔφυ." καὶ ἡ βία ἀνάγκη τις, ὥσπερ καὶ Σοφοκλῆς λέγει "ἀλλ' ἡ βία με ταῦτ' ἀναγκάζει ποιεῖν." καὶ δοκεῖ ἡ ἀνάγκη ἀμετάπειστόν τι εἶναι, ὀρθῶς· ἐναντίον γὰρ τῇ κατὰ τὴν προαίρεσιν κινήσει καὶ κατὰ τὸν λογισμόν. ἔτι τὸ μὴ ἐνδεχόμενον ἄλλως ἔχειν ἀναγκαῖόν φαμεν οὕτως ἔχειν. καὶ κατὰ τοῦτο τὸ ἀναγκαῖον καὶ τἆλλα λέγεταί πως ἅπαντα ἀναγκαῖα· τό τε γὰρ βίαιον ἀναγκαῖον λέγεται ἢ ποιεῖν ἢ πάσχειν τότε, ὅταν μὴ ἐνδέχηται κατὰ τὴν ὁρμὴν διὰ τὸ βιαζόμενον, ὡς ταύτην ἀνάγκην οὖσαν, δι' ἣν μὴ ἐνδέχεται ἄλλως· καὶ ἐπὶ τῶν συναιτίων τοῦ ζῆν καὶ τοῦ ἀγαθοῦ ὡσαύτως· ὅταν γὰρ μὴ ἐνδέχηται ἔνθα μὲν τὸ ἀγαθὸν ἔνθα δὲ τὸ ζῆν καὶ τὸ εἶναι ἄνευ τινῶν, ταῦτα ἀναγκαῖα καὶ ἡ αἰτία ἀνάγκη τίς ἐστιν αὕτη. ἔτι ἡ ἀπόδειξις τῶν ἀναγκαίων, ὅτι οὐκ ἐνδέχεται ἄλλως ἔχειν, εἰ ἀποδέδεικται [ἁπλῶς]· τούτου δ' αἴτια τὰ πρῶτα, εἰ ἀδύνατον ἄλλως ἔχειν ἐξ ὧν ὁ συλλογισμός. τῶν μὲν δὴ ἕτερον αἴτιον τοῦ ἀναγκαῖα εἶναι, τῶν δὲ οὐδέν, ἀλλὰ διὰ ταῦτα ἕτερά ἐστιν ἐξ ἀνάγκης· ὥστε τὸ πρῶτον καὶ κυρίως ἀναγκαῖον τὸ ἁπλοῦν ἐστίν· τοῦτο γὰρ οὐκ ἐνδέχεται πλεοναχῶς ἔχειν, ὥστ' οὐδὲ ἄλλως καὶ ἄλλως· ἤδη γὰρ πλεοναχῶς ἂν ἔχοι. εἰ ἄρα ἔστιν ἄττα ἀΐδια καὶ ἀκίνητα, οὐδὲν ἐκείνοις ἐστὶ βίαιον οὐδὲ παρὰ φύσιν.

27 *τὴν* post *καὶ* om. A^b ‖ 28 fort. *τό τε γὰρ βίαιον*, confer infra v. 36 et Alexandrum p. 319, 15 ‖ 30 *Σοφοκλῆς*] Electra v. 256 ‖ 33 *καὶ τῇ κατὰ* in interpr. Alex. ‖ 1015b, 4 *ἐνδέχεται* A^b ‖ 5 *καὶ τὸ* eicienda censet Bonitz ‖ 6 *αὕτη* E: *αὐτῆς* A^b ‖ 9 *εἰ ἀδύνατον ἄλλως ἔχειν ἐξ ὧν ὁ συλλογισμός* ad explicandum vocabulum *ἁπλῶς* (8) pertinere videntur ‖ 10 *δὴ* E: *δι'* A^b ‖ *ἀναγκαῖον* A^b ‖ 14 *ἄρα* E: *γὰρ* A^b ‖ *ἄττα καὶ ἀίδια* A^b, *καὶ* om. E ‖ 15 *οὐδὲν*] *οὐδ' ἓν* E

b 8 *ἁπλῶς*: codd., Ross

welches uns gegen unsere eigene Neigung und unseren Ent-
schluß bindet und hemmt. Denn man nennt das Erzwunge-
ne notwendig, weshalb es auch schmerzlich ist, wie Euenos
sagt: „Denn alles Notwendige ist ein betrübendes Ding.“
Und der Zwang ist eine Art Notwendigkeit, wie ja Sopho-
kles sagt: „. . . Es nötigt mich der Zwang zu solcher Tat.“
Auch gilt die Notwendigkeit für etwas Unerbittliches, und
mit Recht; denn sie steht der Bewegung nach Vorsatz und
Überlegung entgegen. (4.) Ferner sagen wir von dem, was
sich nicht anders verhalten kann, es sei notwendig, daß es
sich so verhalte. (b) Und auf diese Bedeutung von Not-
wendig kommen gewissermaßen alle anderen Bedeutungen
desselben zurück; denn einmal von dem Erzwungenen sagt
man, daß es notwendig dies tun oder leiden müsse, in dem
Falle, wenn es wegen des Zwingenden nicht seiner eigenen
Neigung folgen kann, indem man als Notwendigkeit das 1015 b
ansieht, wodurch ihm unmöglich ist, sich anders zu verhal-
ten. Und bei den Mitursachen des Lebens und des Guten
verhält es sich ebenso; denn wenn hier das Leben, dort das
Gute ohne gewisse Dinge nicht möglich ist, so sind diese
notwendig und diese Ursache eine Art von Notwendigkeit.
Zu dem Notwendigen gehört ferner auch der Beweis, weil
etwas, wenn es schlechthin bewiesen ist, sich nicht anders
verhalten kann; Ursachen aber dieser Notwendigkeit sind
die ersten Voraussetzungen, wenn sich nämlich dasjenige,
woraus der Schluß gezogen ist, nicht anders verhalten kann.
(c) Das Notwendige nun hat entweder die Ursache der Not-
wendigkeit in einem anderen oder nicht in einem anderen,
sondern es kommt vielmehr um seinetwillen anderem Not-
wendigkeit zu. Im ersten und strengsten Sinne notwendig
ist also das Einfache; denn dies kann sich nicht auf mehr-
fache Weise verhalten, also auch nicht so und anders, denn
dann verhielte es sich schon auf mehrfache Weise. Gibt es
also gewisse ewige und unveränderliche Dinge, so findet in
ihrer Notwendigkeit kein Zwang und kein Gegensatz gegen
die Natur statt.

6 Ἓν λέγεται τὸ μὲν κατὰ συμβεβηκός, τὸ δὲ καθ' αὑτό· κατὰ συμβεβηκὸς μὲν οἷον Κορίσκος καὶ τὸ μουσικὸν καὶ Κορίσκος μουσικός· ταὐτὸ γὰρ εἰπεῖν Κορίσκος καὶ τὸ μουσικὸν καὶ Κορίσκος μουσικός. καὶ τὸ μουσικὸν καὶ τὸ δίκαιον καὶ μουσικὸς Κορίσκος καὶ δίκαιος Κορίσκος· πάντα γὰρ ταῦτα ἓν λέγεται κατὰ συμβεβηκός, τὸ μὲν δίκαιον καὶ τὸ μουσικόν, ὅτι μιᾷ οὐσίᾳ συμβέβηκεν, τὸ δὲ μουσικὸν καὶ Κορίσκος, ὅτι θάτερον θατέρῳ συμβέβηκεν· ὁμοίως δὲ τρόπον τινα καὶ ὁ μουσικὸς Κορίσκος τῷ Κορίσκῳ ἕν, ὅτι θάτερον τῶν μορίων θατέρῳ συμβέβηκε τῶν ἐν τῷ λόγῳ, οἷον τὸ μουσικὸν τῷ Κορίσκῳ· καὶ ὁ μουσικὸς Κορίσκος δικαίῳ Κορίσκῳ, ὅτι ἑκατέρου μέρος τῷ αὐτῷ ἑνὶ συμβέβηκεν [ἕν]. ὡσαύτως δὲ κἂν ἐπὶ γένους κἂν ἐπὶ τῶν καθόλου τινὸς ὀνομάτων λέγηται τὸ συμβεβηκός, οἷον ὅτι ἄνθρωπος τὸ αὐτὸ καὶ μουσικὸς ἄνθρωπος· ἢ γὰρ ὅτι τῷ ἀνθρώπῳ μιᾷ οὔσῃ οὐσίᾳ συμβέβηκε τὸ μουσικόν, ἢ ὅτι ἄμφω τῶν καθ' ἕκαστόν τινι συμβέβηκεν, οἷον Κορίσκῳ. πλὴν οὐ τὸν αὐτὸν τρόπον ἄμφω ὑπάρχει, ἀλλὰ τὸ μὲν ἴσως ὡς γένος καὶ ἐν τῇ οὐσίᾳ, τὸ δὲ ὡς ἕξις ἢ πάθος τῆς οὐσίας. ὅσα μὲν οὖν κατὰ συμβεβηκὸς λέγεται ἕν, τοῦτον τὸν τρόπον λέγεται. τῶν δὲ καθ' ἑαυτὰ ἓν λεγομένων τὰ μὲν λέγεται τῷ συνεχῆ εἶναι, οἷον φάκελλος δεσμῷ καὶ ξύλα κόλλῃ· καὶ 1016a γραμμὴ κἂν κεκαμμένη ᾖ, συνεχὴς δέ, μία λέγεται, ὥσπερ καὶ τῶν μερῶν ἕκαστον, οἷον σκέλος καὶ βραχίων. αὐτῶν

16 τὸ δὲ — 17 μὲν om. A^b ‖ 18 καὶ Κορισκος καὶ μουσικός A^b ‖ ταὐτὸ — 19 μουσικὸς om. A^b ‖ 19 ante καὶ Κορ. addendum ἓν ex Alex. censet Bonitz ‖ 20 μουσικὸς Κορίσκος καὶ δίκαιος Κορίσκος Alex.: μουσικὸς Κορίσκος omissis καὶ δίκαιος Κορ. A^b, μουσικὸς δίκαιος Κορίσκος E ‖ 21 τὸ post καὶ om. A^b ‖ 22 τὸ — 23 συμβέβηκεν om. A^b ‖ 27 μέρος E: μέρους A^b ‖ ἕν om. A^b, post ἓν add. E οὐδὲν γὰρ διαφέρει ἢ Κορίσκωι τὸ μουσικὸν συμβεβηκέναι, quibus addit Bessarionis translatio ἢ ἐκείνῳ τοῦτο, sed haec omnia om. A^b et Alex. ‖ 29 ὅτι ὁ ἀνθρ. A^b ‖ 34 fort. Alex. ἐν τῇ οὐσίᾳ ὄν ‖ 1016a, 1 φάκελος E ‖ 3 οἷον add. A^b, om. E ‖ fort. μελῶν

6 (a) Eines wird etwas genannt entweder in akzidentellem Sinne, oder an sich. (1.) In akzidentellem Sinne Eines z. B. Koriskos und Gebildet und der gebildete Koriskos; denn es ist dasselbe, ob man sagt, Koriskos und Gebildet sei Eines, oder, Koriskos sei gebildet, und ebenso gebildet und gerecht, oder der gebildete und gerechte Koriskos. Denn alles dies wird Eines genannt in akzidentellem Sinne, Gerecht nämlich und Gebildet, weil es Akzidenzien an demselben einen Wesen sind, Gebildet aber und Koriskos, weil das eine ein Akzidens des anderen ist. Auf gleiche Weise ist gewissermaßen der gebildete Koriskos eins mit Koriskos, weil einer von den im Begriff enthaltenen Teilen ein Akzidens am andern ist, nämlich Gebildet am Koriskos, und der gebildete Koriskos eins mit dem gerechten Koriskos, weil der eine Teil von einem jeden von beiden Akzidens an einem und demselben ist. (2.) Ebenso verhält es sich auch, wenn man bei einer Gattung oder einer allgemeinen Benennung von Akzidens spricht, z. B. daß Mensch und gebildeter Mensch dasselbe sei; entweder nämlich ist dies der Fall, weil an Mensch als einem einzigen Wesen Gebildet ein Akzidens ist, oder weil beides Akzidens ist an irgendeinem individuellen Dinge ist, z. B. an Koriskos. Indes ist dies beides nicht in demselben Sinne Akzidens, sondern das eine etwa als Gattung und dem Wesen innewohnend, das andere als eine Haltung oder Eigenschaft des Wesens.
(b) Dies sind also alle die verschiedenen Weisen, in welchen etwas in akzidentellem Sinne als Eines bezeichnet wird. (1.) Von dem aber, was an sich Eines genannt wird, heißt
einiges so, weil es ein Kontinuum ist, z. B. das Bün- 1016 a
del durch das Band, das Holz durch den Leim, und so heißt die Linie, auch wenn sie gebrochen ist, aber dabei kontinuierlich, eine wie ja auch ein jedes von den Gliedern, z. B. das Bein und der Arm.

δὲ τούτων μᾶλλον ἓν τὰ φύσει συνεχῆ ἢ τέχνῃ. συνεχὲς δὲ λέγεται, οὗ κίνησις μία καθ' αὑτὸ καὶ μὴ οἷόν τε ἄλλως· μία δ' οὗ ἀδιαίρετος, ἀδιαίρετος δὲ κατὰ χρόνον. καθ' αὑτὰ δὲ συνεχῆ ὅσα μὴ ἁφῇ ἕν· εἰ γὰρ θείης ἁπτόμενα ἀλλήλων ξύλα, οὐ φήσεις ταῦτα εἶναι ἓν οὔτε ξύλον οὔτε σῶμα οὔτ' ἄλλο συνεχὲς οὐδέν. τά τε δὴ ὅλως συνεχῆ ἓν λέγεται, κἂν ἔχῃ κάμψιν, καὶ ἔτι μᾶλλον τὰ μὴ ἔχοντα κάμψιν, οἷον κνήμη ἢ μηρὸς σκέλους, ὅτι ἐνδέχεται μὴ μίαν εἶναι τὴν κίνησιν τοῦ σκέλους. καὶ ἡ εὐθεῖα τῆς κεκαμμένης μᾶλλον ἕν· τὴν δὲ κεκαμμένην καὶ ἔχουσαν γωνίαν καὶ μίαν καὶ οὐ μίαν λέγομεν, ὅτι ἐνδέχεται καὶ μὴ ἅμα τὴν κίνησιν αὐτῆς εἶναι καὶ ἅμα· τῆς δ' εὐθείας αἰεὶ ἅμα, καὶ οὐδὲν μόριον ἔχον μέγεθος τὸ μὲν ἠρεμεῖ τὸ δὲ κινεῖται, ὥσπερ τῆς κεκαμμένης. ἔτι ἄλλον τρόπον ἓν λέγεται τῷ τὸ ὑποκείμενον τῷ εἴδει εἶναι ἀδιάφορον· ἀδιάφορα δὲ ὧν ἀδιαίρετον τὸ εἶδος κατὰ τὴν αἴσθησιν· τὸ δ' ὑποκείμενον ἢ τὸ πρῶτον ἢ τὸ τελευταῖον πρὸς τὸ τέλος. καὶ γὰρ οἶνος εἷς λέγεται καὶ ὕδωρ ἕν, ᾗ ἀδιαίρετον κατὰ τὸ εἶδος· καὶ οἱ χυμοὶ πάντες λέγονται ἕν, οἷον ἔλαιον οἶνος καὶ τὰ τηκτά, ὅτι πάντων τὸ ἔσχατον ὑποκείμενον τὸ αὐτό· ὕδωρ γὰρ ἢ ἀὴρ πάντα ταῦτ' ἐστίν. λέγεται δ' ἓν καὶ ὧν τὸ γένος ἓν διαφέρον ταῖς ἀντικειμέναις διαφοραῖς· καὶ ταῦτα λέγεται ἓν πάντα, ὅτι τὸ γένος ἓν τὸ ὑποκείμενον ταῖς διαφοραῖς, οἷον ἵππος ἄνθρωπος κύων ἕν τι, ὅτι πάντα ζῷα, καὶ τρόπον δὴ παραπλήσιον, ὥσπερ ἡ ὕλη μία. ταῦτα δὲ ὁτὲ μὲν οὕτως ἓν λέγεται, ὁτὲ δὲ κατὰ τὸ ἄνω γένος [ὃ] ταὐτὸ λέγε-

5 οὗ ἡ κίνησις fort. Alex. ‖ 6 κατὰ τὸν χρόνον Alex. ‖ 10 ἔτι delendum censeo ‖ 15 αἰεὶ E: δεῖ A^b ‖ 17 ὥσπερ add. in E m. sec. ‖ ἓν om. E ‖ 18 ἀδιάφορον δὲ E, om. A^b, ἀδιάφορα δ' edd. ‖ 21 ἓν E: ἂν A^b ‖ 24 ἔστιν om. A^b ‖ 26 ἓν πάντα A^b: πάντα ἓν E ‖ 27 τι om. A^b ‖ ζῷον A^b ‖ 28 post δὴ addendum τινα putabat Bonitz collato Alex. p. 324, 23 ‖ fort. ὥσπερ ὧν, cf. 1018a, 6 ‖ ταὐτὰ interpretatur Alex. ‖ 29 κατὰ τὸ ἄνω] κατὰ om. A^bE, add. Alex. Ascl. ‖ ὃ om. A^b, seclusit Bonitz ‖ τὸ αὐτὸ A^b

a18 E, Ross 29 ὅ om. Ross

Von diesen selbst aber heißt in strengerem Sinne das Eines, was von Natur, als das, was durch Kunst Kontinuierliches bildet. Kontinuierlich aber heißt dasjenige, dessen Bewegung an sich eine ist und sich nicht anders verhalten kann; eine aber ist die Bewegung, wenn sie unteilbar ist, unteilbar nämlich der Zeit nach. Kontinuierlich an sich ist dasjenige, was nicht bloß durch Berührung Eines ist; denn nimmt man zwei einander berührende Holzstücke, so wird man nicht sagen, daß diese Eines seien, weder *ein* Holz, noch *ein* Körper, noch sonst irgend *ein* Kontinuierliches. Das Kontinuierliche überhaupt wird Eines genannt, wenn es auch ein Gelenk hat, in strengerem Sinne aber das, welches kein Gelenk hat, z. B. das Schienbein und die Hüfte in strengerem Sinne als das Bein, weil die Bewegung des Beines nicht notwendig eine einzige sein muß. Ebenso ist die gerade Linie in vollerem Sinne Eines als die gebrochene; die gebrochene, welche einen Winkel bildet, bezeichnen wir als eine und auch als nicht eine, weil es möglich ist, daß ihre Bewegung nicht zugleich stattfinde, und auch daß diese zugleich stattfinde; die Bewegung der geraden Linie aber findet immer zugleich statt, und es ist nicht möglich, daß ein ausgedehnter Teil derselben ruhe, während ein anderer sich bewegt, wie dies bei der gebrochenen der Fall sein kann. (2.) Ferner wird in einem anderen Sinne etwas Eines genannt, weil sein Substrat der Art nach unterschiedslos ist. Unterschiedslos heißt aber das, dessen Art für die sinnliche Wahrnehmung unteilbar ist; unter Substrat aber ist entweder das nächste oder das letzte und äußerste verstanden. Denn man bezeichnet einerseits den Wein als Eines und das Wasser als Eines, insofern jedes derselben der Art nach unteilbar ist, und andererseits nennt man alle Flüssigkeiten Eines, z. B. Öl, Wein und das Schmelzbare, weil das letzte Substrat für alle dasselbe ist; denn alle diese sind Wasser oder Luft. (3.) Als Eines bezeichnet man auch diejenigen Dinge, deren Gattung dieselbe ist, aber sich durch die entgegengesetzten Artunterschiede unterscheidet. Auch diese alle werden Eines genannt, weil die Gattung, welche den Artunterschieden zugrunde liegt, eine einzige ist, z. B. Pferd, Mensch und Hund sind Eines, weil sie alle Lebewesen sind, und zwar auf eine ähnliche Weise, wie im vorigen Falle der Stoff ein einziger war. In manchen Fällen nun werden diese auf solche Weise als Eines bezeichnet, in anderen nach der höheren Gattung als dasselbe;

ται, ἐὰν ᾖ τελευταῖα τοῦ γένους εἴδη [τὸ ἀνωτέρω τούτων], οἷον τὸ ἰσοσκελὲς καὶ τὸ ἰσόπλευρον ταὐτὸ καὶ ἓν σχῆμα, ὅτι ἄμφω τρίγωνα, τρίγωνα δ' οὐ ταὐτά. ἔτι δὲ ἓν λέγεται ὅσων ὁ λόγος ὁ τὸ τί ἦν εἶναι λέγων ἀδιαίρετος πρὸς ἄλλον τὸν δηλοῦντα τί ἦν εἶναι τὸ πρᾶγμα· αὐτὸς γὰρ καθ' αὑτὸν πᾶς λόγος διαιρετός. οὕτω γὰρ καὶ τὸ ηὐξημένον καὶ φθῖνον ἕν ἐστιν, ὅτι ὁ λόγος εἷς, ὥσπερ ἐπὶ τῶν ἐπιπέδων ὁ τοῦ εἴδους [εἷς]. ὅλως δὲ ὧν ἡ νόησις ἀδιαίρετος ἡ νοοῦσα τὸ τί ἦν εἶναι, καὶ μὴ δύναται χωρίσαι μήτε χρόνῳ μήτε τόπῳ μήτε λόγῳ, μάλιστα ταῦτα ἕν, καὶ τούτων ὅσα οὐσίαι. καθόλου γὰρ ὅσα μὴ ἔχει διαίρεσιν, ᾗ μὴ ἔχει, ταύτῃ ἓν λέγεται, οἷον εἰ ᾗ ἄνθρωπος μὴ ἔχει διαίρεσιν, εἷς ἄνθρωπος, εἰ δ' ᾗ ζῷον, ἓν ζῷον, εἰ δ' ᾗ μέγεθος, ἓν μέγεθος. τὰ μὲν οὖν πλεῖστα ἓν λέγεται τῷ ἕτερόν τι ἢ ποιεῖν ἢ ἔχειν ἢ πάσχειν ἢ πρός τι εἶναι ἕν, τὰ δὲ πρώτως λεγόμενα ἕν, ὧν ἡ οὐσία μία. μία δὲ ἢ συνεχείᾳ ἢ εἴδει ἢ λόγῳ· καὶ γὰρ ἀριθμοῦμεν ὡς πλείω ἢ τὰ μὴ συνεχῆ, ἢ ὧν μὴ ἓν τὸ εἶδος, ἢ ὧν ὁ λόγος μὴ εἷς. ἔτι δ' ἔστι μὲν ὡς ὁτιοῦν ἕν φαμεν εἶναι, ἐὰν ᾖ ποσὸν καὶ συνεχές, ἔστι δ' ὡς οὔ, ἐὰν μή τι ὅλον ᾖ, τοῦτο δ' ἐὰν μὴ τὸ εἶδος ἔχῃ ἕν· οἷον οὐκ ἂν φαῖμεν ὁμοίως ἓν ὁπωσοῦν ἰδόντες τὰ μέρη συγκείμενα τοῦ ὑποδήματος, ἐὰν μὴ διὰ τὴν συνέχειαν, ἀλλ' ἐὰν οὕτως ὥστε ὑπόδημα εἶναι καὶ εἶδός τι ἤδη ἔχειν ἕν. διὸ καὶ ἡ τοῦ κύκλου

30 τὰ ἀνωτέρω A^b E (ἀνωτέρωι E), τὸ ἀνωτέρω scripsit Alexandrum secutus Bonitz, ipse haec verba ab interpolatore addita notavi ‖ 32 ἄμφω τρίγωνον E ‖ 33 ὁ ante τὸ om. A^b ‖ 34 τὸν deleverim ‖ 35 ἀδιαίρετος A^b ‖ 36 ὁ τοῦ εἴδους addita videntur ut coniungerentur cum ὁ λόγος εἷς ‖ 1016b, 1 εἷς om. A^b ‖ 4 γὰρ A^b: δὲ E ‖ ᾗ μὴ ἔχει om. A^b ‖ 7 ἢ ἔχειν ἢ πάσχειν A^b E Alex.: ἢ πάσχειν om. Aldina, ἢ πάσχειν ἢ ἔχειν Brandis ‖ 9 ἀριθμοῦμεν] καὶ ἀριθμῷ μόνως γρ. E m. sec. ‖ καὶ πλεῖά ἐστιν γρ. E m. sec. ‖ 10 ἢ τὰ] ἢ om. A^b ‖ 10 ἢ ὧν μὴ — 11 εἷς om. A^b ‖ 11 ἢ ὧν ὁ λ. μὴ εἷς omissa testatur Alex. p. 327, 29 ‖ ἐπεὶ A^b E, ἔτι γρ. E, quod coni. Alex. et recepit Bonitz ‖ 13 τὸ E: τι A^b ‖ οἷον add. A^b E, om. edd. ante Bekkerum ‖ 14 ὁμοίως suspectum ‖ ὁπωσοῦν ἰδόντες A^b: ἰδόντες ὁπωσοῦν E ‖ 16 ἔχειν ἤδη E

a 33 *τί ἦν εἶναι*: secl. Ross b 1 *εἷς*: om. Ross

sofern es nämlich letzte Arten der Gattung sind, werden sie nach der übergeordneten Gattung als Eines bezeichnet; z. B. das gleichseitige und gleichschenklige Dreieck sind eine und dieselbe Figur, da beide Dreiecke sind, als Dreiecke aber sind sie nicht ein und dasselbe. (4.) Ferner wird Eines alles dasjenige genannt, wovon der Begriff, der das Sosein angibt, unteilbar ist in Vergleich mit einem anderen, welcher das Sosein der Sache ausdrückt; denn an und für sich ist jeder Begriff teilbar; so ist etwas, wenn es auch vermehrt ist und abnimmt, Eines, weil sein Begriff ein einziger ist, wie etwa bei den Flächen trotz der Verschiedenheit der Größe der Artbegriff ein einziger ist. (5.) Überhaupt aber ist im vollsten Sinne dasjenige Eines, wovon die intellektive Erfassung, 1016 b
die das Sosein erfaßt, eine einzige ist und weder der Zeit noch dem Raume noch dem Begriffe nach eine Teilung zuläßt, und unter diesen wieder am meisten die Wesenheiten. (6.) Denn allgemein wird dasjenige, welches keine Teilung zuläßt, insofern es sie nicht zuläßt, Eines genannt; z. B. wenn bei jemandem, insofern er Mensch ist, keine Teilung stattfindet, so ist er *ein* Mensch; wenn dagegen, insofern er ein Lebewesen ist, so ist er *ein* Lebewesen; wenn, insofern er Größe ist, so ist er *eine* Größe. Das meiste nun wird Eines genannt, weil etwas anderes es entweder bewirkt oder hat, oder leidet, oder nach einem Verhältnis Eines ist. Im ursprünglichen und strengen Sinne aber ist dasjenige Eines, dessen Wesenheit eine ist. Eine aber entweder der Kontinuität oder der Art oder dem Begriffe nach; denn als Mehrheit zählen wir teils, was nicht *ein* Kontinuum bildet, teils, deren Art nicht eine, teils, deren Begriff nicht einer ist. (7.) Ferner nennen wir einerseits jedes Eines, wenn es ein Quantum und kontinuierlich ist, andererseits aber auch nicht, sofern es nicht ein Ganzes ist, d. h. sofern es nicht eine einzige Form hat; wir würden z. B. nicht auf gleiche Weise Einheit prädizieren, wenn wir die Teile des Schuhes irgendwie zusammengesetzt sehen, es müßte denn sein um der Kontinuität willen, sondern vielmehr erst dann, wenn sie so zusammengesetzt sind, daß sie (z. B.) ein Schuh sind und bereits eine einzige Form haben. Darum ist auch die

μάλιστα μία τῶν γραμμῶν, ὅτι ὅλη καὶ τέλειός ἐστιν. τὸ δ' ἑνὶ εἶναι ἀρχῇ τινί ἐστιν ἀριθμοῦ εἶναι· τὸ γὰρ πρῶτον μέτρον ἀρχή· ᾧ δὲ πρώτῳ γνωρίζομεν, τοῦτο πρῶτον μέτρον ἑκάστου γένους· ἀρχὴ οὖν τοῦ γνωστοῦ περὶ ἕκαστον τὸ ἕν. οὐ ταὐτὸ δὲ ἐν πᾶσι τοῖς γένεσι τὸ ἕν. ἔνθα μὲν γὰρ δίεσις, ἔνθα δὲ τὸ φωνῆεν ἢ ἄφωνον· βάρους δ' ἕτερον καὶ κινήσεως ἄλλο. πανταχοῦ δὲ τὸ ἓν ἢ τῷ ποσῷ ἢ τῷ εἴδει ἀδιαίρετον. τὸ μὲν οὖν κατὰ τὸ ποσὸν καὶ ᾗ ποσὸν ἀδιαίρετον, τὸ μὲν πάντῃ καὶ ἄθετον λέγεται μονάς, τὸ δὲ πάντῃ καὶ θέσιν ἔχον στιγμή, τὸ δὲ μοναχῇ γραμμή, τὸ δὲ διχῇ ἐπίπεδον, τὸ δὲ πάντῃ καὶ τριχῇ διαιρετὸν κατὰ τὸ ποσὸν σῶμα. καὶ ἀντιστρέψαντι δὴ τὸ μὲν διχῇ διαιρετὸν ἐπίπεδον, τὸ δὲ μοναχῇ γραμμή, τὸ δὲ μηδαμῇ διαιρετὸν κατὰ τὸ ποσὸν στιγμὴ καὶ μονάς, ἡ μὲν ἄθετος μονάς, ἡ δὲ θετὸς στιγμή. ἔτι δὲ τὰ μὲν κατ' ἀριθμόν ἐστιν ἕν, τὰ δὲ κατ' εἶδος, τὰ δὲ κατὰ γένος, τὰ δὲ κατ' ἀναλογίαν· ἀριθμῷ μὲν ὧν ἡ ὕλη μία, εἴδει δ' ὧν ὁ λόγος εἷς, γένει δ' ὧν τὸ αὐτὸ σχῆμα τῆς κατηγορίας, κατ' ἀναλογίαν δὲ ὅσα ἔχει ὡς ἄλλο πρὸς ἄλλο. αἰεὶ δὲ τὰ ὕστερα τοῖς ἔμπροσθεν ἀκολουθεῖ, οἷον ὅσα ἀριθμῷ καὶ εἴδει ἕν, ὅσα δ' εἴδει οὐ πάντα ἀριθμῷ, 1017a ἀλλὰ γένει πάντα ἓν ὅσαπερ καὶ εἴδει, ὅσα δὲ γένει οὐ πάντα εἴδει ἀλλ' ἀναλογίᾳ· ὅσα δὲ ἓν ἀναλογίᾳ, οὐ πάντα γένει. φανερὸν δὲ καὶ ὅτι τὰ πολλὰ ἀντικειμένως λεχθήσεται τῷ ἑνί· τὰ μὲν γὰρ τῷ μὴ συνεχῆ εἶναι, τὰ δὲ τῷ διαιρετὴν ἔχειν τὴν ὕλην κατὰ τὸ εἶδος, ἢ τὴν πρώτην ἢ τὴν τελευταίαν, τὰ δὲ τῷ τοὺς λόγους πλείους τοὺς τί ἦν εἶναι λέγοντας.

18 ἑνὶ E: ἓν A^b ‖ ἀρχῇ A^b: ἀρχὴ E vulgo ‖ ἀριθμῶι E, equidem ἀριθμοῦ interpolatum esse iudico ‖ 19 ᾧ δὲ scripsi: ᾧ γὰρ A^b E Alex. ‖ μέτρον ἑκάστου γένους ἀρχή A^b ‖ γνωρίζομέν τι, τοῦτο Alex. ‖ 24 καὶ ᾗ ποσὸν om. A^b ‖ 31 δὲ et ἐστιν om. A^b ‖ 33 μὲν οὖν ὧν A^b, οὖν om. E ‖ εἷς om. A^b ‖ 35 δὴ E ‖ 1017a, 1 ἀριθμῷ· ἀλλὰ vulgo, interpunctionem mutavi, sed malo ἀριθμῷ· καὶ ‖ 2 ἓν om. A^b ‖ 6 fort. τοὺς τὸ τί ‖ λέγοντας A^bE, sed τας in A^b compendiosa scriptura exaratum, qua falso soluta λέγονται Ald. Bekk.

b 24 A^b, Ross

Kreislinie vor allen Linien eine einzige, weil sie ganz und vollendet ist. (c) (1.) Das Eines-sein heißt: Prinzip der Zahl für etwas sein; denn das erste Maß ist Prinzip. In jeder Gattung nämlich ist das, womit als Erstem wir erkennen, das Maß derselben; so ist also das Eine Prinzip des Erkennbaren bei jedem Dinge. Nicht dasselbe ist aber in allen Gattungen das Eine; hier nämlich der Viertelton, dort das Lautbare und Lautlose, ein anderes wieder bei der Schwere, ein anderes bei der Bewegung. Überall aber ist das Eine entweder der Quantität oder der Form nach unteilbar. (2.) Unter dem nun, was der Quantität nach und als Quantum unteilbar ist, heißt das, was in jeder Richtung unteilbar und zugleich ohne Lage ist, Einheit. Das dagegen, was in jeder Richtung unteilbar ist und eine Lage hat, ist Punkt. Das in einer Richtung Teilbare ist Linie, das in zwei Richtungen Fläche, das in allen drei Richtungen der Quantität nach Teilbare Körper. Und umgekehrt ist das in zwei Richtungen Teilbare Fläche, das in einer Richtung Teilbare Linie, das in keiner Richtung der Quantität nach Teilbare Punkt und Einheit, nämlich ohne Lage Einheit, mit Lage Punkt. (3.) Ferner ist einiges der Zahl nach Eines, anderes der Art, anderes der Gattung, anderes der Analogie nach. Der Zahl nach nämlich das, dessen Stoff, der Art nach das, dessen Begriff *einer* ist, der Gattung nach das, was derselben Form der Kategorie angehört, der Analogie nach, was sich ebenso verhält wie ein anderes zu einem anderen. Immer ist dabei mit dem Früheren das Spätere mitgesetzt; z. B. was der Zahl nach Eines ist, das ist es auch der Art nach, aber was es der Art nach ist, das ist nicht auch alles der Zahl nach Eines, aber der Gattung nach ist alles Eines, was es der Art nach ist, was aber dem Geschlechte nach, das ist nicht alles auch der Art nach, sondern der Analogie nach Eines,
und was der Analogie nach Eines ist, das ist es nicht alles 1017 a
auch der Gattung nach. (d) Offenbar ist auch, daß das Viele in entgegengesetztem Sinne gebraucht werden dürfte wie das Eine. Einiges nämlich wird als Vieles bezeichnet, weil es nicht stetig zusammenhängt, anderes, weil sein Stoff, der erste oder der letzte, der Art nach teilbar ist, anderes, weil die Begriffe, welche das Sosein angeben, mehrere sind.

τὸ ὂν λέγεται τὸ μὲν κατὰ συμβεβηκός, τὸ δὲ καθ' αὑτό. κατὰ συμβεβηκὸς μέν, οἷον τὸν δίκαιον μουσικὸν εἶναί φαμεν καὶ τὸν ἄνθρωπον μουσικὸν καὶ τὸν μουσικὸν ἄνθρωπον, παραπλησίως λέγοντες ὡσπερεὶ τὸν μουσικὸν οἰκοδομεῖν, ὅτι συμβέβηκε τῷ οἰκοδόμῳ μουσικῷ εἶναι ἢ τῷ μουσικῷ οἰκοδόμῳ· τὸ γὰρ τόδε εἶναι τόδε σημαίνει τὸ συμβεβηκέναι τῷδε τόδε. οὕτω δὲ καὶ ἐπὶ τῶν εἰρημένων· τὸν γὰρ ἄνθρωπον ὅταν μουσικὸν λέγωμεν καὶ τὸν μουσικὸν ἄνθρωπον ἢ τὸν λευκὸν μουσικὸν ἢ τοῦτον λευκόν, τὸ μὲν ὅτι ἄμφω τῷ αὐτῷ ὄντι συμβεβήκασι, τὸ δὲ ὅτι συμβέβηκε τῷ ὄντι, τὸ δὲ μουσικὸν ἄνθρωπον ὅτι τούτῳ τὸ μουσικὸν συμβέβηκεν. οὕτω δὲ λέγεται καὶ τὸ μὴ λευκὸν εἶναι, ὅτι ᾧ συμβέβηκεν, ἐκεῖνο ἔστιν. τὰ μὲν οὖν κατὰ συμβεβηκὸς εἶναι λεγόμενα οὕτως λέγεται ἢ διότι τῷ αὐτῷ ὄντι ἄμφω ὑπάρχει, ἢ ὅτι ὄντι ἐκεῖνο ὑπάρχει, ἢ ὅτι αὐτὸ ἔστιν ᾧ ὑπάρχει οὗ αὐτὸ κατηγορεῖται. καθ' αὑτὰ δὲ εἶναι λέγεται ὅσαπερ σημαίνει τὰ σχήματα τῆς κατηγορίας· ὁσαχῶς γὰρ λέγεται τοσαυταχῶς τὸ εἶναι σημαίνει. ἐπεὶ οὖν τῶν κατηγορουμένων τὰ μὲν τί ἐστι σημαίνει, τὰ δὲ ποιόν, τὰ δὲ ποσόν, τὰ δὲ πρός τι, τὰ δὲ ποιεῖν ἢ πάσχειν, τὰ δὲ ποῦ, τὰ δὲ πότε, ἑκάστῳ τούτων τὸ εἶναι ταὐτὸ σημαίνει. οὐδὲν γὰρ διαφέρει τὸ ἄνθρωπος ὑγιαίνων ἔστιν ἢ τὸ ἄνθρωπος ὑγιαίνει, οὐδὲ τὸ ἄνθρωπος βαδίζων ἔστιν ἢ τέμνων τοῦ ἄνθρωπος βαδίζει ἢ τέμνει. ὁμοίως δὲ καὶ ἐπὶ τῶν ἄλλων. ἔτι τὸ εἶναι σημαίνει καὶ τὸ ἔστιν ὅτι ἀληθές, τὸ δὲ μὴ εἶναι

8 μουσικὸς E ‖ 9 τὸ μουσ. Alex. p. 330, 14 ‖ 10 λέγεται E ‖ ὥσπερ εἰ τὸν A^b et fort. Alex., εἰ om. E ‖ 12 prius τόδε in τῷδε mutat m. sec., alterum τόδε om. E m. pr. add. m. sec. ‖ 13 τῶιδε τόδε E: τόδε τῷδε A^b ‖ εἰρημένων· τὸν γὰρ ἀνθ. A^b Alex.: γὰρ om. E ‖ 15 ἢ λευκὸν τὸν E, ἢ τὸ λευκὸν Alex. ‖ 16 αὐτῷ ὄντι συμβ. A^b, ὄντι om. E Alex., τῶ ὄντι συμβέβηκε E ‖ 17 τὸ δὲ — συμβέβηκεν om. A^b ‖ 18 μὴ add. A^b Alex. Ascl., om. E ‖ 19 ἐκεῖνο ex ἐκεῖνος corr. E ‖ 20 ἄμφω ὄντι A^b ‖ 21 ἐκεῖνο A^b: ἐκείνωι E ‖ 28 τὸ post ἢ om. A^b ‖ 29 οὐδὲ τὸ A^b: ἢ τὸ E ‖ τοῦ ἄνθρωπον βαδίζειν ἢ τέμνειν E

a 16 ὄντι: om. Ross 21 ἐκείνῳ: Ross

7 (a) Das Seiende wird teils in akzidentellem Sinne ausgesagt, teils an sich. In akzidentellem Sinne sagen wir z. B. „der Gerechte ist gebildet“, und „der Mensch ist gebildet“, und „ein Gebildeter ist ein Mensch“ in ähnlicher Weise, wie wenn wir sagen „der Gebildete baut“, weil es für den Baumeister ein Akzidens ist, gebildet, oder für den Gebildeten, Baumeister zu sein; denn „dies ist dies“ bedeutet „dies ist ein Akzidens von diesem“. Ebenso verhält es sich in den angeführten Fällen; denn wenn wir sagen „der Mensch ist gebildet“ und „der Gebildete ist ein Mensch“, oder „der Weiße ist gebildet“ oder „der Gebildete ist weiß“, so geschieht dies in dem einen Falle, weil beides Akzidenzien an demselben Seienden sind, in dem anderen weil das eine, das Prädikat, an dem anderen als seiendem Akzidens ist; im dritten Falle aber „der Gebildete ist ein Mensch“, weil an diesem „Gebildet“ ein Akzidens ist; so sagt man auch, das Nichtweiße sei, weil jenes ist, wovon dies ein Akzidens ist. Wem also in akzidentellem Sinne Sein zugeschrieben wird, bei dem geschieht es entweder, weil beides demselben Seienden zukommt, oder weil jenes einem Seienden zukommt, oder weil ihm selbst das Substrat zukommt, wovon es ausgesagt wird. (b) (1.) An sich zu sein aber wird von all dem gesagt, was die Formen der Kategorien bezeichnen; denn so vielfach diese ausgesagt werden, so viele Bedeutungen des Seins bezeichnen sie. Da nun das kategorial Ausgesagte teils ein Was bezeichnet, teils etwas Qualitatives, teils etwas Quantitatives, teils etwas Relatives, teils ein Tun oder Leiden, teils ein Wo, teils ein Wann, so hat mit jedem von diesem das Sein gleiche Bedeutung; denn es ist kein Unterschied, ob man sagt „der Mensch ist gesund lebend“ oder „der Mensch lebt gesund“, „der Mensch ist gehend oder schneidend“ oder „der Mensch geht oder schneidet“, und in ähnlicher Weise auch bei den übrigen. (2.) Ferner bezeichnet das Sein und das Ist, daß etwas wahr ist, das Nicht-

ὅτι οὐκ ἀληθὲς ἀλλὰ ψεῦδος, ὁμοίως ἐπὶ καταφάσεως καὶ ἀποφάσεως, οἷον ὅτι ἔστι Σωκράτης μουσικός, ὅτι ἀληθὲς τοῦτο, ἢ ὅτι ἔστι Σωκράτης οὐ λευκός, ὅτι ἀληθές· τὸ δ' οὐκ ἔστιν ἡ διάμετρος σύμμετρος, ὅτι ψεῦδος. ἔτι τὸ εἶναι 1017b σημαίνει καὶ τὸ ὂν τὸ μὲν δυνάμει [ῥητόν], τὸ δ' ἐντελεχείᾳ τῶν εἰρημένων τούτων. ὁρῶν τε γάρ φαμεν εἶναι καὶ τὸ δυνάμει [ῥητῶς] ὁρῶν καὶ τὸ ἐντελεχείᾳ· καὶ [τὸ] ἐπίστασθαι ὡσαύτως καὶ τὸ δυνάμενον χρῆσθαι τῇ ἐπιστήμῃ καὶ τὸ χρώμενον· καὶ [τὸ] ἠρεμοῦν καὶ ᾧ ἤδη ὑπάρχει ἠρεμία καὶ τὸ δυνάμενον ἠρεμεῖν. ὁμοίως δὲ καὶ ἐπὶ τῶν οὐσιῶν· καὶ γὰρ Ἑρμῆν ἐν τῷ λίθῳ φαμὲν εἶναι, καὶ τὸ ἥμισυ τῆς γραμμῆς, καὶ σῖτον τὸν μήπω ἁδρόν. πότε δὲ δυνατὸν καὶ πότε οὔπω, ἐν ἄλλοις διοριστέον.

οὐσία λέγεται τά τε ἁπλᾶ σώματα, οἷον γῆ καὶ πῦρ 8 καὶ ὕδωρ καὶ ὅσα τοιαῦτα, καὶ ὅλως σώματα καὶ τὰ ἐκ τούτων συνεστῶτα, ζῷά τε καὶ δαιμόνια, καὶ τὰ μόρια τούτων. ἅπαντα δὲ ταῦτα λέγεται οὐσία ὅτι οὐ καθ' ὑποκειμένου λέγεται, ἀλλὰ κατὰ τούτων τἆλλα. ἄλλον δὲ τρόπον ὃ ἂν ᾖ αἴτιον τοῦ εἶναι, ἐνυπάρχον ἐν τοῖς τοιούτοις ὅσα μὴ λέγεται καθ' ὑποκειμένου, οἷον ἡ ψυχὴ τῷ ζῴῳ. ἔτι ὅσα μόρια ἐνυπάρχοντά ἐστιν ἐν τοῖς τοιούτοις ὁρίζοντά τε καὶ τόδε τι σημαίνοντα, ὧν ἀναιρουμένων ἀναιρεῖται τὸ ὅλον, οἷον ἐπιπέδου σῶμα, ὥς φασί τινες, καὶ ἐπίπεδον γραμμῆς· καὶ ὅλως ὁ ἀριθμὸς δοκεῖ τισι τοιοῦτος εἶναι·

34 ἔστι add. A^bE, om. Ald. ‖ 35 σύμμετρος Alex.: ἀσύμμετρος A^bE Ascl. ‖ 1017b, 1 ὂν E: ὂν καὶ A^b ‖ δυνάμει ῥητὸν E, ῥητὸν δυνάμει A^b, γρ. τὸ μὲν ῥητὸν τὸ δ' ἐντελεχεία. καὶ οὕτως· τὸ μὲν δυνάμει τὸ δ' ἐντελεχείᾳ E mg., quam utramque lectionem testantur Alex. Ascl. ‖ 2 ὁρῶντες γάρ A^b ‖ φαμεν εἶναι A^b: εἶναι φαμέν E ‖ 3 ῥητῶς om. A^b ‖ τὸ Alex. p. 332, 26 secutus seclusit Bonitz ‖ 5 τὸ om. A^b, inclusit Bonitz ‖ ἤδη] δὴ A^b ‖ 7 τῇ γραμμῆς A^b ‖ 9 ἐν ἄλλοις] Θ 7 ‖ 11 fort. τὰ ὅλως σώματα ‖ 16 τῶν ζώων A^b ‖ 17 μόρια ἔστιν A^b ‖ ἐνυπάρχοντα — τοιούτοις om. A^b, habent E Alex. ‖ τε om. A^b, habent E Alex. ‖ 18 ἀναιρεῖται καὶ τὸ Alex. ‖ 20 τισι τοιοῦτος εἶναι A^b: εἶναι τισι τοι. E

b 3 [ῥητῶς]: om. Ross

sein aber, daß etwas nicht wahr sei, sondern falsch, gleicher-
weise bei der Bejahung wie bei der Verneinung; z. B. „So-
krates ist gebildet" bedeutet, daß dies wahr ist, oder „So-
krates ist nicht-weiß" ebenfalls, daß dies wahr ist; dagegen
„es ist nicht die Diagonale nicht kommensurabel" bezeich-
net, daß dies falsch ist. (3.) Ferner bezeichnet das Sein und
das Seiende in diesen angeführten Fällen teils das Vermögen 1017 b
(Mögliche), teils die Vollendung. Denn „es ist sehend" sa-
gen wir sowohl von dem Vermögen, als von dem der Voll-
endung nach Sehenden. Ebenso schreiben wir Wissen so-
wohl dem zu, der sich der Wissenschaft bedienen kann, wie
dem, der sich ihrer bedient; und ruhend nennen wir sowohl
das, was schon in Ruhe ist, als auch was ruhen kann. In glei-
cher Weise auch bei den Wesen; denn wir sagen ja, der Her-
mes sei in dem Steine und die Hälfte der Linie in der Linie,
und nennen Weizen auch den noch nicht reifen. Wann aber
etwas möglich ist, und wann noch nicht, das muß anderswo
bestimmt werden.

8 (a) (1.) Wesen heißen die einfachen Körper, z. B. Erde,
Feuer, Wasser und was dergleichen mehr ist, und überhaupt
die Körper und die aus ihnen bestehenden lebenden Wesen
und die göttlichen Dinge, die Himmelskörper, und ihre
Teile. Alles dies heißt Wesen, weil es nicht von einem Zu-
grundeliegenden (Subjekt) ausgesagt wird, sondern vielmehr
das andere von ihm. – (2.) In einer andern Weise heißt We-
sen, was immanent in solchen Dingen, welche nicht von
einem Subjekt ausgesagt werden, Ursache des Seins für die-
se ist, wie die Seele in dem Lebewesen. (3.) Ferner heißen
Wesen die Teile, welche immanent in solchen Dingen diese
begrenzen und als dies bestimmte Etwas bedeuten, mit
deren Aufhebung das Ganze aufgehoben wird, wie z. B. mit
Aufhebung der Fläche der Körper, wie einige behaupten,
und mit Aufhebung der Linie die Fläche aufgehoben wird.
Und überhaupt dieser Art scheint einigen die Zahl zu sein,

ἀναιρουμένου τε γὰρ οὐδὲν εἶναι, καὶ ὁρίζειν πάντα. ἔτι τὸ τί ἦν εἶναι οὗ ὁ λόγος ὁρισμός, καὶ τοῦτο οὐσία λέγεται ἑκάστου. συμβαίνει δὴ κατὰ δύο τρόπους τὴν οὐσίαν λέγεσθαι, τό θ' ὑποκείμενον ἔσχατον, ὃ μηκέτι κατ' ἄλλου λέγεται, καὶ ὃ ἂν τόδε τι ὂν καὶ χωριστὸν ᾖ· τοιοῦτον δὲ ἑκάστου ἡ μορφὴ καὶ τὸ εἶδος.

9 Ταὐτὰ λέγεται τὰ μὲν κατὰ συμβεβηκός, οἷον τὸ λευκὸν καὶ τὸ μουσικὸν τὸ αὐτό, ὅτι τῷ αὐτῷ συμβέβηκε, καὶ ἄνθρωπος καὶ μουσικόν, ὅτι θάτερον θατέρῳ συμβέβηκεν· τὸ δὲ μουσικὸν ἄνθρωπος, ὅτι τῷ ἀνθρώπῳ συμβέβηκεν. ἑκατέρῳ δὲ τοῦτο καὶ τούτῳ ἑκάτερον ἐκείνων· καὶ γὰρ τῷ ἀνθρώπῳ τῷ μουσικῷ καὶ ὁ ἄνθρωπος καὶ τὸ μουσικὸν ταὐτὸν λέγεται, καὶ τούτοις ἐκεῖνο. διὸ καὶ πάντα ταῦτα καθόλου οὐ λέγεται· οὐ γὰρ ἀληθὲς εἰπεῖν ὅτι πᾶς ἄνθρωπος ταὐτὸ καὶ τὸ μουσικόν· τὰ γὰρ καθόλου καθ' αὑτὰ ὑπάρχει, τὰ δὲ συμβεβηκότα οὐ καθ' αὑτὰ ἀλλ' ἐπὶ τῶν καθ' ἕκαστα 1018a ἁπλῶς λέγεται. ταὐτὸ γὰρ δοκεῖ Σωκράτης καὶ Σωκράτης εἶναι μουσικός· τὸ δὲ Σωκράτης οὐκ ἐπὶ πολλῶν, διὸ οὐ πᾶς Σωκράτης λέγεται ὥσπερ πᾶς ἄνθρωπος. καὶ τὰ μὲν οὕτως λέγεται ταὐτά, τὰ δὲ καθ' αὑτά, ὥσπερ καὶ τὸ ἕν· καὶ γὰρ ὧν ἡ ὕλη μία ἢ εἴδει ἢ ἀριθμῷ ταὐτὰ λέγεται, καὶ ὧν ἡ οὐσία μία. ὥστε φανερὸν ὅτι ἡ ταυτότης ἑνότης τίς ἐστιν ἢ πλειόνων τοῦ εἶναι, ἢ ὅταν χρῆται ὡς πλείοσιν, οἷον ὅταν λέγῃ αὐτὸ αὑτῷ ταὐτόν· ὡς δυσὶ γὰρ χρῆται αὐτῷ. ἕτερα δὲ λέγεται ὧν ἢ τὰ εἴδη πλείω ἢ ἡ ὕλη ἢ ὁ λόγος τῆς οὐσίας· καὶ ὅλως ἀντικειμένως τῷ ταὐτῷ λέγεται τὸ ἕτερον.

22 οὗ λόγος ἐστὶν ὁ ὁρισμός Alex. ‖ ἐστὶν ὁρισμός E ‖ 23 κατὰ om. A^b ‖ 25 fort. καὶ ὁρίζον ‖ χωριστὸν τοιοῦτον ἤ. τοῦτο A^b ‖ τοιοῦτο E ‖ 31 τουτο A^bE Alex.: fort. τοῦτο ταὐτὸ ‖ τούτῳ E: τούτων A^b ‖ ἐκείνω A^b ‖ 31. 32 τῷ μουσικῷ ἀνθρώπῳ Alex. in interpr. p. 337, 16, τῶ ἀνθρώπω καὶ τῶ μουσ. A^b ‖ 32 καὶ ὁ E: τὸ A^b ‖ 33 ταῦτα πάντα Alex. ‖ 35 τὸ add. A^b Alex., om. E ‖ 1018a, 3 δὲ] γὰρ E ‖ 4 καὶ om. A^b, quo omisso scribas τὰ μὲν οὖν ‖ 5 ταὐτὰ δὲ omisso τὰ A^b ‖ αὐτὰ ὅσα ὥσπερ E ‖ τὸ om. A^b ‖ 8 ἢ πλ. E, ἢ om. A^b ‖ ὡς πλείοσιν om. A^b ‖ 9 αὑτῷ] αὐτὸ E

a 5 ὥσπερ: ὅσαχῶσπερ: coni. Jaeger, Ross

weil nach ihrer Aufhebung nichts sei und sie alles begrenze. – (4.) Ferner wird auch das Sosein, dessen Begriff Definition ist, Wesen jedes Dinges genannt. (b) Es ergibt sich also, daß man Wesen in zwei Bedeutungen gebraucht, einmal als das letzte Subjekt, das nicht weiter von einem anderen ausgesagt wird, sowie als dasjenige, welches ein bestimmtes Seiendes und abtrennbar ist; solcherart aber ist eines jeden Dinges Gestalt und Form.

9 (a) Als Dasselbe (Identische) bezeichnet man etwas einmal in akzidentellem Sinne. So ist z. B. das Weiße und das Gebildete dasselbe, weil es Akzidens an demselben ist, und Mensch und Gebildet, weil das eine am andern Akzidens ist, und das Gebildete ist Mensch, weil es ein Akzidens des Menschen ist. Mit jedem von diesen beiden ist dies (nämlich das Zusammengesetzte) und mit diesem wieder jedes von beiden dasselbe, mit dem gebildeten Menschen wird der Mensch und das Gebildete als dasselbe bezeichnet und ebenso mit diesem jenes. Daher wird auch dies alles nicht allgemein ausgesagt; denn es ist nicht wahr zu sagen, jeder Mensch und das Gebildete sei dasselbe. Was nämlich einem Ding allgemein zukommt, das kommt ihm an sich zu, die Akzidenzien aber kommen ihm nicht an sich zu, sondern 1018 a
werden nur von den Einzeldingen schlechthin ausgesagt. Denn Sokrates und der gebildete Sokrates scheint dasselbe zu sein, Sokrates aber läßt sich nicht von vielen aussagen, und man sagt daher nicht „jeder Sokrates“ wie man sagt „jeder Mensch“. – (b) Einiges also wird in diesem Sinne dasselbe genannt, anderes an sich, wie es auch ebenso als Eines bezeichnet wird; dasjenige nämlich heißt dasselbe, dessen Stoff der Art oder der Zahl nach einer, und das, dessen Wesen (Wesenheit) eines ist. Offenbar ist also die Selbigkeit eine Einheit des Seins, entweder unter mehreren oder bei einem, wenn man es als eine Mehrheit ansieht, z. B. wenn man sagt, es sei etwas mit sich selbst dasselbe; denn man sieht es dann an, als seien es zwei. (c) Als Anderes bezeichnet man die Dinge, bei denen die Formen oder der Stoff oder der Begriff des Wesens (Wesenheit) eine Mehrheit bilden, und überhaupt gebraucht man Anderes im entgegengesetzten Sinne als Dasselbe.

διάφορα λέγεται ὅσ' ἕτερά ἐστι τὸ αὐτό τι ὄντα, μὴ μόνον ἀριθμῷ, ἀλλ' ἢ εἴδει ἢ γένει ἢ ἀναλογίᾳ. ἔτι ὧν ἕτερον τὸ γένος καὶ τὰ ἐναντία καὶ ὅσα ἔχει ἐν τῇ οὐσίᾳ τὴν ἑτερότητα. ὅμοια λέγεται τά τε πάντῃ ταὐτὸ πεπονθότα, καὶ τὰ πλείω ταὐτὰ πεπονθότα ἢ ἕτερα, καὶ ὧν ἡ ποιότης μία· καὶ καθ' ὅσα ἀλλοιοῦσθαι ἐνδέχεται τῶν ἐναντίων, τούτων τὸ πλείω ἔχον ἢ κυριώτερα ὅμοιον τούτῳ. ἀντικειμένως δὲ τοῖς ὁμοίοις τὰ ἀνόμοια.

ἀντικείμενα λέγεται ἀντίφασις καὶ τἀναντία καὶ τὰ πρός 10
τι καὶ στέρησις καὶ ἕξις καὶ ἐξ ὧν καὶ εἰς ἃ ἔσχατα [οἷον] αἱ γενέσεις καὶ φθοραί· καὶ ὅσα μὴ ἐνδέχεται ἅμα παρεῖναι τῷ ἀμφοῖν δεκτικῷ, ταῦτα ἀντικεῖσθαι λέγεται, ἢ αὐτὰ ἢ ἐξ ὧν ἐστίν. φαιὸν γὰρ καὶ λευκὸν ἅμα τῷ αὐτῷ οὐχ ὑπάρχει· διὸ ἐξ ὧν ἐστὶν ἀντίκειται. ἐναντία λέγεται τά τε μὴ δυνατὰ ἅμα τῷ αὐτῷ παρεῖναι τῶν διαφερόντων κατὰ γένος, καὶ τὰ πλεῖστον διαφέροντα τῶν ἐν τῷ αὐτῷ γένει, καὶ τὰ πλεῖστον διαφέροντα τῶν ἐν ταὐτῷ δεκτικῷ, καὶ τὰ πλεῖστον διαφέροντα τῶν ὑπὸ τὴν αὐτὴν δύναμιν, καὶ ὧν ἡ διαφορὰ μεγίστη ἢ ἁπλῶς ἢ κατὰ γένος ἢ κατ' εἶδος. τὰ δ' ἄλλα ἐναντία λέγεται τὰ μὲν τῷ τὰ τοιαῦτα ἔχειν, τὰ δὲ τῷ δεκτικὰ εἶναι τῶν τοιούτων, τὰ δὲ τῷ ποιητικὰ ἢ παθητικὰ εἶναι τῶν τοιούτων, ἢ ποιοῦντα ἢ πάσχοντα, ἢ ἀποβολαὶ ἢ λήψεις, ἢ ἕξεις ἢ στερήσεις εἶναι τῶν τοιούτων. ἐπεὶ δὲ τὸ ἓν καὶ τὸ ὂν πολλαχῶς λέγεται, ἀκολουθεῖν ἀνάγκη καὶ τἆλλα ὅσα κατὰ ταῦτα λέγεται, ὥστε καὶ τὸ ταὐτὸν καὶ τὸ ἕτερον καὶ τὸ ἐναντίον [ὥστ' εἶναι ἕτερον καθ' ἑκάστην κατηγορίαν].

sed ο ex ωι corr. ‖ 12 διάφορα δὲ E et fort. Alex., δὲ om. A^b ‖ 13 μὴ A^b et Alex. in interpr.: καὶ μὴ E et Alex. in lemmate ‖ 15 πάντῃ add. A^b Alex., om. E ‖ ταὐτὸ] ταὐτὰ Alex. ‖ 16 ταὐτὰ Alex.: ταυτὸ A^{b}E ‖ 21 οἷον om. A^b Alex. ‖ 24 φαιὸν — 25 ἀντίκειται non legisse videtur Alex. ‖ 25 διὸ καὶ ἐξ Ald., fort. διὸ αὐτὰ καὶ ἐξ ‖ ἀντίκειται τούτοις. ἐν. E ‖ 28 τῶν] τῶι E ‖ 31 τὰ τοιαῦτα E: ταῦτα A^b ‖ 35 τῶν τοιούτων E: τούτων A^b ‖ fort.

a 21 οἷον om. Ross

(d) Verschieden nennt man alles, was ein anderes ist, während es in einer Beziehung dasselbe ist, nur nicht der Zahl nach, sondern der Art oder der Gattung oder der Analogie nach. Ferner das, dessen Gattung ein anderes ist, und das Konträre und alles, dessen Anderes-sein in dem Wesen (Wesenheit) liegt. (e) Ähnlich heißen die Dinge, welche in jeder Beziehung als selbige (identische) bestimmt sind, und die, welche mehr selbige als andere Bestimmtheiten haben, und die, deren Qualität eine ist; auch das nennt man einem anderen ähnlich, was mit ihm die meisten oder die bedeutendsten von den Gegensätzen gemein hat, nach denen es sich verändern kann. In entgegengesetztem Sinne wie Ähnlich gebraucht man Unähnlich.

10 (a) Entgegengesetzt nennt man den Widerspruch, das Konträre, das Relative, Privation und Haben, und das Äußerste, woraus oder wozu das Entstehen und Vergehen übergeht; ferner wenn etwas nicht zugleich sich an demselben (Substrat) finden kann, das beides in sich aufzunehmen fähig ist, so nennt man jenes selbst oder das, woraus es ist, entgegengesetzt. So findet sich Grau und Weiß nicht an demselben (Substrat), und darum ist das entgegengesetzt, woraus diese sind. (b) Konträr heißt einmal dasjenige der Gattung nach Verschiedene, was sich nicht zugleich an demselben (Substrat) finden kann, ferner was unter dem derselben Gattung Angehörigen sich am meisten unterscheidet, und was, an demselben aufnehmenden (Substrat) vorkommend, sich am meisten unterscheidet, und was sich unter dem demselben Vermögen Angehörigen am meisten unterscheidet, und das, dessen Unterschied der größte ist, schlechthin oder der Gattung oder der Art nach. Das übrige wird konträr genannt, insofern es Konträres in den bezeichneten Bedeutungen hat, oder solches aufnehmen kann, oder dasselbe hervorbringen oder erleiden kann, oder hervorbringt oder leidet, oder insofern es ein Aufgeben oder ein Annehmen, oder ein Haben oder eine Privation von Konträrem in diesem Sinne ist. (c) Da aber das Eine und das Seiende in mehrfacher Bedeutung gesagt werden, so muß notwendig auch alles andere, was diesen gemäß ausgesagt wird, durch jene Verschiedenheit mit bestimmt sein, also auch das Selbige, das Andere und das Konträre; daher es denn in jeder Kategorie ein anderes sein muß.

ἕτερα [δὲ] τῷ εἴδει λέγεται ὅσα τε ταὐτοῦ γένους ὄντα μὴ ὑπάλληλά ἐστι, καὶ ὅσα ἐν τῷ αὐτῷ γένει ὄντα διαφορὰν ἔχει, καὶ ὅσα ἐν τῇ οὐσίᾳ ἐναντίωσιν ἔχει· καὶ τὰ ἐναντία ἕτερα τῷ εἴδει ἀλλήλων, ἢ πάντα ἢ τὰ λεγόμενα πρώτως, καὶ ὅσων ἐν τῷ τελευταίῳ τοῦ γένους εἴδει οἱ λόγοι ἕτεροι, οἷον ἄνθρωπος καὶ ἵππος ἄτομα τῷ γένει, οἱ δὲ λόγοι ἕτεροι αὐτῶν· καὶ ὅσα ἐν τῇ αὐτῇ οὐσίᾳ ὄντα ἔχει διαφοράν. ταὐτὰ δὲ τῷ εἴδει τὰ ἀντικειμένως λεγόμενα τούτοις. 1018b

11 πρότερα καὶ ὕστερα λέγεται ἔνια μὲν ὡς ὄντος τινὸς πρώτου καὶ ἀρχῆς ἐν ἑκάστῳ γένει τῷ ἐγγύτερον ἀρχῆς τινὸς ὡρισμένης, ἢ ἁπλῶς καὶ τῇ φύσει, ἢ πρός τι ἢ ποῦ ἢ ὑπό τινων, οἷον τὰ μὲν κατὰ τόπον τῷ εἶναι ἐγγύτερον ἢ φύσει τινὸς τόπου ὡρισμένου, οἷον τοῦ μέσου ἢ τοῦ ἐσχάτου, ἢ πρὸς τὸ τυχόν, τὸ δὲ πορρώτερον ὕστερον. τὰ δὲ κατὰ χρόνον· τὰ μὲν γὰρ τῷ πορρωτέρω τοῦ νῦν, οἷον ἐπὶ τῶν γενομένων (πρότερον γὰρ τὰ Τρωϊκὰ τῶν Μηδικῶν, ὅτι πορρώτερον ἀπέχει τοῦ νῦν), τὰ δὲ τῷ ἐγγυτέρω τοῦ νῦν, οἷον ἐπὶ τῶν μελλόντων· πρότερον γὰρ Νέμεα Πυθίων, ὅτι ἐγγύτερον τοῦ νῦν τῷ νῦν ὡς ἀρχῇ καὶ πρώτῳ χρησαμένων. τὰ δὲ κατὰ κίνησιν· τὸ γὰρ ἐγγύτερον τοῦ πρώτου κινήσαντος πρότερον, οἷον παῖς ἀνδρός· ἀρχὴ δὲ καὶ αὕτη τις ἁπλῶς. τὰ δὲ κατὰ δύναμιν· τὸ γὰρ ὑπερέχον τῇ δυνάμει πρότερον, καὶ τὸ δυνατώτερον· τοιοῦτον δ' ἐστὶν οὗ κατὰ τὴν προαίρεσιν ἀνάγκη ἀκολουθεῖν θάτερον καὶ τὸ ὕστερον, ὥστε μὴ

ἐπεὶ γὰρ ‖ 37 ὥστ' — κατηγορίαν non interpretatur Alex. atque vel iterata particula ὥστε suspecta sunt ‖ 1018 b, 1 δὲ] δὴ Alex., ipse seclusi quia novum capitulum orditur ‖ 5 ὅσων E: ὅσα A[b] ‖ 7 ἔχει] μὴ ἔχει Alex. legisse opinatur Bonitz ‖ 9 τὰ πρότερα E ‖ 10 γένει om. A[b] ‖ τῷ scripsit Bonitz cum Alex. p. 347, 5: τὸ codd. ‖ 11 διωρισμένης Alex. ‖ 15 τῶι πορρωτέρωι E: τὸ πορρωτέρω A[b] ‖ 16 πρότερον A[b]E: πρότερα Ald. ‖ 17 τῶι ἐγγύτερον E ‖ 19 τοῦ νῦν τῶι νῦν E, τῷ νῦν om. A[b] Bekk. ‖ χρησαμένων E Alex.: χρησάμενοι A[b], unde conicias χρησαμένῳ vel χρησαμένοις ‖ 20 τὸ E: τὰ A[b]

b 10 ἐγγύτερον ⟨εἶναι⟩: Ross

(d) Der Art nach anderes nennt man das, was derselben Gattung angehörig nicht eines dem anderen untergeordnet ist, und was in derselben Gattung befindlich einen Unterschied an sich hat, und was in der Wesenheit einen konträren Gegensatz hat. Ferner ist auch das Konträre gegeneinander anderes der Art nach, entweder alles Konträre oder das eigentlich so genannte, und alle letzten Arten einer Gattung, deren Begriffe nicht dieselben sind; z. B. Mensch und Pferd sind der Gattung nach unteilbar, ihre Begriffe aber sind nicht dieselben. Auch das heißt der Art nach anderes, was in derselben Wesenheit befindlich einen Unterschied hat. Der Art nach dasselbe nennt man etwas in dem entgegengesetzten Sinne als das eben Aufgeführte. 1018 b

11 (a) (1.) Als früher und später bezeichnet man einiges, da es ein Erstes und einen Anfang in jeder Gattung geben muß, in dem Sinne, daß es einem bestimmten Anfang näher ist, sei dies nun schlechthin und der Natur nach oder irgendwo oder von irgendwem so gesetzt. So ist etwas dem Raume nach früher dadurch, daß es näher ist entweder einem von Natur bestimmten Orte, z. B. der Mitte oder dem Ende, oder einem zufälligen; das Entferntere aber ist später. Anderes heißt der Zeit nach früher; nämlich einiges, weil es entfernter von der Gegenwart ist, so das Vergangene: der troische Krieg ist früher als der persische, weil er weiter von der Gegenwart entfernt ist; anderes, weil es der Gegenwart näher ist, so das Zukünftige: die Nemeischen Spiele sind früher als die Pythischen, weil sie der Gegenwart näher sind, diese als Anfang und Erstes genommen. Anderes ist der Bewegung nach früher, z. B. der Knabe früher als der Mann; denn auch dies ist schlechthin ein Anfang. Anderes dem Vermögen nach. Was nämlich an Vermögen stärker ist und kräftiger, das ist früher; so ist aber das beschaffen, nach dessen Vorsatz das andere und spätere folgen muß, so daß es sich nicht bewegt,

κινοῦντός τ' ἐκείνου μὴ κινεῖσθαι καὶ κινοῦντος κινεῖσθαι· ἡ δὲ προαίρεσις ἀρχή. τὰ δὲ κατὰ τάξιν· ταῦτα δ' ἐστὶν ὅσα πρός τι ἓν ὡρισμένον διέστηκε κατὰ τὸν λόγον, οἷον παραστάτης τριτοστάτου πρότερον, καὶ παρανήτη νήτης· ἔνθα μὲν γὰρ ὁ κορυφαῖος, ἔνθα δὲ ἡ μέση ἀρχή. ταῦτα μὲν οὖν πρότερα τοῦτον λέγεται τὸν τρόπον, ἄλλον δὲ τρόπον τὸ τῇ γνώσει πρότερον ὡς καὶ ἁπλῶς πρότερον· τούτων δὲ ἄλλως τὰ κατὰ τὸν λόγον καὶ τὰ κατὰ τὴν αἴσθησιν. κατὰ μὲν γὰρ τὸν λόγον τὰ καθόλου πρότερα, κατὰ δὲ τὴν αἴσθησιν τὰ καθ' ἕκαστα. καὶ κατὰ τὸν λόγον δὲ τὸ συμβεβηκὸς τοῦ ὅλου πρότερον, οἷον τὸ μουσικὸν τοῦ μουσικοῦ ἀνθρώπου· οὐ γὰρ ἔσται ὁ λόγος ὅλος ἄνευ τοῦ μέρους· καίτοι οὐκ ἐνδέχεται μουσικὸν εἶναι μὴ ὄντος μουσικοῦ τινός. ἔτι πρότερα λέγεται τὰ τῶν προτέρων πάθη, οἷον εὐθύτης λειότητος· τὸ μὲν
1019a γὰρ γραμμῆς καθ' αὑτὴν πάθος, τὸ δ' ἐπιφανείας. τὰ μὲν δὴ οὕτω λέγεται πρότερα καὶ ὕστερα, τὰ δὲ κατὰ φύσιν καὶ οὐσίαν, ὅσα ἐνδέχεται εἶναι ἄνευ ἄλλων, ἐκεῖνα δὲ ἄνευ ἐκείνων μή· ᾗ διαιρέσει ἐχρῆτο Πλάτων. ἐπεὶ δὲ τὸ εἶναι πολλαχῶς, πρῶτον μὲν τὸ ὑποκείμενον πρότερον, διὸ ἡ οὐσία πρότερον, ἔπειτα ἄλλως τὰ κατὰ δύναμιν καὶ κατ' ἐντελέχειαν· τὰ μὲν γὰρ κατὰ δύναμιν πρότερά ἐστι, τὰ δὲ κατ' ἐντελέχειαν, οἷον κατὰ δύναμιν μὲν ἡ ἡμίσεια τῆς ὅλης καὶ τὸ μόριον τοῦ ὅλου καὶ ἡ ὕλη τῆς οὐσίας, κατ' ἐντελέχειαν δ' ὕστερον· διαλυθέντος γὰρ κατ' ἐντελέχειαν ἔσται. τρόπον δή τινα πάντα τὰ πρότερον καὶ ὕστερον λεγόμενα

26 τὰ E: τὸ A^b ‖ 28 καὶ ἡ παρανήτη E ‖ 31 γρ. ἢ ἁπλῶς πρότερον E in mg. m. sec. ‖ 32 τὰ post καὶ supra lin. add. E ‖ 36 ὅλος add. A^bE, om. Ald. ‖ 1019a, 2 πρότερα λέγεται Ald. ‖ 4 ἐχρῆτο E: ἐχρήσατο A^b, quod idem Alex. p. 349, 21 interpretatur; hoc de discrimine disserui in Platonische Studien p. 33 ‖ 6 fort. καὶ τὰ κατ' ἐντ. vel ἢ κατ' ἐντ. ‖ 7 τὰ μὲν — 10 ὕστερον om. A^b, legit Alex. ‖ 11 ἔσται καὶ τρόπον A^b ‖ τρόπον δέ τινα π. τ. πρότερα καὶ ὕστερα λ. Alex.; haec extrema capitis particula proxime cohaeret cum 2 τὰ δὲ κατὰ φύσιν — 4 ἐκείνων μή

a 4 ἐχρήσατο: Ross

wenn jenes sich nicht bewegt, und sich bewegt, wenn jenes sich bewegt. Anfang ist hierbei der Vorsatz. Anderes heißt so der Ordnung nach, nämlich alles, was gegen ein bestimmtes Etwas in verhältnismäßigen Abständen entfernt ist, z. B. der Nebenmann ist früher als der dritte, die vorletzte Saite (am Instrument) früher als die letzte; dort ist nämlich der Chorführer, hier die mittlere Saite Anfang. (2.) In solcher Bedeutung also wird in diesen Fällen Früher gebraucht, in einer andern heißt früher das, was für die Erkenntnis früher ist, als sei es früher schlechthin. Und hierbei wieder unterscheidet sich das dem Begriffe nach und das der sinnlichen Wahrnehmung nach Frühere. Dem Begriffe nach nämlich ist das Allgemeine früher, der sinnlichen Wahrnehmung nach das Einzelne. Und dem Begriffe nach ist auch das Akzidens früher als das Ganze (dem es zugehört), z. B. Gebildet früher als gebildeter Mensch. Denn der Begriff kann als gesamter nicht bestehen, ohne den Teil; wiewohl Gebildet auch nicht existieren kann, ohne daß jemand gebildet ist. (3.) Ferner nennt man früher die Bestimmtheiten des Früheren, z. B. Geradheit früher als Ebenheit; denn jenes ist eine Bestimmtheit der Linie an sich, dieses der Fläche. 1019 a
(4.) In solchem Sinne also heißt dies früher und später, anderes heißt so der Natur und dem Wesen nach; früher nämlich heißt dann etwas, was ohne anderes sein kann, während dies nicht ohne jenes; eine Unterscheidung, deren sich Platon bediente. Da nun das Sein in mehreren Bedeutungen ausgesagt wird, so ist zuerst das Subjekt früher, und deshalb ist das Wesen (Substanz) früher, ferner dann in anderer Weise das, was dem Vermögen oder der Wirklichkeit nach ist. Denn einiges ist dem Vermögen, anderes der Wirklichkeit nach früher; z. B. dem Vermögen nach ist die halbe Linie früher als die ganze, der Teil früher als das Ganze, und der Stoff früher als das Wesen, der Wirklichkeit nach aber später; denn erst durch Auflösung des Ganzen kann er in Wirklichkeit sein. – (b) Gewissermaßen wird alles, was früher und später heißt,

κατὰ ταῦτα λέγεται· τὰ μὲν γὰρ κατὰ γένεσιν ἐνδέχεται ἄνευ τῶν ἑτέρων εἶναι, οἷον τὸ ὅλον τῶν μορίων, τὰ δὲ κατὰ φθοράν, οἷον τὸ μόριον τοῦ ὅλου. ὁμοίως δὲ καὶ τἆλλα.

12 δύναμις λέγεται ἡ μὲν ἀρχὴ κινήσεως ἢ μεταβολῆς ἡ ἐν ἑτέρῳ ἢ ᾗ ἕτερον, οἷον ἡ οἰκοδομικὴ δύναμίς ἐστιν ἣ οὐχ ὑπάρχει ἐν τῷ οἰκοδομουμένῳ· ἀλλ' ἡ ἰατρικὴ δύναμις οὖσα ὑπάρχοι ἂν ἐν τῷ ἰατρευομένῳ, ἀλλ' οὐχ ᾗ ἰατρευόμενος. ἡ μὲν οὖν ὅλως ἀρχὴ μεταβολῆς ἢ κινήσεως λέγεται δύναμις ἐν ἑτέρῳ ἢ ᾗ ἕτερον, ἡ δὲ ὑφ' ἑτέρου ἢ ᾗ ἕτερον. * καθ' ἣν γὰρ τὸ πάσχον πάσχει τι, ὁτὲ μὲν ἐὰν ὁτιοῦν, δυνατὸν αὐτό φαμεν εἶναι παθεῖν, ὁτὲ δ' οὐ κατὰ πᾶν πάθος ἀλλ' ἐὰν ἐπὶ τὸ βέλτιον. * ἔτι ἡ τοῦ καλῶς τοῦτ' ἐπιτελεῖν ἢ κατὰ προαίρεσιν· ἐνίοτε γὰρ τοὺς μόνον ἂν πορευθέντας ἢ εἰπόντας, μὴ καλῶς δὲ ἢ μὴ ὡς προείλοντο, οὔ φαμεν δύνασθαι λέγειν ἢ βαδίζειν. ὁμοίως δὲ καὶ ἐπὶ τοῦ πάσχειν. ἔτι ὅσαι ἕξεις καθ' ἃς ἀπαθῆ ὅλως ἢ ἀμετάβλητα ἢ μὴ ῥᾳδίως ἐπὶ τὸ χεῖρον εὐμετακίνητα, δυνάμεις λέγονται· κλᾶται μὲν γὰρ καὶ συντρίβεται καὶ κάμπτεται καὶ ὅλως φθείρεται οὐ τῷ δύνασθαι, ἀλλὰ τῷ μὴ δύνασθαι καὶ ἐλλείπειν τινός· ἀπαθῆ δὲ τῶν τοιούτων ἃν μόγις καὶ ἠρέμα πάσχῃ διὰ δύναμιν καὶ τὸ δύνασθαι καὶ τὸ ἔχειν πῶς. λεγομένης δὲ τῆς δυνάμεως τοσαυταχῶς, καὶ τὸ δυνατὸν ἕνα μὲν τρόπον λεχθήσεται τὸ ἔχον κινήσεως ἀρχὴν ἢ μεταβολῆς (καὶ γὰρ τὸ στατικὸν δυνατόν τι) ἐν ἑτέρῳ ἢ ᾗ ἕτερον· ἕνα δ' ἐὰν ἔχῃ τι αὐτοῦ ἄλλο δύναμιν τοιαύτην· ἕνα δ' ἐὰν ἔχῃ μεταβάλ- 1019b

15 ἡ] ἢ E ‖ 16 ἢ ᾗ E Alex.: ἥ A^b vulgo ante Bonitzium et sic deinceps ‖ ἡ om. A^b ‖ 20 ἢ ᾗ E: ἥ A^b ‖ ἢ ᾗ E: ἥ A^b ‖ 21 ὁτὲ μὲν οὖν ἐὰν Bessario et Aldina et fort. Alex. p. 352, 23; verba καθ' ἣν — 23 βέλτιον transponenda fuerunt post 26 ὁμοίως δὲ καὶ ἐπὶ τοῦ πάσχειν ‖ παθεῖν ἢ δυνατόν, φαμὲν E, δυνατὸν δυνατὸν γρ. E ‖ τὸ δυνατὸν A^b ‖ 23 ἡ] ἢ E ‖ 28 fort. ἢ μὴ εὐμετακίνητα ‖ 30 καὶ E: κἂν A^b ‖ 31 ἂν — πάσχῃ A^b: ἃ — πάσχει E sed ἃ in ras., fort. ἃ ἂν ‖ μόγις A^b: μόλις E ‖ 35 ἢ ᾗ E Alex.: ἥ A^b

a 32 E, Ross 32 *τῷ δύνασθαι καὶ τῷ ἔχειν πώς*: Jaeger, Ross

nach dieser Bedeutung so genannt; denn einiges kann der Entstehung nach ohne das andere sein, z. B. das Ganze ohne die Teile, anderes dem Vergehen nach, z. B. der Teil ohne das Ganze. Und ähnlich verhält es sich auch beim übrigen.

12 (a) (1.) Vermögen heißt einmal das Prinzip der Bewegung oder Veränderung in einem andern oder insofern es ein anderes ist; die Baukunst z. B. ist ein Vermögen, welches sich nicht in dem Gebauten findet; die Heilkunst dagegen, welche ebenfalls ein Vermögen ist, kann sich zwar wohl in dem Geheilten finden, aber nicht insofern er geheilt ist. (2.) Einerseits also heißt Vermögen überhaupt das Prinzip der Veränderung oder Bewegung in einem anderen oder insofern es ein anderes ist, andererseits das Prinzip der Veränderung von einem anderen her oder insofern es ein anderes ist. Denn wenn nach diesem Vermögen das Leidende etwas leidet, so sagen wir, es vermöge zu leiden, und zwar bald, wenn es irgendeine beliebige Affektion, bald nur, wenn es eine zum Besseren hinführende zu erleiden fähig ist. – (3.) Ferner heißt Vermögen die Fähigkeit, etwas schön oder nach Vorsatz auszuführen; denn manchmal sagen wir von denen, welche zwar gehen oder sprechen können, aber nicht schön oder nicht ihrem eigenen Vorhaben gemäß, sie vermögen nicht zu sprechen oder zu gehen. In gleicher Weise auch bei dem Leiden. – (4.) Ferner nennt man diejenigen Beschaffenheiten (Haltungen) Vermögen, durch welche etwas dem Leiden oder der Veränderung schlechthin enthoben ist oder sich nicht leicht zum Schlechteren bewegen läßt. Denn zerbrochen und zerrieben und gekrümmt und überhaupt vernichtet wird etwas nicht, insofern es Vermögen, sondern insofern es nicht Vermögen und vielmehr Mangel an etwas hat; für nicht unterworfen solchen Affektionen gilt das, was sie nur kaum und unmerklich erfährt zufolge eines Vermögens, weil es nämlich ein Vermögen und eine bestimmte Beschaffenheit hat.

(b) Indem nun Vermögen in allen diesen Bedeutungen gebraucht wird, so wird auch das Vermögende in der einen Bedeutung das genannt werden, was das Prinzip ist der Bewegung oder Veränderung (denn auch das Stillstand Bewirkende ist etwas Vermögendes) in einem andern oder insofern es ein anderes ist; in einer anderen Bedeutung wird man etwas vermögend nennen, wenn etwas anderes über es selbst ein solches Vermögen hat; 1019 b

λειν ἐφ' ὁτιοῦν δύναμιν, εἴτ' ἐπὶ τὸ χεῖρον εἴτ' ἐπὶ τὸ βέλτιον (καὶ γὰρ τὸ φθειρόμενον δοκεῖ δυνατὸν εἶναι φθείρεσθαι, ἢ οὐκ ἂν φθαρῆναι εἰ ἦν ἀδύνατον· νῦν δ' ἔχει τινὰ διάθεσιν καὶ αἰτίαν καὶ ἀρχὴν τοῦ τοιούτου πάθους. ὁτὲ μὲν δὴ τῷ ἔχειν τι δοκεῖ, ὁτὲ δὲ τῷ ἐστερῆσθαι τοιοῦτον εἶναι· εἰ δ' ἡ στέρησίς ἐστιν ἕξις πως, πάντα τῷ ἔχειν ἂν εἴη τι, ὁμωνύμως δὲ λεγόμενον τὸ ὄν, ὥστε τῷ τε ἔχειν ἕξιν τινὰ καὶ ἀρχήν ἐστι δυνατόν, καὶ τῷ ἔχειν τὴν τούτου στέρησιν, εἰ ἐνδέχεται ἔχειν στέρησιν)· ἕνα δὲ τῷ μὴ ἔχειν αὐτοῦ δύναμιν ἢ ἀρχὴν ἄλλο ἢ ᾗ ἄλλο φθαρτικήν. ἔτι δὲ ταῦτα πάντα ἢ τῷ μόνον ἂν συμβῆναι γενέσθαι ἢ μὴ γενέσθαι, ἢ τῷ καλῶς. καὶ γὰρ ἐν τοῖς ἀψύχοις ἔνεστιν ἡ τοιαύτη δύναμις, οἷον ἐν τοῖς ὀργάνοις· τὴν μὲν γὰρ δύνασθαί φασι φθέγγεσθαι λύραν, τὴν δ' οὐδέν, ἐὰν ᾖ μὴ εὔφωνος. ἀδυναμία δ' ἐστὶ στέρησις δυνάμεως καὶ τῆς τοιαύτης ἀρχῆς [ἄρσις τις] οἵα εἴρηται, ἢ ὅλως ἢ τῷ πεφυκότι ἔχειν, ἢ καὶ ὅτε πέφυκεν ἤδη ἔχειν· οὐ γὰρ ὁμοίως ἂν φαῖμεν ἀδύνατον εἶναι γεννᾶν παῖδα καὶ ἄνδρα καὶ εὐνοῦχον. ἔτι δὲ καθ' ἑκατέραν δύναμίν ἐστιν ἀδυναμία ἀντικειμένη, τῇ τε μόνον κινητικῇ καὶ τῇ καλῶς κινητικῇ. καὶ ἀδύνατα δὴ τὰ μὲν κατὰ τὴν ἀδυναμίαν ταύτην λέγεται, τὰ δ' ἄλλον τρόπον [οἷον] δυνατόν τε καὶ ἀδύνατον. ἀδύνατον μὲν οὗ τὸ ἐναντίον ἐξ

1019b, 4 *εἰ ἦν ἀδύνατον* E: *εἰ μὴ ἦν δυνατόν* A^b ‖ 6 *τῷ — τῷ* A^b E Alex. Bonitz: *τὸ — τὸ* Bekk. ‖ 7 *ἕξις* om. A^b ‖ *πάντα τὰ ἐστερημένα* Alex. ‖ *τι* om. Alex. ‖ 8 *ὁμωνύμως δὲ λεγόμενον τὸ ὂν* E: *εἰ δὲ μὴ τῷ ἔχειν ἕξιν τινὰ καὶ ἀρχήν ἐστι δυνατὸν ὁμωνύμως* A^b et fort. Alex., unde conieci *πάντα τῷ ἔχειν ἂν εἴη τι, εἰ δὲ μή, ὁμωνύμως, ὥστε* ‖ *τῶ τε* A^b: *τῷ* E vulgo ‖ *ἕξιν — 9 ἔχειν* om. A^b, habet Alex. ‖ 11 *ἀρχὴν ἄλλο* scripsit Bonitzius Alexandrum secutus: *ἀρχὴν ἄλλῳ* A^b *ἀρχὴν ἐν ἄλλωι* E ‖ *ἢ ᾗ* E: *ἢ* A^b ‖ 13 *καλοῖς* A^b ‖ *ἕν ἐστιν* A^b ‖ 14 *φασι δύνασθαι* A^b ‖ 17 *ἄρσις τις* om. A^b et fort. Alex., add. E, cf. commentarium Bonitzii ‖ 18 *ὅτε* E: *ὅτι* A^b ‖ 18 *φαμεν* A^b ‖ 19 *ἄνδρα καὶ εὐνοῦχον*] *ἄνδρα εὐνοῦχον* E fort. recte, *ἄνδρα εὐνουχίαν γρ.* E in marg. ‖ *ἑκατέραν τὴν δυν.* A^b, *ἑτέραν δυν.* E ‖ 21 *δὲ* E ‖ 22 *οἷον* seclusi

b 10 ⟨*εἰ δὲ μή, ὁμωνύμως*⟩ post *στέρησιν*: coni. Ross 18 *φαῖεν*: Ross 22 *οἷον*: Ross

in einer anderen, wenn es das Vermögen hat, in irgend etwas überzugehen, sei es zu Schlechterem oder zu Besserem. (Denn auch das Vergehende ist, scheint es, vermögend zu vergehen, da es ja sonst nicht würde vergangen sein, wenn es unvermögend wäre; nun aber trägt es in sich eine gewisse Disposition und Ursache und ein Prinzip eines solchen Erleidens. Bald also scheint etwas durch ein Haben, bald durch eine Privation vermögend zu sein. Wenn nun auch die Privation gewissermaßen ein Haben ist, so würde alles durch ein Haben möglich sein. Dieses Seiende wird aber dann nur dem gleichen Namen nach vermögend genannt, so daß es sowohl durch das Haben einer Beschaffenheit und eines Prinzips vermögend ist, wie auch durch das Haben von dessen Privation, wenn es überhaupt eine Privation „haben" kann.) In einer anderen Bedeutung wieder heißt etwas vermögend, weil nichts anderes – oder es selbst insofern es ein anderes ist – über es selbst das Vermögen und Prinzip der Vernichtung hat. Ferner heißt dies alles vermögend entweder nur, weil es überhaupt werden oder nicht werden, oder weil es gut werden kann. Denn auch in dem Leblosen findet sich diese Art des Vermögens, z. B. in den Instrumenten; man sagt nämlich von der einen Leier, sie vermöge zu tönen, von der andern, sie vermöge es nicht, wenn sie nicht wohltönend ist. (c) Unvermögen ist die Privation des Vermögens und die Aufhebung der eben bezeichneten Art von Prinzip, entweder überhaupt oder bei dem, welches dasselbe der Natur gemäß hat, oder auch zu einer Zeit, wenn es dasselbe der Natur gemäß haben könnte; denn nicht in gleichem Sinne würden wir den Knaben und den Mann und den Verschnittenen unvermögend zur Zeugung nennen. Ferner ist jeder von beiden Arten des Vermögens eine Art des Unvermögens entgegengesetzt, sowohl der bloß bewegenden, als der gut bewegenden. (d) Unvermögend wird also etwas einmal genannt nach dem Unvermögen in diesem Sinne, dann aber auch in anderer Bedeutung, wie man Möglich und Unmöglich einander entgegensetzt. Unmöglich nämlich ist das, dessen Gegenteil

ἀνάγκης ἀληθές, οἷον τὸ τὴν διάμετρον σύμμετρον εἶναι ἀδύνατον, ὅτι ψεῦδος τὸ τοιοῦτον, οὗ τὸ ἐναντίον οὐ μόνον ἀληθὲς ἀλλὰ καὶ ἀνάγκη ἀσύμμετρον εἶναι· τὸ ἄρα σύμμετρον οὐ μόνον ψεῦδος ἀλλὰ καὶ ἐξ ἀνάγκης ψεῦδος. τὸ δ' ἐναντίον τούτῳ, τὸ δυνατόν, ὅταν μὴ ἀναγκαῖον ᾖ τὸ ἐναντίον ψεῦδος εἶναι, οἷον τὸ καθῆσθαι ἄνθρωπον δυνατόν· οὐ γὰρ ἐξ ἀνάγκης τὸ μὴ καθῆσθαι ψεῦδος. τὸ μὲν οὖν δυνατὸν ἕνα μὲν τρόπον, ὥσπερ εἴρηται, τὸ μὴ ἐξ ἀνάγκης ψεῦδος σημαίνει, ἕνα δὲ τὸ ἀληθὲς εἶναι, ἕνα δὲ τὸ ἐνδεχόμενον ἀληθὲς εἶναι. κατὰ μεταφορὰν δὲ ἡ ἐν τῇ γεωμετρίᾳ λέγεται δύναμις. ταῦτα μὲν οὖν τὰ δυνατὰ οὐ κατὰ δύναμιν. τὰ δὲ λεγόμενα κατὰ δύναμιν πάντα λέγεται πρὸς τὴν πρώτην μίαν· αὕτη δ' ἐστὶν ἀρχὴ μεταβολῆς ἐν ἄλλῳ 1020a ἢ ᾗ ἄλλο. τὰ γὰρ ἄλλα λέγεται δυνατὰ τῷ τὰ μὲν ἔχειν αὐτῶν ἄλλο τι τοιαύτην δύναμιν, τὰ δὲ μὴ ἔχειν, τὰ δὲ ὡδὶ ἔχειν. ὁμοίως δὲ καὶ τὰ ἀδύνατα. ὥστε ὁ κύριος ὅρος τῆς πρώτης δυνάμεως ἂν εἴη ἀρχὴ μεταβλητικὴ ἐν ἄλλῳ ἢ ᾗ ἄλλο.

13 ποσὸν λέγεται τὸ διαιρετὸν εἰς ἐνυπάρχοντα, ὧν ἑκάτερον ἢ ἕκαστον ἕν τι καὶ τόδε τι πέφυκεν εἶναι. πλῆθος μὲν οὖν ποσόν τι ἐὰν ἀριθμητὸν ᾖ, μέγεθος δ' ἐὰν μετρητὸν ᾖ. λέγεται δὲ πλῆθος μὲν τὸ διαιρετὸν δυνάμει εἰς μὴ συνεχῆ, μέγεθος δὲ τὸ εἰς συνεχῆ· μεγέθους δὲ τὸ μὲν ἐφ' ἓν συνεχὲς μῆκος, τὸ δ' ἐπὶ δύο πλάτος, τὸ δ' ἐπὶ τρία βάθος. τούτων δὲ πλῆθος μὲν τὸ πεπερασμένον ἀριθμός, μῆκος δὲ γραμμή, πλάτος δὲ ἐπιφάνεια, βάθος δὲ σῶμα. ἔτι τὰ μὲν

25 οὗ] καὶ οὗ E ‖ 28 τὸ ante δυνατὸν fort. omittendum cum Alex. p. 357, 29 dicit Bonitz ‖ ᾖ om. A^b ‖ 33 εἶναι E Alex.: ἤδη A^b ‖ τῇ om. Alex. Ascl. ‖ 34 τὰ om. A^b ‖ 1020a, 1 μίαν inclusit Brandis, non interpretatur Alex., fort. μίαν τὴν πρώτην, codicum lectionem μίαν collato 1046 a, 10 stabilit Vahlen poet.[2] p. 127 ‖ 2 ἢ ᾗ E: ᾗ A^b ‖ τὰ μὲν τῷ ἔχειν T et fort. Alex. recte ‖ 3 μὴ] τῶι μὴ E et fort. Alex. Ascl. ‖ 6 ἢ ᾗ E: ᾗ A^b ‖ 8 ἕν τε E sed alterum ε in ras. ‖ 13 τὸ om. H^b recte

a 1 μίαν: secl. Ross

notwendig wahr ist; z. B. daß die Diagonale kommensurabel sei, ist unmöglich, weil dieser Satz etwas Falsches ist, dessen Gegenteil nicht nur wahr, sondern notwendig wahr ist, nämlich der, daß die Diagonale inkommensurabel ist: Daß sie kommensurabel sei, ist also nicht nur falsch, sondern notwendig falsch. Das Gegenteil hiervon, das Mögliche, wird dem zugeschrieben, dessen Gegenteil nicht notwendig falsch ist; z. B. daß der Mensch sitze, ist möglich, denn das Nicht-sitzen ist nicht notwendig falsch. Möglich also bezeichnet in der einen Bedeutung, wie gesagt, daß etwas nicht notwendig falsch, in einer anderen, daß es wahr ist, in einer anderen wieder, daß es wahr sein kann. In übertragenem Sinne spricht man in der Geometrie von Vermögen oder Potenz. (e) Diese Bedeutungen also des Möglichen werden nicht nach einem Vermögen benannt. Was aber nach einem Vermögen als möglich oder vermögend bezeichnet wird, das heißt alles so durch seine Beziehung auf Vermö- 1020 a
gen in der ersten Bedeutung, d. h. es ist Prinzip der Veränderung in einem anderen, oder insofern es ein anderes ist. Denn das übrige wird vermögend genannt, teils weil etwas anderes über es selbst ein solches Vermögen hat, teils weil es dies nicht hat, teils weil es dies auf eine bestimmte Weise hat. Ebenso verhält es sich auch mit den Bedeutungen von unmöglich oder unvermögend. Der eigentliche Begriff also von Vermögen in erster Bedeutung würde danach sein: Prinzip der Veränderung in einem anderen oder insofern es ein anderes ist.

13 (a) Quantitatives nennt man dasjenige, was in immanente zwei oder mehr Teile teilbar ist, deren jeder seiner Natur nach etwas Eines und Bestimmtes ist. Menge nun ist ein Quantum, wenn es zählbar, Größe, wenn es meßbar ist. Man nennt aber Menge, was der Möglichkeit nach in Nicht-stetiges, Größe, was in Stetiges (Kontinuierliches) teilbar ist. Und unter den Größen ist die nach einer Richtung stetige Länge, die nach zwei Richtungen stetige Breite, die nach drei Richtungen Tiefe. Von diesen heißt die begrenzte Menge Zahl, die Länge Linie, die Breite Fläche, die Tiefe Körper. – (b) Ferner wird einiges

λέγεται καθ' αὑτὰ ποσὰ ἄττα, τὰ δὲ κατὰ συμβεβηκός, οἷον ἡ μὲν γραμμὴ ποσόν τι καθ' ἑαυτό, τὸ δὲ μουσικὸν κατὰ συμβεβηκός. τῶν δὲ καθ' αὑτὰ τὰ μὲν κατ' οὐσίαν ἐστίν, οἷον ἡ γραμμὴ ποσόν τι (ἐν γὰρ τῷ λόγῳ τῷ τί ἐστι λέγοντι τὸ ποσὸν ἐνυπάρχει) τὰ δὲ πάθη καὶ ἕξεις τῆς τοιαύτης ἐστὶν οὐσίας, οἷον τὸ πολὺ καὶ τὸ ὀλίγον, καὶ μακρὸν καὶ βραχύ, καὶ πλατὺ καὶ στενόν, καὶ βαθὺ καὶ ταπεινόν, καὶ βαρὺ καὶ κοῦφον, καὶ τἆλλα τὰ τοιαῦτα. ἔστι δὲ καὶ τὸ μέγα καὶ τὸ μικρόν, καὶ τὸ μεῖζον καὶ τὸ ἔλαττον, καὶ καθ' αὑτὰ καὶ πρὸς ἄλληλα λεγόμενα, τοῦ ποσοῦ πάθη καθ' αὑτά· μεταφέρεται μέντοι καὶ ἐπ' ἄλλα ταῦτα τὰ ὀνόματα. τῶν δὲ κατὰ συμβεβηκὸς λεγομένων ποσῶν τὸ μὲν οὕτως λέγεται ὥσπερ ἐλέχθη ὅτι τὸ μουσικὸν ποσὸν καὶ τὸ λευκὸν τῷ εἶναι ποσόν τι ᾧ ὑπάρχουσι, τὰ δὲ ὡς κίνησις καὶ χρόνος· καὶ γὰρ ταῦτα πόσ' ἄττα λέγεται καὶ συνεχῆ τῷ ἐκεῖνα διαιρετὰ εἶναι ὧν ἐστὶ ταῦτα πάθη. λέγω δὲ οὐ τὸ κινούμενον ἀλλ' ὃ ἐκινήθη· τῷ γὰρ ποσὸν εἶναι ἐκεῖνο καὶ ἡ κίνησις ποσή, ὁ δὲ χρόνος τῷ ταύτην.

τὸ ποιὸν λέγεται ἕνα μὲν τρόπον ἡ διαφορὰ τῆς οὐσίας, 14
οἷον ποιόν τι ἄνθρωπος ζῷον ὅτι δίπουν, ἵππος δὲ τετράπουν·
καὶ κύκλος ποιόν τι σχῆμα ὅτι ἀγώνιον, ὡς τῆς διαφορᾶς
1020b τῆς κατὰ τὴν οὐσίαν ποιότητος οὔσης. ἕνα μὲν δὴ τρόπον
τοῦτον λέγεται ἡ ποιότης διαφορὰ οὐσίας, ἕνα δὲ ὡς τὰ ἀκίνητα καὶ τὰ μαθηματικά, ὥσπερ οἱ ἀριθμοὶ ποιοί τινες, οἷον οἱ σύνθετοι καὶ μὴ μόνον ἐφ' ἓν ὄντες ἀλλ' ὧν μίμημα

17 αὑτὸ A^b ‖ 18 ποσόν τι spuria duco ‖ 19 ποσὸν ἐνυπάρχει Alex.: ποσόν τι ὑπάρχει A^bE ‖ 20 τὸ post καὶ om. A^b ‖ καὶ τὸ μακρὸν A^b ‖ 21 καὶ πλατὺ — 22 βαρὺ om. E ‖ καὶ βαθὺ καὶ ταπεινὸν om. A^b, habet Ald. Bekk. ‖ 22 καὶ βαρὺ καὶ κοῦφον spuria, cf. 1020b, 10 et Alex. 364, 18 ‖ τὰ om. A^b ‖ 23 τὸ ante μεῖζον om. A^bE, habet Alex. et vulgata ‖ τὸ ante ἔλαττον Alex., om. A^bE et vulgata; καὶ τὸ μεῖζον καὶ τὸ ἔλαττον interpolata esse iudico ‖ 25 μεταφέροντα A^b ‖ 30 ταῦτα E: τὰ A^b ‖ 33 τὸ ante ποιὸν eiciendum esse bene monet Bonitz ‖ αἱ διαφοραὶ A^b ‖ 1020b, 2 τοῦτον om. Alex. p. 363, 14, immo διαφορὰ οὐσίας in-

a15 ἄττα: om. Ross 23 τὸ ante μεῖζον et ἔλαττον: om. Ross 25 μεταφέρονται: Ross

an sich Quantitatives genannt, anderes in akzidentellem Sinne; z. B. die Linie ist ein Quantum an sich, das Gebildete dagegen erst in akzidentellem Sinne. Unter dem, was an sich Quantum ist, ist es einiges dem Wesen nach; z. B. die Linie ist ein Quantum (weil sich in dem Begriff, welcher angibt, was die Linie ist, das Quantum findet); anderes ist eine Bestimmtheit und ein Verhalten einer solchen Wesenheit, z. B. das Viele und Wenige, Lange und Kurze, Breite und Schmale, Tiefe und Flache, Schwere und Leichte und anderes der Art. Auch Groß und Klein und Größer und Kleiner, sowohl wenn dies an sich, als auch wenn es in Beziehung aufeinander ausgesprochen wird, sind Bestimmtheiten an sich des Quantitativen. Doch werden diese Namen auch auf anderes übertragen. – (c) Von dem, was in akzidentellem Sinne Quantitatives genannt wird, heißt einiges so in der Weise, wie es von dem Gebildeten hieß, es sei ein Quantum, und ebenso von dem Weißen, insofern nämlich das, woran sich dies vorfindet, ein Quantum ist; oder in der Bedeutung wie Bewegung und Zeit; denn auch diese werden als Quantitatives und Kontinuierliches bezeichnet, weil dasjenige teilbar ist, dessen Bestimmtheiten sie sind. Ich meine hiermit nicht das, was bewegt wird, sondern (das Quantum), um das dieses bewegt wurde. Weil nämlich dieses ein Quantum ist, ist auch die Bewegung ein Quantum, und weil diese, darum auch die Zeit.

14 (a) (1.) Das Qualitative heißt in der einen Bedeutung der Unterschied des Wesens; z. B. der Mensch ist ein Lebewesen von bestimmter Qualität, weil er ein zweifüßiges, das Pferd, weil es ein vierfüßiges ist, und der Kreis ist eine Figur von bestimmter Qualität, weil er eine winkellose Figur ist, indem man hierbei den Unterschied im Wesen als Qualität bezeichnet. (2.) In der einen Weise also nennt man Qualität 1020 b
den Unterschied des Wesens, in einer andern Bedeutung gebraucht man Qualität bei den unbeweglichen und mathematischen Dingen. So haben die Zahlen eine bestimmte Qualität, z. B. die zusammengesetzten und nicht nur in einer Richtung fortlaufenden, sondern deren Nachbild

τὸ ἐπίπεδον καὶ τὸ στερεόν (οὗτοι δ' εἰσὶν οἱ ποσάκις ποσοὶ ἢ ποσάκις ποσάκις ποσοί), καὶ ὅλως ὃ παρὰ τὸ ποσὸν ὑπάρχει ἐν τῇ οὐσίᾳ· οὐσία γὰρ ἑκάστου τὸ ἅπαξ, οἷον τῶν ἓξ οὐχ ὃ δὶς ἢ τρὶς εἰσὶν ἀλλ' ὃ ἅπαξ· ἓξ γὰρ ἅπαξ ἕξ. ἔτι ὅσα πάθη τῶν κινουμένων οὐσιῶν, οἷον θερμότης καὶ ψυχρότης, καὶ λευκότης καὶ μελανία, καὶ βαρύτης καὶ κουφότης, καὶ ὅσα τοιαῦτα, καθ' ἃ λέγονται καὶ ἀλλοιοῦσθαι τὰ σώματα μεταβαλλόντων. ἔτι κατ' ἀρετὴν καὶ κακίαν καὶ ὅλως τὸ κακὸν καὶ ἀγαθόν. σχεδὸν δὴ κατὰ δύο τρόπους λέγοιτ' ἂν τὸ ποιόν, καὶ τούτων ἕνα τὸν κυριώτατον. πρώτη μὲν γὰρ ποιότης ἡ τῆς οὐσίας διαφορά· ταύτης δέ τι καὶ ἡ ἐν τοῖς ἀριθμοῖς ποιότης μέρος· διαφορὰ γάρ τις οὐσιῶν, ἀλλ' ἢ οὐ κινουμένων ἢ οὐχ ᾗ κινούμενα. τὰ δὲ πάθη τῶν κινουμένων ᾗ κινούμενα καὶ τῶν κινήσεων διαφοραί. ἀρετὴ δὲ καὶ κακία τῶν παθημάτων μέρος τι· διαφορὰς γὰρ δηλοῦσι τῆς κινήσεως καὶ τῆς ἐνεργείας, καθ' ἃς ποιοῦσιν ἢ πάσχουσι καλῶς ἢ φαύλως τὰ ἐν κινήσει ὄντα· τὸ μὲν γὰρ ὡδὶ δυνάμενον κινεῖσθαι ἢ ἐνεργεῖν ἀγαθόν, τὸ δ' ὡδὶ καὶ ἐναντίως μοχθηρόν. μάλιστα δὲ τὸ ἀγαθὸν καὶ κακὸν σημαίνει τὸ ποιὸν ἐπὶ τῶν ἐμψύχων, καὶ τούτων μάλιστα ἐπὶ τοῖς ἔχουσι προαίρεσιν.

15 πρός τι λέγεται τὰ μὲν ὡς διπλάσιον πρὸς ἥμισυ καὶ τριπλάσιον πρὸς τριτημόριον, καὶ ὅλως πολλαπλάσιον πρὸς πολλοστημόριον καὶ ὑπερέχον πρὸς ὑπερεχόμενον· τὰ δ' ὡς τὸ θερμαντικὸν πρὸς τὸ θερμαντὸν καὶ τὸ τμητικὸν πρὸς τὸ τμητόν, καὶ ὅλως τὸ ποιητικὸν πρὸς τὸ παθητικόν· τὰ δ' ὡς τὸ μετρητὸν πρὸς τὸ μέτρον καὶ ἐπιστητὸν πρὸς ἐπιστήμην καὶ αἰσθητὸν πρὸς αἴσθησιν. λέγεται δὲ τὰ μὲν πρῶτα κατ'

terpretamentum ‖ 6 fort. παρὰ τὸ ἐν τῇ οὐσίᾳ ποσὸν ὑπάρχει scil. τῷ ἀριθμῷ, cf. Alex. ‖ 7 ὃ ἅπαξ coni. Bonitz ‖ 8 ἓξ alterum om. A^b ‖ 11 ἃ E: ὅσα A^b ‖ καὶ om. A^b, habet E et Alex. ‖ 15 τις A^b, τι ex τις corr. E ‖ 18 καὶ αἱ E Alex. vulgo, αἱ om. A^b ‖ 23 καὶ τὸ κακὸν E ‖ 26 πρὸς τὸ ἥμισυ A^b ‖ 27 πρὸς τὸ πολ. Ald. ‖ 29 τὸ ante θερμαντικὸν et θερμὸν et τμητικὸν om. E

b 23 E, Ross

Ebene und Körper ist (dies sind nämlich die aus ein- oder zweimaliger Multiplikation entstandenen); und überhaupt ist bei ihnen Qualität, was sich noch neben der Quantität in ihrem Wesen findet; denn Wesen einer jeden Zahl ist das, was sie einmal ist, z. B. der Zahl sechs nicht das, was sie zwei- oder dreimal, sondern was sie einmal ist; denn sechs ist einmal sechs. – (3.) Ferner heißen Qualitäten die Bestimmtheiten der bewegten Wesen, z. B. Wärme und Kälte, Weiße und Schwärze, Schwere und Leichtigkeit, und was noch sonst dieser Art, nach welchem man, wenn es wechselt, den Körpern Qualitätsveränderung zuschreibt. – (4.) Ferner bestimmt man Qualität nach Tugend und Schlechtigkeit und überhaupt nach Schlechtem und Gutem. (b) Qualität würde demnach im ganzen in zwei Bedeutungen gebraucht, von denen die eine die eigentliche ist. Erste Qualität nämlich ist der Unterschied des Wesens. Hierzu gehört auch als eine besondere Art die Qualität, die sich in den Zahlen findet; denn auch sie ist ein Unterschied von Wesen, aber nicht von bewegten oder doch nicht, insofern sie bewegt werden. Dann sind Qualitäten die Affektionen des Bewegten, insofern es bewegt ist, und die Unterschiede der Bewegungen. Zu den Affektionen gehören auch Tugend und Schlechtigkeit, denn sie bezeichnen Unterschiede der Bewegung und der Tätigkeit, denen gemäß das in Bewegung Befindliche gut oder schlecht etwas tut oder leidet; denn was auf diese bestimmte Weise bewegt zu werden oder tätig zu sein vermag, ist gut, was dagegen auf diese und zwar die entgegengesetzte Weise, schlecht. Besonders bezeichnet gut und schlecht die Qualität bei den beseelten Wesen und unter diesen am meisten bei den nach Vorsatz handelnden.

15 (a) Relativ nennt man einmal, was sich verhält wie das Doppelte zum Halben, das Dreifache zum Drittel und überhaupt das so Vielfache zu dem so vielten Teile und das Übertreffende zum Übertroffenen; ferner, was sich verhält wie das Erwärmende zum Erwärmten, das Schneidende zum Geschnittenen und überhaupt das Tätige zum Leidenden; dann, was sich verhält wie das Gemessene zum Maß, das Gewußte zur Wissenschaft, das sinnlich Wahrgenommene zur sinnlichen Wahrnehmung. (1.) In dem ersten Falle nennt man etwas relativ

ἀριθμὸν ἢ ἁπλῶς ἢ ὡρισμένως πρὸς αὐτοὺς ἢ πρὸς ἕν, οἷον τὸ μὲν διπλάσιον πρὸς ἓν ἀριθμὸς ὡρισμένος, τὸ δὲ πολλαπλάσιον κατ' ἀριθμὸν πρὸς ἓν οὐχ ὡρισμένον δέ, οἷον τόνδε ἢ τόνδε· τὸ δὲ ἡμιόλιον πρὸς τὸ ὑφημιόλιον κατ' ἀριθμὸν πρὸς ἀριθμὸν ὡρισμένον· τὸ δ' ἐπιμόριον πρὸς τὸ ὑπεπιμόριον κατὰ ἀόριστον, ὥσπερ τὸ πολλαπλάσιον πρὸς τὸ ἕν· τὸ δ' ὑπερέχον πρὸς τὸ ὑπερεχόμενον ὅλως ἀόριστον κατ' ἀριθμόν· ὁ γὰρ ἀριθμὸς σύμμετρος, κατὰ μὴ σύμμετρον δὲ ἀριθμὸν λέγονται· τὸ γὰρ ὑπερέχον πρὸς τὸ ὑπερεχόμενον τοσοῦτόν τέ ἐστι καὶ ἔτι· τοῦτο δ' ἀόριστον· ὁπότερον γὰρ ἔτυχέν ἐστιν, ἢ ἴσον ἢ οὐκ ἴσον. ταῦτά τε οὖν τὰ πρός τι πάντα κατ' ἀριθμὸν λέγεται καὶ ἀριθμοῦ πάθη, καὶ ἔτι τὸ ἴσον καὶ ὅμοιον καὶ ταὐτὸ κατ' ἄλλον τρόπον· κατὰ γὰρ τὸ ἓν λέγεται πάντα. ταὐτὰ μὲν γὰρ ὧν μία ἡ οὐσία, ὅμοια δ' ὧν ἡ ποιότης μία, ἴσα δὲ ὧν τὸ ποσὸν ἕν· τὸ δ' ἓν τοῦ ἀριθμοῦ ἀρχὴ καὶ μέτρον, ὥστε ταῦτα μὲν πάντα πρός τι λέγεται κατ' ἀριθμὸν μέν, οὐ τὸν αὐτὸν δὲ τρόπον. τὰ δὲ ποιητικὰ καὶ παθητικὰ κατὰ δύναμιν ποιητικὴν καὶ παθητικὴν καὶ ἐνεργείας τὰς τῶν δυνάμεων, οἷον τὸ θερμαντικὸν πρὸς τὸ θερμαντόν, ὅτι δύναται, καὶ πάλιν τὸ θερμαῖνον πρὸς τὸ θερμαινόμενον καὶ τὸ τέμνον πρὸς τὸ τεμνόμενον, ὡς ἐνεργοῦντα. τῶν δὲ κατ' ἀριθμὸν οὐκ εἰσὶν ἐνέργειαι ἀλλ' ἢ ὃν τρόπον ἐν ἑτέροις εἴρηται· αἱ δὲ κατὰ κίνησιν ἐνέργειαι οὐχ ὑπάρχουσιν. τῶν δὲ κατὰ δύναμιν καὶ κατὰ χρόνους ἤδη

33 *ὡρισμένως* Alex.: *ὡρισμένον* A^b E, sed *ως* supra *ον* scriptum in E, fort. *ἢ ὡρισμένον πρὸς ὡρισμένον καὶ αὐτὸν ἢ πρὸς ἕν* ‖ 34 *πρὸς ἓν ἀριθμὸς ὡρισμένος πρὸς ἕν* A^b, alterum *πρὸς ἓν* om. E ‖ 1021a, 2 *τὸ δ' ἐπιμ.* E, *δ'* om. A^b (?) Bekk. ‖ 3 *ἀόριστον* Alex.: *ἀορίστου* A^b, *ἀορίστους* E ‖ 5 *ἀριθμὸς σύμμετρον* A^b ‖ *ἀριθμὸν* E Alex.: *ἀριθμὸν οὐ* A^b, *ἀριθμὸν* intellege rationem ‖ 6 *λέγονται* A^bE: *λέγεται* Alex. vulgo ‖ *γὰρ* E: *δὲ* A^b ‖ 7 *τέ* om. Alex. ‖ *καὶ* om. A^b ‖ post *δ'* add. *ἐστὶν* Alex. ‖ 8 *ἢ* ante *ἴσον* om. A^b ‖ *ἅπαντα* E ‖ 10 *κατ'* om. A^b, *κατ' ἄλλον τρόπον* abesse malim ‖ 11 *πάντα ταὐτά. τὸ μὲν γὰρ ταὐτὸ ὧν* A^b ‖ *ἡ* om. A^b et Alex. ‖ *ὅμοια — 12 μία* post *ἓν* A^b ‖ 13 *ταῦτα* E: *ταῦτα μὲν τὰ πρός τι* A^b ‖ 20 *κίνησιν* A^b: *δύναμιν* E

a 5 *μὴ συμμέτρου δὲ ἀριθμὸς οὐ λέγεται*: Ross · 6 *τὸ γὰρ*: Ross

der Zahl nach, entweder schlechthin oder in bestimmter Weise gegen einander oder gegen Eines; z. B. das Zweifache ist eine im Verhältnis zu Einem bestimmte Zahl, das Vielfache bezeichnet ebenfalls ein Zahlenverhältnis zu Einem, aber nicht einem bestimmten, z. B. dieser oder dieser Zahl; das Verhältnis von anderthalb zu zwei Drittel ist ein Zahlen- 1021 a
verhältnis zu einer bestimmten Zahl, das Verhältnis eines unechten Bruches zu dem umgekehrten echten Bruche dagegen geht auf ein unbestimmtes, so wie das des Vielfachen zum Einen. Das Verhältnis aber des Übertreffenden zum Übertroffenen ist der Zahl nach völlig unbestimmt; denn die Zahl ist kommensurabel, hierbei aber liegt eine inkommensurable Zahl zugrunde; denn das Übertreffende ist im Verhältnis zum Übertroffenen ebensoviel und noch etwas dazu, dies Etwas aber ist unbestimmt; denn es kann jedes Beliebige sein, Gleiches oder Ungleiches. Alle diese Relationen also sind Zahlenverhältnisse und Bestimmtheiten der Zahl, und so auch ferner noch in anderer Weise das Gleiche und das Ähnliche und das Selbige; denn diese alle stehen in Beziehung zum Einen. Selbig nämlich ist, was *eine* Wesenheit, ähnlich, was *eine* Qualität, gleich, was *eine* Quantität hat. Nun ist aber das Eine Prinzip und Maß der Zahl, also werden auch diese Verhältnisse als solche bezeichnet wegen ihrer Beziehung auf die Zahl, aber nicht in derselben Weise. (2.) Das Wirkende und Leidende dagegen stehen in Verhältnis zueinander durch das wirkende und leidende Vermögen und nach den Tätigkeiten dieser Vermögen; so steht z. B. das der Erwärmung Fähige zu dem Erwärmbaren in Verhältnis als vermögend, sowie das Wärmende zu dem Gewärmten und das Schneidende zu dem Geschnittenen als wirklich tätig. Von den Zahlenverhältnissen dagegen gibt es keine wirklichen Tätigkeiten außer in dem Sinne, wie dies anderswo erklärt ist; die auf Bewegung beruhenden wirklichen Tätigkeiten finden aber bei diesen nicht statt. Manche von den auf Vermögen beruhenden Verhältnissen werden auch noch den verschiedenen Zeiten nach

λέγονται πρός τι, οἷον τὸ πεποιηκὸς πρὸς τὸ πεποιημένον καὶ τὸ ποιῆσον πρὸς τὸ ποιησόμενον. οὕτω γὰρ καὶ πατὴρ υἱοῦ λέγεται πατήρ· τὸ μὲν γὰρ πεποιηκός, τὸ δὲ πεπονθός τί ἐστιν. ἔτι ἔνια κατὰ στέρησιν δυνάμεως, ὥσπερ τὸ ἀδύνατον καὶ ὅσα οὕτω λέγεται, οἷον τὸ ἀόρατον. τὰ μὲν οὖν κατ' ἀριθμὸν καὶ δύναμιν λεγόμενα πρός τι πάντα ἐστὶ πρός τι τῷ ὅπερ ἐστὶν ἄλλου λέγεσθαι αὐτὸ ὅ ἐστιν, ἀλλὰ μὴ τῷ ἄλλο πρὸς ἐκεῖνο· τὸ δὲ μετρητὸν καὶ τὸ ἐπιστητὸν καὶ τὸ διανοητὸν τῷ ἄλλο πρὸς αὐτὸ λέγεσθαι πρός τι λέγονται. τό τε γὰρ διανοητὸν σημαίνει ὅτι ἐστὶν αὐτοῦ διάνοια, οὐκ ἔστι δ' ἡ διάνοια πρὸς τοῦτο οὗ ἐστὶ διάνοια· δὶς γὰρ ταὐτὸν εἰρημένον ἂν εἴη. ὁμοίως δὲ καὶ τινός ἐστιν ἡ ὄψις ὄψις, οὐχ οὗ ἐστὶν ὄψις (καίτοι γ' ἀληθὲς τοῦτο εἰπεῖν), ἀλλὰ πρὸς χρῶμα ἢ πρὸς ἄλλο τι τοιοῦτον. ἐκείνως δὲ δὶς ταὐτὸν λεχθήσεται, ὅτι ἐστὶν ὄψις οὗ ἐστὶν ἡ ὄψις. τὰ μὲν οὖν καθ' ἑαυτὰ λεγόμενα πρός τι τὰ μὲν οὕτω λέγεται, τὰ δ' ἐὰν τὰ γένη αὐτῶν ᾖ τοιαῦτα, οἷον ἡ ἰατρικὴ τῶν πρός τι ὅτι τὸ γένος αὐτῆς ἡ ἐπιστήμη δοκεῖ εἶναι τῶν πρός τι. ἔτι καθ' ὅσα τὰ ἔχοντα λέγεται πρός τι, οἷον ἰσότης ὅτι τὸ ἴσον, καὶ ὁμοιότης ὅτι τὸ ὅμοιον. τὰ δὲ κατὰ συμβεβηκός, οἷον ἄνθρωπος πρός τι ὅτι συμβέβηκεν αὐτῷ διπλασίῳ εἶναι, τοῦτο δ' ἐστὶ τῶν πρός τι· ἢ τὸ λευκόν, εἰ τῷ αὐτῷ συμβέβηκε διπλασίῳ καὶ λευκῷ εἶναι.

16 τέλειον λέγεται ἓν μὲν οὗ μὴ ἔστιν ἔξω τι λαβεῖν μηδὲ ἓν μόριον, οἷον χρόνος τέλειος ἑκάστου οὗτος οὗ μὴ ἔστιν

22 πρός τι] τὰ ante πρὸς add. m. sec. E, τινα ante πρὸς legisse videtur Alex. ‖ 23 ποιηθησόμενον Alex. in interpr. ‖ 28 αὐτὸ ὅ ἐστιν in textu non habuisse videtur Alex. ‖ 30 τὸ ante διαν. om. E ‖ ἄλλο αὐτὸ omisso πρὸς A^b ‖ τι ἃ λεγ. A^b ‖ 32 τοῦτο] τὸ E, fort. recte ‖ 1021b, 1 ἐστὶν ἡ ὄψις Alex. ‖ γε add. E ‖ 2 τὸ αὐτὸ E ‖ 3 ὅτι om. A^b ‖ ὄψις om. A^b ‖ ἡ om. Alex., ἔστιν ἡ ὄψις οὗ ἐστὶν ὄψις coni. Bonitz ‖ 5 ἡ om. A^b ‖ 7 οἷον ἡ ἰσ. A^b ‖ 8 οἷον ὁ ἄνθρ. A^b ‖ 10 εἰ E: ἢ A^b ‖ 12 τὸ τέλειον A^b ‖ μηδὲ ἓν] μηθὲν E ‖ 13 ὁ χρόνος E

bestimmt; z. B. das, was hervorgebracht hat, steht im Verhältnis zu dem, was hervorgebracht worden ist, und das, was hervorbringen wird, zu dem, was hervorgebracht werden wird. In diesem Sinne nennt man den Vater Vater des Sohnes; denn jener hat etwas hervorgebracht, dieser hat eine Tätigkeit erfahren. – Ferner steht einiges im Verhältnis der Privation eines Vermögens, wie das Unvermögende und alles, was in diesem Sinne ausgesprochen wird, z. B. das Unsichtbare. (3.) Dasjenige nun also, was der Zahl oder dem Vermögen nach als relativ bezeichnet wird, heißt so, weil sein eigenes Wesen in der Beziehung zu einem andern besteht, aber nicht bloß darum, weil etwas anderes auf jenes bezogen wird; hingegen das Meßbare, das Wißbare, das Denkbare heißt relativ darum, weil etwas anderes auf es selbst bezogen wird. Denn denkbar heißt etwas, weil es ein Denken desselben gibt, aber es ist nicht das Denken Denken dessen, worauf das Denken geht, sonst wäre dasselbe zweimal gesagt. Und ebenso ist das Sehen Sehen von etwas,
aber nicht Sehen dessen, worauf das Sehen geht (wiewohl 1021 b
man dies in Wahrheit sagen könnte), sondern das Sehen ist auf eine Farbe oder etwas dergleichen gerichtet. In jener Weise aber wäre dasselbe zweimal gesagt, das Sehen sei das Sehen dessen, worauf das Sehen geht. (b) Was also an sich als relativ bezeichnet wird, das wird teils in diesen Bedeutungen so genannt, teils wenn die Gattung, zu der es gehört, solcher Art ist; z. B. die Heilkunst gilt für etwas Relatives, weil die Gattung derselben, die Wissenschaft, für etwas Relatives gilt. Ferner heißt alles das relativ, durch dessen Besitz etwas relativ ist; z. B. die Gleichheit ist etwas Relatives, weil das Gleiche relativ ist, und die Ähnlichkeit, weil das Ähnliche. (c) In akzidentellem Sinne dagegen heißt z. B. der Mensch relativ, weil es ein Akzidens desselben ist, das Zweifache von einem anderen zu sein, und dies ein Relatives ist; oder das Weiße heißt relativ, wenn Weiß und Doppelt Akzidenzien desselben Dinges sind.

16 (a) (1.) Vollendet nennt man einmal das, außerhalb dessen sich auch nicht ein einziger Teil finden läßt; so ist z. B. die Zeit eines jeden Dinges vollendet, außer welcher sich keine finden läßt,

ἔξω λαβεῖν χρόνον τινὰ ὅς τούτου μέρος ἐστὶ τοῦ χρόνου. καὶ τὸ κατ' ἀρετὴν καὶ τὸ εὖ μὴ ἔχον ὑπερβολὴν πρὸς τὸ γένος, οἷον τέλειος ἰατρὸς καὶ τέλειος αὐλητής, ὅταν κατὰ τὸ εἶδος τῆς οἰκείας ἀρετῆς μηθὲν ἐλλείπωσιν. οὕτω δὲ μεταφέροντες καὶ ἐπὶ τῶν κακῶν λέγομεν συκοφάντην τέλειον καὶ κλέπτην τέλειον, ἐπειδὴ καὶ ἀγαθοὺς λέγομεν αὐτούς, οἷον κλέπτην ἀγαθὸν καὶ συκοφάντην ἀγαθόν. καὶ ἡ ἀρετὴ τελείωσίς τις· ἕκαστον γὰρ τότε τέλειον καὶ οὐσία πᾶσα τότε τελεία, ὅταν κατὰ τὸ εἶδος τῆς οἰκείας ἀρετῆς μηδὲν ἐλλείπῃ μόριον τοῦ κατὰ φύσιν μεγέθους. ἔτι οἷς ὑπάρχει τὸ τέλος σπουδαῖον, ταῦτα λέγεται τέλεια· κατὰ γὰρ τὸ ἔχειν τὸ τέλος τέλεια. ὥστ' ἐπεὶ τὸ τέλος τῶν ἐσχάτων τί ἐστι, καὶ ἐπὶ τὰ φαῦλα μεταφέροντες λέγομεν τελείως ἀπολωλέναι καὶ τελείως ἐφθάρθαι, ὅταν μηδὲν ἐλλείπῃ τῆς φθορᾶς καὶ τοῦ κακοῦ ἀλλ' ἐπὶ τοῦ ἐσχάτου ᾖ. διὸ καὶ ἡ τελευτὴ κατὰ μεταφορὰν λέγεται τέλος, ὅτι ἄμφω ἔσχατα. τέλος δὲ καὶ τὸ οὗ ἕνεκα ἔσχατον. τὰ μὲν οὖν καθ' αὑτὰ λεγόμενα τέλεια τοσαυταχῶς λέγεται, τὰ μὲν τῷ κατὰ τὸ εὖ μηδὲν ἐλλείπειν μηδ' ἔχειν ὑπερβολὴν μηδ' ἔξω τι λαβεῖν, τὰ δ' ὅλως κατὰ τὸ μὴ ἔχειν ὑπερβολὴν ἐν ἑκάστῳ γένει μηδ'
1022a εἶναί τι ἔξω, τὰ δ' ἄλλα ἤδη κατὰ ταῦτα τῷ ἢ ποιεῖν τι τοιοῦτον ἢ ἔχειν ἢ ἁρμόττειν τοιούτῳ ἢ ἁμῶς γέ πως λέγεσθαι πρὸς τὰ πρώτως λεγόμενα τέλεια.

πέρας λέγεται τὸ ἔσχατον ἑκάστου καὶ οὗ ἔξω μηδὲν 17
ἔστι λαβεῖν πρώτου, καὶ οὗ ἔσω πάντα πρώτου, καὶ ὃ ἂν ᾖ

15 τὸ E: τὰ A^b ‖ τὸ εὖ A^b et Alex.: τὸ τοῦ εὖ E ‖ μὴ ἔχοντι δ' A^b ‖ 17 ἐλλίπωσιν A^b ‖ 20 καὶ ἡ — 21 τις om. A^b ‖ 21 τέλειόν τι καὶ A^b ‖ τότε om. A^b ‖ 24 τὸ post ἔχειν om. E ‖ 27 ἐλλίπῃ A^b ‖ 28 τῷ ἐσχάτῳ A^b Alex. ‖ ᾖ] δ' ἤι E ‖ 33 γρ. μηδ' ἔχειν ὑπερβολὴν ἐν ἑκάστῳ γένει μηδ' εἶναί τι ἔξω, τὰ δὲ μεταξύ ἐστιν E marg. ‖ 1022 a, 1 ἤδη καθ' αὑτὰ E ‖ 2 τοιούτωι E: τούτῳ A^b ‖ ἁμῶς coni. Bekk.: ἄλλως codd. ‖ πρώτως A^bE sed in E ως in ras. ‖ 4 τό τε A^b ‖ 5 καὶ — πρώτου om. E, habet Alex.

b 24 *σπουδαῖον ⟨ὄν⟩*: Ross a 2 *τούτῳ*: Ross

welche ein Teil *dieser* Zeit wäre. (2.) Ferner heißt vollendet, was der Tüchtigkeit nach und im Guten in seiner Gattung nicht übertroffen werden kann; vollendet z. B. ist ein Arzt und vollendet ein Flötenspieler, wenn ihnen nach der Art der ihnen eigentümlichen Tüchtigkeit nichts fehlt. So gebrauchen wir es auch in übertragenem Sinne von Schlechtem und nennen einen Sykophanten oder einen Dieb vollendet; denn wir nennen sie ja auch gut, z. B. ein guter Dieb, ein guter Sykophant, und Tüchtigkeit ist eine Art von Vollendung; denn jedes Ding und jedes Wesen ist dann vollkommen, wenn ihm nach der Art der ihm eigentümlichen Tüchtigkeit nichts zu der natürlichen Größe mangelt. – (3.) Ferner heißt das vollendet, was einen guten Zweck (Ziel, Ende) hat; denn durch das Besitzen des Zweckes (Endes) ist etwas vollendet. Daher übertragen wir, da das Ziel ein Äußerstes ist, Vollendet auch auf das Schlechte und sagen, daß etwas vollendet untergegangen oder vollendet vernichtet sei, wenn an seiner Vernichtung und seinem Übel nichts mehr fehlt, sondern es am Äußersten ist (weshalb man denn auch in übertragenem Sinne das Ende Zweck (Ziel) nennt, weil beides ein Äußerstes ist); Zweck aber ist auch das letzte Worumwillen. (b) Was also an sich als vollendet bezeichnet wird, das wird in diesen Bedeutungen so genannt, teils weil es im Guten keinen Mangel hat und nicht übertroffen werden kann und nichts außerhalb desselben zu finden ist, teils weil es überhaupt in der jedesmaligen Art nicht übertroffen werden kann und nichts außerhalb desselben ist; was aber sonst vollendet heißt, das wird nunmehr so genannt mit Beziehung auf das Gesagte, weil es entweder 1022 a
etwas der Art hervorbringt oder hat oder dazu stimmt oder in irgendeiner Beziehung zu dem steht, was im ursprünglichen Sinne vollendet genannt wird.

17 (a) (1.) Grenze heißt das Äußerste eines jeden Dinges sowohl als erstes, außerhalb dessen nichts, als auch als erstes, innerhalb dessen alles ist, (2.) und wo es auf Größe geht,

εἶδος μεγέθους ἢ ἔχοντος μέγεθος, καὶ τὸ τέλος ἑκάστου· τοιοῦτον δ' ἐφ' ὃ ἡ κίνησις καὶ ἡ πρᾶξις καὶ οὐκ ἀφ' οὗ, ὁτὲ δὲ ἄμφω καὶ ἀφ' οὗ καὶ ἐφ' ὅ. καὶ τὸ οὗ ἕνεκα, καὶ ἡ οὐσία ἡ ἑκάστου, καὶ τὸ τί ἦν εἶναι ἑκάστῳ· τῆς γνώσεως γὰρ τοῦτο πέρας· εἰ δὲ τῆς γνώσεως, καὶ τοῦ πράγματος. ὥστε φανερὸν ὅτι ὁσαχῶς τε ἡ ἀρχὴ λέγεται, τοσαυταχῶς καὶ τὸ πέρας, καὶ ἔτι πλεοναχῶς· ἡ μὲν γὰρ ἀρχὴ πέρας τι, τὸ δὲ πέρας οὐ πᾶν ἀρχή.

18 Τὸ καθὸ λέγεται πολλαχῶς, ἕνα μὲν τρόπον τὸ εἶδος καὶ ἡ οὐσία ἑκάστου πράγματος, οἷον καθὸ ἀγαθὸς ὁ ἀγαθός, αὐτὸ ἀγαθόν, ἕνα δὲ ἐν ᾧ πρώτῳ πέφυκε γίγνεσθαι, οἷον τὸ χρῶμα ἐν τῇ ἐπιφανείᾳ. τὸ μὲν οὖν πρώτως λεγόμενον καθὸ τὸ εἶδός ἐστι, δευτέρως δὲ ὡς ἡ ὕλη ἑκάστου καὶ τὸ ὑποκείμενον ἑκάστῳ πρῶτον. ὅλως δὲ τὸ καθὸ ἰσαχῶς καὶ τὸ αἴτιον ὑπάρξει· κατὰ τί γὰρ ἐλήλυθεν ἢ οὗ ἕνεκα ἐλήλυθε λέγεται, καὶ κατὰ τί παραλελόγισται ἢ συλλελόγισται ἢ τί τὸ αἴτιον τοῦ συλλογισμοῦ ἢ παραλογισμοῦ. ἔτι δὲ τὸ καθὸ τὸ κατὰ θέσιν λέγεται, καθὸ ἕστηκεν ἢ καθὸ βαδίζει· πάντα γὰρ ταῦτα θέσιν σημαίνει καὶ τόπον. ὥστε καὶ τὸ καθ' αὑτὸ πολλαχῶς ἀνάγκη λέγεσθαι. ἓν μὲν γὰρ καθ' αὑτὸ τὸ τί ἦν εἶναι ἑκάστῳ, οἷον ὁ Καλλίας καθ' αὑτὸν Καλλίας καὶ τὸ τί ἦν εἶναι Καλλίᾳ· ἓν δὲ ὅσα ἐν τῷ τί ἐστιν ὑπάρχει, οἷον ζῷον ὁ Καλλίας καθ' αὑτόν. ἐν γὰρ τῷ λόγῳ ἐνυπάρχει τὸ ζῷον· ζῷον γάρ τι ὁ Καλλίας. ἔτι δὲ εἰ ἐν αὑτῷ δέδεκται πρώτῳ ἢ τῶν αὑτοῦ τινί, οἷον ἡ

7 τοῦτο fort. Alex. ‖ καὶ οὐκ E: οὐκ A^b ‖ 9 ἡ ἑκάστου A^b E: ἡ om. Bon. ‖ 11 τε om. Alex. ‖ 14 πολλαχῶς deleverim, cf. 1023a, 8 ‖ 15 ἀγαθὸς ὁ ἀγαθός vel ὁ ἀγαθὸς ἀγαθός Alex.: ἀγαθός A^bE vulgo ‖ 18 δεύτερον A^b ‖ ἡ ὕλη ὡς A ‖ 20 ὑπάρχει Alex. ‖ ἢ om. A^b ‖ 22 τί] ὅτι E ‖ ἔτι δὲ A^bE: ἔτι Ald. et fort. Alex. ‖ 24 τόπον σημαίνει καὶ θέσιν A^b ‖ 26 καθ' αὑτὸν (αὑτὸ Alex.) om. E, add. A^b Alex., sed Alex. non interpretatur καὶ τὸ τ. η. ε. Καλλίᾳ ‖ 29 ἔτι] ἓν A^b ‖ 30 αὑτοῦ scripsi: αὐτοῦ vulgo

a 15–16 *ὁ ἀγαθός*: om. Ross

die Form derselben oder dessen, was Größe hat; (3.) und das Ziel (der Zweck) eines jeden Dinges, ein solches nämlich, zu welchem die Bewegung und die Handlung hingeht, nicht von dem sie ausgeht; zuweilen jedoch heißt beides so, sowohl wozu sie hingeht, als wovon sie ausgeht; (4.) ferner das Worumwillen und das Wesen und das Sosein eines jeden Dinges; denn dies ist die Grenze der Erkenntnis, wenn aber der Erkenntnis, dann auch der Sache. (b) Daraus erhellt, daß man Grenze in ebenso viel Bedeutungen gebraucht wie Prinzip und in noch mehr Bedeutungen; denn das Prinzip ist eine Grenze, aber nicht jede Grenze ist ein Prinzip.

18 (a) Das Wonach wird in mehrerlei Bedeutung ausgesagt. (1.) In einem Sinne bezeichnet man damit die Form und das Wesen eines jeden Dinges; z. B. das, wonach der Gute gut genannt wird, ist das Gute selbst; (2.) in einem anderen Sinne das, worin als in einem Ersten etwas naturgemäß entsteht, wie die Farbe in der Oberfläche. Das Wonach in der ersten Bedeutung ist die Form; in der zweiten bezeichnet es die Materie und das erste Zugrundeliegende (Substrat) für jedes. (3.) Überhaupt wird das Wonach einem Dinge ebenso vielfach zukommen wie die Ursache; so sagt man: Wonach ist er gekommen? oder: Weswegen ist er gekommen? und: Wonach ist fehlgeschlossen oder (richtig) geschlossen worden? Oder: Was ist die Ursache des Schlusses oder Fehlschlusses? (4.) Ferner wird das Wonach von der Lage gebraucht, wenn man sagt: Wonach steht er? oder: wonach geht er? Denn dies alles bezeichnet eine Lage und einen Ort. (b) Demgemäß muß es nun auch mehrere Bedeutungen des An-sich geben. (1.) In einem Sinne ist das An-sich das Sosein für jedes Ding, wie z. B. Kallias an sich und das Sosein für Kallias dasselbe bedeuten, (2.) in einem anderen bezeichnet es alles, was in dem Was eines Dinges enthalten ist; z. B. Kallias an sich ist ein Lebewesen; denn in seinem Begriffe ist der Begriff Lebewesen enthalten, da ja Kallias ein Lebewesen ist. (3.) Ferner ist etwas das an sich, was es in sich selbst als Erstem oder in einem seiner Teile aufgenommen hat; so z. B.

ἐπιφάνεια λευκὴ καθ' αὑτήν, καὶ ζῇ ὁ ἄνθρωπος καθ' αὑτόν· ἡ γὰρ ψυχὴ μέρος τι τοῦ ἀνθρώπου, ἐν ᾗ πρώτῃ τὸ ζῆν. ἔτι οὗ μή ἐστιν ἄλλο αἴτιον· τοῦ γὰρ ἀνθρώπου πολλὰ αἴτια, τὸ ζῷον, τὸ δίπουν· ἀλλ' ὅμως καθ' αὑτὸν ἄνθρωπος ὁ ἄνθρωπός ἐστιν. ἔτι ὅσα μόνῳ ὑπάρχει καὶ ᾗ μόνον· διὸ τὸ κεχωρισμένον καθ' αὑτό.

1022b διάθεσις λέγεται τοῦ ἔχοντος μέρη τάξις, ἢ κατὰ τόπον ἢ κατὰ δύναμιν ἢ κατ' εἶδος· θέσιν γὰρ δεῖ τινὰ εἶναι, ὥσπερ καὶ τοὔνομα δηλοῖ ἡ διάθεσις. 19

ἕξις δὲ λέγεται ἕνα μὲν τρόπον οἷον ἐνέργειά τις τοῦ ἔχοντος καὶ ἐχομένου, ὥσπερ πρᾶξίς τις ἢ κίνησις. ὅταν γὰρ τὸ μὲν ποιῇ τὸ δὲ ποιῆται, ἔστι ποίησις μεταξύ· οὕτω καὶ τοῦ ἔχοντος ἐσθῆτα καὶ τῆς ἐχομένης ἐσθῆτος ἔστι μεταξὺ ἕξις. ταύτην μὲν οὖν φανερὸν ὅτι οὐκ ἐνδέχεται ἔχειν τὴν ἕξιν· εἰς ἄπειρον γὰρ βαδιεῖται, εἰ τοῦ ἐχομένου ἔσται ἔχειν τὴν ἕξιν. ἄλλον δὲ τρόπον ἕξις λέγεται διάθεσις καθ' ἣν ἢ εὖ ἢ κακῶς διάκειται τὸ διακείμενον, καὶ ἢ καθ' αὑτὸ ἢ πρὸς ἄλλο, οἷον ἡ ὑγίεια ἕξις τις· διάθεσις γάρ ἐστι τοιαύτη. ἔτι ἕξις λέγεται ἐὰν ᾖ μόριον διαθέσεως τοιαύτης· διὸ καὶ ἡ τῶν μερῶν ἀρετὴ ἕξις τίς ἐστιν. 20

πάθος λέγεται ἕνα μὲν τρόπον ποιότης καθ' ἣν ἀλλοιοῦσθαι ἐνδέχεται, οἷον τὸ λευκὸν καὶ τὸ μέλαν, καὶ γλυκὺ καὶ πικρόν, καὶ βαρύτης καὶ κουφότης, καὶ ὅσα ἄλλα τοιαῦτα· ἕνα δὲ αἱ τούτων ἐνέργειαι καὶ ἀλλοιώσεις ἤδη. ἔτι τούτων μᾶλλον αἱ βλαβεραὶ ἀλλοιώσεις καὶ κινήσεις, καὶ 21

31 ζῇ A^b: ζῷον E, fort ζῶν ‖ 33 ἔστι τι ἄλλο E ‖ 34 ὁ ἄνθρωπος ἄνθρωπος Ald. ‖ 35 ᾗ μόνῳ Bessario et Ald. ‖ διότι ὡρισμένον γρ. E marg., ᾗ μόνῳ διότι probavit Bonitz ‖ γρ. διὸ τὸ κεχρωσμένον Alex. ‖ 1022b, 1 τὸν τόπον A^b ‖ 3 καὶ Alex., om. A^b E ‖ ἡ abesse malim ‖ 5 ἔχοντός τε καὶ Alex. ‖ ἐχομένου] ἐχομένου μεταξύ coni. Rassow ‖ 8 ἔχειν τὴν ἕξιν E: τὴν om. A^b vulgo ‖ 10 ante εὖ add. ἢ A^b ‖ 11 καὶ om. A^b ‖ 13 τοιαύτη A^b ‖ 16 τὸ ante μέλαν om. A^b ‖ 19 τούτων ex τοιούτων corr. E

ist die Oberfläche an sich weiß und der Mensch an sich lebendig, denn die Seele ist ein Teil des Menschen, in welcher als erster das Leben ist. – (4.) Ferner ist etwas an sich, was keine andere Ursache hat. Der Mensch hat zwar viele Ursachen, z. B. das Lebewesen, das Zweifüßige, aber dennoch ist Mensch an sich nur der Mensch. – (5.) Ferner heißt an sich alles, was einem Dinge allein und als alleinigem zukommt, weshalb das Abgetrennte (Selbständige) an sich ist.

19 Anordnung (Disposition, Anlage) nennt man die Ord- 1022 b
nung eines Dinges, welches Teile hat, sei es dem Orte oder
dem Vermögen oder der Art nach. Denn eine Ordnung (La-
ge) muß sich darin finden, wie schon der Name Anordnung
20 (Anlage) zeigt.

Haltung nennt man (1.) in der einen Bedeutung z. B. eine Tätigkeit (Wirklichkeit) des Haltenden und des Gehaltenen als eine Art von Handlung oder Bewegung; denn wenn das eine hervorbringt, das andere hervorgebracht wird, so findet sich als vermittelnd die Hervorbringung, und ebenso findet sich zwischen dem, welcher ein Kleid hält, und dem gehaltenen Kleide als vermittelnd die Haltung. Haltung in diesem Sinne kann man offenbar nicht wieder halten, denn sonst würde ein Fortschritt ins Unendliche stattfinden, wenn es möglich sein sollte, daß man die Haltung des Gehaltenen halte. (2.) In einem andern Sinne aber nennt man Haltung die Disposition, nach welcher das in einem bestimmten Zustand Befindliche sich gut oder schlecht befindet, und zwar entweder an sich oder in Beziehung auf ein anderes; so ist z. B. die Gesundheit eine Haltung, denn sie ist eine solche Disposition. – Ferner schreibt man auch Haltung dem zu, was ein Teil einer solchen Disposition ist; deshalb ist auch die Tüchtigkeit der Teile eine Haltung.

21 Affektion nennt man (1.) in einem Sinne eine Qualität, in bezug auf welche Qualitätsveränderung stattfinden kann, z. B. das Weiße und Schwarze, Süße und Bittere, Leichtigkeit und Schwere und was dergleichen mehr ist. (2.) In einem anderen Sinne nennt man die bereits wirklich eintretenden Tätigkeiten und Qualitätsveränderungen Affektionen. (3.) Ferner nennt man unter diesen in strengerem Sinne Affektionen die schädlichen Qualitätsveränderungen und Bewegungen und

μάλιστα αἱ λυπηραὶ βλάβαι. ἔτι τὰ μεγέθη τῶν συμφορῶν καὶ λυπηρῶν πάθη λέγεται.

22 στέρησις λέγεται ἕνα μὲν τρόπον ἐὰν μὴ ἔχῃ τι τῶν πεφυκότων ἔχεσθαι, κἂν μὴ αὐτὸ ᾖ πεφυκὸς ἔχειν, οἷον φυτὸν ὀμμάτων ἐστερῆσθαι λέγεται. ἕνα δ' ἐὰν πεφυκὸς ἔχειν, ἢ αὐτὸ ἢ τὸ γένος, μὴ ἔχῃ, οἷον ἄλλως ἄνθρωπος ὁ τυφλὸς ὄψεως ἐστέρηται καὶ ἀσπάλαξ· τὸ μὲν κατὰ τὸ γένος, τὸ δὲ καθ' αὑτό. ἔτι ἐὰν πεφυκὸς καὶ ὅτε πέφυκεν ἔχειν μὴ ἔχῃ· ἡ γὰρ τυφλότης στέρησίς τις, τυφλὸς δ' οὐ κατὰ πᾶσαν ἡλικίαν, ἀλλ' ἐν ᾗ πέφυκεν ἔχειν, ἐὰν μὴ ἔχῃ. ὁμοίως δὲ καὶ ἐν ᾧ [ἂν ᾖ] καὶ καθ' ὃ καὶ πρὸς ὃ καὶ ὡς ἂν μὴ ἔχῃ πεφυκός. ἔτι ἡ βιαία ἑκάστου ἀφαίρεσις στέρησις λέγεται. καὶ ὁσαχῶς δὲ αἱ ἀπὸ τοῦ ᾱ ἀποφάσεις λέγονται, τοσαυταχῶς καὶ αἱ στερήσεις λέγονται· ἄνισον μὲν γὰρ τῷ μὴ ἔχειν ἰσότητα πεφυκὸς λέγεται, ἀόρατον δὲ καὶ τῷ ὅλως μὴ ἔχειν χρῶμα καὶ τῷ φαύλως, καὶ ἄπουν καὶ τῷ μὴ ἔχειν ὅλως πόδας καὶ τῷ φαύλους. ἔτι καὶ τῷ μικρὸν ἔχειν οἷον τὸ ἀπύρηνον· τοῦτο δ' ἐστὶ τὸ φαύλως πως ἔχειν. ἔτι τῷ μὴ ῥᾳδίως ἢ τῷ μὴ καλῶς, οἷον τὸ ἄτμητον οὐ μόνον τῷ μὴ τέμνεσθαι ἀλλὰ καὶ τῷ μὴ ῥᾳδίως ἢ μὴ καλῶς. ἔτι τῷ πάντῃ μὴ ἔχειν· τυφλὸς γὰρ οὐ λέγεται ὁ ἑτερόφθαλμος ἀλλ' ὁ ἐν ἀμφοῖν μὴ ἔχων ὄψιν. διὸ οὐ πᾶς ἀγαθὸς ἢ κακός, ἢ δίκαιος ἢ ἄδικος, ἀλλὰ καὶ τὸ μεταξύ.

23 τὸ ἔχειν λέγεται πολλαχῶς, ἕνα μὲν τρόπον τὸ ἄγειν

20 βλάβαι A^b: βλαβεραὶ E, καὶ βλαβεραὶ Bessarion et fort. Alex. ‖ συμφορῶν E Alex.: ἡδέων A^b ‖ 22 τῶν μὴ πεφυκότων T ‖ 23 ἦν E ‖ 24 τὸ πεφυκὸς fort. Alex. ‖ 26 κατὰ γένος A^b ‖ 27 καὶ om. fort. Alex. ‖ 30 καὶ — ᾖ om. A^b, ἂν ᾖ seclusi Alex. secutus, ἂν ᾖ coni. Bonitz ‖ καὶ ἐὰν καθ' omisso ἂν post ὡς A^b ‖ 34. 35 et 36 τῷ] τὸ A^b ‖ 34 ἰσότητα om. A^b ‖ 35 καὶ τῷ φαύλως om. A^b Alex., seclusit Bonitz ‖ 1023a, 1 τὸ ex τῷ corr. E ‖ τῷ] τὸ E sed ο in ras. ‖ 2 ἔχον Ascl. ‖ τῷ] τὸ ex τωι corr. utroque loco E ‖ 3 ἢ] ἢ τῶ E ‖ 4 τῷ] τὸ A^b E Ascl., sed in E ex τῶι corr. ‖ 6 καὶ τὸ om. A^b ‖ 8 λέγεται bis E ‖ πολ-

b 30 ἂν ᾖ ⟨πεφυκός⟩: Ross 31 πεφυκός: secl. Ross

am meisten die schmerzhaft schädlichen. Ferner werden übergroße Unglücksfälle und Schmerzen Affektionen genannt.

22 Privation wird (1.) in der einen Bedeutung von einem Dinge ausgesagt, wenn es etwas von dem nicht besitzt, was seiner Natur nach besessen werden kann, gesetzt auch jenes Ding selbst sei nicht geeignet, es zu besitzen; so schreiben wir z. B. der Pflanze Privation der Augen zu. (2.) In einem anderen Sinne wird Privation ausgesagt, wenn ein Ding entweder selbst oder seine Gattung, geeignet ist, etwas zu besitzen, dies aber nicht besitzt; auf andere Weise z. B. legt man dem Menschen und dem Maulwurf Privation des Sehens bei, dem einen der Gattung nach, dem anderen hinsichtlich seiner selbst. – (3.) Ferner wird von einem Dinge Privation ausgesagt, wenn es, von Natur befähigt, etwas zu besitzen und zwar zu der Zeit, wenn es befähigt ist, dies doch nicht besitzt; die Blindheit nämlich ist zwar eine Privation, aber blind heißt nicht, wer in irgendeinem Alter kein Sehvermögen hat, sondern wer es in dem Alter nicht besitzt, wo er es zu besitzen von Natur befähigt ist. Und in gleicher Weise, wenn jemand etwas nicht hat, worin und wonach und wozu und wie er es zu haben von Natur geeignet ist. (4.) Ferner nennt man die gewaltsame Entziehung eines Dinges Privation. (5.) Und überhaupt in allen den Bedeutungen, in welchen man Negationen durch ein vorgesetztes *un-* aussagt, in diesen allen spricht man auch von Privation. So schreibt man dem Ungleichen Privation zu, weil es, obwohl von Natur dazu geeignet, die Gleichheit nicht besitzt, dem Unsichtbaren, weil es Farbe überhaupt nicht besitzt, und dem Unfüßigen, weil es Füße überhaupt nicht oder nur schlecht hat, ferner z. B. dem unkernigen 1023 a
Obste, weil es etwas nur in geringem Maße hat, d. h. weil es dasselbe gewissermaßen schlecht hat; ferner anderem darum, weil es etwas nicht leicht oder nicht gut hat, z. B. dem Unteilbaren nicht nur, weil es überhaupt nicht geteilt, sondern auch, weil es nicht leicht oder nicht gut geteilt werden kann; ferner anderem darum, weil es etwas gar nicht hat; denn blind nennt man nicht den Einäugigen, sondern den, dem auf beiden Augen die Sehkraft fehlt. Deshalb ist nicht ein jeder entweder gut oder schlecht, entweder gerecht oder ungerecht, sondern es gibt dazwischen auch ein Mittleres.

23 (a) Haben (Halten) wird in mehrerlei Bedeutung ausgesagt; (1.) einmal bedeutet es

κατὰ τὴν αὑτοῦ φύσιν ἢ κατὰ τὴν αὑτοῦ ὁρμήν, διὸ λέγεται πυρετός τε ἔχειν τὸν ἄνθρωπον καὶ οἱ τύραννοι τὰς πόλεις καὶ τὴν ἐσθῆτα οἱ ἀμπεχόμενοι. ἕνα δ' ἐν ᾧ ἄν τι ὑπάρχῃ ὡς δεκτικῷ, οἷον ὁ χαλκὸς ἔχει τὸ εἶδος τοῦ ἀνδριάντος καὶ τὴν νόσον τὸ σῶμα. ἕνα δ' ὡς τὸ περιέχον τὰ περιεχόμενα· ἐν ᾧ γάρ ἐστι περιεχόμενόν τι, ἔχεσθαι ὑπὸ τούτου λέγεται, οἷον τὸ ἀγγεῖον ἔχειν τὸ ὑγρόν φαμεν καὶ τὴν πόλιν ἀνθρώπους καὶ τὴν ναῦν ναύτας· οὕτω δὲ καὶ τὸ ὅλον ἔχειν τὰ μέρη. ἔτι τὸ κωλῦον κατὰ τὴν αὑτοῦ ὁρμήν τι κινεῖσθαι ἢ πράττειν ἔχειν λέγεται τοῦτο αὐτό, οἷον καὶ οἱ κίονες τὰ ἐπικείμενα βάρη, καὶ ὡς οἱ ποιηταὶ τὸν Ἄτλαντα ποιοῦσι τὸν οὐρανὸν ἔχειν ὡς συμπεσόντ' ἂν ἐπὶ τὴν γῆν, ὥσπερ καὶ τῶν φυσιολόγων τινές φασιν. τοῦτον δὲ τὸν τρόπον καὶ τὸ συνέχον λέγεται ἃ συνέχει ἔχειν, ὡς διαχωρισθέντα ἂν κατὰ τὴν αὑτοῦ ὁρμὴν ἕκαστον. καὶ τὸ ἔν τινι δὲ εἶναι ὁμοτρόπως λέγεται καὶ ἑπομένως τῷ ἔχειν.

τὸ ἔκ τινος εἶναι λέγεται ἕνα μὲν τρόπον ἐξ οὗ ἐστὶν 24
ὡς ὕλης, καὶ τοῦτο διχῶς, ἢ κατὰ τὸ πρῶτον γένος ἢ κατὰ τὸ ὕστατον εἶδος, οἷον ἔστι μὲν ὡς ἅπαντα τὰ τηκτὰ ἐξ ὕδατος, ἔστι δ' ὡς ἐκ χαλκοῦ ὁ ἀνδριάς. ἕνα δ' ὡς ἐκ τῆς πρώτης κινησάσης ἀρχῆς, οἷον ἐκ τίνος ἡ μάχη; ἐκ λοιδορίας, ὅτι αὕτη ἀρχὴ τῆς μάχης. ἕνα δ' ἐκ τοῦ συνθέτου ἐκ τῆς ὕλης καὶ τῆς μορφῆς, ὥσπερ ἐκ τοῦ ὅλου τὰ μέρη καὶ ἐκ τῆς Ἰλιάδος τὸ ἔπος καὶ ἐκ τῆς οἰκίας οἱ λίθοι·

λαχῶς deleverim, cf. 1022a, 14 ‖ τρόπον om. E ‖ ἄγειν E Alex.: ἄγον A^{b} ‖ 13 τὰ περιέχοντα A^{b} et fort. Alex. ‖ 14 τὰ E: καὶ A^{b} ‖ περιεχόμενον] περιέχον A^{b} ‖ 17 ἔχει E ‖ 18 αὐτό E: ταῦτα A^{b} ‖ 20 ποιοῦσιν ἄτλαντα A^{b} ‖ 21 καὶ add. A^{b} Alex., om. E ‖ post φασιν add ex Hes. theog. 517 ἄτλας δ' οὐρανὸν εὐρὺν ἔχει κρατερῆς ὑπ' ἀνάγκης A^{b} ‖ 22 λέγεται — ἔχειν] ἔχειν λέγεται A^{b} ‖ 24 ὁμοτρόπως A^{b}E: ὁμοιοτρόπως Bekker ‖ 29 ὡς ἐκ E: ὥστ' ἐκ A^{b} ‖ ὡς om. E et fort. Alex. ‖ ὡς ἐκ τοῦ πρώτου κινήσαντος οἷον A^{b}, ἐκ τοῦ πρώτως κινήσαντος Alex. in interpr. ‖ 30 οἷον ἐκ τῆς λοιδορίας ἡ μάχη, ὅτι A^{b} et fort. Alex.

a 14 ἐστι περιέχοντι A^{b} Asc.^{c}, Ross

nach eigener Natur oder nach eigenem Triebe etwas bewegen und führen; darum sagt man, das Fieber habe den Menschen, die Tyrannen haben die Städte, die Bekleideten haben das Kleid. (2.) In einer anderen Bedeutung sagt man von dem, es habe etwas, in welchem als in dem zur Aufnahme Fähigen sich etwas findet; z. B. das Erz hat die Form der Bildsäule, der Körper die Krankheit. (3.) In einer andern heißt es vom Umfassenden, es halte das Umfaßte; denn worin etwas als umfaßt vorhanden ist, von dem, sagt man, werde es gehalten oder in dem sei es enthalten; vom Gefäß z. B. sagen wir, es halte die Flüssigkeit, von der Stadt, sie habe die Menschen, und von dem Schiff, es habe die Schiffer; und so sagt man auch von dem Ganzen, es habe die Teile. (4.) Ferner sagt man von dem, was etwas anderes abhält, sich nach seinem eigenen Triebe zu bewegen oder zu handeln, es halte dies, z. B. die Säulen, sagt man, halten die darauf liegenden Lasten, und so lassen die Dichter den Atlas den Himmel halten, als würde er sonst auf die Erde zusammenstürzen, wie dies auch von den Naturphilosophen einige sagen. In demselben Sinne sagt man auch von dem Zusammenhaltenden, es halte das, was es zusammenhält, als würde es sonst getrennt sein nach dem eignen Triebe eines jeden. (b) Auch das In-etwas-sein hat dieselben Bedeutungen wie das Haben und richtet sich nach diesem.

24 Aus-etwas-sein wird (1.) in der einen Bedeutung gesagt, wenn etwas aus einem anderen als aus seinem Stoffe besteht, und zwar auf zweifache Weise, entweder nach der ersten Gattung oder nach der letzten Art; z. B. in der einen Weise ist alles Schmelzbare aus Wasser, in der anderen ist die Bildsäule aus Erz. (2.) Dann sagt man es in der Bedeutung, daß es heißt: aus dem ersten bewegenden Prinzip sein; z. B. Woraus wurde der Kampf? Aus dem Zank, indem dieser der Ursprung des Kampfes war. (3.) Ferner sagt man es von dem aus Stoff und Form Zusammengesetzten, wie aus dem Ganzen die Teile, aus der Ilias die einzelnen Gesänge und aus dem Hause die Steine sind;

τέλος μὲν γάρ ἐστιν ἡ μορφή, τέλειον δὲ τὸ ἔχον τέλος. τὰ δὲ ὡς ἐκ τοῦ μέρους τὸ εἶδος, οἷον ὁ ἄνθρωπος ἐκ τοῦ δίποδος καὶ ἡ συλλαβὴ ἐκ τοῦ στοιχείου· ἄλλως γὰρ τοῦτο καὶ ὁ ἀνδριὰς ἐκ τοῦ χαλκοῦ· ἐκ τῆς αἰσθητῆς γὰρ ὕλης ἡ συνθέτη οὐσία, ἀλλὰ καὶ τὸ εἶδος ἐκ τῆς τοῦ εἴδους ὕλης. τὰ μὲν οὖν οὕτω λέγεται, τὰ δ' ἐὰν κατὰ μέρος τι τούτων τις ὑπάρχῃ τῶν τρόπων, οἷον ἐκ πατρὸς καὶ μητρὸς τὸ τέκνον καὶ ἐκ γῆς τὰ φυτά, ὅτι ἔκ τινος μέρους αὐτῶν. ἕνα δὲ μεθ' ὃ τῷ χρόνῳ, οἷον ἐξ ἡμέρας νὺξ καὶ ἐξ εὐδίας χειμών, ὅτι τοῦτο μετὰ τοῦτο. τούτων δὲ τὰ μὲν τῷ ἔχειν μεταβολὴν εἰς ἄλληλα οὕτω λέγεται, ὥσπερ καὶ τὰ νῦν εἰρημένα, τὰ δὲ τῷ κατὰ τὸν χρόνον ἐφεξῆς μόνον, οἷον ἐξ ἰσημερίας ἐγένετο ὁ πλοῦς, ὅτι μετ' ἰσημερίαν ἐγένετο, καὶ ἐκ Διονυσίων Θαργήλια, ὅτι μετὰ τὰ Διονύσια.

25 μέρος λέγεται ἕνα μὲν τρόπον εἰς ὃ διαιρεθείη ἂν τὸ ποσὸν ὁπωσοῦν· αἰεὶ γὰρ τὸ ἀφαιρούμενον τοῦ ποσοῦ ᾗ ποσὸν μέρος λέγεται ἐκείνου, οἷον τῶν τριῶν τὰ δύο μέρος λέγεταί πως. ἄλλον δὲ τρόπον τὰ καταμετροῦντα τῶν τοιούτων μόνον· διὸ τὰ δύο τῶν τριῶν ἔστι μὲν ὡς λέγεται μέρος, ἔστι δ' ὡς οὔ. ἔτι εἰς ἃ τὸ εἶδος διαιρεθείη ἂν ἄνευ τοῦ ποσοῦ, καὶ ταῦτα μόρια λέγεται τούτου· διὸ τὰ εἴδη τοῦ γένους φασὶν εἶναι μόρια. ἔτι εἰς ἃ διαιρεῖται ἢ ἐξ ὧν σύγκειται τὸ ὅλον ἢ τὸ εἶδος ἢ τὸ ἔχον τὸ εἶδος, οἷον τῆς σφαίρας τῆς χαλκῆς ἢ τοῦ κύβου τοῦ χαλκοῦ καὶ ὁ χαλκὸς μέρος· τοῦτο δ' ἐστὶν ἡ ὕλη ἐν ᾗ τὸ εἶδος· καὶ ἡ γωνία μέρος. ἔτι τὰ ἐν τῷ λόγῳ τῷ δηλοῦντι ἕκαστον, καὶ ταῦτα μόρια τοῦ ὅλου· διὸ τὸ γένος τοῦ εἴδους καὶ μέρος λέγεται, ἄλλως δὲ τὸ εἶδος τοῦ γένους μέρος.

26 ὅλον λέγεται οὗ τε μηδὲν ἄπεστι μέρος ἐξ ὧν λέγεται

36 γὰρ] malo δέ, cf. Alex. p. 388, 26 ‖ 1023b, 1 τοῦ om. A^b Alex. ‖ 6 εὐδείας A^b ‖ 11 τὰ om. A^b ‖ 13 τὸ ποσὸν ᾗ ποσὸν fort. Alex. ‖ 17 διαιρεθῇ A^b ‖ 19 διαιρεῖταί τι ἢ E, τι om. A^b et fort. Alex. ‖ 20 τὸ post ἔχον om. Alex. ‖ 21 ᾗ ὁ τοῦ A^b

denn Zweck ist die Form, und was den Zweck (Ende) erreicht hat, ist vollendet. (4.) Dann sagt man es in dem Sinne, wie die (Art-)Form aus seinem Teil besteht, z. B. der Mensch aus dem Zweifüßigen, die Silbe aus dem Buchstaben; denn dies hat einen anderen Sinn, als wenn man sagt, 1023 b die Bildsäule sei aus Erz, indem in diesem Falle das zusammengesetzte Wesen aus sinnlich wahrnehmbarem Stoff ist; aber auch die Art-Form ist aus dem Stoff der Art-Form. – (5.) In diesen Bedeutungen sagt man also in den genannten Fällen das Aus-etwas-sein, in andern dann, wenn in Beziehung auf einen Teil eine dieser Bedeutungen stattfindet, z. B. das Kind ist aus Vater und Mutter, die Pflanzen sind aus der Erde, weil sie aus einem Teil derselben sind. – (6.) In einer anderen Bedeutung von dem, was in der Zeitfolge nach ihm ist, z. B. die Nacht ist aus dem Tage und der Sturm aus der Windstille, weil das eine nach dem anderen stattfindet. Und hierbei gebraucht man in einigen Fällen den Ausdruck, weil ein Übergang ineinander stattfindet, wie in den angeführten, in anderen nur, weil es der Zeit nach darauf folgt; z. B. die Seefahrt fand *aus* der Tag- und Nachtgleiche statt, weil sie *nach* der Tag- und Nachtgleiche stattfand, die Thargelien aus den Dionysien, weil nach den Dionysien.

25 Teil heißt (1.) in einer Bedeutung dasjenige, in welches das Quantitative irgendwie geteilt werden kann; denn was vom Quantitativen als solchem genommen wird, heißt immer Teil desselben; von der Zahl Drei z. B. heißt in gewissem Sinne Zwei ein Teil. In einem anderen Sinne heißt unter diesem nur dasjenige Teil, welches das Quantitative mißt; daher heißt in dem einen Sinne Zwei ein Teil von Drei, in dem andern nicht. (2.) Ferner heißt auch das, worin abgesehen von der Quantität die (Art-)Form zerlegt werden kann, Teil derselben, deshalb nennt man (auch) die Art-Formen Teile der Gattung. (3.) Ferner heißt dasjenige, worin das Ganze, sowohl als die Form oder als der Träger der Form, zerlegt wird oder woraus es zusammengesetzt ist, Teil desselben; von der ehernen Kugel z. B. oder dem ehernen Würfel ist sowohl das Erz ein Teil – dies ist nämlich der Stoff, an welchem sich die Form befindet –, wie auch andererseits der Winkel ein Teil ist. (4.) Ferner heißt auch das, was sich in dem erklärenden Begriff jedes Dinges findet, Teil des Ganzen; darum nennt man auch die Gattung Teil der Art-Form, aber in anderem Sinne, als die Art-Form Teil der Gattung hieß.

26 Ganzes heißt (1.) das, wovon kein Teil fehlt, aus welchen bestehend

ὅλον φύσει, καὶ τὸ περιέχον τὰ περιεχόμενα ὥστε ἕν τι εἶναι ἐκεῖνα· τοῦτο δὲ διχῶς· ἢ γὰρ ὡς ἕκαστον ἕν, ἢ ὡς ἐκ τούτων τὸ ἕν. τὸ μὲν γὰρ καθόλου καὶ τὸ ὅλως λεγόμενον ὡς ὅλον τι ὂν οὕτως ἐστὶ καθόλου ὡς πολλὰ περιέχον τῷ κατηγορεῖσθαι καθ' ἑκάστου καὶ ἓν ἅπαντα εἶναι ὡς ἕκαστον, οἷον ἄνθρωπον, ἵππον, θεόν, ὅτι ἅπαντα ζῷα. τὸ δὲ συνεχὲς καὶ πεπερασμένον, ὅταν ἕν τι ἐκ πλειόνων ᾖ ἐνυπαρχόντων, μάλιστα μὲν δυνάμει, εἰ δὲ μή, ἐντελεχείᾳ. τούτων δ' αὐτῶν μᾶλλον τὰ φύσει ἢ τέχνῃ τοιαῦτα, ὥσπερ καὶ ἐπὶ τοῦ ἑνὸς ἐλέγομεν ὡς οὔσης τῆς ὁλότητος ἑνότητός τινος.
1024a ἔτι τοῦ ποσοῦ ἔχοντος ἀρχὴν καὶ μέσον καὶ ἔσχατον, ὅσων μὲν μὴ ποιεῖ ἡ θέσις διαφοράν, πᾶν λέγεται, ὅσων δὲ ποιεῖ, ὅλον· ὅσα δ' ἄμφω ἐνδέχεται, καὶ ὅλα καὶ πάντα. ἔστι δὲ ταῦτα ὅσων ἡ μὲν φύσις ἡ αὐτὴ μένει τῇ μεταθέσει, ἡ δὲ μορφὴ οὔ, οἷον κηρὸς καὶ ἱμάτιον· καὶ γὰρ ὅλον καὶ πᾶν λέγεται· ἔχει γὰρ ἄμφω. ὕδωρ δὲ καὶ ὅσα ὑγρὰ καὶ ἀριθμὸς πᾶν μὲν λέγεται, ὅλος δ' ἀριθμὸς καὶ ὅλον ὕδωρ οὐ λέγεται, ἐὰν μὴ μεταφορᾷ. πάντα δὲ λέγεται, ἐφ' οἷς τὸ πᾶν ὡς ἐφ' ἑνί, ἐπὶ τούτοις τὸ πάντα ὡς ἐπὶ διῃρημένοις· πᾶς οὗτος ὁ ἀριθμός, πᾶσαι αὗται αἱ μονάδες.

κολοβὸν δὲ λέγεται τῶν ποσῶν οὐ τὸ τυχόν, ἀλλὰ με- 27
ριστόν τε δεῖ αὐτὸ εἶναι καὶ ὅλον. τά τε γὰρ δύο οὐ κολοβὰ θατέρου ἀφαιρουμένου ἑνός (οὐ γὰρ ἴσον τὸ κολόβωμα καὶ τὸ λοιπὸν οὐδέποτ' ἐστίν), οὐδ' ὅλως ἀριθμὸς οὐδείς· καὶ γὰρ τὴν οὐσίαν δεῖ μένειν· εἰ κύλιξ κολοβός, ἔτι εἶναι

27 τὸ ὅλον Ald. et fort. Alex. ‖ τὰ] ἓν καὶ τὰ A^b ‖ 29 τὸ ὅλως E: ὅλον A^b ‖ 32 ὅτι E: διότι A^b ‖ 34 ἐντελεχείᾳ A^b: ἐνεργείᾳ E ‖ 36 ἐλέγομεν A^b et fort. Alex.: λέγομεν E, vide p. 1016a, 4 ‖ 1024a, 1 ἔχοντος δὲ ἀρχὴν A^b ‖ 2 ποιῆι priore loco E ‖ 3 πάντα A^b: πᾶν E ‖ 7 ὅλος δ' E: ὁ δὲ πᾶς ὅλος A^b ‖ καὶ E: ἢ A^b ‖ 8 μεταφορᾶι E: κατὰ μεταφοράν A^b ‖ 8 οἷς E Alex.: ὅσοις A^b ‖ 9 τὸ πάντα Alex.: τὰ πάντα A^b, πάντα E ‖ 12 δεῖ αὐτὸ om. A^b ‖ 13 ἀφαιρουμένου A^b Alex., ἀφῃρημένου ex ἀφαιρουμένου corr. E ‖ 14 τὸ λεῖπον αὐτῷ Alex. in interpr. ‖ ὅλος A^b ‖ 15 ἔτι] ἐστιν δεῖ E

a 1 *δὲ* post *ἔχοντος*: A^b Asc.^{c}, Ross

es als Ganzes von Natur bezeichnet wird, und (2.) dasjeni-
ge, was das Umfaßte so umfaßt, daß aus jenem eine Einheit
wird. Dies geschieht aber auf zweifache Weise, entweder so,
daß jedes Einzelne ein Eines ist, oder daß aus ihnen das Eine
wird. Was nämlich allgemein und vom Ganzen ausgesagt
wird, als sei es ein Ganzes, das ist ein Ganzes in dem Sinne,
daß es vieles insofern umfaßt, als es von jedem einzelnen
ausgesagt wird, und alle je einzeln genommen eines sind,
z. B. Mensch, Pferd, Gott, weil alle lebende Wesen sind. In
der anderen Weise dagegen ist Ganzes das Zusammenhän-
gende und Begrenzte, wenn aus mehreren immanenten Tei-
len eine Einheit geworden ist, besonders, wenn die Teile
nur dem Vermögen nach existieren, doch auch, wenn der
Wirklichkeit nach. Unter diesen selbst aber sagt man dies
Wort mehr von dem, was von Natur als was durch Kunst
ein Ganzes ist, wie wir dies auch bei dem Einen angaben,
denn die Ganzheit ist ja nur eine Art von Einheit. (3.) Fer-
ner nennt man von dem Quantitativen, welches Anfang, 1024 a
Mitte und Ende hat, dasjenige, bei welchem die Lage kei-
nen Unterschied macht, gesamt, wo dagegen die Lage einen
Unterschied macht, ganz; wo beides stattfinden kann, sagt
man sowohl ganz als gesamt. Dies gilt von dem, dessen Na-
tur zwar bei veränderter Lage dieselbe bleibt, die Gestalt
aber nicht, z. B. Wachs, Kleid; von diesen sagt man sowohl
ganz als auch gesamt, weil es beide Bestimmungen hat. Das Was-
ser hingegen, alles Flüssige und die Zahl nennt man gesamt,
aber ganze Zahl oder ganzes Wasser gebraucht man nicht,
außer auf übertragene Weise. Wo man aber von einem Dinge
als Einheit ‚gesamt' gebraucht, da gebraucht man von seinen
getrennten Teilen ‚gesamte': diese gesamte Zahl, diese ge-
samten Einheiten.

27 (1.) Verstümmelt nennt man unter den quantitativen
Dingen nicht jedes beliebige, sondern es muß teilbar und
ein Ganzes sein. Denn die Zwei heißt nicht verstümmelt,
wenn ihr die eine Eins genommen ist (denn die Ver-
stümmelung und der Rest ist niemals gleich), und
überhaupt heißt keine Zahl so; denn das Wesen muß
bestehen bleiben; soll ein Becher verstümmelt sein,

κύλικα· ὁ δ' ἀριθμὸς οὐκέτι ὁ αὐτός. πρὸς δὲ τούτοις κἂν ἀνομοιομερῆ ᾖ, οὐδὲ ταῦτα πάντα· ὁ γὰρ ἀριθμὸς ἔστιν ὡς καὶ ἀνόμοια ἔχει μέρη, οἷον δυάδα, τριάδα. ἀλλ' ὅλως ὅσων μὴ ποιεῖ ἡ θέσις διαφορὰν οὐδὲν κολοβόν, οἷον ὕδωρ ἢ πῦρ, ἀλλὰ δεῖ τοιαῦτα εἶναι ἃ κατὰ τὴν οὐσίαν θέσιν ἔχει. ἔτι συνεχῆ· ἡ γὰρ ἁρμονία ἐξ ἀνομοιομερῶν μὲν καὶ θέσιν ἔχει, κολοβὸς δὲ οὐ γίγνεται. πρὸς δὲ τούτοις οὐδ' ὅσα ὅλα, οὐδὲ ταῦτα ὁτουοῦν μορίου στερήσει κολοβά. οὐ γὰρ δεῖ οὔτε τὰ κύρια τῆς οὐσίας οὔτε τὰ ὁπουοῦν ὄντα· οἷον ἐὰν τρυπηθῇ ἡ κύλιξ, οὐ κολοβός, ἀλλ' ἐὰν τὸ οὖς ἢ ἀκρωτήριόν τι. καὶ ὁ ἄνθρωπος οὐκ ἐὰν σάρκα ἢ τὸν σπλῆνα, ἀλλ' ἐὰν ἀκρωτήριον, καὶ τοῦτο οὐ πᾶν ἀλλ' ὃ μὴ ἔχει γένεσιν ἀφαιρεθὲν ὅλον. διὰ τοῦτο οἱ φαλακροὶ οὐ κολοβοί.

28 γένος λέγεται τὸ μὲν ἐὰν ᾖ ἡ γένεσις συνεχὴς τῶν τὸ εἶδος ἐχόντων τὸ αὐτό, οἷον λέγεται ἕως ἂν ἀνθρώπων γένος ᾖ, ὅτι ἕως ἂν ᾖ ἡ γένεσις συνεχὴς αὐτῶν. τὸ δὲ ἀφ' οὗ ἂν ὦσι πρώτου κινήσαντος εἰς τὸ εἶναι· οὕτω γὰρ λέγονται Ἕλληνες τὸ γένος οἱ δ' Ἴωνες, τῷ οἱ μὲν ἀπὸ Ἕλληνος οἱ δ' ἀπὸ Ἴωνος εἶναι πρώτου γεννήσαντος. καὶ μᾶλλον οἱ ἀπὸ τοῦ γεννήσαντος ἢ τῆς ὕλης· λέγονται γὰρ καὶ ἀπὸ τοῦ θήλεος τὸ γένος, οἷον οἱ ἀπὸ Πύρρας. ἔτι δὲ ὡς τὸ ἐπίπεδον τῶν σχημάτων γένος τῶν ἐπιπέδων καὶ τὸ στερεὸν τῶν στερεῶν· ἕκαστον γὰρ τῶν σχημάτων τὸ μὲν ἐπίπεδον τοιονδί, τὸ δὲ στερεόν ἐστι τοιονδί· τοῦτο δ' ἐστὶ τὸ ὑποκείμενον ταῖς διαφοραῖς. ἔτι ὡς ἐν τοῖς λόγοις τὸ πρῶτον ἐνυπάρχον ὃ λέγεται ἐν τῷ τί ἐστι, τοῦτο γένος, οὗ διαφοραὶ λέγονται

16 καὶ ἂν ὁμοιομερῆ A^b ‖ γρ. καὶ ἀνομοιομερῆ ἢ οὐδὲ ταῦτα E mg. ‖ 17 ὡς A^b Alex.: ὃς E ‖ 18 ὅσων A^b: ὧν E ‖ 21 ἀνομοίων A^b ‖ 23 δεῖ E: δὴ A^b ‖ 26 ἀκρωτήριόν τι καὶ A^b ‖ 27 οὐ πᾶν E: οὔτ' ἂν A^b ‖ ἔχῃ A^bE ‖ 28 ὅλον spurium ‖ 29 μὲν] μὲν ἓν A^b ‖ ᾖ om. A^b ‖ 31 ὅτι E: ὁτιοῦν A^b ‖ ᾖ om. A^b ‖ ἡ om. Alex. ‖ αὐτῶν συνεχής A^b ‖ 32 λέγονται οἱ μὲν ἑλλ. A^b, οἱ μὲν om. E Alex. ‖ 36 οἱ add. A^b, om. E ‖ δὲ om. A^b ‖ 1024b, 1 τὸ γένος E ‖ 5 ὃ om. A^b

a 18 ὧν E, Ross 21 A^b, Ross 26 A^b, Ross

so muß er noch Becher sein, die Zahl aber ist dann nicht mehr dieselbe. (2.) Aber ferner gebraucht man auch nicht von allem, was in ungleichartige Teile zerfällt, den Ausdruck verstümmelt – wie z. B. manche Zahl ungleiche Teile hat, etwa Zwei und Drei – und überhaupt von keinem Dinge, bei dem die Lage keinen Unterschied macht, wie etwa Wasser oder Feuer, sondern nur von solchen, bei welchen die Lage zum Wesen gehört. (3.) Und überdies müssen dieselben in stetigem Zusammenhang stehen; darum heißt die Harmonie, obwohl sie aus ungleichartigen Teilen besteht und eine Lage hat, doch nicht verstümmelt. (4.) Außerdem ist auch, was ein Ganzes ist, nicht durch Entziehung jedes beliebigen Teiles verstümmelt. Es dürfen nämlich die weggenommenen Teile weder die wesentlich bestimmenden noch die an irgendeiner beliebigen Stelle befindlichen sein; der Becher z. B. heißt verstümmelt, nicht wenn er durchbohrt, sondern wenn der Henkel oder sonst irgendein äußerster Teil ihm genommen ist. Und so heißt auch der Mensch verstümmelt, nicht wenn ihm das Fleisch oder die Milz, sondern wenn ihm ein äußerster Teil genommen ist, und auch dann nicht in jedem Falle, sondern wenn dies ein solcher ist, der ganz weggenommen sich nicht wieder erzeugt. Darum nennt man die Kahlköpfigen nicht verstümmelt.

28 (a) Geschlecht/Gattung gebraucht man (1.) einmal, wenn eine zusammenhängende Erzeugung von solchen, welche dieselbe Form haben, stattfindet; so sagt man z. B.: solange das Geschlecht der Menschen ist, d. h. solange ihre Erzeugung ununterbrochen besteht. (2.) Ferner gebraucht man Geschlecht von dem, von welchem als dem ersten Bewegenden ausgehend das andere zum Sein gelangt; so nennt man die einen Hellenen von Geschlecht, die anderen Ioner, weil die einen vom Hellen, die andern von Ion als erstem Erzeuger abstammen. Und man gebraucht den Ausdruck mehr von dem Erzeuger als von dem Stoff, wiewohl man allerdings auch nach weiblicher Abstammung etwas als Geschlecht bezeichnet, z. B. die Nachkommen der Pyrrha. – (3.) Ferner gebraucht man Geschlecht (Gattung) in der Bedeutung, wie es die Fläche von allen Flächenfiguren, der Kör- 1024 b
per von allen Körperfiguren ist; denn jede Figur ist eine so bestimmte Fläche oder ein so bestimmter Körper, dies aber, Fläche und Körper, ist das Zugrundeliegende für die Unterschiede. – (4.) Ferner nennt man in den Erklärungen Geschlecht/Gattung, was in den das Was eines Dinges bezeichnenden Begriffen als das Erste vorliegt, dessen Unterschiede

αἱ ποιότητες. τὸ μὲν οὖν γένος τοσαυταχῶς λέγεται, τὸ μὲν κατὰ γένεσιν συνεχῆ τοῦ αὐτοῦ εἴδους, τὸ δὲ κατὰ τὸ πρῶτον κινῆσαν ὁμοειδές, τὸ δ' ὡς ὕλη· οὗ γὰρ ἡ διαφορὰ καὶ ἡ ποιότης ἐστί, τοῦτ' ἐστὶ τὸ ὑποκείμενον, ὃ λέγομεν ὕλην. ἕτερα δὲ τῷ γένει λέγεται ὧν ἕτερον τὸ πρῶτον ὑποκείμενον καὶ μὴ ἀναλύεται θάτερον εἰς θάτερον μηδ' ἄμφω εἰς ταὐτόν, οἷον τὸ εἶδος καὶ ἡ ὕλη ἕτερον τῷ γένει· καὶ ὅσα καθ' ἕτερον σχῆμα κατηγορίας τοῦ ὄντος λέγεται· τὰ μὲν γὰρ τί ἐστι σημαίνει τῶν ὄντων, τὰ δὲ ποιόν τι, τὰ δ' ὡς διῄρηται πρότερον· οὐδὲ γὰρ ταῦτα ἀναλύεται οὔτ' εἰς ἄλληλα οὔτ' εἰς ἕν τι.

29 τὸ ψεῦδος λέγεται ἄλλον μὲν τρόπον ὡς πρᾶγμα ψεῦδος, καὶ τούτου τὸ μὲν τῷ μὴ συγκεῖσθαι ἢ ἀδύνατον εἶναι συντεθῆναι, ὥσπερ λέγεται τὸ τὴν διάμετρον εἶναι σύμμετρον ἢ τὸ σὲ καθῆσθαι· τούτων γὰρ ψεῦδος τὸ μὲν αἰεί, τὸ δὲ ποτέ· οὕτω γὰρ οὐκ ὄντα ταῦτα. τὰ δὲ ὅσα ἐστὶ μὲν ὄντα, πέφυκε μέντοι φαίνεσθαι ἢ μὴ οἷά ἐστιν ἢ ἃ μή ἐστιν, οἷον ἡ σκιαγραφία καὶ τὰ ἐνύπνια· ταῦτα γὰρ ἔστι μέν τι, ἀλλ' οὐχ ὧν ἐμποιεῖ τὴν φαντασίαν. πράγματα μὲν οὖν ψευδῆ οὕτω λέγεται, ἢ τῷ μὴ εἶναι αὐτά, ἢ τῷ τὴν ἀπ' αὐτῶν φαντασίαν μὴ ὄντος εἶναι. λόγος δὲ ψευδὴς ὁ τῶν μὴ ὄντων ᾗ ψευδής. διὸ πᾶς λόγος ψευδὴς ἑτέρου ἢ οὗ ἐστὶν ἀληθής, οἷον ὁ τοῦ κύκλου ψευδὴς τριγώνου. ἑκάστου δὲ λόγος ἔστι μὲν ὡς εἷς, ὁ τοῦ τί ἦν εἶναι, ἔστι δ' ὡς πολλοί, ἐπεὶ ταὐτό πως αὐτὸ καὶ αὐτὸ πεπονθός, οἷον Σωκράτης καὶ Σωκράτης μουσικός. ὁ δὲ ψευδὴς λόγος οὐδενός ἐστιν ἁπλῶς λόγος. διὸ Ἀντισθένης ᾤετο εὐήθως μηδὲν ἀξιῶν λέγεσθαι πλὴν τῷ οἰκείῳ λόγῳ ἓν ἐφ' ἑνός· ἐξ ὧν

7 τὸ post κατὰ om. E ‖ 8 ὡς ἡ ὕλη A^b Alex. ‖ 10 ὧν τε ἕτερον E ‖ 22 modo μὴ οἷά ἐστιν modo οἷα μή ἐστιν Alex. ‖ 27 ᾗ ψευδής A^bE, ἧ ψευδής coni. Alex., possis quoque tentare ἧ ὧν ἡ σύνθεσις ψευδής, cf. p. 1027b, 19 ‖ 31 καὶ Σωκράτης om. A^b ‖ 32 λόγος om. Alex. p. 400, 16, ipse potius ἁπλῶς ante vel post ψευδής (31) transponendum duco

die Qualitäten sind. (b) In diesen verschiedenen Bedeutungen also gebraucht man Geschlecht, einmal von der zusammenhängenden Erzeugung der gleichen Art, dann von dem gleichartigen ersten Bewegenden, dann von dem Stoffe; denn dasjenige wovon der Unterschied und die Qualität sich findet, ist das Substrat, welches wir Stoff nennen. – (c) Dem Geschlechte/der Gattung nach andere heißen die Dinge, deren erstes Zugrundeliegendes ein anderes ist und welche nicht ineinander oder beide in dasselbe aufgelöst werden, wie z. B. Form und Stoff anderes dem Geschlechte nach ist, und was einer anderen Kategorienform des Seienden angehört; einiges nämlich von dem Seienden bezeichnet ein Was, anderes eine Qualität und so fort nach den früher gegebenen Unterscheidungen; denn auch dies wird weder ineinander noch in Eines aufgelöst.

29 Das Falsche wird (1.) in einer Bedeutung ein falscher Sachverhalt genannt, und dies einmal dadurch, daß (etwas) nicht zusammen besteht oder nicht zusammen bestehen kann, wie etwa, wenn man sagt, die Diagonale sei kommensurabel oder du sitzest, denn von diesen ist das eine immer, das andere zu Zeiten falsch in derselben Weise, wie es auch nicht seiend ist. Zum anderen heißen falsch solche Dinge, welche zwar etwas Seiendes sind, aber in deren Natur es liegt, entweder nicht zu erscheinen, wie sie sind, oder als das, was sie nicht sind, z. B. Schattenriß, Traum; denn diese sind zwar etwas, aber nicht das, dessen Vorstellung sie erwecken. Dinge also heißen falsch in diesen beiden Bedeutungen, entweder weil sie nicht sind, oder weil die von ihnen hervorgerufene Vorstellung die Vorstellung eines Nicht-seienden ist. (2.) Eine Aussage aber ist falsch, wenn sie, insofern sie falsch, auf Nicht-seiendes geht. Darum ist jede Aussage falsch, wenn sie auf etwas anderes bezogen wird als das, wovon sie wahr ist, z. B. der Begriff des Kreises vom Dreieck ausgesagt wird. Von jedem Gegenstande gibt es in dem *einen* Sinne nur *eine* Aussage, nämlich die des Soseins, in anderem Sinne gibt es viele Aussagen, weil dieses Ding an sich und dieses Ding samt seinen Affektionen gewissermaßen dasselbe ist, z. B. Sokrates und der gebildete Sokrates. Die falsche Aussage ist von nichts geradezu Aussage. Darum ist die Ansicht des Antisthenes einfältig, welcher behauptet, es werde immer nur Eines von Einem ausgesagt,

συνέβαινε μὴ εἶναι ἀντιλέγειν, σχεδὸν δὲ μηδὲ ψεύδεσθαι. ἔστι δ' ἕκαστον λέγειν οὐ μόνον τῷ αὐτοῦ λόγῳ, ἀλλὰ καὶ τῷ ἑτέρου, ψευδῶς μὲν καὶ παντελῶς, ἔστι δ' ὡς καὶ ἀληθῶς, ὥσπερ τὰ ὀκτὼ διπλάσια τῷ τῆς δυάδος λόγῳ. τὰ μὲν οὖν οὕτω λέγεται ψευδῆ, ἄνθρωπος δὲ ψευδὴς ὁ εὐχερὴς καὶ προαιρετικὸς τῶν τοιούτων λόγων, μὴ δι' ἕτερόν τι ἀλλὰ δι' αὐτό, καὶ ὁ ἄλλοις ἐμποιητικὸς τῶν τοιούτων λόγων, ὥσπερ καὶ τὰ πράγματά φαμεν ψευδῆ εἶναι, ὅσα ἐμποιεῖ φαντασίαν ψευδῆ. διὸ ὁ ἐν τῷ Ἱππίᾳ λόγος παρακρούεται ὡς ὁ αὐτὸς ψευδὴς καὶ ἀληθής. τὸν δυνάμενον γὰρ ψεύσασθαι λαμβάνει ψευδῆ, οὗτος δ' ὁ εἰδὼς καὶ ὁ φρόνιμος· ἔτι τὸν ἑκόντα φαῦλον βελτίω. τοῦτο δὲ ψεῦδος λαμβάνει διὰ τῆς ἐπαγωγῆς· ὁ γὰρ ἑκὼν χωλαίνων τοῦ ἄκοντος κρείττων· τὸ χωλαίνειν τὸ μιμεῖσθαι λέγων, ἐπεὶ εἴ γε χωλὸς ἑκών, χείρων ἴσως, ὥσπερ ἐπὶ τοῦ ἤθους, καὶ οὕτως.

30 συμβεβηκὸς λέγεται ὃ ὑπάρχει μέν τινι καὶ ἀληθὲς εἰπεῖν, οὐ μέντοι οὔτ' ἐξ ἀνάγκης οὔτ' ἐπὶ τὸ πολύ, οἷον εἴ τις ὀρύττων φυτῷ βόθρον εὗρε θησαυρόν. τοῦτο τοίνυν συμβεβηκὸς τῷ ὀρύττοντι τὸν βόθρον, τὸ εὑρεῖν θησαυρόν· οὔτε γὰρ ἐξ ἀνάγκης τοῦτο ἐκ τούτου ἢ μετὰ τοῦτο, οὔθ' ὡς ἐπὶ τὸ πολὺ ἐάν τις φυτεύῃ θησαυρὸν εὑρίσκει. καὶ μουσικὸς δ' ἄν τις εἴη λευκός· ἀλλ' ἐπεὶ οὔτ' ἐξ ἀνάγκης οὔθ' ὡς ἐπὶ τὸ πολὺ τοῦτο γίγνεται, συμβεβηκὸς αὐτὸ λέγομεν. ὥστ' ἐπεὶ ἔστιν ὑπάρχον τι καὶ τινί, καὶ ἔνια τούτων καὶ ποῦ καὶ ποτέ, ὅ τι ἂν ὑπάρχῃ μέν, ἀλλὰ μὴ διότι τοδὶ

1025a, 2 οὕτως A^b ‖ δὲ om. E ‖ 3 μὴ E: οὐ A^b ‖ 4 αὐτὸ E: αὐτά A^b ‖ 5 φαμὲν καὶ πράγματα E ‖ 6 ψευδῆ φαντασίαν A^b ‖ ὁ Alex., om. A^bE sed in E m. sec. add. ‖ Ἱππίᾳ] Plato Hipp. min. 373 sqq. ‖ 8 οὕτως A^b ‖ 9 τὸ τὸν Alex. ‖ ἑκόντα E: εἰδότα A^b ‖ φαῦλον Ald.: τὰ φαῦλα A^bE, φαῦλα πράσσοντα Alex. in interpr. ‖ 11 τὸ ante μιμ. om. A^b, unde conicias τὸ χωλαίνειν μιμεῖσθαι ‖ 13 οὕτως A^b: τοῦτο E, οὗτος fort. Alex. Bekk. ‖ 15 οὔτε δὲ ἐπὶ A^b ‖ 20 δὲ A^b et fort. Alex.: γ' E Bekk. ‖ οὐκ et 21 οὐδ' A^b ‖ 22 τι om. A^b

a 13 *οὗτος*: Ross 15 *οὔτε* ⟨*ὡς*⟩: Ross

nämlich nichts anderes als der ihm angehörige Begriff, wo-
raus sich dann die Folgerung ergab, daß es unmöglich sei
(sich) zu widersprechen, ja auch so gut wie unmöglich falsch
zu reden. Vielmehr ist es möglich, von einem jeden Gegen-
stande nicht nur seinen eigenen Begriff auszusagen, sondern
auch den eines anderen, falsch nun gewiß auf alle Weise, auf
manche Weise aber auch mit Wahrheit, wie man z. B. die
Acht als etwas Doppeltes durch den Begriff der Zwei be- 1025 a
stimmen kann. (3.) Das bisher Aufgeführte nennt man also
in diesen Bedeutungen falsch. Ein Mensch aber heißt falsch,
wenn er zu solchen Aussagen geneigt ist und sie mit Vor-
satz erwählt, aus keinem anderen Grunde als um ihrer selbst
willen, und ferner der, welcher anderen solche Aussagen
beibringt, wie wir ja auch die Dinge falsch nennen, welche
eine falsche Vorstellung beibringen. Daher täuscht der im
Hippias gegebene Beweis, daß derselbe (Mensch) falsch und
wahr sei. Denn als falsch nimmt er den an, welcher Falsches
beibringen *kann*, und dies ist der Kundige und Verständige;
ferner setzt er voraus, daß, wer freiwillig schlecht ist, besser
sei als wer unfreiwillig. Diese falsche Annahme wird durch
eine Induktion bewiesen; denn der freiwillig Hinkende,
heißt es, ist besser als der unfreiwillig Hinkende, wobei un-
ter Hinken die Nachahmung des Hinkens verstanden ist;
denn wenn jemand wirklich freiwillig hinkte, so würde er
wohl, wie dies im Sittlichen der Fall ist, auf diese Weise
auch schlechter sein.

30 Akzidens nennt man (1.) dasjenige, was sich zwar an
etwas findet und mit Wahrheit von ihm ausgesagt werden
kann, aber weder notwendig noch in den meisten Fällen
sich findet, z. B. wenn jemand beim Graben eines Loches
für eine Pflanze einen Schatz fand. Dies also, einen Schatz
zu finden, ist ein Akzidens für den, der ein Loch gräbt;
denn weder folgt mit Notwendigkeit das eine aus dem an-
deren oder das eine nach dem anderen, noch findet auch
in den meisten Fällen jemand einen Schatz, wenn er ein
Loch für eine Pflanze gräbt. So kann auch der Gebildete
weiß sein, aber da dies weder notwendig noch in den mei-
sten Fällen stattfindet, so nennen wir es Akzidens. Indem
also das, was existiert, etwas und an etwas, und manches
davon auch irgendwo und irgendwann ist, so wird Akzidens
heißen, was zwar existiert, aber nicht deshalb existiert,

ἦν ἢ νῦν ἢ ἐνταῦθα, συμβεβηκὸς ἔσται. οὐδὲ δὴ αἴτιον ὡρισμένον οὐδὲν τοῦ συμβεβηκότος ἀλλὰ τὸ τυχόν· τοῦτο δ' ἀόριστον. συνέβη τῳ εἰς Αἴγιναν ἐλθεῖν, εἰ μὴ διὰ τοῦτο ἀφίκετο ὅπως ἐκεῖ ἔλθῃ, ἀλλ' ὑπὸ χειμῶνος ἐξωσθεὶς ἢ ὑπὸ λῃστῶν ληφθείς. γέγονε μὲν δὴ καὶ ἔστι τὸ συμβεβηκός, ἀλλ' οὐχ ᾗ αὐτὸ ἀλλ' ᾗ ἕτερον· ὁ γὰρ χειμὼν αἴτιος τοῦ μὴ ὅπου ἔπλει ἐλθεῖν, τοῦτο δ' ἦν Αἴγινα. λέγεται δὲ καὶ ἄλλως συμβεβηκός, οἷον ὅσα ὑπάρχει ἑκάστῳ καθ' αὐτὸ μὴ ἐν τῇ οὐσίᾳ ὄντα, οἷον τῷ τριγώνῳ τὸ δύο ὀρθὰς ἔχειν. καὶ ταῦτα μὲν ἐνδέχεται ἀΐδια εἶναι, ἐκείνων δ' οὐδέν. λόγος δὲ τούτου ἐν ἑτέροις.

1025 b

E.

Αἱ ἀρχαὶ καὶ τὰ αἴτια ζητεῖται τῶν ὄντων, δῆλον δὲ ὅτι ᾗ ὄντα. ἔστι γάρ τι αἴτιον ὑγιείας καὶ εὐεξίας, καὶ τῶν μαθηματικῶν εἰσὶν ἀρχαὶ καὶ στοιχεῖα καὶ αἴτια, καὶ ὅλως δὲ πᾶσα ἐπιστήμη διανοητικὴ ἢ μετέχουσά τι διανοίας περὶ αἰτίας καὶ ἀρχάς ἐστιν ἢ ἀκριβεστέρας ἢ ἁπλουστέρας· ἀλλὰ πᾶσαι αὗται περὶ ὄν τι καὶ γένος τι περιγραψάμεναι περὶ τούτου πραγματεύονται, ἀλλ' οὐχὶ περὶ ὄντος ἁπλῶς οὐδ' ᾗ ὄν, οὐδὲ τοῦ τί ἐστιν οὐδένα λόγον ποιοῦνται· ἀλλ' ἐκ τούτου αἱ μὲν αἰσθήσει ποιήσασαι αὐτὸ δῆλον, αἱ δ' ὑπόθεσιν λαβοῦσαι τὸ τί ἐστιν, οὕτω τὰ καθ' αὑτὰ ὑπάρχοντα τῷ γένει περὶ ὅ εἰσιν ἀποδεικνύουσιν ἢ ἀναγκαιότερον ἢ μαλακώτερον. * διόπερ φανερὸν ὅτι οὐκ ἔστιν ἀπόδειξις οὐσίας οὐδὲ τοῦ τί ἐστιν ἐκ τῆς τοιαύτης ἐπαγωγῆς, ἀλλά τις ἄλλος τρόπος

25 ἀλλὰ om. E ‖ 26 τῳ Bekk.: τὸ A^bE ‖ 27 ἢ ὑ. λ. ληφθείς om. H^b, non interpretatur Alex. ‖ 28 καὶ E: ᾗ A^b ‖ 29 ὅπου E: οὗ A^b ‖ 30 ἦν E: εἶναι A^b et ad τοῦτο in E suprascriptum, unde ἦν atque adeo τοῦτο δ' ἦν Αἴγινα interpolatum ducas ‖ 32 οἷον E: ὥσπερ A^b ‖ γρ. καὶ ἄν τε ἀΐδια εἶναι Alex. ‖ 1025b, 3 δὲ E: δὴ A^b ‖ 4 γὰρ αἴτια ὑγ. Alex. ‖ ὑγείας E ‖ 8 ὄν τι A^b Alex. et γρ. E: ἕν τι E m. pr. ‖ 14 διόπερ — 16 δηλώσεως primum afuisse duco ‖ 15 ἐκ τῆς τοιαύτης ἐπαγωγῆς interpolata puto

weil dies bestimmt war oder jetzt oder hier ist. Es gibt also für das Akzidens auch keine bestimmte, sondern nur eine zufällige Ursache, d. h. eine unbestimmte. Z. B. es war für jemanden ein Akzidens, nach Aigina zu kommen, wenn er nicht deshalb hinkam, weil er hinkommen wollte, sondern vom Sturme verschlagen oder von Räubern gefangen. Denn das Akzidens ist geworden und ist, aber nicht insofern es selbst, sondern insofern etwas anderes ist; denn der Sturm war Ursache, daß er anderswohin kam, als wohin er wollte, nämlich nach Aigina. (2.) In einer andern Bedeutung nennt man Akzidens auch das, was einem Gegenstand an sich zukommt, ohne in seinem Wesen zu liegen, z. B. dem Dreieck die Winkelsumme von zwei Rechten. Das Akzidens in diesem Sinne kann ewig sein, in jenem aber durchaus nicht. Doch hiervon wird anderswo der Grund angegeben.

BUCH VI

1 (a) Die Prinzipien und Ursachen des Seienden, und zwar 1025 b
insofern es Seiendes ist, sind der Gegenstand der Untersuchung. Es gibt nämlich eine Ursache der Gesundheit und des Wohlbefindens, und von den mathematischen Dingen gibt es Prinzipien und Elemente und Ursachen, und überhaupt handelt jede auf Denken gegründete oder mit Denken verbundene Wissenschaft von Ursachen und Prinzipien in genauerem oder einfacherem Sinne. Doch alle diese Wissenschaften handeln nur von einem bestimmten Seienden und einer bestimmten Gattung, deren Grenzen sie sich umschrieben haben, aber nicht vom Seienden schlechthin und insofern es Seiendes ist, und geben über das Was keine Rechenschaft, sondern von ihm ausgehend, indem sie es entweder durch Anschauung verdeutlichen oder als Voraussetzung das Was annehmen, erweisen sie dann mit mehr oder weniger strenger Notwendigkeit dasjenige, was der Gattung, mit der sie sich beschäftigen, an sich zukommt. Offenbar also gibt es aus einer solchen Induktion keinen Beweis der Wesenheit und des Was, sondern nur eine andere Art des

τῆς δηλώσεως. ὁμοίως δ' οὐδ' εἰ ἔστιν ἢ μὴ ἔστι τὸ γένος περὶ ὃ πραγματεύονται οὐδὲν λέγουσι, διὰ τὸ τῆς αὐτῆς εἶναι διανοίας τό τε τί ἐστι δῆλον ποιεῖν καὶ εἰ ἔστιν. ἐπεὶ δὲ καὶ ἡ φυσικὴ ἐπιστήμη τυγχάνει οὖσα περὶ γένος τι τοῦ ὄντος (περὶ γὰρ τὴν τοιαύτην ἐστὶν οὐσίαν ἐν ᾗ ἡ ἀρχὴ τῆς κινήσεως καὶ στάσεως ἐν αὐτῇ), δῆλον ὅτι οὔτε πρακτική ἐστιν οὔτε ποιητική. τῶν μὲν γὰρ ποιητικῶν ἐν τῷ ποιοῦντι ἡ ἀρχή, ἢ νοῦς ἢ τέχνη ἢ δύναμίς τις, τῶν δὲ πρακτικῶν ἐν τῷ πράττοντι, ἡ προαίρεσις· τὸ αὐτὸ γὰρ τὸ πρακτὸν καὶ τὸ προαιρετόν. ὥστ' εἰ πᾶσα διάνοια ἢ πρακτικὴ ἢ ποιητικὴ ἢ θεωρητική, ἡ φυσικὴ θεωρητική τις ἂν εἴη, ἀλλὰ θεωρητικὴ περὶ τοιοῦτον ὂν ὅ ἐστι δυνατὸν κινεῖσθαι, καὶ περὶ οὐσίαν τὴν κατὰ τὸν λόγον ὡς ἐπὶ τὸ πολὺ οὐ χωριστὴν μόνον. δεῖ δὲ τὸ τί ἦν εἶναι καὶ τὸν λόγον πῶς ἐστὶ μὴ λανθάνειν, ὡς ἄνευ γε τούτου τὸ ζητεῖν μηδέν ἐστι ποιεῖν. τῶν δ' ὁριζομένων καὶ τῶν τί ἐστι τὰ μὲν οὕτως ὑπάρχει ὡς τὸ σιμόν, τὰ δ' ὡς τὸ κοῖλον. διαφέρει δὲ ταῦτα ὅτι τὸ μὲν σιμὸν συνειλημμένον ἐστὶ μετὰ τῆς ὕλης· ἔστι γὰρ τὸ μὲν σιμὸν κοίλη ῥίς, ἡ δὲ κοιλότης ἄνευ ὕλης αἰσθητῆς. εἰ δὴ πάντα τὰ φυσικὰ ὁμοίως τῷ σιμῷ λέγονται, οἷον ῥίς, ὀφθαλμός, πρόσωπον, σάρξ,* 1026 a
*ὀστοῦν, ὅλως ζῷον· φύλλον, ῥίζα, φλοιός, ὅλως φυτόν (οὐδενὸς γὰρ ἄνευ κινήσεως ὁ λόγος αὐτῶν, ἀλλ' αἰεὶ ἔχει ὕλην), δῆλον πῶς δεῖ ἐν τοῖς φυσικοῖς τὸ τί ἐστι ζητεῖν καὶ ὁρίζεσθαι. * καὶ διότι καὶ περὶ ψυχῆς ἐνίας θεωρῆσαι τοῦ φυ-*

18 *τε* om. A[b] ‖ *ἔστιν*] *ἔστιν τοῦτο* E ‖ 21 *ἑαυτῇ* A[b] ‖ fort. *δῆλον δ'* ut altera pars protasis sit et apodosis mutata dicendi forma ordiatur 1026 a, 10 ‖ 23 *νοῦς ἐστὶν ἢ* Alex. ‖ *πρακτῶν* E Alex., sed in E supra lin. *ικ* m. pr. add. ‖ 24 *τὸ* post *καὶ* om. A[b], idem in E pr. m. omissum ‖ 25 *ἅπασα* E ‖ 26 *ἡ φυσικὴ θεωρητική* om. A[b] ‖ 27 *τοιοῦτο* A[b]E, sed in E *ν* in fine eras. ‖ 28 post *πολὺ* comma Alex. et Bonitz ‖ *οὐ*] *ὡς οὐ* E ‖ 30 *οὐδὲν* Alex. ‖ *ποιεῖν ἐστιν* E ‖ *τῶν δ'*] *ἔστι δὲ τῶν* omisso 31 *οὕτως ὑπάρχει* A[b], *τῶν δὴ* Ald. et *γρ.* E ‖ 33 *μὲν* om. E ‖ 1026 a, 3 fort. *ἄνευ τοῦ δεκτικοῦ κινήσεως* ‖ *αὐτῶν ὁ λόγος* Alex. ‖ *ἀεὶ* om. A[b] ‖ 5 *καὶ διότι* — 6 *ἐστίν* ut post 7 *τού-*

Aufweises. Und ebenso reden sie auch davon nicht, ob der Gegenstand, von dem sie handeln, *ist* oder nicht *ist*, weil es demselben Denken angehört zu bestimmen, was etwas ist und ob es ist. (b) Da auch die Physik eine Wissenschaft ist, welche eine Gattung des Seienden behandelt – nämlich dasjenige Wesen, welches das Prinzip der Bewegung und der Ruhe in sich selber hat –, so ist sie offenbar weder eine praktische, noch eine hervorbringende Wissenschaft. Denn bei den auf das Hervorbringen gerichteten Wissenschaften ist das Prinzip in dem Hervorbringenden, sei es Vernunft oder Kunst oder irgendein Vermögen, das Prinzip aber der Wissenschaften, welche auf das Handeln gehen, liegt in dem Handelnden, nämlich der Entschluß; denn der Gegenstand der Handlung und des Entschlusses ist derselbe. Wenn also jedes Denkverfahren entweder auf Handeln oder auf Hervorbringen oder auf Betrachtung geht, so muß hiernach die Physik eine betrachtende (theoretische) sein, aber in Beziehung auf ein solches Seiendes, welches sich bewegen (bzw. bewegt werden) kann, und auf ein Wesen (Wesenheit), welches zwar – meistens – durch den Begriff bestimmt ist, aber nur nicht abtrennbar (selbständig für sich) ist. Hierbei darf nun nicht verborgen bleiben, wie es sich mit dem Sosein und dem Begriff verhält, da ohne dies forschen nichts tun hieße. Nun verhält sich von dem begrifflich Bestimmten und dem Was einiges wie (z. B.) das „Stülpnasige", anderes wie das „Hohle". Dies unterscheidet sich aber darin, daß in dem „Stülpnasigen" die Materie mit eingeschlossen ist; denn das „Stülpnasige" ist eine hohle Nase, die Hohlheit aber besteht ohne sinnlich wahrnehmbaren
Stoff. Wenn nun alles Physische in dem Sinne gemeint ist 1026 a
wie das Stülpnasige, z. B. Nase, Auge, Gesicht, Fleisch, Knochen, überhaupt Lebewesen, Blatt, Wurzel, Rinde, überhaupt Pflanze (bei keinem unter diesen nämlich sieht der Begriff von der Bewegung ab, sondern dies alles hat immer einen Stoff), so ergibt sich hieraus, wie man in der Physik das Was suchen und bestimmen muß und weshalb auch die Betrachtung der Seele zum Teil Gegenstand der Physik ist,

σικοῦ, ὅση μὴ ἄνευ τῆς ὕλης ἐστίν. * ὅτι μὲν οὖν ἡ φυσικὴ θεωρητική τίς ἐστι, φανερὸν ἐκ τούτων. ἀλλ' ἔστι καὶ ἡ μαθηματικὴ θεωρητική· ἀλλ' εἰ ἀκινήτων καὶ χωριστῶν ἐστί, νῦν ἄδηλον· ὅτι μέντοι ἔνια μαθήματα ᾗ ἀκίνητα καὶ ᾗ χωριστὰ θεωρεῖ, δῆλον. εἰ δέ τί ἐστιν ἀΐδιον καὶ ἀκίνητον καὶ χωριστόν, φανερὸν ὅτι θεωρητικῆς τὸ γνῶναι, οὐ μέντοι φυσικῆς γε (περὶ κινητῶν γάρ τινων ἡ φυσική) οὐδὲ μαθηματικῆς, ἀλλὰ προτέρας ἀμφοῖν. ἡ μὲν γὰρ φυσικὴ περὶ χωριστὰ μὲν ἀλλ' οὐκ ἀκίνητα, τῆς δὲ μαθηματικῆς ἔνια περὶ ἀκίνητα μὲν οὐ χωριστὰ δ' ἴσως, ἀλλ' ὡς ἐν ὕλῃ· ἡ δὲ πρώτη καὶ περὶ χωριστὰ καὶ ἀκίνητα. ἀνάγκη δὲ πάντα μὲν τὰ αἴτια ἀΐδια εἶναι, μάλιστα δὲ ταῦτα· ταῦτα γὰρ αἴτια τοῖς φανεροῖς τῶν θείων. ὥστε τρεῖς ἂν εἶεν φιλοσοφίαι θεωρητικαί, μαθηματική, φυσική, θεολογική. οὐ γὰρ ἄδηλον ὅτι εἴ που τὸ θεῖον ὑπάρχει, ἐν τῇ τοιαύτῃ φύσει ὑπάρχει, καὶ τὴν τιμιωτάτην δεῖ περὶ τὸ τιμιώτατον γένος εἶναι. * αἱ μὲν οὖν θεωρητικαὶ τῶν ἄλλων ἐπιστημῶν αἱρετώτεραι, αὕτη δὲ τῶν θεωρητικῶν. * ἀπορήσειε γὰρ ἄν τις πότερόν ποθ' ἡ πρώτη φιλοσοφία καθόλου ἐστίν, ἢ περί τι γένος καὶ φύσιν τινὰ μίαν· οὐ γὰρ ὁ αὐτὸς τρόπος οὐδ' ἐν ταῖς μαθηματικαῖς, ἀλλ' ἡ μὲν γεωμετρία καὶ ἀστρολογία περί τινα φύσιν εἰσίν, ἡ δὲ καθόλου πασῶν κοινή. εἰ μὲν οὖν μή ἐστί τις ἑτέρα οὐσία παρὰ τὰς φύσει συνεστηκυίας,

των ponerentur adiecta sunt ‖ 7 τίς add. A^b, om. E ‖ 9 μέντοι A^b: μὲν οὖν E ‖ 10 ἀκίνητον καὶ ἀίδιον E ‖ 12 περὶ — φυσική iuxta 13 ἡ μὲν γὰρ φυσ. — 14 ἀκίνητα suspecta ‖ μαθηματικῆς γε ἀλλ' ἑτέρας προτέρας A^b, γε et ἑτέρας om. E ‖ 14 ἀχώριστα codd. Alex. editt., χωριστὰ scripsi duce Schweglero, ἀχώριστον supra p. 1025 b, 28 τὸν τῶν φυσικῶν λόγον non physica ipsa dixit ‖ 16 πάντα μὲν bis scripta sed semel linea deleta in A^b ‖ 17 εἶναι om. E ‖ 18 θείων] αἰσθητῶν γρ. Alex. et γρ. E ‖ 21 post ὑπάρχει comma Bekk. ‖ δεῖ E: ἀεὶ A^b ‖ 22 post εἶναι primum sequebantur 27 εἰ μὲν οὖν ‖ θεωρητικαὶ καὶ τῶν A^b ‖ αἱρετώταται A^b ‖ 23 ἀπορήσειε — 27 κοινὴ post 31 πρώτη collocanda esse videntur ‖ 25 τινα add. A^b et fort. Alex., om. E ‖ 27 ἡ] ἐκείνη E ‖ καὶ πᾶσι γρ. E

a 7 E, Ross

insoweit sie nämlich nicht ohne den Stoff besteht. (c) Daß also die Physik eine betrachtende Wissenschaft ist, ist hieraus offenbar. Aber auch die Mathematik ist eine betrachtende Wissenschaft. Ob ihr Gegenstand das Unbewegliche und Abtrennbare (Selbständige) ist, bleibt für jetzt unentschieden, doch so viel ist klar, daß sie einiges Mathematische betrachtet, insofern es unbeweglich und insofern es selbständig trennbar ist. (d) Gibt es aber etwas Ewiges, Unbewegliches, Abtrennbares (Selbständiges), so muß offenbar dessen Erkenntnis einer betrachtenden Wissenschaft angehören. Aber der Physik gehört es nicht an, da diese von Bewegbarem handelt, und auch nicht der Mathematik, sondern einer beiden vorausgehenden Wissenschaft. Denn die Physik handelt von abtrennbaren (selbständigen), aber nicht unbeweglichen Dingen, einiges zur Mathematik Gehörende betrifft Unbewegliches, das aber nicht abtrennbar ist, sondern als an einem Stoff befindlich; die erste Philosophie aber handelt von sowohl abtrennbaren (selbständigen), als auch unbeweglichen Dingen. Nun müssen notwendig alle Ursachen ewig sein, vor allem aber diese; denn sie sind die Ursachen des Sichtbaren von den göttlichen Dingen. Hiernach würde es also drei betrachtende philosophische Wissenschaften geben: Mathematik, Physik, Theologie. Denn unzweifelhaft ist, wenn sich irgendwo das Göttliche findet, daß es sich in einer solchen Natur findet, und die würdigste Wissenschaft die würdigste Gattung des Seienden zum Gegenstande haben muß. Nun haben die betrachtenden Wissenschaften den Vorzug vor den anderen, und diese (gesuchte) wieder unter den betrachtenden. (e) Man könnte nämlich fragen, ob die erste Philosophie allgemein ist oder auf eine einzelne Gattung und eine einzelne Natur geht. (Auf dieselbe Weise verhält es sich auch in den mathematischen Wissenschaften, indem Geometrie und Astronomie von einer einzelnen Natur handeln, die allgemeine Mathematik aber alle gemeinsam umfaßt.) Gibt es nun neben den natürlich bestehenden Wesen

ἡ φυσικὴ ἂν εἴη πρώτη ἐπιστήμη· εἰ δ' ἐστί τις οὐσία ἀκίνητος, αὕτη προτέρα καὶ φιλοσοφία πρώτη, καὶ καθόλου οὕτως ὅτι πρώτη. καὶ περὶ τοῦ ὄντος ᾗ ὄν, ταύτης ἂν εἴη θεωρῆσαι, καὶ τί ἐστι καὶ τὰ ὑπάρχοντα ᾗ ὄν.

2 ἀλλ' ἐπεὶ τὸ ὂν τὸ ἁπλῶς λεγόμενον λέγεται πολλαχῶς, ὧν ἓν μὲν ἦν τὸ κατὰ συμβεβηκός, ἕτερον δὲ τὸ ὡς ἀληθές, καὶ τὸ μὴ ὂν ὡς ψεῦδος, παρὰ ταῦτα δ' ἐστὶ τὰ σχήματα τῆς κατηγορίας, οἷον τὸ μὲν τί, τὸ δὲ ποιόν, τὸ δὲ ποσόν, τὸ δὲ πού, τὸ δὲ ποτέ, καὶ εἴ τι ἄλλο σημαίνει τὸν τρόπον τοῦτον· ἔτι παρὰ ταῦτα πάντα τὸ δυνάμει καὶ ἐνεργείᾳ· ἐπεὶ δὴ πολλαχῶς λέγεται τὸ ὄν, πρῶτον περὶ τοῦ κατὰ συμβεβηκὸς λεκτέον, ὅτι οὐδεμία ἐστὶ περὶ αὐτὸ θεωρία. σημεῖον δέ· οὐδεμιᾷ γὰρ ἐπιστήμῃ ἐπιμελὲς περὶ αὐτοῦ οὔτε πρακτικῇ οὔτε ποιητικῇ οὔτε θεωρητικῇ. οὔτε γὰρ ὁ ποιῶν οἰκίαν ποιεῖ ὅσα συμβαίνει ἅμα τῇ οἰκίᾳ γιγνομένῃ· ἄπειρα γάρ ἐστιν· τοῖς μὲν γὰρ ἡδεῖαν, τοῖς δὲ βλαβεράν, τοῖς δ' ὠφέλιμον οὐδὲν εἶναι κωλύει τὴν ποιηθεῖσαν, καὶ ἑτέραν ὡς εἰπεῖν πάντων τῶν ὄντων· ὧν οὐδενός ἐστιν ἡ οἰκοδομικὴ ποιητική. τὸν αὐτὸν δὲ τρόπον οὐδ' ὁ γεωμέτρης θεωρεῖ τὰ οὕτω συμβεβηκότα τοῖς σχήμασιν, οὐδ' εἰ ἕτερόν ἐστι τρίγωνον καὶ τρίγωνον δύο ὀρθὰς ἔχον. καὶ τοῦτο εὐλόγως συμπίπτει· ὥσπερ γὰρ ὄνομά τι μόνον τὸ συμβεβηκός ἐστιν. διὸ Πλάτων τρόπον τινὰ οὐ κακῶς τὴν σοφιστικὴν περὶ τὸ μὴ ὂν ἔταξεν. εἰσὶ γὰρ οἱ τῶν σοφιστῶν λόγοι περὶ τὸ συμβεβηκὸς ὡς εἰπεῖν μάλιστα πάντων, πότερον ἕτερον ἢ ταὐτὸν μουσικὸν καὶ γραμματικόν, καὶ μουσικὸς

30 ἡ φιλοσοφία T, fort. καὶ ἡ περὶ αὐτῆς φιλ., ἡ θεολογία coni. Luthe ‖ 31 comma post οὕτως ὅτι πρώτη olim posueram ‖ 35 ὡς τὸ A[b], τὸ om. E unde expuli, τὸ ὡς ψεῦδος suspicatur Bonitz ‖ 1026 b, 2 καὶ τὸ ἐν. A[b], τὸ om. E Alex. ‖ ἐπεὶ δὴ Bonitz: ἐπειδὴ E, ἐπειδὴ οὖν Alex., ἐπεὶ δὲ A[b] Ald. ‖ 4 περὶ αὐτό ἐστι θε. E ‖ 11 οὕτως E ‖ 13 ὄνομα τι Alex.: ὀνόματι vulgo ante Bonitzium ‖ τὸ κατὰ συμβεβηκός Alex. ‖ 14 Πλάτων] in Soph. p. 237sqq. ‖ 14. 15 περὶ τὴν σοφ. τὸ μὴ ὂν Bess. ‖ 17 καὶ γραμμ. E: ἢ γραμμ. A[b]

kein anderes, so würde die Physik die erste Wissenschaft sein; gibt es aber ein unbewegliches Wesen, so ist dieses das frühere und die (es behandelnde) Philosophie die erste und eine allgemeine, insofern sie die erste ist, und ihr würde es zukommen, das Seiende, insofern es Seiendes ist, zu betrachten, sowohl sein Was als auch das ihm als Seiendem Zukommende.

2 (a) Da aber das Seiende, schlechthin ausgesprochen, in vielfachen Bedeutungen gebraucht wird, von denen das eine das Akzidentelle war, ein anderes das als Wahres (bezeichnete), und das Nichtseiende als Falsches, außerdem die verschiedenen Arten der Kategorien – z. B. das eine Seiende bezeichnete ein Was, ein anderes eine Qualität, ein anderes eine Quantität oder ein Wo oder ein Wann und was noch sonst ähnliche Bedeutungen ausdrückt – und ferner außer 1026 b
diesem das dem Vermögen oder der wirklichen Tätigkeit nach Seiende: da also das Seiende in verschiedenen Bedeutungen gebraucht wird, so ist zuerst von dem in akzidentellem Sinne Seienden zu erklären, daß keine wissenschaftliche Betrachtung dieses zum Gegenstand hat. Das zeigt sich darin, daß keine Wissenschaft, weder die praktische, noch die hervorbringende, noch die betrachtende auf dasselbe Sorgfalt verwendet. Wer ein Haus baut, der baut nicht auch dasjenige, was sich an dem gewordenen Hause als Akzidens findet; denn dessen ist unbegrenzt vieles. Es steht ja nichts im Wege, daß das gebaute Haus für einige angenehm, für andere schädlich, für andere nützlich und verschieden von so gut wie allem Seienden sei; aber nichts von dem allen bringt die Baukunst hervor. In derselben Weise betrachtet auch der Geometer nicht, was in diesem Sinne Akzidens der Figuren ist, z. B. ob ein Dreieck und ein Dreieck mit der Winkelsumme von zwei Rechten verschieden ist. Und dies hat seinen guten Grund; denn das Akzidens ist wie ein bloßer Name. Daher hat in gewisser Weise nicht übel Platon der Sophistik das Nichtseiende zugewiesen. Denn die Erörterungen der Sophisten gehen vorzugsweise auf das Akzidentelle, ob Gebildet und Sprachkundig

Κορίσκος καὶ Κορίσκος, καὶ εἰ πᾶν ὃ ἂν ᾖ, μὴ αἰεὶ δέ, γέγονεν, ὥστ' εἰ μουσικὸς ὢν γραμματικὸς γέγονε, καὶ γραμματικὸς ὢν μουσικός, καὶ ὅσοι δὴ ἄλλοι τοιοῦτοι τῶν λόγων εἰσίν· φαίνεται γὰρ τὸ συμβεβηκὸς ἐγγύς τι τοῦ μὴ ὄντος. δῆλον δὲ καὶ ἐκ τῶν τοιούτων λόγων· τῶν μὲν γὰρ ἄλλον τρόπον ὄντων ἔστι γένεσις καὶ φθορά, τῶν δὲ κατὰ συμβεβηκὸς οὐκ ἔστιν. ἀλλ' ὅμως λεκτέον ἔτι περὶ τοῦ συμβεβηκότος ἐφ' ὅσον ἐνδέχεται, τίς ἡ φύσις αὐτοῦ καὶ διὰ τίν' αἰτίαν ἐστίν· ἅμα γὰρ δῆλον ἴσως ἔσται καὶ διὰ τί ἐπιστήμη οὐκ ἔστιν αὐτοῦ.

ἐπεὶ οὖν ἐστὶν ἐν τοῖς οὖσι τὰ μὲν αἰεὶ ὡσαύτως ἔχοντα καὶ ἐξ ἀνάγκης, οὐ τῆς κατὰ τὸ βίαιον λεγομένης ἀλλ' ἣν λέγομεν τῷ μὴ ἐνδέχεσθαι ἄλλως, τὰ δ' ἐξ ἀνάγκης μὲν οὐκ ἔστιν οὐδ' αἰεί, ὡς δ' ἐπὶ τὸ πολύ, αὕτη ἀρχὴ καὶ αὕτη αἰτία ἐστὶ τοῦ εἶναι τὸ συμβεβηκός· ὃ γὰρ ἂν ᾖ μήτ' αἰεὶ μήθ' ὡς ἐπὶ τὸ πολύ, τοῦτό φαμεν συμβεβηκὸς εἶναι. οἷον ἐπὶ κυνὶ ἐὰν χειμὼν γένηται καὶ ψῦχος, τοῦτο συμβῆναί φαμεν, ἀλλ' οὐκ ἐὰν πνῖγος καὶ ἀλέα, ὅτι τὸ μὲν αἰεὶ ἢ ὡς ἐπὶ τὸ πολύ, τὸ δ' οὔ. καὶ τὸν ἄνθρωπον λευκὸν εἶναι συμβέβηκεν (οὔτε γὰρ αἰεὶ οὔθ' ὡς ἐπὶ τὸ πολύ), ζῷον δ' οὐ κατὰ συμβεβηκός. καὶ τὸ ὑγιάζειν δὲ τὸν οἰκοδόμον κατὰ συμβεβηκός, ὅτι οὐ πέφυκε τοῦτο ποιεῖν οἰκοδόμος ἀλλ' ἰατρός, ἀλλὰ συνέβη ἰατρὸν εἶναι τὸν οἰκοδόμον. καὶ ὀψοποιὸς ἡδονῆς στοχαζόμενος ποιήσειεν ἄν τι ὑγιεινόν, ἀλλ' οὐ κατὰ τὴν ὀψοποιητικήν· διὸ συνέβη φαμέν, καὶ ἔστιν ὡς ποιεῖ, ἁπλῶς δ' οὔ. τῶν μὲν γὰρ ἄλλων ἐνίοτε δυνάμεις εἰσὶν αἱ ποιητικαί, τῶν δ' οὐδεμία τέχνη οὐδὲ δύ-

18 *καὶ Κορίσκος* om. E ‖ 21 post *γὰρ* add. *τι* m. sec. E ‖ 30 post *πολὺ* addenda conicit *τὸ δ' οὐδ' ὡς ἐπὶ τὸ πολὺ* L. Spengel collato 1064b, 35 ‖ 37 *καὶ τὸ τὸν οἰκοδόμον ὑγείαν ποιῆσαι συμβεβηκός* E, *ὑγιάζειν* tuetur etiam Alex. ‖ 1027a, 1 *κατὰ συμβεβηκός* A^b: *συμβεβηκός* E et fort. Alex. ‖ 3 *ὁ ὀψ.* fort. Alex. ‖ *ἡδονῇ* A^b ‖ *τινι* A^b et fort. Alex. ‖ 4 *ὀψοποιητικὴν* ex *ὀψοποιικὴν* corr. E ‖ 5 *ἄλλαι* A^b ‖ *ἐνίοτε* A^bE, om. Alex. Ascl., *αἰτίαι τε καὶ* ex Alex. p. 417, 19 coni. Bonitz

a 5 *ἐνίοτε*: secl. Ross

und Koriskos und der gebildete Koriskos etwas anderes oder dasselbe ist, und ob alles, was ist, ohne immer zu sein, geworden ist, also ob der Gebildete, welcher sprachkundig, und der Sprachkundige, welcher gebildet ist, es geworden ist, und was noch sonst dergleichen Reden sind. Denn das Akzidentelle zeigt sich als dem Nichtseienden nahe verwandt. Das ergibt sich auch aus Erörterungen folgender Art: Bei dem nämlich, was in anderem Sinne ist, findet Entstehen und Vergehen statt, bei dem akzidentellen Sein aber nicht. Doch müssen wir von dem Akzidens erklären, soweit es möglich ist, was seine Natur ist und aus welcher Ursache es *ist*: denn daraus wird wohl zugleich erhellen, weshalb es keine Wissenschaft desselben gibt.

(b) Da nämlich unter dem Seienden einiges sich immer auf gleiche Weise und notwendig verhält – ich meine nicht die Notwendigkeit, welche einen Zwang bedeutet, sondern welche bezeichnet, daß es sich nicht anders verhalten kann –, anderes zwar nicht notwendig und nicht immer, aber doch in den meisten Fällen ist: so ist dies das Prinzip und dies die Ursache davon, daß es ein Akzidens gibt; denn was weder immer noch in der Regel stattfindet, das nennen wir Akzidens. Z. B. wenn in den Hundstagen Unwetter und Kälte eintritt, so nennen wir dies ein Akzidens, aber nicht, wenn Hitze und Schwüle, weil das letztere immer oder in der Regel stattfindet, das erstere aber nicht. So ist es auch für den Menschen ein Akzidens, weiß zu sein, da dies weder immer noch in der Regel stattfindet, daß er aber ein Lebewesen ist, ist kein Akzidens. Und daß der Baumeister heile, ist ein Akzidens von ihm, weil dies zu 1027 a
tun nicht in der Natur des Baumeisters, sondern des Arztes liegt, und es für den Baumeister ein Akzidens ist, daß er Arzt ist. So kann auch wohl der Kochkünstler, während er den Wohlgeschmack bezweckt, etwas der Gesundheit Dienliches machen, aber nicht infolge seiner Kochkunst; also ist es ein Akzidens für ihn; und er macht es nur in gewissem Sinne, aber nicht schlechthin. Denn von dem anderen gibt es zuweilen hervorbringende Vermögen, von dem Akzidentellen aber gibt es keine bestimmte Kunst und kein

*ναμις ὡρισμένη· τῶν γὰρ κατὰ συμβεβηκὸς ὄντων ἢ γιγνομένων καὶ τὸ αἴτιόν ἐστι κατὰ συμβεβηκός. ὥστ' ἐπειδὴ οὐ πάντα ἐστὶν ἐξ ἀνάγκης καὶ αἰεὶ ἢ ὄντα ἢ γιγνόμενα, ἀλλὰ τὰ πλεῖστα ὡς ἐπὶ τὸ πολύ, ἀνάγκη εἶναι τὸ κατὰ συμβεβηκὸς ὄν· οἷον οὔτ' αἰεὶ οὔθ' ὡς ἐπὶ τὸ πολὺ ὁ λευκὸς μουσικός ἐστιν, ἐπεὶ δὲ γίγνεταί ποτε, κατὰ συμβεβηκὸς ἔσται. εἰ δὲ μή, πάντ' ἔσται ἐξ ἀνάγκης. * ὥστε ἔσται ἡ ὕλη ἡ ἐνδεχομένη παρὰ τὸ ὡς ἐπὶ τὸ πολὺ ἄλλως τοῦ συμβεβηκότος αἰτία. ἀρχὴν δὲ τηνδὶ ληπτέον, πότερον οὐδέν ἐστιν οὔτ' αἰεὶ οὔθ' ὡς ἐπὶ τὸ πολύ, ἢ τοῦτο ἀδύνατον. ἔστιν ἄρα τι παρὰ ταῦτα τὸ ὁπότερ' ἔτυχε καὶ κατὰ συμβεβηκός. * ἀλλὰ πότερον ἔστι μὲν τὸ ὡς ἐπὶ τὸ πολύ, τὸ δ' αἰεὶ οὐδενὶ ὑπάρχει, ἢ ἔστιν ἄττα ἀΐδια; περὶ μὲν οὖν τούτων ὕστερον σκεπτέον, ὅτι δ' ἐπιστήμη οὐκ ἔστι τοῦ συμβεβηκότος φανερόν· ἐπιστήμη μὲν γὰρ πᾶσα ἢ τοῦ αἰεὶ ἢ τοῦ ὡς ἐπὶ τὸ πολύ. πῶς γὰρ ἢ μαθήσεται ἢ διδάξει ἄλλον; δεῖ γὰρ ὡρίσθαι ἢ τῷ αἰεὶ ἢ τῷ ὡς ἐπὶ τὸ πολύ, οἷον ὅτι ὠφέλιμον τὸ μελίκρατον τῷ πυρέττοντι ὡς ἐπὶ τὸ πολύ. τὸ δὲ παρὰ τοῦτο οὐχ ἕξει λέγειν, πότε οὔ, οἷον νουμηνίᾳ· ἢ γὰρ αἰεὶ ἢ ὡς ἐπὶ τὸ πολὺ καὶ τὸ τῇ νουμηνίᾳ· τὸ δὲ συμβεβηκός ἐστι παρὰ ταῦτα. τί μὲν οὖν ἐστὶ τὸ συμβεβηκὸς καὶ διὰ τίν' αἰτίαν, καὶ ὅτι ἐπιστήμη οὐκ ἔστιν αὐτοῦ, εἴρηται.*

3 *ὅτι δ' εἰσὶν ἀρχαὶ καὶ αἴτια γεννητὰ καὶ φθαρτὰ ἄνευ τοῦ γίγνεσθαι καὶ φθείρεσθαι, φανερόν. εἰ γὰρ μὴ τοῦτ',*

7 *γενομένων* A^b ‖ 8 *ἐπεὶ* A^b et fort. Alex. ‖ 13 *ὥστε* — 16 *ἀδύνατον* ante 8 *ὥστ'* collocanda censet Bonitz, cf. Christ Studia p. 84 sqq. ‖ 13. 14 *ἔσται ἡ ὕλη ἡ — συμβεβηκότος αἰτία* A^b, in quo omissum *ἄλλως*: *ἔσται ἡ ὕλη αἰτία — συμβεβηκότος* E vulgo ‖ 15 *τήνδε* A^b ‖ 16 *ἔστιν* E: *εἴη* A^b ‖ 18 *πότερον ἔστι μὲν τὸ* scripsi secutus Alex. p. 418, 13: *πότερον τὸ* A^{b}E, *πότερον τὸ μὲν γρ.* E ‖ *οὐδὲν* Ascl. ‖ 22 *πῶς γὰρ ἂν ἢ* E ‖ 25 *οὐ* E, om. A^b et fort. Alex. ‖ *ἢ* A^{b}E: *ἡ γρ.* E ‖ 26 *τὸ* ante *τῇ* add. E, om. A^b ‖ 29 ante *ἀρχαὶ* supplet Alex. p. 419, 1 *τῶν κατὰ συμβεβηκὸς ὄντων*, rectius tu *εἰσὶν* idem quod *ὑπάρχουσιν ἢ γίγνονται* significare dices ‖ 30 post *ἄνευ τοῦ* nonnulla excidisse videntur sic restituenda: *ἄνευ τοῦ προυπάρχειν ἄλλο τι αἴτιον*

bestimmtes Vermögen. Denn was in akzidentellem Sinne ist oder wird, hat auch eine Ursache, die es nur in akzidentellem Sinne ist. Da also nicht alles notwendig und immer ist oder wird, sondern das meiste nur in der Regel, so muß es notwendig auch ein akzidentelles Seiendes geben; z. B. nicht immer und nicht in der Regel ist der Weiße gebildet; wird er es aber in einem Falle, so wird er es in akzidenteller Weise sein. Wo nicht, so müßte alles notwendig sein. Der Stoff also, welcher neben dem in der Regel Stattfindenden auch etwas anderes zuläßt, ist die Ursache des Akzidentellen. Man muß aber davon ausgehen, ob es etwas gibt, das weder immer, noch in der Regel ist, oder ob dies unmöglich ist. Es gibt also etwas neben diesem, das Zufällige nämlich und Akzidentelle. Aber gibt es zwar etwas, das in der Regel, aber nichts, das immer stattfindet, oder gibt es vielmehr auch etwas Ewiges? Dies soll später untersucht werden. (c) Daß es aber keine Wissenschaft des Akzidentellen gibt, ist offenbar. Denn jede Wissenschaft hat zu ihrem Gegenstande das, was immer oder doch in den meisten Fällen stattfindet. Denn wie sollte man es sonst lernen oder einen andern lehren? Es muß vielmehr als immer oder als in der Regel stattfindend bestimmt sein; z. B. das Honigwasser ist den Fieberkranken in der Regel heilsam. Was aber außerhalb dieser Regel fällt, wenn es nicht heilsam ist, wird man nicht angeben können, z. B. etwa bei Neumond; denn insofern es immer oder in der Regel heilsam ist, wird es auch bei Neumond heilsam sein; das Akzidentelle aber fällt neben und außer diesen Fällen. Was also das Akzidens ist und durch welche Ursache es ist und warum es keine Wissenschaft desselben gibt, ist hiermit erklärt.

3 (a) Offenbar aber muß es Prinzipien und Ursachen geben, die erzeugbar und vergänglich sind, ohne daß für sie ein Entstehen und Vergehen stattfindet. Denn wäre dies nicht,

ἐξ ἀνάγκης πάντ' ἔσται, εἰ τοῦ γιγνομένου καὶ φθειρομένου μὴ κατὰ συμβεβηκὸς αἴτιόν τι ἀνάγκη εἶναι. πότερον γὰρ ἔσται τοδὶ ἢ οὔ; ἐάν γε τοδὶ γένηται· εἰ δὲ μή, οὔ. τοῦτο δ' ἐὰν ἄλλο. καὶ οὕτω δῆλον ὅτι αἰεὶ χρόνου ἀφαιρουμένου
1027b ἀπὸ πεπερασμένου χρόνου ἥξει ἐπὶ τὸ νῦν. ὥστε ὅδε ἀποθανεῖται νόσῳ ἢ βίᾳ, ἐάν γ' ἐξέλθῃ· τοῦτο δ' ἐὰν διψήσῃ· τοῦτο δ' ἐὰν ἄλλο· καὶ οὕτως ἥξει εἰς ὃ νῦν ὑπάρχει, ἢ εἰς τῶν γεγονότων τι. οἷον ἐὰν διψήσῃ· τοῦτο δ' εἰ ἐσθίει δριμέα· τοῦτο δ' ἤτοι ὑπάρχει ἢ οὔ· ὥστ' ἐξ ἀνάγκης ἀποθανεῖται ἢ οὐκ ἀποθανεῖται. ὁμοίως δὲ κἂν ὑπερπηδήσῃ τις εἰς τὰ γενόμενα, ὁ αὐτὸς λόγος· ἤδη γὰρ ὑπάρχει τοῦτο ἔν τινι, λέγω δὲ τὸ γεγονός. ἐξ ἀνάγκης ἄρα πάντα ἔσται τὰ ἐσόμενα, οἷον τὸ ἀποθανεῖν τὸν ζῶντα· ἤδη γάρ τι γέγονεν, οἷον τὰ ἐναντία ἐν τῷ αὐτῷ σώματι. ἀλλ' εἰ νόσῳ ἢ βίᾳ, οὔπω, ἀλλ' ἐὰν τοδὶ γένηται. δῆλον ἄρα ὅτι μέχρι τινὸς βαδίζει ἀρχῆς, αὕτη δ' οὐκέτι εἰς ἄλλο. ἔσται οὖν ἡ τοῦ ὁπότερ' ἔτυχεν αὕτη, καὶ αἴτιον τῆς γενέσεως αὐτῆς ἄλλο οὐδέν. ἀλλ' εἰς ἀρχὴν ποίαν καὶ αἴτιον ποῖον ἡ ἀναγωγὴ ἡ τοιαύτη, πότερον ὡς εἰς ὕλην ἢ ὡς εἰς τὸ οὗ ἕνεκα ἢ ὡς εἰς τὸ κινῆσαν, μάλιστα σκεπτέον.

περὶ μὲν οὖν τοῦ κατὰ συμβεβηκὸς ὄντος ἀφείσθω· 4
διώρισται γὰρ ἱκανῶς. τὸ δ' ὡς ἀληθὲς ὄν, καὶ μὴ ὂν ὡς ψεῦδος, ἐπειδὴ περὶ σύνθεσίν ἐστι καὶ διαίρεσιν, τὸ δὲ σύνολον περὶ μερισμὸν ἀντιφάσεως (τὸ μὲν γὰρ ἀληθὲς τὴν κατάφασιν ἐπὶ τῷ συγκειμένῳ ἔχει, τὴν δ' ἀπόφασιν ἐπὶ τῷ διῃρημένῳ, τὸ δὲ ψεῦδος τούτου τοῦ μερισμοῦ τὴν ἀντί-

τοῦ γίγνεσθαι, nisi praestat verba ἄνευ τοῦ γίγνεσθαι καὶ φθείρεσθαι aut delere aut transponere post 32 εἶναι ‖ 34 τοῦτο δὲ ἄλλο A^b E sed ἂν post δὲ add. supra lin. A^b, τούτου δὲ ἄλλο Alex. et γρ. E ‖ 1027 b, 1 ἀπὸ πεπερασμένου χρόνου om. Alex. ‖ ὥστε — 6 ἀποθανεῖται dubito an ab insipido interprete addita sint ‖ 2 τοῦτο — διψήσῃ om. A^b, legit Alex. ‖ 8 fort. καὶ τὰ κατὰ συμβεβηκὸς ἐσόμενα ‖ 10 σώματι om. A^b ‖ 13 αὐτῆς ἄλλο A^b, ἄλλο om. E ‖ 15 εἰς alterum om. A^b ‖ 19 περὶ Alex.: παρὰ A^b E ‖ 20 τὸ μὲν — 25 γίγνεσθαι parenthesi inclusit Bonitz

b 2 νόσῳ ἢ: secl. Ross 10 A^b, Ross

so müßte alles notwendig sein, sofern es nämlich für jedes Entstehende und Vergehende eine Ursache geben müßte, die dies nicht bloß in akzidentellem Sinne wäre. (b) Denn fragt man: Wird dieses sein oder nicht? so ist die Antwort: Wenn jenes geschehen sein wird, im entgegengesetzten Falle aber nicht. Und dies wird stattfinden, wenn ein anderes eintritt.
So wird man offenbar von einem bestimmten Zeitpunkt 1027 b
aus immer einen Zeitteil hinwegnehmend bis zum gegenwärtigen Augenblick gelangen. Also dieser wird an einer Krankheit oder durch Gewalt sterben, sofern er ausgeht, und dies, wenn er dürstet, und dies, wenn etwas anderes stattfindet, und so wird man bis zu dem gelangen, was jetzt stattfindet, oder zu etwas, das schon geschehen ist, z. B. sofern er dürstet, und dies, wenn er Salziges ißt; dies findet aber bereits statt oder nicht; also mit Notwendigkeit wird er sterben oder nicht sterben. Und so gilt auch dasselbe, wenn jemand zu dem Geschehenen übergeht; denn dies, ich meine das Geschehene, findet sich schon in etwas. Alles Zukünftige also wird mit Notwendigkeit eintreten, z. B. daß der Lebende sterbe; denn schon ist etwas geschehen, z. B. die entgegengesetzten Elemente finden sich in demselben Körper; ob aber der Tod durch Krankheit oder durch Gewalt eintreten wird, ist noch nicht bestimmt, sondern erst, wenn dies geschehen ist. (c) Offenbar also geht es nur bis zu einem bestimmten Prinzip, und dies geht nicht weiter auf ein anderes zurück. Dies wird das Prinzip von etwas beliebig Zufälligem sein, und es wird nichts anderes als die Ursache seines Entstehens geben. Auf welche Art von Prinzip und Ursache aber diese Zurückführung geht, ob auf den Stoff oder den Zweck oder die bewegende Ursache, das ist vorzüglich zu untersuchen.

4 (a) Das akzidentelle Sein wollen wir nun beiseite setzen, denn es ist hinlänglich bestimmt. Was nun aber als seiend bezeichnet wird, weil es wahr, als nicht seiend, weil es falsch ist, das beruht auf Vereinigung und Trennung, beides zusammen auf Teilung des Widerspruchs. (Das Wahre nämlich spricht die Bejahung aus von dem Verbundenen, die Verneinung von dem Getrennten, das Falsche aber spricht das kontradiktorische Gegenteil dieser Teilung aus.)

φασιν)· πῶς δὲ τὸ ἅμα ἢ τὸ χωρὶς νοεῖν συμβαίνει, ἄλλος λόγος· λέγω δὲ τὸ ἅμα καὶ τὸ χωρὶς ὥστε μὴ τὸ ἐφεξῆς ἀλλ' ἕν τι γίγνεσθαι· οὐ γάρ ἐστι τὸ ψεῦδος καὶ τὸ ἀληθὲς ἐν τοῖς πράγμασιν, οἷον τὸ μὲν ἀγαθὸν ἀληθές, τὸ δὲ κακὸν εὐθὺ ψεῦδος, ἀλλ' ἐν διανοίᾳ· περὶ δὲ τὰ ἁπλᾶ καὶ τὰ τί ἐστιν οὐδ' ἐν τῇ διανοίᾳ. ὅσα μὲν οὖν δεῖ θεωρῆσαι περὶ τὸ οὕτως ὂν καὶ μὴ ὄν, ὕστερον ἐπισκεπτέον· ἐπεὶ δ' ἡ συμπλοκή ἐστιν καὶ ἡ διαίρεσις ἐν διανοίᾳ ἀλλ' οὐκ ἐν τοῖς πράγμασι, τὸ δ' οὕτως ὂν ἕτερον ὂν τῶν κυρίως (ἢ γὰρ τὸ τί ἐστιν ἢ ὅτι ποιὸν ἢ ὅτι ποσὸν ἢ εἴ τι ἄλλο συνάπτει ἢ διαιρεῖ ἡ διάνοια), τὸ μὲν ὡς συμβεβηκὸς καὶ τὸ ὡς ἀληθὲς ὂν ἀφετέον. τὸ γὰρ αἴτιον τοῦ μὲν ἀόριστον, τοῦ δὲ τῆς διανοίας τι πάθος, καὶ ἀμφότερα περὶ τὸ λοιπὸν γένος τοῦ ὄντος, καὶ οὐκ ἔξω δηλοῦσιν οὖσάν τινα φύσιν τοῦ ὄντος. διὸ ταῦτα μὲν ἀφείσθω, σκεπτέον δὲ τοῦ ὄντος αὐτοῦ τὰ αἴτια καὶ τὰς ἀρχὰς ᾗ ὄν. φανερὸν δ' ἐν οἷς διωρισάμεθα περὶ τοῦ ποσαχῶς λέγεται ἕκαστον, ὅτι πολλαχῶς λέγεται τὸ ὄν.

23 συμβαίνει νοεῖν Alex. ‖ 24 καὶ] ἢ E ‖ τὸ om. A^b ‖ τὸ Bekk.: τῷ A^bE ‖ 25 ψεῦδός τε καὶ E ‖ 27 εὐθὺ A^b, om. E, εὐθὺς vulgo ‖ 28 τῇ om. A^b ‖ 29 τὸ οὕτως ὂν intellege τὸ περὶ τὰ ἁπλᾶ ἀληθές, nisi potius ὅσα — ἐπισκεπτέον et ἐπεὶ δ' — ἀφείσθω (1028a, 3) ex duplici recensione orta sunt ‖ καὶ ἡ A^b, ἢ E ‖ 30 ἐν τῇ δ. Alex. ‖ 31 κυρίων E ‖ ἢ γὰρ — 23 διάνοια pertinent ad 30 ἐν διανοίᾳ ‖ 32 εἰ om. A^b et fort. Alex. ‖ 33 διαιρεῖ Alex.: ἀφαιρεῖ A^bE ‖ ἀληθῶς A^b ‖ 1028a, 2 τοῦ om. A^b ‖ 4 φανερὸν — 6 τὸ ὂν et 10 τὸ ὂν — 11 ποσαχῶς in eodem opere iuxta posita fuisse ab Aristotele ipso veri dissimile est; verum mihi videntur et φανερὸν — λέγεται τὸ ὄν et καθάπερ — ποσαχῶς ab redactore addita esse ‖ 5 ὅτι — ὂν om. A^b, post ὂν add. E m. pr. σημαίνει γὰρ τὸ μὲν τί ἐστιν; dein E m. sec. add. in marg.: τοῦτο δοκεῖ ἀτελὲς εἶναι ‖ 10 simili initio huius libri et libri I comprobatur, utrumque librum simul et ni fallor primum

b33 ἀφαιρεῖ: Ross

Wie es angehe, daß man etwas zugleich oder getrennt denke, ist eine andere Frage; ich verstehe unter zugleich und getrennt, daß nicht bloß eine Reihenfolge, sondern eine Einheit entsteht. (b) Denn das Falsche und das Wahre liegt nicht in den Dingen, so daß etwa das Gute wahr und das Böse sogleich falsch wäre, sondern im Denken. Bei den einfachen Dingen und dem Was aber auch nicht im Denken (sondern in einem intuitiven Erfassen). Was nun also über das in diesem Sinne Seiende und Nichtseiende zu untersuchen ist, das wollen wir später erwägen. (c) Da aber die Verbindung und Trennung im Denken stattfindet und nicht in den Dingen, und was in dieser Bedeutung (als wahr) seiend ist, verschieden ist von dem im eigentlichen Sinne Seienden (denn was etwas ist, oder daß es von solcher Qualität, Quantität oder sonst etwas der Art ist, dies verbindet oder trennt das Denken), so wollen wir das akzidentelle Seiende und das als wahr Seiende beiseite lassen. Denn des einen Ursache ist unbestimmt, des andern Ursache aber ist eine gewisse 1028 a
Affektion des Denkens, und beide gehen auf die noch übrige Gattung des Seienden und zeigen nicht noch außerdem eine andere Natur des Seienden. Also dies mag beiseite gesetzt sein, wir haben vielmehr die Ursachen und Prinzipien des Seienden, insofern es Seiendes ist, zu untersuchen. Aus dem aber, was wir über die verschiedenen Bedeutungen jedes Wortes erörtert haben, ist offenbar, daß das Seiende in mehrfacher Bedeutung gebraucht wird.

KOMMENTAR

Der vorliegende Kommentarteil ist auf der Grundlage der großen Kommentarwerke erstellt, die oben im Literaturverzeichnis angegeben sind, besonders der von H. Bonitz, G. Reale, D. Ross, Schwegler und nicht zuletzt auch von Thomas v. Aqu. Er kann und will diese Werke keineswegs ersetzen, sondern vielmehr den Studierenden (über ein erstes Verständnis des aristotelischen Textes hinaus) zu ihnen hinführen. Soweit er eigene Wege geht, können freilich die Abweichungen von ihnen aus Raummangel nicht immer gekennzeichnet und wissenschaftlich erörtert werden.

Im einzelnen bringt der Kommentar zu jedem Kapitel der Metaphysik-Bücher

1. eine Inhaltsanalyse, die den Gedankengang interpretiert (und dabei die anderen Kommentare verwertet), und
2. (im Kursiv-Druck) Erläuterungen zu Einzelstellen, die in textlicher, philosophie-historischer oder philosophischer Hinsicht besonders erklärungsbedürftig sind. Auch versuchen sie (über die modernen Kommentare hinaus und in engerem Anschluß an Thomas v. Aqu.), die wichtigsten Textstellen in ihrer metaphysischen Bedeutung auszuschöpfen.

BUCH I (A)

DIE GESUCHTE METAPHYSIK-WISSENSCHAFT (ERSTE PHILOSOPHIE), ALS WEISHEIT, GERICHTET AUF DIE ERSTEN URSACHEN, PRINZIPIEN, ALLES SEIENDEN. DIE ANSICHTEN DER FRÜHEREN PHILOSOPHEN ÜBER DIESE URSACHEN

I Kapitel 1
Die Weisheit als oberste Stufe menschlicher Erkenntnis und d.h. als theoretische Wissenschaft von gewissen Ursachen, Prinzipien, der Dinge

(a) 980a 21 – 981a 12: Die Menschen streben von Natur nach Wissen, Erkennen, um seiner selbst willen, schon von den Sinneswahrnehmungen an. Die Erkenntnis schreitet über verschiedene Stufen fort, von Sinneswahrnehmungen, Erinnerungen und Vorstellungen zu Erfahrungen und weiter bis zu Künsten, Wissenschaften und zur Weisheit. Die unteren Stufen sind dem Menschen mit den Tieren gemeinsam, die oberen ihm allein eigentümlich. Die Stufen führen zu zunehmender Einheit des Erkenntnisinhaltes. Kunst und Wissenschaft entstehen, wenn aus vielen Erfahrungen *eine* allgemeine Annahme (in einem ursächlichen Zusammenhang) gewonnen wird (Beispiel aus der Medizin).

980a 21–27: Den Anfang von I 1 bildet eine wichtige allgemeine Aussage (vgl. ähnliche Anfänge ‚Nikom. Eth.', ‚De an.') zur Natur des Menschen, der nicht nur Tätigkeiten „um eines praktischen Nutzens willen", sondern auch „um ihrer selbst willen" vollzieht. (Zur Unterscheidg. dieser beiden Arten von Tätigkeiten, den Handlungen, πράξεις, und den um ihrer selbst willen vollzogenen, ἐνέργειαι, s. ‚Nikom. Eth.' I 1–6[1].) Hier geht es um die Tätigkeit des „Wissens",

[1] H. Seidl, Das sittliche Gute nach Aristoteles, in: Philos. Jahrb. (82) 1975, 31–53, 38 ff.

„Erkennens", das um seiner selbst willen „geliebt" wird, u. zw. schon von den Sinneswahrnehmungen an; denn sie sind nach Aristoteles von Anfang an mit Vernunft verbunden, durchgeistigt.

Dies ist das „Philosophische" im Menschen schon von den ersten Erkenntnissen, den Wahrnehmungen, an bis hin zu den höchsten der Weisheit: φιλοσοφία *als „Liebe zur Weisheit" um ihrer selbst willen. Der Begriff steht hier noch in weiterer Bedeutung für jede theoretische Wissenschaft. Zum Vorzug der Gesichtswahrnehmung vgl. Platon, Tim. 47 a–b.*

980a 27 – 981a 12: Von den Erkenntnisstufen: Wahrnehmungen – Erinnerungen – Vorstellungen – Erfahrungen – Künste und Wissenschaften, sind die unteren dem Menschen mit Tieren gemeinsam, die oberen ihm allein eigentümlich, d. h. seiner Vernunft, die ihn vor den Tieren auszeichnet.

Die Stufen zeigen einen Fortschritt zunehmender Einheit des Erkenntnisinhaltes[2]*. Zu den Erkenntnisstufen vgl. vor allem ‚An. post.' II 19, wo auch der Abstraktionsvorgang dargelegt wird, der zum Erwerb erster einfacher Art- und Gattungsbegriffe führt (wie Mensch, Lebewesen). Hier in ‚Met.' I 1 handelt es sich jedoch um mehr, näml. den Erwerb erster allgemeiner, wissenschaftlicher Erkenntnisse*[3]*, wie das ausgeführte Beispiel aus der medizinischen Wissenschaft zeigt, a 7–12:*

Es geht von einzelnen Krankheitsfällen, Sokrates, Kallias usw. aus, $C_{1,2,3\ldots}$*, denen gemeinsam eine Eigenschaft A zukommt, nämlich die Zuträglichkeit eines bestimmten Heilmittels, und führt von da aus induktiv zu einem allgemeinen ursächlichen Merkmal B der phlegmatischen oder cholerischen Konstitution, welche Ursache für die Zuträglichkeit des Heilmittels ist, so daß A dem B zukommt:*

1. $C_{1,2\ldots} - A$
2. $C_{1,2\ldots} - B$
3. $B \quad - A.$

Durch die Umkehrung dieses induktiven Beweisschlusses (sein Schema ist eines der in ‚An. pr.' II 23 und ‚An. post.'

[2] E. Berti, L'unita del sapere in Aritstotele, Padua 1965.

[3] Dies wird in den modernen Kommentaren nicht genügend berücksichtigt. Vgl. auch Protrept. fr. 5 u. 6 (Ross.).

I 13 genannten) ergibt sich der hier in ‚Met.' I 1 aufgeführte, deduktive, wonach A, die Wirksamkeit des bestimmten Heilmittels, aufgrund eines vorliegenden, „artmäßig bestimmten, allgemeinen" Merkmals B notwendig allen darunter fallenden einzelnen Kranken $C_{1,2}$ ... *zukommen muß:*

1. $B - A$
2. $C_{1,2} \ldots - B$
3. $C_{1,2} \ldots - A$.

Es geht also hier um mehr als den schlichten Erwerb einfacher Artbegriffe: Der hier im Beweis eingeführte steht für ein (induktiv aufgefundenes) allgemeines, ursächliches Merkmal in den Einzelfällen, von dem eine wissenschaftliche Erkenntnis abhängt.

981a 7: ὑπόληψις wird in den ‚An. post.' verwendet für „Annahme" von Prinzipien in jeder Wissenschaft und bezieht sich auf ihre Beweisprämissen.

(b) 981a 12 – b 13: Kunst, Wissenschaft und besonders Weisheit unterscheiden sich von bloßer Erfahrung durch folgende Unterscheidungsmerkmale:

1. Sie sind nicht mehr bloß praktisch ausgerichtet, wie die Erfahrung (sondern auch theoretisch, bes. die Weisheit, 982a 1);
2. sie erkennen jeweils die Ursachen;
3. sind lehrbar;
4. sind allgemein (abstrakt), entfernt von den Sinneswahrnehmungen.

Die Begriffe τέχνη, ἐπιστήμη, ἐπίστασθαι, σοφία gehörten ursprünglich dem praktischen, ja sogar auch dem handwerklichen Bereich an, so noch z. T. bei Platon (z. B. ‚Theaet.' 146 d das Schusterhandwerk als ἐπιστήμη bezeichnet). Die wörtliche deutsche Übersetzung von ἐπίστασθαι: „ver-stehen", kann die ursprüngliche Bedeutung noch mitbewahren (vgl. „sein Handwerk verstehen").

Der Begriff τέχνη vollzog ebenfalls einen Bedeutungswandel von „Kunst" zu „Wissenschaft" (synonym mit ἐπιστήμη), meint aber dann doch vornehmlich die praktische Wissenschaft, wie z. B. die Medizin.

Von der ursprünglichen Bedeutung von σοφός klingt noch in 981 b 31 etwas nach.

In ‚An. post.' I 2 ist ἐπίστασθαι als Verstehen der Ursachen jeder Sache definiert.

(c) 981b 13–25, Ergänzung zum ersten Merkmal: (Erster) Exkurs über die Entstehung der Kultur, sowie den Beginn der Philosophie aus der Bewunderung der Menschen von alters her für die erfinderische Weisheit von nicht mehr praktisch nützlichen Künsten und Wissenschaften, die in den menschlichen Gesellschaften nach Bewältigung der Lebensnot und bei zunehmender Muße aufkommen.

Die Ergänzung ist zugleich ein (erster) Exkurs mit einer Theorie der Kulturentstehung. In der Antike gab es zwei Theorien, eine negative, nach welcher die Kulturentstehung mit einer, vom „goldenen Urzeitalter" abwärts zunehmenden Verschlechterung der menschlichen Verhältnisse zusammenläuft (Mythen vom glücklichen Kronos-Zeitalter; von der Bestrafung des Prometheus, u. a.), und eine positive, welche auf eine Urzeit der Lebensnot die entstehende Kultur der Menschen als Verbesserung ihrer Verhältnisse sieht (Protagoras, Demokrit). Diese Theorie liegt auch an unserer Stelle vor.

Die o. gen. Bewunderung ist eine echt philosophische, mit der die Philosophie überhaupt beginnt, s.a. 982b 12. Die erwähnte „Muße" ist wesentliche Bedingung für die Entstehung der Wissenschaften, besonders der theoretischen wie der Weisheit; vgl. ‚NE' X 6, wo die menschl. Tätigkeiten „in Muße" in disjunktivem Gegensatz stehen zu denen „in Geschäftigkeit", parallel wie die Tätigkeiten „um ihrer selbst willen" zu denen „um anderer Zwecke willen" (mit allen Handlungen). Und die Tätigkeiten „in Muße" unterscheiden sich in die spielenden und in die ernsten und d. h. vor allem die theoretischen. (Vom griechischen Wort σχολή bzw. dem lateinischen schola leitet sich das deutsche Wort „Schule" her, das die Ausbildungsstätte der Wissenschaften bedeutet.)

(d) 981b 25 – 982a 3: Weitere Unterscheidung der Wissenschaft von der Kunst, mit Hinweis auf die ‚Nikom. Eth.' VI 3ff. Zusammenfassendes Ergebnis: Wie vor den Erfahrungen die Künste und vor diesen die Wissenschaften den Vorrang haben, „weiser" sind, (weil sie immer mehr die Ursachen erkennen), so muß die Weisheit (die gesuchte Metaphysik) Wissenschaft über gewisse (erste) Ursachen, Prinzipien, der Dinge sein.

I Kapitel 2
Merkmale der Weisheit nach den herkömmlichen Ansichten und Bestätigung, daß sie eine auf erste Ursachen, Prinzipien, gerichtete, theoretische Wissenschaft ist

(a) 982a 4–19: Auf welche Ursachen, Prinzipien, sich die Weisheit als Wissenschaft richtet, wird deutlich, wenn man auf die Merkmale achtet, die ihr nach den herkömmlichen Ansichten zuerkannt werden:
1. daß sie sich als Wissenschaft, soweit möglich, auf alles versteht, nicht im einzelnen (sondern im allgemeinen);
2. daß sie das Schwierige erkennt, das nicht mehr in die Sinneswahrnehmung fällt;
3. daß ihre Erkenntnis in bezug auf die Ursachen genauer und lehrbarer ist als andere Erkenntnis;
4. daß sie unter den Wissenschaften diejenige ist, die mehr um ihrer selbst und um des Wissens willen als um eines herauskommenden Nutzens willen erstrebt wird;
5. daß sie vor den übrigen, dienenden Wissenschaften die mehr gebietende und ordnende ist.

Die hier aufgeführten Merkmale decken sich teilweise mit den o. gen., I 1 (b).

(b) 982a 19 – b 10: Alle Merkmale weisen ein Gemeinsames auf, wodurch sie auch alle einer einzigen Wissenschaft, der Weisheit, zufallen, daß diese nämlich auf das am weitesten Allgemeine und die ersten Ursachen gerichtet ist. Deshalb versteht sie sich auf alles 1, auf das Schwierige, von den Wahrnehmungen Entfernte (Intelligible) 2, ist die genauere und lehrbarere Wissenschaft 3, weil nicht aus vielen, sondern aus wenigen ersten Ursachen alles einsehende, wird am meisten um ihrer selbst willen erstrebt 4, weil auf das am meisten Verstehbare, Erkennbare (Intelligible) gerichtete, das „die ersten (Prinzipien) und Ursachen" sind – „denn aus ihnen wird alles übrige erkannt" –, und ist schließlich die „herrscherlichste" von den Wissenschaften 5, weil sie den Zweck alles Handelns erkennt und „das Beste in der ganzen Natur; denn auch das Gute und das Worum-willen ist eine von den Ursachen".

Ergebnis: Die Weisheit muß „theoretische Wissenschaft von den ersten Prinzipien und Ursachen sein".

Der Begriff „theoretisch", 982b 9, entstammt ursprünglich der religiösen Sphäre, wo er sich auf das Erschauen göttlicher Geheimnisse bezog.[4] *Hier bildet er das Merkmal der nicht-praktischen, um ihrer selbst willen erstrebten Wissenschaft.*

Die Ansicht von der Philosophie als „herrscherlicher" ist vor allem platonisch. Doch unterscheidet Aristoteles, gegen Platon, zwischen dem Guten als oberstem Zweck menschlichen Handelns und dem Guten als oberstem metaphysischen Seinsprinzip (vgl. ‚Nikom. Eth.' I 4, mit Kritik an Platons Idee des Guten) und entsprechend auch zwischen praktischer und theoretischer Philosophie. Bei Aristoteles hat die theoretische aber vor der praktischen den Vorrang (‚Nikom. Eth.' VI 13), weil sie, als eine menschliche Tätigkeit um ihrer selbst willen, Selbstzweck ist, somit zum Endzweck alles Handelns gehört, der selbst kein Handeln mehr ist, zur vollkommenen Lebens-, Seinsweise des Menschen als ganzer.

(c) 982b 10–24: Unterscheidung der Weisheit von schaffender Kunst bzw. Wissenschaft: (Zweiter) Exkurs über die Kulturentstehung und die Verwunderung vor dem noch Unerklärten als den Beginn für die Wissenschaften bis hin zur Philosophie, die um des Wissens, nicht mehr um eines prak-

[4] G. Müller, Probleme der aristotelischen Eudaimonielehre, Mus. Helv. 17 (1960) 121–143.

tischen Nutzens willen, gesucht werden, nach Bereitstellung des für das Leben Notwendigen und Angenehmen.

Dieser Punkt ergänzt den oben genannten I 1 (b) wie auch der zweite Exkurs über die Kulturentstehung den ersten 981b 13.

In der Verwunderung sah schon Platon den Anfang des Philosophierens (‚Theaet.' 155).

(d) 982b 24 – 983a 11: Zwei weitere Merkmale der Weisheit, nämlich als einer freien und göttlichen Wissenschaft:

6. frei, weil nicht mehr um eines praktischen Nutzens, sondern um ihrer selbst willen gesucht, wie auch der Mensch frei ist, der um seiner selbst willen lebt, nicht um eines anderen willen (im Dienste eines anderen steht);
7. göttlich, sowohl weil Gott sie am meisten hat (weshalb auch ihre Erwerbung göttlich ist, „denn vielfach knechtisch ist die Natur der Menschen") als auch, weil sie das Göttliche zum Zielobjekt hat; „denn Gott scheint für alles eine (sc. die erste) der Ursachen zu sein".

Das 6. Merkmal, das der „freien" Wissenschaft, ergibt sich direkt aus dem 4., wonach sie Wissenschaft „um ihrer selbst willen" ist, „theoretisch"; das 7. Merkmal wieder aus dem 2., wonach die Weisheit auf das am meisten Erkennbare, Intelligible gerichtet ist.

An vorliegender Stelle will Aristoteles nicht sagen, daß die Metaphysik die Weisheit zu sein beansprucht, die Gott hat. Aus Buch XII 7 und 9 geht deutlich hervor, daß Gott die Weisheit in gänzlich anderer Weise hat als sie in I 1 ff. von uns Menschen „gesucht" wird; denn für Gott ist die Weisheit über ihn Selbsterkenntnis, in der Subjekt und Objekt in eins zusammenfallen, während sich für uns Menschen die „gesuchte Wissenschaft" ausgehend von der Objekt-Erkenntnis und der Frage nach den Ursachen alles Seienden auf das göttliche Seinsprinzip ausrichtet.

Hier ist implizit eine Aussage über Gottes Selbsterkenntnis gemacht: daß er sich selbst als Ursache von allem Seienden erkennt.

Im übrigen zeigt der vorliegende Abschnitt gut die anthropologische Seite der „philosophischen" bzw. „theoreti-

schen" Erkenntnis an, die der Mensch „um ihrer selbst willen" vollzieht, nicht als l'art pour l'art, sondern weil er in ihren Tätigkeiten „frei" sein, „um seiner selbst willen" sein darf, Selbstzweck, nicht mehr Fremdzwecken dienend wie in den praktischen Tätigkeiten[5]*. Vgl. 'Nik.Eth.' X 7.*

Das Simonides-Zitat ist Fragm. 5, s. Poetae lyrici graeci (ed. Bergk).

(e) 983a 11–23: Ergänzende (erkenntnistheoretische) Bemerkung über die Aufhebung der anfänglichen philosophischen Verwunderung im Zuge des Erkenntnisfortschrittes.

Das mathematische Beispiel verdeutlicht zugleich den Erkenntnisfortschritt vom „Bekannteren für uns" zum „Bekannteren an sich", vom Sinnlichen zum Intelligiblen, vom Einzelnen zum Allgemeinen.

I Kapitel 3 – 7

Rückblick auf die Lehren der früheren Philosophen über die ersten Ursachen als Bestätigung der in Phys. II aufgewiesenen Stoff-, Form-, Bewegungs- und Zweckursache

I Kapitel 3

Die vier Ursachen-Gattungen nach Phys. II 3 und 7. Die Lehren der ersten Vorsokratiker, die nur Stoffursachen, und zwar jeweils eine, sowie der späteren, die mehrere Stoffursachen annahmen: Thales, Anaximenes, Diogenes, Heraklit, Anaxagoras, Empedokles

(a) 983a 24 – b 6: Rückgriff auf die vier in Phys. II 3 und 7 aufgewiesenen Ursachen-Gattungen:
1. die Wesensursache, die der Definition entspricht,
2. die Stoffursache, das Substrat,
3. die Bewegungsursache und, ihr entgegengesetzt,

[5] H. Seidl, Rechtfertigung der Metaphysik nach Aristoteles, in: Alte Fragen u. neue Wege d. Denkens (Festschr. Stallmach), Bonn 1977, 72–81.

4. die Zweckursache.

Ankündigung, die Lehren der früheren Philosophen zu überprüfen, inwiefern sie eventuell noch eine weitere Ursache verwendet haben oder nicht, sondern nur diese vier, und sie damit bestätigen.

Was die vier Ursachen betrifft, so sind sie empirisch aufgefunden (nicht a priori aus einem Prinzip abgeleitet), aber nicht beliebig zusammengerafft, sondern lassen eine gewisse Systematik erkennen: Form- und Stoffursache stehen ebenso wie Bewegungs- und Zweckursache in einem komplementären Gegensatz zueinander: Bewegungs- und Zweckursache beziehen sich auf Anfang und Ende der Bewegung bzw. Entstehung der Dinge, während sich Form- und Stoffursache, bezogen auf das Sein der Dinge, zueinander wie Bestimmendes und Bestimmbares verhalten. Demungeachtet fallen aber Form-, Bewegungs- und Zweckursache bei den Naturdingen in eins zusammen und sind gemeinsam der Stoffursache entgegengesetzt (z. B. ‚Phys.' II 7, 198a 24ff.). Die Zweckursache gehört sowohl der Ordnung der Bewegung als auch der des Seins an (weshalb sie dann auch im unbewegten, ewigen Seienden wieder auftreten wird, ‚Metaph.' XII).

Erläutert werden die vier Ursachenarten in ‚Phys.' II vornehmlich am menschlichen Kunstschaffen (Beispiel mit Marmor, Bildhauer und Hermesstatue), wohl deshalb, weil hier die drei Ursachen: Form-, Bewegungs- und Zweck-Ursache noch stärker unterscheidbar sind als in den Naturdingen (wo sie, wie gesagt, zumeist in eins zusammenfallen), nicht jedoch (wie die moderne Kritik will),weil wir ein primäres Verständnis nur von unserem Schaffen her hätten. Vielmehr ist es von vornherein bezogen auf das Sein und Werden der Dinge, so auch bei Aristoteles, wie oben gezeigt.

(b) 983b 6–18: Das anfängliche Philosophieren berücksichtigte nur die Stoffursache als das, woraus die Dinge entstehen und worein sie vergehen, und als das dem Wechsel der Eigenschaften bleibend Zugrundeliegende.

Aristoteles kennzeichnet die Stoffursache bei den jonischen Naturphilosophen zweifach:

1. als das, woraus (ἐξ οὗ) alles entsteht und worein (εἰς ὅ) es vergeht, und
2. als das dem Wechsel der Eigenschaften Zugrundeliegende (ὑποκείμενον), das nicht selbst wieder entsteht und vergeht, als die bleibende Substanz (τῆς οὐσίας ὑπομενούσης, b 9–10).

Mit der zweiten Kennzeichnung und ihrer Einführung der οὐσία in der Hauptbedeutung eines zugrunde liegenden Wesens – die auch in der lateinischen Übersetzung s u b s t a n t i a festgehalten wird – berührt Aristoteles den kritischen Punkt; denn nach seiner eigenen Lehre (s. u. Buch VII 3) wird das Einzelding (wie im vorliegenden Beispiel: Sokrates) bleibende Substanz zuallererst wegen seiner Form-, nicht wegen seiner Stoffursache sein. Auch wird es zur Unterscheidung des Zugrundeliegenden, ὑποκείμενον, kommen:
1. als der Stoffursache (nach der lateinischen Übersetzung = Substrat), die der Formursache zugrundeliegt, und
2. als des Einzeldinges (Subjekt), der aus Stoff- und Formursache zusammengesetzten, ersten Substanz.

Bei den vorsokratischen Naturphilosophen sind die Dinge nicht mehr als bloße Zusammensetzungen von Stoffelementen. Die substantielle Form bzw. Wesenheit der Dinge (die eben mehr sind als nur die Zusammensetzung von Stoffelementen) ist noch gar nicht im Blick.

(c) 983b 18 – 984a 16: Die ersten Vorsokratiker, die nur Stoffursachen annahmen, und zwar jeweils nur eine einzige, und die Späteren, die mehrere Stoffursachen annahmen:
– Thales das Wasser (weil er sah, daß die Nahrung aller Dinge feucht ist und ihr Samen feuchter Natur ist); Bestätigung durch „die ersten Theologen", die von Okeanos und Thetys als den Erzeugern von allem sprachen;
– Anaximenes und Diogenes dagegen die Luft,
– Hippasos und Heraklit das Feuer;
– Empedokles die vier Elemente, die genannten drei und die Erde;
– Anaxagoras schließlich von den „gleichteiligen" Stoffen unendlich viele Elemente.

Die ungefähre Blütezeit der genannten frühgriechischen

Philosophen ist (nach Ueberweg-Praechter, Das Altertum, [12] 1926): für Thales ca. 585 v. Chr., Anaximenes ca. 528/5, Herakleitos 504/1, Empedokles 444/3, Anaxagoras geb. ca. 499/8, gest. ca. 428/7. Diogenes v. Apoll. ist Zeitgenosse des Anaxagoras.

Die Textquellen sind zusammengetragen bei Diels-Kranz, Fragmente der Vorsokratiker, 2 Bde, [6] 1952 (mehrfach unveränderter Nachdruck). Zur Interpretation der vorsokratischen Lehren siehe neben Ueberweg-Praechter auch den verläßlichen Kommentar von D. Ross.

Anaxagoras nahm eine unendliche Teilbarkeit der Dinge an; die „Homöomerien" nach aristotelischer Terminologie sind solche Stoffe, die im Ganzen „gleichartige Teile" haben, wie Wasser, Feuer, Fleisch, Blut, Knochen u. a. m.

Ein besonders wichtiges Lehrstück bei den Atomisten (wie bei Empedokles, Anaxagoras, Demokrit) ist dieses, daß sie ein echtes Entstehen bzw. Vergehen der Naturdinge leugnen und es auf Bewegungen (Verbindung, Trennung, Wechsel, Umlagerung) ihrer Stoffelemente reduzieren. Aristoteles hat dies einer nachhaltigen, erfolgreichen Kritik unterzogen, die zu einer tieferen Erfassung der οὐσία, *Substanz, und der Formursache führt (‚De gener. et corrupt.' I, 'Physica' I 8).*

(d) 984a 16 – b 8: Das fortschreitende Philosophieren führte, „von der Natur der Sache gezwungen", zu Bewegungsursachen; denn der Stoff kann nicht selbst Ursache für Entstehung, Bewegung, Veränderung der Dinge sein, denen er zugrunde liegt. Zur Annahme von Bewegungsursachen vermochten erst diejenigen Philosophen zu kommen, die überhaupt mehrere Prinzipien ansetzten, noch nicht diejenigen, die nur ein einziges. Deshalb findet sich bei den ersten Philosophen, die das Problem gar nicht sahen, noch keine Bewegungsursache, aber auch später bei Parmenides nicht, der, insofern er das All als Eines erklärte, dem Problem erliegend, die Bewegung gänzlich leugnete, und nur, insofern er (sc. in seiner Physik) zwei Prinzipien zuließ, auch von einer Bewegungsursache sprach.

„Durch die Natur der Sache", 984a 18, „durch die Wahrheit selbst gezwungen", b 9–10: Dieser treffliche Ausdruck

(vgl. auch Physica, I 5, 188b 29–30) findet sich auch schon bei Platon, ‚Resp.' VI 12. 499 b (ὑπὸ τἀληθοῦς ἠναγκασμένοι), und zeigt den Realismus, der das Erkennen nach den Dingen richtet, und nicht umgekehrt, wie im Idealismus, die Dinge nach dem Erkennen (nach Kants bekanntem Ausspruch, ‚Kritik der reinen Vernunft', Vorrede B XVI, von der sogenannten Kopernikanischen Wende). Aristoteles und Platon als Realisten und Idealisten gegenüberzustellen ist sehr irreführend. – Zu Parmenides s. u. I 5.

(e) 984b 8–22: Weiter wurde das philosophische Denken, „von der Wahrheit selbst gezwungen", wegen der Ordnung und des Guten in der Natur (wofür nicht der Zufall Ursache sein kann) zu einer dritten, der Zweckursache geführt. Anaxagoras, oder vielleicht schon vor ihm Hermotimos, setzte als erster die Vernunft als Bewegungs- und zugleich ordnende Zweckursache der gesamten Natur (Kosmos) an.

Beachtlich ist die Hervorhebung des Anaxagoras: „Er erschien gegen die Früheren wie ein Nüchterner gegen Irreredende". Tatsächlich ist er mit der Einführung der „Vernunft, die alles (Natur, Welt, Kosmos) beherrscht", ein wichtiger Vorläufer der klassischen Metaphysik, die das (welt-jenseitige) Wirklichkeitsprinzip immer immateriell als reinen Geist versteht.

I Kapitel 4

Die Lehren der späteren Vorsokratiker (außer den Pythagoreern), sofern sie mehrere Prinzipien annahmen, d. h. Stoffursachen und teilweise Bewegungs- (und Zweck-) Ursachen: Parmenides, Anaxagoras, Empedokles, Leukipp und Demokrit

(a) 984b 23 – 985a 10: Als Bewegungsursache erklärten
- Hesiod und Parmenides den Eros bzw. die Begierde;
- Empedokles Freundschaft und Streit für das Geordnete, Schöne, und das Böse, Häßliche.

Zitate aus Hesiod, Theogonie V 166ff. und Parmenides, Fragmente 28 B 13 (Diels-Kranz).

(b) 985a 10 – b 3: Vorläufige Zusammenfassung; Bedeutung des Anaxagoras und Empedokles:

Die bis jetzt genannten Philosophen verwendeten zwei der in ‚Phys.' II aufgewiesenen vier Ursachen-Gattungen, nämlich Stoff- und Bewegungsursachen; freilich in noch undeutlicher und ungeübter Weise. So setzte Anaxagoras (in seiner Weltentstehungs- und Naturlehre) das Vernunftprinzip nur sehr ungenügend ein, und Empedokles geriet in Widerspruch mit sich selbst, da bei ihm häufig die Freundschaft trennt und der Streit verbindet.

Empedokles eigentümlich ist es, daß er als erster zwei Bewegungsursachen einführte, wie er auch die vier Elemente gleichsam als zwei Stoffursachen verwendete (nämlich das Feuer und ihm entgegengesetzt die drei übrigen, Erde, Wasser, Luft).

In bemerkenswertem Kontrast zu dem obigen Lob auf Anaxagoras steht hier der Tadel. Ähnlich enttäuscht äußert sich schon Platon über ihn (‚Phaed.' 98 b).

(c) 985b 3–22: Leukipp und Demokrit nahmen zwei Elemente(-Gattungen), das Volle und das Leere, die sie mit dem Seienden und dem Nichtseienden gleichsetzten, als Stoffursache der Dinge an. Damit entsprachen sie denjenigen, die ein Stoffprinzip, als „die zugrunde liegende Substanz", ansetzten und alles übrige aus seinen Eigenschaften erklärten – wobei jene das Dünne und Dichte als Prinzipien der Eigenschaften ansahen –, unterschieden sich jedoch von ihnen dadurch, daß sie andere und zwar drei Prinzipien der Eigenschaften bezeichneten: „Zug", „Berührung" und „Wendung", die als Gestalt, Ordnung und Lage zu verstehen sind.

Die Bewegungsursachen aber vernachlässigten sie gänzlich.

Die Blütezeit Demokrits aus Abdera war ca. 420/19 v. Chr.. Leukipp soll sein Lehrer gewesen sein. Von ihm haben wir keine eigene Lehre. Sie ist in der Tradition ganz in die seines Schülers eingegangen. Vermutlich ging die Atomen-Lehre im engeren Sinne auf ihn zurück, während Demokrit sie auf verschiedene Gebiete hin (Erkenntnistheorie, Ethik, Psychologie u. a.) ausweitete[6].

Die 985b 10 erwähnten Denker gehören zu den ersten Philosophen und sind vielleicht Anaximenes und Diogenes. Daß sie die Stoffursache für die „zugrundeliegende Substanz" hielten, bemerkte Aristoteles schon oben 983b 9–10.

Die für Gestalt, Ordnung und Lage verwendeten Begriffe „Zug", „Berührung" und „Wendung" gehen sicherlich auf Leukipp und Demokrit selbst zurück: Sie spiegeln gut ihre dynamische Auffassung von den Atomen wider, die für sie in rastloser Bewegung waren[7].

Den Atomisten gemeinsam ist, daß sie die Dinge nur materiell sehen, als zusammengesetzt aus Stoffelementen, ebenso ihre Eigenschaften, die letztlich auf Eigenschaften der Stoffelemente reduziert werden. Die substantielle Form, Wesenheit, wird noch nicht gesehen, auch nicht das substantielle Werden/Entstehen, stattdessen nur Bewegungen der Stoffelemente.

985b 11–12: „das Dünne und Dichte": Die Lehre, daß durch Verdichtung und Verdünnung des Urstoffes die Dinge entstehen und vergehen, scheint auf Anaximenes zurückzugehen.

I Kapitel 5

Die Lehren der Pythagoreer und Eleaten hinsichtlich der oben genannten Ursachen und vorläufige Zusammenfassung des Rückblickes

(a) 985b 23 – 986b 8: Die Pythagoreer, die sich als erste mit Mathematik befaßten, hielten die Prinzipien oder Elemente der Zahlen (das Gerade und Ungerade, bzw. Begrenzte und Unbegrenzte) für die Prinzipien, Elemente, aller Dinge, und zwar aufgrund vieler (symbolischer) „Ähnlichkei-

[6] Ueberweg-Praechter, Die Philosophie d. Alterums. [12] 1926, 104 ff.

[7] K. v. Fritz, Philosophie u. sprachl. Ausdruck b. Demokrit, Platon u. Aristoteles, Darmstadt 1963.

ten" der Dinge mit Zahlen, z. B. der Gerechtigkeit (mit 4, der ersten Quadratzahl), Vernunft (mit 1), Seele (mit 2) und der Harmonien (mit Zahlenverhältnissen). Teilweise konstruierten sie solche Ähnlichkeiten, z. B. hinsichtlich der Harmonie der Himmelsteile durch Annahme eines zehnten Himmelskörpers, der sogenannten Gegenerde.

Pythagoras (Blüte ca. 532/1 v. Chr.) stammte aus Samos, wanderte aber nach Unteritalien aus (zuerst nach Kroton, dann nach Metapont), weshalb die auf ihn zurückgehende Schulrichtung bei Aristoteles auch die „italische" heißt. Er selbst hinterließ keine Schriften. Solche entstanden erst bei den Nachfolgern seiner Schule. Man unterscheidet zwischen den sogenannten Älteren (bis Mitte des 4. Jhs) und Jüngeren Pythagoreern. Zu den Älteren gehörten Philolaos (mit seiner Schrift: Über die Natur), Eurytos, Archytas, der von Aristoteles erwähnte Alkmaion von Kroton (ebenfalls mit einer Schrift: Über die Natur) u. a. Sie befaßten sich als erste, wie Aristoteles sagt, mit der Mathematik, z. B. entdeckten sie den sogenannten Pythagoreischen Lehrsatz und den anderen von der Winkelsumme im Dreieck, die gleich zwei rechten Winkeln ist.

986a 16–17: ἀρχὴν εἶναι καὶ ὡς ὕλην τοῖς οὖσι καὶ ὡς πάθη τε καὶ ἕξεις: Aristoteles will hier nicht etwa die pythagoreischen Zahlen zwei Ursachen-Gattungen zuweisen, der Stoff- und der Formursache, sondern für sie die doppelte Funktion hervorheben, welche die Stoffursachen auch bei den anderen Naturphilosophen, z. B. den Atomisten haben: Sie sollen sowohl die Dinge als Substanzen, die ihren Eigenschaften zugrundeliegen, erklären, als auch ihre Eigenschaften selbst. Die von den Pythagoreern benannten „Ähnlichkeiten" zwischen Zahlen und Dingen betreffen ja vornehmlich Eigenschaften der Dinge.

Aristoteles interpretiert die Zahlen bei den Pythagoreern sicherlich richtig als Stoffursache, wenn anders sie das ist, „woraus" die Dinge sind, und die Pythagoreer „aus den Elementen jeder Zahl als aus ihren immanenten Bestandteilen" die Dinge (die Gleichnisse der Zahlen) zusammengesetzt sein ließen.

Eigentümlich ist den Pythagoreern gegenüber den übrigen Naturphilosophen, daß sie die Stoffelemente nicht kör-

perlich auffaßten und in zwei gegensätzlichen Prinzipien ansetzten (Gerade – Ungerade, Begrenzt – Unbegrenzt).

Die Zahlen fungierten bei den Pythagoreern als Prinzip der Dinge, und zwar:

1. als ihr Stoff (die Zahlen als „Substanz" der Dinge, aufgrund der „Ähnlichkeiten") und
2. als ihre Eigenschaften, Zustände (aufgrund der Eigenschaften, Elemente, der Zahlen, vor allem des Geraden – Ungeraden).

Elemente der Zahl aber waren bei ihnen das Gerade und Ungerade bzw. das Begrenzte und Unbegrenzte; die Eins aber verstanden sie als aus beidem zusammengesetzt, weil sie sowohl gerade als auch ungerade sei, die Zahl(en) wiederum als aus Eins(en) zusammengesetzt. Und aus den Zahlen bestehe der ganze Himmel. Andere Pythagoreer stellten zehn Gegensatzpaare auf, die auch Alkmaion von ihnen übernahm, wenn nicht jene von ihm; er scheint sich jedoch über die gegensätzlichen Prinzipien nicht systematisch geäußert zu haben.

Alle aber nahmen die Gegensätze als Prinzipien des Seienden an, und diese Prinzipien, Elemente, nach Art des Stoffes der Dinge, aus welchen als immanenten Bestandteilen ihre Substanz zusammengesetzt und gebildet sei.

(b) 986b 9 – 987 a 2: Diejenigen, die das All als Eines erklärten (die Eleaten), gehören nicht in die gegenwärtige Untersuchung; denn sie verstanden das Eine nicht so wie die eine Stoffursache der ersten Naturphilosophen, aus der alle Dinge hervorgehen, und leugneten die Bewegung.

Parmenides faßte das Eine begrifflich auf und begrenzt, Melissos hingegen stofflich und unbegrenzt; doch ist seine Lehre wie auch die des Xenophanes, daß das All-Eine der Gott sei, zu unphilosophisch. Für Parmenides ist das Nichtseiende überhaupt nichts und somit das Seiende notwendigerweise Eines. Für die gegenwärtige Untersuchung interessiert nur, daß er (in seiner Naturlehre) für die sinnliche Wahrnehmung Vielheit zuließ und in ihr zwei Ursachen,

Prinzipien, ansetzte: das Warme und das Kalte, die dem Seienden und Nichtseienden entsprechen.

Xenophanes aus Kolophon in Kleinasien wanderte, etwa in seiner Blütezeit 540/37, nach Elea in Unteritalien aus und galt als Lehrer des Parmenides, somit als Begründer der eleatischen Schule, die das All als Eines lehrte.

Parmenides' Blütezeit war ca. 501/0. Er betrachtete als erster alle Dinge unter dem ihnen allen gemeinsamen Aspekt des Seienden, den er „nach dem Logos", dem Begriff, bzw. der Vernunft, entdeckte und erfaßte. Doch war er in seiner Entdeckerfreude etwas zu weit gegangen; denn unter diesem Aspekt fielen ihm nun alle Dinge in Eines zusammen, was ihn zur Leugnung der Vielheit, der Veränderung und Bewegung führte.

Es ist klar, daß eine solche Lehre auch die Unterscheidung zwischen Verursachtem und Ursachen unmöglich macht und so für die gegenwärtige Untersuchung nichts beiträgt (Phys. I 2, 185a 3–4).

Parmenides fügte aber an seine vernunftgemäße, auf die „Wahrheit" gerichtete, „metaphysische" Lehre vom Einen-Seienden noch eine „Physik" an zur Erklärung des „Scheines", der Vielheit der Sinneswelt, und führte in ihr, nach Art der früheren Naturphilosophen, auch Ursachen ein.

(c) 987a 2–28: Vorläufige Zusammenfassung:

1. Die ersten Philosophen bis zu den Pythagoreern, diese ausgenommen, kannten
   – Stoffursachen körperlicher Art, und zwar
     eine: Thales, Anaximenes, Diogenes, Heraklit,
     mehrere: Empedokles, Anaxagoras, Parmenides, Leukipp, Demokrit;
2. einige dazu noch
   – Bewegungsursachen
     eine: Parmenides, Anaxagoras;
     zwei: Empedokles;
3. die Pythagoreer:
   – Stoffursachen unkörperlicher Art, die Zahlen, und zwar unter zwei Prinzipien (dem Geraden und Ungeraden, Begrenzten und Unbegrenzten), die ebenso wie

die Eins nicht Prädikate eines körperlichen Urstoffes sind, sondern selbst Substanz, weshalb nach dieser Lehre die Zahl überhaupt als Substanz (= quasistoffliches Zugrundeliegendes) der Dinge galt;

– ferner ansatzweise die Frage nach dem Was der Dinge (und somit nach der Wesensursache), aber nur oberflächlich und aufgrund bloßer Ähnlichkeiten.

987a 13–14: Die Feststellung, daß die Pythagoreer „die Prinzipien als Zweiheit auf dieselbe Weise (wie die vorher erwähnten Philosophen) benannten“, bezieht sich nicht auf die bei den anderen vorgefundene Stoff- und Bewegungsursache, weil die Pythagoreer keine Bewegungsursachen kannten (990a 8–12), aber auch nicht auf Stoff- und Formursachen, weil letztere bei der Besprechung der pythagoreischen Lehre gar nicht erwähnt wurden, sondern auf zwei Prinzipien der Stoff-Substanz (der Zahlen), sc. das Gerade und Ungerade, in ganz gleicher Weise wie bei anderen Naturphilosophen, die z. B. das Dichte und Dünne, oder das Volle und Leere als Prinzipien des Stoffes ansetzten.

I Kapitel 6
Platons Lehre hinsichtlich der oben genannten Ursachen

(a) 987a 29 – b 18: Der Einfluß der heraklitischen, sokratischen und pythagoreischen Lehre auf die platonische:

Von Heraklit und Kratylos übernahm Platon die Auffassung von den Sinnesdingen als in stetiger Veränderung („Fluß“) befindlichen, von Sokrates die durch Definition aufzufindenden, allgemeinen Wesenheiten der Erfahrungsdinge, die er jedoch, anders als Sokrates, abgetrennt von ihnen als sogenannte „Ideen“ ansetzte,

von den Pythagoreern die Annahme, daß die Erfahrungsdinge „durch Teilhabe“ an den Ideen seien, so wie bei jenen „durch Nachahmung“ der Zahlen. Auch setzte er das Mathematische als Seiendes an, und zwar zwischen die Sinnesdinge und die Ideen, weil es einerseits unveränderlich und unbewegt sei (wie die Ideen), andererseits im Gleichartigen (z. B. Punkt, Linie, Dreieck) als vieles vorliege (wie die Sinnesdinge).

(b) 987b 18 – 988a 7: Gemeinsamkeit und Verschiedenheit zwischen der platonischen und pythagoreischen Lehre hinsichtlich der Ursachen und die Gründe der Verschiedenheit:

Platon verstand die Ideen (durch Vermittlung der Zahlen) als Ursachen für die Sinnesdinge und die Elemente/Prinzipien der Ideen (und Zahlen) als Elemente/Prinzipien der Sinnesdinge. Diese Prinzipien aber waren

1. als Stoff das sogenannte „Große und Kleine", die „unbestimmte Zweiheit", und
2. als Wesenheit das Eine.

Gemeinsam mit den Pythagoreern lehrte Platon, daß das Eine selbst Substanz (und Wesenheit, „Idee") ist und nicht etwas anderes (ein Urstoff), das Eines genannt wird; ferner daß die Zahlen Ursache der Substanz für die Dinge sind.

Verschieden von den Pythagoreern hingegen nahm Platon (nicht auch das Begrenzte, sondern) nur das Unbegrenzte als das Stoffliche an und dieses nicht als Eines, sondern als Zweiheit, das sogenannte „Große und Kleine", setzte ferner die Zahlen abgetrennt von den Sinnesdingen und überhaupt das Mathematische zwischen diesen und den Ideen an, während die Pythagoreer die Zahlen für die Dinge selbst (ihre Substanz) hielten und das Mathematische nicht als Zwischenbereich ansetzten.

Der Begriff οὐσία gewinnt erst bei Platon philosophische Bedeutung und steht für das Seiende, genauer: das wahrhaft Seiende, die wahre Wirklichkeit. Ursprünglich bedeutet er das Vermögen, Eigentum (Herodot 1, 92), auch das Hauswesen ohne die Kinder (Soph. ‚Trach.' 907), den materiellen Bestand, die materielle Grundlage.

Das Spannungsreiche dieses Begriffes in philosophischer Bedeutung ist, daß er einerseits etwas Immaterielles, Intelligibles, betrifft, andererseits aber doch noch einen Bezug auf Dinge behält. So bleibt den platonischen Ideen etwas Dinghaftes; sie sind immaterielle Dinge, gleichsam als Ver-

doppelung der materiellen Dinge (ihrer Art bzw. Gattung nach), wie Aristoteles kritisch bemerkt.

Bei Aristoteles steht er zunächst primär für die Sinnesdinge und bezeichnet sie als Substanz, d. h. als das den Akzidenzien Zugrundeliegende. Wenn er den Begriff beim Referieren der Lehren der Vorsokratiker verwendet, obwohl er sich bei ihnen noch nicht findet, so deshalb, um den Differenzpunkt ihrer und seiner eigenen Auffassung von den Sinnesdingen besser markieren zu können.

987 b 22: τὰ εἴδη εἶναι τοὺς ἀριθμούς*: Nur zur Not könnte grammatikalisch* τοὺς ἀριθμούς *Apposition zu* τὰ εἴδη *sein, oder umgekehrt, weshalb Zeller und Ross die Athetierung von* τὰ εἴδη *empfehlen, Christ und Jaeger die von* τοὺς ἀριθμούς*. Gleichwohl sind doch beide Begriffe an dieser Stelle gefordert, weil zuvor Z. 18* τὰ εἴδη *erwähnt werden und unten Z. 24* τοὺς ἀριθμούς*. Das bei Asklepios überlieferte* καὶ *würde die Schwierigkeiten beheben: Nach Platon gehen ja die Ideen und die Zahlen aus den beiden Prinzipien, dem stofflichen (dem Großen-Kleinen) und dem Einen hervor. Dies gilt für die mathematischen Zahlen, wie auch für die idealen, die wohl in b 22 gemeint sind.*

987b 34: ἔξω τῶν πρώτων*: betrifft nach Alexander entweder die Primzahlen oder die ungeraden, die wohl zwar auch „erzeugt" sind, aber nicht* εὐφυῶς *wie die anderen.*

τὸ μέγα καὶ τὸ μικρόν*, 987b 20: Die Bezeichnung findet sich zwar nicht in Platons Dialogen, sondern erst in altakademischer Tradition (J. Krämer), doch referiert sie Aristoteles oft als aus platonischer Lehre entnommen. Die Bedeutung ist schön in ‚Phys.' 206 b 27 erklärt: Der Stoff scheint quantitativ unbestimmt zu sein und einen Fortschritt der Hinzufügung und Teilung zum unendlich Großen bzw. unendlich Kleinen hin zuzulassen.*

Für Platons, von den Pythagoreern verschiedene, Annahme der Abgetrenntheit des Einen und der Zahlen von den Sinnesdingen und für die Einführung der Ideen war der Grund die vernunftmäßige und (bislang noch unbekannte) dialektische Betrachtungsweise; für die Annahme der Zweiheit in der Stoffursache aber die Ansicht, daß die Zahlen aus der unbestimmten Zweiheit, gleichsam wie aus einer Wachsmasse, gewirkt werden. Doch ist diese Ansicht nicht richtig; denn sie will das Viele aus dem Stoff hervorgehen lassen, wobei die (eine) Form nur einmal wirkt. Es scheint hingegen umgekehrt, daß aus *einem* Stoff nur *ein* Ding hervorgeht (z. B. ein Tisch) und der/das die Form Hinzubringende, der/das Einer/-s ist, viele Dinge (z. B. Tische) wirkt. (Weiteres Beispiel mit dem Männlichen und Weiblichen bei vielen Erzeugungen.)

(c) 988a 7–17: Ergebnis hinsichtlich der in Frage stehenden Ursachen: Platon erfaßte nur zwei von ihnen:

1. als Wesensursache für die Sinnesdinge die „Ideen", für die „Ideen" das Eine;
2. als Stoffursache die (unbestimmte) Zweiheit, das Große und Kleine, sowohl bei den Ideen, als auch bei den Sinnesdingen.

Beide Ursachen-Gattungen stehen zugleich auch für die Ursachen des Guten und Schlechten, Bösen.

Es fällt auf, daß Aristoteles in dem Referat über Platons Lehre bezüglich der Ursachen nicht auch die Bewegungsursache erwähnt, die sich doch auch in ihr findet (besonders als Seele-Prinzip, im ‚Phaedo' und ‚Timaeus'), was Aristoteles gewiß nicht entgangen ist. Der Grund ist wohl der, daß die Bewegungsursache nur verbunden mit der Formursache in den Einzeldingen wirken kann, bei Platon aber die Formursache abgetrennt von ihnen und erklärterweise Ursache der Bewegungslosigkeit, Unveränderlichkeit, ist, s. u. I 7, 988b 3–4). Vgl. auch u. I 9, 992a 24ff. die Kritik an Platons Ideen, daß sie weder Bewegungs-, noch Wesens-, noch Zweckursache sein können.[8]

988a 1ff: Aristoteles' Kritik betrifft die platonische Idee, die von den Einzeldingen abgetrennt, nur je eine ist, die einmal wirkt und die Vervielfältigung der Sinnesdinge dem Stoff (der unbestimmten Zweiheit) zuschreibt. Dagegen stellt Aristoteles fest, daß die Form sich selbst vervielfältigend die Einzeldinge als Einheiten wirkt, wodurch auch der zunächst unbestimmte Stoff zu dem je einen Stoff jedes Dinges bestimmt wird.

[8] Hinzu kommt wohl auch, daß Platon das Bewegungsprinzip, die Seele, in falscher Weise als „das sich selbst Bewegende" bestimmte, woran Aristoteles mit Recht Kritik übte (‚De. an.' I 3, vgl. ‚Phys.' VII 5).

I Kapitel 7
Abschließende Zusammenfassung des Rückblickes auf die früheren Philosophen hinsichtlich der oben genannten Ursachen

Die früheren Philosophen hatten keine anderen als die vier (in ‚Phys.' II aufgewiesenen) Ursachen im Blick, wenn auch nur sehr undeutlich:

(a) die Stoffursache, eine oder mehrere: z. B. Empedokles, Anaxagoras; teils körperlich, teils unkörperlich: bei den Pythagoreern und Platon, 988a 23–32;

(b) die Bewegungsursache: z. B. Empedokles, Anaxagoras, Parmenides, 988a 32–34;

(c) die Ursache des Was, der Wesenheit: bei Platon in sehr unterschiedlicher Weise die Ideen für die Sinnesdinge, und für die Ideen das Eine (denn die Ideen und das Eine sind weder Stoff- noch Bewegungsursache, müssen also als Formursache verstanden werden), 988a 34 – b 6;

(d) die Zweckursache nur akzidentellerweise, sofern sie mit der Bewegungsursache zusammengenommen wurde, wie bei Empedokles und Anaxagoras, oder mit der Wesensursache, dem Einen oder dem Seienden, wie bei Platon, 988b 6–16.

Der Rückblick auf die Lehren der Früheren bestätigt Zahl und Art der in ‚Phys.' II aufgewiesenen Ursachen. So bleibt es bei der oben gestellten Aufgabe (für die Metaphysik), diese zu untersuchen, sei es alle oder eine Art von ihnen.

Es ist bemerkenswert, daß Aristoteles nur mit Mühe in den platonischen Ideen die Wesens- bzw. Formursache erkennen kann, und dies etwa nicht nur wegen ihrer Abgetrenntheit von den Einzeldingen. Offensichtlich hat er eine ganz andere Auffassung von ihr als Platon (s.o. Einleitung, II. 3.).

Zu Problemen der Platon-Interpretation, in Verbindung mit Aristoteles' Metaph. I 6 u. 9, vgl. u. a. G. J. Fine, Knowledge and Logos in the Theaet., in: The Philos. Rev. 1979, 366–397.

I Kapitel 8
Kritik an den Lehren der Vorsokratiker hinsichtlich der oben genannten Ursachen

(a) 988b 22 – 989a 18: Kritik an jenen, die (monistisch) nur eine Stoffursache körperlicher und stofflicher Art annahmen:

1. sie erklärten nur Körperliches, nicht auch Unkörperliches, 988b 24–26;
2. sie versuchten zwar die Ursachen für Entstehen und Vergehen in der Natur zu finden, hoben aber tatsächlich die Bewegungsursache auf, b 26–28;
3. sie ließen die Wesensursache unberücksichtigt, b 28–29;
4. sie nahmen leichtfertig jeweils eines der einfachen Elemente, Wasser, Luft, Feuer, außer der Erde, als Stoffursache an, ohne zu bedenken, daß sie durch Verbindung und Trennung ineinander bzw. auseinander entstehen, b 29–34.

In einer Hinsicht wäre dann am ehesten Element das Feuer als der kleinteiligste und feinste Körper, wenn die übrigen Elemente durch Verbindung (Verdichtung) aus ihm entstünden, weshalb auch niemand die Erde für den einen Urstoff hielt, wegen ihrer Großteiligkeit. In anderer Hinsicht aber müßte die Erde erstes Element sein (wie auch eine volkstümliche Meinung wollte, die Hesiod aussprach), wenn nämlich das der Entstehung nach Spätere der Natur nach Frühere wäre, 998b 34 – 989a 18.

988b 34 – 989a 18: „durch Verbindung und Trennung" (συγκρίσει, διακρίσει): Die Begriffe passen in dem Kontext nicht recht; denn es ist ja nicht an Verbindung und Trennung von Elementen gedacht, wie bei den Atomisten, sondern an Verdichtung und Verdünnung eines Urstoffes, wodurch aus ihm die Dinge entstehen und in ihn vergehen (wie bei Anaximenes, s. o. zu 985 b 11–12). Aristoteles selbst hat eine eigene Lehre (in ‚De gen. et corrupt.', ‚Meteor.') einer zyklischen Verwandlung der Elemente ineinander bzw. auseinander, und zwar aufgrund eines wechselweisen Austausches der in vier Kombinationen an ihnen auftreten-

den Eigenschaften: Trocken und Feucht, Warm und Kalt. Die Verwandlung erfolgt von Feuer (trocken – warm) zu Luft (feucht – warm) zu Wasser (feucht – kalt) zu Erde (trocken – kalt) zu Feuer (trocken – warm) etc. und umgekehrt (s. u. II 2). Als „erster Stoff" (πρώτη ὕλη) hat bei Aristoteles das Feuer bzw. der Äther (das „fünfte Element") oder das Pneuma den Vorrang vor den übrigen Elementen weniger in Hinsicht auf die Umwandlung der Elemente ineinander, sondern mehr in Hinsicht auf die Feinteiligkeit und äußerste Beweglichkeit dieses Stoffes. Dadurch ist er am formbarsten, unbestimmtesten (zugleich am aufnahmefähigsten für alle Formbestimmungen) von allen Elementen und den durch sie weitergebildeten „zweiten Stoffen". Damit dient er auch am besten als Träger der Himmelsbewegungen und als Vermittler psychischer Bewegungen auf Körper (von den Gestirnsseelen auf die Gestirnskörper und von den psychischen Prinzipien in den irdischen Lebewesen auf ihre Leiber, wobei er hier als Pneuma fungiert).

989a 10: vgl. zu Hesiod die oben 894b 32 zitierten Verse.

(b) 989a 19 – 989b 21: Kritik an jenen, die mehrere Stoffursachen und mit ihnen Bewegungsursachen annahmen; hier trifft teils dieselbe Kritik zu wie die oben erwähnte, teils noch weitere, so

– an Empedokles, 989a 19–30:

1. Da nach ihm die vier Elemente, wie Feuer und Erde, auseinander entstehen, sind sie also nicht ewig beständige Grundstoffe.
2. Die Festsetzung der zwei Bewegungsursachen (Freundschaft und Streit) ist in sich widersprüchlich (s.o. I 4 b).
3. Da es keine den Elementen gemeinsam zugrunde liegende Stoffursache mehr gibt, sind damit die Qualitätsveränderungen aufgehoben, die sich an ihr zwischen den entgegengesetzten Qualitäten der Elemente vollziehen könnten (z. B. von Warm zu Kalt zwischen Feuer und Wasser).

Zu Empedokles, 1. Kritikpunkt, s. ‚De caelo' III 7, ‚De gener.' II 6.

– Kritik an Anaxagoras, 989a 30 – b 21:

In seiner Lehre treten zwei Ursachen hervor, die Vernunft als Bewegungs- und die Atome als Stoffursache. Diese letztere erfordert Kritik, wenn man Anaxagoras' Lehre wörtlich folgt:

1. Wenn „alles anfänglich gemischt" war (Anax. Fragm. 1), so müßte diesem Anfang nochmals ein Zustand der Ungemischtheit der Atome vorhergehen.
2. Der Natur nach läßt sich nicht jedes mit jedem mischen.
3. Und was durch Mischung verbunden wäre, wie die Akzidenzien mit den Substanzen, müßte sich auch trennen lassen. Doch sind die Akzidenzien von den Substanzen nicht trennbar.

Doch könnte, wenn auch nicht dem Wort, so doch dem Sinne nach etwas Richtiges in Anaxagoras' Lehre von der Mischung liegen, die vor der Aussonderung (Ausstoßung) bestimmter Dinge, z. B. Qualitäten oder Wesenheiten, noch nichts bestimmterweise wäre, daß also dem Vernunftprinzip, dem einfachen, ungemischten (bestimmten) Einen, die Stoffursache als das Andere, Unbestimmte gegenüberstünde.

Die „zwei Elemente", die Aristoteles aus Anaxagoras' Lehre hervorhebt, sind die Bewegungs- und die Stoffursache, d. h. die alles ordnende Vernunft und die unendliche Menge von Atomen mit Qualitäten aller („gleichteiligen") Dinge, die anfänglich als „Urmischung" vorlag und aus der sich die Dinge – durch das ordnende Wirken der Vernunft – dann aussonderten. „Element" bezeichnet bei Aristoteles nicht nur die Stoffursachen, sondern in weiterer Bedeutung alle Ursachen, z. B. auch die platonische Formursache, das Eine, 987b 19–21. Anaxagoras verstand die Vernunft nicht als Stoffursache, sondern im Gegensatz zu ihr, den Atomen, wenn er sie auch nicht ganz immateriell zu fassen vermochte (in Fragm. 12 als λεπτότατον bezeichnet).

989b 16–21: In diesem Punkt hat dann Aristoteles die Stoffursache weiter gedacht als das, was sich im Prozeß der Entstehung der Dinge zu den an ihr sich ausbildenden Formen zunächst unbestimmt, „potentiell" verhält.

(c) 989b 21 – 990a 32: Kritik an jenen, die unkörperliche Stoffprinzipien annahmen und sie auf alles Seiende, das Sinnliche und Unsinnliche, anwandten, sc. die Pythagoreer:

1. ihr Vorgehen ist widersprüchlich, da sie zwar die sinnlich sichtbare Natur erklären wollten, wie die übrigen Naturphilosophen, aber anders als sie die Prinzipien aus dem nicht-sinnlichen (und von Bewegung freien) mathematischen Bereich entnahmen.
2. Sie vermögen mit ihrer Stoffursache, den Zahlen, bzw. deren Prinzipien, dem Begrenzten und Unbegrenzten, Geraden und Ungeraden, nicht Bewegung, Entstehung, Veränderung in der Natur zu erklären;
3. auch nicht körperliche Eigenschaften, wie Schwere und Leichte.
4. Die Zahlen, nach denen die Eigenschaften und Zustände der Dinge sich bestimmen (wie Meinung, Gerechtigkeit, Entscheidung, Mischung) können nicht dieselben sein, aus denen als Stoffelementen die Dinge bestehen (auch der ganze Himmel, weshalb die Pythagoreer jene genannten Eigenschaften an verschiedenen Teilen des Himmels lokalisieren). Vielmehr wären verschiedene Arten von Zahlen erfordert, etwa wie bei Platon ideelle und sinnlich wahrnehmbare.

I Kapitel 9

Kritik an Platons Lehre hinsichtlich der oben genannten Ursachen

(a) 990a 33 – 991a 8: Einwände gegen die Argumente, mit denen die Platoniker die Existenz von Ideen beweisen wollten:

(1.) Die Platoniker führten zur Erklärung der Erfahrungsdinge die „Ideen“ als deren Form-, Wesens-Ursachen ein, vermochten diese aber noch nicht zu erfassen, sondern führten wieder Dinge ein, unsinnliche zwar, die gleichnamig sind mit den Arten/Gattungen der zu erklärenden Erfahrungsdinge, wodurch diese gleichsam nur verdoppelt wurden, 990a 34 – b 8.

990a 33 – 991b 9: Von 990b 1 ab findet sich dieser Abschnitt auch in XIII 4–5, 1078b 34 – 1079b 3, 1077b 12 – 1080a 8.

990b 2: „. . . brachten andere den Erfahrungsdingen an Zahl gleiche hinzu": τούτοις, wie b 1 τωνδὶ τῶν ὄντων, bezeichnet die Dinge hier in unserer Erfahrungswelt, im Gegensatz zu den Ideen, der intelligiblen Welt, also ohne die Dinge als Einzeldinge zu betonen. Tatsächlich sind diese ja „unendlich viele" (wie es mit starkem Ausdruck 999a 27 heißt), und mit ihnen könnten die Ideen nicht gleich an Zahl sein. Auch sind die Ideen nicht mit den Dingen als Einzelnem „namensgleich", sondern als Vertretern von Arten und Gattungen.

b 2–4: Dem schwierigen, bis heute nicht geklärten Vergleich entspricht als zu erläuternder Sachverhalt der, daß es schwer ist, die Vielheit der Dinge durch wenige Ursachen zu erfassen und auf sie zu beziehen. Demnach handelt der Vergleich von vielen Dingen und von der Schwierigkeit, sie zusammenzuzählen: „wenn weniger vorliegt", d. h. wenige Zahlen (z. B. der Dekade oder Dodekade), mit denen man das Viele zusammenfassen kann. Bei Platon sind die Ursachen vervielfacht. Erst Aristoteles vermochte sie auf vier Ursachenarten zu beschränken.

b 6–8: Der Satz ist in verschiedenen Lesarten überliefert (vgl. Ross I 191). Doch der Sinn ist klar: Den Ideen kommen zwei Hauptmerkmale zu: 1. Sie sind „namensgleich" (homonym) mit den zu erklärenden Erfahrungsdingen, ihrer Art/Gattung nach; 2. sie sind als je allgemeines „Eines über Vieles" ausgesagt, d. h. über die Einzeldinge jeder Art/Gattung. Während das 1. Merkmal die Ideen vornehmlich auf Substanzen beziehen könnte, von denen abgetrennt sie namensgleich mit ihnen sind, schließt das 2. Merkmal von vornherein auch „alles übrige" Nicht-Substantielle ein. Die Worte παρὰ τὰς οὐσίας können den zweifachen Sinn haben: „neben" den Substanzen, d. h. abgetrennt von ihnen, oder auch „außer" ihnen.

b 9: Die „ewigen" Erfahrungsdinge waren nach antiker Auffassung die Himmelskörper, die als beseelt angesehen wurden.

(2.) Die einen Argumente für die Existenz der Ideen sind nicht schlüssig, die anderen aber beweisen zu viel, d. h. Ideen auch von Dingen, von denen die Platoniker keine Ideen annahmen. So führten die „aus den Wissenschaften" geführten Argumente zu Ideen alles Wißbaren, das Argument „Eines über Vielem" zu Ideen auch von Negationen und das Argument des vorstellenden „anschauungsmäßigen Erfassens" sogar zu Ideen von Vergänglichem als solchem, weil von Vorstellungen gefolgt, 990b 8–15.

Die platonischen Argumente für die Ideenlehre zeigen, wie sehr sie ihre Herkunft aus einer Erkenntnisproblematik hat: Einerseits gibt es wissenschaftliche Erkenntnis (z. Zt. Platons waren einzelne Wissenschaften schon gut ausgebildet wie Mathematik, Medizin, teilweise auch Astronomie), die das Wesen der Dinge trifft, andererseits ist sie immer allgemein, und das Allgemeine – „das Eine über dem Vielen" – steht zu den einzelnen Dingen in dem Gegensatz des Unveränderlichen, Ewigen, zum Veränderlichen, Vergänglichen, und des Intelligiblen zum Sinnlichen; denn das Allgemeine ist vom Intellekt „anschauungsmäßig zu erfassen". Platon vermochte das Problem nicht anders zu lösen als so, daß er die Wesenheiten der Einzeldinge abgetrennt von ihnen als Ideen ansetzte, als eigenen realen Bereich, ja der wahren Realität selbst (Platon, ‚Resp.' 479a – 480a ‚Tim.' 51 d – 52 a).

(3.) Von den stärkeren Argumenten führen die einen zu Ideen von Relativem, obwohl dieses keine an sich bestehende (Substanz-)Gattung ist, andere hingegen zum Dilemma mit dem „dritten Menschen", b 15–17.

„Die stärkeren Argumente" sind nach Alexander (83, 29) diejenigen, die zu den Ideen als Paradigmen der Erfahrungsdinge führen, die sie nur unvollkommen „nachahmen". So sind z. B. – nach der Gattung der Relation – viele gleiche Dinge auf die Idee der Gleichheit-selbst (hinter der sie zurückbleiben) bezogen, oder die einzelnen Menschen auf die Idee des Menschen-selbst. Der Einwand mit dem „drit-

ten Menschen" (der sich schon bei Platon findet, ‚Parm.' 132 a – 133 a) besagt, daß die Einzelmenschen und der Mensch-selbst wieder auf eine höhere, dritte Instanz bezogen werden könnten und so weiter ad infinitum.

(4.) Die Argumente für die Ideen führen zu einem Vorrang der Zahlen vor der Zweiheit und des Relativen vor dem an sich Seienden und geraten so in Konflikt mit anderen Lehren Platons, 990b 17–22.

(5.) Nach den einschlägigen Argumenten („aus den Wissenschaften" und „aus dem intellektiven Erfassen") ergeben sich Ideen nicht nur für Substanzen, sondern auch für alles übrige (worauf immer sich Wissenschaft und intellektives Erfassen richten). Nach der notwendigen Konsequenz jedoch der Ideenlehre und den Ansichten ihrer Vertreter kann es Ideen, wenn anderes an ihnen teilhat, nur von den Substanzen geben; denn etwas hat an einer Idee teil, sofern sie nicht Akzidens von einem Subjekt ist, d. h. nicht mehr von einem Subjekt ausgesagt wird, sondern selbst Subjekt, Substanz, ist. Dann muß aber „Substanz" dasselbe bei den Erfahrungsdingen hier und den Ideen dort bedeuten, dem jeweils Einen über Vielem (d. h. die Trennung beider läßt sich nicht mehr aufrecht erhalten). (Dies wird auch daraus deutlich:) Wenn die Form der Ideen und der an ihnen teilhabenden Dinge dieselbe ist, so müssen sie auch etwas Gemeinsames haben (sc. das Substanz-sein); denn es kann kein mehr oder weniger (substantielles) Zwei-sein bei der vergänglichen, mathematischen und ideellen Zweiheit geben. Wenn aber die Form nicht dieselbe ist, dann haben Erfahrungsdinge und Ideen nichts als den bloßen Namen gemeinsam, 990b 22 – 991a 8.

Daß es Ideen nur von Substanzen geben dürfte, wird daraus erwiesen, daß die Ideen selbst Substanzen sein müssen, was wieder notwendig schon aus dem Teilhabe-Gedanken folgt; denn die Erfahrungsdinge sollen ja an den Ideen teilhaben, weil sie An-sich-Seiendes sind. Das Substanz-sein (τό εἶναι, 991a 1) aber der Erfahrungsdinge kann nicht von dem ihrer Wesenheiten verschieden, sondern muß dasselbe sein.

Aristoteles nimmt hier erstmals den Aspekt des substan-

tiellen Seins in den Blick, wie ihn so Platon noch nicht gesehen hat, und daraus ergibt sich ihm, daß trotz der Unterscheidung zwischen Erfahrungsding und seiner Wesenheit doch der substantielle Seinsakt ein und derselbe ist.

(b) 991a 9 – b 9: Einwände gegen die platonischen Annahmen, wie die Ideen Ursachen der Dinge sein sollen:

(6.) Das größte Problem: die Ideen können nicht Ursachen der Erfahrungsdinge sein, weder für ihre Entstehung, Bewegung und Veränderung, noch für ihre wissenschaftliche Erkenntnis, noch für ihr Sein, weil sie nicht immanent in den Dingen sind, die an ihnen teilhaben. (Daß sie aber den Dingen beigemischt und so Ursachen wären, wie etwa bei Anaxagoras und Eudoxos die weiße Farbe den weißen Dingen, ist leicht zu widerlegen.) 991a 8–19.

Wieder wird der Aspekt des Seins (τὸ εἶναι, a 14) in den Blick genommen, wie schon im vorigen Argument und besonders auch im nachfolgenden (b 4 τοῦ εἶναι καὶ τοῦ γίγνεσθαι αἴτια).

(7.) Die Ideen können auch nicht als Paradigmen (Vor-, Urbilder) Ursachen der Erfahrungsdinge sein, an denen sie als ähnliche Abbilder teilhätten, weil dann ein tätiges Prinzip vorausgesetzt würde, das auf die Ideen ausgerichtet wäre; denn es kann etwas einem anderen Ähnliches entstehen, ohne daß jenes andere ursächlich darin gewirkt hätte, auch wenn es ewig wäre (Beispiel mit einem dem Sokrates ähnlichen Menschen), a 19–27.

991a 23: „Das Schaffende, das auf die Ideen hinblickt": eine Ausdrucksweise Platons. Er verwandte sie sowohl für den menschlichen Künstler, der auf die Idee des Kunstwerkes schaut, wie auch für den göttlichen Demiurgen (‚Tim.' 28 c), der mit dem Blick auf den Ideen-Kosmos den sinnlich sichtbaren gestaltet.

(8.) Auch gäbe es dann mehrere Paradigmen zu ein und demselben Ding, nämlich soviele, als es von ihm aussagbares Allgemeines – der Art, Gattung und des Artunterschiedes – und somit Ideen gäbe, 991a 27–29.

(9.) Ferner gäbe es Paradigmen nicht nur von Erfahrungsdingen, sondern auch von Paradigmen, nämlich die gattungsmäßigen von den artmäßigen. Die artmäßigen Ideen müßten dann sowohl Paradigmen der Dinge sein, als auch Abbilder, nämlich der gattungsmäßigen Ideen, a 29 – b 1.

(10.) Unmöglich können die Ideen als Wesenheiten von den Dingen, deren Wesenheiten sie sind, abgetrennt und so Ursachen ihres Seins und Entstehens sein, wenn das Bewegungsprinzip fehlt. Umgekehrt entsteht aber vieles, wovon es keine Ideen gibt (wie Haus und Ring) durch Bewegungsprinzipien, so daß auch alles so entstehen kann, 991b 1–9.

Der Einwand ist mit dem 6. und 7. verwandt, daß für die Erfahrungsdinge hier die Ideen wegen ihrer Abgetrenntheit nicht Ursache sein können, und daß es außer ihnen noch Bewegungsursachen geben muß, die sich in dem erwähnten Platon-Dialog ‚Phaedo' nicht finden (angespielt ist auf die Stelle 100 d).

991b 4: Der Ausdruck τοῦ εἶναι . . . αἴτια ist nicht platonisch, sondern aristotelisch. Er bringt die Aristoteles eigentümliche und sehr bedeutsame Substantivierung des Infinitivs von Sein (s. u. V 8).

991b 6–7: „wovon wir nicht behaupten, daß es Ideen gebe": Es läßt sich schwer entscheiden, ob Aristoteles das „wir" in φαμεν so wie oben 990b 9, 11 et pass. kommunikativ meint: „wir Platoniker" oder nur sich selbst in Gegensatz zu den Platonikern. Zu Ideen von Artefakten (wie Haus, Ring) haben wir keine ausdrückliche Lehre Platons, sondern nur dieses aristotelische Zeugnis (hier und XII, 1070a 18). Platon erwähnt zwar in ‚Resp.' 596 b, 597 c Ideen von Bett und Tisch. Aber es wäre möglich, daß nur Analogie-Beispiele vorliegen.

(c) 991b 9 – 992a 24: Einwände gegen die Idealzahlen:

(11.) Auch nach der Lehre, daß die Ideen Zahlen sind, können sie für die Erfahrungsdinge, wenn in diesen wiederum andere Zahlen sind, nicht Ursache sein, wobei es nichts ausmacht, ob jene ewig sind oder nicht, b 9–13.

Die Lehre, welche die Ideen mit Zahlen gleichsetzt und so eine dritte Gattung von Zahlen neben denen in den Erfahrungsdingen und denen im „Zwischen"bereich zwischen den Dingen und den Ideen annimmt, wird vor allem durch Aristoteles als platonische bezeugt. Sie findet sich so nicht in Platons Dialogen und gehört der Spätperiode seiner Philosophie an, in der die von den Pythagoreern beeinflußte Zahlenspekulation zunimmt. (Sie wird dann in der akademischen Schule fortgeführt.) Aristoteles' Einwände betreffen die unlösbaren Probleme, die daraus entstehen, daß die Zahlen abgetrennt von den Sinnesdingen als Seiendes für sich angesetzt werden, im Ideenbereich und in dem „Zwischen"-bereich des Mathematischen. Aristoteles' eigene Lehre dagegen ist die, daß die Zahlen und alles Mathematische im Sein der Sinnesdinge gründen und nur in der Mathematik als „abgesondert" betrachtet werden.

(12.) Und wenn die Dinge nicht einfach Zahlen, sondern Verhältnisse von Zahlen sind, so an einem zugrunde liegenden Stoffprinzip. Folglich müßten auch die Ideen Zahlenverhältnisse haben und ein zugrunde liegendes Stoffprinzip, b 13–21.

(13.) Ferner lassen sich (art- und gattungsmäßige) Ideen nicht addieren wie Zahlen. Wenn aber nur die Einheiten in den Zahlen addierbar sein sollen, so ergibt sich ein Dilemma: Sie können weder alle gleichartig sein (weil dann die Verschiedenheit der Ideen und Dinge unerklärlich wäre), noch alle artverschieden sein, was ebenfalls mit dem Denken unvereinbar wäre; denn wie sollen sich die eigenschaftlosen Einheiten voneinander unterscheiden? b 21–27.

991b 25: Dies bezieht sich auf die Artgleichheit der Einheiten in einer Zahl (bzw. Art) und die Artverschiedenheit aller Einheiten in allen Zahlen (bzw. Arten) im Vergleich zueinander.

Das Dilemma ist dies: Die Einheiten (Monaden) müßten, wenn sie konstitutiv für die idealen Arten bzw. Zahlen sein sollten, sowohl artgleich, als auch artverschieden sein.

(14.) Ferner müßte es eine weitere Gattung der Zahlen und alles Mathematischen geben, wie eine solche die Platoniker „zwischen" den Ideen und den Erfahrungsdingen ansetzten, wobei aber unklar ist, wie und aus welchen Prinzipien sie sein und warum sie in einem „Zwischen"-bereich sein sollen, b 27–31.

Dieser Einwand schließt direkt an den vorigen an und die dort unterstellte Annahme, daß die Einheiten der Ideenzahlen artverschieden wären. Dann müßte eine weitere Gattung der Zahlen angesetzt werden, deren Einheiten artgleich, homogen, sind, weil sich nur mit solchen als Grundlagen der Zahlen Mathematik treiben läßt. Es stellt sich aber dann die Frage nach ihren Prinzipien; denn aus den Idealzahlen können sie nicht abgeleitet sein.

(15.) Ferner lassen sich die zwei Einheiten in der (ersten, idealen) Zweiheit von keiner früheren Zweiheit mehr ableiten, 991b 31 – 992a 1.

Dieses Problem ergibt sich aus der platonischen Lehre, wonach aus dem idealen Einen und der sogenannten, unbestimmten Zweiheit (des Großen und Kleinen) alle übrigen Zahlen mit ihren Einheiten hervorgehen, d. h. abgeleitet sein sollen. Dann ist aber eine solche Ableitung der zwei Einheiten in der ersten, idealen Zweiheit selbst nicht mehr möglich.

(16.) Auch läßt sich nicht erklären, weshalb die (aus mehreren Zahlen) zusammengefaßte Zahl Eins ist, a 1–2.

Für Platon ist zwar Ursache für die Einheit jeder Idee bzw. Zahl ihre Teilhabe an der obersten Idee des Einen (Guten) selbst. Und doch stellt sich das vorliegende Problem wegen der auch hier wieder vorausgesetzten Annahme, daß die Einheiten in den Ideen-Zahlen artverschieden sind.

(17.) Die als artverschieden angenommenen Einheiten (in den Ideen-Zahlen) spezifizierten die Platoniker nicht näher (wie etwa frühere Naturphilosophen, statt allgemein von Stoffkörper zu sprechen, gewisse Arten von Elementen unterschieden: Feuer, Erde u. a.), sondern behandelten sie als gleichartige (wie vergleichsweise Naturphilosophen die Elemente des Wassers als gleichteilige, gleichartige, ansahen). Wenn aber die Einheiten nicht artverschieden sind, so sind sie auch nicht mit Ideen identisch, d. h. auch keine Substanzen. Und doch müßte in verschiedener Bedeutung von dem Einen selbst (dem obersten Prinzip) und dem je Einen, den Ideen-Zahlen, gesprochen werden, a 2–10.

(18.) In dem Bestreben, die Substanzen (und d. h. hier auch das Mathematische) aus gemeinsamen Prinzipien herzuleiten, ließen die Platoniker die Linie aus dem Langen und Kurzen, die Fläche aus dem Breiten und Schmalen, den Körper aus dem Hohen und Tiefen hervorgehen und faßten die gesamten Gegensätze unter dem Großen und Kleinen (der sogenannten unbestimmten Zweiheit, den platonischen Stoffprinzipien) zusammen, obwohl sie unter verschiedene Gattungen fallen (wie etwa auch die Zahlen von dem Vielen und Wenigen gattungsverschieden sind). Auch ist das Breite nicht Gattung des Hohen; sonst wäre der Körper eine Art von Fläche, a 10–19.

(19.) Die Punkte lassen sich nicht mehr aus den Prinzipien (sc. dem Großen und Kleinen) ableiten, und Platon wollte sie auch nicht als eigene Gattung ansetzen, sondern als „Anfang der Linie" bzw. „unteilbare Linie". Und doch müßten ebenso wie die Linien, weil Grenze der Fläche, auch die Punkte eine Gattung ausmachen, weil Grenze der Linie, a 19–24.

Zu Platons Lehre hinsichtlich der Punkte vgl. Ross I 203ff.

(d) 922a 24 – b 18: Einwände gegen die Ideen überhaupt als zur Erklärung der Sinneswelt ungeeignet:

(20.) Die platonische Philosophie ließ sich nicht auf die Ursachen der Sinnesdinge ein: Sie ging nicht der Bewegungsursache nach, sondern nur dem Wesen der Sinnesdinge, benannte aber als solches andere (von den Dingen abgetrennte) Wesen (Substanzen), ohne eigentlich zu erklären, wie sie für die Dinge Wesen(heiten) sein sollten; denn die Rede von der „Teilhabe" erklärt nichts, 992a 24–29.

Der Einwand deckt sich inhaltlich mit dem 1., 7. und 10. Der Verweis in a 29 bezieht sich zurück auf 99 1a 20–22. Zur doppelten Bedeutung von οὐσία *als „Wesenheit" und „Substanz" s. Einleitung.*

(21.) Auch die Zweckursache, derentwegen Wissenschaften und Vernunft tätig sind, ja selbst die ganze Natur, wird mit den Ideen von ihren Vertretern nicht getroffen. Vielmehr betreiben sie jetzt Mathematik statt Philosophie, wenn auch, wie sie sagen, um anderer (philosophischer) Probleme willen, 992a 29 – b 1.

(22.) Das Große und Kleine als Stoffursache ist zu mathematisch und bezeichnet eher Artunterschiede an der Substanz bzw. am Stoff als diesen selbst, wie auch die Naturphilosophen, z. B. das Dünne und Dichte als Unterschiede des Stoffsubstrates angaben, b 1–7.

(23.) Und wenn diese gegensätzlichen Prinzipien (das Große und Kleine) Bewegungsursache sein sollten, so wären die Ideen in Bewegung. Wenn aber nicht, woher sollte dann die Bewegung kommen? Damit steht die ganze Naturbetrachtung in Frage, b 7–9.

Dieser Einwand kritisiert wie der 20. und 21. das Fehlen der Bewegungs- und Zweckursache in der platonischen Ideenlehre. Zwar kennt Platon beide Ursachen und benennt sie als Seele (in bezug auf das einzelne Lebewesen wie auch auf den ganzen Kosmos, und hier besonders die Himmelssphären), als Kosmos-Vernunft und göttlichen Demiurgen. Jedoch vermag er sie nicht mit den Ideen, den Wesenheiten der Sinnesdinge zusammenzubringen (vgl. 992a 32: „die Ideen berühren sie nicht“).

(24.) Auch die einfache Exposition des (art- und gattungsmäßigen) Allgemeinen reicht nicht hin, um zu beweisen, daß (dieses, das wahrhaft Seiende, die Substanz sei und) in ihm alles übrige Eines werde, sondern führt nur zu einem echten Einen an sich (als höchster Gattung), und auch dazu nicht einmal; denn nicht alles Allgemeine ist Gattung, sondern bei einigen ist dies sogar unmöglich, b 9–13.

992b 10: τῇ ἐκθέσει ist ein terminus technicus der Platoniker und bezeichnet die Methode der definitorischen Exposition, „Herausstellung“ des wesenhaft Allgemeinen aus den Einzeldingen (sc. „des Einen über Vielen“), womit es zugleich als das eigentlich Seiende, als Idee, Substanz angesetzt wird.

b 12–13: Jenes „wenige Allgemeine“ ist gerade das Seiende, Eine u. ä., wovon Aristoteles zeigt – in einer gegenüber Platon neuen, genialen Entdeckung –, daß es nicht mehr von gattungsmäßiger (univoker) sondern von analoger (weder univoker, noch äquivoker) Allgemeinheit ist. Vgl.

III 3, 998b 22ff.: „Das Eine und das Seiende sind keine Gattung."

(25.) Wenn man schließlich mit den Platonikern die geometrischen Prinzipien, wie Linie, Fläche, Körper, aus den Idealzahlen ableiten und nach ihnen ansetzen will, wird man nicht mehr sagen können, auf welche Weise sie überhaupt sind; denn sie können weder Ideen sein, weil nicht Zahlen (sondern ihnen nachgeordnet), noch Mathematisches, noch Sinnliches, sondern müßten eine weitere Gattung ausmachen, b 13–18.

Die geometrischen Prinzipien können nicht dem Zwischenbereich des Mathematischen angehören, weil sie, von den Idealzahlen abgeleitet (z. B. die Linie aus der Zwei, die Fläche aus der Drei) selbst je nur ein ideales Exemplar wären, wogegen das Mathematische in jeder Art in unbegrenzt vielen Exemplaren (z. B. Dreiecken) vorliegen kann. Eine neue, vierte Gattung anzunehmen und damit die Prinzipien der Sinneswelt weiter zu vervielfältigen, wäre jedoch absurd.

(e) 992b 18 – 993a 10: Einwände gegen den platonischen Versuch einer Universalwissenschaft überhaupt, die alles Seiende aus denselben Elementen erklären will:

(26.) Es ist unmöglich, zu allem Seienden die Elemente aufsuchen zu wollen, ohne die verschiedenen Aussageweisen (Kategorien) des Seienden zu unterscheiden. Man kann nicht von dem akzidentellen Seienden der verschiedenen Kategorien Elemente zu finden suchen, sondern nur von den Substanzen, 992b 18–24.

Das Argument macht auf die Unterscheidung des Seienden nach den verschiedenen Aussageweisen aufmerksam, die Aristoteles überhaupt zum ersten Mal durchgeführt hat, und zwar in die Kategorien. Auf sie stützt er sich in seiner Metaphysik wiederholt (so besonders in IV 2, Anfang).

Die Akzidenzien haben keine eigenen Elemente, sondern nur die Substanzen, an denen sie sich befinden.

(27.) Wenn sich eine (universal-)wissenschaftliche Erkenntnis von Elementen alles Seienden erwerben ließe, so gäbe es vor diesem Erwerb kein Vorwissen mehr. Tatsächlich aber geht jedem wissenschaftlichen Erkenntniserwerb (wie z. B. der Geometrie – sowohl dem deduktiven Vorgehen als auch dem definitorischen und induktiven – ein Vorwissen vorher, das nicht etwas aus dem Bereich der jeweiligen Wissenschaft selbst betrifft, sondern anderes (d. h. die Voraussetzungen und Prinzipien jeder Wissenschaft), b 24–33.

Diese erkenntnis- und wissenschaftstheoretischen Gesichtspunkte sind systematisch in den ‚Analytica posteriora' behandelt: Den deduktiven Beweisen geht das Wissen von den Wesenheiten der Wissenschafts-Gegenstände und ihrer Eigenschaften vorher, das die Beweisprämissen enthalten. Es wird durch definitorische und induktive Verfahren gewonnen. Aber auch der Definition und Induktion geht wiederum ein (noch vorwissenschaftliches) Vorwissen vorher, nämlich von Daß-sein, Dasein, und Was-, Etwas-sein überhaupt der Gegenstände und Eigenschaften.

(28.) Wenn aber die wissenschaftliche Erkenntnis den Menschen (ohne Erwerb) schon angeboren wäre, so könnte sie ihnen doch nicht verborgen sein, 992b 33 – 993a 2.

Die Alternative, im 28.–30. Argument, zu einem Erwerb wissenschaftlicher Erkenntnis (bei vorhergehendem Vorwissen) wäre die, daß sie dem Menschen angeboren wäre, was Aristoteles in den ‚Analytica posteriora' mit Bezug auf Platons Lehre von der „Wiedererinnerung" der Ideen widerlegt[9]*. Besonders kritikwürdig ist, daß dann die Sinneserfahrung nicht mehr Ausgangspunkt und Kontrolle der wissenschaftlichen Erkenntnis wäre (z. B. der Grammatik, aus welchen Buchstaben eine Silbe zusammengesetzt ist).*

(29.) Ferner wird es (bei angeborener Universalerkenntnis, ohne Rekurs auf Sinneserfahrung) nicht möglich sein, zu entscheiden, aus welchen Elementen die Dinge bestehen (am Beispiel der Grammatik: aus welchen Buchstaben die Silben bestehen), a 2–7.

(30.) Die Erkenntnis jeder Wissenschaft ist auf eine spezifische Sinneserfahrung bezogen, bei deren Ausfall auch die

[9] An. post. I 1 und II 19; vgl. hierzu Seidl, Der Begriff des Intellekts b. Aristoteles, 41 ff.

Wissenschaft nicht möglich ist. Und doch müßte es, nach platonischer Lehre, eine universale Wissenschaft von allem geben (unabhängig von der Sinneserfahrung), weil nach ihm die Elemente aller Dinge dieselben sein sollen, 993a 7–10.

Platons Metaphysik hat dadurch die Züge einer Universalwissenschaft, daß sie für alles Seiende dieselben Elemente, Prinzipien, aufstellt (nämlich für das Sinnliche und die Ideen gewisse Zahlen bzw. Zahlenverhältnisse und letztlich das Eine und die unbestimmte Zweiheit). Ihre Hauptaufgabe ist nach der Aufstellung der Prinzipien die Ableitung alles Seienden aus ihnen. Anders die Metaphysik bei Aristoteles. Ihre Aufgabe ist darauf beschränkt, zu den sinnlich gegebenen Substanzen ihre ersten Prinzipien aufzufinden, und zwar in einem induktiven, an der Sinneserfahrung ausgerichteten Verfahren. Sie geht gerade von dem bei allen Einzelwissenschaften schon Vorausgesetzten, „Vorgewußten" aus: dem Dasein und Wassein der Dinge als solchem (s. u. VI 1). Vgl. XII 4, bs. 1070a 35 ff.

Gegen Platons Lehre, welche die Ursachen der Dinge (die Ideen) aus ersten Prinzipien, dem Einen und der unbestimmten Zweiheit, ableitet, liegt vielleicht der Hauptkritikpunkt in dem Unterschied zwischen Substanz und Akzidenzien/Eigenschaften, dem zwei Arten von Erkenntnis entsprechen:
a) eine nicht mehr beweisbare von den Ursachen in der Substanz und
b) eine beweisbare über das Zukommen gewisser Eigenschaften an der Substanz, dem betreffenden Wissenschafts-Subjekt. Alles aus denselben Prinzipien ableiten hieße somit: über alles Beweis führen. Dem widerspricht der genannte Unterschied; denn von der Substanz selbst gibt es keinen Beweis mehr, s. u. III 2, 997a 30 (vgl. Anal. post. II 5–8).

I Kapitel 10
Schlußbemerkung

992a 11–27: Die früheren Philosophen untersuchten keine anderen als die vier in ‚Physik' II aufgestellten Ursachen, wenn auch nur sehr undeutlich und unbeholfen.

So könnte z. B. Empedokles' Lehre, wonach die Dinge, wie Knochen und Fleisch, aus einem je bestimmten Verhältnis der Elemente bestünden, auf die Form- bzw. Wesensursache hindeuten, also nicht nur auf die Stoffursachen, wiewohl er immer nur diese angab, und zwar mit den vier Elementen: Feuer, Erde, Wasser und Luft, b 11–24.

Ankündigung zweier Gruppen von Problemen, deren eine die ersten Ursachen betrifft und deren Klärung (in II. 2) den Weg frei gibt für eine andere Gruppe weiterer Probleme (in III 2–6).

Zu dem hier erwähnten Lehrstück bei Empedokles vgl. Fragm. 96.
993a 24: verweist wohl auf 989a 30.
993a 24–27: Die zwei Gruppen von Problemen dürften sich auf die in Buch II 2 und III 2–6 beziehen, s. Reale I, 212–13.

BUCH II (*a*)

DIE METAPHYSIK-WISSENSCHAFT VON DEN ERSTEN URSACHEN ALLES SEIENDEN ALS THEORIE DER WAHRHEIT. DARLEGUNG, DASS ES IN DEN (VIER) URSACHENGATTUNGEN ERSTE URSACHEN GIBT

II Kapitel 1
Der nützliche Beitrag der früheren Philosophen für die schwierige Erkenntnis der Wahrheit, auf welche die Metaphysik-Wissenschaft von den ersten Ursachen geht

(a) 993a 30 – b 7: Die Wahrheit zu erkennen ist teils leicht, teils schwer, wie der bisherige Gang der Philosophie bestätigt: leicht, sofern man im ganzen immer etwas Wahres (unbestimmterweise) trifft, schwer jedoch, sofern man im einzelnen die Wahrheit nicht (bestimmt, genau) erfaßt.

So vermochte jeder der früheren Philosophen nur wenig zur Wahrheitserkenntnis beizutragen, wenn auch alle zusammen zu einem gewissen Erfolg führten.

Das Buch II scheint von seinem Eingang her einen von Buch I unabhängigen Neuanfang zu machen und eine zweite Einleitung zur Metaphysik zu sein (daher in der antiken Überlieferung die Bezeichnung α = klein A und der Zweifel an Aristoteles' Autorschaft). Tatsächlich jedoch setzt Buch II Buch I voraus und ist mit ihm eng verbunden: Die Bemerkungen in II 1 (c) beziehen sich unmittelbar auf den philosophie-historischen Rückblick in I 3 ff. Der Abschnitt II 1 (d), der ein weiteres Merkmal der Weisheit nennt, nämlich als Theorie der Wahrheit, ergänzt die oben I 2 genannten Merkmale der Weisheit nach den herkömmlichen Ansichten. Das Argument 993b 23–31 setzt das Ergebnis von I 1 und 2 voraus, daß die Weisheit Wissenschaft von den ersten Ursachen ist (und erweist sich im übrigen in Diktion und Inhalt ganz aristotelisch). Zu diesem Ergebnis ist schließlich das Kapitel II 2 eine notwendige Ergänzung, indem es darlegt, daß es überhaupt erste Ursachen gibt.

(b) 993b 7–11: Der Grund der Schwierigkeit: Da sie nur von zweierlei Art sein kann, nämlich entweder in der Natur der Dinge oder in uns, d. h. unserem Erkenntnisvermögen, liegen kann, ist wohl der Grund in unserem Erkenntnisvermögen, der Vernunft, zu suchen, die sich zu dem, der Natur der Dinge nach, Offenbarsten (Bekanntesten, Erkennbarsten) gleichsam so verhält, wie die Augen der Nachtvögel zum Tageslicht.

νοῦς ist erst seit Platon die „Vernunft", die das Intelligible, im Gegensatz zum Sinnlichen, Materiellen erfaßt. Ursprünglich bedeutete es ein den Sinnen nahes Erkennen, Erspüren von etwas. Die Bedeutung der Vernunft bei Platon wurde vorbereitet durch Parmenides, der das νοεῖν dem εἶναι zuordnet, einem nicht mehr sinnlichen Aspekt aller Dinge, und durch Anaxagoras, der den νοῦς den Stoffelementen entgegensetzte und ihn schon fast immateriell auffaßte. „Das der Natur der Dinge nach Offenbare" meint bei Aristoteles ihre Wesenheiten bzw. ihre Wesens-, Formursachen bis hin zur ersten (göttlichen) Seinsursache. Der Analogie-Vergleich zwischen Seinsursache (Wahrheit selbst) und Vernunft einer-, Sonne und Auge andererseits geht schon auf Platon zurück. In ‚De an.' III 4, 429 b 3–5 bemerkt Aristoteles sehr schön, daß die Vernunft im Gegensatz zum Auge, das durch Überhelles zerstört wird, durch Überintelligibles nur gestärkt wird[1].

(c) 993b 11–19: Insofern waren auch die Lehrmeinungen der früheren Philosophen (selbst die oberflächlichen) von Nutzen, weil sie Einübungen für die späteren waren (wie vergleichsweise die früheren Dichter notwendige Vorläufer für die großen späteren waren).

Des lyrischen Dichters Phrynis Blütezeit fiel in die Mitte

[1] H. Seidl, Der Begriff des Intellekts (νοῦς) bei Aristoteles, Meisenheim 1971 (Monogr. z. philos. Fschg. Bd. 80).

des 5. Jhs. Er war der Lehrer des bekannten Timotheos aus Milet, der 357 gestorben sein soll.

(d) 993b 19–31: Die gesuchte Philosophie (Weisheit, Metaphysik) hat, nach herkömmlicher Ansicht, zu Recht auch dieses Merkmal: „Theorie der Wahrheit" zu sein. Begründung aus dem anderen (oben genannten) Merkmal, wonach sie auf die ersten Ursachen gerichtet ist: Wie nämlich die praktische Wissenschaft auf ein Werk gerichtet ist, so die theoretische auf die Wahrheit und die Ursachen an sich: „denn wir wissen das Wahre nicht ohne die Ursache". Wenn nun in jedem Bereich dasjenige (erste Analogat), durch welches allen übrigen Dingen eine gemeinsame Eigenschaft synonym (d. h. abgestuft analog, wie z. B. das Wahre) zukommt, diese selbst im höchsten Maße hat/ist, so muß das, was Ursache für alles Wahre ist, selbst am wahrsten, die Wahrheit selbst sein. Und da das Wahre sich so verhält wie das Seiende (und beides vertauschbar ist), so muß die erste Ursache für alles Seiende auch die Ursache für alles Wahre und d. h. die Wahrheit selbst sein. (Also geht auch die Wissenschaft von den ersten Ursachen alles Seienden zugleich auf die Wahrheit selbst.)

Der wichtige Gedankengang hat folgende Schlußform:

1. *Die Ursache für alles Wahre ist selber am wahrsten, die Wahrheit selbst.*
2. *Die erste Ursache für alles Seiende ist zugleich die Ursache für alles Wahre (da das Seiende und Wahre sich gleich verhalten, vertauschbar sind).*
3. *Die Ursache für alles Seiende ist also die Wahrheit selbst.*

Die Feststellung, daß sich „jedes zum Sein so verhält wie zur Wahrheit", 993b 30–31, die der anderen in IV 2, 1003b 22–33, zur Seite tritt, wonach das Seiende und das Eine einander folgen (vertauschbar sind), ist die Grundlage für die später in der Scholastik ausgebildete Lehre von den transzendentalen Eigenschaften des Seienden, die mit ihm vertauschbar (konvertibel) sind. (Anders K. Bärthlein: Die Transzendentalienlehre der alten Ontologie I, Bln. 1972. Vgl. meine Rezension im Philos. Jahrb. 80, 1973, 196–200.)

II Kapitel 2

Darlegung, daß die Ursachen nicht unendlich viele sind, weder in fortlaufender Reihe, noch der Art nach, und daß es in jeder der vier (oben genannten) Arten eine erste Ursache gibt

(a) 994a 1–b 28: Keine Unendlichkeit in auf- oder absteigender Reihe in den vier Ursachenarten:

1. weder bei der Stoffursache, so daß ein Stoff immer wieder aus einem anderen hervorgegangen wäre, noch bei der Bewegungs- und Zweckursache, noch bei der Wesensursache, a 3–11.

   Hinsichtlich der Stoffursachen lehrt Aristoteles (in ‚De gen. et corr.' II 1–4, ‚De caelo' II, ‚Meteor.' I, II), daß sich die zusammengesetzten, „spezifischen Stoffe" der Dinge, wie z. B. Fleisch, in die vier einfachen Grundelemente: Erde, Wasser, Luft und Feuer (sowie ihm verwandt, den Äther als fünftes Element) auflösen. Bei diesen findet eine zyklische Umwandlung ineinander in beiden Richtungen statt; von Erde zu Wasser, von Wasser zu Luft, weiter zu Feuer und von ihm wieder zu Erde usw. . . und umgekehrt, wobei von den vier Eigenschaften: Trocken, Feucht, Kalt, Warm, die in vier Kombinationen paarweise den Elementen zukommen, jeweils eine in eine andere umschlägt (im nachstehenden Schema durch einen Pfeil angezeigt):

trocken	↔	*feucht*		*feucht*	↔	*trocken*		*trocken*
kalt		*kalt*	↔	*warm*		*warm*	↔	*kalt*
Erde		*Wasser*		*Luft*		*Feuer*		*Erde*

   Trotz der zirkulären Umwandlung der Elemente in beiden Richtungen liegt doch eine Rangfolge vor von Erde, über Wasser und Luft zu Feuer, und zwar zum zunehmend Feineren und Beweglicheren hin, weshalb Aristoteles das Feuer (bzw. den eigenschaftslosen, nur bewegungsbegabten Äther) als den „ersten Stoff" bezeichnete (‚Met.' IX 7, 1049a 26).

   Was den Rückgang in den Bewegungsursachen betrifft, so berücksichtigt hier Aristoteles bei dem Beispiel nur die Bewegung im Materiellen, wonach der Leib des

Menschen wie aller Lebewesen letztlich von den Bewegungen der Himmelskörper beeinflußt wird.
Die Stelle 994a 7 („vom Streit") erwähnt beispielshalber Empedokles' Ansicht.
Zum unmöglichen Rückgang ins Unendliche bei den Wesensursachen s. u. 6.

2. Unmöglichkeit einer aufsteigenden Reihe ins Unendliche (bei den Bewegungsursachen): Da man hier ein Letztes (Bewegtes), ein Mittleres (Bewegend-Bewegtes) und ein Erstes (Bewegendes) unterscheiden muß, kann nur das Erste Ursache (im vollen Sinne) sein, das Letzte gar nicht und das Mittlere nur bedingt – sei es eines oder vieles –; denn für das Letzte ist es zwar Ursache, aber selbst wieder vom Ersten verursacht. „Wenn es daher das Erste nicht gibt, so überhaupt keine Ursachen" (d. h. auch die mittleren nicht), a 11–19.
Dieses Argument bezieht sich auf die Bewegungsursachen. Gerade in bezug auf sie macht Aristoteles auch in ‚Phys.' VIII 5 und ‚Met.' XII 7 die Dreiteilung eines Ersten, Mittleren und Letzten, wiewohl sie in gewissem Sinne auch auf die (mit den Bewegungs- eng verbundenen) Zweckursachen zutrifft; denn es gibt auch letzte und mittlere Zweckursachen, sowie eine erste (die „Glückseligkeit" 994a 9; das „menschliche Gute" in der ‚Nik. Ethik' I 1–6; vgl. die dort aufgestellte Zweckpyramide). Das vorliegende Argument ist als wichtiger Bestandteil in die späteren sogenannten Gottesbeweise eingegangen. Seine eigentliche Kraft gewinnt es daraus, daß bei Annahme einer Reihe von Ursachen diese nicht gleichartig und beigeordnet, sondern ungleichartig und untergeordnet sind. Es ist klar, daß in einer Reihe der Ursache 1 der Ursache 2 der Ursache 3 usw. . . . die je untergeordneten Ursachen nur bedingte, abgeleitete sind und nur die erste im eigentlichen und vollen Sinne Ursache ist[2].

3. Folgerung: Wenn die Reihe der (Bewegungs-)Ursachen in aufsteigender Richtung einen Anfang (sc. eine erste Ur-

[2] s. meine Ausgabe: Thomas v. Aqu., Die Gottesbeweise (Philos. Bibl. 330, Hamburg 1982), 81–82, 115–116, 146 ff., 181 ff.

sache) hat, d. h. endlich ist, so muß sie es auch in absteigender Richtung sein (d. h. bei einem letzten Verursachten ankommen), a 19–22.

4. Unmöglichkeit einer unendlichen Reihe von Stoffursachen: Es gibt ein zweifaches Woraus, erstens im zeitlichen Nacheinander (wie der Tag aus der Nacht) und zweitens aus der Möglichkeit zur Wirklichkeit (wie aus dem Knaben der Mann), wobei die Entstehung „zwischen" beiden sich vollzieht. In beiden Weisen aber kann die Reihe nicht ins Unendliche gehen: die erste kann zyklisch umkehren, die zweite aber erfordert mit dem „Zwischen" der Entstehung einen Anfang und ein Ende (Vollendung, Endzweck), 994a 22 – b 9.
5. Unmöglichkeit unendlich vieler Zweckursachen: Nur das Letzte (= Erste) ist Zweck in vollem Sinne, worum willen alles übrige ist, das selbst aber um keines anderen willen mehr ist. Bei Annahme von unendlich vielen Ursachen würde der erste Zweck, „die Natur des Guten selbst", aufgehoben und damit auch das Handeln, das immer auf einen Endzweck als Grenze geht, sowie die Vernunft, die immer um eines Zweckes willen und so begrenzt wirkt, b 9–17.
6. Unmöglichkeit unendlich vieler Wesensursachen: Die Definition einer Wesenheit darf nicht auf eine andere zurückgeführt werden, weil sie sonst (unstatthafterweise) erweitert wird. Die frühere (vorgeordnete) Definition nämlich „ist mehr" (vorrangiger, aus stärkeren Gründen), die spätere nicht; wovon es aber kein Erstes gibt, da auch kein Nachfolgendes, b 17–20.

   Ferner würde sowohl die Wissenschaft aufgehoben, die immer bis zum Unteilbaren (den untersten Arten der Individuen) kommen muß, als auch die Erkenntnis überhaupt, weil man das Unendliche nicht vernunftmäßig erfassen kann. Es ist hier nicht so wie beim Teilen einer Linie, das ins Unendliche fortgeht; denn auch dies erfaßt die Vernunft nur, indem sie es anhält, nicht etwa durch Zählen der unendlichen Teilungen, wie sie auch den Stoff (an sich ein Unbestimmtes, Grenzenloses) nur am (begrenzten) Bewegten erfaßt. Das Unendliche (Unbegrenzte) aber hat kein (aktuales) Sein, b 20–28.

b 17–18: Dieser Satz will nicht leugnen, daß es Reihen von Definitionen gibt. Aristoteles spricht von ihnen in ‚Anal. post.' I 22. Er erklärt jedoch für unstatthaft, daß eine Definition von etwas auf eine andere zurückgeführt und so um sie erweitert wird: daß z. B. die Definition einer Eigenschaft auch die der ihr zugrunde liegenden Substanz enthält; oder die einer niederen Substanz bzw. Form die der ihr vorgeordneten, höheren. Und dies ist auch sinnvoll, wie der nächste Satz, b 18–20, (mit begründendem γάρ) fortfährt, weil die vorgeordnete Definition „mehr ist"; dies wiederum deshalb, weil sie ein Mehr-Sein betrifft (der Substanzen vor den Eigenschaften und der höheren Substanzen vor den niederen).

Daß es in der Reihe der Definitionen ein Erstes gibt, begründet sich daraus, daß es auch auf seiten des Realen erste Prinzipien, Ursachen gibt.

b 21–23: Grundlage aller Erkenntnis ist das Erfassen erster Gegebenheiten (der Gegenstände selbst und ihrer Prinzipien, Wesenheiten) als begrenzter Einheiten durch das Vernunft-Vermögen.

(b) 994b 28–31: Keine Unendlichkeit in der Anzahl der Ursachen-Arten: Auch hier ist eine Unendlichkeit unmöglich; denn dann würde wieder die Erkenntnis aufgehoben, die ja immer auf die Ursachen gerichtet ist. Das Unendliche „in Hinzufügung" (sc. in fortlaufender Reihe unendlich vieler Ursachen) läßt sich aber nicht in endlicher Zeit (und in einem begrenzten Vernunft-Akt) durchgehen.

II Kapitel 3
Schlußbemerkung an den Hörer der Metaphysik-Vorlesung

(a) 994b 32 – 995a 12: Der Hörer soll in der Vorlesung nicht aus Gewohnheit ihr methodisch Unangemessenes suchen (wie z. B. viele in den Gesetzen aus alter Gewohnheit Mythisches suchen), also nicht etwa Mathematisches oder anschauliche Beispiele oder Dichterzeugnisse; aber auch nicht wiederum kleinliche Genauigkeit, die (wie z. B. auch bei Handelsverträgen) etwas Unfreies an sich hat.

(b) 995a 12–14: Deshalb muß der Hörer schon vor dem Erlernen einer Wissenschaft unterrichtet sein, wie sie aufzunehmen ist; denn es ist abwegig und zu schwer, gleichzeitig mit dem Erlernen sich erst über Methodisches zu unterrichten.

(c) 995a 14–20: (Ein Beispiel:) Man darf nicht mathematische Genauigkeit auf allen Gebieten fordern, sondern nur dort, wo vom Stofflichen abgesehen wird. Sie eignet sich also (z. B.) nicht für die Physik (Naturphilosophie); denn der ganzen Natur kommt Stoff zu. Deshalb ist (in diesem Beispielsfall) erst zu fragen, was die Natur ist, um zu sehen, worüber die Physik geht.

Die Schlußbemerkung des Kapitels 3 ist sehr allgemein gehalten. Deshalb scheint mir auch der Hinweis auf die Physik nur ein Beispiel zu sein, nicht eine Überleitung zur Physik-Vorlesung, wie moderne Interpreten meinen, die so weit gehen, das ganze Buch II als eine Einleitung zur Physik anzusehen.

BUCH III (B)

DIE MIT DER METAPHYSIK AUFTRETENDEN PROBLEME (APORIEN) ÜBER DIE ART DIESER WISSENSCHAFT SELBST, IHREN GEGENSTAND (DIE SUBSTANZ) UND DESSEN URSACHEN, PRINZIPIEN

III Kapitel 1

Vorbemerkung über die Nützlichkeit richtiger Problemstellungen und Überblick über die hauptsächlichen Probleme, „Aporien", zur Metaphysik

(a) 995a 24 – b 4: Angabe des Themas, sc. der mit der Metaphysik auftretenden Probleme, sowohl solcher, die sich schon bei anderen Philosophen vorfinden, als auch evtl. noch anderer.

Die Gründe für die Nützlichkeit richtiger Problemstellung:

1. Sie fördert die richtige Lösung (das Bild des Knotens, den man nur lösen kann, wenn man ihn kennt);
2. sie lenkt den Blick auf das Ziel der Untersuchung und läßt erkennen, wann und ob es erreicht ist (das Bild des Weges, auf dem man nicht fortschreiten kann, ohne das Ziel zu kennen);
3. sie führt zur besseren Beurteilung der gegensätzlichen Positionen in jeder Sache (das Bild des Richters vor zwei streitenden Parteien).

Während Buch I die Ansichten der früheren Philosophen über die ersten Ursachen nur kritisch referiert hat, stellt Buch III darüber hinaus die Hauptprobleme auf, die sich hinsichtlich der Metaphysik-Wissenschaft als solcher, ihrem Gegenstand, der Substanzen, und deren Ursachen ergeben. Dies entspricht der Methode, mit der Aristoteles auch in den übrigen philosophischen Disziplinen vorgeht: in den ‚Physica', in ‚De anima', ‚Ethica Nic.', ‚Politica' u. a., wo immer zuerst die Probleme erörtert werden, die sich jeder dieser Wissenschaften stellen.

Für „Problem" steht hier in III 1 ἀπορία, *wörtlich „Ausweglosigkeit". Zugrunde liegt das Bild vom Weg, der sich gabelt, so daß es unmöglich ist, „nach beiden Seiten vorwärts zu gehen", a 32. Der erzwungene Stillstand gleicht, nach einem anderen Bilde, dem Gefesselt-sein (ebd.). Er symbolisiert das Stadium der Unwissenheit und des systematischen Zweifels, das schon bei Sokrates und Platon die notwendige Vorbedingung für jeden Erkenntnisfortschritt ist.*

Kap. 1 bringt die Hauptaporien im Überblick, die Kap. 2–6 stellen sie ausführlich in dialektischer Form dar, d. h. in gegensätzlichen Thesen, die häufig die Ansichten verschiedener Philosophen wiedergeben. Doch läßt Aristoteles in der Art seiner Darstellung schon wichtige eigene Lösungsansätze erkennen.

Die Aporien finden sich in einer kürzeren, wiederholenden Zusammenfassung in Buch XI 1–2.

(b) 995b 5 – 996a 17: Überblick über die Aporien zur Metaphysik:

(1. Aporie): ob eine oder mehrere (theoretische) Wissenschaften auf die vier (o. gen.) Ursachengattungen gehen, 995b 5–7.

(2. Aporie): ob die gesuchte Metaphysik-Wissenschaft nur auf die ersten Ursachen der Substanz geht oder auch auf die ersten Beweis-Prinzipien aller Wissenschaften (wie das Kontradiktionsprinzip), b 7–10.

(3. Aporie): ob die Metaphysik-Wissenschaft, wenn mit der (Gattung der) Substanz befaßt, als eine oder mehrere Disziplinen von allen Substanzen (Arten) handelt, und wenn als mehrere, ob sie miteinander verwandt sind (d. h. jede von ihnen Weisheit ist) oder nicht, b 11–13.

(4.) (5. Aporie): ob es nur die sinnlichen Substanzen gibt oder außer ihnen noch andere, und ob es nur eine oder mehrere Gattungen von Substanzen gibt (wie z. B. für die Platoniker, die als Substanzen die Ideen und das Mathematische zwischen diesen und den Sinnesdingen annehmen), b 13–18.

Die Reihenfolge der 4. und 5. Aporie ist hier in Kap. 1 anders als in Kap. 2 ff, ebenso die der 12.–14. Aporie. Auch wird in Kap. 6 noch eine weitere, dort die 13. Aporie angeführt, die sich in Kap. 1 nicht findet.

Die Zählung richten wir hier nach der Reihenfolge der Aporien in Kap. 2 ff.; wo sie von der Zählung in Kap. 1 abweicht, steht diese voran.

(5.) (4. Aporie): ob die Betrachtung (Theorie, sc. der Metaphysik) sich nur auf die Substanzen richtet, oder auch auf ihnen an sich zukommende Akzidenzien, ferner auf das Selbige und Verschiedene, Ähnliche und Unähnliche und den konträren Gegensatz, auf Früher und Später u. a. (wovon die Dialektiker nur aufgrund des Wahrscheinlichen handeln) und das diesem an sich Zukommende, b 18–27.

(6. Aporie): ob Prinzipien und Elemente (der Dinge) die Gattungen sind oder die immanenten (stofflichen) Bestandteile, in die sie teilbar sind, b 27–29.

(7. Aporie): und wenn die Gattungen außer den Einzeldingen deren Prinzipien sind, ob die untersten (Arten) oder die obersten, b 29–31.

(8. Aporie): vor allem, ob es außer dem Stoff (in den Einzeldingen) noch eine andere Ursache an sich gibt (sc. die Formursache) oder nicht, und ob diese abtrennbar (selbständig) ist oder nicht, und ob eine oder mehrere an Zahl, und überhaupt (mit anderen Worten), ob es außer dem Konkreten (dem Einzelding seinem Stoffe nach) etwas gibt (sc. eine Formursache) oder nicht – das Konkrete aber soll das heißen, bei dem etwas (sc. die Form) vom Stoff ausgesagt wird –, und wenn dies, ob bei den einen (konkreten Einzeldingen) wohl, bei den anderen nicht, und bei welchen, b 31–36.

Die 8. Aporie betrifft die Formursache bzw. die (in ihr sich vollendende) Wesenheit der Erfahrungsdinge, die Aristoteles im Gegensatz zu Platon nicht „abgetrennt" (d. h. transzendent und selbständig) von ihnen, sondern in ihnen ansetzt. Die Formulierungen der Aporie hier und Kap. 4 lassen gut erkennen, wie Aristoteles die platonische Fragestellung nach den Formen/Wesenheiten „außer den Einzeldin-

gen" abwandelt zu der neuen, ob es etwas „außer dem Stoff" – sc. in den Einzeldingen – gibt. Mit dieser neuen Fragestellung macht Aristoteles den entscheidenden Schritt über die Vorsokratiker und Platon hinaus, für welche die Einzeldinge eigentlich nur Stoffliches, gänzlich Sich-Veränderndes sind; Platon folgt hierin noch den Herakliteern, denen alle Dinge „in Fluß" sind (I 6, 987a 32–34). Anders bei Aristoteles, der die Erfahrungsdinge tiefer und realistischer sieht: Sie sind nach ihm mehr als bloß Stoff, nämlich aus Stoff und Form (aus Sinnlichem und Intelligiblem) Zusammengesetztes, „Konkretes" (griech: σύνολον, *lat. con-cretum, „Zusammengewachsenes").*

Da die Form/Wesenheit das Intelligible in den Einzeldingen ist, das Wißbare, Bekannte „an sich", ist sie „für uns" zunächst unbekannt, problematisch. Die 8. Aporie wird in III 4 sogar als „die schwierigste und notwendigste" bezeichnet. Und in Buch VII, das in Kap. 4 ff. die Wesenheit erörtert, heißt es in Kap. 3, daß die Formursache „am meisten aporetisch" ist. Dazu stimmt auch, was der Rückblick auf die Lehren der Vorsokratiker und Platons in I 3 ff ergab, daß sie zwar schon früh die Stoffursache, aber erst sehr spät die Formursache in den Blick nahmen, ja diese eigentlich noch gar nicht recht erfaßten und auch Platon noch nicht deutlich (I 7, 988a 34 – b 1; vgl. I 10).

Die Darstellung der 8. Aporie in III 4 erwähnt zwar eine erste Formursache (so wie auch eine erste Stoffursache), und zwar als abgetrennte ewige Substanz, kommt aber zu ihr nur auf dem Wege über die den Dingen immanenten Formursachen, die das eigentliche Thema der Aporie sind.

(9. Aporie): ob die Prinzipien der Zahl oder Art nach bestimmt sind, sowohl die in den Definitionen bezeichneten als auch die im (jeweiligen Wissenschafts-)Subjekt liegenden, 996a 1–2.

(10. Aporie): ob die Prinzipien des Vergänglichen und Unvergänglichen dieselben sind oder andere, und ob sie alle unvergänglich sind oder die des Vergänglichen auch selbst vergänglich, a 2–4.

(11. Aporie): ob das Eine und Seiende (wie die Pythagoreer und Platon lehren) nichts anderes sind als die Substanz

der Dinge oder nicht, sondern für beide etwa anderes das Zugrundeliegende (Substanz) ist (was Empedokles als Freundschaft, andere als Feuer, Wasser oder Luft bezeichnen), a 4–9.

((12.) 15. Aporie): ob die Prinzipien der Dinge allgemein sind oder so wie die Einzeldinge, a 9–10.

((13.) 14. Aporie): ob die Prinzipien der Dinge „in Potenz" oder „in Akt" sind, und ob dies nur hinsichtlich der Bewegung oder auch in anderer Hinsicht, a 10–12.

((14.) 12. Aporie): ob die Zahlen, Längen, Figuren, Punkte u. ä. Substanzen sind oder nicht, und wenn dies, ob sie von den Sinnesdingen abgetrennt oder ihnen immanent sind, a 12–15.

[(13. Aporie): ob es notwendig ist, außer den Sinnesdingen und dem Mathematischen auch noch Ideen (die platonischen Wesenheiten) anzusetzen, III 6, 1002b 12–32.]

III Kapitel 2
Die 1.–5. Aporie

(1. Aporie) 996a 18 – b 25: ob über die vier Ursachen-Gattungen ein und dieselbe Wissenschaft handelt oder jeweils eine andere.

(a) Einerseits geht nicht ein und dieselbe auf alle vier Ursachen-Gattungen, weil diese verschieden, nicht konträr entgegengesetzt sind und weil sie nicht immer zusammen auftreten; so finden sich Bewegungs- und Zweckursachen nicht im Bereich des Unbewegten, z. B. in der Mathematik, a 20 – b 1.

(b) Andererseits können sich auch nicht je verschiedene Wissenschaften auf die vier Ursachen-Gattungen richten, weil nur eine von ihnen die gesuchte Metaphysik-Wissenschaft, die Weisheit, sein müßte – ferner, weil sich alle vier Ursachen-Gattungen an ein und demselben Gegenstande finden können –, wiewohl doch jede von ihnen Ansprüche auf die Weisheit erheben könnte: sowohl die auf die Zweckursachen gehende, da sie alles herrscherlich anzuordnen vermöchte, als auch die auf die Wesensursachen gehende, weil auf das Sein der Dinge gerichtet und das am meisten Erkennbare, als auch die von den Bewegungsursachen handelnde, denn sie wäre für alles Entstehen und Handeln von großer Bedeutung, b 1–25.

Die Aporien 1–4 finden ihre Erörterungen und Lösungen im Buch IV 1–3. Sie betreffen die Metaphysik als Wissenschaft und sind selbst wissenschaftstheoretischer Natur. Hingegen befassen sich die Aporien 5 ff. mit dem Gegenstand und dem Ziel der Metaphysik selbst.

996b 10–13: Dies ist die platonische Auffassung von der Weisheit bzw. Philosophie als „am meisten anführender und herrscherlicher" Wissenschaft, weil auf das oberste Gute, zugleich den höchsten Zweck menschlichen Handelns gerichtet (später hat die christliche Theologie für sich das Bild der „Herrscherin" beansprucht, der die übrigen Wissenschaften, auch die Philosophie, Metaphysik, „dienen").

Aristoteles' Auffassung ist in diesem Punkte eine andere; denn er unterscheidet zwischen dem obersten, metaphysischen Guten, dem transzendenten Seinsprinzip, und dem höchsten sittlichen Zweck, der im Menschen selbst liegt – sc. in der Vollendung vernunftgemäßer Tätigkeiten –, dementsprechend auch zwischen theoretischer und praktischer Philosophie. In der ‚Nik. Ethik' VI 12–13 erkennt er zwar die praktische Philosophie als die herrscherliche, gebietende an, spricht aber doch der theoretischen den Vorrang zu, weil sie zu jenen vernunftgemäßen Tätigkeiten gehört, in denen der sittliche Endzweck selbst liegt (um dessentwillen die praktische Philosophie alles anordnet und gebietet).

996b 13–18: Die Wesenheit bzw. Formursache kennzeichnet Aristoteles hier wie auch sonst als das an sich Wißbare, Erkennbare schlechthin und für uns zunächst noch Unbekannte, Problematische. Auf sie ist deshalb die Metaphysik vor allem gerichtet; denn sie strebt ja nach der Erkenntnis um ihrer selbst willen. Sehr bedeutend ist die Formulierung b 15–16, daß wir mit der Wesenheit erkennen, was jedes Ding „seinem Sein nach", τῷ εἶναι, ist. Aristoteles sieht die Wesenheit mit dem Seinsakt jedes Dinges selbst verbunden.

(2. Aporie) 996b 26 – 997a 15: ob dieselbe Wissenschaft, die auf die Substanzen geht (die Metaphysik), auch von den allgemeinsten Beweisprinzipien (der Kontradiktion und des ausgeschlossenen Dritten) handelt, oder eine andere.

(a) Es scheint einerseits nicht sinnvoll, daß ein und dieselbe Wissenschaft, nämlich die über die Substanz (die Metaphysik), von ihnen handelt, weil alle Wissenschaften sie anwenden und von ihnen handeln müßten, es aber nicht tun. Vielmehr setzen sie alle jene Prinzipien als bekannt voraus. Würde eine Wissenschaft sie beweisen wollen, so müßte zu ihnen als Wissenschaftssubjekt eine umfassendste Gattung angenommen werden, welche die aller übrigen Wissenschaften einschlösse, weil sie alle die Prinzipien verwenden, 996b 33 – 997a 11.

Für Aristoteles sind die ersten Beweisprämissen nicht mehr beweisbar (sonst unendlicher Regreß in den Prämissen, ‚Anal. post.' I 3), um so mehr auch jene zwei obersten Prinzipien nicht. Dies deutet die Bemerkung 997a 7–8 an: „denn über alles ist unmöglich Beweis zu führen".

Zu den drei Bestandstücken jedes Beweises (Wissenschaftssubjekt, Eigenschaften, die ihm an sich notwendig zukommen sollten, und Prinzipien) siehe ‚Anal. post.' I 7.

Als umfassendste Gattung käme nur das Seiende in Betracht. Doch liegt es für Aristoteles in mehreren Kategorien vor (so daß es keine Universalwissenschaft gibt, die alle übrigen Wissenschaften einschlösse, s. o. I 9, 992b 24 ff) und ist deshalb nicht von univoker, gattungsmäßiger Allgemeinheit (III 3, 998b 22 ff: „das Seiende ist keine Gattung"), sondern von einer ganz anderen, nämlich analogen Allgemeinheit (s. u. IV 2).

(b) Andererseits kann aber die von jenen Prinzipien handelnde Wissenschaft nicht verschieden von der über die Substanz sein, sc. der Metaphysik; denn sie müßte eine oberste Wissenschaft sein, weil auch jene Prinzipien oberste sind (und die Metaphysik den obersten Rang unter den Wissenschaften hat), a 11–15.

(3. Aporie) 997a 15–25: ob auf die verschiedenen Substanz-Arten ein u. dieselbe Wissenschaft geht oder je eine andere.

(a) Einerseits nicht je andere, weil sonst auch die Metaphysik nur auf eine Substanz-Art – auf welche? – gehen würde, a 16–17.

(b) Andererseits kann aber auch nicht eine einzige Wissenschaft auf alle Substanz-Arten gehen, da sie von all dem handeln müßte, wovon die Einzelwissenschaften handeln; denn diese untersuchen die Wesenseigenschaften an den Gegenständen (d. h. den verschiedenen Substanz-Arten), die in ihr jeweiliges Gebiet fallen, a 17–25.

Nach Aristoteles geht die Metaphysik zwar auf alle Substanz-Arten, die auch in die Gebiete der Einzelwissenschaften fallen, betrachtet sie jedoch nicht, sofern sie deren zugrunde liegende Gegenstände („Subjekte") sind, sondern nur, sofern sie überhaupt sind, d. h. „als Seindes" (s. u. IV 1–2).

(4. Aporie) 997a 25–33: ob ein und dieselbe Metaphysik-Wissenschaft sowohl die Substanzen untersucht als auch ihre Akzidenzien (= Eigenschaften) – wie z. B. die Mathematik (Geometrie) sowohl von Körpern, Linien, Flächen u. a. als ihrem Gegenstand handelt, als auch von deren Akzidenzien –, oder ob eine andere Wissenschaft die Akzidenzien untersucht.

(a) Wenn die Metaphysik auch von den Akzidenzien der Substanzen handelt, so muß sie eine beweisführende Wissenschaft sein. Eine solche darf sie aber wiederum nicht sein, da sie das Wassein der Substanzen zu untersuchen hat, worüber es keinen Beweis gibt, a 30–32.

(b) Andererseits ist es nicht möglich, eine andere Wissenschaft als die Metaphysik für die Untersuchung der Akzidenzien der Substanzen zu finden, a 32–33.

Die Aporie ergibt sich, ähnlich wie die vorhergehende, daraus, daß sie von den Substanzen wie von Gegenständen der Einzelwissenschaften spricht, die ja Beweis führen über die notwendige Verbindung bestimmter „Akzidenzien", sc. Eigenschaften, mit ihren Gegenständen. Nach Aristoteles betrachtet jedoch die Metaphysik die Substanzen lediglich „als Seiendes", d. h. unter dem – von den Einzelwissenschaften vorausgesetzten – Seinsaspekt des Daseins und

Wasseins, das natürlich nicht mehr beweisbar ist, und untersucht bestimmte „Akzidenzien", d. h. innere Merkmale des Seins der Substanzen (wie Eins-, Wahr-, Gutsein), über die ebenfalls kein Beweis geführt werden kann; denn sie stehen ja nicht mit der Substanz in einer äußeren, beweisbaren Beziehung, sondern liegen in ihrem Sein selbst.

(5. Aporie) 997a 34 – 998a 19: ob es nur die sinnlichen Substanzen gibt oder außer ihnen noch andere und ob von diesen (unsinnlichen) nur eine oder mehrere Gattungen anzunehmen sind, wie nach den Platonikern die Ideen und das Mathematische zwischen ihnen und den Sinnesdingen.

(a) Die Annahme von Ideen als Wesenheiten der Sinnesdinge macht sie diesen gleich, nur mit dem Unterschied, daß die Sinnesdinge vergänglich, die Ideen ewig sind, 997b 5–12.

Die Aporien 5–14 finden ihre Erörterung und Lösung in den Büchern VII–X und XII–XIV. Sie betreffen den Gegenstand und das Ziel der Metaphysik, mit anderen Worten: die sinnliche und übersinnliche (transzendente) Substanz. 997b 4: Der Verweis geht zurück auf Buch I 9, wo freilich Aristoteles kritisch bemerkt, daß die platonischen Ideen den Anspruch, Ursachen für die Sinnesdinge zu sein, nicht erfüllen (991a 8–14, b 1–9). 997b 7: Daß Platon die Ideen der Sinnesdinge in „derselben" Weise betrachte wie diese, außer daß jene ewig sind, diese vergänglich (oder mit den Worten von I 9, 990a 34 – b 8, daß Platon mit der Einführung der Ideen nur die Sinneswelt „verdoppelt" habe), dies bezieht sich auf die dinghafte Auffassung der Ideen als für sich bestehender Substanzen. Solche sind aber nach Aristoteles auch die Sinnesdinge.

(b) Wenn das Mathematische, wie Platon annimmt, einem Zwischenbereich zwischen den Ideen und der Sinneswelt angehört, so müßten in jenem Zwischenbereich auch die Gegenstände der Geometrie und anderer Wissenschaften mit angewandter Mathematik sein, wie der Astronomie, Optik, Harmonik. Dann könnten sie aber, wie z. B. der Himmel, obwohl von Natur bewegt und sinnlich wahrnehmbar, dies in dem Zwischenbereich nicht mehr sein (denn nach

Platon gibt es auch sonst nichts Wahrnehmbares, z. B. Lebewesen, zwischen den Ideen und dem Sinnlichen), b 12–24.

Wenn Platon theoretische und angewandte Disziplinen der Mathematik nur dadurch unterschied, daß diese Sinnliches, jene Unsinnliches zum Gegenstand haben, so müßten auch andere Wissenschaften mit theoretischen und angewandten Disziplinen, wie die Medizin, verschiedene Gegenstände haben, z. B. die Medizin etwas Gesundes neben dem sinnlichen Gesunden und dem idealen Gesunden selbst, b 24–32.

Entgegen steht auch, daß die angewandten mathematischen Wissenschaften, wie Feldmeßkunst (Geodäsie) und Astronomie, nicht sinnliche und vergängliche Größen zum Gegenstand haben, sondern mathematische. Und wie die Geometrie nicht von sinnlich wahrnehmbaren Linien handelt (denn eine solche berührt z. B. einen Kreis nicht in einem Punkte, wie Protagoras gegen die Geometrie einzuwenden pflegte), so auch nicht die Astronomie von den wahrnehmbaren Gestirnsbewegungen am Himmel (sondern von mathematisch verstandenen), 997b 32 – 998a 6.

(c) Wenn schließlich einige (sc. platonisierende Pythagoreer) das Mathematische als einen Bereich des Seienden annehmen, wie die Platoniker, es aber nicht getrennt von den Sinnesdingen, sondern in diesen selbst (als ihre Elemente) ansetzen, so ergibt sich viel Unmögliches. Folgerichtig müßten dann auch die Ideen in den Sinnesdingen sein (denn das Mathematische und die Ideen sind beide intelligibel und haben dasselbe Verhältnis zu den Sinnesdingen). Ferner müßten in demselben Raume zwei Körper (der sinnlich wahrnehmbare und der intelligible, mathematische) sein. Auch müßte das „Mittlere", sc. das Mathematische, wiewohl an sich unbewegt, in den Sinnesdingen bewegt sein. Überdies werden die (o. gen.) Schwierigkeiten aus der Annahme des mathematischen Seienden dadurch, daß man es in den Sinnesdingen ansetzt, nicht behoben, aber neue treten hinzu, a 7–19 (vgl. XIII 2, 1076a 38 – b 11; XIV 3, 1090a 20 ff).

III Kapitel 3
Die 6. und 7. Aporie

(6. Aporie) 998a 20 – b 13: ob Elemente und Prinzipien der Dinge ihre allgemeinen Gattungen sind oder ihre ersten immanenten (= materiellen) Bestandteile.

(a) Einerseits gelten (nach der herkömmlichen Ansicht) mehr die immanenten Bestandteile als Elemente und Prinzipien: z. B. bei der Silbe die Buchstaben, nicht ihre Gattung: der Laut; bei den geometrischen Figuren die ersten Sätze, deren Beweise (als materiale Bestandteile) in die Beweise anderer Sätze eingehen; bei den Körpern gewisse erste Stoffelemente, eines oder mehrere (wie die des Empedokles); beim Bett die Bestandteile, aus denen es zusammengesetzt ist, 998a 23 – b 3.

(b) Andererseits sind in den Definitionen, welche die Wesenheiten der Dinge bestimmten, die Gattungen Prinzip, und so auch für die Dinge selbst, die definiert werden. Ferner geht die Erkenntnis der Dinge auf ihre Arten/Spezies (deren Vertreter sie sind), Prinzipien der Arten aber sind die Gattungen. Schließlich, diejenigen, die das Eine und das Seiende als Elemente (Prinzipien) der Dinge annehmen (sc. Eleaten, Platoniker), meinen es als oberste Gattungen, b 3–11.

(c) Aber auch die Prinzipien in beiden Bedeutungen zusammenzunehmen, ist nicht möglich, denn sie gehören zwei verschiedenen Formen der Definition an, der aus den allgemeinen Gattungen und der aus den materiellen Bestandteilen, und die Definition eines Dinges kann jeweils nur eine sein, b 11–14.

(7. Aporie) 998b 14 – 999a 23: (wenn die allgemeinen Gattungen Prinzipien sind), ob die ersten Gattungen oder die letzen sc. die untersten Arten, die von den Individuen unmittelbar ausgesagt werden, Prinzipien der Dinge sind.

(a) Wenn die obersten Gattungen Prinzipien sein sollen, so vor allem das Seiende und das Eine. Diese können jedoch nicht Gattungen der Dinge sein; denn den Artunterschieden in jeder Gattung kommen die Merkmale des Seienden und Einen zu, und werden von ihnen ausgesagt, während hingegen grundsätzlich weder die Art, noch die Gattung von ihren Artunterschieden ausgesagt werden (Seiendes und Eines sind also nicht Gattungen und somit auch nicht Prinzipien), 998b 17–28. Dies gilt nicht nur für die obersten Gattungen, sondern auch für die aus ihnen und den Artunterschieden gebildeten Zwischenarten bis hin zur untersten Art und dem Einzelnen, die ja auch als (Unter-) Gattungen angesehen werden können, b 28–30. Zudem müßten die Artunterschiede mehr noch Prinzip sein als diese (Unter-)Gattungen (weil allgemeiner als sie), so daß die Zahl der Prinzipien, angefangen von der obersten Gattung, fast ins Unermeßliche anwächst, 998b 30 – 999a 1.

Daß weder die Arten, noch die Gattungen (auf die es hier allein ankommt) von den Artunterschieden ausgesagt werden, liegt darin (wie in den ‚Topica' VI 6, 144a 32 – b 11 näher begründet), daß die Artunterschiede umfangweiter sind als die Arten. Und was die Gattungen betrifft, so würden sie, wenn den Unterschieden zugesprochen, von den Arten vielmals ausgesagt sein, und die Unterschiede würden selber zu Arten oder Individuen, weil die Gattungen eben an sich von Arten und Individuen ausgesagt werden.

Mit der Feststellung, daß das Seiende und Eine keine Gattungen sind, gibt Aristoteles selbst schon einen wichtigen Hinweis für die Lösung dieser und der 8. Aporie. Sie geht dahin, die Allgemeinheit des Seienden (wie des Einen und anderer Seinsmerkmale) nicht mehr als univoke (art- oder gattungsmäßige) zu verstehen, wie bei Platon, sondern als eine analoge (transzendentale), welche das Einzelne nicht unbestimmt läßt und so neben/außer ihm ist, sondern es bestimmterweise mit erfaßt und in es eingeht (s. u. IV 2).

(b) Daß die untersten Arten Prinzipien sind, dafür sprechen folgende Gründe:

1. Wenn Merkmal jedes Prinzips das Eine ist, und dieses das Unteilbare (der Quantität nach oder vorrangiger der Art nach), die Gattungen aber teilbar sind, nämlich in Arten, so ist die von den Individuen ausgesagte, unterste Art mehr Eines und Prinzip; denn sie ist nicht mehr teilbar

wie eine Gattung in Arten („Die Art ‚Mensch' ist keine Gattung mehr"), a 1–6.

2. Von Arten, die zueinander in einer Reihenfolge bzw. in einem Früher oder Später stehen, z. B. von Zahlen, wie die Zwei, Drei usw., kann ihre allgemeine Gattung nicht außer ihnen und unabhängig von ihnen sein (weil nicht durch Absehen von den Einzelarten definierbar), so z. B. nicht die Gattung ‚Zahl' von den einzelnen Zahlen oder die Gattung ‚Figur' von den einzelnen Figuren. Wenn aber von diesen Arten (immaterieller Dinge, wie der Zahlen) nicht, dann um so weniger von den übrigen Arten (materieller Dinge). Also werden Prinzip mehr die untersten Arten sein, die unmittelbar von den Individuen ausgesagt werden; denn „in den Individuen findet sich kein Früher oder Später", a 6–13.
3. Dasselbe gilt auch hinsichtlich solcher Arten, an denen sich ein Besser und Schlechter findet und somit wieder in einer Reihenfolge des Früher und Später stehen; denn das Bessere ist das Frühere, a 13–14.

Gegen die Annahme der untersten, von den Individuen ausgesagten Arten als Prinzip erhebt sich jedoch folgender Einwand: Das Prinzip bzw. die (erste) Ursache muß außer den Dingen, deren Prinzip es ist, und abgetrennt von ihnen sein können. Wenn aber dies, dann deshalb, weil es allgemein ist und von allen ausgesagt wird. Dann wäre aber das Allgemeinere mehr Prinzip und am meisten die obersten Gattungen, a 14–23.

Aristoteles erwähnt in ‚Nik. Eth.' I 4, daß Platon von Dingen, die zueinander in einer Reihenfolge stehen, wie den Zahlen, keine Gattungsidee annahm. So gibt es bei Platon keine Idee der Zahl, sondern nur die einzelnen Idealzahlen und die im „Zwischenbereich" zwischen jenen und den „sinnlichen", d. h. in den Sinnesdingen.

Zur Feststellung, daß die Prinzipien der Dinge außer ihnen und abgetrennt (transzendent) von ihnen sein müssen: Dies kann nicht für alle Prinzipien gelten, so nicht für die den Dingen immanenten, sondern nur für wenige oder ein einziges, erstes, transzendentes.

III Kapitel 4
Die 8. bis 11. Aporie

(8. Aporie) 999a 24 – b 24: („die schwierigste und notwendigste von allen"): ob es etwas Allgemeines neben den Einzeldingen gibt oder nicht und wenn dies, ob neben allen oder nur neben einigen:

(a) Wenn es einerseits naheliegt, etwas Allgemeines neben den Einzeldingen anzunehmen – denn ohne dieses wäre keine Wissenschaft mehr möglich, die ja immer auf das Allgemeine geht –, so können Allgemeines nur die Arten oder Gattungen sein. Diese Annahme führt jedoch dann in die obige (7.) Aporie. Auch entsteht, wenn es etwas Allgemeines neben dem Konkreten gibt, die Frage, ob es dieses neben allen Einzeldingen gibt oder nur neben einigen, a 24 – b 1.

Hier drückt sich die Problematik aus, durch die Platon (ihr erliegend) sich gezwungen sah, Ideen einzuführen: Wenn 1. das Allgemeine in unaufhebbarem Gegensatz zum Einzelnen steht, und wenn 2. die wissenschaftliche Erkenntnis immer vom Allgemeinen ist und immer auf Realität bezogen ist, so ergibt sich 3. folgendes Dilemma: Entweder ist das Einzelne das primär Reale, dann gibt es keine Wissenschaft mehr (dagegen spricht aber die Tatsache schon gut ausgebildeter Wissenschaften, wie der Mathematik, Astronomie u. a.). Oder das Allgemeine ist das primär Reale – und dafür entschied sich Platon, indem er die allgemeinen Wesenheiten als das wahrhaft Seiende getrennt (transzendent) von den Sinnesdingen, dem Einzelnen, ansetzte –, dann wird damit den sinnlichen Einzeldingen eine eigentliche Realität abgesprochen (sie sind nur ein flüchtig Werdendes, fast ein Nichtseiendes).

Aristoteles geht zwar von der platonischen Problematik aus, kommt aber durch sie hindurch zur Auffindung der Formursache in den Einzeldingen. So ändert sich in der 7. und 8. Aporie auch entsprechend die Fragerichtung selbst. Die Frage, ob es „etwas außer den Einzeldingen" gibt, geht hier nicht mehr auf übersinnliche Substanzen (ob es platonische Ideen gibt oder nicht), sondern auf „etwas außer dem Konkreten", „etwas außer dem Stoff" der Einzeldinge, nämlich auf die Wesens- bzw. Formursache in ihnen selbst.

(b) Wenn kein Allgemeines neben den Einzeldingen ist, so gibt es nichts Intelligibles (= für die Vernunft Erkennbares), sondern nur sinnlich Wahrnehmbares, also auch keine Wissenschaft (dagegen spricht jedoch die Tatsache schon gut ausgebildeter Wissenschaften), b 1–3. Ferner gibt es dann auch nichts Ewiges, Unbewegtes mehr (denn das Sinnliche ist vergänglich und in Bewegung). Dagegen spricht jedoch:

1. Ohne etwas Ewiges kann es kein Werden/Entstehen geben; denn für das Werden von etwas sind zwei Prinzipien erfordert: das Wesen, wonach etwas das wird, was es wird, und der Stoff, woraus es wird, entsteht. Und da die Prinzipien beider Arten mehrere sind, aber nicht unendlich viele sein können, müssen sie in letzten (bzw. ersten) Prinzipien gründen (sc. einer ersten Wesens- und einer ersten Stoffursache), die notwendigerweise ewig und unbewegt sind, b 3–8.
2. Werden und Bewegung gibt es nicht ohne Grenze. Sie liegt im Ziel des Werdens, der Bewegung, die ja nicht unendlich ist, bzw. im Sein; denn das Werden muß im Geworden-sein enden (die Grenze aber ist ein Unbewegtes), b 8–12.
3. Ferner: Wenn es den Stoff gibt, weil er unentstanden ist (genauer: der erste Stoff), so mit stärkerem Grund die Wesenheit, wonach der Stoff (in jedem Ding) zu etwas wird. Ohne Stoff- und Wesensprinzip könnte nichts sein (nun ist aber etwas). So muß es notwendigerweise etwas neben dem Konkreten geben: „die Gestalt und die Form (-ursache)", b 8–16.

Die zwei Argumente weisen die Stoff- und Wesens- bzw. Formursache als Bedingungen für das Werden der Einzeldinge auf. Sie berühren die Seinsvoraussetzung des Werdens und stehen der Lehre von Buch IX nahe, wonach nichts werden kann, wenn nicht immer schon etwas ist, nämlich die konstitutiven Prinzipien des Werdenden, Stoff- und Formursache.

Zwar schließen die Argumente auch die Existenz einer ersten Stoffursache (die den spezifischen in den Einzeldingen zugrunde liegt und „unentstanden" ist) und einer ersten Formursache ein, die ewig, transzendent, (göttlich) ist, aber das Ziel ist der Aufweis der Formursache, die immanent in den Einzeldingen selbst liegt. Und sie wird mit dem Sein der Dinge in Verbindung gesehen, das vor dem Werden den Vorrang hat[1].

Zu ihr stellen sich die zwei weiteren Fragen unter (c) mit ihren Antworten, daß es die Formursache nicht in den Erzeugnissen menschlicher Kunst bzw. Techne gibt (z. B. Haus), sondern nur in den Naturdingen und von ihnen nicht nur eine, sondern viele, nämlich in jedem Ding je eine eigene.

(c) Zwei weitere Fragen aus der Annahme der Form(ursache) neben den konkreten Dingen (genauer = neben ihrem Stoff):

1. bei welchen Dingen sie anzunehmen ist; Antwort: nicht bei allen, nicht bei den Dingen menschlicher Kunst (Technik), z. B. gibt es keine (selbständige) Formursache/Wesenheit des Hauses neben den einzelnen Häusern, b 17–20.
2. ob die Wesenheit eine einzige von allen Einzeldingen (z. B. von allen Einzelmenschen) ist. Wenn eine einzige, so wird alles Eines sein (denn: wovon die Wesenheit eine ist, dies ist Eines). Wenn aber viele und verschiedene, wie die Einzeldinge selbst, (so wird die Wesenheit aufgehoben und) so bleibt unerklärt, wie der Stoff in jedem dieser Einzeldinge etwas wird, und wie das Konkrete aus beidem (Stoff und Wesensform) besteht, b 20–24.

<u>(9. Aporie) 999b 24 – 1000a 4:</u> ob die Prinzipien der Art nach oder der Zahl nach Eines sind:

(a) Wenn jedes Prinzip nur der Art nach Eines ist, nicht auch der Zahl nach, so wird es überhaupt kein Prinzip mehr

[1] H. Seidl, Zur metaphysischen Voraussetzung in Aristoteles' Physica, in: Natur u. Geschichte (X. Dt. Kongr. f. Philos. 1972), Hamburg 1973, 429–37.

geben, ebenso keine Art (oder Gattung) mehr, wie auch das Eine und Seiende selbst; denn sie ist ja (definitionsmäßig) immer „Eines über dem Vielen". Dann wird auch die Wissenschaft, da sie immer auf dieses geht, aufgehoben, b 24–27.

Die These entspricht Aristoteles' eigener Auffassung, daß die Prinzipien der Art nach Eines sind, der Zahl nach aber Vieles, nämlich gleich viele mit den Einzeldingen, denen sie immanent sind. Entgegen steht die platonische Auffassung, die ganz am artmäßig (und gattungsmäßig) Allgemeinen ausgerichtet ist, „dem Einen über Vielem", das der Zahl nach Eines ist, und es mit den Prinzipien gleichsetzt, die dadurch zu „Ideen" werden. Bei Aristoteles sind die Prinzipien, die Formursachen, nicht mehr mit den Arten gleichgesetzt und auch nicht von artmäßiger (univoker) Allgemeinheit, sondern von analoger (s. u. XII 4 und 5).

Die Antithese b) entspricht mehr einer materialistischen Auffassung der Prinzipien, die sie nur als Stoffelemente versteht (wozu gut das Beispiel von den „Elementen", den Buchstaben, einer konkreten Silbe paßt) und sie in ihren verschiedenen Arten zahlenmäßig nur je einmal vorhanden sein läßt.

(b) Wenn hingegen jedes Prinzip der Zahl nach je eines ist und nicht viele derselben Art (wie z. B. viele Buchstaben der artmäßig selben Silbe), dann gäbe es außer den Prinzipien überhaupt nichts anderes mehr, d. h. sie träten an die Stelle der Einzeldinge, denn das zahlenmäßig Eine ist ja das Einzelne (wie wenn es die Buchstaben des Alphabets nur zahlenmäßig einmal gäbe, nicht aber zu jedem, artmäßig einem, Buchstaben viele einzelne), b 27 – a 4.

<u>(10. Aporie) 1000a 5 – 1001a 2</u>: ob für das Vergängliche und für das Unvergängliche die Prinzipien dieselben sind oder verschiedene:

(a) Wenn sie für beides dieselben sind, so ist dagegen einzuwenden, daß sich keine Ursache angeben läßt, weshalb das eine vergänglich ist, das andere unvergänglich. Die frühen Dichter der Mythen wissen keine anzugeben (z. B. erklärt Hesiod nichts, wenn er vom Nektar spricht, dessen Genuß die Götter unsterblich macht).

Von den Späteren benennt zwar Empedokles als Ursache des Vergehens den Streit, der (in anderer Hinsicht) aber auch Ursache des Entstehens ist (außer für das Eine), nämlich der Sonderung (des Einen, des Sphairos) in die Einzeldinge. Und umgekehrt ist die Freundschaft zwar Ursache des Seins (nämlich für das Eine), aber ebenso auch der Auflösung der Einzeldinge. Im übrigen ist bei Empedokles alles vergänglich (außer den Elementen), so daß sich ihm das vorliegende Problem noch gar nicht stellt, 1000a 7 – b 21.

Die Zitate aus Empedokles 1000a 29, b 2 und 14 sind die Fragmente 31 B 21, 9; B 109 und B 30 bei Diels-Kranz, Fr. d. VS. Durch Streit und Liebe als Bewegungsprinzipien entstehen zwei periodisch immer wiederkehrende Weltzustände einmal der völligen Trennung und einmal der völligen Mischung der Elemente zu einer Weltkugel, dem Sphairos. Beim ersten Zustand herrscht der Streit, beim zweiten die Liebe, der Streit tritt zurück. Empedokles nennt beide Bewegungsprinzipien zwei Götter (B 57, 59 ff., D.-Kr.), aber auch den Sphairos einen Gott (vielleicht ist dieser mit dem der Liebe identisch).

Neu gegenüber den Vorsokratikern und Platon führt Aristoteles die den Sinnesdingen immanenten Stoff- und Formursachen als nicht-ewige Prinzipien ein, die jedoch kein Entstehen und Vergehen – etwa aus Zusammentritt und Trennung wieder anderer Stoff- und Formursachen – haben, sondern ohne zu entstehen und zu vergehen sind bzw. nicht mehr sind, aber gleichwohl (sofern sie sind) von früheren und schließlich ersten Ursachen abhängen, und zwar die immanenten Stoffursachen von einem ersten Urstoff, die immanenten Formursachen von einer ersten, immateriellen, transzendenten Substanz.

(b) Wenn aber die Prinzipien für das Vergängliche und Unvergängliche verschiedene sind, so erheben sich folgende Probleme: ob die Prinzipien des Vergänglichen selber unvergänglich oder vergänglich sind: wenn vergänglich, so müßten sie aus früheren (Form- und Stoff-)Prinzipien entstanden sein (worein sie auch wieder vergehen), was unmöglich ist (gleichgültig, ob ihre Reihe ins Unendliche geht oder nicht). — Ferner könnte das Vergängliche einmal überhaupt nicht existieren, wenn seine Prinzipien vergänglich sind (während es doch jetzt existiert). — Wenn sie dagegen unvergänglich wären, so ließe sich keine Ursache benennen, weshalb aus ihnen Vergängliches hervorginge, aus den anderen Prinzipien aber Unvergängliches. Die früheren Philosophen nahmen noch keine verschiedenen (vergänglichen und unvergänglichen) Prinzipien an, 1000b 21 — 1001a 3.

Das Argument, daß ohne ewige (und notwendige) Prinzipien einmal überhaupt nichts existieren könnte, mit der reductio ad absurdum — denn, so muß man ergänzen, es existiert ja jetzt tatsächlich etwas — findet sich ähnlich in der 8. Aporie (999b 5–8) und in der 14. (1003a 2–5). Thomas v. Aqu. hat es in den dritten Gottesbeweis (ex possibili et necessario) übernommen.

Im Zusammenhang der 10. Aporie über die nicht-ewigen, den Dingen immanenten Ursachen spricht Aristoteles von „Ursachen des Seins", αἴτια τοῦ εἶναι, 1000a 16 und b 10: Der Ausdruck ist sehr bedeutsam, weil er mit der Substantivierung des Infinitivs Sein (εἶναι) den Seinsakt in den Sinnesdingen zu bezeichnen vermag.

<u>(11. Aporie) 1001a 4 — b 25:</u> ob das Seiende und das Eine für sich bestehendes Wesen, Substanz, sind oder nur Merkmale einer von ihnen verschiedenen Substanz (Subjekt), von der sie ausgesagt werden. Die erste Annahme findet sich bei den Pythagoreern und Platon, die zweite bei vorsokratischen Naturphilosophen; so steht bei Empedokles für das Eine die Freundschaft, bei anderen das Feuer, wieder anderen die Luft oder mehrere Elemente.

(a) Wenn das Seiende und das Eine nicht für sich bestehendes Wesen, Substanz, sind, so gibt es auch nichts von dem übrigen Allgemeinen (als für sich bestehendes Seiendes) neben den Einzeldingen — denn das Seiende und das Eine sind am meisten allgemein — und auch keine Zahlen; denn die Zahlen bestehen aus Einheiten, deren Wesen das Eine ist, a 19–27.

(b) Wenn hingegen das Seiende und das Eine für sich bestehendes Seiendes, Substanz, sind, so entstehen folgende Schwierigkeiten:

1. daß das Seiende nur Eines sein und es außer ihm nichts anderes geben wird, wie nach Parmenides' Lehre, wonach alles Eines sei, a 29 – b 1.
2. Ferner kann es nach dieser Annahme ebensowenig Zahlen (als für sich bestehendes Seiendes) geben wie nach der obigen; denn außer dem Einen, dem Seienden selbst, kann nicht ein anderes Eines, sc. als Zahl, existieren, b 1–6.
3. Auch würde das Eine, als Seiendes an sich, weil unteilbar (wie die Pythagoreer und Platon die Monaden als Elemente der Dinge annehmen), nach Zenons Kritik überhaupt nichts sein; denn – so sein Argument – „was weder hinzugefügt etwas größer macht, noch hinweggenommen kleiner“, das sei gar nichts Seiendes. Diese Kritik, die das Seiende als körperliche Größe versteht und sich dagegen richten will, daß aus unteilbaren Einheiten, den Punkten, eine Linie entstehen soll, ist freilich zu grob; denn es kann etwas nach seiner Hinzufügung zwar nicht Vergrößerung, aber doch Vermehrung hervorbringen, b 7–19.
4. Schließlich ist nicht einzusehen, wie (nach den Platonikern) aus dem Einen und dem Nicht-Einen (dem Ungleichen bzw. der unbestimmten Zweiheit) als an sich Seiendem, das sich immer identisch ist, bald Zahlen, bald Größen hervorgehen sollen, sowie aus den Zahlen und dem Nicht-Einen wieder andere Größen, b 19–25.

Die Schwierigkeiten sind ähnlich denen, die oben zur platonischen Ideenlehre (I 9, III 3, 5 und 6) auftraten, wonach das Allgemeine und die Zahlen für sich bestehendes Seiendes neben den Sinnesdingen sind.

Die bei Zenon im Gegensatz zu seinem Lehrer Parmenides stehende, materialistische Auffassung vom Seienden scheint schon Platon (in ersten Teil des ‚Parmenides‘-Dialoges) zu kritisieren.

Nach Aristoteles ist das Seiende nicht eine Substanz ne-

ben den Sinnesdingen, sondern liegt von vornherein als Vielheit der Dinge vor, von denen jedes ein Seiendes und Eines an sich, je eine Substanz ist.

III Kapitel 5
Die 12. Aporie

(12. Aporie) 1001b 25 – 1002b 11: ob die Zahlen, Körper, Flächen und Punkte Wesen, d. h. Substanzen, sind oder nicht:

(a) Gründe dafür, daß sie Wesen, Substanzen, sind:

1. Das übrige Seiende, wie Eigenschaften, Bewegungen, Relatives (u. a. Akzidenzien), ist nicht Wesen, d. h. Substanz, und ein bestimmtes Etwas (Dies-da), sondern wird von einem Wesen, Subjekt, Substanz, ausgesagt (dies aber sind die Körper, Zahlen, Flächen u. a.), 1001b 29–32.
2. Am meisten gelten als Substanzen Erde, Wasser, Luft und Feuer, aus denen die zusammengesetzten Körper bestehen (und die selber einfache Körper sind). Was aber an ihnen für Substanz gehalten wird, ist der (einfache) Körper, an dem sich ihre Eigenschaften (wie Wärme, Kälte) als Akzidenzien finden, 1001b 32 – 1002a 4.
3. Noch mehr aber als der Körper werden seine Prinzipien Substanzen sein, aus denen er bestimmt ist und ohne die er nicht bestehen kann (während umgekehrt jene ohne ihn); nämlich Fläche, sowie (ihr vorrangig) Linie und Punkt. Die früheren Philosophen hielten diese für die Prinzipien der Körper und als solche für die Prinzipien aller Dinge, die späteren hingegen die Zahlen, a 4–14.

(b) Gründe dagegen, daß sie Wesen, Substanzen, sind:

1. Flächen, Linien und Punkte sollen zwar mehr Substanz als die sinnlich wahrnehmbaren Körper, weil ihre Prinzipien, sein, können jedoch nicht ihre Prinzipien sein, weil sie in den sinnlichen Körpern sein müßte, was unmöglich ist. Wenn sie aber, weil nicht Prinzipien, nicht Substan-

zen sind, dann gibt es wohl überhaupt keine (was der allgemein geltenden Auffassung widerspricht), a 15–18.

2. Ferner scheinen Flächen, Linien und Punkte nichts anderes als nur Teilungen des Körpers nach Breite, Tiefe und Länge zu sein (also keine Substanzen), a 18–20.
3. Wie in den sinnlichen Körpern keine Figuren (aktuell) bestimmterweise sind (z. B. im Stein eine Hermesstatue, oder im Würfel die Hälfte des Würfels), ebensowenig sind in ihnen Flächen, Linien und Punkte als Begrenzungen von Figuren. Wenn sie aber einerseits mehr Substanz sein sollen als die Körper, andererseits (in diesen) gar nicht existieren, so stellt sich die Frage, „was dann überhaupt das Seiende und das Wesen der seienden (Dinge) sein soll", a 20–28.
4. Flächen, Linien und Punkte haben kein Entstehen und Vergehen wie die Substanzen (also sind sie auch keine), sondern sie sind und sind nicht ohne Übergänge des Entstehens und Vergehens (z. B. die Grenz-Linien bei Berührung und Trennung zweier Körper). – Und wenn sie ein Entstehen bzw. Vergehen hätten, ließe sich kein Woraus (bzw. Worein, d. h. keine Stoffursache) angeben. – Analog zum Punkt in einer Linie verhält sich das Jetzt in der Zeit; es hat kein Entstehen und Vergehen, wiewohl es doch immer wieder ein anderes ist (d. h. ist und nicht ist), a 28 – b 11.

Die 12. Aporie ist überwiegend durch die pythagoreische und besonders die platonische Lehre von den Zahlen und den einfachen geometrischen Größen veranlaßt, wonach sie Prinzipien der Sinnesdinge und als solche für sich bestehendes Seiendes, Substanzen, sein sollen. Aristoteles setzt sich mit diesen Lehren ausführlich in XIII 2 und 6, XIV 1–3, 5 und 6 auseinander.

Die Aporie geht zwar darüber, welche Dinge „Wesen", d. h. Substanzen sind, ähnlich wie die 6., 7., 11. und 13. Aporie, sie hängt aber hier mehr als diese von der Entscheidung ab, welches die „Wesen" als Wesenheiten, Prinzipien, der sinnlichen Substanzen sind. Deutlich wird dies aus der Frage, 1002a 28 (1001b 28; vgl. VII 2, 1028b 4),

„was denn überhaupt das Seiende und das Wesen von den seienden (Dingen) ist"; sie stellt sich mit Blickrichtung auf die „Wesen" als Wesenheiten der sinnlichen Substanzen bzw. als Prinzipien, die im höheren Grade subsistieren, Substanzen sind, als die sinnlichen. Zu der zweifachen Bedeutung von οὐσία, *„Wesen", als „Substanz" und „Wesenheit", s. o. Einleitung.*

III Kapitel 6
Die 13. bis 15. Aporie

(13. Aporie) 1002b 12–32: ob man außer den Sinnesdingen und dem Mathematischen („zwischen" ihnen und den Ideen) noch etwas anderes, d. h. andere Substanzen (als Wesenheiten der Dinge), wie z. B. die Ideen, annehmen muß oder nicht.

(a) Grund für die Annahme anderer Substanzen, wie der Ideen: Das Mathematische ist im Artgleichen unendlich vieles (z. B. unendlich viele Dreiecke) und kann deshalb nicht die Wesenheiten der Dinge bilden, da sonst die Wesenheiten nur der Art, nicht auch der Zahl nach je Eines wären (was unmöglich zu sein scheint, s. o. (9. Aporie). Von diesem Grund ließen sich ja auch die Platoniker (wiewohl nicht so ausdrücklich) leiten, als sie die Ideen annahmen, die (der Zahl nach) je eine Wesenheit sind und verschieden vom Akzidentellen, b 14–29.

(b) Gegen die Annahme anderer Substanzen, wie der Ideen, sprechen jedoch die o. gen. (9. Aporie) unmöglichen Folgen, in die sie führt, b 29–32.

(14. Aporie) 1002b 32 – 1003a 6: ob die Elemente nur der Möglichkeit nach „potential" sind, oder in anderer (sc. „aktualer") Weise.

(a) Wenn die Elemente nicht potential, sondern aktual wären, so müßten ihnen andere potentiale vorhergehen; denn das Potentiale ist früher als das Aktuale (weil aller

Aktualität Potentialität zukommen können muß, aber nicht umgekehrt), 1002b 34 – 1003a 2.

(b) Wenn hingegen die Elemente potential wären, so könnte auch überhaupt nichts sein; denn potential ist, was auch nicht sein kann (reductio ad absurdum: Nun ist aber etwas Aktuales; also . . .), a 2–6.

Nach vorsokratischen Lehren lagen die Stoffelemente immer schon aktual mit bestimmten Eigenschaften vor. Erst Aristoteles stellt klar heraus, daß sich die Stoffe, bezogen auf die aktualen Dinge, deren Elemente sie sind, potential verhalten.

In bezug auf die Entstehung der Einzeldinge und ihrer stofflichen Seite nach ist für Aristoteles „das Potentiale früher als das Aktuale". Im ganzen jedoch und von der Seite der Formursache her gesehen ist das Aktuale früher (s. u. IX 8).

(15. Aporie) 1003a 6–17: ob die Prinzipien allgemein oder in der Weise der Einzeldinge sind:

(a) Wenn sie allgemein wären, so könnten sie nicht Wesen, d. h. Substanzen, sein, die ja im Gegensatz zum Allgemeinen immer ein bestimmtes Etwas (Dies-da) sind, a 7–9.

Wenn sie aber gleichwohl (wie bei den Platonikern) durch „Herausstellung" als Substanzen angesetzt würden, so müßte jedes Einzelding viele Substanzen sein (nämlich alle, an denen es teilhat), z. B. Sokrates die Substanz als Sokrates, die als Mensch und die als Lebewesen.

Das Argument (a) richtet sich gegen die platonische Setzung der Wesenheiten als für sich bestehender Substanzen (wodurch es nur zu einer „Verdoppelung" der Dinge kommt). Für Aristoteles sind die Wesenheiten der sinnlichen Substanzen nicht wiederum von ihnen verschiedene Substanzen, sondern mit ihnen identisch, genauer: mit ihrem Was-, Sosein, das durch das Allgemeine definierbar ist.

(b) Wenn hingegen die Prinzipien in der Weise der Einzeldinge wären, so gäbe es von ihnen keine Wissenschaft, die ja immer auf das Allgemeine geht, es sei denn, es gingen ihnen andere, allgemeine Prinzipien vorher.

BUCH IV (Γ)

DIE METAPHYSIK ALS WISSENSCHAFT VOM SEIENDEN ALS SOLCHEM BZW. DER SUBSTANZ UND IHREN EIGENSCHAFTEN, SOWIE VON DEN OBERSTEN WISSENSCHAFTS-AXIOMEN

IV Kapitel 1
Der (Ausgangs-)Gegenstand der Metaphysik in Abhebung von den Einzelwissenschaften: das Seiende als solches

(a) 1003a 21–26: Die Metaphysik-Wissenschaft hat zum Gegenstand ihrer Untersuchung das Seiende als Seiendes, im Gegensatz zu den Einzelwissenschaften, die jeweils nur einen Teilbereich des Seienden mit dem ihm Akzidentellen (= den ihm zukommenden Eigenschaften) untersuchen.

(b) 1003a 26–32: Sonach geht die Metaphysik auf die höchsten Ursachen, Prinzipien „einer gewissen Natur an sich" bzw. des Seienden als solchen, nicht aber (wie die Einzelwissenschaften) eines Teilbereiches des Seienden und nicht hinsichtlich etwas Akzidentellen. In ähnlicher Weise suchten schon die früheren Philosophen nach den Elementen und Prinzipien des Seienden nicht im akzidentellen Sinne, sondern insofern es an sich Seiendes ist.

Der Bestimmung des (Ausgangs-)Gegenstandes der Metaphysik in Abhebung von den Einzelwissenschaften liegt die (hier und in Kap. 2 schon vorausgesetzte) Kategorien-Einteilung in das an sich Seiende der ersten, der Substanz-Kategorie, und das akzidentelle Seiende der übrigen Kategorien zugrunde. „Das Akzidentelle" meint hier nicht das Zufällige, sondern die Eigenschaften der verschiedenen „Teilbereiche" nach den Kategorien, die den Dingen zukommen und Gegenstand der Einzelwissenschaften werden. Während diese die Dinge hinsichtlich ihrer Eigenschaften in verschiedenen kategorialen Teilbereichen untersuchen, betrachtet die Metaphysik alle Dinge „als Seiendes", d. h. sofern sie an sich sind und den Eigenschaften zugrunde liegen, „als eine gewisse Natur an sich", sc. als Substanz.

„Das Seiende als solches" bezeichnet den Ausgangsgegenstand der Metaphysik, die Einzeldinge als Substanzen. Von ihnen sucht die Metaphysik die ersten Ursachen, Prinzipien, die, wie in Buch I 1–2 dargelegt, der Zielgegenstand dieser Wissenschaft sind (s. auch u. VI 1).

IV Kapitel 2
Das Seiende als solches, d. h. die Substanzen, sofern das e i n e, erste (Analogat) alles übrigen (akzidentellen) Seienden, und die ihnen zukommenden Merkmale als einheitlicher Gegenstand e i n e r einzigen Wissenschaft, der Metaphysik

(a) 1003a 33 – b 22: Das Seiende wird in vielfacher Weise ausgesagt – nach den verschiedenen Kategorien der Substanz, Quantität, Qualität u. ä. –, aber nicht als äquivok (auch nicht als univok) Allgemeines, sondern (als analoges) mit Bezug auf *ein* Erstes, sc. die Substanz (Beispiel aus der Medizin mit dem Begriff „gesund", der von verschiedenen Dingen analog allgemein ausgesagt wird mit Bezug auf *ein* Prinzip, die Gesundheit selbst), a 33 – b 10.

Gegenstand *einer* Wissenschaft kann nun nicht nur das univok allgemein nach einer Gattung Ausgesagte sein, sondern auch das, was (analog) mit Bezug auf *ein* Erstes ausgesagt wird. Daher wird auch das Seiende als solches (die Substanzen) Gegenstand *einer* einzigen Wissenschaft sein (sc. der Metaphysik). In jedem Fall geht überall die Wissenschaft hauptsächlich auf ein Erstes, wovon das übrige abhängt. Wenn dies im vorliegenden die Substanz ist, so muß von den Substanzen (als Ausgangsgegenstand) die Metaphysik (wie oben gesagt) die ersten Ursachen und Prinzipien aufsuchen, b 11–19.

Wie jeder Gattung von Gegenständen, wovon es eine Wahrnehmung gibt, eine Wissenschaft zugeordnet ist (Beispiel mit der Grammatik und ihrer Gegenstands-Gattung, den Lauten), so handelt von allem Seienden als solchem (d. h. allen Substanzen) der Gattung nach *eine* allgemeine (Metaphysik-)Wissenschaft, von seinen Arten aber verschiedene (Metaphysik-)Disziplinen, b 19–22.

1003a 33 – b 10: Buch IV bringt die Lösung der 1. bis 4. Aporie (s. o. Buch III). Gemeinsam ist ihnen das Problem, von welcher Allgemeinheit das Seiende ist, das in der Vielheit (der verschiedenen Kategorien) vorliegt und keine höchste Gattung mehr ausmacht (III 3, 998b 22: „Das Seiende ist keine Gattung"), wie noch bei Parmenides und Platon. Aristoteles' geniale Entdeckung ist nun, daß das Seiende kein (logisch) gattungsmäßiges Allgemeines mehr ist, sondern ein (ontologisch) analoges, wobei er den ontologischen Aspekt der Kategorien-Einteilung bemerkt: Während die Akzidenzien der 2. Kategorie und folgenden nur ein abhängiges (inhärierendes) Sein haben, „zweites Seiendes" sind, ist die Substanz, nach der 1. Kategorie, in ihrem An-sich-sein (Subsistieren) „erstes Seiendes" (s. bes. auch VII 1).

Der Aspekt des Seienden an allem erfahrungsgemäß Gegebenen ist kein (logisch) gattungsmäßiges Allgemeines, da es weder bloß „homonym" (namensgleich, äquivok), noch „synonym" (bedeutungsgleich, univok) ausgesagt wird. Was sich nun als ein Gemeinsames an Verschiedenem findet, ist ein „verhältnismäßiges", „analoges" Allgemeines. (Der Begriff der Analogie wird hier in IV 2 nicht ausdrücklich erwähnt, vgl. aber ‚Nik. Ethik' I 4. 1096 b 29, ‚Metaph.' IX 6, 1048 a 37; XIV 6, 1093 b 19. Der Begriff entstammt der Mathematik; er setzt eine teilweise Gleichheit und teilweise Verschiedenheit der Analogieglieder voraus, vgl. ‚Nik. Ethik' V 6, 1131a 31 ff; ‚Metaph.' V 6, 1016b 34).

Die spätere scholastische Lehre von der Seinsanalogie und den Transzendentalien gründet sich, Aristoteles folgend, auf die ontologisch verstandene, analoge, „transzendentale" Allgemeinheit von Sein. Transzendental ist sie, weil die obersten (logischen) Kategorien-Gattungen „übersteigend". Zu beachten ist aber, daß die analoge Allgemeinheit von Sein nicht nur „jenseits" der obersten Gattungen liegt, sondern auch „diesseits" der untersten Arten, weil sie sogleich auch immer das Einzelne voll bestimmt einschließt. (Dies gerade im Gegensatz zu den logischen Gattungen, die sich, je allgemeiner, höher sie sind, desto unbestimmter, inhaltlich ärmer zum Einzelnen verhalten. Wenn es deshalb das Seiende als eine höchste Gattung gäbe, so wäre sie völlig inhaltsleer und mit dem Nichts gleichzusetzen, wie zu Beginn von Hegels „Logik").

b 11–19: Aristoteles trägt hier in IV 2 die Lehre von der analogen Einheit des Seienden nicht deshalb vor, um zu zeigen, daß alles Seiende, Substanzen und Akzidenzien, Gegenstand der Metaphysik ist, sondern um zu zeigen, daß die Substanzen, deren verschiedene Arten, hinsichtlich ihrer verschiedenen Akzidenzien (Eigenschaften), Gegenstände der Einzelwissenschaften sind, in einer anderen, ihnen allen gemeinsamen Hinsicht, nämlich der ihres substantiellen „ersten" Seins, noch einmal einheitlicher Gegenstand einer einzigen Wissenschaft werden, sc. der Metaphysik. Und damit löst sich die 3. Aporie auf; ferner auch die 1. Aporie; denn mögen auch die „ersten Ursachen", auf welche sich, nach Buch I, die Metaphysik richten soll, verschiedener Art sein und in verschiedenen Substanzbereichen von Einzelwissenschaften untersucht werden, so betrachtet sie doch noch einmal gemeinsam die Metaphysik, sofern sie nämlich alle im substantiellen Sein liegen („erste Ursachen des Seienden als solchen" sind).

Es ist zu beachten, daß der Begriff des „ersten Seienden" zwar vorderhand die sinnlichen Substanzen (im Gegensatz zu den Akzidenzien) bezeichnet, jedoch nicht auf sie beschränkt bleibt, sondern auch auf ein „Erstes" im Sinne von Prinzipien, Ursachen des Seins verweist, zunächst auf die den sinnlichen Substanzen immanenten, die Formursachen, schließlich aber auf gewisse „abgetrennte" (= transzendente), die wegen ihres selbständigen Seins auch wieder Substanzen heißen.

Zu b 19–22: Hier wie weiter unten, 1004a 2–9, hat Aristoteles eine gleichsam ontologische Einteilung in „Arten des Seienden" im Blick, d. h. in sinnliche, materielle, und abgetrennte, immaterielle Substanzen, die ganz verschieden ist von der nach Gattung und Spezies verfahrenden, wenn sie auch in Analogie zu ihr steht: Wie sich deshalb z. B. Geometrie und Mathematik nach den Arten ihrer Gegenstandsgattung in Teildisziplinen aufteilen, so auch die

Philosophie nach den „Arten des Seienden" in „erste" („Theologie") und „zweite Philosophien" („Physik" und theoretische Mathematik, s. u. VI 1). So löst sich auch die 3. Aporie auf; denn diese ontologische Einteilung konkurriert nicht mit der anderen, spezies-orientierten in Einzelwissenschaften und ihre Teildisziplinen.

(b) 1003b 22 – 1004a 9: Die Betrachtung des Einen und seiner Arten fällt der Metaphysik zu. „Seiendes" und „Eines" sind so identisch, „daß sie einander folgen", ähnlich wie „Prinzip" und „Ursache" (d. h. wo das eine von beiden ausgesagt wird, da auch das andere). Anzeichen dafür: „Ein Mensch", „seiender Mensch" und „Mensch" bezeichnen nichts Verschiedenes, sondern Identisches und bedeuten nur eine Verdoppelung des Ausdruckes. „Seiendes" und „Eines" sind auch beim Entstehen und Vergehen der Dinge nicht getrennt. Die Hinzufügung des einen zum anderen bezeichnet nur etwas Identisches. Ferner gehört zum Wesen des Seienden das Eine und des Einen das Seiende.

Dem Einen kommen also dieselben Arten zu wie dem Seienden. Diese sind deshalb von ein und derselben Wissenschaft der Gattung nach zu betrachten. Solche Arten des Einen sind: das Identische, das Ähnliche u. a., die in der „Auswahl der Gegensätze" untersucht worden sind (vgl. Aristotelis fragmenta, ed. Rose, fr. 31).

a 2–9: Ergänzung zur Einheit der Metaphysik-Wissenschaft und ihrer Aufteilung in Disziplinen, in „erste" und „zweite Philosophien", „soviele Substanzen es gibt"; „denn das Seiende und Eine liegt von vornherein in Gattungen vor" (Analogie-Vergleich mit der Aufteilung der Mathematik in Disziplinen).

Die Stelle a 2–9 ergänzt die obige, 1003b 19–22, und zeigt, daß das Eine dem Seienden als solchem, den Substanzen, auch in seine „Gattungen" hinein folgt. Mit den „Gattungen" sind wohl nicht das Identische, Ähnliche u. a. gemeint, denen ja nicht „erste" und „zweite Philosophien" entsprechen, sondern vielmehr die der sinnlichen und unsinnlichen, abgetrennten Substanzen. D. h. das Eine folgt dem Seienden in seiner analogen Allgemeinheit eines ursächlichen Ersten.

Wenn aber die vorliegende Stelle von „Gattungen" des Seienden als den Kategorien sprechen sollte, denen in gewisser Weise die Einteilung in die Einzelwissenschaften entspricht, so wäre wohl der Sinn dieser: Wie in jedem Falle die Einteilung der Wissenschaften und ihrer Disziplinen einer (kategorialen) Einteilung des Seienden bzw. Einen folgt, so auch analogerweise die der Philosophie (einer ontologischen Einteilung innerhalb der 1., der Substanz-Kategorie).

(c) 1004a 9–31: Das Viele und seine Arten sind ebenfalls Gegenstand der Metaphysik: Entgegengesetztes wird von ein und derselben Wissenschaft untersucht (wobei die Entgegensetzung entweder durch Negation erfolgt, die etwas schlechthin aufhebt, oder durch Privation, die etwas an einer zugrunde liegenden Gattung aufhebt), dem Einen mit seinen Arten sind aber das Viele und seine Arten: das Andere (Verschiedene), Unähnliche, Ungleiche u. a. m., entgegengesetzt, ferner auch der konträre Gegensatz, der als eine Differenz zur Andersheit gehört. Also muß dieselbe *eine* Metaphysik-Wissenschaft hiervon handeln, a 9–22.

Dies leuchtet auch daraus ein, daß die Arten des Einen und die des Vielen ebenso wie das Eine (und das Seiende) in mehrfacher Bedeutung ausgesagt werden, aber immer mit Bezug auf ein (analog) Erstes, und daß (wie o. gesagt) nicht nur das nach einer Gattung, sondern auch das mit Bezug auf ein (analog) Erstes gemeinsam Ausgesagte Gegenstand *einer* Wissenschaft ist, a 22–25.

Daraus folgt aber weiter: Wenn das Eine mit seinen Arten: dem Identischen, Ähnlichen usw., und das Viele mit seinen Arten: dem Anderen, Unähnlichen usw., (ebenso wie das Seiende) in mehrfacher Bedeutung ausgesagt werden, und zwar immer mit Bezug auf ein erstes Eines (und erstes Seiendes), so muß die Metaphysik ihre verschiedenen Bedeutungen (nach den verschiedenen Kategorien und ursächlichen Abhängigkeiten) untersuchen, a 25–31.

Die aristotelische Feststellung, daß das Eine immer dem Seienden folgt, ist die Quelle für die spätere scholastische Transzendentalienlehre, daß jedes Seiende Eines ist und umgekehrt, wie auch Wahres (vgl. ‚Metaph.' II 1) und Gutes (‚Nik. Eth.' I 4).

Das Identische und Verschiedene betreffen nach Aristoteles den Gegensatz des Einen und Vielen und somit die Beziehungen, in denen jedes Seiendes zu sich selbst und zu jedem anderen steht; denn „jedes Seiende ist jedem Seienden entgegengesetzt". Der Ursprung dieser Betrachtung liegt in Platons ‚Parmenides' und ‚Sophistes'. In der Scholastik dienen die Beziehungen der Identität und Verschiedenheit alles Seienden zu sich und gegeneinander als Leitfaden für eine systematische Aufstellung der Transzendentalien[1]. *In der Neuscholastik ist kontrovers, ob jene Beziehungen reale oder nur gedankliche (logische) sind. Von Aristoteles her gesehen, müßte man sagen, daß das Identische und Verschiedene zwar reale Seinsmerkmale sind, aber nicht des Seienden als solchen schlechthin, sondern unter einer bestimmten. Hinsicht, nämlich sofern es als Eines und Vieles vorliegt.*

(d) 1004a 31 – 1005a 13, Lösung der 4. Aporie (s. o. III 2): Dieselbe *eine* (Metaphysik-)Wissenschaft, die von der Substanz handelt, hat auch das Eine und Viele mit ihren Arten und sonst alles derartige zu untersuchen.

Bestätigende Argumente:

1. Keine andere Wissenschaft käme in Frage als nur die Philosophie (Metaphysik), über das Identische (z. B. bei Sokrates und sitzendem Sokrates), den Gegensatz des Einen zu Einem, über sein Wesen und seine verschiedenen Bedeutungen zu handeln; denn dieses und alles derartige sind Eigenschaften des Einen als solchen und (letztlich) des Seienden als solchen (d. h. des Gegenstandes der Metaphysik, nicht aber z. B. von Zahl, Linie oder Feuer, d. h. nicht eines Gegenstandes der übrigen Wissenschaften, z. B. der Mathematik oder Physik), 1004b 1–8.

[1] H. Seidl, Die aristotelischen Quellen zur Transzendentalien-Aufstellung b. Thomas v. Aqu., De veritate I 1, in: Philos. Jahrb. (80) 1973, 166–171.

2. Tatsächlich werden über all dieses bereits von einigen (sc. den Dialektikern und Sophisten) eigene Untersuchungen (nach Art einer eigenen Wissenschaft) angestellt, aber ohne Einsicht in die Substanz. All jenes sind aber Eigenschaften der Substanz, des Seienden als solchen (das Gegenstand der Philosophie ist) und muß von der Philosophie untersucht werden, wie analogerweise z. B. die Mathematik zu ihrem Gegenstand, den Zahlen, ihre Eigenschaften: Ungeradheit und Geradheit, Verhältnis und Gleichheit usw. untersucht, b 8–17.
3. Bestätigung ist auch, daß die Dialektiker und Sophisten, die über all jenes oben Erwähnte (Seiendes, Eines, Vieles, Gegensatz usw.) handeln, für Philosophen gelten wollen, wenn auch zu Unrecht, denn Dialektik und Sophistik beanspruchen zwar denselben Gegenstand wie die Philosophie, bleiben aber hinter ihr entschieden zurück: die Dialektik dem Vermögen nach, da sie keine Einsicht in das Seiende als solches, die Substanz, zu gewinnen vermag; die Sophistik aber dem Lebenszweck nach, da sie (um politischer Macht willen) nur als Weisheit (Philosophie) zu erscheinen, sie nicht wirklich zu sein sucht, b 17–26. *Dieselbe abschätzige Beurteilung der Sophistik als Scheinweisheit findet sich schon in Platons ‚Sophistes', ebenso auch der sophistischen Dialektik, die (geprägt von einer Erkenntnis-Skepsis) häufig bloß vom Wahrscheinlichen ausgehend, sich in antithetischen Beweisgängen und Trugschlüssen ergeht (vgl. o. III 1, 995b 23). Platon hat dem seine eigene „Dialektik" entgegengestellt, eine strenge Untersuchung der Begriffs(-Ideen-)Verbindungen, und Aristoteles seine Beweislehre, sowie die Klärung der „mehrfachen Bedeutungen" des Seienden, des Einen und anderer Begriffe*[2].
4. Alle Gegensätze lassen sich auf das Eine und Viele bzw. letzlich auf den privativen Gegensatz des Seienden und

[2] Zur Dialektik bei Aristoteles vgl. E. Berti: Aristotele, Dalla dialettica alla filosofia prima, Padua 1977, und meine Untersuchung in: Beiträge zu Aristoteles' Erkenntnislehre u. Metaphysik, S. 153 ff.

Nichtseienden zurückführen, und die Prinzipien des Seienden haben die Form von Gegensätzen, wie dies auch alle früheren Philosophen anzunehmen versuchten: z. B. (die Pythagoreer) als Ungerades und Gerades, (Parmenides) als Warmes und Kaltes, (die Platoniker) als Grenze und Unbegrenztes, (Empedokles) als Freundschaft und Streit. Wenn somit „alles entweder Gegensatz oder aus Gegensätzen" ist, „Prinzipien aber der Gegensätze das Eine und das Viele sind" (s. u. Buch X), so muß *eine* einzige Wissenschaft von all diesen handeln, eben die auf das Seiende als solches, die Substanz, gehende. Wenn sich aber auch das Eine in mehrfacher Bedeutung aussagen läßt, und wenn das Eine wie das Seiende nicht eine allgemeine (univoke) Gattung ist (die gleichbedeutend von allem ausgesagt würde und selbständig abtrennbar von allem wäre), so wird es doch mit Beziehung auf ein erstes Eines ausgesagt, und zwar in verschiedenen (kategorialen) Hinsichten. Unter keiner der verschiedenen Bedeutungen wird es aber Gegenstand einer anderen Wissenschaft, etwa der Geometrie, es sei denn unter Voraussetzung (der ontologischen, analogen Bedeutung), b 27 – 1005a 13.

(e) 1005a 13–18, Zusammenfassung: Es ist Aufgabe ein und derselben Wissenschaft (sc. der Metaphysik), das Seiende als solches und das ihm Zukommende, bzw. die Substanzen und ihre Eigenschaften zu untersuchen, sowohl die bisher genannten als auch weitere wie: das Früher und Später, Gattung und Art, Ganzes und Teil u. a.

IV Kapitel 3

Die obersten Beweis-Axiome (Satz vom Widerspruch und ausgeschlossenen Dritten) als Gegenstand derselben Wissenschaft, die von der Substanz handelt, sc. der Metaphysik

(a) 1005a 19 – b 8, Lösung der 2. Aporie: Argumente dafür, daß die Erörterung über die obersten Beweis-Axiome und über die Substanz, das Seiende als solches, derselben *einen* Wissenschaft zukommt, sc. der Metaphysik:

1. Die obersten Beweis-Axiome gelten nicht nur von einzelnen, sondern von allen Wissenschafts-Gegenständen, sofern sie nämlich Seiendes als solches (Substanzen) sind; „dieses ist das allen Gemeinsame". Alle Wissenschaften bedienen sich ihrer, verwenden sie aber nur, soweit für ihren jeweiligen Gegenstandsbereich erforderlich. Also müssen sie von der Wissenschaft untersucht werden, die vom Seienden als solchem handelt, a 19–29.
2. Tatsächlich untersucht denn auch keine Einzelwissenschaft die Wahrheit der obersten Beweis-Axiome. Ausgenommen einige Vertreter der Physik, jedoch in dem Mißverständnis, als ob ihre Wissenschaft von der ganzen Natur und allem Seienden handle. Dagegen spricht aber, daß die (bewegte, sinnliche) Natur nur *eine* Gattung des Seienden ist. Also ist erste Wissenschaft (Philosophie) nicht die Physik, sondern die Wissenschaft, die als theoretische allgemein vom Seienden als solchem handelt und auf eine „erste Substanz" ausgerichtet ist (sc. die Metaphysik, s. u. VI 1), a 29 – b 2.
3. Einige (von den o. Kap. 4 ff erwähnten Vorsokratikern oder ihren Schülern) haben zwar über die obersten Beweis-Axiome und ihre Wahrheit Überlegungen angestellt, sie aber mit ihren Untersuchungen über die Natur vermengt, was ein Zeichen von Unbildung ist; denn man muß die wissenschafts-theoretischen Überlegungen (die in Aristoteles' Anal. posteriora zu finden sind) bereits abgeschlossen haben und ihre Ergebnisse „schon mitbringen", wenn man sich der Naturphilosophie (und Metaphysik) zuwendet, b 2–5.

Ergebnis: Die (erste) Philosophie (die Metaphysik), die vom Wesen jeder Substanz handelt, muß auch die obersten Beweis-Axiome erörtern, b 5–8.

(b) 1005b 6–34: Bestimmung des obersten Beweis-Axioms, d. h. des Satzes vom Widerspruch:

1. Argument, daß das oberste Beweis-Axiom das allerge-

wisseste (Erkenntnis-)Prinzip ausmacht: Wie in jedem Gegenstandsbereich der Einzelwissenschaften „der am meisten Erkennende" die (relativ) gewissesten (Erkenntnis-)Prinzipien besitzen muß, so wird dasjenige Prinzip, das bei der allgemeinen Betrachtung des Seienden als solchen (des Gegenstandes der Metaphysik) der Philosoph anzugeben vermag, das (absolut) allergewisseste sein, b 8–11.

2. Merkmale des allergewissesten (Erkenntnis-)Prinzips: Seine Erfassung ist erstens irrtumslos und zweitens voraussetzungslos (vgl. Platon, Resp. 510b); denn es ist selbst „am meisten bekannt" und die Voraussetzung für jedwede Erkenntnis vom Seienden, auch der (von Einzelwissenschaften gemachten) Prämissen („Hypothesen") b 11–17.
3. Bestimmung des allergewissesten (Erkenntnis-)Prinzips (nämlich in dem Satz vom Widerspruch): „Ein und demselben kann dasselbe in derselben Hinsicht unmöglich zugleich zukommen und nicht zukommen", b 17–23.
4. Bestätigt wird dieses Prinzip durch das oben Gesagte (wonach es irrtumslos ist und am meisten bekannt); denn es schließt aus, „daß jemand (zugleich) annehme, dasselbe sei und sei (zugleich) nicht". Daß Heraklit dies leugnete, ist kein Einwand; denn was er sagte, muß ja nicht auch das sein, was er wirklich annahm. Wenn nun das Prinzip gilt, „daß demselben unmöglich zugleich Entgegengesetztes zukomme", so kann auch „unmöglich derselbe (Mensch) zugleich annehmen, daß dasselbe sei und nicht sei". Ist dies aber unmöglich, so ist auch über die Bedingung hierfür, sc. das genannte Axiom, kein Irrtum möglich. Dieses ist also absolut irrtumsfrei (und am gewissesten, sc. die Erfassung, daß etwas ist). Weitere Bestätigung: Alle kommen beim Beweisen auf dieses Prinzip als letzte (= erste) Annahme zurück, das oberstes Axiom ist, Prinzip der anderen Axiome (Hypothesen der Einzelwissenschaften), b 23–34: s. An. post. I 2.

Der Satz vom Widerspruch war schon Platon (vgl. ‚Resp.' IV 12, 436e – 437a) bekannt, sowie den Herakliteern und Protagoreern, die ihn freilich leugneten, und hatte bei ihnen nicht nur logische, sondern auch metaphysische und (metaphysisch-)psychologische Bedeutung. Aristoteles sieht ihn offenbar in Zusammenhang mit dem Seinsmerkmal des Identischen (Selbigen), von dem er in Kap. 3 sprach. In Kap. 4 bringt er den Satz in zwei Formulierungen: erstens, daß „unmöglich demselben dasselbe zugleich zukommen und nicht zukommen kann", b 19–20 (S = P, S ≠ P), zweitens, in anderer Wendung, „unmöglich demselben zugleich Entgegengesetztes zukommen kann", b 26–27 (S = P, S = non-P). Dies ist die Bedingung dafür, daß „unmöglich derselbe (Mensch) zugleich annehmen kann, dasselbe sei und sei nicht", b 23–24 und 29–30. Der Satz besagt ontologisch, daß jedes Seiende (sei es Akzidens oder Substanz) mit sich identisch, widerspruchsfrei ist, und so unmöglich dasselbe zugleich sein (dasein, etwas, eines u. ä. sein) und nicht sein (dasein, etwas, eines, u. ä. sein) kann. Erkenntnistheoretisch und psychologisch heißt es, daß ein und derselbe Mensch (in seiner Seele) unmöglich über dasselbe Seiende zugleich zwei entegegengesetzte Annahmen haben kann. In logischer Bedeutung: Von demselben Aussagensubjekt können nicht zugleich entgegengesetzte Prädikate ausgesagt werden: S = P, S ≠ P; oder S = P, S = non-P.

Das „zugleich" (in allen Formulierungen) kann man nur verstehen, wenn man den ontologischen Aspekt des Widerspruchs-Satzes beachtet: Es betrifft das unteilbare Jetzt, das mit dem Seinsakt jedes Seienden verbunden ist.

Aristoteles' Verteidigung des Widerspruchs-Satzes in IV 4 ff. ist eine metaphysische; sie stützt sich letztlich auf das Sein der Substanz, wovon die Leugner des Satzes „nichts wissen" (1004b 10). So kommt hier einerseits die ontologische Bedeutung des Satzes zum Ausdruck, sowie überhaupt der Vorrang der Metaphysik vor der Logik und Erkenntnistheorie. Andererseits aber setzt Aristoteles ausdrücklich (1005b 2–5) gewisse Einsichten seiner ‚Analytiken' voraus, die der Metaphysik methodisch vorhergehen und gleichsam zu ihrer erkenntnis- und wissenschaftstheoretischen Grundlegung dienen. Solche Einsichten sind z. B., daß es ein „erstes Bekanntes" gibt, – sc. das Seiende, das „als solches" reflektiert zum Gegenstand der Metaphysik wird, sowie die innere Widerspruchsfreiheit des Seienden –, daß es über dieses und überhaupt über die ersten Prinzipien aller Wissenschaften (Sein und Wesenheit der Dinge) keinen Beweis mehr gibt (1006a 5–11; vgl. schon o. III 2, 997a 30–32), u. a. m.

IV Kapitel 4
Widerlegung der Leugner des Satzes vom Widerspruch

(a) 1005b 35 – 1006a 28: Die Art der Widerlegung (sc. nicht durch direkten Beweis, sondern durch indirekt widerlegenden Beweis):

Die Leugner, zumeist „Physiker" (Naturphilosophen, nämlich Herakliteer und Demokriteer) lehren, „daß dasselbe (zugleich alles Widersprüchliche/Gegensätzliche) sei und nicht sei" (und daß alle gegensätzlichen Annahmen wahr seien), und fordern vom anderen, daß er den Satz vom Widerspruch beweise. Dies verrät jedoch Mangel an Bildung, nicht zu wissen, daß es nicht von allem Beweis gibt, nämlich nicht von den Prinzipien der Beweise (denn wären sie wieder beweisbar, so aus früheren Prinzipien, und diese wieder aus früheren), was einen Fortgang ins Unendliche ergeben würde (vgl. ‚Anal. post.' I 3). Oberstes Beweis-Prinzip aber ist der Satz vom Widerspruch. Also läßt er sich nicht mehr (direkt) beweisen, b 35 – a 11.

Er läßt sich jedoch (indirekt) durch Widerlegung seiner Leugner beweisen (die sein Gegenteil behaupten), sofern sie nur überhaupt zu einer Rede bereit sind, b 11–15.

Dieser indirekt widerlegende Beweis des Satzes vom Widerspruch ist von einem direkten Beweis verschieden: Dieser enthielte eine *petitio principii*, jene Widerlegung aber nicht, da an ihrem Anfang die gegnerische Behauptung (des Gegenteils) steht, b 15–18.

Das Vorgehen der indirekten Widerlegung: Den Anfang macht (wie gesagt) der Gegner, indem er etwas sagt. Gefordert ist von ihm nicht einmal ein Urteil, daß etwas sei oder nicht sei – weil dies schon wieder eine *petitio principii* wäre –, sondern lediglich die einfache Bezeichnung von etwas durch ein Wort. Kommt er der Forderung nach und bestimmt etwas mit einem Wort, so macht er den Anfang seiner eigenen Widerlegung; denn „er steht Rede, obwohl er doch (mit seiner Leugnung des Satzes vom Widerspruch) die Rede aufhebt". Ferner hält er durch seine einfache Bezeichnung von etwas dieses für wahr ohne Beweis, obwohl er doch von allem Beweise verlangt, b 18–28.

(b) 1006a 29 – 1009a 5: Durchführung der Widerlegung mit folgenden Argumenten:

(1.) Wenn das Wort „Sein" bzw. „Nichtsein" je ein bestimmtes Etwas (Dies-da) und jedes Wort, wie z. B. „Mensch", etwas Eines bezeichnet, so kann unmöglich jedes Seiende zugleich alles Gegensätzliche sein. Daß aber jedes Wort Eines bezeichnet, erweist sich aus der Definition, die auf das Sein jedes Dinges geht, z. B. die des Menschen: nämlich zweifüßiges Lebewesen, auf das Mensch-Sein, 1006a 29–34.

Mögliche gegnerische Einwände und ihre Behebung:

Erster Einwand: Ein Wort kann Vieles bezeichnen.

Erwiderung: Dies macht nichts, wenn nur endlich Vieles. Dann läßt sich für jedes von dem Vielen die Definition ermitteln und ein eigenes Wort finden. Wenn aber ein Wort unendlich Vieles bezeichnen soll, so bezeichnet es gar nichts Bestimmtes mehr. Vielmehr wird dann die Rede – mit anderen und mit sich selbst – aufgehoben und auch das Denken, das ja immer jeweils Eines erfaßt, a 34 – b 11.

Ergebnis: Jedes Wort bezeichnet immer Etwas und nicht zugleich Entgegengesetztes, z. B. das Mensch-Sein und nicht zugleich das Nicht-Mensch-Sein, b 11–15.

Zweiter Einwand und Erwiderung: Daraus, daß Vieles (Gegensätzliche) von Einem bezeichnet werde, z. B. „Mensch", „gebildet", „weiß" (was doch Nicht-Mensch, also gegensätzlich zu Mensch ist), könnte man schließen, „daß Eines alles (Gegensätzliche) sein wird"; denn alles würde ja synonym (bedeutungsgleich) „von Einem bezeichnet". Hierauf ist jedoch zu erwidern, daß es nicht darum geht, ob viele (gegensätzliche) Bezeichnungen von Einem vorliegen, sondern ob sie „Eines der Sache nach (d. h. dem Sein, Sosein nach) bezeichnen"; denn viele (gegensätzliche) Bezeichnungen von Einem könnten z. B. aufgrund bloßer „Homonymie" (Namensgleichheit) vorliegen, so auch die Bezeichnungen „Sein" und „Nichtsein". Es wird jedoch dieser Gegensatz (von den Leugnern des Widerspruchs-Satzes) als ein solcher in der Sache verstanden, b 15–22.

Folgerung (reductio ad absurdum): Wenn aber Sein und Nichtsein in bezug auf ein und dasselbe nicht verschieden wären, z. B. das Mensch-Sein und das Nicht-Mensch-Sein, so würde alles Gegensätzliche Eines *sein*. Und wenn dies, so würde kein Wort mehr etwas Bestimmtes bezeichnen können. Es war aber am Anfang zugestanden worden, daß es dies gibt: etwas Bestimmtes und Eines bezeichnen. So geht z. B. das Wort „Mensch" auf das Mensch-Sein, das als „zweifüßiges Lebewesen" definiert werden muß. Und entsprechend bezeichnet die Verneinung das Nicht-Mensch-Sein als vom Mensch-Sein Verschiedenes, b 22 – 07a 4.

Dritter Einwand und Erwiderung: Wenn jemand einwendet, daß von Einem vieles (Gegensätzliche) aussagbar sei (was nicht zu seiner Definition gehört), z. B. von einem Menschen auch „weiß", was Nicht-Mensch ist (so daß doch wieder Gegensätzliches zugleich zusammen besteht), so ist zwar zuzugeben, daß man von Einem Vieles aussagen kann, jedoch auf die Frage: was es ist, nicht alles mögliche antworten darf, sondern nur „das, was Eines bezeichnet", also nur die Wesensdefinition, nicht die endlos vielen Akzidenzien, 1007a 4–20.

Sehr zu beachten ist die ontologische Ausrichtung dieses und der nachfolgenden Argumente:

Die Bezeichnung durch Worte geht immer auf das Sein der bezeichneten Dinge. Sie nimmt ihre Bestimmtheit und Einheit aus den Dingen, die ihrem (aktualen) Sein nach je etwas Bestimmtes und Eines sind. Zu der wichtigen Substantivierung des Infinitivs von Sein mit hinzutretendem Nomen im Dativ, wie im Beispiel τὸ ἀνθρώπῳ εἶναι *und in der allgemeinen Form* τὸ τί ἦν ⟨τὸ ἑκάστῳ⟩ εἶναι, *die für das Wassein, Sosein der Dinge steht, s.o. Einleitung.*

Genau besehen, entspricht dem bestimmten, aktualen Was- und Eines-Sein jedes Dinges ein einheitlich erfassender Vernunftakt im Menschen (1006b 10), und dieser drückt sich in der bestimmten einheitlichen Bezeichnung im Wort aus.

Zur Lösung der anstehenden Problematik trägt auch viel die Unterscheidung zwischen Substanz und Akzidenzien bei; denn ihre Bestimmtheit und Einheit haben die Dinge aus ihrem substantiellen Sein, nicht aus dem ihrer Akzidenzien. Freilich kam den Leugnern des Widerspruchs-Satzes diese Unterscheidung noch nicht in den Blick, ebensowenig auch der Seinsakt der Dinge, wonach sie je etwas Bestimmtes und Eines sind.

(2.) Die Behauptung, ein und dasselbe sei zugleich Entgegengesetztes, hebt Substanz und Wesenheit auf und macht alles zu Akzidentellem. Es macht nämlich Substanz und Wesenheit eines Dinge aus, daß es dieses bestimmte Eine ist im Gegensatz zu anderem, „daß es sein wesensmäßiges Sein in nichts anderem hat“ (z. B. das Mensch-Sein im Gegensatz zum Nicht-Mensch-Sein). Wer also dies leugnet, macht alles zu Akzidentellem, d. h. zu dem, was ein Ding nicht seinem substantiellen und wesensmäßigen Sein nach ist, 1007a 20–33.

Unmögliche Folgen, wenn alles nur als Akzidentelles ausgesagt würde und nur Akzidentelles wäre; denn es würden dann Akzidenzien von Akzidenzien und so fort ins Unendliche ausgesagt werden, und es gäbe Akzidenzien von Akzidenzien. Dies ist aber unmöglich: Es wird nämlich das Erste aufgehoben, das Subjekt (die Substanz nach der 1. Kategorie), wovon die Akzidenzien (nach den übrigen Kategorien) ausgesagt werden. Für das Akzidens ist es aber eigentümlich, immer Prädikat eines Subjekts zu sein. – Der erwähnte Fortgang ins Unendliche ist unmöglich, weil „das Akzidens nicht Akzidens eines Akzidens ist“ (sondern immer eines Subjekts, einer Substanz), „außer insofern beide Akzidenzien an demselben (Subjekt) sind“, wie in dem Fall, wo z. B. das „Weiße“ vom „Gebildeten“ ausgesagt wird, im Unterschied zu dem Fall, wo „Weiß“ von „Sokrates“. Daß hier die Reihe der Akzidenzien nicht ins Unendliche geht, ist klar, weil sie dann nicht mehr Eines (an *einem* Subjekt) sein können. Aber auch im ersten Fall nicht, weil (ohne Bezug auf ein gemeinsames Subjekt) jedes von jedem beliebig vertauschbar Akzidens sein würde (und so keine auf- oder absteigende Reihe mehr vorläge). – Wenn aber nicht alles als Akzidens ausgesagt werden kann, so muß es etwas geben, wovon es aussagbar ist, die Substanz (das letzte Aussagen-Subjekt). Wenn aber dieses, so muß die obige Behauptung fallen, a 33 – b 18.

Die Argumentation deckt die ontologische Voraussetzung des Satzes vom Widerspruch besonders deutlich auf. Sie liegt im substantiellen und wesensmäßigen Seinsakt der Dinge, nach der 1. Kategorie. Es ist nun auch klar, weshalb die Erörterung über diesen Satz „in diejenige Wissenschaft gehört, die von der Substanz handelt“, wie o. Kap. 3 festgestellt wurde, nämlich in die Metaphysik.

Von dem Unterschied zwischen substantiellem und akzidentellem Sein handeln besonders Buch VII 1, aber auch IV 2. Über die im substantiellen Sein der Dinge liegende Wesenheit, ihrem Sosein, bringen die Kapitel VII 4–12 die Hauptuntersuchung.

(3.) Die Behauptung der Leugner des Widerspruchs-Satzes, die auch der Lehre des Protagoras entspricht, daß alle widersprüchlichen (= entgegengesetzten) Aussagen über ein und dasselbe (Ding) wahr seien, führt in die unmögliche Folge, daß alles Eines wird; denn wenn man von jedem Ding etwas (gleicherweise so, wie es jedem wahr erscheint) bejahen oder verneinen kann (z. B. von Mensch Nicht-Schiff oder gleicherweise das Entgegengesetzte: Schiff, sowie Nicht-Mauer oder Mauer), so wird dasselbe alles mögliche sein (z. B. Mensch, Schiff, Mauer), 1007b 18–25.

Dieses All-Eine ist vergleichbar mit dem „Allzusammen“ des Anaxagoras (nach seinem Ausspruch: „Am Anfang waren alle Dinge zusammen“; Fragm. 1, D.-Kr.), d. h. dem Unbestimmten, dem Potentialen, also mehr dem Nichtseienden als dem aktualen Seienden, b 25–29.

Möglicher Einwand der Gegner, sie forderten nur, daß demselben Ding neben der Bejahung bloß seine eigene Verneinung zukomme, nicht auch die Verneinung anderer Dinge (weil dann auch deren Bejahung, was zu den absurden Folgen führt, z. B. der Mensch sei nicht Schiff, also auch Schiff u. a. m.). Erwiderung: Demselben Ding müßte neben seiner Bejahung noch eher die Verneinung anderer Dinge zukommen als seine eigene, b 29 – 08a 2.

Zu Protagoras und seiner Lehre s.u. Anm. zu IV 5 a). Mit ihr hat sich schon Platon im Dialog ‚Theaetet' auseinandergesetzt und ihre Verwandtschaft mit den Lehren der Atomisten herausgestellt. Der Hinweis auf Anaxagoras, 1007b 25, ist ein wörtlicher Anklang an Platon, ‚Phaedo' 72c (s. Ross I 271).

Zu Aristoteles' treffender Beurteilung des „Allzusammen" bei Anaxagoras als des unbestimmten, stofflichen Prinzips, des Nichtseienden (potential Seienden), vgl. I 8, 989a 30 – b 21, und XII 6, 1071b 22–31.

(4.) Die Leugner des Satzes vom Widerspruch heben auch den vom ausgeschlossenen Dritten auf, wonach demselben Ding notwendigerweise nur entweder eine Bejahung oder ihre Verneinung zukommt (z. B. daß es Mensch oder Nicht-Mensch ist). Wenn aber beide, Bejahung und Verneinung, zugleich „wahr" sein und zusammen bestehen sollen (z. B. dasselbe zugleich Mensch und Nicht-Mensch ist), so müssen beide – sei es, daß sie zwei Aussagen oder gleichsam nur eine einzige ausmachen – wieder noch einmal verneint werden können (so daß dasselbe weder Mensch noch Nicht-Mensch ist, – was alles Aussagen aufheben würde; soweit wollten jedoch die Leugner des Widerspruchs-Satzes nicht gehen), 1008a 2–7.

(5.) Die gegnerische Behauptung, daß zugleich Entgegengesetztes aussagbar sei, müßte von allen Dingen gelten; denn wenn von einigen nicht, so gäbe es wenigstens von diesen eine „bestimmte, anerkannte Bedeutung" (so daß hier jene Behauptung fallen würde). Wenn sie aber von allen gilt, dann entweder so, daß überall, wo Bejahung, auch immer Verneinung, aber nicht umgekehrt, wo Verneinung, auch immer Bejahung stattfindet; dann gäbe es aber einiges fest bestimmtes Nichtseiendes, und wenn dieses, dann auch das entgegengesetzte, bejahte Seiende (was wieder gegen die anfängliche Behauptung wäre);

oder so, daß sowohl alle Bejahungen als auch immer alle Verneinungen stattfinden, und zwar entweder getrennt ausgesagt, oder nicht (sondern zusammen ausgesagt). In beiden Fällen ergäbe sich jedoch, daß gar nichts (Bestimmtes) mehr ausgesagt würde, und daß nichts (Bestimmtes) mehr wäre. Auch würde alles Eines sein (wie schon oben gesagt), nicht mehr wäre eines vom anderen unterschieden, a 7–28.

(6.) Die anstehende Behauptung der Gegner führt in die weitere unmögliche Folge (die sie selbst nicht wünschen), daß nicht nur alle Wahres sagen, sondern ebenso auch Falsches. Und durch ihre eigene Lehre (wonach alle Wahres sagen, also auch diejenigen, die sie bestreiten) müssen sie zugeben, daß sie Falsches sagen. Zugleich läßt sich mit ihnen keine Erörterung mehr führen; denn sie sagen nichts (Bestimmtes) mehr, a 28–34.

Das Argument, wonach die Relativisten sich durch ihre eigene Lehre (daß alle Wahres sagen) widerlegen (da auch die sie Bestreitenden Wahres sagen), wendet schon Platon, ‚Theaet.' 171 a–b, gegen Protagoras.

(7.) (Falls die Gegner des Widerspruchsprinzips doch noch den Unterschied zwischen Wahr und Falsch zulassen, um nicht ihre eigene Lehre aufzuheben, so gilt:) Wenn die Bejahung von etwas wahr und die Verneinung davon falsch ist (vgl. ‚De interpr.' 9, 18 b 18), so kann unmöglich von ein und demselben (Ding) zugleich Entgegengesetztes ausgesagt werden. Doch dürfte dieses Argument eine *petitio principii* sein, 1008a 34 – b 2.

Das Argument deckt wie das vorige das Widersprüchliche bei den Gegnern auf, das darin liegt, daß sie einerseits behaupten, von ein und demselben Ding könne zugleich Entgegengesetztes ausgesagt werden, und jeder sage das (für ihn) Wahre, andererseits aber doch an dem Unterschied zwischen Wahr und Falsch, Weisheit und Unwissenheit festhalten (denn sie selbst wollten ja „Sophisten", d. h. Weisheitslehrer sein). Auf den Widerspruch macht schon Platon aufmerksam, ‚Theaet.' 161 c ff., 166 a ff.

Für Aristoteles schließt freilich die Unterscheidung von Wahr und Falsch den Satz vom Widerspruch ein, so daß für ihn das vorliegende Argument einer petitio principii gleichkommt.

(8.) Weitere Annahmen (im Sinne des Gegners) und ihre Widerlegung: Wenn Wahrheit darin besteht, daß man von ein und demselben Entgegengesetztes aussagt, dann besteht sie nicht mehr in bestimmten Aussagen über die Natur eines Dinges (die dann also sinnlos werden).

Wenn aber Wahrheit in einer bestimmten Aussage von einem Ding liegt, dann hat dieses eine bestimmte Natur (ist also nicht mehr zugleich Entgegengesetztes, wie die Gegner behaupten). Wenn aber alle gleicherweise mit ihren entgegengesetzten Aussagen von ein und demselben Ding zugleich Wahres und Falsches sagen, so führt dies zur Aufhebung sinnvollen Aussagens überhaupt. Es wäre soviel wie überhaupt nichts aussagen, b 2–11.

(9.) Die Gegner nehmen ihre Lehre selbst nicht ernstlich an, sondern behaupten sie nur mit dem Mund: Ihre Selbstwiderlegung im Bereich praktischer Erkenntnisse, wo niemand etwas gleicherweise für wahr und falsch und das heißt hier für gut und schlecht hält (z. B. nach Megara zu gehen oder nicht; sich in einen Brunnen zu stürzen oder nicht, usw.). Daraus folgt, daß alle annehmen, etwas verhalte sich in bestimmter Weise so (und nicht zugleich entgegengesetzt), sei es, daß diese Annahme ein Wissen oder bloß ein Meinen ist, das noch nach Wissen suchen muß, b 12–31.

(10.) Es gibt ein mehr und weniger irrtümliches, falsches Annehmen von etwas Bestimmtem, also auch ein mehr und weniger wahres. Auch daraus folgt, daß nicht alle möglichen entgegengesetzten Annahmen von etwas gleicherweise (relativistisch) wahr sind, wie die Gegner wollen, die „nichts im Denken mehr fest zu begrenzen (d. h. zu definieren) erlauben", b 31 – 09a 5.

IV Kapitel 5 und 6
Die Gründe der Leugnung des Satzes vom Widerspruch: die relativistischen und sensualistischen Lehren des Protagoras, Heraklit, Demokrit, u. a. Ihre Widerlegung

IV Kapitel 5

(a) 1009a 6–22: Die Leugnung des Satzes vom Widerspruch hat die (relativistische, skeptische) Lehre des Protagoras zur Voraussetzung:

1. Nach dieser Lehre ist alles wahr, was jedermann meint, und was ihm scheint. Nun sind aber die Meinungen von jedem oft einander entgegengesetzt – Anzeichen dafür ist, daß die einen den anderen Irrtum vorwerfen, Wahrheit und Irrtum aber vom Entgegengesetzten sind –; also muß hiernach alles Entgegengesetzte zugleich wahr und falsch sein, und dasselbe (Ding) muß zugleich sein und nicht sein, a 6–12.
2. Umgekehrt, wenn dasselbe zugleich ist und nicht ist, muß alles, was jemand meint, wahr sein; denn falsche Meinungen gäbe es ja nur als den wahren entgegengesetzte. Nun aber soll das Seiende so beschaffen sein, daß es zugleich Entgegengesetztes ist. Also . . ., a 12–15.

Ergebnis: Beide Lehren gehen zusammen: die der Protagoreer und die der Leugner des Widerspruchsprinzips. Die Widerlegung beider ist jedoch verschieden: Die einen (die Protagoreer) würden wohl der Überzeugung durch Argumente folgen, da sie aus echtem Erkenntniszweifel streiten, die anderen (die bloßen Leugner) aber wohl nur der Gewalt (sc. der Tatsachen, z. B. nicht in Megara, sondern in Athen zu sein, oder in einen Brunnen zu stürzen usw.); denn sie streiten nur mit Worten, a 15–22.

Protagoras aus Abdera (Blütezeit ca. 444/3 v. Chr.) war ein Hauptvertreter der Sophistik. Überliefert ist von ihm der bekannte Ausspruch (D.-Kr. 74 B 1): „Aller Dinge Maß ist der Mensch, der seienden, daß sie sind, der nicht seienden, daß sie nicht sind". Seine Lehre hat Platon im ,Theae-

tet' (151 d ff.) wohl richtig als Relativismus und Sensualismus interpretiert: Die Dinge sind hiernach so, wie sie jedem erscheinen, und zwar in der Sinneswahrnehmung. Erkenntnis ist nichts anderes als Sinneswahrnehmung, und wahr ist alles, was jedem in ihr erscheint. Ontologisch relevant dabei ist, daß das Seiende auf das Sinnliche verkürzt und letztlich überhaupt in Werden (Bewegung, Veränderung) aufgelöst wird.

(b) 1009a 22 – 1010a 1: Die Gründe für die gegnerische Behauptung, daß in demselben Ding Gegensätzliches ist, und daß alles, was jedermann meine, wahr sei (sie liegen in der sensualistischen Einstellung der Gegner).

(1.) Der (sensualistische) Grund der Behauptung, daß in demselben Ding Gegensätzliches sei: Die Sinneswahrnehmung bekundet, daß aus demselben Entgegengesetztes wird. Also muß es (nach der gegnerischen Ansicht) schon vorher da gewesen sein (denn aus Nichtseiendem wird nichts). Deshalb lehrt Anaxagoras, daß alles in allem gemischt sei, und ähnlich Demokrit, daß sich in allem der Gegensatz des Vollen und Leeren befinde, wenn er auch letzteres als Nichtseiendes kennzeichnet, weil ersteres als Seiendes, 1009a 22–30.

Erwiderung: Erstens, daß aus Nichtseiendem nichts wird, ist zwar in einer Hinsicht richtig (wenn das Nichtseiende = das Nichts), in anderer nicht (wenn nämlich das Nichtseiende = das potential Seiende); denn das Seiende wird in zweifacher Bedeutung gebraucht: als aktuales und potentiales Seiendes (wirkliches und mögliches Seiendes, wobei sich das mögliche zum wirklichen als ein Nichtseiendes verhält). Und so kann etwas aus Nichtseiendem als aus potentialem Seienden werden und kann Entgegengesetztes sein, nämlich der Potenz, nicht dem Akt nach, a 30–36. – Zweitens muß man darauf bestehen (was die Gegner ignorieren oder leugnen), daß es vom Seienden eine Substanz(gattung) gibt, die gänzlich ohne Bewegung, Entstehen und Vergehen ist, a 36–37.

Das hier nur angedeutete Problem des Werdens ist fol-

gendes: Wie kann etwas werden, das vorher noch nicht da war? Denn aus Nichts kann es nicht werden. War es aber schon da, so brauchte es nicht erst zu werden. Die Vorsokratiker, die mit dem Problem noch vergeblich rangen, folgten tatsächlich der zweiten Alternative und hoben das Werden auf: Das substantielle Werden kannten sie überhaupt noch nicht und das der Eigenschaften der Substanzen erklärten sie aus den schon vorhandenen Eigenschaften der Stoffelemente, reduzierten es also auf Veränderungen der Stoffelemente.

Aristoteles erörtert ausführlich das Problem des Werdens in ‚Physik' I und II mit Kritik an den Vorskoraktikern. Er selbst klärt das Problem in sehr tiefsinniger und origineller Weise durch die Unterscheidung zwischen potentialem und aktualem Sein (zusammen mit der anderen wichtigen Unterscheidung in Kategorien des Seins).

Die Stelle, 1009a 36–38, ist eine der wenigen in den Büchern vor Buch XII, welche eine ewige, unbewegte Substanz (-gattung) erwähnen (vgl. auch u. 1010a 34, 1012b 23 u. 30, ferner VI 1 und VII 2 u. a.), wobei die Frage offen bleibt, ob es eine solche gibt oder nicht. Erst in Buch XII 6 wird ihre Existenz bewiesen.

(2.) Der (sensualistische) Grund der gegnerischen Behauptung, daß das, was jeder meine und ihm so erscheine (auch das Entgegengesetzte), wahr sei: Da die Gegner sich nur auf das in der Sinneswahrnehmung Erscheinende beschränken, verfallen sie der Skepsis, daß uns die Wahrheit verborgen sei, wie schon Demokrit sagt; denn die Sinneswahrnehmungen sind sowohl bei vielen Menschen sehr gegensätzlich – und nicht trifft etwa die Mehrheit die Wahrheit, sondern sie könnte z. B. aus Kranken bestehen, die Minderheit dagegen aus Gesunden –, als auch beim Einzelnen, 1009b 1 – b 12. Weil nun (nach der gegnerischen Ansicht) die Erkenntnis nur die Sinneswahrnehmung ist, diese aber in ständiger Veränderung ist, folgt hieraus, daß das, was jedem in der Sinneswahrnehmung erscheint, wahr sei. Zeugnisse aus den Vorsokratikern Empedokles, Demokrit, Parmenides (und aus Homer) für die gegnerische Ansicht, daß alle Erkenntnis (auch die eigentlich als vernunftmäßig zu bezeichnende) sich ständig ändere und nur Sinneswahrnehmung sei. Ergebnis: ein entmutigender Skeptizismus (Philosophieren scheint hiernach nichts anderes als „ein Haschen nach Vögeln" zu sein), b 12 – 10a 1.

Zu den Zitaten aus Empedokles siehe D.-Kr., Fragm. 31 B 106 und 108, aus Parmenides Fragm. 28 B 16. Die Homer-Stelle (zitiert auch ‚De anima' 404 a 27) ist uns in dem homerischen Werk nicht überliefert.

Die Textzeugnisse sind uns bedeutungsgeschichtlich sehr aufschlußreich: sie zeigen, daß die Begriffe wie φρόνησις, φρονεῖν, νοῦς, νοεῖν u. ä. ursprünglich noch dem Bereich der Sinneswahrnehmung angehörten und erst ziemlich spät – von Parmenides und Anaxagoras an, sowie dann besonders bei Sokrates und Platon – die Bedeutung eines „nicht-sinnlichen Wahrnehmens" bzw. eines „Vernunft"-Vermögens annahmen.

(c) 1010a 1 – 1011b 12: Widerlegung der gegnerischen (sensualistischen) Ansicht mit folgenden Argumenten:

(1.) Die Ansicht enthält die (ontologisch) falsche Voraussetzung, daß das Seiende nur das Sinnliche sei. In ihm ist aber „die Natur des Unbestimmten und nur desjenigen Seienden, das auf die bezeichnete Weise ist" (nämlich des Potentialen, Gegensätzlichen, Veränderlichen, s.o. 1009a 32). So stützt sich die Ansicht nur auf den Schein des Sinnlichen, nicht auf Wahrheit (ohne daß man sie gänzlich verwerfen müßte, wie beispielshalber Epicharm die Lehre des Xenophanes), 1010a 1–7.

(2.) Die gegnerische Ansicht stützt sich auf die Natur des Sinnlichen, die in ständiger Veränderung sei, so daß sie keine (objektiv) wahre Aussage zulasse. So lehrten die Herakliteer, besonders Kratylos, der (in seinem Skeptizismus) noch weiter ging als Heraklit und sich jedes Urteils enthielt, a 7–15.

Erwiderung: Erstens, das Werdende nicht für Seiendes zu halten, ist nur in einer Hinsicht richtig (sofern es noch nicht das gewordene, aktualisierte Seiende ist), in anderer nicht; denn im Werdenden ist als Seiendes schon das, wonach „etwas" entsteht – bzw. beim Vergehenden vergeht – (die Formursache), ferner das, „woraus" es entsteht – bzw. worein es vergeht – (die Stoffursache), und das, „wodurch" es entsteht (die Bewegungsursache). – Zweitens sprechen die Gegner nur von Veränderungen quantitativer Art und unterscheiden sie nicht von der qualitativen (sc. der Entstehung der Substanz selbst), bei der etwas beharrt, nämlich die Form(ursache), wonach wir alles erkennen, a 15–25.

Die ontologisch negative Implikation in Protagoras' Sensualismus, wonach sich das Seiende auf das Sinnliche reduziert und in Werden, Prozeß, verflüchtigt, hat schon Platon gesehen und auf die Verwandtschaft mit Heraklits Lehre vom „Fluß aller Dinge" hingewiesen, ‚Theaet.' 152 d ff. u. 179 d ff. Hiernach ist alles in fortgehender Veränderung, ohne Sein, weil sich der Urstoff (das Feuer) in ständigen „gegenstrebigen" Teilprozessen, Bewegungen, Veränderungen, befindet. Es gibt nur Werdendes, nichts Seiendes. Heraklit gebrauchte den Vergleich, „daß wir in denselben Fluß nicht zweimal steigen können" (weil er schon wieder ein anderer geworden, nicht mehr derselbe sei), s. D.-Kr. Fragm. 12 A 1, 8; B 12. 49 a. 91. Sein Schüler Kratylos überspitzte den Vergleich und sagte, wir könnten in denselben Fluß sogar auch nicht einmal steigen. Es ist ein radikaler Skeptizismus, der sich jedes Urteils enthält und eigentlich zur Aufhebung der Rede führen müßte, wie schon Platon bemerkt (‚Theaet.' 180 a) und nach ihm Aristoteles (‚Metaph.' IV 4, 1008b 7–13). In der Widerlegung, 1010a 15–22, bringt er eine Argumentation, die mit der in III 4, 999b 1–16, identisch ist: In den Prozessen des Werdens muß es Konstanten geben, die nicht gleicherweise wieder werden, sondern schon sind, nämlich die Formursache, wonach das Werdende schon (und das Vergehende noch) „etwas" ist, ferner die Stoffursache, „woraus" es wird, und die Bewegungsursache, „wodurch" es wird, wobei es bei diesen Ursachen keinen Rückgang ins Unendliche geben kann (s.o. II 2).

(3.) Von der sinnlich sichtbaren Welt berücksichtigen sie nur den kleinen Bereich der entstehenden und vergehenden Dinge und ziehen aus ihm ihre Lehren über das Ganze. Hingegen vernachlässigen sie den großen Bereich der ewigen

Dinge (sc. den Himmel und das Unsinnliche, Unbewegte). Dabei wäre es umgekehrt verzeihlicher, wenn sie um dieses Bereiches willen jenen vernachlässigen würden, a 25–32.

(4.) Wegen ihrer Ansicht, daß alles in ständiger Veränderung sei, leugnen die Gegner, daß es eine unbewegte Substanz gebe (vgl. o. 1009a 36–38), obwohl sich ihre Existenz beweisen ließe. Zudem fallen sie in einen Selbstwiderspruch: Aus ihrer Ansicht folgt gerade das Gegenteil dessen was sie besagt, daß nämlich alles in Ruhe ist, nicht in Bewegung; denn indem in jedem Werdenden alles enthalten ist (aktual alle Gegensätze), hat es keinen Grund mehr zu werden und sich zu verändern (d. h. von dem einen Teil der Gegensätze zum anderen zu kommen), a 32 – b 1.

(5.) Widerlegung der Ansicht, daß alles in der Sinneswahrnehmung Erscheinende wahr sei: Erstens ist jede der fünf Sinneswahrnehmungen *nur* von ihrem je spezifischen Objekt ohne Irrtum (z. B. das Sehen von Farben, Hören von Tönen usw., nicht aber, sofern sie anderes mit wahrnimmt und schon mit Vorstellung oder Urteil verbunden ist; vgl. ‚De an.' II 6; III 3, 427 b 12; 6, 430 b 29). Zweitens ist die Vorstellung, wodurch einem etwas so oder so erscheint, verschieden von der Sinneswahrnehmung (d. h. mehr als sie, einem höheren seelischen Vermögen zugehörig, ‚De an.' III 3, 427 b 29 ff), 1010b 1–3.

(6.) Die gegnerische Ansicht kann sich auch nicht auf das Argument (von den Sinnestäuschungen) stützen, daß aus den Sinneswahrnehmungen von Dingen den fern und nahe Stehenden, den Gesunden und Kranken, den Wachenden und Träumenden Entgegengesetztes erscheine; denn man erkennt ja den Irrtum leicht (als Sinnestäuschungen, die im falschen Urteil liegen, das die Sinneswahrnehmungen begleitet) und zeigt dies auch im praktischen Verhalten, b 3–11.

(7.) Gegen die Ansicht, daß alles wahr ist, was jedermann so erscheint oder was er meint, spricht auch dies, daß man „über das Zukünftige" (auf das sich die Überlegung im praktischen Bereich richtet) sehr wohl zwischen wahrer und falscher Meinung unterscheidet (Beispiel mit der Prognose eines Arztes und eines Laien), wie schon Platon bemerkt hat (‚Theaet.' 178 c u. 171 e), b 11–14.

(8.) Entgegen der Ansicht, daß *alle* Sinneswahrnehmungen wahr seien, haben diese einen sehr verschiedenen Wahrheitsgrad, je nachdem, ob sie sich auf ihre spezifischen Objekte richten (z. B. der Gesichtssinn auf Farben) oder nicht und ob auf Objekte in richtiger oder zu weiter Entfernung, b 14–17.

(9.) Die einzelne Sinneswahrnehmung nimmt nicht von ein und demselben Ding zugleich Gegensätzliches wahr und ist von ihm auch zu verschiedenen Zeiten (immer) wahr (z. B. das Sehen von Farben, Schmecken von Geschmacksqualitäten). Daß jemandem Gegensätzliches erscheint, liegt im Urteil über die Zugehörigkeit von Sinnesqualitäten zu ihrem Träger, dem Gegenstand; denn wiewohl z. B. Wein einmal süß, ein andermal bitter schmeckt, wenn er selbst oder der Wahrnehmende sich verändert haben, so bleibt doch die Wahrnehmung von Süß und Bitter als solche immer wahr. Dem entspricht, daß Süß und Bitter bestimmte Qualitäten sind, die am Gegenstand, wo sie vorkommen, notwendig immer so und nicht anders beschaffen sind. Die gegnerischen Ansichten heben aber sowohl das Wesen der Substanz als auch der Notwendigkeit auf, b 18–30.

(10.) Die gegnerische Annahme, daß das Seiende nur das Sinnliche sei (und dieses nur in der Sinneswahrnehmung entstehe, werde), führt zu der unmöglichen Folge, daß dann nichts wäre ohne die Beziehung auf die Wahrnehmenden. Dagegen spricht: Die Träger der Sinnesqualitäten, die Substanzen, sind (existieren) auch unabhängig von der Wahrnehmung bzw. den Wahrnehmenden; denn sie sind das bewegende Prinzip in der Beziehung zwischen Wahrnehmungsobjekt und -subjekt, dieses aber ist das Bewegte. Das Bewegende ist jedoch seinem Wesen nach früher als das Bewegte. Also . . ., b 31–11a 2.

IV Kapitel 6

(11.) Wenn die Gegner – sei es aus Überzeugung, sei es bloß um der Rede willen – einen objektiv wahren Urteilsmaßstab bestreiten (z. B. darüber, wer gesund ist oder krank, und wer über jeden Gegenstand wahr urteilt oder falsch) so tun sie dies deshalb, weil sie für alles eine Begründung und einen Beweis fordern, obwohl sie dies selber nicht ernst meinen, wie sie durch ihr Handeln verraten (daß ihnen nämlich einiges auch ohne Beweis unbestreitbar gewiß ist).

Die Gegner aus Überzeugung wären leicht zu widerlegen, wenn gezeigt würde, daß es unmöglich von allem Beweise geben kann, nämlich nicht von den Prinzipien der Beweise (besonders nicht dem obersten, dem Widerspruchsprinzip).

Die Gegner aber, die um bloßer Worte willen fordern, daß man zu ihrer Behauptung (sc. ihrer Leugnung von nicht mehr beweisbar Gewissem, bes. des Widerspruchsprinzips) das Entgegengesetzte beweise (also auch einen Beweis über das Widerspruchsprinzip führe), verlangen etwas Unmögliches, „während sie doch selbst schon Entgegengesetztes aussprechen" (d. h. ihrer eigenen Behauptung Entgegengesetztes und sich so indirekt selbst widerlegen, wie o. Kap. 4 gezeigt), 1011a 3–16.

(12.) Weitere unmögliche Folge aus der gegnerischen Ansicht, daß alles Erscheinende wahr sei. Erstens (sofern die Ansicht einschließt, daß alles Seiende bloß Erscheinendes ist) spricht folgendes dagegen: (Alles existiert entweder relativ oder an sich). Nicht alles ist relativ (weil abhängig von an sich Seiendem). Einiges ist also an sich Seiendes (Substanzen). Das Erscheinende ist Relatives, abhängig von denjenigen, denen es erscheint. Also kann unmöglich alles bloß Erscheinendes sein. Sonst wird alles Seiende zu bloß Relativem, a 17–20.

Zweitens, sofern die Gegner ihre Ansicht, alles Erscheinende sei wahr, oder auch: alles Erscheinende sei ebenso wahr wie falsch, damit begründen, daß ein und dasselbe verschiedenen Menschen verschieden, gegensätzlich erscheine, ferner auch demselben Menschen zu verschiedenen Zeiten, ja sogar zur selben Zeit verschiedenen Sinnen (z. B. Tast- und Gesichtssinn) verschieden, gegensätzlich erscheine, so ist folgendes zu erwidern: Dasselbe Erscheinende ist nicht als solches in sich gegensätzlich (widersprüchlich), sondern nur in verschiedenen, gegensätzlichen Relationen, die zusätzlich zu bestimmen wären, nämlich welchen Wahrnehmenden es erscheint, welchen Sinnen, wann, wo und wie u. a. m. An sich betrachtet, ließe sich am einzelnen Erscheinenden durchaus entscheiden, „daß dieses also das Wahre sein würde", a 20 – b 1.

Da nun aber die Gegner an ihrer Ansicht festhalten und nur um der Worte willen streiten, müssen sie sich beim Worte nehmen lassen: sie dürfen nicht vom Erscheinenden schlechthin sprechen, sondern vom Erscheinenden mit den genannten Zusatzbestimmungen. Dann werden sie es aber in Relationen auflösen und so, wie oben gesagt, alles Seiende zu Relativem machen, b 1–7.

(13.) Weitere widersprüchliche Folge (nach der gegnerischen Voraussetzung, daß alles Seiende bloß Erscheinendes, Gemeintes sei, nämlich relativ auf denjenigen, dem es erscheint bzw. der es so oder so meint):

Erstens: Wenn sich alles Relative als Eines zu Einem bezieht, so auch die Relation des Gemeinten zum Meinenden als Einem, sc. dem Menschen. So ist einerseits hiernach das Meinende und der Mensch ein und dasselbe. Andererseits, wenn der Mensch wie alles Seiende bloß als Gemeintes existiert, relativ auf einen Meinenden, kann Mensch nicht das Meinende, sondern nur das Gemeinte und mit ihm ein und dasselbe sein. So ergibt sich hier ein Widerspruch, b 7–11.

Zweitens: Wenn alles bloß als Gemeintes relativ in Beziehung zum Meinenden ist, das Gemeinte aber unendlich viele Dinge sind, so müßte das Meinende zu unendlich Vielem in Beziehung stehen (und d. h. nicht mehr zu Einem, was aber für das Relative, wie gesagt, eigentümlich ist). So liegt auch hierin ein Widerspruch, b 11–12.

Ergebnis: Daß (kontradiktorisch) entgegengesetzte Aussagen (über ein und dasselbe) nicht (zugleich) wahr und falsch sein können, ist die „sicherste Annahme" (= Axiom, Prinzip). Es zeigten sich die Gründe für ihre Leugnung und die unmöglichen Folgen, in die sie führt, b 13–15.

(d) 1011b 13–22: Abschließende Ergänzung:

Ausdehnung des Widerspruchsprinzips vom kontradiktorischen Gegensatz zwischen absoluter Bejahung und Verneinung (ein und desselben) auch auf den konträren Gegensatz zwischen relativer Bejahung und Verneinung, bezogen auf Substanz bzw. Form und ihre Privation innerhalb einer Gattung.

(Zu den Gegensatzarten vgl. V 10 und ‚Categ.' 10–11.)

IV Kapitel 7
Der Satz vom ausgeschlossenen Mittleren (Dritten). Widerlegung seiner Leugner

(a) 1011b 23 – 1012a 17: Unmöglichkeit eines Mittleren zwischen dem (kontradiktorischen) Gegensatz der Bejahung und Verneinung von ein und demselben (Satz vom ausgeschlossenen Dritten). Argumente:

(1.) Die Begriffe von Wahr und Falsch lassen kein Mittleres (das weder Seiendes noch Nichtseiendes wäre) zu: Falsch ist eine Aussage, welche von Seiendem aussagt, es sei nicht, oder von Nichtseiendem, es sei; wahr dagegen ist die, welche von Seiendem aussagt, daß es ist, von Nichtseiendem, daß es nicht ist (Wahres oder Falsches aussagen heißt also immer Sein oder Nichtsein aussagen, und dieses immer bezogen auf Seiendes oder Nichtseiendes). Wer nun über das Mittlere etwas aussagen will, wird Wahres oder Falsches aussagen müssen und so das Unmögliche versuchen, Sein oder Nichtsein von etwas auszusagen, was weder Seiendes noch Nichtseiendes ist, 1011b 25–29.

Die vorliegenden Argumente verweisen ebenso wie die Formulierungen der Prinzipien vom Widerspruch und vom ausgeschlossenen Dritten auf den Zusammenhang der wahren und falschen Aussage mit ihrer ontologischen Voraussetzung, dem Sein und Nichtsein der Dinge.

Die Leugner beider Prinzipien gehen von vorsokratischen Lehren aus, wonach die Dinge zugleich alles Widersprüchliche sind und nicht sind, bzw. wonach sie aus Seiendem und Nichtseiendem gemischt sind, und folgern daraus für die Aussagen, daß sie von denselben Dingen zugleich widersprüchlich sowie, daß sie alle wahr oder/und falsch sein können. Dies führt jedoch in Unmögliches, denn tatsächlich können wir von etwas unmöglich zugleich Widersprüchliches (Entgegengesetztes) denken bzw. aussagen; denn wir denken und sagen stets „Eines von Einem" und müssen etwas entweder bejahen oder verneinen, d. h. aber Wahres, oder Falsches denken bzw. aussagen.

Aristoteles' Argumente gehen von dieser Tatsache im Denken bzw. Aussagen aus und verweisen zurück auf die Widerspruchsfreiheit im Sein der Dinge, wodurch sich dann die Gültigkeit der Prinzipien vom Widerspruch und vom ausgeschlossenen Dritten bestätigt.

(2.) Aus dem Begriff des Mittleren selbst ergibt sich, daß es unmöglich das behauptete Mittlere zwischen kontradiktorisch Entgegengesetztem (als weder Seiendes noch Nichtseiendes) geben kann: Das Mittlere in eigentlichem Sinne zeigt sich nämlich immer dort, wo Veränderung, Entstehen und Vergehen statthat, d. h. zwischen Entgegengesetztem derselben Gattung, z. B. zwischen Weiß und Schwarz. Wenn nun das behauptete Mittlere zwischen verschiedenen Gattungen liegt, z. B. zwischen Mensch und Pferd, so hat bei ihm keine Veränderung statt, d. h. es ist kein Mittleres im eigentlichen Sinne. Wenn es hingegen ein solches sein soll, wie z. B. zwischen Weiß und Schwarz, so kann es kein Mittleres zwischen kontradiktorisch Entgegengesetztem sein (als weder Seiendes noch Nichtseiendes), weil sonst auch z. B. das Weiße „nicht aus dem Nicht-Weißen" entstünde, was jedoch unmöglich ist und sich in der Natur nicht findet, b 29 – 12a 1.

(3.) Die Vernunfterkenntnis von Intelligiblem (Seiendem) – im diskursiven Denken wie auch im schlichten intuitiven Erfassen – ist immer entweder Bejahen oder Verneinen, wenn immer sie wahr oder falsch erkennt (ein Drittes ist ausgeschlossen); denn wahr erkennen heißt, etwas bejahend oder verneinend so verbinden oder trennen (wie es im Seienden verbunden oder getrennt ist), falsch erkennen dagegen umgekehrt, 1012a 2–5.

(4.) Wer das Prinzip vom ausgeschlossenen Mittleren leugnet, muß ein Mittleres bei *allen* kontradiktorischen Gegensätzen annehmen. Dann werden bei einigen Gegensätzen die unmöglichen Folgen besonders deutlich hervortreten: Es müßte dann auch ein Mittleres zwischen Wahr und Nicht-Wahr geben – „so daß man weder die Wahrheit sagen, noch die Wahrheit nicht sagen würde" –, ferner ein Mittleres zwischen Seiendem und Nichtseiendem (als weder Seiendes noch Nichtseiendes) und in unmöglicher Folge davon auch „eine Veränderung außer Entstehen und Vergehen", während sie doch tatsächlich immer ein Entstehen oder Vergehen ist, bezogen auf Seiendes und Nichtseiendes, mit Ausschluß eines Mittleren), a 5–9.

(5.) Bei Gattungen, wo die (kontradiktorische) Verneinung (einer Wesenseigenschaft) zu nichts anderem als zum konträren Gegenteil führt, wie z. B. bei den Zahlen (wo das Nicht-Gerade = das Ungerade), müßte es ein Mittleres geben, das keines von beidem Konträren wäre, also weder Gerades noch Ungerades, was jedoch unmöglich ist, weil die Zahl wesensmäßig durch diese zwei konträren Eigenschaften bestimmt ist, a 9–12.

(6.) Die Annahme eines Mittleren würde in einen Fortgang ins Unendliche führen; denn wenn sie zwischen kontradiktorischen Gegensätzen ein Drittes ansetzt (verschieden von beiden), so müßte sie zwischen diesem und jedem der beiden Gegensätze ein Viertes und Fünftes, verschieden von beiden (d. h. dem Dritten und den ersten zwei Gegensätzen), ansetzen und so weiter (zwischen diesen und dem Dritten einer-, den ersten zwei Gegensätzen andererseits) ins Unendliche fort (es ist jedoch unmöglich, die Dinge derart zu vervielfältigen und als unendlich viele anzunehmen), a 12–15.

(7.) In bezug auf Gegebenes (Dinge und ihre Eigenschaften) muß man auf die Frage, z. B. ob etwas weiß ist, entweder dieses bejahen oder verneinen, also z. B. verneinen (ein Drittes ist ausgeschlossen). Bejahen oder Verneinen ist aber nichts anderes als Aussagen von Sein oder Nichtsein (also besteht das Prinzip vom ausgeschlossenen Dritten zu Recht, wonach von demselben Seienden etwas immer entweder bejaht oder verneint werden muß), a 15–17.

(b) 1012a 17–21: Die Gründe für die Leugnung des Satzes vom ausgeschlossenen Mittleren (Lehren des Heraklit und Anaxagoras): Daß einige den Satz vom ausgeschlossenen Mittleren leugnen, liegt teils darin begründet, daß sie gewissen Lehren (des Heraklit und Anaxagoras) folgten, deren eristischer Argumentation sie nicht widerstehen konnten, teils darin, daß sie für alles Beweise suchten.

(c) 1012a 21–28: Die Methode für die Widerlegung (gewisser Lehren des Heraklit und Anaxagoras): (Die Methode ist keine direkt beweisende, sondern eine indirekt widerlegende). Die Widerlegung muß davon ausgehen, daß etwas fest bestimmt wird, und zwar durch Definition, wobei der Gegner (den Anfang machen und) etwas bestimmt durch ein Wort bezeichnen muß (vgl. o. Kap. 4, 1006a 18–28). Als Voraussetzung dienen ihnen Lehren des Heraklit und Anaxagoras. Doch führt, wie es scheint, die des Heraklit, wonach die Dinge zugleich alles Gegensätzliche sind, eher zur Annahme, daß alles wahr sei (d. h. zur Leugnung des Satzes vom Widerspruch), hingegen die des Anaxagoras, wonach die Dinge, aus allen Gegensätzen gemischt, diese weder sind noch nicht sind, zur Annahme, daß alles falsch sei (und zur Leugnung des Satzes vom ausgeschlossenen Mittleren).

IV Kapitel 8
Widerlegung der Ansicht, daß alles zugleich wahr und falsch sei

(a) 1012a 29–33: Bisheriges Ergebnis der Erörterungen; sie haben gezeigt: Weder die Ansicht, daß alles falsch sei (wie z. B. der Satz falsch ist, die Quadratdiagonale sei kommensurabel), noch die Ansicht, daß alles wahr sei, können für sich genommen bestehen.

ZurKritik an Anaxagoras' Lehre, wonach alles mit allem gemischt sei, und der ihr verwandten skeptischen Ansicht, daß keine Aussage wahr sei, s.o. Kap. 4 und 5, bes. 1010a 7 ff. Ihr entspricht die Leugnung des Prinzips vom ausgeschlossenen Dritten, wie die des Prinzips vom Widerspruch der Ansicht, daß alle (widersprüchlichen) Aussagen (über dasselbe) wahr seien.

In Kap. 8 geht es nicht mehr direkt um die Widerlegung dieser beiden Ansichten und d. h. der Leugnung der zwei Prinzipien, sondern um die einer dritten Ansicht, daß nämlich alle Aussagen zugleich wahr und falsch seien. Die Argumente, die Aristoteles bringt, sind zwar sehr verwandt mit den früheren in Kap. 4 und 5, aber doch nicht dieselben.

(b) 1012a 33 – b 31: Widerlegende Argumente.

(1.) In Heraklits Lehre, daß alles wahr *und* falsch sei, sind beide genannten Annahmen zusammen enthalten. Wenn nun beide für sich genommen nicht bestehen können, so auch nicht Heraklits Lehre, in der beide zusammen enthalten sind, a 33 – b 2.

(2.) Bei einigen Widersprüchen, d. h. kontradiktorisch entgegengesetzten Aussagen, ist von vornherein offenkundig, daß nicht zugleich beide wahr sein, aber auch nicht beide falsch sein können (sc. im Bereich wissenschaftlicher Vernunfterkenntnisse, z. B. daß die Quadratdiagonale nicht zugleich kommensurabel und inkommensurabel ist). Grundsätzlich aber läßt sich Klarheit schaffen, wenn man vom Gegner fordert, nicht daß er eine Aussage macht (etwas sei oder sei nicht), sondern lediglich, daß er etwas bestimmt bezeichnet. Besonders ist definitorisch bestimmt festzusetzen, was das Wahre oder Falsche bedeutet. Wenn aber nichts anderes als Bejahung oder Verneinung (s.o. 1011b 25–29, 1012a 2–5 und 15–17), so muß von zwei kontradiktorisch entgegengesetzten Aussagen die eine wahr, die andere falsch sein, b 2–11 (also können auch nicht alle Aussagen zugleich wahr *und* falsch sein).

(3.) „Wenn man notwendig jedes (der beiden Glieder eines Widerspruches) entweder bejahen oder verneinen muß", so folgt daraus, daß „unmöglich beides falsch sein kann" (und so nicht alles falsch sein kann, wie die vorliegende Ansicht behauptet), b 11–13.

Aus der Tatsache, daß man notwendig jedes entweder bejahen oder verneinen muß, ergibt sich eigentlich eine zweifache Folgerung, die hier genannte und die oben in Kap. 7 gezogene, daß unmöglich etwas weder wahr, noch falsch (bzw. weder seiend noch nicht-seiend) sein kann.

Eine allgemeine Bemerkung sei hinzugefügt: Die aussagenlogische und erkenntnistheoretische Tatsache, daß wir etwas nicht zugleich bejahen und verneinen können, hat die ontologische oder metaphysische Voraussetzung, daß ein Seiendes nicht zugleich aktual sein bzw. etwas sein und nicht sein kann. Allgemein metaphysisch besagt dies, daß ein Seiendes zwar potential (der Möglichkeit nach) zweierlei Entgegengesetztes sein kann, aktual jedoch immer nur eines, nicht beides zugleich (ein Rad z. B. in Ruhestellung verhält sich zur Bewegung potential und hat die zwei Möglichkeiten, in rechts- und links-umlaufender Bewegung zu sein, aber aktualisieren kann es nur e i n e *Möglichkeit, nicht beide zugleich). – Vom Subjekt her gesehen, läßt sich metaphysisch-psychologisch sagen, daß Bejahen und Verneinen aus einem potentialen Zustand der Seele hervorgehen, in dem sie noch beide entgegengesetzte Möglichkeiten hat. Aktualisieren jedoch kann sie nur eine der beiden Möglichkeiten, nicht beide zugleich. Bejahung bzw. Verneinung ist ein Seinsakt der Seele, und wie jeder Seinsakt von einer bestimmten Einheit.*

(4.) Die vorliegende Annahme hebt sich selbst auf: Sofern sie behauptet, daß alles wahr sei, erklärt sie auch die ihr entgegengesetzte Annahme für wahr, sofern sie aber behauptet, daß alles falsch sei, erklärt sie auch sich selbst für falsch. Wollte sie jedoch jeweils die eine Behauptung ausnehmen (nämlich, daß die ihr entgegengesetzte wahr, bzw. sie selbst falsch sei), so müßte dies, daß die eine Behauptung falsch bzw. wahr sei, in einer weiteren Behauptung erklärt werden und deren Wahrheit wieder in einer weiteren Behauptung usw. ins Unendliche (wodurch die anfängliche Annahme ebenfalls aufgehoben würde), b 13–22.

Das „vielerwähnte" Argument hat schon Platon im ‚Theaetet' 171 a ff. verwendet; siehe auch o. Kap. 4, 1008a, 28–34.

(5.) (Der Annahme, alles sei zugleich wahr und falsch, entspricht die Lehre, daß alles in Ruhe sei, der Annahme aber, alles sei falsch bzw. nichts sei wahr, die Lehre, daß alles in Bewegung sei). Beide Lehren aber sind unhaltbar. Wenn nämlich alles in Ruhe (Stillstand) wäre, „so wäre *immer* dasselbe wahr und falsch" (sc. für denjenigen, der es ausspricht), was unmöglich ist, da der Aussagende nicht immer war und nicht immer sein wird. Wenn aber alles in Bewegung wäre, so wäre alles falsch, was wiederum unmöglich ist, wie oben gezeigt (Kap. 5, bes. 1010a 7 ff.). – Ferner setzt Bewegung, Veränderung, immer Seiendes voraus, wonach es sich als „etwas" verändert, bzw. „aus etwas zu etwas" (nach der Stoff- und Formursache, Wesenheit, vgl. III 4). – Aber auch die Möglichkeit, daß alles bald in Ruhe, bald in Bewegung wäre, und nichts immer in Ruhe und in Bewegung, ist unhaltbar; denn einiges ist (wie sich in der Erfahrung zeigt) immer in Bewegung und anderes muß (wie die Metaphysik erschließt, s.u. XII 6 ff.) immer unbewegt sein, nämlich „das erste Bewegende", das (transzendente) Bewegungsprinzip für alles Bewegte.

BUCH V (Δ)

DIE WICHTIGSTEN ZUM GEGENSTAND DER METAPHYSIK GEHÖRIGEN BEGRIFFE NACH IHREN HAUPTBEDEUTUNGEN

V Kapitel 1
Prinzip

(a) 1012b 34 – 1013a 16: Die verschiedenen Bedeutungen von Prinzip:

(1.) derjenige Teil eines Dinges, bei dem seine Bewegung anfängt, 1012b 34 – 1013a 1;

(2.) wovon eine Methode (z. B. des Lernens) am besten ausgeht, 1013a 1–4;

(3.) der bei der Entstehung eines Dinges in ihm zuerst entstehende Teil (der die Bewegungsursache enthält), a 4–7;

(4.) dasjenige, wovon die Entstehung/Bewegung eines Dinges ausgeht, und was nicht immanent in ihm ist (sc. die Bewegungsursache), a 7–10;

(5.) das Sich-Entscheidende (-Entschließende), wovon eine Bewegung/Veränderung (Handlung) ausgeht, a 10–13;

(6.) die Künste, besonders die für andere Künste den Zweck setzenden, a 13–14;

(7.) wovon die wissenschaftliche Erkenntnis ausgeht, z. B. die Beweis-Prämissen, a 14–16.

(b) 1013a 16–17: Synonymer Gebrauch der Begriffe Prinzip und Ursache.

(c) 1013a 17–23: Die den verschiedenen Bedeutungen gemeinsame Grundbedeutung: Prinzip als ein Erstes, wovon das Sein oder die Entstehung/Bewegung (eines Dinges) oder die Erkenntnis ausgeht.

Das Buch V scheint eine selbständig verfaßte Schrift zu sein (vgl. Jaeger, Entstehg. d. Metaph., S. 118 ff.), die anders als die übrigen Bücher keine geschlossene Abhandlung darbietet, sondern nur eine Aneinanderreihung von Begriffen mit ihren verschiedenen Bedeutungen. Dazu stimmt anscheinend, daß der Katalog der aristotelischen Schriften bei Diogenes Laertios eine sonst nicht erhaltene Schrift mit dem Titel „Über das in vielfacher Bedeutung oder durch Hinzufügung Ausgesagte", erwähnt, der auf Buch V der ‚Metaph.' gut paßt.

Trotzdem muß man sich davor hüten, Buch V als früh entstanden und später zusammenhanglos zwischen die ‚Metaphysik'-Bücher IV und VI eingeschoben anzusehen. Dagegen sprechen folgende Beobachtungen:

(1.) Bedeutungsanalysen von Begriffen finden sich auch in anderen ‚Metaph.'-Büchern, nicht nur in V, und bilden bei Aristoteles überhaupt einen wichtigen Bestandteil der metaphysischen Untersuchung, die ja häufig von dem vor-philosophischen, natürlichen Sprachgebrauch der Begriffe ausgeht und durch die Analyse ihrer verschiedenen Bedeutungen auch ihre metaphysisch (ontologisch) relevante Bedeutung aufdeckt, so z. B. hins. des Begriffs des „Wesens" (οὐσία) in VII 3 ff. oder der „Möglichkeit" und „Wirklichkeit" in IX oder des „Einen" in X, aber auch des „Seienden" (nach seinen kategorialen Bedeutungen) in IV 2, VI 2 und VII 1.

(2.) Buch V steht in engstem Anschluß an die in IV 2 begonnenen Untersuchungen einer Reihe von Wesensmerkmalen des Seienden als solchen, wie des Einen, Vielen, Identischen, Verschiedenen u. ä., worüber dann abschließend vor allem Buch X handelt. Erwähnt werden aber auch, von der Metaphysik weiterhin zu untersuchende, Begriffe wie „Früher und Später, Gattung und Art, Ganzes und Teil" (1005a 16–18), die nirgends sonst behandelt werden als nur in Buch V.

(3.) Die Bedeutungsanalysen der Begriffe in Buch V, z. B. von „Prinzip", „Ursache", „Notwendigem", „Wesen", „Seiendem", „Einem", „Ganzem", „Teil" u. a., sind in voller inhaltlicher Übereinstimmung mit ihrem Gebrauch in den als spät geltenden Büchern VII–IX, ja sie sind sogar für das Verständnis mancher Stellen in VII–

IX unentbehrlich: So wären z. B. ohne die Bedeutungsanalysen zu „Teil“ in V 25 (mit der Unterscheidung in „Teile des Stoffes“ und „Teile der Form“) gewisse Ausführungen in VII 4–12 über die Wesenheit (daß nämlich ihre Definition nur die „Teile der Form“ des zu Definierenden, nicht „die Teile des Stoffes“ enthalten dürfe) nahezu unverständlich.

Die Reihenfolge, in der die Begriffe in Buch V behandelt werden, bestimmt sich aus ihrer unterschiedlichen Bedeutung, die sie für die Metaphysik haben, wobei zwei Gesichtspunkte leitend sind:

a) der nach Ziel- und Ausgangsgegenstand der Metaphysik (Prinzip, Ursache, und Substanz u. ä., Kap. 1–8), sowie den damit in Beziehung stehenden weiteren Merkmalen (Kap. 9 ff.);

b) der nach den Kategorien des Seienden (Kap. 1–8 Substanz-Kategorie mit den in sie fallenden Ursachen; Kap. 8–12 Merkmale, die quer durch alle Kategorien gehen; Kap. 13 ff. die übrigen Kategorien und weitere Bestimmungen).

V Kapitel 2
Ursache

<u>(a) 1013a 24 – b 3:</u> Die verschiedenen Bedeutungen von Ursache:

(1.) der immanente Stoff, woraus ein Ding entsteht (und zusammengesetzt ist), und zwar der konkrete Stoff oder seine Gattung, a 24–26;

(2.) die Form und das Urbild, der definitorische Begriff des Soseins und ihre Gattung, a 26–28;

(3.) dasjenige, wovon die Veränderung (Entstehung, Bewegung) oder Ruhe eines Dinges ausgeht, a 28–32;

(4.) der Zweck, worum willen etwas geschieht (entsteht), auch der mittelhafte vor dem Endzweck, a 32–b 3.

<u>(b) 1013b 3–16:</u> Ergänzende Bemerkungen:

Erstens kann dasselbe Ding von mehreren der genannten

Ursachen zugleich abhängen.

Zweitens können Ursachen auch gegenseitig voneinander abhängen, aber nicht (in beiden Richtungen) auf dieselbe Weise (sondern in einer Richtung nur akzidentellerweise).

Drittens kann dasselbe Ursache von Entgegengesetztem sein, nämlich durch seine Anwesenheit und Abwesenheit.

(c) 1013b 16–28: Die Zahl der genannten Ursachen(arten) ist vollständig. Bestätigung durch Beispiele. (Vgl. II 2)

(d) 1013b 28 – 1014a 15: Die verschiedenen Weisen der Ursachen (quer durch ihre Arten): als spätere und frühere, individuelle und ihre allgemeinen Gattungen, b 30–34; als akzidentelle und ihre Gattungen, b 34 – 14a 6; als potentiale und aktuale Ursachen, a 7–10; entsprechend verschiedene Weisen beim Verursachten, a 10–13; als verbundene aus Ursachen an sich und akzidentellen, a 13–15.

(e) 1014a 15–25: Zusammenfassung zu den verschiedenen Ursachen-Weisen: Es ergeben sich sechs mal zwei (= zwölf) Weisen:

(1.) als individuelle Ursache an sich;
(2.) als Gattung der individuellen Ursache an sich;
(3.) als individuelle, akzidentelle Ursache;
(4.) als Gattung der akzidentellen Ursache;
(5.) als Verbindung der individuellen Ursache an sich mit der individuellen, akzidentellen;
(6.) als Verbindung der Gattung der Ursache an sich mit der Gattung der akzidentellen;

als potentiale und aktuale in allen sechs Weisen.

Die aktualen, individuellen Ursachen müssen gleichzeitig mit den Dingen, auf die sie bezogen sind, existieren, die potentialen nicht.

Zur vorliegenden Interpretation siehe Ross I 292, mit dem wichtigen Hinweis auf ‚Physik' 194 b 23 – 195 b 21.

V Kapitel 3
Element

(a) 1014a 26 – b 3: Wörtliche Bedeutung von Element: das, woraus etwas zusammengesetzt ist als aus einem ersten, nicht mehr in eine andere Art aufteilbaren Bestandteil.

Beispiele: bei den Lauten bzw. Silben die Buchstaben; bei den körperlichen Dingen gewisse einfache Körper wie Wasser, Luft u. ä.; bei wissenschaftlichen Beweisketten die einfachen „ersten Beweise", die „aus dem einen Mittelbegriff" voll verstehbar sind (weil er den Wesensbegriff zu den ersten Gegebenheiten der jeweiligen Wissenschaft enthält, vgl. ‚Anal. post.' II 9–10).

(b) 1014b 3–14: Übertragene Bedeutungen von Element:
(1.) eine kleine Einheit, die in einem Bereich Verwendung findet; das Einfache, Unteilbare, b 3–6.
(2.) das Allgemeinste, das als Eines und Einfaches vielen Dingen oder den meisten zugrunde liegt, wie auch nach einigen (Pythagoreern und Platonikern) das Eine und der Punkt, b 6–9.
(3.) die Gattung als Allgemein(st)es und Unteilbares, weil nicht mehr definierbar (und d. h. nicht mehr in Gattung und Artunterschiede analysierbar); weniger der Artunterschied; denn er ist weniger allgemein, weil immer von einer Gattung aussagbar, aber nicht umgekehrt, b 9–14.

(c) 1014b 14–15: Das Gemeinsame aller Bedeutungen von Element: erster immanenter Bestandteil jedes Dinges.

V Kapitel 4
Natur

(a) 1014b 16 – 1015a 13: Die Bedeutungen von Natur:
(1.) Die Entstehung des Wachsenden (nach dem *φύσις* zu-

grunde liegenden Verbum φῦναι, mit langem ῡ: „Wachsen"), b 16–17;
(2.) der erste immanente Stoff, woraus das Wachsende erwächst, b 17–18;
(3.) dasjenige, wovon den natürlichen Dingen als solchen die ihnen eigene Bewegung kommt (sc. die Bewegungsursache), b 18–20;
(4.) das Wachsen dessen, was sich durch ein anderes vermehrt (vergrößert), mit dem es in Berührung steht und zusammengewachsen ist (wie z. B. das Wachsen der Embryonen), b 20–26;
(5.) der erste immanente Stoff, woraus jedes von den Naturdingen ist oder entsteht, wobei er von sich aus unverändert bleibt; wie (vergleichsweise) bei den Kunstgegenständen die Naturstoffe, z. B. bei einer Statue das Erz, so bei den Naturdingen die einfachen Elemente: Erde, Wasser, Luft und Feuer, b 26–35 (sie bleiben unverändert, während die spezifischen Stoffe sich aus ihnen bilden, sich umwandeln und in sie auflösen; vgl. auch ‚Phys.' II 1, 193 a 9 ff.);
(6.) die Substanz der natürlichen Dinge, die z. B. Empedokles als die erste Zusammensetzung oder Mischung der Dinge bezeichnet (Fragm. 31 B 8 D.-Kr; hiernach sind die Dinge in ihrer Substanz nichts anderes als bloß Zusammensetzungen aus Stoffelementen), die aber richtiger als „Form und Gestalt" zu bezeichnen ist, b 35 – 15a 5.

Genau genommen, bedeutet „von Natur" als Substanz:
(1.) das aus Form und Stoff Zusammengesetzte;
(2.) den „ersten Stoff" (in der zweifachen Bedeutung als den je spezifischen Stoff jedes Dinges und als den ersten bzw. letzten Stoff, der allen spezifischen zugrunde liegt);
(3.) „die Form und die Substanz" qua Wesenheit, sowie in Verbindung mit ihr den Zweck des Werdens, 1015a 5–11.

Synonyme Bedeutung von Substanz qua Wesenheit mit Natur in übertragenem Sinne, a 11–13.

1015a 3–5: Die Feststellung, daß etwas, wiewohl schon der Stoff vorhanden ist, „noch nicht seine Natur hat, wenn es nicht die Form und Gestalt hat“, macht Aristoteles wiederholt im Zuge seiner Kritik an den Vorsokratikern, die alles nur aus Stoffursachen erklären wollen. Demgegenüber bemerkt Aristoteles das Ungenügen dieser Erklärung und die Notwendigkeit, außer den Stoffursachen noch andere Ursachen zu berücksichtigen, nämlich die Bewegungs-. Zweck- und Formursachen (vgl. I 3, 984a 16 ff., wonach die früheren Naturphilosophen schon bald „von der Natur der Sache“ gezwungen wurden, außer den Stoffursachen noch andere zu suchen; ferner VII 3, 1029a 7 ff., wo die absurde Folgerung eines Gedankens, daß die Substanz nichts anderes als der Stoff der Dinge sei, notwendig dazu führt, die Formursache in den Blick zu nehmen).

Wie der Natur- wird auch der Substanz-Begriff unter dem dreifachen Aspekt betrachtet, der Stoff- und der Formursache, sowie des aus beiden zusammengesetzten Einzeldinges (z. B. VII 3, 1029a 1–7).

(b) 1015a 13–19: Zusammenfassung: zwei Hauptbedeutungen von Natur:

(1.) als Substanz (qua Wesenheit) der Naturdinge, d. h. der Dinge, die das Prinzip der Bewegung in sich selber haben; auf sie bezogen heißen auch der Stoff, das Entstehen und Wachsen Natur;

(2.) als jenes Prinzip der Bewegung selbst, das den Naturdingen nach Potentialität und Aktualität innewohnt.

Die erste Bedeutung von Natur, die der Substanz, betrifft nicht einfach bloß die Einzeldinge, sondern auch etwas von ihnen (Genitiv: τῶν ἐχόντων ἀρχὴν etc., 1015a 14–15), sc. ihre Wesenheit. Diese schließt nach Aristoteles auch die Stoffursache ein, vollendet sich aber in der Formursache, die bei den Naturdingen mit der Bewegungs- und Zweckursache in eines zusammenfällt.

V Kapitel 5
Notwendig

(a) 1015a 20–35: Die verschiedenen Bedeutungen:
(1.) dasjenige, ohne welches es nicht möglich ist (*condicio sine qua non*) zu leben, als (materiale) Mitursache (zu anderen Ursachen), z. B. Atmen und Nahrung bei den Lebewesen, a 20–22;
(2.) dasjenige, ohne welches das Gute nicht sein oder werden kann (wiederum als *condicio sine qua non*, materiale Mitursache), a 22–26;
(3.) das Erzwungene, der Zwang, der dem Vorsatz und der Überlegung entgegensteht; Zitate aus Euenos (Fragm. 8, Poetae lyrici graeci, ed. Bergk) und Sophokles (Elektra V 256), a 26–33;
(4.) dasjenige, was sich nicht anders verhalten kann, a 33–35.

(b) 1015a 35 – b 9: Die letztgenannte als Hauptbedeutung, auf welche die übrigen zurückkommen; denn sowohl bei Abhängigkeit von (materialen) Mitursachen, als auch von Zwang ergibt sich, daß sich etwas nicht anders verhalten kann. Unter die letztgenannte Bedeutung fällt auch das durch Beweis Notwendige. Ursache für dieses sind die Prämissen, aus denen der Beweis hervorgeht.

(c) 1015b 9–15: Zwei Gesichtspunkte des Notwendigen in der letztgenannten Bedeutung: Entweder liegt die Ursache der Notwendigkeit eines Seienden in einem anderen oder in ihm selbst (sc. in seiner Natur, Wesenheit). In der zweiten Hinsicht ist das Notwendige „im ersten und strengsten Sinne“ das Einfache(-Eine), Ewige, Unveränderliche, weil es sich seiner Natur nach nicht anders verhalten kann.

V Kapitel 6
Eines

(a) 1015b 16–34: Eines in akzidenteller Bedeutung:
(1.) verschiedene Fälle am Individuum, b 17–27,
– wie z. B. Koriskos und gebildet, weil das eine Akzidens des anderen (der Substanz) ist, b 17–19 (vgl. ‚Phys,' V 4);
– wie gebildet und gerecht, weil zwei Akzidenzien an derselben Substanz, b 19–23;
– wie der gebildete Koriskos, weil einer der Teile im Begriff dem anderen als Akzidens zukommt, b 23–26;
– wie der gebildete Koriskos und der gerechte Koriskos, weil in beiden Begriffen der eine Teil demselben anderen als Akzidens zukommt, b 26–27;
(2.) dieselben Fälle am Allgemeinen, b 28–34,
– wie z. B. Mensch und gebildet, usw.

(b) 1015b 34 – 1016b 17: Eines an sich in verschiedenen Bedeutungen:
(1.) das Kontinuierliche, als dasjenige, „dessen Bewegung an sich eine einzige ist, d. h. unteilbar der Zeit nach" (vgl. ‚Phys.' VI 1); Beispiele für Kontinuierliches durch Kunst und von Natur, 1015b 36–16a 17;
(2.) dasjenige, dessen Substrat artmäßig nicht unterscheidbar, für die Sinneswahrnehmung unteilbar ist, wobei das Substrat entweder das artmäßig nächste sein kann, z. B. Wein, oder ein letztes, z. B. für alle Flüssigkeiten Wasser oder Luft (als ihr Grundstoff), 1016a 17–24;
(3.) dasjenige, wovon die Gattung dieselbe ist, so die unter sie fallenden, an sich verschiedenen Arten; denn sofern eine von den Arten als Eines bezeichnet wird, so nach den höheren Gattungen, a 24–32;
(4.) dasjenige, das dieselbe Wesensdefinition hat, die insofern (in bezug auf alles, was unter sie fällt) eine ist, mag sie auch aus Teilen (den definitorischen Gliedern) bestehen, 1016a 32 – b 1.

(5.) Eines in vollster Bedeutung ist das, wovon der Vernunftakt, der das Wesen (Sosein) erfaßt, unteilbar ist, sowohl nach Zeit und Ort, als auch dem Begriff (der Definition) nach; und am meisten von diesem die Substanzen, b 1–3.

(6.) Überhaupt dasjenige, was und wofern es unteilbar ist, b 3–6. Dabei ist zu unterscheiden: Eines in abgeleiteter (zweiter) Bedeutung wird alles genannt, was dies durch etwas anderes ist, das Eines in irgendeiner Beziehung ist. In ursprünglicher, erster Bedeutung aber wird Eines das genannt, dessen Substanz *eine* ist, entweder der Kontinuität oder der Art oder dem Begriffe (der Definition) nach, b 6–11.

(7.) Ferner dasjenige, das ein Quantum und Kontinuierliches ist, aber genau genommen nur, wenn es ein Ganzes ist und *eine* Form hat, b 11–17.

Die Aufzählung der Bedeutungen schreitet hier, wie in den meisten Kapiteln dieses Buches vom Bekannteren für uns zu dem in der Natur der Sache Begründeten fort, vom Akzidentellen zum Wesentlichen, vom Sinnenfälligen zum Intelligiblen, vom Stofflichen zum Form- und Wesensbestimmten. Die 7. Bedeutung dürfte ein Nachtrag zur 1. sein. Die 5. und 6. Bedeutung sind die wichtigsten und metaphysisch (ontologisch) am meisten relevant. Nach ihnen gründet jede Einheit letztlich im Sosein der Substanzen. Ihr entspricht die Einheit des Vernunftaktes, der das Sosein erfaßt.

Das Eine in der (ontologischen) Hauptbedeutung als das Unteilbare (vgl. auch Buch X 1) ist in die scholastische Transzendentalien-Lehre des Mittelalters eingegangen.

<u>(c) 1016b 17 – 1017a 3:</u> Das Wesen des Einen nach seinen verschiedenen Bedeutungen:

(1.) Das Eine als Prinzip der Zahl für etwas; denn das erste Maß ist Prinzip, und das Eine ist erstes Maß in jeder Gattung. Das Maß in jeder Gattung ist das, womit als erstem wir erkennen, so daß das Eine zugleich auch Prinzip des Erkennbaren in jedem Ding ist.

Das Eine ist in allen Gattungen nicht dasselbe, sondern

ein quantitatives, qualitatives usw. Überall aber ist es etwas Unteilbares, b 17–24.

(2.) Was der Quantität nach in jeder Richtung (Dimension) unteilbar ist und ohne Lage, heißt Einheit, was hingegen in jeder Richtung unteilbar ist und eine Lage hat, heißt Punkt, was in einer Richtung teilbar, Linie, was in zwei Richtungen, Fläche, was in drei Richtungen, Körper, b 24–31.

(3.) Weiter bedeutet das Eine wesensmäßig entweder ein solches der Zahl oder der Art oder Gattung oder der Analogie nach, wobei die je frühere Bedeutung in der späteren eingeschlossen ist, aber nicht umgekehrt, b 31 – 17a 3.

(d) 1017a 3–6: Die Bedeutungen des Vielen sind denen des Einen entgegengesetzt; z. B. wird als Vieles bezeichnet, was nicht kontinuierlich ist, oder was artmäßig verschiedene Stoffe als Substrat hat oder was definitorisch verschiedene Wesenheiten hat.

V Kapitel 7
Seiendes

(a) 1017a 7–19: Bedeutung des (logisch) akzidentellen Seienden; verschiedene Fälle: wie z. B. der Gerechte ist gebildet – der Mensch ist gebildet – der Gebildete ist ein Mensch.

Das Seiende wird hier im „ist" jedesmal akzidentell ausgesagt, denn entweder wird ein Akzidens von einem Akzidens ausgesagt, weil beide einem Subjekt (Substanz) zukommen, oder ein Akzidens von seinem Subjekt, oder ein Subjekt von seinem Akzidens.

(b) 1017a 19 – b 9: Verschiedene Bedeutungen des Seienden an sich:

(1.) als Seiendes nach den verschiedenen Kategorien, nämlich nach der Wesenheit, Qualität, Quantität, Relation, nach Tätigkeit oder Leiden, Raum und Zeit; in Tätigkeitswörtern liegt ebenfalls ein Ist-Aussagen (z. B. der Mensch lebt = der Mensch ist lebend), a 19–30;

(2.) als Wahr- und Falsch-Seiendes, sowohl bei Bejahung als auch bei Verneinung, a 31–35;

(3.) als potential und aktual Seiendes, in allen Kategorien (ebenso der 1. Kategorie, der Wesenheit, wie auch z. B. der Qualität oder der Tätigkeit und Ruhe), a 35 – b 9.

Die Bedeutungen schreiten vom Akzidentellen zum An-sich fort (ganz ähnlich wie im vorigen Kapitel 6 über das Eine). Metaphysisch am meisten relevant ist das an sich Seiende in der Bedeutung nach den Kategorien sowie nach Potenz und Akt.

Aus der Kategorien-Einteilung gewinnt Aristoteles in IV 2, VII 1 und an anderen Stellen die wichtige ontologische Unterscheidung zwischen den Substanzen nach der 1. Kategorie, die an sich sind (subsistieren) und den Akzidenzien nach den übrigen Kategorien, die nicht an sich sind (sondern nur den Substanzen inhärieren).

Die das vorliegende Kapitel V 7 aufgliedernde Unterscheidung zwischen akzidentellem und an sich Seiendem folgt freilich nicht diesem ontologischen Gesichtspunkt, sondern einem aussagen-logischen, wonach das nach allen Kategorien (nicht nur das nach der 1. Kategorie) Ausgesagte „an sich Seiendes" ist.

Vgl. Thomas v. Aqu., in ‚Metaphys.', Nr. 885: Unde patet quod divisio entis secundum se et secundum accidens, attenditur secundum quod aliquid praedicatur de aliquo per se vel per accidens. Divisio vero entis in substantiam et accidens attenditur secundum hoc quod aliquid in natura sua est vel substantia vel accidens.

Die 3. Bedeutung von „Sein"/„Nichtsein" meint nicht, wie Ross interpretiert, die logische Aussage oder Festlegung des „Wahrseins"/„Falschseins" von anderen, realen Aussagen, z. B. „Es ist die Aussage wahr, daß Sokrates gebildet ist", sondern geht auf die immanente Bedeutung von Wahr/Falsch in jeder realen (und logischen) Aussage selbst, z. B.: „Sokrates ist wahrer-/falscherweise gebildet". Es ergeben sich vier Fälle:

mit d. Bedeutung: Wahr	*mit d. Bedeutung: Falsch*
1a) A ist B	*b) A ist nicht B*
2a) A ist nicht B	*b) A ist nicht nicht B*

Daher ist an der überlieferten Lesart 1017a 35 festzuhalten. Das Beispiel: „Die Diagonale ist nicht inkommensurabel (= nicht nicht kommensurabel)" erläutert den Fall 2b). Das „ist nicht" ist hier falsch, wie Aristoteles hinzufügt; denn es verneint fälschlich einen wahren Sachverhalt.

V Kapitel 8
Wesen (Substanz; Wesenheit)

(a) 1017b 10–23: Verschiedene Bedeutungen von Wesen:

(1.) die einfachen natürlichen Körper wie Erde, Wasser, Luft, Feuer; ferner die aus ihnen (als Grundstoffen) zusammengesetzten körperlichen Naturdinge wie die Lebewesen, die („göttlichen", weil als beseelt angenommenen, ewigen) Himmelskörper und ihre Teile;
gemeinsame Grundbedeutung: „das (letzte Aussagen-) Subjekt, das von nichts anderem mehr ausgesagt wird, während alles andere von ihm ausgesagt wird" (d. h. das Einzelding, die Substanz), b 10–14.
Eine ähnliche Aufzählung dessen, was gemeinhin als Substanzen gilt, bringt Buch VII 2 und 3. Die gemeinsame Grundbedeutung ist das, was Aristoteles mit denselben Worten in ‚Categor.' 1, 1 b 2–8 als erste Substanz bzw. als die Einzeldinge definiert, nämlich das letzte Aussagen-Subjekt.
Zu der Übersetzung von οὐσία mit dem deutschen Wort „Wesen", das die Doppelbedeutung von οὐσία als „Substanz" und „Wesenheit" nachzuahmen versucht, s.o. Einleitung.
Ebenso hat auch ὑποκείμενον, das „Zugrundeliegende" die Doppelbedeutung eines stofflichen „Substrats" und eines letzten Aussagen-„Subjekts". Für Aristoteles ist das letzte Aussagen-Subjekt das Einzelding, nicht der Stoff in ihm (s.u. Anm. zu VII 3).

(2.) „die Ursache des Seins", immanent im (letzten Aussagen-)Subjekt (d. h. im Einzelding, in der Einzelsubstanz), wie z. B. die Seele im Lebewesen (sc. die Formursache). b 14–16;

Äußerst bedeutsam ist der Ausdruck αἴτιον τοῦ εἶναι, „Ursache des Seins", mit dem substantivierten Infinitiv, der sich wiederholt in der ‚Metaphysik' findet (s. Register). Er zeigt, daß Aristoteles' Philosophie nicht mehr (wie noch die des Parmenides und Platon) beim Seienden stehenbleibt, sondern den Seinsakt in den Blick nimmt, der später bei Thomas v. Aqu. als actus essendi bezeichnet wird, und von dem aus sich die Frage nach der causa essendi stellt. (Dies u. a. auch gegen Heideggers Vorwurf der „Seinsvergessenheit" der Klassischen Metaphysik.[1])

Der Seinsakt, schon als schlichtes Dasein, Eines-, Etwassein u. ä., ist ein intelligibler Aspekt auch in den Sinnesdingen (d. h. kein Sinnesdatum mehr, wenn auch vom Intellekt, Bewußtsein, im Zuge der Sinneswahrnehmungen miterfaßt). Bei ihm setzt die metaphysische Erkenntnis an und fragt nach der „Ursache des Seins" zurück (vgl. o. IV 1), die zunächst zu Stoff- und Formursachen in den Dingen führt (s.u. VII 3; 17, 1041b 28; VIII 2, 1042b 32–33, 1043a 2–3; 6, 1045b 4–5).

Genauer gesehen, ist der Stoff Ursache nur für das potentiale Sein (eigentlich ein Noch-nicht-sein), die Form aber für das aktuale Sein der Dinge, so daß der aristotelische Ausdruck der „Ursache des Seins" gewöhnlich auf Formursachen weist. In diesem Sinne bemerkt dann später Thomas treffend: forma dat esse rei.

(3.) die (geometrischen) immanenten Teile der Körper, wie Linie und Fläche, „mit deren Aufhebung das Ganze aufgehoben wird, wie einige (sc. Pythagoreer und Platoniker) behaupten" (vgl. o. III 5, 12. Aporie), b 16–21;

[1] H. Seidl, Zur Seinsfrage bei Aristoteles und Heidegger, in: Ztschrft. f. philos. Fschg. (30) 1976, 203–26.

(4.) das Sosein (die Wesenheit) der Dinge, das durch die Definition erfaßt wird, b 21–23.

Zu dem wichtigen Begriff τὸ τί ἦν εἶναι (einer aristotelischen Wortschöpfung), der (wie der Ausdruck αἴτιον τοῦ εἶναι) den substantivierten Infinitiv von „sein" enthält und die Wesenheit mit dem Sein in jedem Ding verbindet, als sein „Sosein" (im Gegensatz zur platonischen, abgetrennten Idee), s. o. Einleitung.

Das Sosein der Sinnesdinge schließt bei Aristoteles auch die Stoffursache ein, vollendet sich aber in der Formursache und steht häufig synonym für diese.

Zu Aristoteles' Lehre über das τί ἦν εἶναι und seine Bestimmung durch die Definition, s. u. VII 4–12.

(b) 1017b 23–26: Zusammenfassung: Zwei Hauptbedeutungen von „Wesen":

(1.) als letztes (Aussagen-)Subjekt (= Einzelding, Substanz, nach der 1. Bedeutung),

(2.) als das Bestimmte (Dies-da) und (begrifflich) Abtrennbare (nach der 2. und 4. Bedeutung; auch nach der 3., von Aristoteles' Kritik an den Platonikern abgesehen), besonders als Form bzw. Gestalt.

Zu χωριστόν als Abtrennbarem „dem Begriffe nach", vgl. VIII, 1042a 29; ‚Phys.' 193 b 4. Zu dem Beispiel der Seele: Sie ist mit dem Leib verbunden. Beim Menschen vermag sich nur die Vernunft-Seele abzutrennen, ‚De an.' III 4–5.

V Kapitel 9
Das Selbige, das Andere, das Verschiedene, das Ähnliche

(a) 1017b 27 – 1018a 4: Das Selbige in akzidenteller Bedeutung, nach verschiedenen Fällen (wie beim akzidentellen Einen und Seienden, s.o. Kap. 6 u. 7):

Das Selbige zwischen zwei Akzidenzien derselben Substanz, oder zwischen Akzidens und Substanz bzw. umgekehrt; dies aber nur bei den Individuen, nicht bei ihren allgemeinen Gattungen, weil das Allgemeine immer Wesentliches (nicht Akzidentelles) betrifft.

(b) 1018a 4–9: Bedeutungen des Selbigen an sich, gleicherweise wie die des Einen an sich (Kap. 6):

(1.) dasjenige, dessen Stoff, der Art oder Zahl nach, *einer* ist, a 4–5;
(2.) dasjenige, dessen Wesenheit *eine* ist, a 6–7; gemeinsame Bedeutung der Selbigkeit als einer Art von Einheit des Seins, entweder zwischen mehreren oder bei einem Ding, sofern es für mehreres steht, a 7–9.

(c) 1018a 9–11: Bedeutungen des Anderen (dem Vielen, Mehreren, zugeordnet):

(1.) das, was der Art nach mehreres ist,
(2.) das, was dem Stoff nach mehreres ist,
(3.) das, was dem Wesensbegriff nach mehreres ist.

Allgemein sind die Bedeutungen des Anderen denen des Selbigen entgegengesetzt.

(d) 1018a 11–15: Bedeutungen des Verschiedenen (als einer Art des Anderen):

(1.) das, was ein Anderes der Zahl nach ist, wiewohl es noch eine Art des Selbigen, der Gattung oder der Analogie nach, ist;
(2.) das, was ein Anderes auch der Gattung nach ist;
(3.) alles Konträre;
(4.) alles der Wesenheit nach Andere.

(e) 1018a 15–18: Bedeutungen des Ähnlichen (als einer Art des Selbigen):

(1.) das, was in jeder Hinsicht als Selbiges geartet ist;
(2.) das, was mehr als Selbiges, denn als Anderes geartet ist;
(3.) all das, dessen Qualität *eine* ist;

(Zuordnung des Ähnlichen zur Kategorie der Qualität, wie des Gleichen zur Kategorie der Quantität, ‚Categ.' 6 u. 8).

(4.) all das, was die meisten oder bedeutendsten Gegensätze gemeinsam hat, in denen es sich (qualitativ) verändern kann.

Die Bedeutungen des Unähnlichen sind entsprechend denen des Ähnlichen entgegengesetzt, a 18–19.

Zu beachten ist die Unterordnung der hier behandelten Begriffe in V 9 u. 10 wie auch in X 2 ff.: Das Konträre fällt unter das Verschiedene, dieses unter das Andere, und dieses wieder unter das Viele (wie das Selbige unter das Eine).

V Kapitel 10
Entgegengesetztes

(a) 1018a 20–25: Bedeutungen des Entgegengesetzten nach folgenden Arten:

(1.) die Kontradiktion (Widerspruch),
(2.) das Konträre (Gegensatz im engeren Sinne, wie z. B. Schwarz und Weiß),
(3.) das Relative (Beziehung),
(4.) Privation und Habitus (Beraubung und Haben, Haltung),
(5.) das, woraus und worein sich eine Bewegung vollzieht, wie Entstehen und Vergehen,
(6.) das, was zusammen nicht an dem für beides aufnahmefähigen (Ding, Subjekt) zugleich vorliegen kann, bzw. das, woraus solches Entgegengesetztes ist.

Als Arten des Entgegengesetzten zählt Aristoteles an anderen Stellen nur die 1.–4. auf, so in ‚Categ.' 10, ‚Top.' II 8 und ‚Metaph.' X 4 (1055a 38). Die hier in V 10 erwähnte 5. und 6. sind keine neuen Arten, sondern nur zwei Hinsichten, unter denen Entgegengesetztes (genauer, das Konträre und Privative) betrachtet werden kann, die auf die Bewegung – denn sie vollzieht sich immer zwischen entgegengesetzten Grenzen – und die auf das zugrunde liegende Ding (Subjekt), das für Gegensätze aufnahmefähig ist, an dem aber nur jeweils einer vorliegen kann, nicht beide zugleich.

In Hinsicht auf das zugrunde liegende Subjekt (Ding)

der Gegensätze, vor allem aber in Hinsicht auf ihr Sein und Nicht-sein ergibt sich eine Unterordnung der Gegensätze, die schon in der ‚Kategorien'-Schrift (a.a.O.) angedeutet und später bei Thomas systematischer dargestellt ist (‚In Metaphys.', Nr. 922): Hiernach ist der relative Gegensatz der letzte, schwächste, weil er nur eine Beziehung der Abhängigkeit zwischen Seiendem betrifft, während die drei anderen Sein und Nichtsein betreffen, weil der eine Gegensatz die Aufhebung des anderen mit sich bringt. Der radikalste, erste Gegensatz ist sonach der kontradiktorische, weil er nichts übrig läßt, das Seiende ganz aufhebt. Der zweite ist der privative, der das Seiende seiner (substantiellen) Formbestimmung beraubt, aber das zugrunde liegende Subjekt beläßt. Der dritte ist der konträre Gegensatz, der am Seienden nur eine Bestimmung innerhalb einer Gattung aufhebt, ihm aber sowohl das Subjekt als auch die jeweilige Gattung beläßt. Als letzter, vierter Gegensatz folgt dann, wie gesagt, der relative.

(b) 1028a 25–35: Bedeutungen des Konträren:

(1.) das in einer (Eigenschafts-)Gattung Verschiedene, das an demselben (zugrunde liegenden) Ding (Subjekt) nicht zugleich vorkommen kann (vgl. ‚Categ.' 11);

(2.) das, was sich hinsichtlich derselben Gattung am meisten unterscheidet;

(3.) das, was an demselben aufnahmefähigen Subjekt (Ding) vorkommend sich am meisten unterscheidet;

(4.) das, was unter dasselbe (gattungsmäßige) Vermögen fallend sich am meisten unterscheidet;

(5.) das, dessen Unterschied (bzw. Verschiedenheit) am größten ist, entweder schlechthin oder der Gattung oder der Art nach, a 25–31.

Abgeleitete Arten des Konträren, die zu den genannten in gewissen weiteren Beziehungen stehen, a 31–35.

(c) 1028a 35–38: Ergänzung:

Die Bedeutungen des Selbigen und Anderen bzw. (Verschiedenen und) Konträren begleiten das Seiende, Eine und Viele in ihren verschiedenen kategorialen Weisen.

(d) 1019b 1–8: Bedeutungen des der Art nach Anderen und Selbigen (vgl. X 8):

(1.) das, was zu derselben Gattung gehörig, nicht einander untergeordnet ist;

(2.) das, was in derselben Gattung einen Unterschied hat;

(3.) alles, was (zu derselben Gattung gehörig) in der Wesenheit einen Gegensatz hat (d. h. verschieden ist, s.o. Kap. 9, 1018a 14–15);

(4.) das Konträre, entweder alles oder das eigentlich so genannte (im Unterschied zu dem abgeleiteten Konträren, s.o. (b) 5.);

(5.) die letzten Arten einer Gattung, die sich durch ihren Wesensbegriff unterscheiden;

(6.) alles, was an derselben Substanz vorkommend, einen Unterschied hat (sc. Eigenschaften, die sich der Art nach unterscheiden).

b 8–9: Die Bedeutungen des der Art nach Selbigen sind den hier genannten (des der Art nach Anderen) entsprechend entgegengesetzt.

V Kapitel 11
Früher und Später

(a) 1018b 9 – 1019a 11: Verschiedene Bedeutungen von Früher und Später (vgl. auch ‚Categ.' 12):

(1.) das, was, bezogen auf einen ersten Anfang in jeder Gattung, diesem näher bzw. ferner ist;

– dem Raume nach, das seinem ersten Ort Nähere bzw. Fernere, z. B. der Mitte oder dem Ende (der Peripherie des Alls), 1018b 12–14;

– der Zeit nach, das einem ersten Anfang, sc. der Gegenwart, Nähere bzw. Fernere, sei es in Richtung auf die Vergangenheit oder auf die Zukunft, b 14–19;

– der Bewegung nach, das dem ersten Bewegenden Nähere bzw. Fernere, z. B. der Knabe früher als der Mann (weil dem Anfang der Bewegung, hier der Erzeugung

noch näher), b 20–21;
- dem Vermögen nach (sc. zu handeln und bewegen), das einem ersten Vermögen, sc. dem Vorsatz (Entschluß) Nähere bzw. Fernere, b 22–26;
- der Ordnung nach, d. h. das nach einem gewissen Verhältnis (z. B. dem Zahlensystem) von etwas bestimmtem Einen weniger oder mehr Entfernte, b 26–29;

(2.) das der Erkenntnis nach Frühere (bzw. Spätere), und zwar in zweifachem Sinne, zum einen das dem Begriff nach Frühere, das Allgemeine (Intelligible), zum andern das der Sinneswahrnehmung nach Frühere, Einzelne (Sinnliche, vgl. VII 4, 1029b 3–12). In gewisser Hinsicht kann auch das Akzidentelle dem Begriff nach früher sein, nämlich verglichen mit einem verbundenen Ganzen (aus Ding + Akzidens), b 29–37;

(3.) Eigenschaften des Früheren sind ebenfalls Früheres, b 37 – 19a 1;

(4.) das der Natur und Wesenheit nach Frühere (bzw. Spätere), wobei das (schon von Platon verwendete) Kriterium gilt, daß es „ohne anderes sein kann, während das andere nicht ohne dieses" (vgl. auch ‚Categ.' 5, 2 b 5–7). Demnach ist von den kategorialen Seinsweisen die erste früher, „das Subjekt", d. h. die Substanz, das Einzelding. Hierbei ist wieder zu unterscheiden zwischen Früherem der Potenz (Möglichkeit) nach und der Vollendung (Entelechie, Akt) nach: Der Potenz nach ist z. B. der Stoff früher als die Wesenheit, der Vollendung nach aber später, 1019a 1–11.

<u>(b) 1019a 11–14:</u> Zusammenfassender Hinweis auf die Hauptbedeutung des Früheren, wonach es „ohne anderes sein kann, während das andere nicht ohne dieses sein kann" (s. die 4. Bedeutung, die eigentlich metaphysische).

V Kapitel 12
Vermögen, Vermögend, Unvermögen, Unvermögend, Möglich, Unmöglich

(a) 1019a 15–32: Bedeutungen von Vermögen:
(1.) Prinzip (als aktives Vermögen) der Bewegung bzw. Veränderung in einem anderen oder (in ein und demselben) sofern es ein anderes ist (vgl. IX 1–5); Beispiele mit der Baukunst und Heilkunst, a 15–18;
(2.) Prinzip (als passives Vermögen) der Bewegung bzw. Veränderung von einem anderen her oder (von ein und demselben) sofern es ein anderes ist, a 19–23;
(3.) die Fähigkeit, sei es als aktive oder passive, zu einer schönen und vorsätzlichen Ausführung, a 23–26;
(4.) Beschaffenheiten, nach denen etwas leidensunfähig und unveränderlich ist, a 26–32.

(b) 1019a 32 – b 15: Bedeutungen von Vermögend:
(1.) das, was ein (aktives) Prinzip der Bewegung bzw. Veränderung in einem anderen, oder sofern es ein anderes ist, hat, a 32–35;
(2.) das, worüber ein anderes ein solches Vermögen hat, a 35 – b 1;
(3.) das, was ein Vermögen zur eigenen Veränderung hat, sei es zum Besseren oder zum Schlechteren, wie z. B. zum Vergehen, wobei einmal ein Habitus, einmal eine Privation vorliegt, b 1–10;
(4.) das, worüber nichts anderes – oder es selbst, sofern es ein anderes ist – das Vermögen bzw. Prinzip der Vernichtung hat, b 10–11;
(5.) all das, was überhaupt werden oder nicht werden (bzw. bewegt oder nicht bewegt werden) kann, oder weil es gut werden (bzw. bewegt werden) kann, b 11–15.

(c) 1019b 15–21: Bedeutungen von Unvermögen:
(1.) die Privation des Vermögens dort, wo überhaupt eines vorliegt, oder der Natur gemäß, oder zu einer der Natur gemäßen Zeit vorliegt, b 15–19;

(2.) der (privative) Gegensatz zu beiden Arten von Vermögen (nach den Bedeutungen a) 1 und 2), sowohl hinsichtlich der Bewegung überhaupt als auch der schönen (richtigen), b 19–21.

(d) 1019b 21–33: Bedeutungen von Unvermögend, Unmöglich und Möglich:

Unvermögend ist das, was ein Unvermögen in den gen. Bedeutungen hat, b 21–23.

Unvermögend als Unmöglich (im Griechischen dasselbe Wort) ist das, dessen Gegenteil notwendig wahr ist, b 23–27;

Vermögend als Möglich ist
(1.) das, dessen Gegenteil nicht notwendig falsch ist;
(2.) das, was wahr ist;
(3.) das, was wahr sein kann, b 27–33.

Übertragene Bedeutung von Vermögen (Potenz) in der Geometrie, b 33–34.

(e) 1019b 34 – 1020a 6: Zusammenfassung:
– Die Bedeutungen von Möglich werden nicht nach dem Begriff Vermögen ausgesagt, b 34–35.
– Die Bedeutungen von Vermögend, die nach dem Begriff Vermögen ausgesagt werden, gehen auf die Hauptbedeutung zurück, wonach dieses Prinzip der Bewegung bzw. Veränderung in einem anderen ist oder (in ein und demselben) sofern es ein anderes ist. Entsprechend verhält es sich gegenteilig mit den Bedeutungen von Unmöglich und Unvermögend.

V Kapitel 13
Das Quantitative

(a) 1020a 7–14: Bedeutung des Quantitativen: das Teilbare in zwei oder mehrere immanente Teile, die ihrer Natur nach je Eines und ein bestimmtes Etwas sind. Zwei Arten des Quantitativen:

(1.) als Menge, sofern es zählbar und potentiell in Nichtstetiges teilbar ist; die begrenzte Menge heißt Zahl;
(2.) als Größe, sofern es meßbar und potentiell in Stetiges teilbar ist; sie heißt in einer Richtung (Dimension) stetige Länge, in zwei Breite, in drei Tiefe; die begrenzte Länge heißt Linie, die begrenzte Breite Fläche, die begrenzte Tiefe Körper.

(b) 1020a 14–26: Die gen. Bedeutung im Sinne des an sich Quantitativen:
(1.) das, was seiner Wesenheit nach Quantitatives ist, d. h. dessen definitorischer Gattungsbegriff die Quantität ist;
(2.) Eigenschaften des wesenhaft Quantitativen, wie z. B. viel und wenig usw., auch groß und klein, sowohl in wörtlichem als auch in übertragenem Sinne.

(c) 1020a 26–32: Bedeutungen des Quantitativen in akzidentellem Sinne:
(1.) Eigenschaften am Quantitativen, die ihm nicht als solchem zukommen;
(2.) Bewegung und Zeit; Bewegung, weil eine Bestimmung am stetig Teilbaren (Bewegten); Zeit, weil wiederum eine Bestimmung der Bewegung (sc. „Maß der Bewegung", s. ‚Phys.' 219 b 1).

Es ist zu beachten, daß die Bestimmungen des Quantitativen und der übrigen Kategorien, wie auch die der ersten, der Substanz, keine Definitionen im strikten Sinne sind, weil die betreffenden Begriffe von oberster Allgemeinheit sind und unter keine noch höhere Gattung mehr fallen. Wenn deshalb hier das Quantitative als „Teilbares" bestimmt wird, ähnlich wie oben das Eine als „Unteilbares" und die Substanz als „letztes (Aussagen-)Subjekt", so ist das „Teilbare" ebensowenig übergeordnete Gattung für das Quantitative, wie etwa das „Unteilbare" für das Eine.

Es handelt sich lediglich um Unterscheidungsmerkmale, welche die jeweilige Sache näher kennzeichnen, die im übrigen als eine erste Gegebenheit schon erfaßt sein muß. Die

Merkmale sind meist weniger „aus der Natur der Sache selbst" adäquat entnommen, sondern mehr aus dem „für uns Bekannteren", ausgehend von unseren Tätigkeiten wie Aussagen, Teilen, Zählen, Messen u. ä.

(Das fortlaufende Teilen bzw. Zählen ist übrigens nach Aristoteles insofern nur ein „potentielles", weil als solches nur im Denken vollzogen, während das aktuell Geteilte bzw. Gezählte das Teilen bzw. Zählen im Denken zum Stehen bringt, vgl. II 2, 994b 16–28).

V Kapitel 14
Das Qualitative

(a) 1020a 33 – b 13: Bedeutungen des Qualitativen (vgl. ‚Categ.' 8):

(1.) als Unterschied der Substanz, wie der artbildende Unterschied (z. B. zweifüßig für Mensch);

(2.) als (mathematische) Bestimmungen der Zahlen und (ihrer „Nachbilder") der geometrischen Größen;

(3.) als Bestimmungen (Eigenschaften) der bewegten Substanzen (z. B. warm und kalt, leicht und schwer usw.);

(4.) als Tugend und Laster, überhaupt als Gutes und Schlechtes.

(b) 1020b 13–25: Zusammenfassung nach zwei Hauptbedeutungen:

(1.) die Qualität als Unterschied der Substanz (1. Bedeutung), worunter auch die mathematischen Bestimmungen (2. Bedeutung) befaßt werden können;

(2.) als Eigenschaften des Bewegten als solchen und als Unterschiede der Bewegungen (3. Bedeutung), worunter sich auch Tugend und Laster, Gutes und Schlechtes, befassen lassen als Eigenschaften von Bewegungen, d. h. hier Tätigkeiten der beseelten (vernunftbegabten) Wesen, besonders sofern sie mit Vorsatz handeln.

V Kapitel 15
Das Relative

(a) 1020b 26 – 1021b 3: Bedeutungen des Relativen an sich: Überblick: Das Relative bedeutet erstens ein Verhältnis der Zahl nach, wie des Doppelten zum Halben und allgemein des Sovielfachen zum sovielten Teil, zweitens ein Verhältnis zwischen tätigem und leidendem Vermögen; drittens ein Verhältnis zwischen Maß und Gemessenem, 1020b 26–32. Im einzelnen:

(1.) Zahlenmäßiges Verhältnis, 1020b 26–21a 14; drei Arten:

– als unbestimmtes Verhältnis, d. h. nicht bestimmter Zahlen; zwei verschiedene Fälle:
  durch Zahlen ausdrückbare Verhältnisse, wie des Doppelten zum Halben;
  durch Zahlen kommensurabel (sc. durch rationale Zahlen) nicht ausdrückbare Verhältnisse, wie die des Übertreffenden zum Übertroffenen;
– als bestimmtes Verhältnis, d. h. bestimmter Zahlen;
– als bestimmtes Verhältnis von Einem zu Einem; drei Weisen:
  als Selbiges, das auf *eine* Wesenheit bezogen ist,
  als Gleiches, das auf *eine* Quantität bezogen ist,
  als Ähnliches, das auf *eine* Qualität bezogen ist.

Alle drei Arten sind zahlenmäßige Verhältnisse, auch die dritte; denn das Eine (in den genannten Weisen) ist als Eins in Beziehung zur Zahl, weil Eins Prinzip und Maß der Zahl ist.

(2.) Verhältnis zwischen Tätigem und Leidendem, 1021a 14–26: und zwar aufgrund eines tätigen und leidenden Vermögens, z. B. zu erwärmen und erwärmt zu werden, zu schneiden und geschnitten zu werden.

Abhebung gegen die zahlenmäßigen Verhältnisse, denn diese „sind keine Tätigkeiten“ (sc. weil die Zahlen keine aktiven Vermögen, Bewegungsursachen sind, entgegen einer platonischen Ansicht), „außer in gewissem Sinne, wie anderswo erklärt ist" (vielleicht als Gedachtes in der Denktätigkeit, vgl. IX 9, 1051a 30).

Zu manchen Verhältnissen nach den gen. Vermögen kommen noch Zeitbestimmungen hinzu.

Einige Verhältnisse sind solche zwischen dem Vermögen und seiner Privation.

(3.) Verhältnis zwischen Meßbarem und Maß, wie zwischen Wißbarem und Wissen, 1021a 26 – b 3.

Abhebung dieses Verhältnisses gegen jene zwei oben genannten (sc. nach der Zahl und den Vermögen); die Relata jener Verhältnisse bestimmen sich wesensmäßig dadurch, daß jedes „auf das andere bezogen ist", beim vorliegenden Verhältnis hingegen ist zwar das eine Relatum, das Maß, wie das Wissen (Wissenschaft), wesensmäßig auf das andere, das Meßbare, wie das Wißbare, bezogen, aber nicht umgekehrt, vielmehr ist dieses nur deshalb relativ, weil „das andere (sc. das Maß, wie das Wissen) auf es selbst bezogen ist". So ist das Wißbare Denkbare, mehr als bloß „das, worauf das Denken geht" (nämlich an sich ein spezifisch bestimmter Gegenstand), ebenso wie auch das Wahrnehmbare mehr ist als bloß das, worauf die Wahrnehmung geht, nämlich an sich bestimmtes Farbiges. Anzeichen dafür: Die Wesensbestimmung des Denkens benennt dieses nicht als „Denken dessen, worauf das Denken geht", sonst würde sie (zirkulär) denselben Begriff zweimal verwenden (vielmehr gibt sie den spezifisch bestimmten Gegenstand an).

Diese Bemerkung erinnert an Aristoteles' kritische Abwehr des Relativismus in IV 5 und 6, 1010b 30 ff., 1011b 1 ff., der das Sein der Dinge aufhebt und in das bloße Erkanntwerden, in ihrer Erkenntnisbeziehung zum Menschen, verflüchtigt. Der Mensch ist nach Aristoteles' Kritik nicht „das Maß aller Dinge, der seienden, daß sie sind, der nichtseienden, daß sie nicht sind" (Protagoras), sondern nur für ihr Erkannt-sein (sc. im Subjekt). Das Sein der Dinge ist mehr als nur ihr Erkannt-sein und hat den Vorrang vor der Erkenntnis. Ontologisch gesehen, ergibt sich gleichsam umgekehrt das Sein der Dinge als Maß ihrer Erkenntnis; denn diese muß sich – im einfachen Erfassen von Gegebenheiten ebenso wie im verbindenden und trennenden (bejahenden und verneinenden) Urteil – nach dem richten, was an den Dingen als Seiendes vorliegt, verbunden oder getrennt ist, vgl. ‚Categ.' 12, 14 b 15–24; ‚Metaph.' IX 10, 1051a 34 – b 9. – Zur Erkenntnis als Relation vgl. Platon, Charm. 168 B.

(b) 1021b 3–8: Ergänzung zum Relativen an sich: Von dem Relativen in den vorgenannten Bedeutungen haben auch die Gattungen die Bedeutung des Relativen.

(c) 1021b 8–11: Bedeutungen des Relativen in akzidentellem Sinne: wenn Verhältnisse, wie die in a) 1. genannten, akzidentellerweise vorliegen.

V Kapitel 16
Vollendet

(a) 1021b 12–30: Bedeutungen des Vollendeten an sich:
(1.) „dasjenige (in jeder Gattung), außerhalb dessen sich auch nicht ein einziger Teil finden läßt" (d. h. das in sich alle Teile hat, bzw. dem nichts fehlt), b 12–14;
(2.) „das, was nach Tüchtigkeit (Tugend) und guter Verfassung in seiner Gattung nicht übertroffen werden kann"; entsprechend übertragen auch vom Schlechten (sc. das, was nach seiner Schlechtigkeit nicht übertroffen werden kann), b 14–23;
(3.) das, was einen guten Zweck hat (griech. Telos = Zweck, „Ende") und so „voll-endet" ist;
entsprechend übertragen auch vom Schlechten, b 23–30;

(b) 1021b 30 – 1022a 3: Zusammenfassung:
Die Hauptbedeutung des Vollendeten liegt in dem, was – entweder schlechthin oder in seiner jeweiligen Art – „keinen Mangel im Guten hat und nicht übertroffen werden kann", und „außerhalb dessen nichts zu finden ist".

Die übrigen Bedeutungen werden in verschiedenen Beziehungen zu dieser Hauptbedeutung ausgesagt.

V Kapitel 17
Grenze

(a) 1022a 4–10; Bedeutungen von Grenze:

(1.) das Äußerste, Letzte bzw. Erste eines jeden Dinges (in größenmäßigem und räumlichem Sinne), außerhalb dessen nichts und innerhalb dessen alles ist (was zu dem Ding gehört), a 4–5;

(2.) die Form der Größe oder dessen, was Größe hat, a 5–6;

(3.) das Ziel (griech. Telos = Zweck, Ende) eines jeden Dinges, worauf seine Bewegung und (beim Menschen) seine Handlung hingeht, im Gegensatz zu ihrem Anfang; in gewissem Sinne aber auch ihr Anfang (sofern in ihm das Ziel schon vorweggenommen ist), a 6–8;

(4.) der Zweck eines jeden Dinges, in eins mit seiner Substanz und Wesenheit. Begründung: Die Wesenheit ist „die Grenze der Erkenntnis, wenn aber der Erkenntnis, dann auch der Sache".

Die 4. Bedeutung ist die eigentlich metaphysische des Begriffes Grenze, wie auch aus der wichtigen Begründung hervorgeht: Die Wesenheit ist das begrenzende, d. h. bestimmende Formprinzip in jedem Ding, und zwar nicht primär für seine quantitative, größenmäßige Form, sondern für die substantielle (artmäßige). Und als solches ist sie auch das begrenzende, bestimmende Erkenntnisprinzip, „die Grenze der Erkenntnis".

(b) 1022a 10–13: Synonyme Bedeutung von Grenze und Prinzip, neben den ihr eigenen, hier erwähnten Bedeutungen.

V Kapitel 18
Das Wonach und das An-sich

(a) 1022a 14–24: Bedeutungen des Wonach:
(1.) Form und Wesenheit jedes Dinges, a 14–16;
(2.) das, worin als in einem Ersten etwas entsteht, sc. die Stoffursache, das erste Substrat für jedes, a 16–19;
(3.) alle Bedeutungen von Ursachen, wie der Zweckursache und der Form-, Wesensursache, wonach die wissenschaftlichen Beweise schließen, a 19–22;
(4.) das, was sich auf die Lage (Position) eines Dinges bezieht, a 22–24.

(b) 1022a 24–36: Bedeutungen des An-sich (vgl. ‚Anal. post.' I 4, 73 a 35 ff., ‚Metaph.' VII 4, 1029b 13 ff.):
(1.) das Sosein (Wesen) jedes Dinges, a 24–27;
(2.) das, was im Wesen befaßt ist, bzw. in der Wesensdefinition enthalten ist, a 27–29;
(3.) das, was als Eigenschaft an seinem zugrunde liegenden (Subjekt) ist, oder an einem Teil von ihm, a 29–32;
(4.) „das, wovon es keine andere Ursache gibt" (sondern die in seinem Wesen selbst liegende(n) Ursache(n)); z. B., „hat der Mensch viele Ursachen: das Lebewesen, das Zweifüßige" (aber sie sind keine „anderen", fremden Ursachen, sondern liegen in seiner Wesenheit, die als zweifüßiges Lebewesen definiert ist), so daß nach ihnen „dennoch der Mensch an sich Mensch ist", a 32–35;
(5.) das, was einem Ding allein und ihm als alleinigem zukommt, „weshalb das Abgetrennte an sich ist", a 35–36.

Die Lesart διὸ „weshalb" ist der anderen διότι „weil" vorzuziehen; denn eine Erklärung des „an sich", in einem „weil"-Satz, dürfte nicht wieder das zu erklärende „an sich" enthalten, während der „weshalb"-Satz eine Bestätigung anführt: Das Abgetrennte wird „an sich" genannt; nun ist aber das Abgetrennte, das, was für sich allein besteht; also . . .

V Kapitel 19
Disposition

1022b 1–3: Bedeutung von Disposition: als Anordnung dessen, was Teile hat; drei Weisen der Anordnung
(1.) dem Orte nach,
(2.) dem Vermögen nach,
(3.) der Art nach.

Begründung von der Wortbedeutung her (im griech. Wort ist „Lage", Position, enthalten): denn die Disposition „muß eine Lage (Position) sein".

V Kapitel 20
Haltung

1022b 4–14: Bedeutungen von Haltung:
(1.) (wörtlich) die Tätigkeit des Haltenden und des Gehaltenen, als dazwischenliegend, unterschieden von beiden; denn es gibt kein Halten des Haltens mehr – was zu einem Rückgang ins Unendliche führen würde – (wiewohl es ein Halten des Haltenden und des Gehaltenen gibt), b 4–10;
(2.) die Disposition, wonach etwas gut oder schlecht disponiert ist, sowohl in bezug auf sich, als auch auf anderes (Beispiel mit der Gesundheit). Haltung kann auch einem Teil einer solchen Disposition zukommen (Beispiel mit einer Tugend als einer Teildisposition), vgl. ‚Categ.', 8 b 25 ff.

V Kapitel 21
Affektion

1022b 15–21: Bedeutungen von Affektion (vgl. ‚Categ.' 8, 9a 28):
(1.) eine Qualität, die sich verändern kann,

(2.) ihre aktualen Veränderungen selbst,
(3.) hiervon wieder mehr die schädlichen Veränderungen und Bewegungen, am meisten die schmerzhaften Schädigungen;
ferner, in diesem Sinne, auch die übergroßen Unglücksfälle und Schmerzen.

V Kapitel 22
Privation

1022b 22 – 1023a 7: Bedeutungen von Privation:
(1.) wenn einem Ding etwas fehlt, was es seiner Natur nach nicht besitzt, b 22–24;
(2.) wenn einem Ding etwas fehlt, was es seiner Natur nach, als Gattung oder als Individuum, besitzen kann, b 24–27;
(3.) wenn einem Ding etwas, was es seiner Natur nach besitzen kann, zu einer gewissen Zeit und in einer gewissen Weise (und gemäß weiterer möglicher Bestimmungen) fehlt, b 27–31;
(4.) die gewaltsame Entziehung jedes Dinges (wörtl. Bedeutung der *στέρησις*, „Beraubung"), b 31–32;
(5.) alles, was durch Negationen ausgesagt wird (sprachl. ausgedrückt durch eine verneinende Vorsilbe), sowohl bei den Dingen, die es von Natur aus haben können, als auch bei denen, die es von Natur nicht haben; wenn sie es gar nicht haben, oder nicht leicht oder gut haben, wobei es Zwischenzustände geben kann, b 32 – 23a 7.

V Kapitel 23
Haben, Halten

(a) 1023a 8–23: Bedeutungen von Haben, Halten (vgl. ‚Categ.' 15):
(1.) nach eigener Natur oder eigenem Antrieb etwas führen (bewegen, treiben), a 8–11;

(2.) wenn ein dafür Aufnahmefähiges etwas hat, a 11–13;
(3.) wenn ein (räumlich) Umfassendes etwas Umfaßtes hat, a 13–17;
(4.) wenn ein Ding etwas anderes abhält, seinem eigenen (natürlichen) Impuls zu folgen (Beispiel mit Säule und Architrav, der gehalten wird und d. h. an seiner natürlichen Fallbewegung gehindert wird), a 17–23 (zum Atlas-Mythos vgl. Hesiod. Theog. 517).

(b) 1023a 23–25: Die Bedeutungen von In-etwas-sein folgen entsprechend denen von Haben, Halten.

V Kapitel 24
Aus etwas sein

1023a 26 – b 11: Bedeutungen des Aus-etwas-sein:
(1.) das, woraus ein Ding entsteht als aus seinem Stoff, entweder nach der ersten Gattung (sc. aus einem ersten Grundstoff) oder nach der letzten Art (sc. aus dem je spezifischen Stoff), a 26–29 (zur Unterscheidung vgl. Kap. 4, 1015a 6–13);
(2.) aus einem ersten Bewegungsprinzip, a 29–31;
(3.) aus dem Zusammengesetzten aus Stoff und Gestalt (Form), wie aus einem Ganzen die (stofflichen) Teile sind (hervorgehen); denn (das Ganze liegt in der Gestalt und) die Gestalt (Form) ist der Zweck („Ende“), das „Voll-endete“ (das alle Teile in sich hat, s.o. Kap. 16);
(4.) „wie die Art aus ihrem Teil, z. B. der Mensch aus dem Zweifüßigen und die Silbe aus dem Buchstaben“ (d. h.: aus den form-bezogenen Bestandteilen der Definition; Mensch = zweifüßiges Lebewesen, Silbe = aus Buchstaben zusammengesetzter Laut).

Unterscheidung dieser Teile der Art von den stofflichen Teilen der konkreten Substanz (Beispiel mit dem Erz der Bildsäule), aber Hinweis auf das analog Gemeinsame zwischen Art und konkretem Einzelding: „Aber auch die Art ist aus dem Stoff der Art“, a 35 – b 3;

Der Gesichtspunkt ist bei der 3. und 4. Bedeutung verschieden: Dort ist es das zusammengesetzte Ganze, „woraus" die Teile sind, hier die Teile, „woraus" das Ganze, die Art, ist; dort sind es die stofflichen Teile in bezug auf das formbestimmte Ganze, hier die Teile der Art, bezogen auf die Form(ursache) selbst.

Ergänzend fügt Aristoteles hinzu, daß es analog zum Stoff des konkreten Einzeldinges auch einen „Stoff der Art" gibt. Übereinstimmend damit heißt es in Buch VII 10, 1035b 27–31, daß auch die Art (weil vom zusammengesetzten Einzelnen abgezogen) noch ein Zusammengesetztes aus Stoff und Form ist, aber „wie aus einem allgemeinen Stoff". Insofern hat auch die Art noch stoffliche Teile, die ihr freilich nur akzidentell, nach Analogie mit dem konkreten Einzelnen, nicht jedoch an sich zukommen. Die Teile, die der Art an sich zukommen, sind solche, die auf die Formursache bezogen sind und durch die Bestandteile der Definition bezeichnet werden. Auf sie zielt die 4. Bedeutung des „Woraus" ab. (Zwischen dem ergänzend erwähnten „Stoff der Art" und dem im Beispiel erwähnten „Zweifüßigen" besteht kein Zusammenhang. Daß aber die Gattung zu den Differenzen sich noch einmal „wie der Stoff" zur Form verhält, vgl. VII 12, 1038a 6, ergibt sich aus einem anderen Gesichtspunkt als den hier genannten).

(5.) wenn etwas aus dem in obigen Bedeutungen Genannten teilweise hervorgeht, wie z. B. der Knabe einesteils aus dem Vater (der in der Zeugung das Bewegungsprinzip beiträgt) und anderenteils aus der Mutter (die das Stoffprinzip beiträgt) hervorgeht, b 3–5;

(6.) wenn etwas aus (= nach) einem anderen zeitlich folgt, sei es mit einer oder ohne eine Umwandlung des einen in das andere, b 5–11.

V Kapitel 25
Teil

<u>1023b 12–25:</u> Bedeutungen von Teil:

(1.) das, worein das Quantitative irgendwie geteilt werden

kann; besonders solche Teile, die als Maß für das Quantitative dienen, b 12–17;

(2.) das, worein die Art – unter Absehen des Quantitativen – geteilt werden kann, b 17–19;

(3.) das, worein das Ganze – sei es die Art oder das zu ihr Gehörige – geteilt wird bzw. woraus es zusammengesetzt wird, wie Stoff- und Formprinzip, b 17–22;

(4.) „das, was in den erklärenden Begriff jedes Dinges eingeht (d. h. die Bestandteile seiner Definition: Gattungs- und Differenzbegriffe), b 22–25.

Die 2. und 4. Bedeutung, teilweise auch die 3., berühren sich inhaltlich sehr eng: Sie betreffen die Teile der Art gemäß der Formursache, die durch die Bestandteile der Definition jedes Dinges bezeichnet werden (vgl. das vor. Kap. 24, Anm.).

Die Teile der Art gemäß der Form stehen in Gegensatz zu den Teilen des konkreten Dinges seinem Stoffe nach. Zugrunde liegt die Unterscheidung zwischen dem Ding als konkretem Einzelnen und als Art(vertreter). Sie stimmt überein mit der in der Kategorien-Schrift zwischen „erster" und „zweiter Substanz": Doch ist folgendes zu beachten: Die Art ist zwar selbst nur „zweite Substanz", weil sie (gegen Platons Ideenlehre) nicht für sich subsistiert, sondern auf die „erste Substanz" bezogen und von ihr aussagbar ist; gleichwohl kann nur unter dem Aspekt der Art (auf dem Wege der Definition) jedes Ding seiner Formursache nach betrachtet werden, durch die allein es „erste Substanz" ist. Unter dem Aspekt des Konkreten, sinnlichen Einzelnen als solchen hingegen würde jedes Ding nur seiner stofflichen Seite nach betrachtet.

In beiden Kapiteln 24 und 25 ragt die metaphysische Bedeutung der „Teile der Art" hervor, d. h. die Teilaspekte der Formursache. Nur diese dürfen als Bestandteile in die Wesensdefinition eines Dinges eingehen (nicht die stofflichen Teile), wie Buch VII 4–12 in seiner Lehre von der Wesenheit betonen wird.

V Kapitel 26
Ganzes

1023b 26 – 1024a 10: Bedeutungen von Ganzem:

(1.) das, wovon kein Teil fehlt, aus denen es von Natur aus besteht, 1023b 26–27;

(2.) das Umfassende, welches das Umfaßte zu einer Einheit macht,
- entweder jedes des unter ihm Befaßten, wie die allgemeine Gattung jedes der unter ihm befaßten Dinge,
- oder alles unter ihm Befaßte zusammen, wie das Zusammenhängende (räumlich Kontinuierliche) die unter ihm befaßten Teile,
- besonders wenn sie (*als* Teile) nur potentiell sind (und *als* Einheit aktuell),
- und wenn sie von Natur, nicht durch Kunst zusammenhängen,

Bestätigung dadurch, daß dieselben Bestimmungen auch vom Einen gelten, und die Ganzheit eine Art Einheit ist, b 27–36;

(3.) das Quantitative, das Anfang, Mitte und Ende hat,
- sowohl, wenn die Lage dieser Teile keinen Unterschied macht, und sie alle zusammen als „Gesamtes" („All") bezeichnet werden (z. B. Wasser, Zahl),
- als auch, wenn die Lage einen Unterschied macht, und sie alle zusammen als „Ganzes" bezeichnet werden,
- als auch, wenn beides statthat, und beide Bezeichnungen „Gesamtes" und „Ganzes" zutreffen, und dies dort, wo bei veränderter Lage der Teile die Natur zwar dieselbe bleibt, die Gestalt aber nicht (z. B. Wachs, Kleid), b 36 – 24a 10.

V Kapitel 27
Verstümmelt

1024a 11–28: Bedeutungen von Verstümmelt:

(1.) das, was quantitativ teilbar, und ein Ganzes ist und dem (bei Verlust eines Teiles) die Wesenheit bestehen bleibt
(Beispiel mit dem verstümmelten Becher;
Abhebung gegen das Beispiel mit der Zahl Zwei, deren Wesenheit bei Wegnahme eines Teiles, sc. einer Eins, nicht mehr dieselbe ist), a 11–16;

(2.) Ergänzung:
– nicht alles, was in ungleiche Teile zerfällt, und bei dem die Lage der Teile keinen Unterschied macht,
– sondern mehr das, bei dem die Lage der Teile zur Wesenheit gehört, a 16–20;

(3.) das, (was quantitativ teilbar und ein Ganzes ist, und) dessen Teile stetig (kontinuierlich) zusammenhängen, a 20–22;

(4.) das, (was quantitativ teilbar und ein Ganzes ist, und) dem nicht jeder beliebige Teil weggenommen ist, d. h. weder ein für die Wesenheit bestimmender noch ein an jeder beliebigen Stelle befindlicher (Beispiel mit dem durchbohrten Becher), sondern ein äußerster Teil und ein solcher, der weggenommen sich nicht wieder erzeugt, a 22–28.

V Kapitel 28
Geschlecht, Gattung

(a) 1024a 29 – b 6: Bedeutungen von Geschlecht, Gattung:

(1.) die kontinuierliche Entstehung (Erzeugung) derer, die derselben Art angehören (z. B. das Menschengeschlecht), a 29–31;

(2.) diejenigen, die ihr Sein von einem ersten Bewegenden, d. h. einem gemeinsamen Vorfahren, meist einem männlichen (Erzeuger), manchmal auch von einem weiblichen, herleiten (z. B. die Hellenen von dem Hellen), a 31–36;

(3.) das, was bei den geometrischen Figuren das gemeinsame Subjekt für die Unterschiede bestimmter Arten von Figuren ist (sc. ihre gemeinsame Gattung), a 36 – b 4;

(4.) das, was in den Definitionen der Dinge das Subjekt (Gattung, genus proximum) der Artunterschiede ist, b 4–6.

(b) 1024b 6–9: Zusammenfassung der Bedeutungen von Geschlecht, Gattung

– als kontinuierliche Erzeugung derselben Art,
– als Abstammung von dem gleichartigen, ersten Bewegenden (Erzeuger) und „wie als Stoff", d. h. als Subjekt (die allgemeine, nächste Gattung), wovon die Artunterschiede sind, „und das wir Stoff nennen".

Man darf diese Bedeutung von Gattung nicht mißverstehen: Die Gattung steht bei Aristoteles nicht für den Stoff der Dinge, sondern für die Dinge als ganze (und ist „Zugrundeliegendes" nicht als „Substrat", sondern als Aussagen-„Subjekt"). Sie ist an sich eine Formbestimmung der Dinge, verhält sich jedoch zu den Artunterschieden noch einmal gleichsam „wie der Stoff" zur „Form" (analog wie sich Stoff- und Formursache zueinander verhalten, vgl. VII 12, 1038a 6), weil wie das Bestimmbare zum Bestimmenden (Bestimmbares und Bestimmendes sind die Kennzeichen von „Stoff" und „Form" auf all ihren verschiedenen, analogen Bedeutungsebenen)[2].

(c) 1024b 9–16: Bedeutungen des dem Geschlecht, der Gattung nach Anderen:

[2] Thomas v. Aqu. stellt in ‚De ente et essentia' klar diesen Sachverhalt heraus; Gattung und Differenz in der Definition sind nicht identisch mit Stoff und Form im Ding, stehen aber wie diese in einem entsprechenden Verhältnis zueinander, sc. wie das Bestimmbare zum Bestimmenden.

(1.) die Dinge, deren erstes Subjekt (genus proximum) ein anderes ist und

(2.) „welche nicht miteinander oder beide in dasselbe aufgelöst werden können" (z. B. Form und Stoff);

(3.) das, was einer anderen Kategorie des Seienden angehört (z. B. Wesenheit, Qualität u. a., vgl. o. Kap. 7).

V Kapitel 29
Falsch

1024b 17 – 1025a 13: Bedeutungen von Falsch:

(1.) in bezug auf eine falsche Sache:

– Nichtseiendes, als etwas, was nicht zusammen bestehen kann (z. B. Diagonale und kommensurabel) oder zu Zeiten nicht zusammen besteht (z. B. du sitzt),

– zwar Seiendes (z. B. Schattenriß, Traum), das aber die (Schein-)Vorstellung von etwas Nichtseiendem, als ob es sei, hervorruft, 1024b 17–26;

Die Unterscheidung der 1. und 2. Bedeutung zwischen dem Falschen in den Dingen und in der Aussage stimmt überein mit Aristoteles' Lehre, daß dem Verbinden und Trennen (Bejahen und Verneinen) im Aussagen (Urteilen, Denken) ein Verbunden- und Getrenntsein in den Dingen entspricht (gegen Ross I 344–45), vgl. ‚Categ.' 5, 4b 8–10, ‚Metaph.' IX 10, 1051a b 1–6. Diese ontologische Grundlage der Wahrheit und Falschheit im Aussagen (Urteilen, Denken) hat deutlich schon Platon im ‚Sophistes' (und ‚Theaetet') gesehen.

(2.) in bezug auf eine falsche Aussage:

wenn sie, als solche, auf Nichtseiendes bezogen ist, bzw. auf anderes als das, wovon sie wahr ist (Beispiel mit der Definition des Kreises, die vom Dreieck ausgesagt wird), b 26–28.

Ergänzung: Hinsichtlich der Wesenheit eines Dinges gibt es nur *eine* wahre Aussage (sc. seine Wesensdefinition), alle anderen Aussagen sind falsch; hinsichtlich seiner Akzidenzien jedoch können viele Aussagen von ihm wahr (wie auch falsch) sein, weil sich in demselben Ding sowohl Wesentliches an sich, als auch Akzidentelles finden. Falsch aber sind Aussagen, weil sie „von nichts" sind, d. h. auf Nichtseiendes bezogen, b 29–32. Stellungnahme gegen Antisthenes' Lehre, wonach es nur eine einzige Aussage von einem Ding gebe, nämlich die es tautologisch bezeichnende, nicht aber viele verschiedene (die widersprüchlich wären, weil verschiedenes von dem *einen* Ding aussagend), somit auch keine falsche Aussage (vgl. Platon, ‚Soph.' 251 b s. auch o. IV 4, 1007a 4–20). Dagegen spricht, daß man von einem Ding nicht nur seinen eigenen Begriff aussagen kann, sondern auch den von anderen, und zwar möglicherweise überhaupt falsch, oder aber auch in gewisser Beziehung wahr aussagen kann, b 32 – 25a 1.

(3.) in bezug auf den falsch aussagenden Menschen:

– wenn er zu falscher Aussage geneigt ist und sie vorsätzlich wählt.

– wenn er falsches Aussagen anderen beibringt (lehrt).

Gegen Platons Ansicht im ‚Hippias' (II 373 c ff), wonach der falsche (lügnerische) Mensch auch der wahrhafte sein müsse, weil nur derjenige, der sich auf wahres Aussagen versteht, auch falsches Aussagen lehren könne. Dies stimmt zwar, aber dennoch darf er nicht vorsätzlich und freiwillig falsche Aussagen machen wollen, 1025a 1–13.

V Kapitel 30
Akzidens

1025a 14–34: Bedeutungen von Akzidens:

(1.) das, was zwar an einem Ding ist und als wahr von ihm ausgesagt werden kann, aber weder als notwendig, noch als meistens vorkommend (sondern zufällig), a 14–21; allgemein das, was zwar vorkommt und an etwas und u. U. irgendwo und irgendwann, aber als solches nicht wegen einer dafür bestimmten Ursache, sondern wegen einer für anderes bestimmten, a 21–30;

(2.) das, was einem Ding an sich (nicht zufällig) zukommt, ohne in seiner Wesenheit zu liegen (d. h. also das, was nicht in die 1. Kategorie fällt, sondern in die übrigen), sei es Ewiges oder nicht (vgl. III 2, 997a 5), a 30–34.

BUCH VI (E)

DIE METAPHYSIK („ERSTE PHILOSOPHIE") ALS WISSENSCHAFT VOM SEIENDEN ALS SOLCHEM UND ALS „THEOLOGIE", GERICHTET AUF EINE ERSTE (ABGETRENNTE, GÖTTLICHE) URSACHE. AUSSCHLUSS DES AKZIDENTELLEN UND DES WAHR- (BZW. FALSCH-)SEIENDEN AUS DEM GEGENSTAND DER METAPHYSIK-WISSENSCHAFT

VI Kapitel 1

Der (Ziel-)Gegenstand der Metaphysik: die „unbewegte und abgetrennte (göttliche) Substanz", im Gegensatz zu dem der übrigen Wissenschaften und der anderen philosophischen Disziplinen

(a) 1025b 2–18: Abhebung der Metaphysik gegen die übrigen Wissenschaften wegen ihres verschiedenen Gegenstandes:

(Ausgangs-Gegenstand der Metaphysik ist das Seiende als Seiendes, s. IV 1). Ziel-Gegenstand der Metaphysik sind „die Prinzipien und Ursachen des Seienden als Seienden", b 2–3.

Verdeutlichung aus der Gegenüberstellung der Metaphysik gegen die übrigen Wissenschaften:

– Einerseits Gemeinsamkeit der Metaphysik mit den übrigen Wissenschaften: Rückgang auf Ursachen und Prinzipien, als wesentlich für jede wissenschaftliche Tätigkeit (Beispiel der Medizin und Mathematik), b 3–7.
– Andererseits Verschiedenheit der Metaphysik von den übrigen Wissenschaften:
  1. hinsichtlich des Gegenstandes: Die übrigen Wissenschaften haben als Gegenstand nur einen je begrenzten Bereich des Seienden, die Metaphysik hingegen das Seiende schlechthin als Seiendes, b 7–10.

2. beruhen die übrigen Wissenschaften auf zwei Voraussetzungen zu ihrem jeweiligen Gegenstand, nämlich der seines Wasseins und der seines Daseins (während die Metaphysik gerade dies zu ihrem Gegenstand hat, indem sie alles Seiende betrachtet, sofern es ist, Dasein und Wassein hat).

– Zur Voraussetzung des Wasseins bei den Einzelwissenschaften: Diese „geben keine Rechenschaft" über das Wassein (Wesenheit) ihrer Gegenstände, sondern bringen es entweder durch (induktiven) Aufweis aus der Sinneserfahrung bei oder durch „Hypothese" (Voraussetzung, Annahme). Auf dieser Grundlage führen sie dann Beweise über das ihrer Gegenstandsgattung an sich Zukommende (sc. notwendige Eigenschaften).
Daraus erhellt zugleich: Der Aufweis des Wasseins „aus Induktion" (*δι' ἐπαγωγῆς*) ist ein vom Beweisen verschiedenes Verfahren (*ἄλλος τρόπος*). Von Wassein bzw. Wesenheit gibt es keinen Beweis, b 10–16.

– Zur Voraussetzung des Daseins bei den Einzelwissenschaften: Sie geben auch vom Dasein ihrer jeweiligen Gegenstandsgattung, von der sie handeln, keine Rechenschaft (und führen auch darüber keinen Beweis), weil es dasselbe Verfahren ist (*τῆς αὐτῆς διανοίας*), in welchem das Wassein und das Dasein zum Aufweis kommen, b 16–18.

Die Bestimmungen über die Metaphysik in VI 1 setzen die in IV 1 fort, wonach der Gegenstand der Metaphysik „das Seiende als Seiendes" ist, und richten sich nun auf ihr Ziel, das sie in einer ersten Ursache (des Seienden als solchen), in einer „unbewegten und abgetrennten (transzendenten, göttlichen) Substanz" finden. Sie lassen aber zugleich auch erkennen, wie es überhaupt zur Thematisierung des „Seienden als Seienden" kommt, nämlich aufgrund erkenntnis- und wissenschaftstheoretischer Überlegungen der ‚Analytica posteriora', auf die sich der vorliegende Text fast wörtlich bezieht.

Die ‚Analytica post.' handeln von den Prinzipien der Wissenschaften (in ihren Beweisprämissen), sowie von ihrem

Aufweis, und untersuchen ihre Voraussetzungen. Es ergibt sich, daß die wissenschaftliche, beweisbare Erkenntnis (ja alle Erkenntnis überhaupt) immer schon von einem Vorwissen ausgeht (ἐκ προϋπαρχούσης γνώσεως, 71 a 2), und daß das erste Vorgewußte (τὸ προγιγνωσκόμενον, 71 b 32) das Wassein (Wesenheit) und Dasein der Dinge (bzw. Wissenschaftsgegenstände) ist. Beides wird nicht mehr durch (deduktiven) Beweis, sondern durch ein anderes Verfahren (ἕτερος τοῦ ἐπίστασθαι τρόπος, 71 b 17; vgl. bes. II 19) aufgewiesen, sc. durch Induktion (δι' ἐπαγωγῆς, 71 a 6). Hinsichtlich des Wasseins, der Wesenheit, heißt sie Definition. In II 3–10 wird ausführlich dargelegt, inwiefern es von einer Wesenheit nicht nur Definition, sondern auch Beweis gibt.

Diese Darlegungen heben zugleich hervor, daß das Vorwissen vom Dasein jedes Dinges den Vorrang hat vor dem seines Wasseins: Um (durch Definition) erkennen zu können, was etwas ist, müssen wir schon vorweg wissen, daß es ist (II 7–8); denn mit dem Wassein eines Dinges erfassen wir ja die Ursache seines Daseins (93a 4–5); dieses mußte uns also schon bekannt sein. Damit stimmt in I 2 überein, daß der Definition der Wesenheit eines Dinges die Voraussetzung (ὑπόθεσις) seines Daseins vorhergeht. Beide, Wesens-Definition und Daseins-Voraussetzung sind konstitutiv für die ersten Beweisprämissen jeder Wissenschaft (71b 30–33). Und da diese gegenüber der ableitbaren, beweisbaren Erkenntnis (schließlich aller Erkenntnis überhaupt) prinzipieller, früher, evidenter, „bekannter" (ebd.) sind, so ergibt sich, daß das Erstbekannte schlechthin das Dasein (und zusammen mit ihm: Eins-, Etwas-, Gutsein u. ä.) ist. Thomas hat dieses Ergebnis aristotelischer Erkenntnis- und Wissenschaftstheorie in dem Satz zusammengefaßt: e n s e s t p r i m u m n o t u m (wobei „das Seiende" vom Seinsakt der Dinge her benannt ist, und zuvörderst von ihrem Daseinsakt).

Kehren wir zum vorliegenden ‚Metaphysik'-Text in VI 1 zurück. Er legt dar, daß sich Metaphysik und Einzelwissenschaften dadurch unterscheiden, daß diese Dasein und Wassein ihrer Gegenstände schon voraussetzen, „ohne darüber Rechenschaft zu geben", während dies gerade die Metaphysik leistet, indem sie alle Gegenstände „als Seiendes" betrachtet, d. h. nach ihrem Sein als Dasein und Wassein. Somit wird – aufgrund einer erkenntnis- und wissenschafts-

theoretischen Reflexion – das, was den Einzelwissenschaften Voraussetzung ist, zum thematischen „Gegenstand" der Metaphysik.

Näher gesehen, geht die Metaphysik mit dem „Seienden als solchem" vom Dasein der Dinge aus (dem ersten Aspekt ihres Seins, dem „Bekannteren für uns"), fragt dann zurück nach den Ursachen ihres Daseins und kommt so zum Wassein (dem zweiten Aspekt ihres Seins, dem „Bekannteren an sich", aber „Unbekannteren für uns"). Dabei untersucht sie nicht das Wassein, Sosein (Wesenheit) bestimmter Dinge eines einzelnen Bereiches – denn dies tun ja die Einzelwissenschaften –, sondern sie fragt nach dem Wesen des Wasseins, Soseins, selbst und sucht es zu klären (s. u. ‚Metaphys.' VII 4 ff.).

(Abhebung der Metaphysik gegen die anderen philosophischen, theoretischen Disziplinen, Physik und Mathematik, wegen ihres verschiedenen Gegenstandes:)

(b) 1025b 18 – 1026a 6: Gegenstand und Ziel der Physik (= Naturphilosophie):

Gegenstand der Physik ist die Gattung desjenigen Seienden, „welches das Prinzip der Bewegung und Ruhe in sich selbst hat" (= der Naturdinge, vgl. V 4, 1015a 13–19; ‚Phys.' II 1, 192 b 20).

Die Wissenschaft der Physik ist keine praktische oder hervorbringende, weil weder auf Handeln, noch auf Hervorbringen als Ziel gerichtet, sondern eine „betrachtende" (= theoretische).

Die Physik geht auf die Wesenheit der Naturdinge, die vom Stoff „nicht abtrennbar" ist, auch ohne den Stoff nicht definierbar ist (wie im Schulbeispiel „das Stumpfnasige nicht ohne das Fleisch"), selbst auch die Seele nicht, „soweit sie nicht ohne den Stoff ist".

Die Abschnitte (b) – (d) bestimmen den Gegenstand der Physik und Mathematik, um von ihnen den der Metaphysik abzuheben, der sich hierbei als „unbewegtes und abtrennbares" (= selbständiges) Seiendes erweisen wird. Nach Abschn. (b) sind Gegenstand der Physik die Naturdinge, die zwar abtrennbar (selbständig), aber bewegt sind, nach Abschn. (c) ist der Gegenstand der Mathematik zwar unbewegt, aber nicht abtrennbar. Ferner schließt Abschn. (b) auch die Möglichkeit aus, daß sich die Wesenheit in den Naturdingen mit dem Gegenstand der Metaphysik decken würde; denn sie ist zwar unbewegt (besonders die seelischen Prinzipien als unbewegte Bewegungsursachen in den Lebewesen), aber „nicht abtrennbar", 1025 b 28, weil mit dem Stoff verbunden. Hinsichtlich der Seele lehrt Aristoteles, daß allein die menschliche und nur in ihrem höchsten, dem vernunftmäßigen „Teil" abtrennbar ist (vgl. ‚De an.' I 1, 403 a 16–18, III 4, 429 a 24 ff.; 5, 430 a 17–18).

Daß die Wesenheit bzw. Formursache in den Naturdingen vom Stoff nicht abtrennbar ist, es sei denn nur begrifflich, wird auch in ‚Phys.' II 1 gesagt. Für die Naturdinge mit ihrer stoffverbundenen Form steht bei Aristoteles öfters das formelhaft kurze Schulbeispiel des „Stumpfnasigen", σιμόν. (Da häufig bekannte Personen als Schulbeispiele dienten, lag hier vielleicht eine witzige Anspielung auf Sokrates' Stupsnase vor.)

(c) 1026a 6–10: Wissenschaft und Gegenstand der Mathematik: Die Mathematik ist ebenfalls, wie die Physik, eine theoretische Wissenschaft. Hinsichtlich ihres Gegenstandes ist noch ungewiß, ob er unbewegt und abtrennbar ist, gewiß aber, daß sie einige Gegenstände betrachtet, „*sofern* sie unbewegt und abtrennbar sind".

(d) 1026a 10–23: Der (Ziel-)Gegenstand der Metaphysik, das „ewige, unbewegte und abtrennbare" Seiende als verschieden von dem (Ausgangs-)Gegenstand der Physik und Mathematik:

Unter der Annahme, daß es „etwas Ewiges, Unbewegtes und Abtrennbares" gibt, wird dieses weder Gegenstand der Physik, noch der Mathematik sein, sondern einer ihnen vorgeordneten theoretischen Wissenschaft, sc. der Metaphysik; denn die Physik handelt (vgl. o. 1025b 18–21) von „zwar Abtrennbarem, aber nicht Unbewegtem" und die Mathematik „zwar von Unbewegtem, aber nicht Abtrennbarem", sondern „als an einem Stoff" (Vorkommendem). Nur die

„erste" theoretische Wissenschaft handelt von „Abtrennbarem und Unbewegtem", a 10–16.

Die Gegenstände der Mathematik existieren nach Aristoteles (gegen Platon) nicht für sich als abgetrennte Substanzen, sondern werden nur „in Abstraktion" (ἐν ἀφαιρέσει) von den Sinnesdingen gewonnen, sofern diese zählbar, meßbar sind und Größe (Ausdehnung) haben (vgl. z. B. VII 10–11). Sie verraten ihre Herkunft von den Sinnesdingen noch insoweit, als sie ebenfalls mit Stoff verbunden sind, wenn auch nicht mehr mit dem konkreten, sinnlichen, sondern mit einem „denkbaren Stoff" (ὕλη νοητή), d. h. wohl mit dem mathematischen Raum (vgl. χώρα bei Platon).

Notwendigkeit der Annahme von Ewigem, Unbewegtem: Alle (ersten) Ursachen müssen ewig sein, am meisten diese abgetrennten (nach den Argumenten in II 2 und III 4); denn sie sind „Ursachen von dem Sichtbaren des Göttlichen" (d. h. von den Himmelskörpern, die als beseelt durch „unbewegte Beweger", „göttliche" Geistwesen, verstanden werden, s. u. XII 8, vgl. auch V 8, 1017b 12 und ‚Phys.' II 4, 196a 33), a 16–18.

Ergebnis: Es gibt drei theoretische Philosophien (philos. Disziplinen): Mathematik, Physik und Theologie;

Begründung der Benennung „Theologie"; denn jene (abgetrennte und unbewegte) Wesenheit ist (wenn überhaupt) am ehesten göttlich und am ehrwürdigsten. Und ihr muß die ehrwürdigste philosophische Disziplin entsprechen; diese ist aber die Metaphysik, die vor den zwei anderen theoretischen den Vorrang hat (sie wird also eine „theologische" sein), a 18–23.

Das 1026a 14 überlieferte ἀχώριστα μὲν ἀλλ' οὐκ ἀκίνητα ist unhaltbar; ἀχώριστα ist mit Schwegler, Jaeger und Ross in χωριστά zu ändern:

1. *liegt ein leicht erkennbarer Einfluß der Stelle kurz vorher, 1025b 28, vor, wo es von der Physik heißt, sie handle περὶ οὐσίαν τὴν κατὰ τὸν λόγον... οὐ χωριστὴν μόνον. Aristoteles spricht jedoch von οὐσία dort nicht als den Naturdingen, sondern als der Wesenheit in ihnen; diese ist „nicht abtrennbar" vom Stoff. Hier, 1026a 14, hingegen spricht er von den Naturdingen als Gegenstand der*

Physik. Sie sind „nicht unbewegt", d. h. bewegt, was von der Wesenheit in den Naturdingen nicht gilt, besonders nicht von den seelischen Prinzipien in jedem Lebewesen, die an sich „unbewegte" Bewegungsursachen sind (s. ‚Phys.' VIII 5; vgl. ‚De an.' 2 und 3). Das Naturding aber, das Einzelding bzw. die sinnlich wahrnehmbare Substanz, kennzeichnet Aristoteles immer als „abtrennbar" (= selbständig), z. B. V 8, 1017b 25; VII 3, 1029a 8, (zu den Bedeutungen von χωριστόν s.o. Einleitung). Dem Merkmal οὐκ ἀκίνητα, das die Naturdinge, nicht ihre oben, 1025b 28, erwähnte Wesenheit bezeichnet, entspricht einzig und allein das Merkmal χωριστά.

2. *wird gerade diese Entsprechung treffend durch den zweigliedrigen Ausdruck mit μὲν...δέ ausgedrückt, von dem das zweite Glied negativ ist, das erste als positiv sein muß.*
3. *ist die Systematik unverkennbar, mit der Aristoteles die Gegenstandsbereiche dreier philosophischer Disziplinen nach Zukommen oder Nichtzukommen der Merkmale „abtrennbar" und „unbewegt" unterscheidet: Während dem Gegenstand der Physik und Mathematik je eines der zwei Merkmale zukommt und das je andere nicht zukommt, kommen nur dem (Ziel-)Gegenstand der Metaphysik als Theologie beide Merkmale zu;*

Gegenstand der Physik: abtrennbar, nicht unbewegt;
Gegenstand der Mathematik: nicht abtrennbar, unbewegt;
Gegenstand der Theologie: abtrennbar, unbewegt.

Zu a18: *τοῖς φανεροῖς τῶν θείων*, cf. Platon, Tim. 39e–40a.

(e) 1026a 23–32: Aporie und Lösung hinsichtlich der Einheit der Metaphysik als Wissenschaft vom Seienden als solchem und als Theologie:

Aporie, ob die „erste Philosophie" (Metaphysik) eine allgemeine Wissenschaft ist (sc. die vom Seienden als solchem), oder eine einzelne (sc. als Theologie), die nur auf *eine* Substanz-Gattung geht (sc. auf die unbewegte, abgetrennte Substanz). Analogie mit den Mathematik-Wissenschaften, bei denen es auch eine allgemeine und einzelne (wie Geometrie und Astronomie) mit einer je bestimmten Gegenstands-Gattung gibt, a 23–27.

Lösung: Sie hängt von der Annahme ab, ob es eine von den „natürlich zusammengesetzten" (bewegten) Substanzen verschiedene (d. h. unbewegte) Substanz gibt (zum Problem s. VII 2 und XII 1; zum Beweis ihrer Existenz s. XII 6).

Wenn es sie nicht gibt, „dann dürfte die Physik (die von den natürlichen, bewegten Substanzen handelt) erste Wissenschaft sein" (d. h. dann gibt es auch keine Metaphysik als Theologie, und die Aporie erübrigt sich), a 27–29.

Wenn es aber eine unbewegte Substanz gibt, so ist sie der natürlich bewegten vorgeordnet (nämlich als deren erste Ursache, s.o. II 1, 993b 28–30), und entsprechend muß dann auch die auf sie gerichtete Wissenschaft (sc. die Metaphysik als Theologie) „erste Philosophie" sein; weil aber erste, deshalb auch (am meisten) allgemeine Wissenschaft (denn sie ist ja auf die erste Ursache alles Seienden gerichtet), und weil allgemeine, deshalb auch theoretische Wissenschaft vom Seienden als Seiendem, seiner Wesenheit und den ihm zukommenden Merkmalen (denn sie richtet sich auf die erste Ursache alles Seienden als solchen, IV 1), a 29–32.

Die Lösung ergibt sich aus einer Argumentation, die zeigt, daß die Theologie, die auf eine einzelne Substanzgattung, die der unbewegten, abgetrennten Substanz, gerichtet ist, mit der allgemeinen Betrachtung des Seienden als solchen eine und dieselbe Metaphysik-Wissenschaft ausmacht. Der vermittelnde Gesichtspunkt ist der der Ursache, der in dem Begriff des „Früheren" (Vorrangigen), bzw. „Ersten" (1026a 30) eingeschlossen ist. Die unbewegte, abgetrennte Substanz ist „früher" als die übrigen, bewegten Substanzen, bzw. „erste", weil ihre erste Ursache (II 1, IX 8, XII 6–7), und die Metaphysik als Theologie ist „erste Wissenschaft", weil auf diese Substanz als erste Ursache gerichtet. Wenn es im Text (a 30) heißt, sie sei „eine allgemeine deshalb, weil erste", so ist dies vom ursächlichen Gesichtspunkt aus leicht zu verstehen: Die erste Ursache ist, wiewohl eine einzelne Substanzgattung, eine allgemeine, weil erste Ursache von allem Seienden als solchem. Entsprechend ist auch die Metaphysik, wiewohl auf diese einzelne Substanzgattung gerichtet, eine allgemeine, weil auf die erste Ursache alles Seienden als solchen gerichtet. Weil aber eine allgemeine, muß sie mit der allgemeinen Betrachtung des Seienden als solchen ein und dieselbe Metaphysik-Wissenschaft ausmachen, von der schon in IV 1 festgestellt wurde, daß sie sich auf „die ersten Ursachen des Seienden als solchen“ richte. Die vorliegende Argumentation in VI 1 enthält also folgenden Schluß:

1. *Was eine allgemeine Wissenschaft ist, ist eine Wissenschaft von allem Seienden.*
2. *Die Wissenschaft von der ersten Ursache (sc. die Theologie) ist eine allgemeine Wissenschaft (weil von einer ersten Ursache alles Seienden).*
3. *Die Wissenschaft von der ersten Ursache (die Theologie) ist (dieselbe wie) die Wissenschaft von allem Seienden als solchem.*

Es ist nun aber folgendes sehr zu beachten: Obwohl die Wissenschaft von der unbewegten, göttlichen Substanz, sc. die Theologie mit der allgemeinen Wissenschaft vom Seienden als solchem identisch ist, ist doch keineswegs das Seiende als solches mit der unbewegten göttlichen Substanz identisch, auch nicht einschlußweise. Vielmehr verhält sich das Seiende als solches zur unbewegten, göttlichen Substanz wie alles verursachte Seiende zu seiner ersten Ursache. Und so stehen sich auch die Betrachtung des Seienden als solchen (sc. die „Ontologie“ nach späterer Bezeichnung) und die „Theologie“ über die göttliche Substanz in einem entsprechenden Verhältnis gegenüber, wie der einleitende Teil (der den Ausgangsgegenstand betrifft) zum abschließenden Teil (gerichtet auf den Zielgegenstand) derselben einen Metaphysik-Wissenschaft.

Moderne Interpreten mißverstehen freilich den Text, 1026a 29–32, der die Lösung der Aporie bringt, so, als ob er das Seiende als solches mit der unbewegten, göttlichen Substanz gleichsetzen und die Metaphysik einzig als Theologie festlegen wolle. Er bringe hiernach gar keine „Lösung“, und die Aporie betreffe zwei widersprüchliche Konzeptionen des Aristoteles selbst zur Metaphysik, nämlich als Theologie (von der unbewegten göttlichen Substanz) und als Physik (von der sinnlichen bewegten Substanz), die er nicht zu versöhnen vermocht habe (s.o. Einleitung).

VI Kapitel 2 und 3
Ausschluß des akzidentellen Seienden, wegen seiner Natur und Ursache, aus der Metaphysik-Wissenschaft

VI Kapitel 2
Das Akzidentelle ist nicht Gegenstand der Wissenschaft

(a) 1026a 33 – b 27: Feststellung, daß es vom Akzidentellen (hier: dem Zufälligen) keine Wissenschaft gibt, und die Gründe dafür:

Das Akzidentelle ist eine der (in V 7 genannten) Weisen des Seienden, neben dem Wahr-Seienden und dem Seienden nach den verschiedenen Kategorien, sowie dem potential und aktual Seienden, a 33 – b 2.

Feststellung, daß es vom Akzidentellen keine Wissenschaft gibt, b 2–4.

Die Gründe dafür:

1. Keine Wissenschaft – weder die praktischen, noch die hervorbringenden, noch die theoretischen – vermag das Akzidentelle zu berücksichtigen (Beispiele aus der Baukunst und Geometrie), b 4–12;
2. besteht eine Verwandtschaft des Akzidentellen mit dem Nichtseienden, wie man z. B. aus den Erörterungen der Sophisten entnehmen kann; denn sie handelten überwiegend von akzidentellem Seienden (vgl. o. IV 1004b 8–26, 1006a 28 – 07b 18), das Platon im ‚Sophistes' richtig als Nichtseiendes kennzeichnete;
3. kann man die Verwandtschaft mit dem Nichtseienden auch daraus ersehen, daß es vom Akzidentellen kein Entstehen und Vergehen gibt, wohl aber vom Seienden;
4. daß es vom Akzidentellen keine Wissenschaft gibt, erhellt auch aus seiner Natur und Ursache, die im folgenden zu bestimmen ist, b 4–27.

(b) 1026b 27 – 1027a 19: Bestimmung der Natur und Ursache des Akzidentellen (vgl. V 30 und Phys. II 4–5):

Die Bestimmung muß ausgehen von der Unterscheidung

zweier Bereiche des Seienden in

- das Seiende, das sich immer auf dieselbe Weise und notwendig verhält (notwendig nicht durch äußeren Zwang, sondern aus seiner inneren Natur, wonach es „sich nicht anders verhalten kann", s.o. V 5), und
- das Seiende, das sich nicht notwendig und immer auf dieselbe Weise verhält, sondern nur meistenteils und in der Regel; (Beispiele), 1026b 27–27a 5.

Prinzip und Ursache des Akzidentellen liegen nun in dem zweiten Bereich des Seienden. Das Akzidentelle läßt sich bestimmen als das in diesem Bereich weder notwendig, noch meistenteils, noch regelmäßig Vorkommende. Und es sind die in diesem Bereich wirkenden, hervorbringenden (Bewegungs- und Zweck-)Ursachen auch die des Akzidentellen, aber nur akzidentellerweise (d. h. nicht direkter-, sondern nur indirekterweise), 1027a 5–8.

Notwendiger Schluß aus jener Unterscheidung auf das Akzidentelle und die Stoffursache: „Da nicht alles Seiende notwendig und immer ist oder wird, sondern das meiste nur in der Regel, muß es auch akzidentelles Seiendes geben", also auch eine Ursache, wonach sich etwas „auch anders verhalten kann"; diese ist aber die Stoffursache, „so daß der Stoff die Ursache des Akzidentellen ist" (und zwar eigentlicherweise, nicht akzidentellerweise wie die Bewegungs- und Zweckursachen, die an sich Ursachen für das meistenteils und regelmäßig Seiende sind), a 8–15. Ausgangspunkt ist jene o. gen. Unterscheidung zwischen zwei Bereichen des Seienden. – Die Frage, ob es Seiendes gibt, das sich immer und notwendig auf dieselbe Weise verhält, muß später erörtert werden (s. u. IX 6–9 und XII 6–7), a 15–19.

<u>(c) 1027a 19–28:</u> Ergebnis: Vom Akzidentellen kann es keine Wissenschaft geben; denn jede Wissenschaft geht auf das, was immer oder meistenteils vorkommt.

Die Unterscheidung zwischen den zwei Bereichen des Seienden entspricht der platonischen zwischen dem Bereich des ewigen, sich immer in derselben Weise verhaltenden

Seienden und dem des sich immer Verändernden, Werdenden. Mit dem ersten Bereich werden von Platon und Aristoteles zwar gelegentlich auch die Himmelssphären mit den Gestirnen bezeichnet, also im Gegensatz zum sublunaren der supralunare Bereich, der sich (nach antiker Auffassung) immer in derselben Weise verhält und ewig ist (weil immer in gleichförmiger Kreisbewegung). Überwiegend jedoch wird mit dem ersten ein nichtsinnlicher, intelligibler Bereich bezeichnet, und zwar bei Platon der der Ideen (z. B. ‚Timaios' 27 d/28 a–b), bei Aristoteles hingegen stattdessen einerseits gewisse „unbewegte Beweger" (der Himmelssphären) von immaterieller, geistiger Natur (vgl. XII 8), andererseits die Form- und Bewegungsursachen in den Sinnesdingen. Sie sind zwar nicht ewig, verhalten sich aber, solange sie sind, immer auf dieselbe Weise.

Im übrigen handelt Kap. VI 2 nicht von den Akzidenzien der zweiten und folgenden Kategorien, im Gegensatz zur ersten, der Substanzkategorie, sondern vom Zufälligen und Kontingenten, das in gewisser Weise Nichtseiendes in bezug zum Seienden betrifft. Unterscheiden läßt sich bei Ar. ein logisches und reales Akzidentelles, vgl. V 7, 1017a 8–19, und V 30.

VI Kapitel 3
Argument dafür, daß es akzidentelle Ursachen von etwas (sc. von Akzidentellem) gibt

(a) 1027a 29–32: These, „daß es Prinzipien und Ursachen, die entstehbar und vergehbar sind, ohne Entstehen und Vergehen geben muß" (d. h. ohne als Ursachen *für das Akzidentelle* zu entstehen und zu vergehen). „Andernfalls wird alles aus Notwendigkeit sein, wenn es doch von dem nicht akzidentell Entstehenden und Vergehenden notwendig eine Ursache geben muß" (die *für* es an sich als Ursache entsteht und wieder vergeht). Vgl. o. III 5, 1002a 30–32, u. VII 8.

Es ist zu beachten, daß im Ausdruck ἄνευ τοῦ γίγνεσθαι καὶ φθείρεσθαι, a 30, „Entstehen" und „Vergehen" nicht dieselbe Bedeutung haben, wie sie von den Sinnesdingen oder von Ereignissen gilt; denn nach aristotelischer Lehre haben die Ursachen nicht mehr in derselben Weise Entste-

hen und Vergehen, wie das in der Sinneswelt Entstehende und Vergehende, dessen konstitutive Ursachen sie sind. Vielmehr sind sie, wenn sie sind, und sind nicht, wenn sie nicht sind, ohne Übergänge des Entstehens und Vergehens. (An der vorliegenden Stelle müßte das „Entstehen" und „Vergehen" von Ursachen in weiterer Bedeutung als ihr „Auftreten" und „Verschwinden" verstanden werden). Worauf es aber hier in VI 3 ankommt, ist dies, daß es Ursachen gibt, die etwas bewirken, ohne für dieses als Ursache zu entstehen und zu vergehen, d. h. ohne eine direkte ursächliche Beziehung an sich, sondern nur akzidentellerweise. Und das so Bewirkte ist Akzidentelles. Es ist also nicht so, daß nach Aristoteles das Akzidentelle keine Wirkursachen habe (vgl. Bonitz, 292), nur treten sie nicht für das Akzidentelle, sondern für anderes als Ursachen an sich auf, wobei sich das Akzidentelle als nicht-notwendige Nebenwirkung ergibt, wenn nämlich die Ursachen in ihren Hauptwirkungen irgendwie behindert werden (sc. durch den Stoff, welcher die eigentliche Ursache des Akzidentellen ist, s.o.).

Die hier im Abschn. (a) aufgestellte These wird im folgenden durch ein Argument begründet, das die Form einer reductio ad absurdum hat: Die Leugnung der These würde nämlich auf zwei Annahmen beruhen (vgl. Thomas, Metaph. – Kommentar, Nr. 1191 ff.): erstens, daß jede Wirkung in der Sinneswelt eine Ursache an sich habe, und zweitens, daß auf jede Ursache in notwendiger Verknüpfung die Wirkung folge. Dann müßte aber alles hier in der Sinneswelt aus Notwendigkeit sein, was absurd wäre; denn vieles geschieht eben zufällig und akzidentell. So ist es z. B. ungewiß, ob dieser Mensch da durch Krankheit oder durch Gewalttat sterben wird (beim Krankheitsfall werden als Ursache „entgegengesetzte" Zustände des Leibes angenommen, d. h. kalte oder heiße, feuchte oder trockene, die den Leib auflösen).

<u>(b) 1027a 32 – b 11:</u> Begründung der These durch folgendes Argument: (Unter der entgegengesetzten Annahme, daß die Verknüpfung von Wirkung und Ursache immer eine an sich notwendige ist, wird gelten:)

Zu einem Ereignis, z. B. dem Tod eines Menschen, als Wirkung in der Zukunft wird die Reihe der notwendigen Ursachen bis zu einer solchen in der Gegenwart gehen und weiter in die Vergangenheit zu einer notwendigen Ursache. „Also wird alles Zukünftige mit Notwendigkeit geschehen", was jedoch absurd ist; denn „ob der Tod durch Krankheit oder Gewalt eintreten wird, ist noch nicht bestimmt".

(c) 1027b 11–16: Ergebnis: Von Akzidentellem als Wirkung läßt sich die Verbindung nur bis zu einer Ursache in gewissem Sinne zurückführen und nicht weiter. Im Einzelfall ist dann zu untersuchen, welche Ursachen beteiligt sind, ob die Stoff-, Zweck- oder Bewegungsursache.

VI Kapitel 4
Ausschluß des Wahr-(bzw. Falsch-)Seienden aus dem Gegenstand der Metaphysik-Wissenschaft

(a) 1027b 17–25: Bestimmung des Wahr- und Falsch-Seienden, der anderen Weise des Seienden, außer der des Akzidentellen (die aus dem Gegenstand der Metaphysik auszuschließen ist): Wahr- bzw. Falsch-Sein beruhen auf Verbindung und Trennung (im Aussagen, Urteilen, Denken), die beide zusammen die zwei Teilglieder der Kontradiktion ausmachen: Das Wahre liegt in der Bejahung des (am Ding, Seienden) Verbundenen und in der Verneinung des (am Ding, Seienden) Getrennten, das Falsche hingegen in der Kontradiktion dieser Einteilung (sc. der Bejahung und Verneinung), b 17–23 (vgl. IX 10, 1051b 2–6).

Ergänzende Bemerkung: Wie die Vernunft das Zugleich-(Zusammen-) und Getrennt-sein (beim Verbundenen und Getrennten) erfaßt, so daß nicht eine Reihenfolge (zeitliches Nacheinander), sondern eine Einheit (im gleichzeitigen Jetzt) entsteht, bedarf einer anderen Erörterung (vgl. 'De an.' III 6, 430b 20–26).

(b) 1027b 25–29: Begründung der gegebenen Bestimmung: „Denn das Wahre und Falsche liegt nicht in den Dingen, sondern im Denken" (d. h. in der Seele, Vernunft, des Erkennenden).
„Bei den einfachen Dingen und dem Was aber nicht einmal im Denken".

Diese Bemerkung deutet die weitere Unterscheidung der Erkenntnis des Wahren bzw. Falschen an in eine solche von Sachverhalten, die verbindendes und trennendes (diskursives) Denken ist, und eine solche von einfachen Gegebenheiten, die ein (intuitives) einheitliches Erfassen ist.

Verweis auf eine spätere Untersuchung hierüber (s. IX 10, 1051b 9 ff. und b 17 ff.; vgl. auch ‚De an.' III 6, 430b 26–30).

„Das Einfache" sind nicht die abgetrennten, unbewegten Substanzen, sondern die intelligiblen Aspekte der sinnlichen, bewegten Substanzen, wie die des Seienden, Einen, Etwas bzw. Was. Die abgetrennten Substanzen werden ja nicht durch einen schlichten intuitiven Akt erfaßt, sondern in langen diskursiven Beweisgängen erschlossen.

(c) 1027b 29 – 1028a 6: Abschließende Folgerung aus der Bestimmung des Wahr- bzw. Falsch-Seienden, wie aus der des Akzidentellen:

Beide Weisen des Seienden sind aus dem Gegenstand der Metaphysik auszuschließen; denn

1. sind sie verschieden von dem Seienden im eigentlichen Sinne, sc. dem „in den Dingen", nach den verschiedenen Kategorien; Wahr- und Falschsein finden sich nur in Verbindung und Trennung im Denken (das Akzidentelle aber mehr im Nichtseienden, bezogen auf Seiendes);
2. hängen beide von Ursachen ab, die nicht Ursachen von Seiendem im eigentlichen Sinne sind: das Akzidentelle von unbestimmten (akzidentellen) Ursachen (s.o. Kap. 3), das Wahr- und Falsch-Seiende aber von einer Affektion des Denkens;
3. sind beide nur in bezug auf „die übrige Gattung des Seienden", sc. des Seienden im eigentlichen Sinne (nach

den Kategorien, sowie nach Potentialität und Aktualität), und zeigen nicht noch außerdem „eine für sich bestehende Natur des Seienden" (wie das kategoriale Seiende, besonders die Substanz), 1028a 1–3.

Überleitung zu Buch VII und Hinführung der Metaphysik-Untersuchung zu ihrem eigenen Gegenstande, dem Seienden im eigentlichen Sinne, besonders der Substanz, deren erste Ursachen zu erforschen sind, a 3–6.

Von der logischen Wahrheit im Urteil, die aus dem Gegenstand der Metaphysik ausgeschlossen wird, ist die transzendentale, ontologische Wahrheit im Sein der Dinge zu unterscheiden, die in Buch II 1 und IX 10 erörtert wird.

Der zweite Halbband enthält

Text, Übersetzung und Kommentar
der Bücher VII (Z) – XIV (N)

sowie ein Gesamtregister
für beide Halbbände
